# 2003

# 中国饲料工业年鉴

全国饲料工作办公室
中国饲料工业协会 编

中国农业出版社

温家宝、回良玉同志视察安徽省阜阳市黄牛养殖情况

贾庆林同志视察西北农林科技大学动物养殖试验室

吴官正同志视察西北农林科技大学动物营养试验室

李长春同志视察广东温氏食品集团有限公司

贺国强同志视察重庆市养猪科学研究院养殖试验现场

王乐泉同志视察新疆天康畜牧生物技术股份有限公司饲料生产情况

农业部部长杜青林（左一）视察希望集团美好食品有限公司

农业部副部长齐景发在全国畜牧饲料工作会议上

湖南省委书记杨正午（左三）视察湖南唐人神集团

江西省委书记吴新雄（左二）视察江西正邦集团（人才招聘现场）

湖南省省长周伯华（前排左二）视察湖南正虹集团

广东省副省长游宁丰（左二）视察广东恒兴集团

四川省副省长陈文光（左二）视察四川铁骑力士集团

中国饲料工业协会会长白美清（左三）考察通威集团

农业部畜牧兽医局局长、全国饲料工作办公室主任贾幼陵（左一）在基层畜禽屠宰场检查工作

农业部畜牧兽医局助理巡视员李金祥到中国农科院饲料研究所检查工作

中国饲料工业协会秘书长刘同占（左三）在通威集团检查工作

全国饲料行业科技进步经验交流会会场

全国饲料行业科技进步奖颁奖仪式

第七届全国饲料添加剂交流会暨 2002 年青岛畜牧业、饲料交易会开幕式

第七届全国饲料添加剂交流会暨 2002 年青岛畜牧业、饲料交易会会场一角

# 中国农业科学院饲料研究所

中国农业科学院饲料研究所领导班子

中国农业科学院饲料研究所中心实验室

# 农业部饲料工业中心

农业部饲料工业中心李德发教授陪同科技部领导考察中试车间

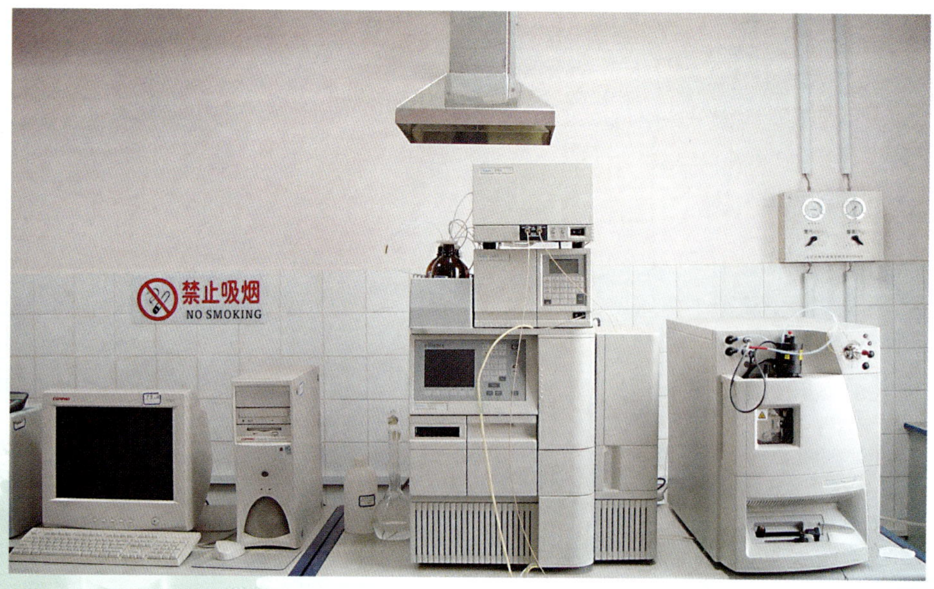


农业部饲料工业中心实验室

由国家饲料工程技术研究中心和中国畜牧兽医学会动物营养学分会举办的首届中国动物营养和饲料科技产业发展论坛开幕式

农业部畜牧兽医局助理巡视员李金祥（右）在国家饲料质检中心检查工作

# 中牧实业股份公司

中牧实业股份公司获得2002年度丰台科技园区十佳企业称号

中牧实业股份有限公司生产车间一角

# 大 北 农 集 团

大北农集团泰和子公司外景

大北农集团科技下乡场景

# 北京伟嘉集团

北京伟嘉集团服务人员在山西进行技术服务

北京伟嘉集团养殖技术培训现场

# 辽宁禾丰牧业（股份）有限公司

沈阳市市长陈政（左二）视察辽宁禾丰牧业（股份）有限公司

辽宁禾丰牧业有限公司与美国大豆协会联合举办养猪培训班

# 华中药业集团

华中药业集团总部外景

华中药业集团生产厂区

# 江苏正昌集团

中国饲料工业协会会长白美清（左二）考察江苏正昌集团

江苏正昌集团总部外景

# 江苏牧羊集团

中国饲料工业协会会长白美清（左二）考察江苏牧羊集团

江苏牧羊集团工程技术中心基建现场

# 浙江花园生物高科股份有限公司

浙江花园生物高科股份有限公司总部外景

浙江花园生物高科股份有限公司生产车间

# 浙江医药股份有限公司新昌制药厂

浙江医药股份有限公司负责人陪同来宾参观环境保护设施

浙江医药股份有限公司污水处理控制室

# 六和饲料股份有限公司

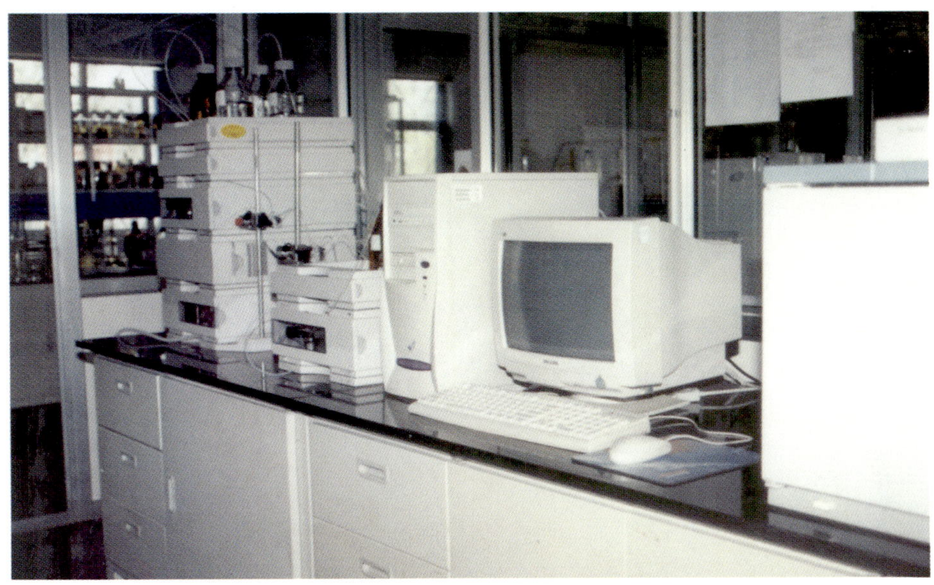

六和饲料股份有限公司现代化品控室

六和饲料股份有限公司养殖客户培训现场

# 江西正邦集团

江西正邦集团科技下乡场景

人大代表参观江西正邦集团

# 陕西石羊（集团）股份有限公司

陕西石羊集团外景

陕西石羊集团生产基地

# 湖南新五丰集团

湖南新五丰集团总部外景

湖南新五丰集团惠州分公司养猪场和饲料厂

# 广东温氏食品集团

广东温氏食品集团总部全景

广东温氏食品集团屠宰生产线

# 华西希望集团

华西希望集团信息交易大厅

华西希望集团科研所

# 通威股份有限公司

通威集团800服务热线场景

通威集团厦门通威饲料有限公司

# 四川龙蟒集团

四川龙蟒集团综合办公楼

四川龙蟒集团生产线

# 四川铁骑力士实业集团

四川铁骑力士实业集团员工营销培训班

四川铁骑力士实业集团冯光德实验室

# 新疆天康畜牧生物技术股份有限公司

新疆天康畜牧生物技术股份有限公司生产基地

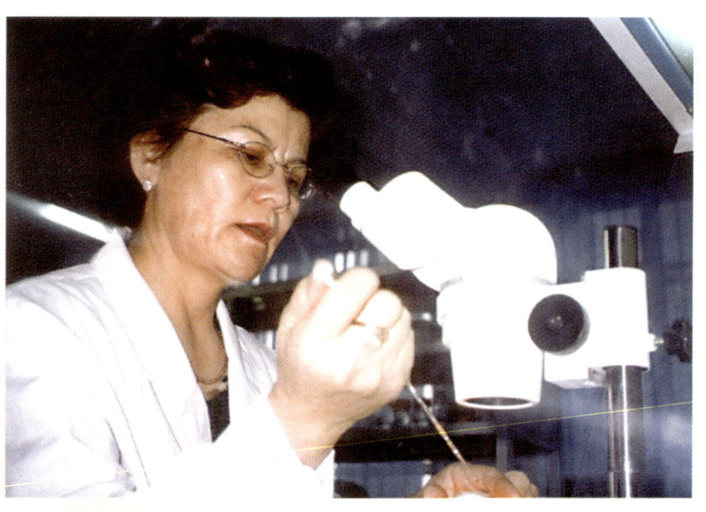

新疆天康畜牧生物技术股份有限公司试验室

青岛正大公司屠宰加工一条龙生产线

康地集团部分高层管理人员

武汉新华扬生物有限公司外景

湖南省统战部部长石玉珍（左二）在湖南正虹集团调研

饲料工业

湖南唐人神集团骆驼养殖示范村授牌仪式

广东恒兴集团有限公司饲料厂

刘同占秘书长陪同美国饲料协会会长大卫·波斯曼
考察中国饲料工业协会信息中心

日本客商考察正昌集团

印度尼西亚总统梅加瓦蒂考察江苏牧羊集团

美国育种专家考察湖南新五丰集团

美国蓝斯顿大学动物营养博士沙鲁考察正邦集团

澳大利亚农渔林业部副部长博纳德·万德先生（左五）
一行考察希望集团

# 美国大豆协会

设在美国密苏里州圣路易斯市的美国大豆协会，有32 000名会员，在海外有12个办事处，其中包括北京办事处（1982年成立）和上海办事处。22年来，美国大豆协会驻中国办事处举办了数以百计的技术研讨会，进行了多次饲养试验，出版了数百种技术资料免费发送饲料厂家和养殖户。

美国大豆协会首席代表雷天龙（中）
在饲料技术研讨会开幕式上

年鉴

熊易强博士在饲料优化技术和原料采购决策讲座上讲课

美国大豆协会每年赞助中国4个访问团赴美参观访问，加强了中美间饲料、养殖等方面的信息交流与技术合作，对中国饲料工业发展起到了积极的促进作用。

来自中国各地的学员在美国学习饲料加工技术

新任饲料技术主任程宗佳博士（右二）在广西某饲料厂作技术交流

美国大豆协会同时对4 000多个饲料加工厂、农场和养殖场提供免费咨询服务，主要包括：指导饲料饲养技术，以及圈舍设计、畜牧生产手段、饲料厂经营和牲畜健康等方面。

# 全国饲料工作办公室、中国饲料工业协会

| 单位 | | 电话 | 传真 | 地址 | E-mail |
|---|---|---|---|---|---|
| 全国饲料工作办公室 | 饲料处 | (010)64192848<br>64192831 | (010)64192869 | 北京市朝阳区农展馆南里11号(100026) | xmjslch@agri.gov.cn |
| | 综合处 | (010)64192844 | (010)64192869 | | |
| 中国饲料工业协会 | 综合处(行业指导处) | (010)64194589<br>64194597 | (010)64194592 | 北京市朝阳区麦子店街20号楼(100026) | zonghechu@agri.gov.cn |
| | 科技教育处 | (010)64194582<br>64194584 | (010)64194592 | | kejiaochu@agri.gov.cn |
| | 标准质量处 | (010)64194581<br>64194591 | (010)64194592 | | biaozhunchu@agri.gov.cn |
| | 外经处 | (010)64194590<br>64194595 | (010)64194592 | | zhangzq@agri.gov.cn |
| | 财务处 | (010)64194583<br>64194778 | (010)64194592 | | |
| | 《中国饲料》杂志社 | (010)64246642<br>64241573 | (010)64246635 | 北京安外大街东后巷28号2号楼(100710) | zgsl@chinafeed.com.cn |
| | 中国饲料工业协会信息中心、《饲料广角》杂志社 | (010)62145459 | (010)62172155 | 北京海淀区中关村南大街12号(100081) | kpt@chinafeed.org.cn |

# 质量监督与检测机构

| 单位 | 负责人 | 电话 | 传真 | 地址 | 网址 | E-mail |
|---|---|---|---|---|---|---|
| 国家饲料质量监督检验中心（北京） | 苏晓鸥 | (010)68975901 | (010) 68975906 | 北京海淀区中关村南大街12号(100081) | | |
| 农业部饲料质量监督检验测试中心（呼和浩特） | 杨宏东 | (0471)4910905 | (0471) 4910905 | 内蒙古呼和浩特市赛罕区昭乌达南路(010020) | | |
| 农业部饲料质量监督检验测试中心（沈阳） | 曹东 | (024)24153912 24810160 | (024) 24810160 | 沈阳市沈河区小南街281号(110016) | | Lnssysljcs@cnaho.com |
| 农业部饲料质量监督检验测试中心（南京） | 时勇 | (025)86263651 86263655 | (025) 86263656 | 南京市草场门大街124号江苏农业检测大楼(210036) | | jsvet@public1.ptt.js.cn |
| 农业部饲料质量监督检验测试中心（南昌） | 曾志明 | (0791)8102073 8105726 | (0791) 8107671 | 南昌市南京东路181-1号(330029) | | |
| 农业部饲料质量监督检验测试中心（济南） | 李祥明 | (0531)7198033 7198019 | (0531) 7198033 | 济南市槐村街68号(250022) | | lisdsjs@163.com |
| 农业部饲料质量监督检验测试中心（广州） | 罗道栩 | (020)84412017 34291327 | (020) 34291326 | 广州市万寿路113号(510230) | www.vetpharm.com.cn | ldx@gdivdc.gov.cn mail@gdivdc.gov.cn |
| 农业部饲料质量监督检验测试中心（成都） | 柏凡 | (028)85583643 85598229 | (028) 85548413 | 成都市武侯祠大街3号(610041) | www.nsfeed.com.cn | slyjct@mail.sc.cninfo.net |
| 农业部饲料质量监督检验测试中心（西安） | 高联政 | (029)86254605 | (029) 86254586 | 西安市未央路28号(710016) | www.snav.gov.cn | Jlz08@21cn.com |

# 科研与教育机构

| 单位 | 负责人 | 电话 | 传真 | 地址 | 网址 | E-mail |
|---|---|---|---|---|---|---|
| 中国农业科学院饲料研究所 | 蔡辉益 | (010)68975127 68975845 | (010) 68975127 | 北京市海淀区中关村南大街12号(100081) | http//:fri.caas.net.cn | fristm@163bj.com |
| 农业部饲料工业中心 | 李德发 | (010)62893588 62893688 | (010) 62893688 | 北京市海淀区圆明园西路2号(100094) | www.mafic.ac.cn | tuzh@mafic.ac.cn |
| 国家饲料工程技术研究中心 | 李德发 | (010)62891456 62893591 | (010) 62891456 | 北京市海淀区圆明园西路2号(100094) | www.nfetrc.com.cn | qiaoshy@mafic.ac.cn wmf1978@x263.net |
| 国家粮食局科学研究院饲料研究所 | 李爱科 | (010)68363548 | (010) 68319265 | 北京市西城区百万庄大街11号(100037) | www.china-feed.net | feed@chinagrain.com |
| 中国农科院畜牧研究所饲料生物技术实验室 | 佟建明 | (010)62816061 | (010) 62819257 | 北京市海淀区圆明园西路2号农科院畜牧研究所(100094) | | Tjm606@263.net |

# 媒体宣传与信息咨询机构

| 单 位 | 负责人 | 电 话 | 传 真 | 地 址 | 网 址 | E-mail |
|---|---|---|---|---|---|---|
| 《中国饲料》杂志社 | 单钟 | (010)64246642 | (010)64246635 | 北京安外大街东后巷28号2号楼（100710） | www.chinafeed.com.cn | zgsl@chinafeed.com.cn |
| 中国饲料工业协会信息中心、《饲料广角》杂志社 | 孔平涛 | (010)62145459 | (010)62172155 | 北京海淀区中关村南大街12号(100081) | www.chinafeed.org.cn | kpt@chinafeed.org.cn |

# 《中国饲料工业年鉴》（2003）

## 编 辑 委 员 会

# 前　言

2002年是我国饲料工业继续稳步发展的一年，全国饲料工业产品产量8 319万t，比上年增长6.6%，实现工业总产值1 906亿元，比上年增长15.9%。饲料工业生产的总体水平继续提高，饲料安全水平进一步改善，生产结构进一步优化，饲料生产企业集团化、产业化、规模化发展进程加快。

《中国饲料工业年鉴》(2003)比较详实地记录了2002年我国饲料工业及其相关行业的发展情况。本册《年鉴》基本上沿用前几册年鉴的框架,全文主要包括7个部分,即综合篇、专题篇、地方篇、企业篇、统计资料、大事记和附录。在正文之前以图文并茂的形式介绍了领导视察、科技与推广、企业采风、友好交流、政务联络等。综合篇重点包括2002年发布的政策法规、通知、领导讲话、饲料行业组织机构等;专题篇包括饲料加工工业概况、主要饲料产品概况、饲料原料工业概况、饲料添加剂工业概况、饲料机械制造工业概况、秸秆养畜、饲料工业许可证管理、饲料安全管理、饲料质量监督与检测、科技与推广、教育与培训、饲料行业职业技能鉴定、饲料工业标准化、饲料工业质量认证、国际交流与合作、饲料工业行业信息体系;地方篇包括除香港、澳门、台湾以外的全国所有省(市、区)饲料工业概况;企业篇包括重点企业经验介绍和企业简介;统计资料包括全国饲料工业统计资料、全国畜牧业统计资料、全国水产养殖业统计资料和世界畜牧业统计资料。大事记主要包括全国饲料工作办公室、中国饲料工业协会以及各地饲料工作办公室、饲料工业协会在2002年的主要工作与取得的成绩;附录主要包括一些地方政策法规。

《中国饲料工业年鉴》(2003)在前几册的基础上不断完善与提高。图片部分的“领导视察”,既有中央领导,又有部分省区领导,也有部门领导,反映了党和政府对饲料业的重视与关怀;在“企业采风”部分,既有发达地区的饲料企业,又有欠发达地区的企业,从不同侧面反映企业的发展。本《年鉴》文字内容丰富,覆盖面广,史实性强,是饲料行业行政事业单位、检测机构、科研机构等单位所必备的工具书。对饲料生产企业、饲料原料企业、畜牧、水产养殖企业等有较高的参考价值。

本《年鉴》在编辑的过程中得到了国家农业部（含畜牧、水产、农机)、化工、轻工、机械、内贸、医药等部门及有关科研单位的领导和专家的协助，同时得到了各省、自治区、直辖市、计划单列市饲料工作（工业）办公室、饲料工业协会的大力支持与协作，也得到了一些企业的支持与协助，在此，一并表示感谢。

本《年鉴》反映的各省（区、市）和有关企业等文字材料及图片部分，只要涉及排序，都按全国省份的习惯排序排列；全国饲料工作办公室、中国饲料工业协会和各省（区、市）提供的大事记，除上述相应的排序外，都按时间排序。文中所使用的面积单位仍用亩，若有需要，可按1公顷（$hm^2$）=15亩换算。

由于时间仓促，水平有限，本《年鉴》编辑中难免会有遗漏和不妥之处，敬请提出批评与指正。

《中国饲料工业年鉴》(2003) 编辑部

2003年12月1日

# 目 录

## 地　方　篇



## 企　业　篇

## 统计资料



## 大事记



## 附录

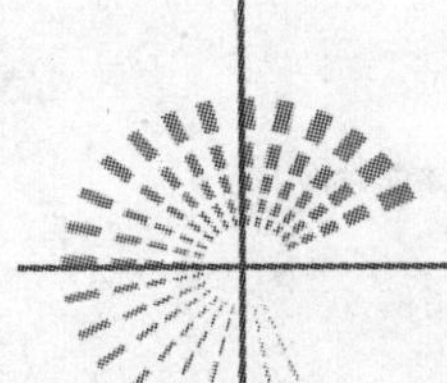



# 综 合 篇

# 2002年我国饲料工业发展概况

2002年，我国饲料工业发展继续呈现稳步增长态势，饲料工业产品质量不断提高，产业结构和产品结构进一步优化，饲料企业集团化发展速度加快。以饲料企业为龙头的技术推广工作成效显著，有力地促进了我国饲料工业持续、健康地发展。

## 一、饲料工业保持稳步发展态势

2002年，全国饲料工业产品产量8 319万t，比上年增长6.6%。实现工业总产值1 906亿元，比上年增长15.9%。配合饲料6 239万t，比上年增长2.5%，浓缩饲料1 764万t，增长24.3%，添加剂预混合饲料316万t，增长5.3%。饲料工业生产的总体水平稳定提高。

从饲料品种看：配合饲料中，猪配合饲料1 962万t，蛋禽配合饲料1 391万t，肉禽配合饲料1 883万t，水产配合饲料676万t，反刍动物精料补充料178万t，其他配合饲料149万t。浓缩饲料中，猪浓缩饲料982万t，蛋禽浓缩饲料357万t，肉禽浓缩饲料284万t，反刍动物浓缩饲料86万t，水产浓缩饲料30万t，其他浓缩饲料25万t。预混合饲料中，猪预混合饲料153万t，蛋禽预混合饲料63万t，肉禽预混合饲料47万t，水产预混合饲料18万t，反刍预混合饲料10万t，其他预混合饲料25万t。

2002年，饲料原料生产保持较好的水平。其中：大豆粕产量1 550多万t，比2001年下降4.3%；鱼粉产量50多万t，比2001年增长9.4%；肉骨粉产量39多万t，比2001年下降22.5%；磷酸氢钙（盐）产量170多万t，比2001年增长28.2%；赖氨酸产量5.3万t，比2001年增长56.7%。

2002年，饲料加工成套设备产量3 146套。其中：时产10t以上的设备259套，占成套设备的8.2%，时产5～10t设备466套，占成套设备的14.8%，时产1～5t设备2 421套，占成套设备的77 %。单机设备产量21 747台。其中：粉碎机4 169台，占单机设备的19.2%，混合机3 403台，占单机设备的15.6%，制粒机1 484台，占单机设备的6.8%。

2002年，全国饲料企业按经济类型统计总数为13 163家，比2001年增长19%。其中：国有企业954家，集体企业979家，私营企业7 459家，联营企业409家，股份企业2 119家，港澳台资企业115家，外商企业239家，其他企业889家。与2001年相比，国有企业、集体企业、联营企业数均呈现明显下降趋势，共减少504家，降幅17.7%。私营、股份制企业数分别增加1 826家、574家，其增长率分别为32.47%、37.2%；港台及外商投资企业均有所增加。

2002年，饲料企业年末职工人数为46.3万人，比2001年增加1.3%。大专以上技术人员97 538人，占职工总人数的21.1%。其中：博士701人，占职工总人数的0.15%，硕士1 900人，占职工总数0.41%，大学本科34 860人，占职工总数7.53%，大学专科60 077个，占职工总数13%。

## 二、饲料工业产业结构和饲料品种结构进一步优化

从我国饲料工业产业结构体系看：饲料原料工业、饲料添加剂工业、饲料加工工业、饲料机械设备工业和饲料科技、教育、标准化、检测等支撑体系在内的饲料工业体系，其主导产业和相关产业的结构不断得到优化，已经成为我国国民经济中的重要支柱产业。

从饲料加工产品结构看：配合饲料比重继续呈现下降趋势，浓缩饲料比重稳步上升。配合饲料占全部饲料的比重，由2001年的78%下降到2002年的75%；浓缩饲料占全部饲料的比重，由2001年的18.2%上升到2002年的21.2%；添加剂预混合饲料占全部饲料的比重为3.8%，基本与2001年相同。

通过按照不同畜禽种类分析饲料产品结构可以看出，饲料产品结构的变化趋势基本符合养

殖业产业结构的变化趋势。一是在配合饲料产品中，猪配合饲料占配合料的比重为 31 %，比 2001 年下降 5%；蛋禽配合饲料的比重为 22.3%，比上年提高 0.3%；肉禽配合饲料的比重为 30.2%，比上年提高 2.2%；水产配合饲料的比重为 10.8%，比上年提高 0.8%；反刍动物精料补充料的比重为 2.9%，比上年提高 0.9%；其他配合饲料的比重为 2.4%，比上年提高 0.4%。二是在浓缩饲料产品中，猪浓缩饲料的比重为 56%，比上年下降 6%；蛋禽浓缩饲料的比重为 20%，比上年下降 1%；肉禽浓缩饲料的比重为 16%，比上年提高 3%；反刍动物浓缩饲料的比重为 4.9%，比上年提高 1.9%。三是在预混合饲料产品中，猪预混合饲料的比重为 48.3%，比上年下降 2.7%；蛋禽预混合饲料的比重为 20.1%，比上年提高 3.1%；肉禽预混合饲料的比重为 14.7%，比上年提高 1.7%；水产预混合饲料的比重为 5.7%，比上年提高 0.7%；反刍动物预混合饲料的比重为 3.3%，比上年提高 2.3%。

## 三、饲料安全及产品质量水平进一步提高

2002 年，通过开展“瘦肉精”等违禁药品查处工作，滥制乱用违禁药品的势头进一步得到遏制，养殖环节“瘦肉精”检出率已由 2001 年第四季度的 6.6%下降至 2002 年的 2.8%，饲料产品中的检出率从 0.66%下降至 0.1%。较好地促进了饲料安全及产品质量水平的提高。主要有 5 点：一是集中打击养殖环节使用“瘦肉精”等违禁药品的违法行为。采取“拉网式”和跟踪监测等方式，检测浙江嘉兴、福建龙岩、湖北仙桃、河南西平、河北沧州和邯郸等重点地区生猪尿样 6 000 多批次，查处违规养猪场 200 多家。二是依法开展饲料质量监督检测。组织全国饲料质量抽检和饲料添加剂质量统检，加强对进口饲用油脂和动物性饲料的跟踪检查，全年检测饲料和动物饮用水样品 27 877 批次，查处不合格企业 2 459 多家，吊销、注销 86 家饲料添加剂和添加剂预混合饲料企业的生产许可证。三是督查大案要案。先后组织公安等部门赴江苏、浙江和贵州联合督察，督促并协助地方做好大案要案的查处工作。四是加强新闻宣传，正面引导。2002 年先后在中央电视台、人民日报、经济日报、农民日报等各大媒体宣传饲料安全工作十多次，赢得领导和社会公众对饲料安全工作的重视。五是组织开展畜牧兽医饲料行业打假工作，研究起草打假方案，组织全国畜牧业生产资料打假行动，净化畜牧业生产资料市场。

## 四、饲料行业技术推广工作成效显著

随着我国市场经济的深入发展，饲料工业技术推广格局发生了巨大的变化，以饲料企业为龙头的先进实用技术推广网络体系正在全国各地悄然兴起，改变了过去由国家出钱，建立技术推广体系的旧格局，畜牧养殖技术推广主力，已由各地官办的畜牧兽医站和技术推广站变成饲料和动物养殖企业；资金渠道，已由国家拨款为主，改为企业自筹资金为主。表现比较突出的是一些大、中型饲料企业，尤其是“饲料饲养一条龙”企业。这些企业具有资金、人力资源、畜牧水产养殖、饲料加工等技术优势，推广技术就是推广产品，将两者紧密的结合在一起，在先进实用技术的推广方面很受农民或养殖户的欢迎，为农业和农村经济的发展做出了重要贡献。

一是从技术推广形式看，饲料企业主要采取的是技术培训、技术指导和市场咨询等措施。这部分企业占大多数，并分布于各个层次的企业中。其中大中型企业效果更显著。例如：正大集团，通过建立示范户、举办技术讲座、为农民提供全程服务等，将先进实用的畜牧水产养殖技术传遍千家万户，取得了巨大的经济效益和社会效益。就技术培训而言，正大集团在我国有 100 多个分（子）公司，这些公司每周都要举办一期培训班，对养殖户进行不同形式的培训。东方希望集团在全国建立了 5 800 个技术推广服务网点，主要进行技术指导和咨询；全国近 60 个分（子）公司，每个公司每周至少举办一次培训班，并为养殖户赠送集团报刊、各子公司养殖手册、科普读物等。通威集团、六和集团在全国建立的技术推广服务网点，分别为 5 000 个、6 000 个，一年举办技术讲座达 2 000～4 000 次。

二是从技术推广内容和领域看，饲料企业在传统的技术推广服务的基础上，积极开拓新的技术推广领域。一些企业通过产品包销等形式，拉长技术推广服务链条，不仅巩固和促进了技

术推广工作，更重要的是为农业技术推广在新形势下赋予了新的内容，使农业特别是畜牧业技术推广出现了重大突破。例如，广东温氏集团通过为农民养殖户提供鸡苗、饲料、疫病防治、技术指导以及包销产品等方式，每年带动2万农户、10万人搞养殖。不仅企业取得了巨大的经济效益，也为农民增加收入和脱贫致富做出了重要贡献。

三是从技术推广组织结构变化看，以饲料企业为龙头的饲料行业技术推广的快速发展，正在改变着公益性技术推广机构一统天下的历史，使农业的技术推广格局或组织结构发生了重大的变化，从而推动整个农业特别是畜牧水产养殖业的技术推广事业进入了一个新的水平。另一方面，也说明饲料行业的地位特别是在农业技术推广中的位置正在发生着历史性的变化。关键是今后如何在实践方面加以规范和引导，在理论方面不断总结和提升，并通过示点和示范等形式，促进技术推广工作更加规范化、系统化，从而推动畜牧水产养殖和饲料生产向产业化、现代化方向迈进。

**五、饲料原料市场供需基本保持平衡**

2002年我国饲料原料市场供给和需求基本保持均衡，部分饲料原料的贸易呈现出很好的发展势头。玉米和豆粕的出口均高于上年同期水平，进口低于上年同期水平。2002年玉米价格比较稳定，但豆粕和鱼粉价格起伏较大。2002年1～9月份赖氨酸和蛋氨酸的市场价格比较稳定，但后期随国际市场价格的上涨呈快速上升态势。

2002年，我国玉米总产量1.21亿t，比上年增加722万t，增幅6.3%。全年累计出口玉米1 167万t，同2001年相比，增幅为94.6%。玉米价格从年初的止跌趋稳，到6、7月份快速上扬，8月份之后的全面下跌，11月份又出现突发性价格上扬。

2002年，全国大豆总产量1 651万t，比上年增长7.2%。进口大豆1 132万t，大豆进口同比减少18.8%，大豆出口28万t。2002年4月份以来国际国内大豆价格不断攀升，9月份前后回落，10月中旬止跌回升。2002年全国豆粕总产量约为1 550万t，比2001年减少70万t，下降4.3%，主要由于进口大豆减少等因素所致。饲料工业豆粕消费约为1 628万t，比2001年增长12%。2002年豆粕出口101万t，比2001年增加69.5万t。我国豆粕市场的价格自2002年4月份起一路攀升，至9月份价格达到2 300元/t，上涨了18%，有的地区高达2 400元/t，此后开始下跌，至2002年12月份又开始回升。

2002年，我国鱼粉产量50万t，比2001年增长9.4%。进口鱼粉95.8万t，比2001增长6.3%。全年总供应量约140万t。2002年鱼粉平均价格仍然处于中高价位，4月份达到5 720元/t。2002年进口鱼粉的平均价格为5 600元/t，比上年同期提高12%，比2000年同期提高12.4%。2002年11月底至12月初，受进口鱼粉及豆粕、氨基酸价格等因素影响，国内鱼粉价格迅速返弹，从4 300元/t涨到5 000元/t左右。

2002年，我国生产赖氨酸5.3万t，进口8.1万t，比2001年增加0.8万t。出口912t。其价格1～7月份处于波动状态，8～10月份总体保持稳定，之后一路飞涨，进口赖氨酸价格达到22.9元/kg，国产价格达到22.00元/kg。2002年我国共进口蛋氨酸5.38万t，比2001年减少0.39万t。2002年1～8月份蛋氨酸的价格平稳。从8月底开始，蛋氨酸价格一路上扬，至11月底达到最高值，固体蛋氨酸和液体蛋氨酸的价格分别为25.14元/kg、21.17元/kg，上涨幅度为31.4%和34%。

（杨振海　孔平涛）

# 政策法规

## 中华人民共和国农业部、中华人民共和国卫生部、中华人民共和国国家药品监督管理局公告

### 第176号

为加强饲料、兽药和人用药品管理，防止在饲料生产、经营、使用和动物饮用水中超范围、超剂量使用兽药和饲料添加剂，杜绝滥用违禁药品的行为，根据《饲料和饲料添加剂管理条例》、《兽药管理条例》、《药品管理法》的有关规定，现公布《禁止在饲料和动物饮用水中使用的药物品种目录》，并就有关事项公告如下：

一、凡生产、经营和使用的营养性饲料添加剂和一般饲料添加剂，均应属于《允许使用的饲料添加剂品种目录》（农业部105号公告）中规定的品种及经审批公布的新饲料添加剂，生产饲料添加剂的企业需办理生产许可证和产品批准文号，新饲料添加剂需办理新饲料添加剂证书，经营企业必须按照《饲料和饲料添加剂管理条例》第十六条、第十七条、第十八条的规定从事经营活动，不得经营和使用未经批准生产的饲料添加剂。

二、凡生产含有药物饲料添加剂的饲料产品，必须严格执行《饲料药物添加剂使用规范》（农业部168号公告，以下简称《规范》）的规定，不得添加《规范》附录二中的饲料药物添加剂。凡生产含有《规范》附录一中的饲料药物添加剂的饲料产品，必须执行《饲料标签》标准的规定。

三、凡在饲养过程中使用药物饲料添加剂，需按照《规范》规定执行，不得超范围、超剂量使用药物饲料添加剂。使用药物饲料添加剂必须遵守休药期、配伍禁忌等有关规定。

四、人用药品的生产、销售必须遵守《药品管理法》及相关法规的规定。未办理兽药、饲料添加剂审批手续的人用药品，不得直接用于饲料生产和饲养过程。

五、生产、销售《禁止在饲料和动物饮用水中使用的药物品种目录》所列品种的医药企业或个人，违反《药品管理法》第四十八条规定，向饲料企业和养殖企业（或个人）销售的，由药品监督管理部门按照《药品管理法》第七十四条的规定给予处罚；生产、销售《禁止在饲料和动物饮用水中使用的药物品种目录》所列品种的兽药企业或个人，向饲料企业销售的，由兽药行政管理部门按照《兽药管理条例》第四十二条的规定给予处罚；违反《饲料和饲料添加剂管理条例》第十七条、第十八条、第十九条规定，生产、经营、使用《禁止在饲料和动物饮用水中使用的药物品种目录》所列品种的饲料和饲料添加剂生产企业或个人，由饲料管理部门按照《饲料和饲料添加剂管理条例》第二十五条、第二十八条、第二十九条的规定给予处罚。其他单位和个人生产、经营、使用《禁止在饲料和动物饮用水中使用的药物品种目录》所列品种，用于饲料生产和饲养过程中的，上述有关部门按照谁发现谁查处的原则，依据各自法律法规予以处罚；构成犯罪的，要移送司法机关，依法追究刑事责任。

六、各级饲料、兽药、食品和药品监督管理部门要密切配合，协同行动，加大对饲料生产、经营、使用和动物饮用水中非法使用违禁药物违法行为的打击力度。要加快制定并完善饲料安全标准及检测方法、动物产品有毒有害物质残留标准及检测方法，为行政执法提供技术依据。

七、各级饲料、兽药和药品监督管理部门要进一步加强新闻宣传和科普教育。要将查处饲料和饲养过程中非法使用违禁药物列为宣传工作重点，充分利用各种新闻媒体宣传饲料、兽药和人用药品的管理法规，追踪大案要案，普及饲料、饲养和安全使用兽药知识，努力提高社会各方面对兽药使用管理重要性的认识，为降低药物残留危害，保证动物性食品安全创造良好的外部环境。

中华人民共和国农业部<br>中华人民共和国卫生部<br>中华人民共和国国家药品监督管理局<br>二〇〇二年二月九日

附件：禁止在饲料和动物饮用水中使用的药物品种目录

### 附件：禁止在饲料和动物饮用水中使用的药物品种目录

#### 一、肾上腺素受体激动剂

1．盐酸克仑特罗（Clenbuterol Hydrochloride）：中华人民共和国药典（以下简称药典）2000年二部

P605。β2肾上腺素受体激动药。

2. 沙丁胺醇（Salbutamol）：药典2000年二部P316。β2肾上腺素受体激动药。

3. 硫酸沙丁胺醇（Salbutamol Sulfate）：药典2000年二部P870。β2肾上腺素受体激动药。

4. 莱克多巴胺（Ractopamine）：一种β兴奋剂，美国食品和药物管理局（FDA）已批准，中国未批准。

5. 盐酸多巴胺（Dopamine Hydrochloride）：药典2000年二部P591。多巴胺受体激动药。

6. 西马特罗（Cimaterol）：美国氰胺公司开发的产品，一种β兴奋剂，FDA未批准。

7. 硫酸特布他林（Terbutaline Sulfate）：药典2000年二部P890。β2肾上腺受体激动药。

**二、性激素**

8. 己烯雌酚（Diethylstibestrol）：药典2000年二部P42。雌激素类药。

9. 雌二醇（Estradiol）：药典2000年二部P1005。雌激素类药。

10. 戊酸雌二醇（Estradiol Valerate）：药典2000年二部P124。雌激素类药。

11. 苯甲酸雌二醇（Estradiol Benzoate）：药典2000年二部P369。雌激素类药。中华人民共和国兽药典（以下简称兽药典）2000年版一部P109。雌激素类药。用于发情不明显动物的催情及胎衣滞留、死胎的排除。

12. 氯烯雌醚（Chlorotrianisene）药典2000年二部P919。

13. 炔诺醇（Ethinylestradiol）药典2000年二部P422。

14. 炔诺醚（Quinestrol）药典2000年二部P424。

15. 醋酸氯地孕酮（Chlormadinone acetate）药典2000年二部P1037。

16. 左炔诺孕酮（Levonorgestrel）药典2000年二部P107。

17. 炔诺酮（Norethisterone）药典2000年二部P420。

18. 绒毛膜促性腺激素（绒促性素）（Chorionic Gonadotrophin）：药典2000年二部P534。促性腺激素药。兽药典2000年版一部P146。激素类药。用于性功能障碍、习惯性流产及卵巢囊肿等。

19. 促卵泡生长激素（尿促性素主要含卵泡刺激FSHT和黄体生成素LH）（Menotropins）：药典2000年二部P321。促性腺激素类药。

**三、蛋白同化激素**

20. 碘化酪蛋白（Iodinated Casein）：蛋白同化激素类，为甲状腺素的前驱物质，具有类似甲状腺素的生理作用。

21. 苯丙酸诺龙及苯丙酸诺龙注射液（Nandrolone phenylpropionate）药典2000年二部P365。

**四、精神药品**

22.（盐酸）氯丙嗪（Chlorpromazine Hydrochloride）：药典2000年二部P676。抗精神病药。兽药典2000年版一部P177。镇静药。用于强化麻醉以及使动物安静等。

23. 盐酸异丙嗪（Promethazine Hydrochloride）：药典2000年二部P602。抗组胺药。兽药典2000年版一部P164。抗组胺药。用于变态反应性疾病，如荨麻疹、血清病等。

24. 安定（地西泮）（Diazepam）：药典2000年二部P214。抗焦虑药、抗惊厥药。兽药典2000年版一部P61。镇静药、抗惊厥药。

25. 苯巴比妥（Phenobarbital）：药典2000年二部P362。镇静催眠药、抗惊厥药。兽药典2000年版一部P103。巴比妥类药。缓解脑炎、破伤风、士的宁中毒所致的惊厥。

26. 苯巴比妥钠（Phenobarbital Sodium）。兽药典2000年版一部P105。巴比妥类药。缓解脑炎、破伤风、士的宁中毒所致的惊厥。

27. 巴比妥（Barbital）：兽药典2000年版一部P27。中枢抑制和增强解热镇痛。

28. 异戊巴比妥（Amobarbital）：药典2000年二部P252。催眠药、抗惊厥药。

29. 异戊巴比妥钠（Amobarbital Sodium）：兽药典2000年版一部P82。巴比妥类药。用于小动物的镇静、抗惊厥和麻醉。

30. 利血平（Reserpine）：药典2000年二部P304。抗高血压药。

31. 艾司唑仑（Estazolam）。

32. 甲丙氨脂（Meprobamate）。

33. 咪达唑仑（Midazolam）。

34. 硝西泮（Nitrazepam）。

35. 奥沙西泮（Oxazepam）。

36. 匹莫林（Pemoline）。

37. 三唑仑（Triazolam）。

38. 唑吡旦（Zolpidem）。

39. 其他国家管制的精神药品。

**五、各种抗生素滤渣**

40. 抗生素滤渣：该类物质是抗生素类产品生产过程中产生的工业三废，因含有微量抗生素成分，在饲料和饲养过程中使用后对动物有一定的促生长作用。但对养殖业的危害很大，一是容易引起耐药性，二是由于未做安全性试验，存在各种安全隐患。

## 中华人民共和国农业部公告

## 第195号

根据《饲料和饲料添加剂管理条例》和《饲料添加剂和添加剂预混合饲料生产许可证管理办法》的规

定，批准宜兴市健宝生物有限公司等59家企业从事饲料添加剂生产（见附件1），并发给《饲料添加剂生产许可证》；批准龙江县龙大牧业科技有限责任公司等126家企业从事添加剂预混合饲料生产（见附件2），并发给《添加剂预混合饲料生产许可证》；批准上海市浦东新区三维饲料添加剂厂等13家企业增加饲料添加剂生产品种（见附件3）；批准江苏省牧工商公司兽药厂等7家企业变更企业名称（见附件4），并换发《生产许可证》。

附件：

1. 饲料添加剂生产许可证获证企业名单（饲添2002—01）
2. 添加剂预混合饲料获证企业名单（饲预2002—01）
3. 饲料添加剂生产许可证增项企业名单（饲增2002—01）
4. 生产许可证更名企业名单（饲更2002—01）

中华人民共和国农业部
二〇〇二年四月三十日

## 中华人民共和国农业部公告
### 第223号

根据《饲料和饲料添加剂管理条例》和《饲料添加剂和添加剂预混合饲料生产许可证管理办法》的规定，批准湖北正嘉生物制品股份有限公司等107家企业从事饲料添加剂生产（见附件1），并发给《饲料添加剂生产许可证》；批准北京金鹰鑫饲料有限公司等19家企业（见附件2）增加饲料添加剂生产品种；批准通海富仁饲料有限公司等197家企业从事添加剂预混合饲料生产（见附件3），并发给《添加剂预混合饲料生产许可证》；批准北京挑战科技集团等158家企业（见附件4）变更企业名称，并换发《生产许可证》。

附件：

1. 饲料添加剂生产许可证获证企业名单（饲添2002—02）
2. 饲料添加剂生产许可证增项企业名单（饲增2002—02）
3. 添加剂预混合饲料获证企业名单（饲预2002—02）
4. 生产许可证获证企业更名名单

中华人民共和国农业部
二〇〇二年十月二十一日

## 中华人民共和国农业部公告
### 第224号

广西南宁岳大浓缩饲料厂因在饲料中添加违禁药物盐酸克伦特罗，违反了《饲料和饲料添加剂管理条例》第二十九条和第三十条规定，吊销其添加剂预混合饲料生产许可证；北京祥民贸易有限公司等85家饲料添加剂和添加剂预混合饲料生产企业（名单见附件）因年检不合格、不参加年检、停产、转产、破产等原因，注销其饲料添加剂或添加剂预混合饲料生产许可证。

附件：吊销、注销生产许可证企业名单

中华人民共和国农业部
二〇〇二年十月二十一日

## 中华人民共和国农业部关于印发《全国饲料工业综合统计报表制度》的函
（二〇〇二年八月二十二日）

《全国饲料工业综合统计报表制度》经国家统计局审核批准，现印发给你们，请按照统计制度的各项要求实施。饲料工业统计工作是饲料行业管理的一项基础性工作，要高度重视，严密组织，及时上报。我办将就新的统计报表制度的实施组织培训，以便工作顺利开展。

附件：全国饲料工业综合统计报表制度

## 全国饲料工业综合统计报表制度

### 总　说　明

**一、统计目的**

为及时了解全国饲料工业生产动态及主要产品的市场价格，为各地、各级饲料管理部门管理，制定行业发展规划，指导、引导本行业的生产提供依据。依照《中华人民共和国统计法》的有关规定，特制定本统计报表制度。

**二、统计内容**

本报表制度涉及医药、化工、畜牧、粮油、渔业、机械等部门。调查内容主要包括：饲料工业产品生产情况、饲料工业企业情况、饲料工业产品市场价格等。

**三、统计范围**

包括各省、自治区、直辖市所辖行政区域内的各种经济类型的饲料工业产品生产单位。饲料工业产品仅指进入流通领域即用于销售的产品，自产自用的产品不在本统计之列。

**四、报表类别**

本制度包括四套报表：综合年报；综合季报；基层年报；基层月报。

五、填报要求

综合年报、综合季报由各省、自治区、直辖市饲料管理部门组织其辖区所属各级饲料管理部门逐级汇总填报；基层年报表由饲料工业产品生产单位填报，上报所属省、自治区、直辖市饲料管理部门汇总；基层月报报表由各省、自治区、直辖市饲料管理部门推荐的重点跟踪企业填报，上报国家饲料管理部门并抄送所属省、自治区、直辖市饲料管理部门，由中国饲料工业协会信息中心负责汇总。

此外，各省、自治区、直辖市饲料管理部门组织人员将本辖区内基层月报表录入专用饲料统计软件中，随综合年报一起上报。

六、报送时间

1. 综合年报。每年3月20日前，各省、自治区、直辖市饲料管理部门将上一个年度的综合年报报表通过网络或传真方式报送，同时寄送纸介质报表材料一份。

2. 综合季报。每季度第一个月20日前，各省、自治区、直辖市饲料管理部门将上一个季度的综合季报报表通过网络或传真方式报送。

3. 基层年报。每年2月15日前，饲料工业产品生产单位将上一年度的基层年度报表报送所属省、自治区、直辖市饲料管理部门。

4. 基层月报。重点跟踪企业于每月20日前通过网络或传真方式报送上一个月的基层月报报表。

5. 基层年报汇总。每年3月20日前，各省、自治区、直辖市饲料管理部门组织人员将本辖区内基层月报表录入专用饲料统计软件中，通过网络或邮寄软盘方式报送。

七、报表制定

本统计报表制度由农业部全国饲料工作办公室起草、制定并负责解释。

## 主要指标解释

**综合年报**（饲综11表）

**01 单位名称**：指各省、自治区、直辖市饲料管理部门名称。

**02 负责人**：指各省、自治区、直辖市饲料管理部门主要负责人，负责饲料统计的监督和审核工作。

**03 统计员**：指各省、自治区、直辖市饲料管理部门中兼职的饲料统计人员，主要职责为监督各企业报送数据、汇总和审核。

**04 单位所在地**：指各省、自治区、直辖市饲料管理部门所在办公地址。如果邮寄地址与办公地址不一致，在办公地址后使用括号注明邮寄地址及邮政编码。

**05 通讯号码**：所有通讯号码均指可直接联系到统计员的通讯方式的号码。

**06 登记注册类型**：本制度中的登记注册类型以工商行政管理机关《关于划分企业登记注册类型的规定》作为划分经济类型的依据。包括：国有、集体、私营、联营、股份、港澳台、外商、其他。

具体分配方法请见工商行政管理机关颁发的《关于划分企业登记注册类型的规定》。

**07 企业人员**

职工总数：指企业年末在册职工人数之和，由各种学历人员组成，包括博士、硕士、大学本科、大学专科、其他。

技术工种人员：指国家规定必须持证上岗的技术人员。

**08 企业数**

此项统计生产各类饲料及相关产品的企业数。在统计过程中，如果一个企业同时生产一类以上饲料及相关产品，需在各类饲料产品生产企业数中分别统计。

配合饲料：生产根据饲养动物营养需要，将多种饲料原料按饲料配方经工业生产的饲料企业。按照生产能力大于或等于每小时5t和小于5t分别统计企业数。

浓缩饲料：生产由蛋白质饲料、矿物质饲料和添加剂预混合饲料按一定比例配制的均匀混合物的企业。

添加剂预混合饲料：生产由两种或两种以上饲料添加剂加载体或稀释剂按一定比例配制而成的均匀混合物的企业。

饲料添加剂：是指生产在饲料加工、制作、使用过程中添加的少量或者微量物质，包括营养性饲料添加剂和一般性饲料添加剂的企业。

单一饲料（饲料原料）：以一种动物、植物、微生物或矿物质为来源的饲料。本统计中的单一饲料有其特指的范围：包括鱼粉，豆粕、棉籽粕、菜籽粕等各类饼粕，骨粉和肉骨粉，磷酸氢钙几类产品的生产企业数。

饲料机械：生产用于饲料加工、粉碎、混合、制粒操作的工业化设备的企业。

**09 企业主要经济指标**

全年营业收入：是指饲料工业企业生产经营主要业务所取得的收入总额。与饲料产品无关的企业营业收入不计算在内。

工业总产值：是指以货币表现的饲料加工企业在一定时期内生产的已出售或可供出售的饲料产品总量。计算方式采用现行价格计算工业总产值的方法。

**10 许可证情况**：填写本省本年度饲料许可证发放、更换、吊销个数情况。

**11 产品生产情况**

此项包括4个表，分别汇总由饲料加工、单一饲料、饲料添加剂和饲料机械生产企业填写的生产情况。

饲料加工产品：是指经工业化加工、制作的供动物使用的饲料，本统计中包括添加剂预混合饲料、浓缩饲料、配合饲料。

产量：指企业在本年度生产的，符合产品质量要求，且进入流通领域（即用于销售，不包括自产自用的产品）的实物数量。

生产能力：是指设备在单位时间内最大加工量，此处填写本省饲料加工产品生产能力之和。

猪料：使用对象为猪的饲料。

蛋禽料：使用对象为产蛋类禽的饲料。

肉禽料：使用对象为产肉类禽的饲料。

水产料：使用对象为水产养殖动物的饲料。

反刍料：使用对象为反刍类动物的饲料。

其他料：无法归入以上类别的饲料产品。

鱼粉：用一种或多种鱼类为原料，经去油、脱水、粉碎后的高蛋白质饲料。

骨粉：指用动物杂骨经脱脂、脱胶、干燥和粉碎加工后的粉状物。

肉骨粉：指用动物杂骨、下脚料、废弃物经高温处理、干燥和粉碎加工后的粉状物。

豆粕：是以大豆为原料用浸提法或经预压后再浸提取油后的副产品。

棉籽粕：以棉籽为原料经脱壳、去绒或部分脱壳、用有机溶剂提取油脂后的副产品或用预压浸提法取油后的副产品。

菜籽粕：是以油菜籽为原料，用预压浸提法或压榨提法取油后的副产品。

磷酸氢钙：指使用磷酸与含钙原料反应生成的磷酸氢钙。在饲料加工中作为钙、磷的补充剂。

氨基酸：是组成蛋白质的基本单位，含有1个或多个氨基的有机物。饲料添加剂生产中的氨基酸是必需氨基酸，即动物体内无法合成或合成量不足的氨基酸种类。本制度中只统计国家允许生产使用的氨基酸品种，包括以下7种。L—赖氨酸盐酸盐；DL—蛋氨酸；DL—羟基蛋氨酸；DL—羟基蛋氨酸钙；N—羟甲基蛋氨酸；L—色氨酸；L—苏氨酸。品种的调整遵守今后国家相关部门发布的相关规定。

维生素：维生素是维持动物正常生理机能必不可少的一类低分子化合物。维生素也是维持动物生命所必需的微量营养成分。每一种维生素都起着其他物质所不能替代的特殊营养生理作用。本制度中只统计国家允许生产使用的维生素品种，包括以下26种。β—胡萝卜素；维生素A；维生素A乙酸酯；维生素A棕榈酸酯；维生素$D_3$；维生素E；维生素E乙酸酯；维生素$K_3$（亚硫酸氢钠甲萘醌）；二甲基嘧啶醇亚硫酸甲萘醌；维生素$B_1$（盐酸硫胺）；维生素$B_1$（硝酸硫胺）；维生素$B_2$（核黄素）；维生素$B_6$；烟酸；烟酰胺；D—泛酸钙；DL—泛酸钙；叶酸；维生素$B_{12}$（氰钴胺）；维生素C（L—抗坏血酸）；L-抗坏血酸钙；L-抗坏血酸-2-磷酸酯；D—生物素；氯化胆碱；L-肉碱盐酸盐；肌醇。品种的调整遵守今后国家相关部门发布的相关规定。

微量元素：矿物质微量元素在畜禽日粮中的多少，不仅影响饲料利用率，缺少还会导致畜禽的各种营养性疾病。包括以下43种。硫酸钠；氯化钠；磷酸二氢钠；磷酸氢二钠；磷酸二氢钾；磷酸氢二钾；碳酸钙；氯化钙；磷酸氢钙；磷酸二氢钙；磷酸三钙；乳酸钙；七水硫酸镁；一水硫酸镁；氧化镁；氯化镁；七水硫酸亚铁；一水硫酸亚铁；三水乳酸亚铁；六水柠檬酸亚铁；富马酸亚铁；甘氨酸铁；蛋氨酸铁；五水硫酸铜；一水硫酸铜；蛋氨酸铜；七水硫酸锌；一水硫酸锌；无水硫酸锌；氧化锌；蛋氨酸锌；一水硫酸锰；氯化锰；碘化钾；碘酸钾；碘酸钙；六水氯化钴；一水氯化钴；亚硒酸钠；酵母铜；酵母铁；酵母锰；酵母硒。

**其他**（饲料添加剂）：无法归入维生素、氨基酸、微量元素，但属于中华人民共和国农业部公告105号中规定的173种饲料添加剂。

**饲料添加剂Ⅰ型、Ⅱ型**：饲料添加剂Ⅰ型、Ⅱ型分类方法参见《饲料添加剂和添加剂预混合饲料生产许可证》申证指南。

**统计人员签字处**

单位负责人：指各省、自治区、直辖市饲料管理部门中对饲料统计工作负有直接监督责任的领导者，此处为签字处，表明认可以上数据。在其后的联系电话中注明直拨电话，方便工作。

填表人：指各省、自治区、直辖市饲料管理部门中负责饲料统计、汇总工作的人员，此统计表的最终填写者，此处为签字处，表示认可以上数据。如填写中，由于某种原因造成人员变更，以最后完成此表填写工作的工作人员作为填表人，并注明填表时间。

审表人：指各省、自治区、直辖市饲料管理部门中对此表中相关数据的真实性进行审核的人员，此处为签字处，表明以上数据已经过审核。并注明审表时间。

**综合季报**（饲综21表）

相关指标解释参见综合年报（饲综11表）。

**基层年报**（饲基11表）

01 **法人单位代码**：填写组织机构代码登记主管部门发给的法定代码。

02 **法人单位名称**：填写与单位公章名称完全一致的单位名称。

03 **法人代表人**：指根据公司章程或有关文件的规定，代表本单位行使职权的签字人。

04 **单位所在地及行政区划**

地址：指企业所在的行政区划和办公场所、生产场所的详细地址。如果邮寄地址与地址不一致，在办公、生产地址后使用括号注明邮寄地址及邮政编码。

05 **通讯号码**：电话、传真、电子信箱均指企业负责此项统计工作人员的通讯号码。如果电话有分机，需注明。

08 **产品生产情况**

饲料添加剂产品名称：填写许可证中允许生产的饲料添加剂产品名称。

相关指标解释参见综合年报（饲综 11 表）。

统计人员签字处

统计负责人：指各公司内对饲料统计工作负有直接监督责任的领导者，此处为签字处，表明认可以上数据。在其后的联系电话中注明直拨电话，方便工作。同时注明其在公司内部的岗位及职务。

填表人：指各公司内负责饲料统计、汇总工作的人员，此统计表的最终填写者，此处为签字处，表示认可以上数据。如填写中，由于某种原因造成人员变更，以最后完成此表填写工作的工作人员作为填表人，并注明填表时间。

审表人：指各公司内对此表中相关数据的真实性进行审核的人员，此处为签字处，表明以上数据已经过审核。并注明审表时间。

**基层月报**（饲基 31 表）

**02 财务信息**

销售收入：是指饲料工业企业通过销售饲料工业品所取得的收入总额。

**03 原料采购情况**

进货量：指此种原料本月企业采购总量。

采购价：指企业采购此种原料的当月单位平均价格。

鱼粉：填写时在备注中注明是否是进口和粗蛋白含量。

蛋氨酸：填写时在备注中固/液选择其中之一。

多维：又称维生素预混合饲料，是一种或多种维生素与载体或稀释剂按一定比例配制的均匀混合物。

**04 市场信息**

价格：填写此类产品的平均出厂单位价格。

产品类别：指饲料产品类别及饲喂对象和阶段。

**05 出口产品信息**

出口数量：指出口产品的销量。

销售价格：指单位产品的离岸价。

到岸区域：填写产品出口的地理区域名称，如亚洲、欧洲。

相关指标解释参见综合年报（饲综 11 表）。

**基层月报**（饲基 32 表）

相关指标解释参见综合年报（饲综 11 表），基层年报（饲基 11 表）和基层月报（饲基 31 表）。

**参考文献：**

1. 中华人民共和国国务院令第 266 号 .1999. 饲料和饲料添加剂管理条例

2. 国务院法制办公室　农业部编制 .2001. 饲料和饲料添加剂管理条例释义 . 中国农业出版社

3. 中华人民共和国国家标准 .1988. 骨粉及肉骨粉（GB8936－88）. 中国标准出版社

4. 中华人民共和国国家标准 .1988. 饲料用大豆粕（GB10380－89）. 中国标准出版社

5. 中华人民共和国国家标准 .1988. 饲料级磷酸氢钙（GB8258－87）. 中国标准出版社

6. 张子仪主编 .2000. 中国饲料学 . 中国农业出版社

7. 中华人民共和国国家标准 .1988. 饲料用菜籽粕（GB10375－89）. 中国标准出版社

8. 张乔主编 .1996. 饲料添加剂大全 . 北京工业大学出版社

9. 朱之鑫主编 .2000. 国家统计报表制度主要指标解释 . 中国统计出版社

10. 中华人民共和国国家标准 .1989. 饲料工业通用术语（GB10647－89）. 中国标准出版社

## 中华人民共和国农业部关于转发最高人民法院、最高人民检察院办理非法生产、销售、使用禁止在饲料和动物饮用水中使用的药品等刑事案件具体应用法律若干问题解释的通知

（二〇〇二年八月二十八日）

为了严厉打击非法制售和使用禁止在饲料和动物饮用水中使用的药品等犯罪活动，确保饲料和养殖业的持续健康发展，促进农民增收，保护公民身体健康，2002 年 8 月 16 日，中华人民共和国最高人民法院、最高人民检察院联合发布了《最高人民法院、最高人民检察院关于办理非法生产、销售、使用禁止在饲料和动物饮用水中使用的药品等刑事案件具体应用法律若干问题的解释》（法释［2002］26 号），并于 2002 年 8 月 23 日起施行。现该司法解释转发给你们，并请做好以下几项工作。

一、深入学习，广泛宣传。各级畜牧兽医和饲料行政管理部门要认真组织学习该司法解释，及时向当地领导汇报，争取重视和支持，协助有关部门，切实加大执法力度。要充分利用报刊、电视、广播等新闻媒介，及时向社会宣传；要采取多种形式、多种渠道深入饲料生产经营企业和养殖场（户）广为宣传，使该司法解释深入人心、家喻户晓。

二、进一步提高对依法惩治非法生产销售使用盐酸克伦特罗等药品重要性和紧迫性的认识。各级畜牧兽医和饲料行政管理部门要以对党和人民高度负责的态度，发扬连续作战和密切合作的精神，全面动员，周密部署，迅速开展新一轮的查禁“瘦肉精”等违禁药品的行动，坚决铲除非法制售窝点，制止非法使用行为；对于构成犯罪的，要及时移送司法机关处理。

三、各地在查处非法生产、经营和使用盐酸克伦特罗等违禁药品违法行为过程中有什么问题和建议，请及时与农业部畜牧兽医局（全国饲料工作办公室）或农业部整顿和规范市场经济秩序领导小组办公室联系。联系电话：（010）64192848、64193157；传真：（010）64192869。

附件：中华人民共和国最高人民法院、最高人民检察院公告

## 中华人民共和国最高人民法院、中华人民共和国最高人民检察院公告

《最高人民法院、最高人民检察院关于办理非法生产、销售、使用禁止在饲料和动物饮水中使用药品等刑事案件具体应用法律若干问题的解释》已经最高人民法院审判委员会第1237次会议、最高人民检察院第九届检察委员会第109次会议通过。现予公布，自2002年8月23日起施行。

中华人民共和国最高人民法院
中华人民共和国最高人民检察院
二○○二年八月十六日

## 最高人民法院、最高人民检察院关于办理非法生产、销售、使用禁止在饲料和动物饮用水中使用的药品等刑事案件具体应用法律若干问题的解释

法释〔2002〕26号

（最高人民法院审判委员会1237次会议、最高人民检察院第九届检察委员会第109次会议通过）

为依法惩治非法生产、销售、使用盐酸克伦特罗（Clenbuterol Hydrochloride俗称"瘦肉精"）等禁止在饲料和动物饮用水中使用的药品等犯罪活动，维护社会主义市场经济秩序，保护公民身体健康，根据刑法有关规定，现就办理这类刑事案件具体应用法律的若干问题解释如下：

**第一条** 未取得药品生产、经营许可证件和批准文号，非法生产、销售盐酸克伦特罗等禁止在饲料和动物饮用水中使用的药品，扰乱药品市场秩序，情节严重的，依照刑法第二百二十五条第（一）项的规定，以非法经营罪追究刑事责任。

**第二条** 在生产、销售的饲料中添加盐酸克伦特罗等禁止在饲料和动物饮用水中使用的药品，或者销售明知是添加有该类药品的饲料，情节严重的，依照刑法第二百二十五条第（四）项的规定，以非法经营罪追究刑事责任。

**第三条** 使用盐酸克伦特罗等禁止在饲料和动物饮用水中使用的药品或者含有该类药品的饲料养殖供人食用的动物，或者销售明知是使用该类药品或者含有该类药品的饲料养殖的供人食用的动物的，依照刑法第一百四十四条的规定，以生产、销售有毒、有害食品罪追究刑事责任。

**第四条** 明知是使用盐酸克伦特罗等禁止在饲料和动物饮用水中使用的药品或者含有该类药品的饲料养殖的供人食用的动物，而提供屠宰等加工服务，或者销售其制品的，依照刑法第一百四十四条的规定，以生产、销售有毒、有害食品罪追究刑事责任。

**第五条** 实施本解释规定的行为，同时触犯刑法规定的两种以上犯罪的，依照处罚较重的规定追究刑事责任。

**第六条** 禁止在饲料和动物饮用水中使用的药品，依照国家有关部门公告的禁止在饲料和动物饮用水中使用的药物品种目录确定。

附件：农业部、卫生部、国家药品监督管理局公告的《禁止在饲料和动物饮用水中使用的药物品种目录》

## 中华人民共和国国务院办公厅转发农业部关于促进饲料业持续健康发展若干意见的通知

（二○○二年九月五日）

农业部《关于促进饲料业持续健康发展的若干意见》已经国务院同意，现转发给你们，请认真贯彻执行。各地区、各有关部门要按照本通知的要求，对饲料生产和质量安全进行一次全面检查，完善制度，强化监督，并将贯彻本通知的情况于2003年6月前报国务院。

附件：关于促进饲料业持续健康发展的若干意见。

## 关于促进饲料业持续健康发展的若干意见

（农业部　二○○二年七月三十一日）

经过20多年的改革与发展，我国饲料业已经形成门类比较齐全、功能比较完备的产业体系，成为国民经济中的重要基础产业。但目前在饲料业发展过程中还存在着一些亟待解决的问题：饲料产业结构和生产布局不够合理，饲料原料的质量和生产能力有待提高，饲料业的标准体系、监测体系和安全监管体系不够健全，饲料添加剂质量及使用存在一些安全隐患等。为促进我国饲料业持续健康发展，现提出以下意见：

### 一、充分认识饲料业持续健康发展的重要意义

（一）发展饲料业是推进农业和农村经济结构战略性调整的重要方面。大力发展饲料业，不仅能够带动饲料作物种植和养殖业的发展，促进农业结构调整和优化，而且还可以促进粮食加工、转化与增值，推进第二、三产业的发展，提高农业的综合效益。同时，通过发展饲料业提升农业产业层次，把畜牧业发展成为一个大产业。

（二）发展饲料业是增加农民收入的重要途径。

按照比较效益和市场需求种植饲料作物,可提高种植效益;通过饲料原料的加工转化,可促进饲料资源的增值;通过产业化龙头企业的带动,可获得规模经济效益。

(三)发展饲料业是提高农业竞争力的有力措施。大力发展饲料业，延长产业链条，发挥农副产品加工的后续效益；推动养殖业结构升级换代，提高生产效率，促进养殖业向规模化、集约化和现代化方向发展。同时，培育一批竞争力较强的名牌畜禽和水产品，进一步开拓国际市场。

(四)发展饲料业是提高人民生活水平的重要保障。发展安全优质高效的饲料业，是养殖业持续健康发展的物质基础，是提供卫生安全和营养丰富的动物性食品的基本保障。

### 二、明确饲料生产和安全监管的目标

(一)建设安全优质高效的饲料生产体系。面向市场，依靠科技，科学利用和综合开发各类饲料资源，积极推进安全优质高效和替代进口饲料产品的生产，加快建设符合我国国情的饲料生产体系，以实现大宗饲料原料和饲料总量供求的基本平衡。

(二)健全和完善饲料安全监管体系。当前和今后一个时期，要抓紧建立与国际接轨的饲料质量标准体系、健全的饲料监测体系和规范的饲料安全监管体系，把我国饲料安全监管工作提高到一个新水平。

### 三、优化饲料产业结构和布局

(一)调整饲料产业结构。稳定发展配合饲料和单一饲料，加快发展浓缩饲料、精料补充料和饲料添加剂及其预混合饲料，实现饲料品种系列化、结构多样化。努力开发新型饲料资源和饲料品种，压缩一般性饲料品种，加快饲料产品的更新换代，满足不同饲养品种、饲养方式对饲料产品的需求。

(二)优化饲料产业区域布局。要按照统筹规划、因地制宜、优势互补、协调发展的原则，对饲料业布局进行调整。东部沿海地区和大城市郊区，要突出发展高附加值和创汇能力强的饲料加工业、饲料添加剂工业和饲料机械工业；中部地区要大力发展饲料原料和饲料加工业，提高饲料加工深度；西部地区要建设饲料饲草等原料生产基地，加快发展浓缩饲料加工业和饲料添加剂工业，推广配合饲料和精料补充料。

(三)加快饲料原料生产基地建设。抓紧建立优质饲料基地，扩大专用饲料作物种植，提高饲料原料的质量和生产能力。粮食主产区要积极推广间作套种、立体种植技术，稳步推进由粮食、经济作物二元种植业结构向粮食、经济作物和饲料三元种植业结构的转变，增加饲料总产量。有条件的地方要充分利用冬闲田种植牧草，实行草粮轮作，增加冬春季青绿饲料供给。西部地区要通过退耕还林（草）建设饲草生产基地，重点发展优质饲草生产。

### 四、大力推进饲料业科技进步

(一)加快饲料业科研与开发。以研究开发蛋白质饲料、农副产品饲料生产及高效利用技术为重点，开发非粮食饲料；广泛应用生物、精细化工等技术，加速研制并推广安全、高效、无污染的饲料添加剂，逐步替代允许使用的药物饲料添加剂；大力推动优质环保型饲料、专用饲料和安全饲料科学配方技术的研究开发。积极研究开发大型饲料加工设备及成套技术。加快饲料工业信息化建设步伐。

(二)推进饲料业高新技术产业化。鼓励大中型饲料生产企业建立和完善技术研发中心，提高技术创新能力。鼓励科研单位、大专院校与饲料生产企业开展多种形式的联合与合作，建立一批新型的饲料产学研联合体，加快饲料重大科技成果的开发和转化。深化农业科技体制改革，通过技术服务、技术承包、技术转让或入股等方式，完善科技人员分配机制，促进饲料业高新技术产业化。

(三)加强饲料业技术推广工作。鼓励科研单位、学校、饲料企业和其他中介组织，采取多种形式，开展技术推广和咨询服务。把“绿色证书工程”、“跨世纪青年农民培训计划”等与加强饲料专业人才培养结合起来。开展饲料行业职业技能鉴定与培训，认真执行关键岗位持证上岗制度，提高从业人员素质。地方各级饲料技术推广部门要做好饲料、饲料添加剂新产品和新技术的推广与示范工作。继续加大青贮饲料和氨化秸秆等成熟技术的推广力度，加快农区秸秆养畜过腹还田示范区建设。

### 五、依法加强饲料质量安全监管

(一)制定完善的饲料标准体系。抓紧研究、制定与国际接轨的饲料工业标准体系。在逐步提升现有的饲料原料和产品质量标准的基础上，加紧修订完善饲料卫生安全强制性标准，尽快制定转基因和动物性饲料检测方法标准。重点扶持一批国家级骨干饲料科研机构，为各类饲料标准体系建设提供技术支持。当前，应优先制定饲料生产和畜禽等饲养过程中使用违禁药品的速测方法标准，以及允许使用的药物饲料添加剂检测方法标准。

(二)加强饲料监测体系建设。以国家级饲料监测中心为龙头，部省级饲料监测中心为骨干，地、县级饲料监测站为基础，进一步加强饲料监测体系建设。加快实施饲料安全工程，改善饲料监测机构的基础设施条件。建立全国饲料安全信息网络，完善饲料业信息采集和发布程序，逐步把饲料监测机构建设成产品质量检测评价中心、市场信息发布中心、技术咨询服务中心和专业人才培训中心，提高饲料监测体系的整体水平。

(三)切实抓好饲料安全监管工作。加强对饲料生产、经营和使用等环节的监测，关口前移，从源头上抓好对饲料业的监管。禁止在饲料和动物饮用水中添加肾上腺素受体激动剂、性激素、蛋白同化激素、精神药品、抗生素滤渣等国家明令禁用的药品，对于允许添加的药品，在使用上要符合有关休药期的规定要求。禁止给反刍动物喂食哺乳类动物性饲料。防止

假冒伪劣饲料产品和禁用药品流入市场。

（四）完善饲料管理法规，加大执法力度。抓紧起草有关饲料、饲料添加剂的配套法规和管理办法，完善饲料安全监管制度。全程监控饲料和饲料添加剂生产、经营和使用，切实抓好饲料质量安全监管工作。加强普法宣传，加大执法力度。各有关部门和地方各级人民政府要认真贯彻执行《饲料和饲料添加剂管理条例》，切实履行饲料管理和监督的职责。各级饲料管理部门要制定饲料安全突发事件防范预案，建立有效的预警机制，并会同公安、工商、药监、环保、质检等行政主管部门，坚决查处在饲料生产、经营和使用中添加禁用药品的行为。加强对进口饲料、饲料添加剂的检验检疫，严密监控动物性饲料、转基因饲料产品的质量安全和流向，消除各种隐患，确保饲料产品质量安全。整顿和规范饲料产品市场秩序，对于生产不合格饲料产品和安全隐患多的企业，要停产整改，跟踪监测。对于违法使用禁用药品和发生重大质量安全事故的饲料企业，要取消其生产和经营资格，依法追究有关责任人的法律责任。

**六、进一步深化饲料企业改革**

（一）完善饲料企业经营机制。按照建立现代企业制度的要求，积极探索新的饲料企业经营机制。在进一步深化国有和国有参股、控股企业改革的同时，鼓励发展非公有制饲料企业。规范公司法人治理结构，加强以财务管理为重点的企业管理，逐步实现规范化、科学化管理。按照“抓大放小”的原则，支持饲料企业开展优势互补，实现资产优化重组，不断提高饲料企业的竞争能力。重点培育和扶持一批起点高、规模大、核心竞争力强的核心饲料企业和企业集团。

（二）提高饲料产业化经营水平。充分发挥饲料企业与农民联系紧密的特点，鼓励饲料企业采取“订单农业”、“公司加农户”等方式，把原料生产、加工、销售等环节连接起来，形成较为稳定的产销关系和利益关系。支持饲料企业、专业大户和经纪人牵头组建农民专业合作经济组织，提高生产经营的组织化程度。各地区和有关部门要将符合条件的饲料企业列为农业产业化龙头重点企业，优先予以扶持。

（三）积极实施“走出去”战略。发挥我国农业比较优势，充分利用“两个市场”、“两种资源”，加快我国饲料业的对外开放步伐。建立和完善饲料业的出口支持服务体系，及时跟踪国际先进的技术信息和市场动态，充分发挥饲料行业协会在市场准入、信息咨询、价格协调、纠纷调解和行业损害调查等方面的作用，开展反倾销和应诉工作的组织与指导，更好地为饲料产品服务，促进饲料业健康发展。

**七、加强对饲料工作的领导**

（一）切实加强对饲料业发展和饲料安全工作的领导。各级地方人民政府要充分认识发展饲料业的重要性，把发展饲料业作为调整农业结构、增加农民收入和确保食品安全的一项重要工作来抓。各地区、各有关部门要切实解决饲料业发展中存在的突出问题，推动饲料业持续、健康发展。

（二）进一步转变政府职能。饲料行业行政主管部门要搞好饲料业发展规划、分类指导、安全监管和协调服务工作，发挥各级饲料行业协会的桥梁纽带作用，促进行业自律。

（三）稳定完善饲料业发展的相关政策。继续执行国家对饲料行业的现行税收优惠政策。严禁各种乱评比、乱罚款和乱收费。鼓励和支持有条件的饲料企业跨区域收购所需的饲料原料。粮食购销企业要发挥仓储和质量检验等方面的优势，进一步搞好与饲料企业的购销衔接，促进粮食转化增值。

（四）多渠道增加对饲料业的投入。各级地方人民政府要加大对饲料业的资金投入力度，重点用于饲料高新技术开发和推广，以及市场信息体系、监测检验体系、秸秆养畜示范项目和优质饲料基地建设。有关部门要支持饲料企业的设备更新和技术改造。商业银行要对饲料企业生产和经营提供信贷支持。积极引导社会资金投向饲料行业，加快饲料行业利用外资的步伐。

## 中华人民共和国农业部关于印发《饲料及畜产品中“瘦肉精”等违禁药品专项整治计划》的通知

（二〇〇二年九月二十九日）

为从源头解决制售、使用“瘦肉精”等违禁药品问题，进一步提高我国畜产品的安全质量，保障人民身体健康，增强我国畜产品在国际贸易中的竞争力，我部决定在全国开展饲料及畜产品中“瘦肉精”等违禁药品专项整治行动。现将《饲料及畜产品中“瘦肉精”等违禁药品专项整治计划》印发给你们，请认真贯彻实行。

附件：饲料及畜产品中“瘦肉精”等违禁药品专项整治计划

## 饲料及畜产品中“瘦肉精”等违禁药品专项整治计划

为从源头解决非法制售和使用“瘦肉精”等违禁药品问题，进一步提高我国畜产品的安全质量，保障人民身体健康，增强我国畜产品在国际贸易中的竞争力，根据农业部《全面推进“无公害食品行动计划”的实施意见》，特制定饲料及畜产品中“瘦肉精”等违禁药品专项整治计划。

**一、整治目标**

通过贯彻落实《饲料和饲料添加剂管理条例》、《国务院办公厅转发农业部关于促进饲料业持续健康发展的若干意见》以及《最高人民法院、最高人民检察院关于办理非法生产、制售、使用禁止在饲料和动物饮用水中使用的药品等刑事案件具体应用法律若干问题的解释》，严格执行《禁止在饲料和动物饮水中使用的药品品种目录》、《食品动物禁用的兽药及其化合物清单》的各项规定，加强饲料生产、经营和使用各环节的管理，推进安全、优质饲料的生产、经营和使用，监管关口前移，切实把好“病从口入”这一关，逐步减少直至杜绝食用动物生产中使用“瘦肉精”等违禁药品的违法行为，确保畜产品安全。

## 二、整治思路与重点

（一）整治思路

以贯彻落实《国务院办公厅转发农业部关于促进饲料业持续健康发展若干意见》和最高人民法院、最高人民检察院《关于办理非法生产、销售、使用禁止在饲料和动物饮用水中使用的药品等刑事案件具体应用法律若干问题的解释》为契机，以推行“瘦肉精”速测方法为手段，以查禁小化工企业集聚地、生猪外调省份和养殖业重点区域为突破口，发扬连续作战和密切合作的精神，全面动员，周密部署，集中优势力量，迅速开展饲料及畜产品中“瘦肉精”等违禁药品专项整治行动，从源头抓起，坚决铲除非法制售“瘦肉精”等违禁药品的窝点，制止非法经营、使用违禁药品的行为。

（二）整治重点

1. 重点地区：饲料添加剂和添加剂预混合饲料主产地区，生猪生产和外调主要地区，畜产品消费集中地区，畜产品出口基地、无公害行动计划试点城市，以及饲料、畜禽质量监控出现问题较多的地区。

2. 重点对象：非正规饲料研究机构，饲料和饲料添加剂生产、经营企业和个人，畜禽养殖场（户），畜禽购销单位和个人，畜禽屠宰场（户），畜禽产品销售市场。

## 三、整治内容

（一）整治非法制售违禁药品的行为

1. 查处违法生产“瘦肉精”等违禁药品原料药的非法企业和窝点。

2. 查处非法经营“瘦肉精”等违禁药品的非法企业和个人。

（二）整治饲料企业制售含违禁药品饲料和饲料添加剂的行为

1. 查处在饲料生产、经营过程中添加“瘦肉精”等违禁药品的行为。

2. 查处销售含有“瘦肉精”等违禁药品饲料和饲料添加剂的行为。

3. 清理无生产许可证、无批准文号、无质量合格证、无产品标准的“四无”饲料添加剂及其预混合饲料。

4. 清理标签不规范和成分不清的饲料添加剂及其预混合饲料。

5. 督促企业建立饲料和饲料添加剂生产记录制度。

（三）整治养殖企业违法使用违禁药品的行为

1. 查处养殖场（户）在自配料中添加“瘦肉精”等违禁药品的行为。

2. 查处养殖场（户）在动物饮用水中添加“瘦肉精”等违禁药品的行为。

3. 建立养殖场（户）用药记录制度，规范用药管理，遵守兽药管理法规。

（四）整顿畜禽屠宰企业

1. 严格屠宰检验检疫制度，加强屠宰环节违禁药品检验。

2. 整治那些明知畜禽使用了“瘦肉精”等违禁药品，仍为其提供屠宰服务，或者销售其制品的屠宰企业。

3. 按计划实施免疫标识制度，建立畜产品安全追溯制度。

4. 推行畜禽产地责任和销区准入相结合的管理制度，将生产、经营和消费三方利益结合起来。

## 四、实施步骤

（一）自查整改

1.2002 年 10 月 25 日前，各地应结合自己的实际情况，制定详细的饲料及畜产品违禁药品专项整治方案。充分利用新闻媒介，及时向社会宣传相关的法律法规。同时采取多种形式、多种渠道深入有关企业、场（户）广为宣传。

2.2002 年 11 月 15 日前，有关饲料、养殖企业和个人自行清理、封存含有违禁药品的饲料、饲料添加剂产品，并及时上报自查结果。对于自查上报的含有违禁药品的饲料、饲料添加剂产品要进行检验认定，重点按照“五不放过”的原则追查违禁药品的生产源头；对于使用过含违禁药品饲料的养殖场（户）要严格检验，检验超标者不得出栏销售。

（二）监督检查

1.2002 年 11 月 31 日前，各省级饲料管理部门在企业（场、户）自查的基础上，采取现场考核与抽样检测相结合的办法进行监督检查。抽样应包括饲料和饲料添加剂、畜禽饮水、畜禽尿样、内脏等各个环节，每一环节抽样数不低于 50 个，要及时进行安全评定，并将评定结果于 12 月 30 日前报农业部畜牧兽医局（全国饲料工作办公室）。

各相关企业（个人）应当按照本计划进行自查整改，对未进行自查整改的企业（个人）、整改不合格的企业（个人），责令其在三个月内继续整改，拒不整改，要严肃查处，直至取消从业资格。对在监督抽查中未发现使用违禁药品的企业，予以通报表扬；在饲料和饲料添加剂、活的畜禽、畜产品样品中检出含有盐酸克伦特罗等违禁药品的，要会同有关部门首先依法追究其刑事责任，尚不够追究刑事责任的，要严格处罚，并取消其从业资格。

2.2003 年 1 月初，农业部组织对整治结果进行联查和互查，对河南、河北、湖南、湖北、浙江、福建、江西、江苏、广西等重点省区落实本计划情况进行联查；对其他省区进行互查；对重点企业和个人进行抽查，并将抽查结果予以通报。

**五、组织领导与工作要求**

（一）本专项整治计划由农业部统一领导，地方各级畜牧兽医和饲料管理部门具体组织实施。

（二）地方各级职能部门要成立饲料及畜产品违禁药品污染专项整治领导小组，结合当地实际制定相应的工作计划和方案并报农业部畜牧兽医局（全国饲料工作办公室），切实保证整改措施落实到位，富有成效。

（三）按照统一组织、分工负责的原则。各级饲料和畜牧兽医管理部门分别负责指导监督饲料和饲料添加剂生产、畜禽养殖、畜禽屠宰加工、畜禽产品销售企业完成自查整改工作。对从事违法生产、经营、使用活动的，按照《饲料和饲料添加剂管理条例》的规定进行严厉查处。同时，各部门要加强沟通，相互支持，积极配合，形成合力。

（四）地方各级饲料、畜牧兽医管理部门，应结合本计划，建立并完善监督监测体系，争取财政对检测工作的支持力度，按照农业部的有关规定，配备管理人员和监督人员，加强管理和监督工作。

（五）地方各级饲料、畜牧兽医管理部门要采取措施，加大对饲料和饲料添加剂、兽药、畜禽饮水、畜禽尿样、畜禽内脏等样品的抽检力度，全面掌握“瘦肉精”等违禁药品的使用情况，发现问题立即解决。对饲料和饲料添加剂、兽药、畜禽养殖、畜禽屠宰加工等各个环节实行全程监管，杜绝“瘦肉精”等违禁药品的生产、经营和使用，确保畜产品安全和人民身体健康。

## 中华人民共和国农业部关于贯彻落实促进饲料业持续健康发展若干意见的通知

（二〇〇二年十月二十五日）

为贯彻执行《国务院办公厅转发农业部关于促进饲料业持续健康发展若干意见的通知》（国办发[2002] 42号，以下简称《通知》），进一步促进饲料业持续健康发展，现就有关事项通知如下：

**一、认真组织学习，进一步提高对饲料业持续健康发展重要意义的认识**

改革开放以来，我国饲料工业从无到有，迅速崛起，取得了巨大的成就，一跃成为世界第二大饲料生产国。2001年，饲料产品总产量达7 806万t，饲料加工业产值接近2 000亿元，实现了饲料产量、产值、利税和就业人数的同步增长，已经成为国民经济的重要支柱产业之一。青贮饲料和氨化秸秆饲料迅速推广，2001年全国共制作青贮饲料1.15亿t，氨化秸秆5 100万t，年折算节约饲料粮4 000多万t，有力地促进了草食家畜的发展。当前，我国农业和农村经济结构战略性调整正处在关键时期，尽快把畜牧业发展成为一个大产业，促进水产养殖业可持续发展，已成为我国农业结构调整和农民增收的重要途径。发展安全优质高效的饲料业对于促进养殖业持续健康发展，增强畜禽水产品的竞争力，提高人民生活水平具有重要意义。各级畜牧、饲料管理部门要认真组织学习，充分认识发展饲料业的重要意义，进一步明确发展目标，采取切实有效措施，抓住发展机遇，加快饲料业发展。

**二、按照《通知》要求，抓紧制定本地区饲料业的中长期发展目标和年度实施计划**

饲料业总体发展目标是：面向市场，依靠科技，不断优化饲料产业结构和布局，科学利用和综合开发各类饲料资源，加快饲料原料生产基地建设，积极推进安全优质高效和替代进口饲料产品的生产，加快建设符合我国国情的饲料生产体系，以实现大宗饲料原料和饲料总量供求的基本平衡。各级饲料管理部门要统筹规划，因地制宜，抓紧制定和完善本地区饲料业“十五”计划和2015年远景发展目标规划，并制定详细的年度实施计划。今明两年的年度实施计划要突出制度建设和违禁、限量药品的专项整治，尽快杜绝饲料及动物生产中使用“瘦肉精”等违禁药品的违法行为，确保畜禽水产品安全。

**三、积极抓好《通知》的落实工作**

（一）实施三项行动，全面整顿和规范饲料生产与市场　一要按照我部关于饲料及畜产品中“瘦肉精”等违禁药品专项整治计划及相关规定，组织开展饲料及畜产品中“瘦肉精”等违禁药品的专项整治行动。二要采取普查、统检、抽检等形式，在全国范围内开展饲料和饲料添加剂生产、经营、使用，以及动物饮用水等各环节全程质量监督抽查行动。三要组织开展全国饲料生产企业安全生产检查行动，定期对安全生产的规章制度和岗位责任制，特别是安全生产责任制、防火责任制、易燃易爆物品管理制度，以及安全操作规程，特殊饲料添加剂企业防止散毒的各项规定的执行情况进行检查，督促企业及时整改问题，消除饲料企业安全生产隐患。各级饲料管理部门和质检机构要根据检查情况与检测结果依法从严从快对违法违规企业进行处罚，并按照“五不放过”的原则，加强同有关部门的协作，彻底追查“瘦肉精”等违禁药品的源头。

（二）建立健全饲料管理机构和饲料监测体系　依据《饲料和饲料添加剂管理条例》规定，尽快明确饲料管理部门和职能，并配备相应的管理人员，确保饲料工作有人抓，有人管。加快地（市）级饲料监测机构的建设步伐，在暂时没有条件建立县级饲料监测机构的地方，要尽快培养1～2名专门的饲料产品监督和抽样员。通过实施饲料安全工程，改善饲料监测机构的基础条件。利用5年左右的时间，逐步把饲料监测机构建设成产品质量检测评价中心、市场信息发布中心、技术咨询服务中心和专业人才培训中心，提高饲料监测体系的整体水平。饲料工业协会是联系政府和企业的桥梁和纽带，要积极协助政府加强饲料管理，组织开展标准化、科技推广和职业培训工作。坚持发展观点，帮助饲料企业完善经营机制，提高产业化经营水平，积极组织饲料企业"走出去"。规范企业经营行为，建立饲料企业信用机制，加强行业自律管理。

（三）完善制度，强化监督和管理　各地要认真总结饲料及畜禽水产品质量安全"治本"方面的经验，建立健全有关饲料、饲料添加剂的配套法规和管理办法，完善生产记录、饲料添加剂使用规范和质量安全追溯等监管制度，通过建章立制，实现标本兼治。

要依据饲料行业标准体系表，按照轻重缓急的原则，逐步提升现有的饲料原料和产品质量标准，加紧修订完善饲料卫生安全强制性标准，转基因和动物性饲料检测方法标准。我部将组织有关部门尽快制定饲料生产和畜禽等饲养过程中使用禁用药品的速测方法标准，以及允许使用的主要的药物饲料添加剂检测方法标准。

各级饲料管理部门要依法行政，组织做好本辖区内饲料、饲料添加剂产品质量监测和行政处罚工作。要继续会同工商、药监、环保、质检等部门，搞好联合执法。对于违法使用禁用药品和发生重大质量安全事故的饲料企业，要取消其生产和经营资格，依法追究有关责任人的法律责任。同时，各级饲料管理部门要抓紧制定饲料安全突发事件防范预案，建立起有效的预警机制，发生重大饲料安全事故要及时报告。

引导企业完善内部管理制度，推进饲料企业改革。饲料企业要按照建立现代企业制度的要求，积极探索新的经营机制；要以生物技术和信息技术为突破口，大力推动企业科技创新，努力提供安全优质高效饲料产品；要充分发挥饲料企业与农民联系紧密的特点，提高产业化经营水平；积极实施"走出去"战略，努力开拓国际市场。

（四）努力营造饲料业持续健康发展的良好环境

切实加强对饲料工作的领导和支持。继续争取各级政府和相关部门对饲料业发展和饲料安全工作的指导、关心和支持。认真执行国家对各级饲料行业的现行税收优惠政策，积极争取资金，加快饲料业利用外资步伐，引导社会资金投向饲料行业。

大力推进饲料业科技进步。积极创造条件，加强饲料业技术难点问题的研究与攻关，加快饲料业现行科技成果的推广步伐，积极鼓励饲料企业科技创新，推进饲料业高新技术产业化。

各级饲料管理部门要以贯彻落实《通知》精神为契机，进一步转变政府职能，积极与相关部门搞好协作，加强指导，强化饲料质量安全监管。同时，要不断提高人员素质，改善工作条件，提高管理水平，文明执法。

根据《通知》要求，我部将组织对饲料生产和质量安全进行一次全面检查，并对各地贯彻《通知》的情况进行检查。各级饲料行政主管部门要将贯彻落实《通知》要求作为当前和今后一段时期内饲料行业的一件重要任务，加大宣传力度，全力抓好落实，并将贯彻落实情况于2003年5月底前书面报送我部。

# 领导讲话

## 重点突破 管理上水平 努力开创新局面

### ——贾幼陵同志在全国农业工作会议畜牧饲料专业会议上的讲话

同志们：

这次会议，是在党的“十六大”胜利闭幕，各行各业认真实践“三个代表”重要思想，全面建设小康社会的新形势下，畜牧饲料行业的一次重要会议。会议将全面回顾2002年畜牧饲料工作，总结交流行业管理工作新思路、新经验和新方法，部署2003年全年工作，确保新形势下畜牧饲料行业继续稳步发展。刚才，齐部长做了重要讲话，对2002年的工作给予很高的评价，并针对当前的问题，对今后的工作提出了明确要求，请大家认真讨论，贯彻齐部长的讲话精神。下面，由我作年度工作报告。

**一、行业经济运行状况良好**

2002年，我国畜牧饲料行业继续稳步健康发展。在全行业共同努力下，克服各种不利因素的影响，生产稳定增长，结构不断优化，畜产品供求相对平衡，市场价格稳定，产品质量有较大提高，行业效益稳中有升，为农民增收和农村经济发展做出了新贡献。

受肉食消费结构变化等因素的影响，生猪市场行情比上年略差，猪肉、活猪、仔猪平均价格同比降幅在4%～8%，由于配合饲料和玉米价格同时也分别下降了3%和7 %，全年猪粮比价为5.36∶1，综合效益略好于上年。出栏1头生猪平均获利在70元左右。

鸡蛋价格经过两年多的低价徘徊，2001年底开始回升，2002年平均价格同比增长5.8%，全年蛋粮比价为5.15∶1，较上年明显升高，蛋鸡生产保持稳定。肉鸡市场一度受出口下降影响，价格同比下降接近3%，但因生产成本的降低，生产者仍可获得一定利润。优质地方黄鸡品种发展加快，数量增加，市场看好，价格比普通肉鸡高出一倍左右。水禽效益也比较好，生产发展迅速。综合各种因素判断，1只蛋鸡年收益在10元左右，肉鸡在1.5元左右，优质黄鸡可获利3至5元。

牛羊肉市场需求保持了持续增长的势头，价格坚挺。牛肉、羊肉价格同比增幅7%～8%。出栏1头肉牛可获利400元左右，1只肉羊可获利80元左右。牛羊等草食家畜发展迅猛，牛羊肉产量增长较快，在肉类产品中的比重进一步提高。

奶业生产继续保持高速增长。北方奶业大省奶牛存栏及产奶量持续增加，南方省份也呈现出强劲发展势头。除一些产业化水平不高的地区有些波动外，全国奶价基本与上年持平。饲养1头奶牛年获利在3 000元以上。

预计2002年，全国肉类产量6 550万t，禽蛋产量2 360万t，奶类产量1 350万t，分别比上年增长3.4%、1.0%和20.2%；饲料产量8 200万t，比上年增长5.6%。据国家统计局前三季度调查结果推算，2002年畜牧业总产值较上年增长5%以上；农民人均出售畜产品的现金收入将超过400元。畜牧业仍然是农民收入的重要来源。

**二、重点工作取得新突破**

过去的一年，各级畜牧饲料部门认真贯彻落实中央农村工作会议及全国农业工作会议精神，紧紧围绕农业部提出的重点工作，按照“抓重点、重点抓”和“在关键点上实现突破”的工作要求，对事关畜牧业发展全局的重点工作，齐心协力，狠抓关键环节，实现了新的突破，促进了行业全面发展。

（一）畜产品优势区域建设开始启动。为适应畜产品结构调整和提高畜产品市场竞争力的需要，我部重点编制了奶业和肉用牛羊优势区域发展规划。计划在未来几年，通过充分发挥自然资源和经济社会的比较优势，实现区域化布局、规模化生产、标准化管理、产业化经营，集中财力、物力，建成一批优势畜产品的产业带和产业区。

为适应“优势区域，优先发展”的战略要求，各地在结构调整中纷纷把培植当地优势产业、搞好本地区域布局摆到突出位置，取得明显进展。山东省确定了肉牛肉羊等四大主导产业，采取了一系列把优势产业做大做强的具体措施。河南省正在积极建设中原牛羊肉和黄河滩区绿色奶业示范带。重庆市利用近郊区、中西部和武陵山区、三峡库区的不同资源优势，已基本形成了各具特色的产业带。陕西省从实际出发，大力发展优势畜种，初步形成了区域特色明显的肉牛、山羊及奶牛产业带。新疆自治区积极构建牛奶、优质牛羊肉、细羊毛产业带。宁夏积极建设奶牛、滩羊、肉牛等产业区的同时，将优质牧草产业区列入建设和发展重点。

通过科学规划、政策扶持、项目推进、产业化带动等一系列具体措施的实施，优势产业突出、结构趋于合理的畜牧业发展新格局正在逐步形成。

（二）奶牛良种繁育速度加快。在继续加强种畜禽管理，强化资源保护工作，推进畜禽良种繁育体系建设的同时，各级行业主管部门突出抓好奶牛良种繁育工作。良种工程项目重点向奶业倾斜，奶牛良繁体系建设投入力度进一步加大，资金投入超过良种工程项目总额的一半，投入总量和倾斜力度是前所未有的。强化了对种公牛站的监督管理。组织对全国36个种公牛站进行了现场检查和冻精质量检测，对合格的26个重新核发了种畜禽生产经营许可证。各级行业主管部门大力推进胚胎移植技术在生产中的应用，作为我部向农民承诺的13件实事之一，在北京、新疆等9省组织实施了“万枚高产奶牛胚胎移植富民工程”，实际完成移植1.5万枚，预计可生产高产奶牛3千多头。在该项目带动下，各地工作进展迅速，全国奶牛胚胎移植总量近4万枚，较上年大幅增加。为缓解奶牛良种不足，各地从政策、资金、技术等方面对奶牛良种繁育给予了大力支持，进口良种奶牛2.2万头、奶牛胚胎1.4万枚，是良种引进力度最大的一年。这些工作的开展，为解决良种数量不足这一制约我国奶业快速发展的瓶颈发挥了重要作用。

（三）“瘦肉精”治理工作继续深入。各级饲料行业主管部门与相关部门一起，始终保持高压严打态势，把瘦肉精查禁工作推向新的高潮。我部制定并下发了饲料及畜产品中“瘦肉精”等违禁药品专项整治计划。各级行业主管部门突出重点环节，对重点地区规模猪场开展“拉网式”检查，检测生猪尿样6 000多批次，查处违规养殖场200多家。通过普查、统检、抽检等多种手段，分门别类对饲料、饲料添加剂生产企业和规模养殖企业加大检测力度，共检测饲料和饮水样品2.8万批次，处罚不合格企业近2 500家，吊销86家企业的生产许可证。会同公安部门加强对浙江、江苏、贵州等地大案要案的督查，追查生产源头和首恶分子。各地共查处违法案件1 266宗，查获“瘦肉精”等违禁药品及其稀释剂2千多克，含违禁药物的饲料产品193t。移交司法机关65人，其中8人受到刑事处罚。“瘦肉精”速测试剂条在养殖场“拉网式”检测中全面应用，提高了检测速度，降低了检测成本。通过综合整治，非法制售和使用违禁药品的势头得到进一步遏制，瘦肉精检出率明显下降，真正实现监管关口前移，形成了对违法行为和不法之徒人人喊打的良好社会氛围。2002年第四季度养殖环节“瘦肉精”检出率为2.8%，比2001年同期下降3.8个百分点；饲料产品的检出率从0.66%降至0.1%。

（四）兽药残留监控进一步加强。2002年，我部公布了食用动物禁用的兽药及其他化合物清单，颁布了兽药标签和说明书管理办法，推行兽用生物制品批签发制度。进一步修订和完善了250种兽药残留限量标准，新制定12种兽药残留监测方法标准，制定并公布了包括氯霉素在内的33种禁用和限用兽药的检查方法。各级行业主管部门强化残留检测工作，全年检测样品2万多批次。各地加大兽药生产、经营和使用的监管力度，大力加强兽药安全使用管理工作，组织多种形式的培训活动，指导并监督养殖场建立用药记录制度，执行休药期制度。与国家药品监督管理局联合下发文件，切断禁用兽药的原料供应。组织开展清查禁用药行动，废止国家兽药标准8个，行业标准2个，地方标准207个，撤销禁用药产品批准文号1057个。查获和销毁禁用兽药原料药29.6t，制剂156万盒。

2002年，围绕欧盟、日本、韩国等国家和地区对我国畜产品的进口禁令，我部与有关部门加强协调，调整了部分法规标准，进行了艰苦的谈判，各地行业主管部门和相关企业也积极配合，解禁工作取得重要进展。目前欧盟已经开始对我国畜产品分品种解禁。

（五）动物免疫标识制度全面推行。2002年5月，动物免疫标识管理办法颁布施行。苏州会议后，各地行业主管部门进一步统一思想，克服困难，免疫标识制度实施步伐加快。各地行业主管部门积极争取各级政府支持，耐心向农牧民做好宣传工作，规范免疫标识生产、发放、佩带和监督等各项工作。通过统一招标采购，努力提高耳标质量，降低生产成本。各级动物防疫监督机构加强对标识制度的监督，在重点环节加强对免疫耳标的查验。各基层防疫单位，不辞辛苦，在免疫环节投入大量人力、物力，提高了耳标佩戴率。

目前，除新疆、西藏两个自治区外，免疫标识制度已在全国全面推开，县级工作开展面已达80%，存栏牲畜耳标佩戴率在40%左右。免疫标识制度的实施，提高了口蹄疫等牲畜重大动物疫病免疫密度和免疫质量，保证了全年口蹄疫疫苗使用计划的超额完成。特别是在一些采用连续编码技术，实现一畜一标一号的地区，免疫标识制度为饲养环节全程监管、疫情信息反馈创造了良好条件，为我国畜产品安全建立追溯制度迈出了可喜的一步。

（六）无规定动物疫病区示范区项目建设初显成效。2002年是无规定疫病区示范区项目建设关键的一年。项目建设将在2003年全部完成并开始验收。一年来，我部进一步加大对项目建设的督查力度，每两个月进行一次全面检查，并在年底前进行了预验收。项目区有关省、市全力以赴，加强了对项目的实施和监管。目前，四川盆地和胶东半岛项目建设已取得初步成效，其他项目区建设进展顺利。中央级资金已全部足额到位，山东、吉林等部分市县配套资金超过了规定的比例。各级实验室建设基本完成，可以满足动物疫病普查、诊断和日常监测等工作全面开展的需要。各示范区口蹄疫、猪瘟、新城疫的免疫率和屠宰检疫率基本达到100%，项目区动物疫病得到较好控制，生猪、家禽和大牲畜死亡率均有较大幅度下降。在全国畜产品出口一度下滑的形势下，示范区畜产品出口势头强劲，畜产品出口总量达50多万t，出口金额近10亿美元。四川、重庆等地畜产品出口同比增幅都在一倍以上。无规定动物疫病区示范区项目在国际国内影响进一步扩大，促进了畜牧业对外开放，为招商引资创造了安全、宽松的环境。无疫区已经成为畜产品竞争中的一个亮点，为区域内企业发展提供了无限商机。

（七）草原保护建设重大政策措施基本确立。关于加强草原保护与建设的若干意见，是建国以来国务院关于草原工作的第一个专门文件，是国家生态建设政策的重要组成部分，也是指导今后一个时期草原保护与建设工作的纲领性文件。文件明确了加强草原保护与建设的任务，制定了切实可行的工作措施。确立了基本草原保护、草畜平衡、禁牧休牧等重大制度，这是多年来草原建设的重大突破，标志着我国草原保护与建设工作全面进入规范化管理的新时期。文件下发后，各地反响强烈，迅速组织学习宣传，积极贯彻落实，特别是各牧区省份，政府纷纷主持召开专门会议，研究具体实施方案，各项工作迅速展开。内蒙古自治区进一步加强了草原监督执法力度。新疆自治区政府对转变畜牧业生产方式做出了部署，提出要从放牧向半舍饲过渡。宁夏自治区政府做出决定，将从2003年5月1日全区禁牧。青海、甘肃、四川等省也纷纷根据文件精神，调整了草原工作思路。

（八）草原围栏建设力度加大。2002年全国农业和农村经济工作会议将草原围栏确定为农村五小基础设施建设之一，国家进一步加大了对草原围栏项目建设的投入。为保证草原围栏工作集中连片，提高工作效果，积累扩大草原围栏工作的经验，我部选择了内蒙古、新疆和青海作为草原围栏建设试点地区，下达围栏建设任务1 000多万亩，这是国家安排围栏建设任务力度最大的一年。各地以草原围栏为突破口，充分调动广大农牧民投资建设草原的积极性，大力发展人工种草和恢复草原植被，推进草原家庭承包责任制的落实，推行划区轮牧、禁牧休牧，带动草原保护与建设工作全面推进。甘肃省和新疆自治区2002年人工种草面积分别达到500万亩和350万亩，牧草经营向产业化发展。宁夏自治区仅苜蓿种植就达到80多万亩，是种草面积扩大最快的一年。据不完全统计，内蒙古、新疆、四川、吉林、甘肃等5省区，在退化比较严重的草原区域，实行禁牧和休牧面积达4亿多亩。

（九）兽药、饲料质量管理工作稳步推进。2002年，我部把兽药企业GMP推行工作作为提高兽药质量管理的重要措施，组织制修订相关规范、标准和程序，加强对检查验收人员的培训，搞好验收示范，增强各地信心。各级行业管理部门进一步提高认识，增强责任感和紧迫感，坚决贯彻落实农业部202号公告，加快推进兽药生产质量管理。同时，兽药企业加大了改造力度，生产环境和产品质量明显改善。截至目前，全国通过GMP验收的兽药企业已达37家，有近20家企业完成改造，申请验收，还有近百家企业已经开始动工改造。全面推行GMP工作开始起步。

饲料行业推行HACCP管理工作正式启动。通过加强国际交流，研究制定符合我国实际的管理通则和实施方案，培训管理人才，确定示范企业，饲料工业生产管理进一步走向规范化。先进的管理理念和安全观开始在全行业确立，饲料企业贯彻饲料法律的自觉性增强，为更大范围地试点打下坚实基础。

在上述重点工作的带动下，畜牧饲料行业工作全面推进。畜牧业生产结构和产品结构不断优化。区域化布局日趋明显，规模化进程加快，各种养殖小区和适度规模养殖场蓬勃发展，各具特色的产业化经营模式不断涌现。重大动物疫病防治工作成效显著，疫病综合控制能力明显加强，疫病损失有所下降。畜产品安全质量水平有所提高，拉动了国内畜产品需求。饲料工业综合生产能力进一步提高，产品结构和质量进一步优化。草原生态建设有所加强，为畜牧业持续发展奠定了良好基础。

## 三、行业管理达到新水平

提高行业管理水平、促进行业发展是各级畜牧饲料行政管理部门的主要职能。围绕如何科学、高效地行使好这一职能，近年来，大家都在积极探索。特别是过去的一年，行业管理工作力求更新思想观念，转变职能，在引导、规范、监管、服务方面下功夫，改进工作作风和工作方法，把管理工作重点逐步转向宏观管理、法制建设、政策调研和行政执法上来。

（一）加快法制化进程，依法行使政府职能。2002年，各级畜牧饲料管理部门在拟定法规、标准方面投入大量精力，行业法制化、规范化、标准化进程不断加快。经过近10年来的努力，草原法修订工作取得历史性突破，12月28日已经全国人大审议通过。修订后的草原法突出体现了新形势下草原生态建设和畜牧业发展的需要，健全和完善了对草原保护、建设和合理利用等方面的法律制度，对实现草原永续利用和畜牧业可持续发展具有十分重要的意义。针对饲料和饲养环节使用违禁药品的违法行为，我部商请最高人民法院、最高人民检察院以司法解释的形式，对刑事处理做出了新规定。兽医、兽药管理工作法律体系进一步完善，兽药标签、兽药生产质量管理、免疫标识、防疫条件审核和检疫管理等5部规章颁布实施，提高了法律法规在兽医管理实践中的可操作性。兽药管理条例修订工作基本完成，畜牧法和胚胎生产管理、执业兽医、诊疗管理等规章的制定工作进展顺利。一批适应管理新形势的国家和行业标准陆续颁布，全年行业制标65部。在对现有标准进行系统清理的基础上，制定了新一轮的制标、修标计划。

过去的一年，各地在法制建设方面取得丰硕成果。许多省区市人大和政府关于畜牧业方面的地方法规相继颁布实施，重庆市和甘肃省人大颁布了饲料管理条例，河北、湖北、广东、山东、安徽、江苏、天津等省、市人大的动物防疫条例开始实施。这些地方法规，使行业管理工作逐步走上有法可依、有章可循的轨道。

（二）加大调研力度，确保科学决策。在近年来工作的基础上，兽医管理体制改革调研取得成果。通过实地调查和统计摸底，结合与国际兽医通行的管理模式对比分析，兽医管理体制改革总体思路基本成型，改革试点方案初步拟定。以官方兽医制度为核心的体制改革工作提上重要日程。草原工作调研，为草原立法和国务院加强草原保护与建设文件的制定提供了重要决策参考。饲料安全和产业发展调研，全面梳理了近年来出现的新情况、新问题，为国办关于促进饲料业持续健康发展文件的制定提供了重要依据。畜牧业结构调整调研顺利完成，全面总结了近年来的主要成就和基本经验，提出了加快结构调整的措施建议。加入 WTO 对我国畜牧业影响的研究进一步加强，提高畜产品出口竞争力的对策研究全面开展，禽肉、鸡杂进出口情况调查取得初步成果。合理应用“绿箱”、“黄箱”政策，保护国内畜牧业生产，促进畜产品出口的研究不断深入，目前已向国家有关决策部门提出了政策建议。

2002 年，各地行业主管部门大兴调查研究之风。针对事关本地畜牧业经济发展的重大问题，通过跨省考察和省内调研形成了大量有价值的调研报告，提出了行业发展思路和政策建议，促进了科学决策水平的提高。

（三）强化行政监督，提高执法水平。各地进一步加强防疫监督工作，加大了产地检疫和屠宰检疫力度，进一步规范公路动物防疫监督检查站的管理。畜产品质量追溯制度初具雏形，畜产品全程质量监管制度逐步形成。兽药、饲料打假和违禁药物查处监督机制进一步完善，一手抓生产源头查禁，一手抓终端产品监控，畜产品安全质量监管明显加强。各地在查办案件过程中，始终坚持“五不放过”原则，重大案件报告、督办制度进一步健全，一批大案、要案查处进展顺利。种畜禽管理进一步规范，新品种审定工作力度加大。一批新的草原监理机构挂牌成立。全行业执法队伍建设取得新进展。一批玩忽职守、滥用职权的害群之马得到应有惩罚。

## 四、努力开创 2003 年工作新局面

2002 年，畜牧饲料行业工作取得了可喜成绩。但我们要清醒地看到，新一年的工作仍然充满挑战。畜产品质量安全不容乐观，动物疫情形势十分严峻，残留问题还相当突出；畜牧业内部结构不尽合理，规模化、产业化水平低，小生产与大市场的矛盾依然存在；畜产品出口受贸易技术壁垒的严重制约，竞争优势尚未充分发挥；草原生态的整体状况令人担忧，保护和建设工作亟待加强。

面对这些挑战，我们一定要坚定信心，抓住重点和难点问题，寻求突破。新的一年，畜牧饲料行业工作的总体思路是：综合运用法律法规、政策、财政和科技等有效手段，重点抓好畜牧业结构调整、动物疫病防治、畜产品安全监管和草原生态保护与建设，努力提高畜产品市场竞争力和饲料工业产业化水平，实现畜牧业增效、农民增收。

（一）实施兽药、饲料全程监管，大力提高畜产品安全水平　新修订的兽药管理条例有望在 2003 年内颁布实施，我部将进一步完善兽药审批、安全使用、残留监控等各项制度，优先制定畜产品兽药残留限量、检测方法标准。各地要健全兽药监督体系，狠抓制度贯彻和标准执行，加强检测检验和执法监督。要加大兽药质量抽检，提高产品合格率，严厉打击生产、经营和使用违禁兽药的违法行为，进一步加大检查和处罚力度，防止反弹。要加强兽药残留监控，大力开展畜产品兽药残留检测，认真清理、规范兽药标签和说明书，指导养殖场户科学合理用药。要坚定不移地推行兽药规范化管理，加快传统企业 GMP 的改造步伐，新投产的兽药企业必须经 GMP 验收后才能发给生产许可证。按我部排定的日程表，从 2004 年 1 月 1 日起，不再向未取得兽药 GMP 合格证的企业换发产品批准文号。各地要稳步有序地推动各项工作。

要继续实施“瘦肉精”等违禁药品专项整治行动，加大饲料质量全程监督抽查力度，开展饲料企业安全生产检查。全面贯彻落实国办促进饲料业持续健康发展的文件精神和两院司法解释，严格执行禁用目录和禁用清单。加强监管体系、监测体系和标准体系建设。着手制定转基因和动物性饲料检测方法标准，抓紧修订完善饲料安全卫生强制性标准及违禁药品速测方法标准。要在总结经验的基础上，进一步推动饲料企业实施 HACCP 质量管理体系，并尽快在全国推行。

（二）加大动物疫病防治工作力度，提高疫病综合控制能力　2003 年是动物防疫法颁布实施的 5 周年，各地要深入开展宣传活动，贯彻落实法律及其配套规章。要进一步推行动物免疫标识制度，年底前耳标佩戴率要超过 60%，出栏和出售的牲畜要达到 100%。要进一步加强检疫管理，规范动物防疫证、章、标志，促进产地检疫和屠宰检疫落实到位，坚决打击逃避检疫行为。要大力加强实验室、疫苗生产厂等单位的动物防疫条件审核力度，切断传播途径，防止疫情扩散流行。

无规定动物疫病区示范区项目验收是我部 2003 年的重点工作之一，我部将按照与各省政府签订的责任状和验收标准，逐一严格审查，合格一个，公布一个。但从我们 2002 年底预验收的结果看，有些地方配套资金还没有完全落实到位，有些地方屏障体系建设有待完善，有些地方设备利用率还比较低。各项目区要针对这些问题，抓紧提出完善措施，要把有关工作做在前面，防止被动。各项目区行业主管部门在配合做好项目验收的同时，要尽快完成从建设到管理工作重心的转移，真正建成国际认可的无疫区，进一步建成畜产品出口基地。

在做好上述重点工作的同时，各地还要加快兽医管理体制改革步伐，推进官方兽医和职业兽医队伍的有效分离。要继续加强西部冷链和主产区动物防疫基础设施建设，尽早发挥作用。要在法制、体制和技术支撑体系逐步完善的基础上，抓紧建立和完善动物疫

病预防、控制和扑灭机制。要加强外来动物疫病防治工作，提高对外来疫病的早期预警和快速反应能力。

（三）全面贯彻落实草原法，提高草原生态建设效能　新草原法的正式颁布，是草原法制建设的重大突破。2003年，各地一定要把实施草原法，作为草原管理部门的中心工作。为此，各地要作好准备工作，加大草原法宣传力度，采取各种形式向广大干部群众宣讲草原法基本精神，使草原法真正成为行业管理和生产经营活动的行为准则。要按照草原法的要求，切实加强草原监督管理机构建设，尽快成立草原监理队伍，加强人员培训，提高执法水平，从机构和队伍方面对草原法的实施加以保证。要以草原法为依据，建立健全各项草原管护制度。积极开展基本草原划定工作，大力推进草畜平衡试点，制定和完善禁牧和休牧方案并组织实施。要依法保护草原资源，强化监督检查工作，重点查处人为破坏草原的重大案件。

强化草原围栏等工程项目的管理。2003年国家对草原围栏建设的投入将进一步增加。各级畜牧行政主管部门要严格按照规划组织申报项目，严格按照项目管理办法，加强项目管理，在重大项目建设的采购中推行招标制，充分发挥项目资金的最大效益，保证项目建设质量，要以草原围栏为突破口，争取各级政府对草原投入的不断增加，加快草原保护与建设速度。

做好草原防火工作。由于2002年牧草长势较好，2003年春季我国草原防火的形势比较严峻，各地要加强领导，扩大宣传，进一步健全草原防火制度，落实责任制，及早部署各项预防措施，切实作好草原防火隔离带，防止国外火入境，努力减少草原火灾造成的损失。

（四）加快畜牧业结构调整，提高畜牧业效益　认真组织实施奶业及肉用牛羊优势区域发展规划，推进畜牧业结构调整，促进增长方式转变。要实行扶优扶强的非均衡发展战略，制定切合实际的实施方案，有针对性地加大对优势产区的基本建设投资力度，积极争取国家相关扶持政策，突出抓好产业化经营、科技进步、质量安全、标准化建设及市场信息服务等关键环节，促进其加快发展，进而辐射带动全国。

要以实施两个优势区域发展规划为契机，大力推进畜牧业现代化发展。对各地在生产实践中不断涌现的畜牧业规模化、标准化、产业化发展新形式，特别是在适应形势变化中不断成熟、完善的各类畜牧业养殖小区，要将其作为畜产品安全控制的突破口，认真总结经验，通过示范、宣传等多种形式加以推广。

结合畜牧业结构调整的总体目标，进一步加大畜禽良种工程的实施力度，突出牛、羊，尤其是奶牛良种繁育体系的建设，开展奶牛登记工作，重视地方畜禽品种资源的保护，强化质量监测体系、信息服务体系及基层配种站点建设。加强种畜禽质量管理，集中组织一次全国范围的种畜禽执法行动，重点查处无证生产、经营，打击假冒伪劣，保护农牧民合法利益，促进畜牧业的健康发展。

（五）引导饲料业走新型工业化道路，提高行业竞争力　饲料工业要保持持续的发展势头，就必须走科技含量高，经济效益好，资源消耗低，环境污染少，人力资源优势得到充分发挥的新型工业化路子。一是要采取措施，鼓励和推动企业提高科技含量。要研究和制定政策，引导企业加大技术改造投资和科技研发力度，注重吸收科技人才，加快技术升级和产品更新换代。二是引导饲料企业完善经营机制。进一步深化国有和国有参股、控股企业改革，实行资产优化重组，发展非公有制饲料企业。支持饲料企业开展多种形式的兼并和合作，走集团化经营的道路，不断做大做强。三是提高饲料产业化经营水平。充分发挥饲料企业与农民联系紧密的特点，鼓励饲料企业实行产业化经营。积极争取将符合条件的饲料企业列入农业产业化龙头重点企业，优先予以扶持。四是积极实施“走出去”战略。建立和完善饲料业的出口支持服务体系，及时跟踪国际先进的技术信息和市场动态。从2003年开始，要根据优势农产品出口行动计划，加强饲料产品，特别是特色饲料添加剂产品在国际市场上的宣传和促销，力争使饲料产品出口总量有新突破。

（六）进一步转变职能，提高工作效率　根据十六大有关行政管理体制改革的精神，各级畜牧饲料行政部门要进一步更新观念，转变职能，转变工作作风和方法，继续开展行业重大问题调研，为科学决策提供依据。要进一步强化“三农”意识，努力实践“三个代表”重要思想，为全面建设小康社会，扎扎实实地做好本职工作。全行业要立足发展的大局，积极做好协调和引导工作，充分发挥事业单位、协会、学会的职能作用，并为他们开展工作创造必要的条件，形成合力，促进行业各项工作的发展。过去的一年，各事业单位和协会、学会进一步深化改革，充分利用政府赋予的各项职能，紧紧围绕行业发展重心，创造性地开展工作，在动物疫病防治、畜禽品种改良、草原建设等方面做了大量工作，促进了全行业的科技进步。2003年，全国各级畜牧兽医站要在加强自身建设的同时，继续狠抓动物疫病预防、动物疫情管理、免疫标识制度实施、基层体系建设和良种技术推广，为畜牧业增效，农民增收做新贡献。各级兽医药品监察机构以及饲料监察机构，要认真做好兽药、饲料质量监测和畜产品残留监控检测工作，把整顿和规范兽药、饲料市场秩序做为2003年的首要任务。各协会也要积极加强行业自律，充分发挥信息咨询、价格协调、纠纷调解和行业损害调查等方面的作用，搞好反倾销和应诉工作的组织与指导，促进畜牧饲料业的健康发展。组织各农业科研单位和大专院校积极投身行业科研，参与行业标准、规范的制定和重大政策研究，为畜牧业全行业健康发展做出新贡献。

要进一步加强队伍建设，各地要在稳定基层服务体系的基础上，探索和积累改革经验，逐步理顺畜牧兽医技术服务体系。上下配合，积极推动兽医体制改革试点，为尽快建立与国际接轨的兽医管理体制打基础。

（七）调整资金投入方式，提高资金使用效益

按照部里的统一部署，从2002年开始全面调整资金投入方式，投资重点向优势区域和重点产品倾斜。2003年要继续加大项目和资金的整合力度。这是改进投资管理、提高资金使用效益的一个重要举措。各地要积极支持和配合。2002年各省克服机构、人员和技术方面的种种困难，做了大量工作，目前已有26个省完成了饲料、兽药和畜产品三个检测中心机构的归并，对已进行整合的检测中心，要在实验室改造、仪器设备更新、技术培训等方面给予优先支持，加大扶持力度。

2003年要按照“集中力量办大事”的原则，继续加大资金整合力度，集中资金用于重点项目的建设，特别要加大对优势区域的资金倾斜，保证优势区域发展规划的实施。2003年的秸秆养畜是示范项目资金已按上述原则进行了调整，其他重大项目也将作相应的调整。对功能相近项目的归并工作也要继续推进。要在项目可行性研究阶段多下工夫，努力做到归并、打捆后再形成项目建议书，将提高资金使用效益建立在科学立项的基础之上。

要切实加强资金项目的管理工作。随着中央对畜牧业投资的不断增加，畜牧业各类项目的管理工作任务越来越重。要切实执行已确定的各项规章制度，强化项目管理。在项目检查中重点检查项目管理制度执行情况、配套资金的到位情况和工程质量情况。各地要认真执行项目监理制度，招投标和集中采购制度，确保项目资金的合理使用，确保各类项目发挥出其应有的效益。

同志们，党的十六大为我们提出了任务，指明了方向。在新的一年里，希望畜牧饲料行业的广大干部职工在党的十六大精神指引下，真抓实干，奋发有为，开拓进取，努力开创畜牧饲料工作新局面。

## 打好基础　发挥优势　开拓创新　促进云南饲料工业更快发展

——中国饲料工业协会白美清会长视察云南饲料工业时讲话要点

2002年6月17日至24日中国饲料工业协会白美清会长，刘同占秘书长一行三人到云南省考察指导饲料工业及协会工作。在滇期间白会长一行考察昆明黄龙山饲料工贸有限公司、云南神农饲料有限公司、昆明正大饲料有限公司及云南省动物营养与饲料重点实验室，听取了云南省农业厅、云南省饲料工业协会的汇报。徐荣凯省长、黄炳生副省长分别宴请了白会长一行，并就云南饲料工业发展及协会工作与白会长交换了意见。在充分调研的基础上，白会长从三个方面对云南省的饲料及协会工作作了重要指示。

### 一、肯定成就，指出不足

白会长指出，云南的饲料工业已由起步阶段进入了成长阶段，有了很大发展，特别是改革开放以来的20多年基本保持稳步发展，2001年全省工业饲料产量达121.6万t，产值26.5亿元，在全国各省区的排名有所上升。

白会长同时也指出，从目前情况看，云南饲料工业的发展仍滞后于畜牧业发展，云南畜牧业在全国的排位靠前，而饲料工业排位靠后（第21位），饲料覆盖面不广（入户率仅18.9%）、大型企业少、产业化程度低，影响了云南畜牧业资源优势、品种优势、区位优势的发挥。所以，白会长认为云南饲料工业的发展空间还很大。

### 二、就加快云南饲料工业发展谈了5点建议

1. 打好基础，稳步前进，开拓新领域，新市场。白会长指出，我国加入WTO后，随着中国国民经济国际化、市场化步伐的加快，饲料工业的发展面临新的机遇和挑战，今后4～5年是饲料工业发展很关键的时期，饲料工业已进入了调整中发展的阶段，对知识、技术和管理的要求越来越高，在这种情况下云南饲料工业一定要看到竞争的激烈性；另一方面也要看到合作的必要性和紧迫性，联合起来，发挥云南的优势，共同发展。要扎扎实实打基础、练内功、强素质，开拓浓缩料、添加剂、安全饲料等新领域，积极走出去开发新市场，就云南而言特别要注意开发东南亚市场。

2. 创造条件，扩大合作，放手发展民营经济和混合所有制经济。要改善饲料工业、畜牧业的发展环境，为私营经济、混合所有制经济的发展创造良好条件，促进其发展状大，行业管理部门及协会要注意引导企业逐步向规范化的股份制、混合所有制发展，促进企业结构、产业结构的优化。

3. 以产业化为目标，培育发展大型骨干龙头企业，形成以大型企业为骨干、中小企业为基础，机制灵活、竞争力强的合理的企业群体。白会长指出，推进产业化经营，是今后饲料工业发展的重要方向，各企业要在做好主业的基础上，一头向饲料原料（玉米等）和养殖业延伸，一头向畜产品加工发展。积极、参与农村科学种（养）技术的培训与推广，以推广促销售，带动农户发展。

4. 要坚持创新精神，把云南的资源优势、区位优势、畜牧优势转化经济优势，办出特色，形成规模。要加强产学研结合，以科技创新为先导，实施精细化管理，通过科技创新，推动机制创新、管理创新和产品创新形成特色品牌和新的企业竞争力及增长点。

5. 加强人才的培养和使用。云南等西部省区人力资源丰富，但人才缺乏。饲料工业发展过程中，要注意广纳人才、培育人才、用好人才、留住人才，要用事业留住人才，用感情留住人才、用待遇留住人

才，让每个人才都无后顾之忧，有后盾之感，保持企业的活力，增强发展的动力。

三、加强协会工作

白会长认为，省级机构改革以来，云南省饲料工作办公室、饲料工业协会做了大量工作，新老结合，工作交接顺利，工作开展得好，没有耽误。省经委和农业厅、协会和饲料办合作很好，关系密切，值得其他省区学习，希望继续发扬，团结协作，把工作做得更好。2003年是中国饲料工业协会确定的组织建设年，云南省月底就要召开换届大会。希望通过这次会议，认真总结前三届的经验，进一步充实健全理事会、常务理事会和工作班子，加强领导，增强凝聚力，多开展活动，搞好服务。协会建设中要注意广泛吸纳企业加入协会，工作班子要坚持新老结合，请有经验、有威信、有热情的老同志帮助工作。

此外，白会长在深入企业调研座谈时，还就如何做强做大企业、企业改制、内部管理、多元化发展战略等方面提出了很好的建议。

刘秘书长也通报了中国饲料工业协会在抓好条例宣传、开展标准宣贯，开发安全饲料，推行名牌战略等方面的工作及设想打算，对云南省有很好的指导意义。

# 饲料行业组织机构

全国各省、区、市、计划单列市饲料工业（工作）办公室组织机构一览表

| 单 位 | 主任 | 副主任 | 编制 | 级别 | 成立时间 | 性质 | 经费来源 | 隶属关系 | 隶属关系变更及时间 | 办公地址 | 联系人 | 电话 传真 | 邮编 |
|---|---|---|---|---|---|---|---|---|---|---|---|---|---|
| 北京市农委养殖业管理处 | 王晓东 | | | | 2000.6 | 行政 | | 市农村工作委员会 | 2000.6 | 北京市东城区台基厂大街3号 | 王晓东 | 010－63088536<br>63088766（传真） | 100743 |
| 天津市饲料工业办公室 | 李如茂 | | 7 | 处级 | 1989.3 | 行政 | 财 政 | 市农委 | | 天津市河西区解放南路496号 | 孙 宪 | 022－88242310<br>88242310（传真） | 300221 |
| 河北省饲料工作办公室 | 李建国 | 师校军<br>赵吉祥 | 6 | 处级 | 1990.7 | 具有行政职能事业单位 | 财政拨款 | 省畜牧局 | | 石家庄市裕华东路216号 | 郭丽鲜 | 0311－6045007<br>6694123（传真） | 050011 |
| 山西省饲料工业办公室 | 董希德 | | | 处级 | 1991.5 | 行政 | | 省农业厅 | 1995.6与省农业厅畜牧兽医局合属 | 太原市迎泽大街312号 | 李茂岚 | 0351－4129732<br>4129732（传真） | 030001 |
| 内蒙古饲料工业办公室 | 牧 远（兼） | 宗玉德（兼） | | | 2000.5 | 行政 | | 区畜牧业厅草原处 | 2000.5.10日由区经委划归区畜牧业厅草原处 | 呼和浩特市兴安南路216号 | 宗玉德 | 0471－4305099<br>4305062（传真） | 010010 |
| 辽宁省饲料工作办公室 | 邵传明 | 张玉文 | 5 | 正处 | 1983.6 | 行政 | 财政拨款 | 省畜牧局 | 1990年前在省经委，1990年后在农村工作办公室，2000年在省畜牧局 | 沈阳市和平区南四座街143号 | 孟亚环 | 024－23448298<br>23448276（传真） | 110003 |
| 吉林省饲料工作办公室 | 丁日新 | | 5 | 处级 | 2000.9 | 行政 | 财政拨款 | 省牧业管理局 | 2000.9 | 长春市人民大街54号 | 王 英 | 0431－2713664<br>8910154（传真） | 130051 |

（续）

| 单　位 | 主任 | 副主任 | 编制 | 级别 | 成立时间 | 性质 | 经费来源 | 隶属关系 | 隶属关系变更及时间 | 办 公 地 址 | 联系人 | 电话　传真 | 邮编 |
|---|---|---|---|---|---|---|---|---|---|---|---|---|---|
| 黑龙江饲料工业办公室 | 张永亮 | 朱良坤 | 4 | 处级 | 1986.3 | 行政 | 省财政 | 省畜牧局 | 2000.6 | 哈尔滨市文府街4－1号 | 时胜远 | 0451－2625668<br>2627420（传真） | 150040 |
| 上海市饲料工作办公室 | 陈海刚 | 郑家树 |  |  | 1986 |  |  | 市商委粮食局 | 2001.1.1 挂靠市农委畜牧办 | 上海市幸福路42号福苑大厦七楼 | 凤懋熙 | 021－62948497<br>62948497（传真） | 200052 |
| 江苏省饲料站 | 宋晓春 | 邢进才<br>严建刚 | 5 | 处级 | 2000.10. | 事业 | 全额拨款 | 省农业厅 | 2000.10.26 | 南京市龙江小区农林大厦 | 朱丽英 | 025－6215036<br>6222651（传真） | 210036 |
| 浙江省饲料工作办公室 | 张火法 | 范克强 | 与畜牧管理局合署 | 处级 | 2000.9 | 行政 | 省财政 | 省农业厅 |  | 杭州市凤起东路29号 | 葛莉莉 | 0571－86092462<br>86041245（传真） | 310020 |
| 安徽省饲料工作办公室 |  | 沈华理 | 挂靠畜牧局 | 正处 | 1982 | 行政 | 省财政 | 省农业委员会 | 1995年前属省粮食局 | 合肥市美菱大道421号 | 王明辉 | 0551－2610214<br>2675442（传真） | 230001 |
| 福建省饲料工作办公室 | 兰坪亮 |  | 3 | 正处 | 1996.5.9 | 行政 | 财 政 | 省计委 | 2001.8 改挂省农业厅 | 福州市鼓屏路183号省农业厅内 | 陈贵英 | 0591－7851058<br>7832712（传真） | 350003 |
| 江西省饲料工作办公室 | 黄峰岩 | 兰永清 |  | 正处 | 1986. | 行政 | 财政拨款 | 省农业厅 | 2001.1 由省计委划归到省农业厅 | 南昌市省农业厅内 | 周伟良 | 0791－6217341<br>6211476（传真） | 330046 |
| 山东省畜牧办公室饲料处 | 盖仲起 | 马哨山 | 5 | 处级 | 2000.4 | 事业 | 行政财政 | 省畜牧办公室 |  | 济南市槐树街68号 | 王 文 | 0531－7198888<br>7198095（传真） | 250022 |
| 河南省饲料工业办公室 | 李水彦 | 赵华峰<br>周红霞 | 4 | 处级 | 1995.10 | 行政 | 财政拨款 | 省畜牧局 | 1993年从省计委转畜牧局 | 郑州市经五路23号 | 李灵平 | 0371－5955122<br>5942972（传真） | 450002 |
| 湖北省饲料工作办公室 | 罗先奎 | 王 渝 | 3 | 正处 | 1998.5 | 行政 | 财政拨款 | 省农业厅 | 1995.12 | 武汉市武昌区武珞路519号 | 易俊东 | 027－87876982<br>87870641（传真） | 430070 |
| 湖南省饲料工业办公室 | 徐成进 | 夏铁羽<br>赵明<br>杨建武<br>文山虎 | 15 | 正处 | 1985.10 | 行政性事业单位 | 全额拨款 | 省农业厅 | 2003年从省计委变更到省农业厅 | 长沙市韶山北路84号 | 杨建武 | 0731－4445743<br>4426940（传真） | 410011 |

（续）

| 单　　位 | 主任 | 副主任 | 编制 | 级别 | 成立时间 | 性质 | 经费来源 | 隶属关系 | 隶属关系变更及时间 | 办公地址 | 联系人 | 电话　传真 | 邮编 |
|---|---|---|---|---|---|---|---|---|---|---|---|---|---|
| 广东省饲料工作办公室 | 郭仁东 | | 4 | 正处 | 2000.8 | 行政 | 行　政 | 省农业厅 | 2000.8 | 广州市先烈东路135号 | 罗建民 | 020－87706349 87714673(传真) | 510500 |
| 海南省饲料工作办公室 | 张绍君 | | 2 | 正处 | 1992 | 行政 | 财政拨款 | 省农业厅 | | 海口市海府路59号省府大楼1103室 | 莫正群 | 0898－65343654 65338096(传真) | 570204 |
| 广西区饲料工业办公室 | 陈荣贵 | 农万菊 | | 厅级 | 2000.4 | 行政 | 财政拨款 | 区人民政府 | | 南宁市七星路135号 | 梁纪豪 | 0771－2802413 2800023(传真) | 530022 |
| 四川省饲料工业办公室 | 唐宗长 | 李　淳 | 畜牧食品局饲料处 | 副厅级 | 1987 | 行政 | 财政拨款 | 省畜牧食品局 | 1995年变更到省畜牧食品局 | 成都市武侯祠大街3号 | 王丽妮 | 028－85545641 85580420(传真) | 610041 |
| 重庆市饲料工业办公室 | 何学良 | 雷一也 | 3 | 处级 | 1986.8 | 行政 | 财政拨款 | 市农业局 | | 重庆市渝中区人民路238－2号 | 曹亚平 | 023－69016183 69016192(传真) | 400015 |
| 贵州省饲料工作办公室 | 罗茨毕 | 瓦庆荣 | 9 | 处级 | 1991 | 行政 | 财政拨款 | 省农业厅 | 1996年从省经贸委变更到省农业厅 | 贵阳市延安中路62号 | 隆　华 | 0851－5284151 5286424(传真) | 550001 |
| 云南省饲料工作办公室 | 谢　晖 | 王天喜 | 与畜牧兽医处合署办公（10人） | 正处 | 2000.10 | 行政 | 财政拨款 | 省农业厅 | 2000.1 | 昆明市穿金路156号（齐宝酒店8楼） | 丁永华 王文惠 | 0871－5635180 5611600(传) | 650225 |
| 陕西省饲料工业办公室 | 赵辉文 | 王清喜 杨帆 高宗耀 | 15 | 处级 | 1986 | 事业 | 全额拨款 | 省农业厅 | | 西安市习武园27号 | 刘冬霞 | 029－7343729 7345876(传真) | 710003 |

（续）

| 单　位 | 主任 | 副主任 | 编制 | 级别 | 成立时间 | 性质 | 经费来源 | 隶属关系 | 隶属关系变更及时间 | 办公地址 | 联系人 | 电话　传真 | 邮编 |
|---|---|---|---|---|---|---|---|---|---|---|---|---|---|
| 甘肃省饲料工业办公室 | 刘央先 | 何其健 | 6 | 正处 | 1996.6 | 事业单位行政职能 | 财政拨款 | 省农牧厅 | 1989 年前归省计委，1989 年后改挂省畜牧厅 | 兰州市秦安路 1 号 | 王秋娟 | 0931－8823911 8838380（传真） | 730030 |
| 青海省饲料工业办公室 | 王　海 | 王贵林 | 2 | 处级 | 1995 | 行政 | 财政拨款 | 省畜牧厅 | 1995 年由省经贸委挂靠省畜牧厅 | 西宁市大通路 60 号 | 王贵林 | 0971－5511362 5510520（传真） | 810003 |
| 宁夏区饲料工业办公室 | 陈松华 | 姚伯平 | 5 | 处级 | 1986 | 事业 | 全额拨款 | 区农牧厅 | 2001 | 银川市玉皇阁南街 48 号 | 高新雯 | 0951－6072044 5025298（传真） | 750004 |
| 新疆区饲料工业领导小组办公室 | 聂　新 |  | 5 | 处级 | 1992 | 行政 | 财政拨款 | 区畜牧厅 |  | 乌鲁木齐市新华南路 23 号 | 刘君健 | 0991－8567730 8567160（传真） | 830001 |
| 青岛市饲料工业办公室 |  | 苏建宪 | 5 | 处级 | 1990.8 | 事业 | 差　补 | 市畜牧服务中心 | 2001.5.11 主管部门由经委变更市畜牧服务中心 | 青岛市市南区栖霞路 9 号青岛四方机厂疗养院内 | 苏建宪 | 0532－2867176 2888803（传真） | 266003 |
| 大连市饲料工作办公室 | 袁玉国 | 刘成芳 | 5 | 处级 | 2001.12 | 行政 | 财政拨款 | 农村经济发展局 | 2001.12 前属市计委 | 大连市西岗区博爱街 40 号 | 刘成芳 | 0411－3689265 3689283（传真） | 116011 |
| 深圳市饲料管理办公室 | 骆求辉 |  | 4 | 处级 | 2001.11 | 行政 | 财政全额 | 市农林渔业局畜牧处 | 2001.11 | 深圳市上步中路 8 号市府夺办三楼 340 室 | 廖敬扬 | 0755－82099325 82104719（传真） | 518006 |
| 厦门市饲料工业领导小组办公室 |  |  |  |  | 2000.7 |  |  | 市计委 |  | 厦门市湖滨北路 61 号市政府大楼 5 层 | 辛　美 | 0592－5061611 5111806（传真） | 361012 |

（马莹）

## 各省、自治区、直辖市饲料工业协会组织机构一览表

| 单位 | 会长 | 秘书长 | 办公地址 | 联系人 | 电话 传真 | 邮编 |
|---|---|---|---|---|---|---|
| 北京市饲料工业协会 | 牛树琦 | 牛树琦 | 北京市宣武区南莱园49号 | 潘明<br>王治平 | 010－63543914<br>63519154（传真） | 100054 |
| 天津市饲料工业协会 | 朱连康 | | 天津市河西区解放南路496号 | 孙宪 | 022－88242310 | 300221 |
| 河北省饲料工业协会 | 李建国 | 白亮亮 | 石家庄市裕华东路216号 | 侯玉漂 | 0311－6045007<br>6682941（传真） | 050011 |
| 山西省饲料工业协会 | 李茂岚 | | 太原市迎泽大街312号 | 吕世秀 | 0351－4129732<br>4810320（传真） | 030001 |
| 内蒙古自治区饲料工业协会 | 刘永志 | | 呼和浩特市兴安南路216号 | 宗玉德 | 0471－4305099<br>4305062（传真） | 010010 |
| 辽宁省饲料工业协会 | 刘志民 | 韩春泰 | 沈阳市和平区北京街82号 | 张金华 | 024－24812902转7分机 | 110016 |
| 吉林省饲料工业协会 | 王秀林 | 丁日新 | 长春市人民大街54号 | 杜红 | 0431－8910154<br>8910154（传真） | 130051 |
| 黑龙江省饲料工业协会 | 赵羽 | 张永亮 | 哈尔滨市文府街4－1号 | 时胜远 | 0451－2627420<br>2627420（传真） | 150040 |
| 上海市饲料工业协会 | 范家增 | 凤懋熙 | 上海市长寿路478弄5号503号 | 凤懋熙 | 021－62279682 | 200062 |
| 江苏省饲料工业协会 | 潘永和 | 宋晓春 | 南京市龙江小区农林大厦 | 朱丽英 | 025－6215036<br>6222651（传真） | 210036 |
| 浙江省饲料工业协会 | 沈利明 | 赵国源 | 杭州市凤起东路29号 | 唐国燕 | 0571－86961445<br>86041245（传真） | 310020 |
| 安徽省饲料工业协会 | 张锋生 | 董卫星 | 合肥市美菱大道421号 | 王明辉 | 0551－2610214<br>2675442（传真） | 230001 |
| 福建省饲料工业协会 | 叶恩发 | 黄秀芳 | 福州市鼓屏路183号省农业厅内 | 林强 | 0591－7859740 | 350003 |
| 江西省饲料工业协会 | 张忠平 | 兰永清 | 南昌市福州支路2号 | 黄潮 | 0791－6289091<br>6211476（传真） | 330046 |
| 山东省饲料工业协会 | 石军 | 程显荣 | 济南市文化西路41号 | 李相树 | 0531－6014104 | 250022 |
| 河南省饲料工业协会 | 谢振生 | 李水彦 | 郑州市经五路23号 | 李灵平 | 0371－5800855<br>5955122<br>5942972（传真） | 450002 |
| 湖北省饲料工业协会 | 倪德新 | 罗先奎 | 武汉市武昌区武珞路519号 | 黄倩蓉 | 027－87876982<br>87870641（传真） | 430070 |

（续）

| 单　　位 | 会长 | 秘书长 | 办 公 地 址 | 联系人 | 电 话 传 真 | 邮编 |
|---|---|---|---|---|---|---|
| 湖南省饲料工业协会 | 徐成进 | 夏铁羽 | 长沙市韶山北路 84 号 | 杨建武 | 0731－4445743<br>4426940(传真) | 410011 |
| 广东省饲料工业协会 | 郭仁东 | | 广州市先烈东路 135 号 | 梁晓生 | 020－87242820<br>87242623(传) | 510045 |
| 海南省饲料工业协会 | 周耀权 | 张绍君 | 海口市海府路 59 号省府大楼 1103 室 | 莫正群 | 0898－65343654<br>65338096(传真) | 570204 |
| 广西区饲料工业协会 | 罗广烈 | 王　强 | 西宁市七星路 135 号 | 梁纪豪 | 0771－2808395<br>2800023(传) | 530022 |
| 四川省饲料工业协会 | 冯元蔚 | 李　淳 | 成都市武候祠大街 3 号兴牧大厦 811 室 | 王丽妮 | 028－85545641<br>85580420(传) | 610041 |
| 重庆市饲料工业协会 | 廖祯华 | 范俊昭 | 重庆市渝中区人民路 238－2 号 | 曹亚平 | 023－69016192<br>69016185(传真) | 400015 |
| 贵州省饲料工业协会 | 史光升 | 叶素平 | 贵阳市延安中路 62 号 | 王　遵 | 0851－5284151<br>5286424(传真) | 550001 |
| 云南省饲料工业协会 | 赵玉堂 | 王天喜 | 昆明市穿金路 156 号齐宝酒店八楼 | 丁永华<br>王文惠 | 0871－5635180<br>5611600(传真) | 650225 |
| 陕西省饲料工业协会 | 王双锡 | | 西安市习武园 27 号 | 陈亦兵 | 029－7345955<br>7345876(传真) | 710003 |
| 甘肃省饲料工业协会 | 张月安 | 张华炽 | 兰州市秦安路 1 号 | 岳　魁<br>王秋娟 | 0931－8823911<br>8838380(传真) | 730030 |
| 青海省饲料工业协会 | 彭立鸣 | 唐国盛 | 西宁市大通路 60 号 | 王贵林 | 0971－5511362<br>5510520(传真) | 810003 |
| 宁夏区饲料工业协会 | 李春贵 | 张怀信 | 银川市玉皇阁南街 48 号 | 高新雯 | 0951－6072044<br>5025298(传真) | 750004 |
| 新疆区饲料工业协会 | 吐尔逊<br>吾宋尔 | | 乌鲁木齐新华南路 23 号 | 刘君健 | 0991－8560263<br>8567160(传真) | 830001 |
| 青岛市饲料工业协会 | 张成堂 | 苏建宪 | 青岛市市南区栖霞路 9 号<br>青岛四方机厂疗养院内 | 苏建宪 | 0532－2867176<br>2888803(传真) | 266003 |
| 深圳市饲料工业协会 | | | | | | |
| 厦门市饲料工业协会 | 蔡万惠 | 蔡万惠 | 厦门市槟榔西里 148 号 B 座 16 楼 | 高翠红 | 0592－5062631<br>5031918(传真) | 361004 |

（余欣）

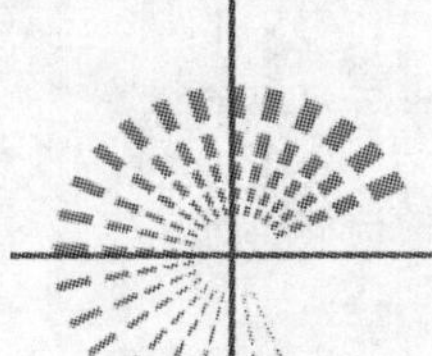



# 专 题 篇

# 饲料加工工业概况

2002 年，我国饲料工业发展的速度继续稳步增长，饲料产品的质量不断提高，饲料业产业结构和饲料品种结构进一步优化，企业集团化发展速度加快。从总体看，虽然饲料行业发展速度没有大的起伏变化，但由于年底某些原料市场价格持续高扬等因素影响，使得饲料业的发展出现步履维艰的趋势，饲料生产的利润空间越来越小，饲料企业微利化更加凸显。饲料业在克服困难的同时，积极寻求新的突破口，力争促进本行业持续、健康地发展。

**一、饲料工业保持稳步发展态势**

2002 年，全国饲料工业产品产量 8 319 万 t，比上年增长 6.6%，实现工业总产值 1 906 亿元，比上年增长 15.9%。配合饲料 6 239 万 t，比上年增长 2.5%，浓缩饲料 1 764 万 t，比上年增长 24.3%，添加剂预混合饲料 316 万 t，比上年增长 5.3%。饲料工业生产的总体水平继续提高。

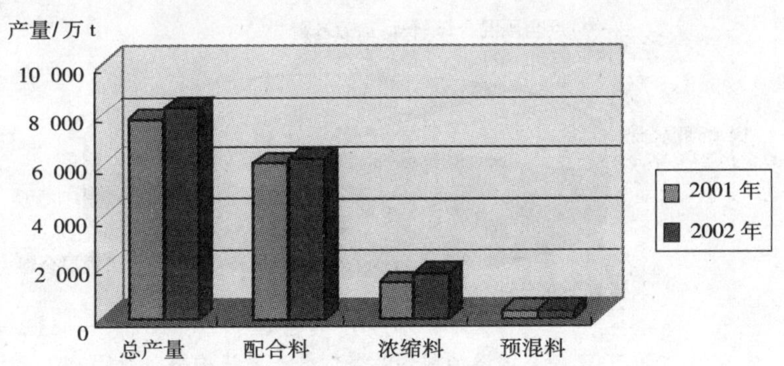


2002/2001 年饲料产量对比图

从饲料品种看：配合饲料中，猪配合饲料总产量 1 962万 t，蛋禽配合饲料 1 391 万 t，肉禽配合饲料 1 883万 t，水产配合饲料 676 万 t，反刍动物精料补充料 178 万 t，其他配合饲料 149 万 t。

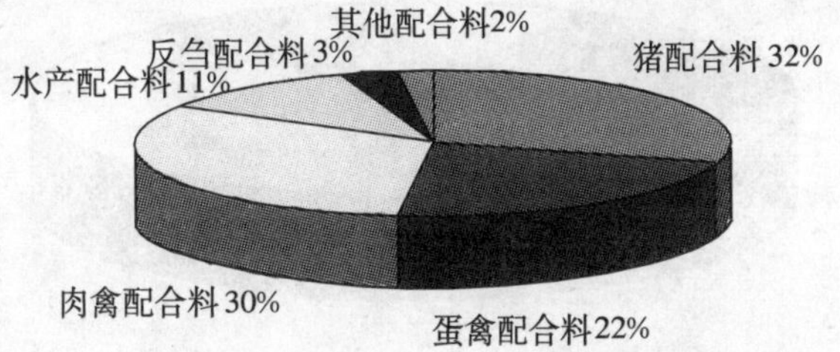


2002 年全国饲料工业配合饲料结构图

浓缩饲料中，猪浓缩饲料产量 982 万 t，蛋禽浓缩饲料产量 357 万 t，肉禽浓缩饲料产量 284 万 t，反刍动物浓缩饲料产量 86 万 t，水产浓缩饲料 30 万 t，其他浓缩饲料产量 25 万 t。

预混合饲料中，猪预混合饲料产量 153 万 t，蛋禽预混合饲料产量 63 万 t，肉禽预混合饲料产量 47 万 t，水产预混合饲料产量 18 万 t，反刍预混合饲料产量 10 万 t，其他预混合饲料产量 25 万 t。

2002 年，饲料原料生产保持较高的水平。其中：豆粕生产约为 1 550 万 t，比 2001 年下降 4.3%；鱼粉产量 50 万 t，比 2001 年增长 9.4%；肉骨粉产量 39 万 t，比 2001 年下降 22.5%；磷酸氢钙（盐）产量 170 万 t，比 2001 年增长 28.2%；赖氨酸产量 5.3 万 t，比 2001 年增长 56.7%。

2002 年，全国饲料企业按经济类型统计总数为 13 163 家，比 2001 年增长 19%。其中，国有企业

954家，集体企业979家，私营企业7 459家，联营企业409家，股份企业2 119家，港澳台资企业115家，外资企业239家，其他企业889家。与2001年相比，国有企业、集体企业、联营企业数均呈现明显下降趋势，共减少504家，降幅17.7%。私营、股份制企业数分别增加1 826家、574家，其增长率分别为32.47%、37.2%；港台及外商投资企业均有所增加。

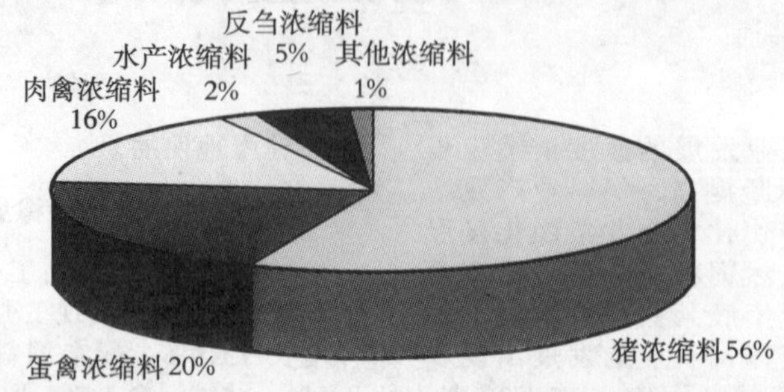


2002年全国浓缩饲料产量结构图

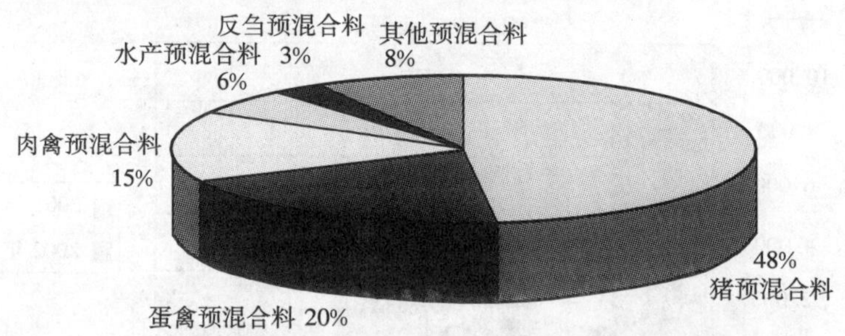


2002年全国添加剂预混合饲料产量结构图

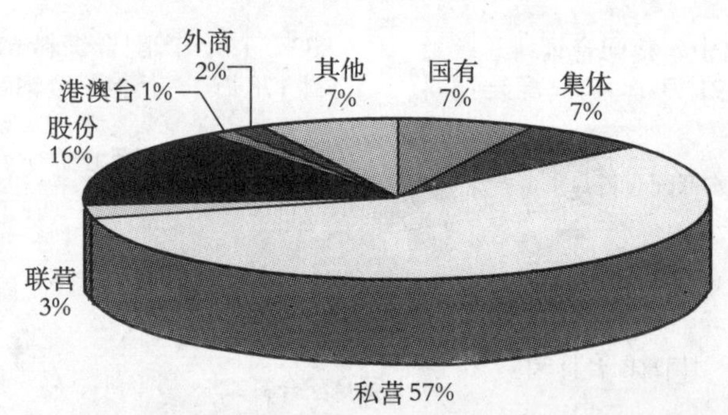


2002年全国饲料加工企业数量结构图

2002年，饲料加工成套设备3 146套，其中时产10t以上的设备259套，占成套设备的8.2%，时产5～10t设备466套，占成套设备14.8%，时产1～5t 2 421套，占成套设备的77 %。单机设备21 747台，其中粉碎机4 169台，占单机设备的19.2%，混合机3 403台，占单机设备的15.6%，制粒机1 484台，占6.8%。

2002年，饲料企业年末职工人数为46.3万人，比2001年增加1.3%，大专以上技术人员97 538人，占职工总人数的21.1%，其中博士701人，占职工总人数的0.15%，硕士1 900人，占0.41%，大学本科34 860人，占7.53%，大学专科60 077个，占13%。

2002 年全国饲料工业综合情况表

| 地 区 | 工业总产值/万元 | 全年营业收入/万元 | 产品总产量/t | 配合饲料产量/t | 浓缩饲料产量/t | 预混饲料产量/t |
|---|---|---|---|---|---|---|
| **全国总计** | **19 055 448** | **18 999 252** | **83 190 268** | **62 387 342** | **17 640 106** | **3 162 820** |
| 北 京 | 541 260 | 522 340 | 2 416 000 | 1 800 000 | 352 000 | 264 000 |
| 天 津 | 487 637 | 437 248 | 2 357 210 | 1 963 500 | 274 536 | 119 174 |
| 河 北 | 1 101 000 | 918 000 | 7 004 063 | 5 502 048 | 1 301 393 | 200 622 |
| 山 西 | 263 695 | 247 531 | 1 411 815 | 1 053 748 | 351 589 | 6 478 |
| 内蒙古 | 538 495 | 492 122 | 1 283 414 | 612 133 | 651 822 | 19 459 |
| 辽 宁 | 1 007 861 | 961 559 | 4 832 328 | 2 724 350 | 2 059 011 | 48 967 |
| 吉 林 | 597 000 | 597 000 | 2 058 000 | 1 180 000 | 850 000 | 28 000 |
| 黑龙江 | 960 000 | 1 000 000 | 4 150 000 | 2 270 000 | 1 590 000 | 290 000 |
| 上 海 | 397 717 | 445 270 | 1 210 872 | 1 099 710 | 28 473 | 82 688 |
| 江 苏 | 678 180 | 1 266 487 | 2 674 525 | 2 080 801 | 277 028 | 316 697 |
| 浙 江 | 665 616 | 622 135 | 3 401 336 | 3 321 971 | 9 799 | 69 566 |
| 安 徽 | 345 573 | 337 665 | 1 644 067 | 1 425 366 | 128 545 | 90 156 |
| 福 建 | 626 762 | 528 670 | 1 633 050 | 1 547 929 | 10 415 | 74 706 |
| 江 西 | 645 940 | 637 850 | 2 298 663 | 1 415 781 | 587 212 | 295 670 |
| 山 东 | 1 966 610 | 1 895 776 | 9 083 528 | 6 500 617 | 2 176 711 | 406 200 |
| 河 南 | 1 030 026 | 1 009 401 | 5 114 572 | 2 625 948 | 2 394 789 | 93 835 |
| 湖 北 | 741 940 | 675 990 | 3 297 215 | 2 627 072 | 604 075 | 66 068 |
| 湖 南 | 1 044 168 | 1 051 373 | 3 993 220 | 2 469 415 | 1 411 232 | 112 573 |
| 广 东 | 1 773 243 | 1 780 000 | 8 804 337 | 8 449 402 | 177 843 | 177 092 |
| 海 南 | 180 582 | 174 388 | 745 297 | 743 127 | 610 | 1 560 |
| 广 西 | 589 040 | 573 989 | 2 663 707 | 2 311 523 | 299 829 | 52 355 |
| 重 庆 | 182 431 | 190 501 | 818 200 | 700 600 | 73 000 | 44 600 |
| 四 川 | 1 178 388 | 1 142 905 | 4 272 665 | 3 640 599 | 424 736 | 207 330 |
| 贵 州 | 80 801 | 78 945 | 286 581 | 146 931 | 139 100 | 550 |
| 云 南 | 304 433 | 313 937 | 1 354 523 | 1 019 320 | 328 477 | 6 726 |
| 陕 西 | 618 842 | 615 610 | 1 658 001 | 694 198 | 902 722 | 61 081 |
| 甘 肃 | 181 813 | 174 286 | 1 086 248 | 980 881 | 97 762 | 7 605 |
| 青 海 | 6 390 | 5 440 | 34 275 | 32 477 | 22 | 1 776 |
| 宁 夏 | 109 184 | 102 047 | 451 811 | 401 878 | 41 543 | 8 390 |
| 新 疆 | 210 822 | 200 786 | 1 150 745 | 1 046 016 | 95 831 | 8 897 |

## 二、饲料品种结构进一步优化

从我国饲料工业产业结构体系看：饲料原料工业、饲料添加剂工业、饲料加工工业、饲料机械设备工业和饲料科技、教育、标准化、检测等支撑体系在内的饲料工业体系，其主导产业和相关产业的结构不断得到优化，已经成为我国国民经济中的重要基础产业。

从饲料加工产品结构看：配合饲料比重继续呈现下降趋势，浓缩饲料和添加剂预混合饲料的比重稳步上升，特别是2002年浓缩饲料增幅更快。配合饲料占全部饲料的比重，由2001年的78%下降到2002年的75%；浓缩饲料占全部饲料的比重，由2001年的18.2%上升到2002年的21.2%；2002年添加剂预混料占全部饲料的比重为3.8%，基本与2001年相同。

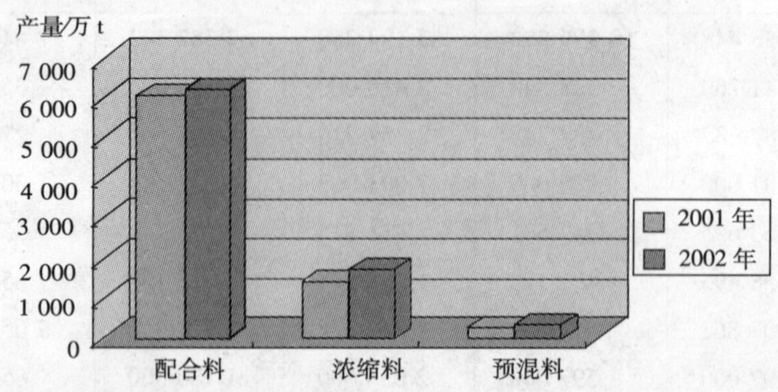


全国饲料产品结构图

通过按照畜禽种类分析饲料产品结构可以看出，饲料产品结构的变化趋势基本符合养殖业产业结构的变化趋势。一是在配合饲料产品中，猪配合饲料占配合料的比重为31 %，比2001年下降5%；蛋禽配合饲料的比重为22.3%，提高0.3%；肉禽配合饲料的比重为30.2%，提高2.2%；水产配合饲料的比重为10.8%，提高0.8%；反刍动物精料补充料的比重为2.9%，提高0.9%；其他配合饲料的比重为2.4%，提高0.4%。二是在浓缩饲料产品中，猪浓缩饲料的比重为56%，比上年下降6%；蛋禽浓缩饲料的比重为20%，下降1%；肉禽浓缩饲料的比重为16%，提高3%；反刍动物浓缩饲料的比重为4.9%，增长1.9%。三是在预混合饲料产品中，猪预混合饲料的比重为48.3%，比上年下降2.7%；蛋禽预混合饲料的比重为20.1%，上升3.1%；肉禽预混合饲料的比重为14.7%，提高1.7%；水产预混合饲料的比重为5.7%，提高0.7%；反刍动物预混合饲料的比重为3.3%，提高2.3%。

（孔平涛　方黎燕　王金文）

# 主要饲料产品概况

【猪饲料】

1.2002 年猪配合饲料的基本状况

（1）猪配合饲料发展的基本趋势　近年来，随着人们对动物性食品消费需求的变化以及国家对养殖业结构进行调整，在养殖业生产结构中，生猪生产属于“稳定”的部分，因此，养殖业中生猪生产在数量上的增速相对减缓，反映到配合饲料产量结构上来，猪配合饲料占各类配合饲料的比重逐年下降。由图可以看出：1998—2002 年，猪配合饲料产量总体上在下降，从 1998 年的 2 340 万 t 跌至 2002 年的 1 962 万 t，其在配合饲料总产量中所占的比例也一路下降，从 1998 年的 42.0％跌至 2002 年的 31.5％。其中原因之一是近年来一部分散养用户转向使用浓缩饲料和预混合饲料，导致配合饲料总产量统计数的下降。从这一趋势看，未来几年猪配合饲料产品总产量还有可能进一步下降。

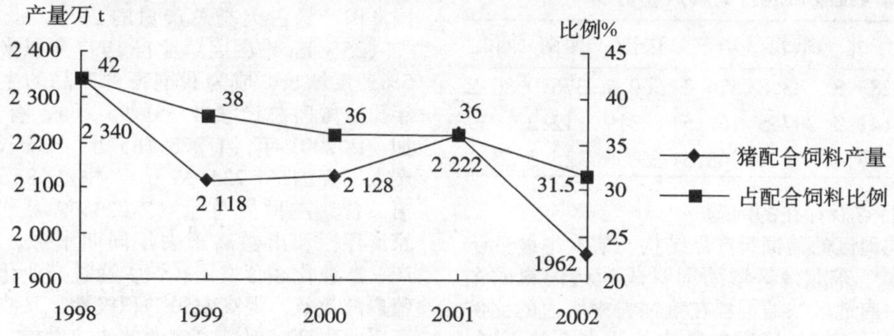


近 5 年全国猪配合饲料产量及其配合饲料总产量的比例变化图

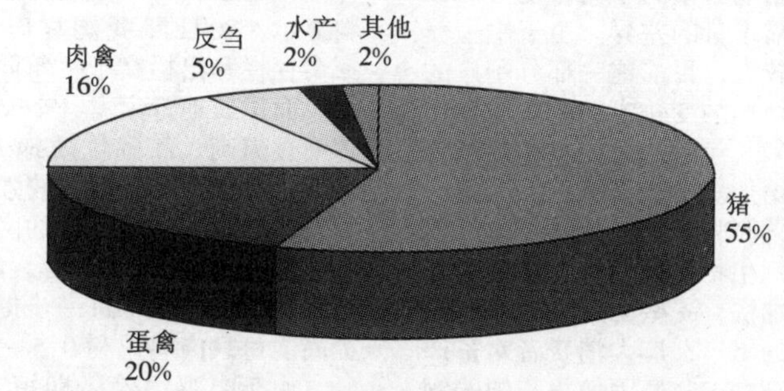


2002 年各类浓缩饲料结构图

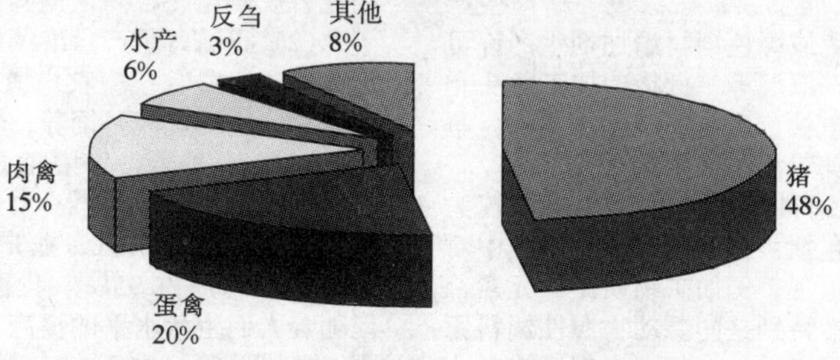


2002 年各类预混合饲料结构图

（2）猪浓缩饲料依然是浓缩饲料的主体　由于广大农户科技意识的提高，相当一部分农户利用自家的玉米、小麦及薯类等能量饲料原料自配饲料。特别是近年来，农村适度规模养猪场（户）增长较快，农民科学养猪的意识加强，对浓缩饲料的需求也随之增长，蕴育了猪浓缩饲料生产增长势头强劲。如上页下图所示，2002 年猪浓缩饲料占浓缩饲料总产量的 55%。

（3）猪预混合饲料在预混合饲料总产量中所占的比例较大　如上页下图所示，2002 年全国预混合饲料总产量为 317 万 t，比 2001 年增长 27 万 t，其中猪预混合饲料占总产量的 48%。

（4）猪饲料产量的区域分布情况　如下表所示，猪配合饲料集中分布于华东、中南地区，两地区猪配合饲料产量占总产量的 58%；猪浓缩饲料主要分布于东北和中南地区，两地区产量之和占浓缩饲料总产量的 53.4%；而预混合饲料以华东地区产量较大，为 63.3 万 t，占 41.4%。从总体上看，中南 5 省饲料总产量最大，为 912 万 t。

**2002 年全国各区域猪配合饲料、猪浓缩饲料及猪预混合饲料产量分布**（万 t）

| 行政区域 | 华北 | 东北 | 华东 | 中南 | 西南 | 西北 |
|---|---|---|---|---|---|---|
| 配合饲料 | 283.8 | 83.8 | 576.2 | 560.7 | 376.9 | 80.2 |
| 浓缩饲料 | 141.3 | 207.5 | 162.5 | 319 | 112.2 | 39 |
| 预混合饲料 | 19.4 | 7.4 | 63.3 | 33. 8 | 25.3 | 3.4 |

2. 主要特点及存在的问题

（1）不同地区的猪饲料产品结构与层次继续处于动态调整之中　东北地区浓缩饲料成为猪饲料的主体；华北与中南地区浓缩饲料在猪饲料中所占的比例较大，这反映了不同地区饲料科技普及水平的不同；同时由于不同地区规模化猪场数量的不同，也可导致各行政区域对猪配合饲料需求量的差异。由于中国养殖业的现状是散养户比例较大，目前这一部分用户的需求变化对猪饲料品种与结构的变化方向起到主导作用。从总体趋势上看，未来几年猪浓缩饲料和预混合饲料的产量还可能进一步增加。

（2）“绿色、无公害”饲料越来越受到关注　国家一系列饲料与饲料添加剂生物安全标准正在制定当中；畜产品国际化进程的加快，一些国家频频使用技术壁垒来限制我国畜产品的出口；广大消费者对畜产品质量的要求也在不断提高，这些原因使得我国的饲料与养殖企业不得不去重视饲料的“绿色性”问题。截止 2002 年，我国已批准了 3 家“绿色”猪肉生产企业，获得了相应的绿色或绿色饲料添加剂生产许可证。另有唐人神、正虹、双汇等一批猪肉加工龙头企业对猪肉产品品牌高度重视，正在不断创造条件，争取早日成为绿色饲料与饲料添加剂生产企业。

（3）2002 年我国猪饲料产品仍然存在一些较为突出的问题　这些问题包括：在猪饲料生产过程中对环境保护问题未予足够重视，例如矿物质微量元素普遍超量添加；对动物源性特别是同源动物源性饲料原料的使用未有有效的管理措施；一些中小型饲料企业违法使用抗生素药物；配合饲料中有毒有害饼粕过量使用；转基因饲料安全性管理评价和管理方法尚不配套；不同地区饲料科技普及水平不平衡等。所有这些问题将随着国家各项饲料法规的出台及养殖户饲料科技水平的提高逐步得到解决。

（张宏福　王在贵）

【家禽饲料】　改革开放以来，我国畜牧业取得举世瞩目的发展，其中家禽养殖业在我国畜牧业发展中速度最快，群体生产规模最大，社会贡献率最高。养禽业已成为我国农村经济中最活跃的增长点和主要的支柱产业。2002 年我国家禽存栏量鸡 39.236 亿只，鸭 6.6125 亿只，鹅 2.15 亿只，火鸡 25 万只；禽蛋产量 2419.15 万 t（2001 年为 2335.44 万 t），禽肉产量 1351.95 万 t（2001 年为 1273.19 万 t）。禽肉、禽蛋的价格微升，饲料价格降低，加工水平进一步提高，优质地方家禽品种的饲养规模继续扩大，家禽生产的总体效益提高。

1.2002 年我国家禽生产情况

（1）禽肉产量保持稳定增长态势　资料显示，我国禽肉产量占肉类总产量的 20%，低于世界平均水平（25%）。中国肉鸡业自 1997 年以来，一直以每年 5% 速度增长，成为我国畜禽产品的主导产业，2002 年我国禽肉总产量 1 351.95 万 t，有较大幅度的增加，比 2001 年（1 273.185 万 t）增长 6.2%，与生产大国美国（1 734.96 万 t）相差 383 万 t，仍居世界第二位，占世界总量（7 223.79 万 t）的 18.72%。家禽存栏和出栏高于去年同期水平。家禽规模化生产、产业化经营发展较快，通过产业化经营既保障养殖户的效益，提高农民的积极性，又能稳定货源，保证企业生产，促进家禽业的快速发展，养殖业的产业化还带动了相关产业的发展。据农业部畜牧兽医局资料显示，2002 年我国禽肉产量有较大幅度的增加，家禽存栏和出栏高于去年同期水平。家禽饲养总量略增，而优质地方家禽（杂交黄鸡、鸭、鹅）的出栏比重明显提高，江苏优质地方家禽出栏占出栏总量的 45%，各地水禽也保持较强的发展势头。山东和广东两省仍是我国禽肉生产的两个最大的省份。

2002 年以来，禽肉、禽蛋的价格微升，饲料价格降低，加工水平进一步提高，家禽生产的总体效益提高。每只肉鸡盈利 0.5～2 元，肉鹅 8～10 元。

由于肉鸡饲养周期短，技术要求高，风险系数大，基本上结束以农户散养为主的生产方式，转向集约化、规模化、合同化饲养。

（2）我国禽蛋产量继续保持增长态势　中国蛋鸡饲养方式主要有：①农户散养（庭院养殖）；②农村专业户（适度规模）饲养；③工厂化养殖场（规模集约化）饲养三类。其中前两类占整个饲养总量的 70%～80%，如中国第一禽蛋生产大省——河北省从事蛋鸡生产的占农村专业户的 90%，江苏海安县农村个体养鸡户占 95%。我国禽蛋生产以鸡蛋为主，但随着人们生活水平的提高，其他禽蛋（如鸭蛋、鹅蛋、鹌鹑蛋等）也正在走俏。据统计，2002 年我国禽蛋产量（2 419.15 万 t）比 2001 年（2 335.44 万 t）略有增加（增加了 1% 左右），而世界禽蛋同期产量分别为 5 780.37 万 t（2002）和 5 182.06 万 t

(2001)，占世界禽蛋总量的41.85%，稳居世界第一。其中禽蛋产量较多的省份有：河北、山东、河南、江苏、辽宁、四川、湖北和安徽，其中前五个省份的禽蛋产量合计约占我国禽蛋总产量的70%以上。

2002年以来虽然有蛋鸡饲养“南移”的现象发生，但是主产区（河北、山东、河南）仍占到了44%以上，蛋鸡饲养的区域化更加明显，“北蛋南运”的格局依然未变；规模化生产比例和服务化程度提高，专业化养殖区、养殖村，基本形成了较为完善的种鸡、鸡苗、饲料、兽医防疫等系列服务体系；鸡蛋市场体系发育较好，在蛋鸡主产省不但有鸡蛋批发市场，还有庞大的专业运销队伍，形成了连接全国各大中城市的经销网络。

2002年，鲜蛋产销情况继续取得好收成，蛋鸡生产发展，饲养规模扩大，鲜蛋上市增加，销售继续活跃，价格比较平稳，农户养鸡产蛋的效益略好于上年。2002年全国蛋鸡配合饲料平均价格达到1.64元/kg，与上年同期相比下跌了3.05%。但是2002年我国鸡蛋平均零售价格为5.39元/kg，比去年同期上涨了2.07%，因此说2002年饲养蛋鸡的盈利空间相对较大。

2.2002年我国禽饲料生产情况　据全国饲料工作办公室不完全统计，2002年1～6月份我国饲料产品产量达到3 255万t，与上年同期基本持平，其中配合饲料产量2 400万t，比上年同期减少10%；浓缩饲料700万t，同比增长10%；预混合饲料155万t，同比增长15%。肉、蛋鸡饲料价格的变化趋势基本一致，但肉鸡饲料价格始终高于蛋鸡饲料的价格。从总体上看，2002年肉、蛋鸡饲料的平均价格均低于上年同期水平。

家禽饲料产量仍占所有配合饲料总产量的50%，由于蛋鸡的盈利空间相对较大，导致了事实上蛋鸡饲料产量相对略有增加。2002年肉、蛋鸡配合饲料价格较高的省份有云南、贵州、海南、广西、广东等，价格较低的省份有青海、河南、黑龙江、甘肃、山东等。2002年鸡蛋价格平均上涨3%，有些地区鸡蛋价格上涨幅度更大。鸡蛋价格上涨，对蛋鸡饲料的需求增加，拉动蛋氨酸价格上升。

3.2002年中国家禽业发展特点　从我国家禽业仍存在一些缺点：单产水平和生产效率较低、饲料原料缺乏、禽产品的深加工较少、养殖生产污染严重、家禽可持续发展体系不健全等。根据国情和养鸡业国际大市场的形势分析，我国养鸡业的优势是肉鸡，比较劣势的是快大型白肉鸡，蛋鸡处于中间状态。

(1) 鲜鸡蛋出口形势看好　2002年1～11月，我国鲜鸡蛋出口8.85亿枚，出口额为1 954.49万美元，同比分别增长71.09%和29.81%。鲜鸡蛋出口增长主要是对香港、澳门和阿曼出口增加，出口额分别为1 645.56万、280.69万和25.19万美元，比去年分别增长81.5%、8.6%和18.28倍，合计占我国鲜鸡蛋出口总额的99.8%。

(2) 设计鸡蛋正在走俏　鸡蛋是国人的传统营养产品，具有一定的市场空间，鲜鸡蛋不能大量出口，但新鲜的“洋鸡蛋”也因贮运不便，损耗较大，也不容易大量进口。在当今鸡蛋消费量不能大幅度提高的情况下，绿壳鸡蛋、含碘蛋、含锌蛋、低胆固醇蛋等名目繁多的营养蛋正在被市场接受。

(3) 优质肉鸡发展迅速　长期以来，优质肉鸡是我国独有的优势产业，在国际市场无竞争对手，在国内市场无进口压力，市场空间宽松而巨大，具有一定的发展潜力。欧盟一些国家和日本都在提倡消费肉鸡，国内市场也有旺盛需求。农业部畜牧兽医局的资料显示，2002年家禽饲养总量虽只是略增，但优质地方家禽（杂交黄鸡、鸭、鹅）的出栏比重明显提高，各地水禽产量也保持较强的发展势头，这反映了禽肉市场对于优质和特色美味禽类产品的需求。

（武书庚　齐广海）

**【水产饲料】**　2002年水产饲料的发展呈稳步上升态势。全国鱼虾料总产量达到720万t，比2001年615万t增加了17.1%。水产饲料基本情况见下表。

**2002年水产饲料分类表**

| 类　别 | 产量/万t | 所占百分比/% | 备　注 |
|---|---|---|---|
| 水产饲料总量 | 710 | 100 | |
| 淡水鱼饲料 | 580 | 81.7 | 主要指草鱼、鲤鱼、罗非鱼、鲫鱼、团头鲂等 |
| 鳗、甲鱼饲料 | 35 | 4.9 | |
| 对虾饲料 | 45 | 6.3 | |
| 海水鱼料 | 25 | 3.5 | 鲳鱼、鲈鱼、大黄鱼等 |
| 其　他 | 25 | 3.5 | 罗氏沼虾、蛙、蟹等 |

1. 水产饲料地区差异明显　水产饲料的生产存在明显的地区差异，在全国不同的地方发展很不平衡。水产配合饲料生产量的相当大一部分集中在养殖水面密集、养殖水平较高的省份。如对虾饲料，广东省2002年对虾饲料产量为28万t，占全国对虾饲料总产量（45万t）的62.2%，而一些内陆省份的对虾饲料产量为零。广东、山东、辽宁、江苏、湖北、四川等省市的水产养殖产量在全国名列前茅，水产配合饲料的产量亦占相当大的比重，而在中国西北部及边远地区，如青海、西藏、内蒙古、山西、宁夏等，水产养殖业不太发达，因而水产饲料的产量相对较少。这种现象与各地区水产品的消费习惯、养殖水面的多少、水质及养殖水平等因素有关系。因此，促进边远地区水产养殖业的发展，可以开辟水产饲料的新市

场。

2. 传统养殖区域水产饲料发展快　传统养殖区域主要指湖南、湖北、江西、江苏、浙江等水产养殖历史长的地区，过去，这些地区采用粗放养殖，饲料用量少，近几年，随着养殖密度提高开始大量使用配合饲料，因而配合饲料产量增加快。

3. 挤压膨化饲料快速发展　挤压膨化料品种主要为海水鱼料、牛蛙料、鲫鱼料、特种淡水鱼饲料、对虾料等。由于吸收率高、水质污染少、养殖动物健康等特点，挤压膨化料推广迅速。2002 年各类膨化料产量 40 万 t，生产企业集中在广东、福建、四川等省份，使用地区集中在沿海经济发达地区，预计今后几年挤压膨化饲料产量将快速增加。

4. 水产配合饲料产品品种呈现多元化　水产配合饲料现在已基本覆盖我国水产养殖的主要养殖品种。草鱼、鲤鱼、鲫鱼、团头鲂、罗非鱼、鳗鲡、甲鱼、对虾等养殖品种的饲料仍然是水产配合饲料的主要部分，这和国内目前的养殖结构是相符的。但不容忽视的是，一些地方性的、名特优养殖品种的饲料呈现逐渐上升的趋势，如黄颡鱼、观赏鱼、海水鱼、蛙类等，说明我国的水产养殖结构正处于调整阶段。

5. 水产饲料竞争日趋激烈　近几年，畜禽饲料利润持续下滑，各饲料生产企业纷纷转向水产饲料生产，水产饲料的竞争越来越激烈，这其中包括管理、资金、技术、市场等多方面的竞争，2002 年有相当一部分饲料企业倒闭。竞争的加剧，导致水产饲料利润下降，常规品种如鲤鱼、草鱼、鲫鱼等利润水平接近畜禽饲料利润水平。部分地区水产饲料利润甚至低于畜禽饲料利润水平。特种饲料、对虾饲料、挤压膨化饲料具有较高利润水平，但市场风险较大。

（任泽林　周文豪）

**【反刍动物饲料】**　近年来，随着农业结构战略性调整步伐的加快，中国畜牧业结构调整力度明显加大，牛羊肉生产，特别是奶业得到了优先发展。反刍动物生产的大力发展和饲料业结构的优化调整，双向拉动了反刍动物饲料产品生产进入发展的快速道，出现了前所未有的快速发展势头。

1. 发展趋势和特点

（1）基础薄弱，发展潜力巨大。尽管我国反刍动物饲料产量相当低，但从 1991 年以来全国反刍动物饲料总产量呈上升的发展趋势（见下表），今后的市场潜力十分可观。这是因为：①牛、羊生产产业化是其发展的必然趋势。目前，我国乳牛生产仍以家庭饲养为主，这样就必然产生小规模生产与大市场、专业化生产与社会化服务等矛盾。产业化经营则效益显著，产品质量稳定。加之，养殖户为了增强抗风险能力，提高养殖规模效益和应用新技术需求日益迫切。这些都为牛、羊生产产业化发展提供了机遇，而产业化的发展必然会带动牛、羊饲料工业的发展，这几乎是确定无疑的一种发展趋势。②大力发展以牛、羊为主的草食动物生产，符合我国基本国情。我国每年增加近 1 500 万人，耕地与人口的矛盾日益尖锐。与此同时，人们对畜产品的需求日益增长，国家提倡大力发展以牛、羊为主的节粮型畜牧业，而对以提高草食动物饲料利用率为目标的新型饲料产品系列的要求也日益迫切。③随着国家西部大开发战略的实施，我国各大牧区牛羊饲养方式的转变势在必行。随着舍饲半舍饲饲养方式的推广，对牛羊饲料工业提出新的发展要求和机遇。④随着畜牧业结构调整，我国奶牛业在今后相当长的时间内呈迅猛发展势头，乳牛优质饲料的生产和销售有极大潜力。目前我国乳牛商品饲料占全国反刍动物商品饲料总产量的比例高达 90% 以上。值得注意的是，乳牛场自配饲料的比重还相当大，乳牛商品饲料的发展潜力仍有相当大空间。

**1991—2001 年全国反刍动物饲料产量表**

| 年　份 | 1991 | 1992 | 1993 | 1994 | 1995 | 1996 | 1997 | 1998 | 1999 | 2000 | 2001 | 2002 |
|---|---|---|---|---|---|---|---|---|---|---|---|---|
| 年产量（万 t） | 154① | 168② | 166② | 176 | 192 | 209 | 221 | 355 | — | 216 | 161.7③ | 273.8 |
| 占全国配合饲料的比例（%） | 4.41 | 4.62 | 4.48 | 4.16 | 3.95 | 4.08 | 4.04 | 6.37 | — | 3.66 | — | |
| 其中商品饲料所占的比例（%） | — | — | — | 0.83 | 0.79 | 0.82 | 0.82 | 1.27 | — | — | | |

注：①本表产量全部为乳牛饲料产量；②全部为乳牛场自配饲料；③全部为商品饲料，这部分产量占反刍动物饲料总产量的比例为 20%。

（2）产品结构以乳牛饲料为主和以农场自配饲料为主。目前我国由饲料厂家生产和销售的反刍动物商品饲料几乎全部是乳牛饲料，只有少量的是牛、羊育肥饲料。全国 90% 以上牛、羊生产所需的精补料由农场自配，全国乳牛商品饲料仅占乳牛精补料产量的 20%。

（3）反刍动物饲料产品的质量大幅度提高。浙江大学、中国农业大学分别制定的青贮饲料标准和氨化饲料标准已经完成，并开始在生产实践中应用，有力地提高了反刍动物基础饲料的质量。全国饲料质量监督检验开始对奶牛饲料进行检测，反刍动物饲料产品的总体合格率达 90% 以上，并已全面禁止喂饲哺乳类动物性饲料。

（4）反刍动物饲料产区分布不均衡。中原肉牛带和东北肉牛带生产青贮饲料 8 308 万 t，氨化秸秆 3 675万 t，分别占总产量的 64% 和 65%。黑龙江、吉林、北京、内蒙古、江苏、云南、甘肃、陕西、新疆、四川、河北、山西、宁夏等 13 个省（区、市）

工业化生产的反刍动物饲料总量为 109 万 t，占 88.6%，其中黑龙江、吉林、北京、内蒙四省（区、市）占全国总量的 54.6%。目前我国主要牧区，反刍动物饲料生产现状仍然十分薄弱。

（5）反刍动物饲料添加剂的研究迅速发展。目前我国一些科研机构和大专院校在反刍动物添加剂方面的研究，主要集中在脲酶抑制剂、酶制剂、抗应激添加剂、金属螯合物、蛋白和脂肪保护性产品、原虫控制剂等，有的已经进入市场。

（6）动物和饲料科学研究大踏步进展。据不完全统计，目前全国开展反刍动物营养和饲料科学研究的大学和科研机构至少在 10 所以上。主要研究内容包括：牛、羊营养需要和饲料营养价值评定、营养调控理论和技术、新型饲料产品研制和开发牛、羊舍饲技术的研究、提高秸秆等粗饲料利用率的研究等等。这些研究为全国反刍动物饲料工业的发展奠定了基础，也为今后这一产业的更大发展创造了条件。

2. 发展战略　根据国际范围内反刍动物饲料研究和应用的发展趋势，结合我国国情，我国反刍动物饲料开发和基本思路可以概括为：从中国国情出发，以高新技术为依托，与本地饲料资源相匹配，在瞄准乳牛、肉羊和舍饲养畜的同时，积极培养和发展多种牛、羊补饲产品市场，生产出以生产营养调控型饲料产品为中心的反刍动物饲料系列产品，进行科工贸一体化的集团开发，推动产业化水平不断提高。

（1）以高新技术为依托。我国反刍动物饲料工业发展缓慢，关键在于我国反刍动物营养研究比较滞后。要大力发展反刍动物饲料，首先要重视和加强反刍动物理论和技术的研究，结合我国国情引进、消化、吸收，发展具有中国特色的反刍动物营养理论和实用技术，使我国反刍动物饲料产品开发建立在一个较高的起点上。

（2）与本地饲料资源相匹配。世界各国发展本国畜牧业，解决饲料问题的基本做法有两种：一是依靠本国资源，走自力更生的道路；二是依靠进口，仿效国外经验。现在越来越多的国家和人士已经认识到第二种方针是一种阻碍本国畜牧业发展的不利方针，必然导致在激烈的竞争面前处于不利的地位。而实现第一种方针不仅可以降低饲料成本，为反刍动物饲料产品和市场开拓创造有利条件；而且，物尽其用，对建立生态型农业和促进全国畜牧业可持续发展有明显好处。我国面临一个重大的课题，即如何大量利用低质粗饲料，不断提高其利用率。能否解决好这一重大课题是我国反刍动物饲料发展中的关键问题。

（3）瞄准乳牛、肉羊和舍饲养畜等产品市场。我国乳牛业是反刍动物生产中商品化和集约化程度最高的产业。近年来，秸秆养牛和肉羊开发，禁牧、休牧舍饲养畜有了很大发展，对饲料工业发展提出了紧迫要求。为此，在相当长时间内，我们必须要面向这三个有很大市场潜力、商品化程度较高的产业，以它们作为我国反刍动物饲料产品的市场基础，求得双向发展。

（4）建立以生产营养调控型饲料产品为中心的反刍动物饲料生产体系。当前，在反刍动物营养学领域，营养调控理论和技术的研究已成为时代的主旋律。为此，发展营养调控型饲料产品是具有跨世纪意义的饲料工业的重要发展方向。就反刍动物而言，开发和生产营养调控型饲料产品更有其特殊意义。这是因为反刍动物饲养模式和反刍动物营养生理特点更为复杂，使用营养调控型产品更符合因地制宜、因时制宜和因畜制宜的原则，更能符合我国国情地发展反刍动物生产。

3. 发展措施

（1）大力发展反刍动物精补料和浓缩料生产和推广应用，促进牛羊养殖业发展。当前我国牛羊生产仍以家庭饲养为主，小规模生产与大市场、专业化生产与社会化服务等矛盾已经突现。与之相比，产业化龙头企业的优势十分明显，农民不仅可以获得养殖效益，而且还可参与后续环节的利益分配。加之我国实施科教兴国和可持续发展两大战略，环保政策、退耕还林还草政策又相继出台，划区轮牧、舍饲圈养和异地育肥等生产方式已成为主流，牛羊生产的集约化程度将不断提高，客观上要求牛羊精补料和浓缩料等商品饲料必须有一个大发展。我国人口每年增加 1 500 万，而耕地却正在迅速减少。耕地与人口的矛盾日益尖锐，大力发展以牛羊为主的反刍动物生产，符合我国基本国情。与猪禽生产相比，我国牛羊生产水平较低，而工业化的饲料产品是现代营养科技和工艺技术的载体，对畜牧业增长贡献率最大，发展精料补充料和浓缩料对于提高反刍动物生产水平将起到决定性的作用。目前，发展精料补充料是饲料工业内部结构优化调整的重要内容。1998 年以来，全国猪鸡饲料市场下滑，一些饲料厂家开始进行饲料结构的调整，生产部分乳牛商品饲料。根据“加快发展浓缩饲料、精料补充料和饲料添加剂及其预混合饲料”的产业政策，以及当前牛羊实际生产水平，客观上需要饲料工业有所作为。

（2）加强对新型反刍动物添加剂的研发和生产，提高反刍动物饲料产品的科技含量和安全性。提高反刍动物饲料产品的饲用效果。一方面要加强反刍动物营养调控理论和技术的研究，另一方面就要加强对新型反刍动物添加剂的研发和生产，其中包括各种形式瘤胃发酵调控剂，过瘤胃饲料产品以及促生长和提高产乳水平和改善乳品质的调控剂，提高粗饲料品质的调制剂、酶制剂、抗应激添加剂等等。

（3）加快专用饲料原料生产基地建设。充分利用粮食库存充裕的有利时机，抓紧建立优质饲料粮基地，扩大青贮饲料作物种植，提高饲料原料的质量和生产能力。粮食主产区要积极推广间作套种、立体种植技术，推行粮食、经济作物和饲料“三元”种植业结构，增加饲料总产量。有条件的地方要充分利用冬闲田种植牧草，实行草粮轮作，增加冬春季青绿饲料供给。西部地区要通过退耕还林（草）建设饲草生产基地，重点发展优质饲草生产。

（卢德勋　孙海洲）

**【特种动物饲料】** 特种动物生产是我国养殖业中的组成部分之一，与家畜和家禽养殖业相比，存在着品种多、规模小、养殖史短、饲养技术粗放、市场波动性大和养殖较分散等特点。2002 年度我国特种动物的饲料消耗、生产情况及存在问题和发展建议如下：

1．概况

（1）茸鹿饲料。本年度茸鹿（主要包括梅花鹿、马鹿、水鹿和坡鹿等）存栏数较上一年度增长 8%，达到 54 万头左右；年消耗精饲料约 25 万 t。该年度因鹿茸价格较低，而促使各饲养场（家）养殖繁殖母鹿，导致母仔鹿和成年母鹿价格上涨，进而鹿群数量增加。我国的茸鹿精饲料主要由玉米、高粱、稻谷、大豆、豆饼、菜籽饼、棉籽饼、葵花饼、糠麸和磷酸氢钙等构成；粗饲料主要由农作物秸秆、青贮饲料、青草、树枝和树叶等构成。目前，茸鹿养殖中存在的主要问题一是母鹿妊娠期和仔鹿育成期日粮的营养缺乏（表现在蛋白质和某些矿物质元素、维生素的缺乏），二是公鹿生茸期日粮的营养过剩（表现为配合精饲料喂量过剩或蛋白质饲料比例过剩）。

（2）毛皮兽饲料。本年度水貂、狐、貉、獭兔等主要毛皮动物存栏数达到 160 万只之多，年生产商品毛皮约 900 万张，较上一年度的生产量提高近 50%。该年度国内十几家饲料厂共生产毛皮动物专用配合干饲料 2.3 万 t 左右，约占其饲料总消耗量的 6%。目前，大多数毛皮兽养殖场采用鲜动物性饲料（如海杂鱼、畜禽屠宰下脚料和废弃肉等）和谷物类、蔬菜等按一定比例混合、煮熟后进行饲喂，存在着饲料原料变动较大、饲料配比不够准确和潜在的安全隐患。粗略估计，2002 年度饲养毛皮兽共消耗海杂鱼、畜禽屠宰下脚料和废弃肉等鲜动物性饲料 48 万 t 及玉米等谷物饲料 23 万 t。

（3）珍禽饲料。受前几年珍禽发展过快和市场供过于求的影响，其产品售价逐渐下跌至微利的水平，从而使我国 2002 年度的珍禽养殖规模大幅度缩小。据有关资料报道，本年度我国的乌骨鸡、雉鸡、野鸭、番鸭、鹌鹑、肉鸽、鹧鸪、珍珠鸡、火鸡、鸵鸟、孔雀和大雁等 12 种珍禽的基础种群存栏数仅为 530 万只，全年上市商品珍禽 1.6 亿只，消耗饲料总量约 76 万 t。目前，珍禽养殖中多数场（家）直接采用蛋鸡饲料、肉鸡饲料或家鸭饲料，而少数场（家）根据其推荐营养标准或经验饲粮配方自行配制。

（4）其他特种动物饲料。狗、猫等宠物的专用饲料或食品在国内几家饲料厂生产；肉狗、熊、林麝、麝鼠、海狸鼠等特种动物的养殖起步较晚，在其营养和饲料的研究上取得的成果很少，大多采用粗放的经验法进行饲养，市场上尚未见到成型的饲料产品。

2．发展战略

（1）各级主管部门或业务部门应加强科研经费的投入，以使特种动物的营养标准化和高效化。我国的特种动物养殖业起步较晚，属于新兴的产业，其营养与饲料方面的研究广度和深度远远落后于家畜和家禽，应尽快设立相应的研究课题和组织研究力量开展工作，最终摆脱特种动物经验法饲养的局面。首先应研究其营养素需要量和饲粮中适宜营养素水平，在此基础上，再进行优化饲料配方的筛选、饲料原料的开发、专用饲料添加剂的研制、饲料剂型和加工工艺等方面的研究工作。

（2）特种动物养殖业必须走绿色环保之路，其绿色安全饲料的开发势在必行。在配制特种动物饲粮时，首先要求合理搭配日粮营养和提高饲料的转化效率，以最大限度地降低营养物质的排泄和避免造成对环境的污染；其次必须推广应用绿色饲料添加剂，以减少或消除特种动物产品中的药物残留；再者要求饲料原料无污染和加工过程中的质量安全保证；并应采取切实可行的技术措施，以有效地控制特种动物养殖场（尤其是肉食性毛皮动物养殖场）的臭气排放。目前在畜禽上的研究表明，饲粮中添加 β－葡聚糖酶、蛋白酶、植酸酶等可提高饲料转化率和氮、磷利用率，从而降低氮和磷的排放；饲用微生物制剂、活性多肽、寡聚糖、茶多酚、松针粉、大蒜素和中草药饲料添加剂等产品的应用，可有望替代抗生素。在特种动物养殖中，也应吸取畜禽养殖上的教训，不能只注意眼前的利益而刻意提高铜、锌和砷在饲料中的含量，从而增加对环境的污染程度。

（3）加强特种动物饲料的研制和市场开发力度。针对特种动物养殖规模小和养殖地分散的特点，应重点开发和推广其浓缩料、添加剂预混料，适度开发全价配合料，以充分利用当地的饲料资源和降低饲料的运输成本。

（4）特种动物养殖业及其饲料加工业的发展，应鼓励“公式＋农户”和“龙头企业＋基地”的经营发展模式。这一方面有利于其科技成果的尽快推广应用，另一方面也有利于产品的统一加工和销售，继而打造出规格化的特种动物品牌产品。

（王　峰　何艳丽）

# 饲料原料工业概况

2002年我国饲料原料市场供给和需求基本保持均衡，一些饲料原料的贸易也呈现出很好的发展势头。玉米和豆粕的出口均高于上年同期水平，进口低于上年同期水平。2002年玉米价格比较稳定，但豆粕和鱼粉价格起伏较大。2002年1～9月份赖氨酸和蛋氨酸的市场价格比较稳定，但后期随国际市场价格的上涨呈快速上升态势。

**【玉米生产、贸易及市场情况】** 2002年，我国玉米种植面积2 463万$hm^2$，比上年增加352万$hm^2$，增幅14.5%；总产量1.21亿t，比上年增加722万t，增幅6.3%。2002年是我国玉米产量在连续两年减产情况下的恢复性增长年。

由于美国玉米产量下降，国际市场玉米价格出现上涨行情，我国积极扩大玉米出口，减轻了国内供给过剩的压力。全年累计出口1 167万t，同2001年相比，增幅为94.6%。全年进口玉米不足1万t。我国玉米出口无论从价格、数量及出口范围等方面都增长很快，在国际市场地位日益巩固，成为世界第二大玉米出口国。

2002年玉米价格从年初的止跌趋稳，到6、7月份快速上扬，8月份之后的全面下跌，11月份又出现突发性价格上扬。2002年内贸玉米销售减少，出口数量猛增，陈粮竞价拍卖，玉米库存减少，价格季节性上涨，以及国际玉米价格返弹等因素在一定程度上影响了玉米价格走势。以上情况见下图。

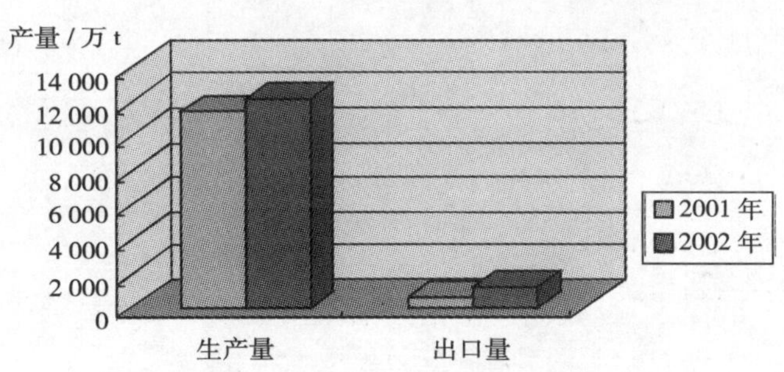


玉米产量及出口对比图

**【大豆和豆粕生产、消费、贸易与市场情况】** 2002年全国大豆种植面积为872万$hm^2$；大豆总产量1 651万t，比上年增长7.2%。单产和总产创建国以来最高记录。进口大豆1 132万t，大豆进口同比减少18.8%；大豆出口28万t。由于受国际油料减产的影响，2002年4月份以来国际国内大豆价格不断攀升，9月份前后回落，10月中旬止跌回升，12月份国内价格涨幅更大，国内外大豆价差逐步缩小，国产大豆竞争力减弱。

2002年我国豆粕总产量约为1 550万t，比2001年减少70万t，下降4.3%，主要由于进口大豆减少等因素所致；2002年饲料行业豆粕总供给约为1 649万t，豆粕供给与需求基本持平。2002年饲料行业豆粕消费约为1 628万t，比2001年增长12%；2002年豆粕出口101万t，比2001年的31.5万t增加了2.2倍。

我国豆粕市场的价格自2002年4月份起一路攀升，至9月份价格达到2 300元/t，上涨了18%，有的地区高达2 400元/t，此后开始下跌，至2002年12月份又开始回升。以上情况见下图。

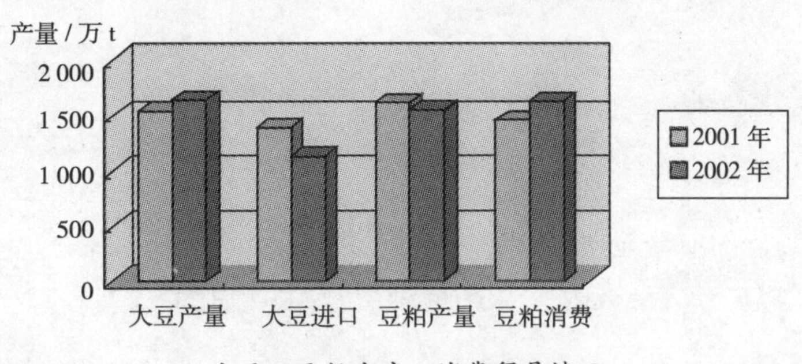


大豆、豆粕生产、消费贸易情况

**【鱼粉生产、贸易与市场情况】** 2002年，我国鱼粉产量50万t，比2001年增长9.4%；进口鱼粉95.8万t，比去年增长6.3%。全年总供应量约140万t。从全国总体情况看，中国鱼粉市场进口数量未减，供应富裕，需求不旺，多半时间处于低靡状态。但与历年相比，中国鱼粉平均价格仍然处于中高价位。从2001年11月份开始进口鱼粉价格一路上涨，从5 000元/t涨到2002年4月份的5 720元/t，增幅为14.4%。2002年进口鱼粉的平均价格为5 600元/t，比上年同期提高12%，比2000年同期提高12.4%。2002年11月底至12月初，受进口鱼粉及豆粕、氨基酸价格等因素影响，国内鱼粉价格迅速反弹，从4 300元/t涨到5 000元/t左右（下图）。

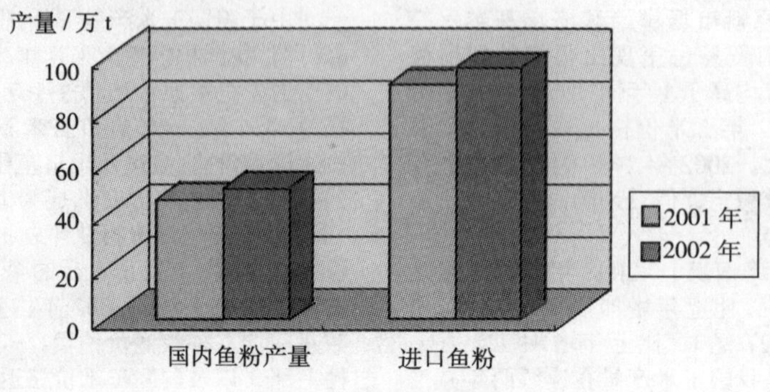


鱼粉产量与进口情况

（孔平涛　方黎燕　王金文）

# 饲料添加剂工业概况

## 营养性饲料添加剂

【饲料级氨基酸】 作为饲料重要原料的氨基酸，对饲料营养的均衡性起着举足轻重的作用。最近几年随着我国畜牧业和饲料业的蓬勃发展，氨基酸消费量也在逐年递增。目前工业化生产大量用于饲料业的主要氨基酸是赖氨酸和蛋氨酸。近年，苏氨酸和色氨酸的使用量也在增加。

1. 赖氨酸。赖氨酸是饲料添加剂中最重要的原料之一，在猪料中认为是第一限制性氨基酸，对平衡日粮中的氨基酸水平起着举足轻重的作用。目前主要生产工艺为玉米淀粉经生物发酵产生赖氨酸，经分离提纯，主要产品形式为 L-赖氨酸盐酸盐（含量98.5%），近年也有赖氨酸硫酸盐投放市场（含量65%）。

2002 年国内的赖氨酸价格呈先抑后扬的走势，年初国内各大市场平价价格约为 16.5 元/kg，上半年由于市场货源较充足、需求疲软，价格连续振荡下跌，跌至 15 元/kg 上下；7～8 月供求处于平衡期，价格徘徊在 15～15.5 元/kg 之间，从 8 月开始由于货源紧张、市场炒作和投机升温，价格出现连续上涨，到 12 月底市场价格上涨到 23.0 元/kg 的水平。2002 年最高价格约 23 元/kg，最低价格约 15.0 元/kg，最大价格差约 8.0 元/kg。基本上走出了前几年赖氨酸平均价格低于 20 元/kg 的怪圈。

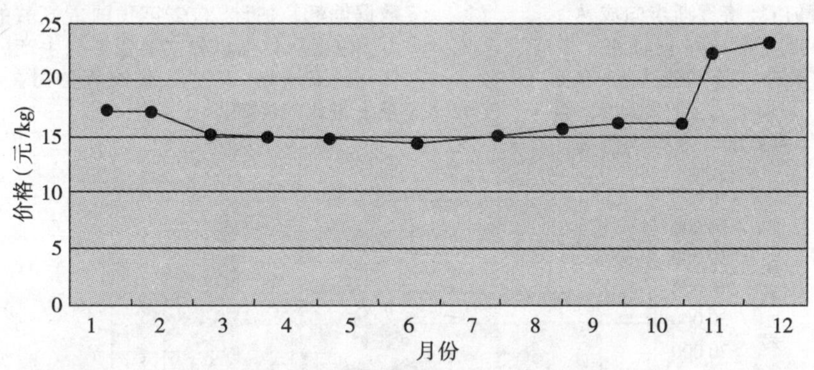


2002 年国内赖氨酸市场价格走势图

赖氨酸在我国配合饲料中的平均添加量约为 0.1%～0.2%，2002 年国内赖氨酸（包括盐酸盐和酯）的消费量在前几年的基础上稳步增加。2002 赖氨酸消费量在 12 万 t 以上，市场供应量超过 13 万 t，其中国产 5.3 万 t，进口约 8.1 万 t。

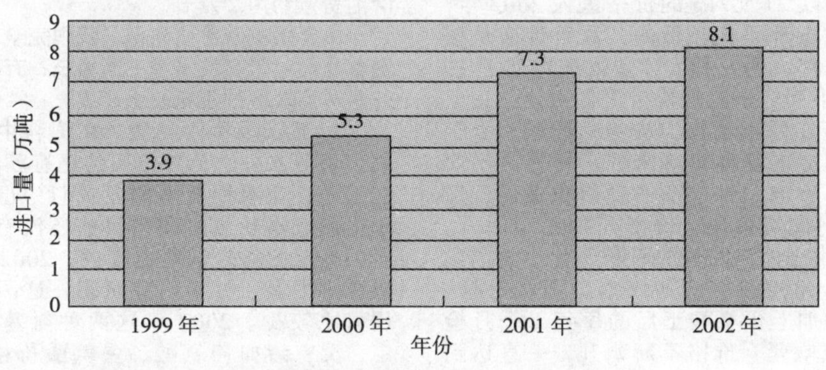


1999—2002 年我国进口赖氨酸数量对比

2002年国内赖氨酸生产能力取得了长足的发展。到2002底我国赖氨酸生产厂主要有：长春大成生化有限公司、四川川化味之素有限公司、泉州大泉赖氨酸有限公司、安徽丰原生化有限公司等。2002年4月份，年产2万t安徽丰原集团的赖氨酸项目正式投入生产；2002年6月，由于吉林大成赖氨酸厂第二期生产工程投产，使该厂年生产能力提高到了5万t，全年产量达到了3.2万t。到2002年底全国赖氨酸年生产能力超过了9万t，全年产量达到5.3万t。虽然从整体来看，国内企业由于生产规模不大、技术水平不高及生产成本较高，但在货源紧张的时候，国内赖氨酸厂的生产能力还是得到了较大的发挥，国内市场国产赖氨酸占有量得到了稳步提高。

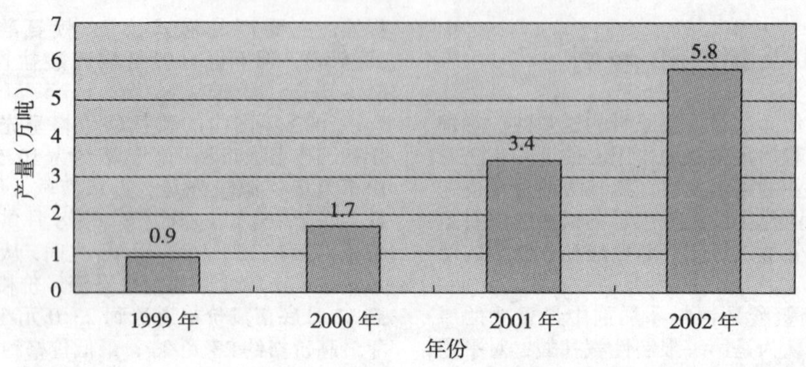


1999—2002年国内赖氨酸产量比较图

随着国内赖氨酸生产技术水平的提高、生产能力的扩大，国内赖氨酸市场将逐渐走向成熟。

2. 蛋氨酸。2002年需求增长较快，供应完全依赖进口。2002年我国进口蛋氨酸达53 763t，从数字上看比2001年进口量降低了约4 000t，但是，2002年有新产品——液体蛋氨酸进入我国市场，海关在统计时并没有计入蛋氨酸，造成去年蛋氨酸的进口统计数据偏低，估计2002年我国蛋氨酸的消耗量在6.5万t以上。目前世界主要蛋氨酸生产厂如迪高沙、诺伟司、安迪苏、曹达、住友等公司在我国都有销售，竞争也比较激烈。

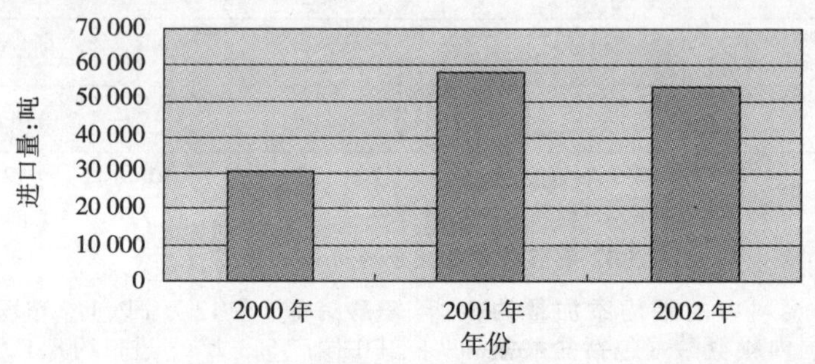


2000—2002年国内蛋氨酸进口数量对比图

年初蛋氨酸以21元/kg的价格进入2002年，这个价格在历史上都是比较低的，此后价格呈缓慢振荡下行的走势，到8月固体蛋氨酸跌到了19元/kg，几乎创下固体蛋氨酸价格最低纪录，这个价格生产商已经在亏本销售。从9月开始，由于进入秋季后蛋氨酸的需求高峰来临，另外由于前期价格的低靡，影响到供应商的供货积极性，厂家有意识地控制供货数量，价格开始逐步回升。到10月份后，由于海湾局势的不断恶化造成国际原油价格暴涨，生产蛋氨酸的成本也随之上扬，货源开始紧张，加上蛋氨酸工厂的每年1个月检修，蛋氨酸供应吃紧，价格不断飙升，一直达到年底26元/kg的水平。

2002年液体蛋氨酸市场份额在扩大，液体蛋氨酸消费量约为2万t。

由于蛋氨酸价格高昂，我国完全依赖进口，因此随着我国对蛋氨酸需求不断增长，有必要在我国建立一些适当规模的蛋氨酸生产线。

3. 苏氨酸和色氨酸。在饲料中添加氨基酸除赖、蛋氨酸外，比较常用的还有苏氨酸和色氨酸。在国外，这两种氨基酸在饲料中已大量使用。由于生产成本较高，国内目前还没有生产厂家，用于饲养上的科研试验也较少，2002年这两种氨基酸在应用上还处于萌芽状态，这两种氨基酸的使用量比较少。2002年这两种氨基酸价格比较稳定，没有诸如赖氨酸、蛋氨酸价格的大起大落。饲料级苏氨酸的主要生产商有味之素公司和德国的迪高沙公司。

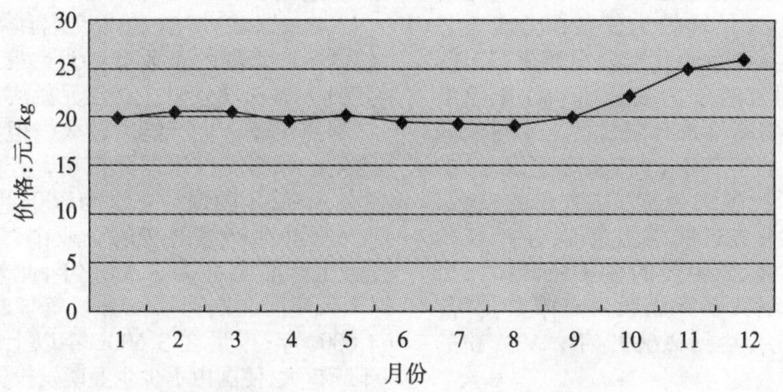


2002 年国内蛋氨酸价格走势图

（李　友）

【饲料级维生素】　前几年由于维生素市场利润丰厚，市场竞争激烈，价格大幅下跌并经历一年多低位徘徊后，世界维生素市场从 2002 年开始出现复苏，主要维生素品种都出现不同程度涨价。对于中国维生素生产商，还有其他优势：一方面由于美元汇率下降，导致与美元挂钩的人民币汇率同步下降，增强了中国产品出口竞争力；另一方面，中国维生素市场需求明显增加，潜力巨大。

2002 年我国各类维生素原料生产企业约 120 家，饲料级维生素总生产能力约 22 万 t/年左右，实际生产量约占总生产能力的 85%。2002 年全国维生素产量约 19 万 t，其中氯化胆碱 10 万 t 左右；维生素 C 约 6 万 t；其他维生素产量 2～3 万 t。由此可见，我国饲料级维生素生产及需求已占世界市场总量的很大份额，中国每年饲料级维生素市场需求量约 12 万 t，占全球饲料级维生素市场需求量 1/4 左右。2002 在国际维生素行业重新洗牌中，中国维生素制造商经受了考验，依靠灵活的经营策略、产品的成本优势和技术上的优势，在竞争中站稳了脚跟。在 2002 年维生素 H 和 $D_3$ 投产成功后，中国已是全球极少数能够生产全部维生素品种的国家之一，基本摆脱了部分维生素完全依靠进口的局面。中国不少维生素品种产量已位居世界前列。

1. 维生素 A。2002 年我国饲料级 VA 价格下跌幅度较大，VA500 由年初近 160 元/kg 左右下跌到年底约 120 元/kg。2002 年，中国 VA 产品的产量约 4 500t，主要用于饲料行业和医药，80% 以上的产品用于动物饲料，进口量约为 1 070t。目前我国主要有厦门金达威、浙江新昌新合成、上海罗氏（泰山）和沈阳巴斯夫等四家较具规模的维生素 A 生产厂家。

2. 维生素 $B_1$。2002 年我国饲料级 $VB_1$ 市场价格变化不大，年初 $VB_1$ 价格在 130 元/kg 左右，年底跌到 120 元/kg 左右。$VB_1$ 在我国食品和饲料工业中的使用呈逐年增加趋势。我国维生素 $B_1$ 有天津中津药业、华中制药、东北制药总厂等主要厂家，生产能力在 3 500t 以上，而国内需求量在 1 000t 左右，因此大部分产品出口，2002 年出口 $VB_1$ 约 1 700t。

3. 维生素 $B_2$。2002 年我国饲料级 $VB_2$ 价格呈下降趋势，年初约 170 元/kg，到年底下降到了约 135 元/kg。维生素 $B_2$ 生产工艺分发酵和半发酵两大类。生产厂家主要有湖北广济、上海永信和天津太和制药。由于发酵菌种的更新和工艺的改良，近年来 $B_2$ 生产水平大幅度提高，生产成本亦相应下降，总生产能力已超过国内需求。2002 年国内形成生产能力 1 800t/年，产量超过 1 500t，2002 年出口达 1 180t。

4. 维生素 $B_6$。2002 年国内维生素 $B_6$ 的价格变化不大，从年初 180 元/kg 变化到年底约 170 元/kg。2002 年我国 $VB_6$ 生产能力约为 2 500 t/年，产量约 2 000 t/年。产品主要以出口为主，2002 年我国出口 1 457t。$VB_6$ 主要作用为营养补充，强化食品及动物饲料添加剂。2002 年主要 $VB_6$ 生产企业有罗氏新亚（上海）维生素公司和湖北咸宁第二制药厂、江苏常熟顺德化学有限公司、江苏张家港市宏兴化学制药有限公司、上海辰福化工厂。

5. 维生素 $B_{12}$。2002 年饲料级 $VB_{12}$ 价格呈大幅下跌趋势，由年初 330 元/kg 左右下跌到年底 230 元/kg 左右。几年前，我国饲用维生素 $B_{12}$ 主要依赖进口。近年国内已有华北制药厂、石家庄制药厂等企业先后建立多条维生素 $B_{12}$ 专用生产线，1% 饲料级粉剂生产能力达 600t 左右，其中大部分出口，2002 年 $VB_{12}$ 出口量已达 480t。

6. 维生素 C。维生素 C 是我国产量较大的一种维生素之一，当前世界市场生产处于过剩状态，市场竞争激烈，我国国内市场消费不足，国内 VC 产品的主要出路为出口。我国经一两年市场调整，无序的市场竞争基本得到扼制，2002 年仅剩下为数不多的几家 VC 出口企业，依靠抓质量、降成本而得以立足。我国生产 VC 的厂家主要有：江苏华源药业有限公司、东北制药厂、石家庄制药总厂等。2002 年国内维生素 C 的生产能力在 7 万 t 左右，产量约为 6 万 t，其中大部分出口，2002 年 VC 出口量达 4.4 万 t。随着近年动物保健方面的重视，我国饲料级 VC 的使用也呈逐年增加的趋势。

7. 维生素 $D_3$。维生素 $D_3$ 是人与动物生长、发育、繁殖、维持生命和保持健康必不可少的一种脂溶性维生素。由于维生素 $D_3$ 结构较为复杂，合成工艺难度较大，全球只有屈指可数的几家公司能进行 $VD_3$ 生产。2002 年我国除原有的金达威公司和沈阳巴斯夫公司外，浙江花园生物高科技有限公司与中科院联合攻关，成功地建成一条年产 6t 的结晶维生素 $D_3$ 的新工艺生产线，填补了我国维生素 $D_3$ 生产的空白，使我国成为在世界上掌握先进的维生素 $D_3$ 生产技术的国家之一。另外维生素 $D_3$ 生产的企业还有浙江台洲海威化工有限公司、浙江新和成股份有限公司等。2002 年 $VD_3$ 粉的生产能力达到 2 600t/年，$VD_3$ 粉的生产量达到 1 500t/年。

8. 维生素 E。国内 90 年代后期由于生产 VE 中间体的生产取得了突破性发展，我国维生素 E 的生产呈现跳跃式发展。2002 年我国总体 VE 的生产能力超过 4 万 t，实际生产量超过 25 000t。我国 VE 用在饲料中约占 50%～70%，食品化妆品用量约占 10%。国内目前需求量仅在 3 000t 左右。因此，我国 VE 主要面向国际市场。2002 年我国共出口维生素 E1.4 万 t。在 2002 年，维生素 E 市场的竞争已达到白热化程度，基本为保本销售，价格基本保持在 60 元/kg 左右，利润已经非常薄。当前，国际国内对维生素 E 的研究关注不断加强，我国维生素 E 还有较大的潜力可能开发。

9. 维生素 $K_3$。2002 年我国维生素 $K_3$ 价格也呈下降趋势，我国年需饲料级维生素 $K_3$ 产品（50%有效含量）约 250t，其中 60%左右需要进口，进口产品中以意大利威尼达的产品占主导地位。国内曾有多家药厂生产维生素 $K_3$，由于体制不健全、成本偏高等种种原因至今已纷纷停产。国外不少研究证明，在饲料或预混料的生产、加工和贮存过程中，MSB 中的甲萘醌的容易损失，从而影响其生物学效价。目前，国际上已开发出稳定性较好维生素 $K_3$ 衍生物。2002 年我国已有生产厂家正在开发生产高稳定性的维生素 $K_3$ 衍生物。

10. 泛酸钙。2002 年国内泛酸钙的价格呈下跌趋势，从年初的 120 元/kg 下降到年底的 80 元/kg 左右。2002 年我国饲用泛酸钙年需求量约 1 500t。我国泛酸钙生产起步比较晚，过去相当长时间，由于拆分技术不成熟，泛酸钙以进口产品支配市场为主。90 年代后期，我国已有多家制药厂和化工厂具备生产泛酸钙的能力。2002 年生产能力达到 4 000t/年，实际产量达到 2 600t/年。

11. 烟酸/烟酰胺（又名维生素 PP）。2002 年，国内生产烟酸的企业有：北京第二制药厂、浙江富阳万洲化学有限公司、浙江兄弟实业发展公司、厦门第二制药厂等。生产能力较大，但实际产量较低。主要因生产原料受控于国际市场，产品在价格上缺乏竞争力。2002 年国内的总量为 300t/年左右。

国内生产烟酰胺的企业中，广州龙沙为最大的企业，生产能力约为 3 500t/年，此外还有天津市兽药二厂、天津河北制药厂三分厂等。2002 年生产能力超过 4 000t/年，产量在 3 600t/年以上。国内外市场需求的不断扩大，使国内不少企业萌发投资烟酰胺生产的意图。

12. 生物素（VH）。2002 年我国生物素的生产能力较小，消费主要依靠进口。2002 年国内已经有不少机构从事生物素的研究、开发与规模化生产设计，并有数家企业已经具备生产能力，但产量规模仍偏小，国内的生物素仍然以进口为主。

13. 叶酸。国内从事叶酸生产的企业有：常熟市华港制药有限公司常熟市医药化工厂、常熟市康瑞化工有限公司、武进市牛塘化工厂、江苏镇江高鹏药业公司、衡水市冀衡药业有限公司等，2002 年生产能力约 500t/年，实际产量 370t/年。

14. 氯化胆碱。氯化胆碱的生产工艺相对简单，上游化工原料供应充足，生产企业数量多，总生产能力较大。2002 年在国内有影响力的企业主要有：科明特氯化胆碱（上海）有限公司、阿克苏·诺贝尔三原化学有限公司、陕西壮须集团（陕西渭南饲料添加剂厂）、济南华菱药业、吉林四平中信氯化胆碱有限责任公司、沧州宝利药业公司、天津渤海兽药厂、沧州亚东兽药有限公司、天津兽药二厂等。我国氯化胆碱生产能力早已超出实际需要量的一倍以上，2002 年氯化胆碱的生产能力超过 15 万 t/年，实际产量超过 10 万 t。2002 年胆碱的出口量达 34 823t。

（李　友）

**【饲料级矿物元素】** 我国矿物质资源比较丰富，配合饲料所需的微量元素几乎都可生产。与其它类的添加剂相比，矿物质微量元素的生产工艺比较简单，尽管国内的需求在不断增加，但生产能力完全可以满足需要，而且生产水平还在不断提高，有些产品的结晶水已由 7 水减到 1 水，如氧化锌、硫酸铜等。再有氨基酸微量元素络合物的生产也在不断增加。矿物质微量元素主要生产厂家见下表：

**我国矿物质微量元素主要生产企业**

| 产品 | 生产企业 | 生产能力/（t/年） | 备注 |
|---|---|---|---|
| 镁盐 | 上海宝达化工有限公司 | 10 000 | 硫酸镁 |
| | 山西南风化工集团股份有限公司 | 15 000 | 硫酸镁 |
| | 江苏省盐业公司灌东化工厂 | 10 000 | 硫酸镁 |
| | 天津长芦汉沽盐场有限责任公司 | 60 000 | 氯化镁 |
| | 辽宁盘锦兴海制药有限公司 | 5 000 | 碳酸镁 |
| | 江苏宜兴市东方精细化工厂 | 2 500 | 碳酸镁 |

（续）

| 产品 | 生 产 企 业 | 生产能力/（t/年） | 备 注 |
|---|---|---|---|
| 铁盐 | 江苏镇江钛白粉厂 | 20 000 | 钛白付产 |
| | 北京北化精细化学品有限责任公司 | | 硫酸亚铁 |
| | 南京油脂化工厂 | 1 000 | 硫酸亚铁 |
| | 济南裕兴化工总厂 | 70 000 | 硫酸亚铁 |
| | 湖北省襄樊市无机化工总厂 | 12 000 | 硫酸亚铁 |
| | 安徽铜化集团宏大化工有限公司 | 2 000 | 硫酸亚铁 |
| 铜盐 | 北京北化精细化学品有限责任公司 | 100 | 硫酸铜 |
| | 天津市兽药二厂 | 5 000 | 硫酸铜 |
| | 上海科昌精细化学品公司 | 100 | 硫酸铜 |
| | 四川省双流县磷肥厂 | 200 | 硫酸铜 |
| | 安徽铜陵有色金属集团公司 | 2 500 | 硫酸铜 |
| | 山东烟台金河实业有限公司 | 1 500 | 硫酸铜 |
| | 大连瓦房店市化工厂 | 1 000 | 硫酸铜 |
| 锌盐 | 北京北化精细化学品有限责任公司 | 200 | 硫酸锌 |
| | 广西柳州锌品集团 | | 氧化锌 |
| | 江苏扬州天龙化工有限公司 | 10 000 | 氧化锌 |
| | 山东招远市新亚化工厂 | 300 | 硫酸锌 |
| | 河北省高邑县国光化工厂 | 2 000 | 氧化锌 |
| | 江苏徐州化肥厂 | 3 000 | 硫酸锌 |
| | 广西西江化工有限责任公司 | 6 000 | 氧化锌 |
| 锰盐 | 北京北化精细化学品有限责任公司 | 1 000 | 硫酸锰 |
| | 长沙化工厂 | 80 000 | 硫酸锰 |
| | 云南蒙自氮肥厂 | 2 000 | 硫酸锰 |
| | 湖南省长沙县兴达化工厂 | 5 000 | 硫酸锰 |
| | 四川德阳柏隆化工厂 | 2 000 | 硫酸锰 |
| 钴盐 | 北京北化精细化学品有限责任公司 | 10 | 氯化钴 |
| | 上海科昌精细化学品厂 | | 氯化钴 |
| | 上海缪城化学品厂 | 20 | 氯化钴 |
| | 江苏阜宁化工厂 | 60 | 氯化钴 |
| | 大连太平洋钴镍品厂 | | 氯化钴 |
| | 浙江湖州第二化工厂 | 100 | 氯化钴 |
| 硒盐 | 北京北化精细化学品有限责任公司 | | |
| | 上海金山区兴塔美兴化工厂 | 50 | 亚硒酸钠 |
| | 陕西省石油化工研究设计院 | 20 | 亚硒酸钠 |
| | 成都龙泉微量元素厂 | | |
| 碘盐 | 北京北化精细化学品有限责任公司 | | 碘化钾 |
| | 浙江仙居制药厂三分厂 | 15 | 碘化钾 |
| | 重庆化学试剂总厂 | 5 | 碘化钾 |
| | 东北制药厂 | | |
| | 浙江杭州电化集团叶绿素厂 | | |
| | 天津制药厂 | | |

随着配合饲料、添加剂预混料和浓缩饲料产量的增加，以及饲养水平的不断提高，矿物质微量元素的消费量越来越大。根据2002饲料工业的生产情况，全国矿物质微量元素的消费量在30万t左右，其中用量较大的产品有硫酸镁、硫酸亚铁、硫酸锌和硫酸锰四类产品，分别为6.5、8.0、6.0和6.5万t，约占总消费量的90%。

除微量元素外，磷酸盐是用量最大的饲料添加剂，其中以磷酸氢钙为主。自2000以来，由于肉骨粉的禁用，促使饲料业对磷酸氢钙需求的增加，国内现有磷酸氢钙生产企业在200家左右，主要集中在四川、云南、湖南、贵州等磷矿资源比较丰富的地区，总生产能力已超过180万t/年，最大生产企业是四川龙蟒集团（47万t/年）。据《全国饲料工业统计资料》的数据，2002年全国饲料磷酸氢钙的产量达到170万t，除国内消费外，还有一定的出口，而且近年来出口持续增加，2002年的出口量已超过25万t。由于产量的增加，市场上磷酸氢钙的价格也大幅度下降，促进了饲料生产的发展。

（韩秋燕）

## 非营养性饲料添加剂

**【抗氧化剂】** 空气中的氧是造成饲料中的脂肪、蛋白质、碳水化合物及维生素等变质腐败的诱因。氧化变质的饲料产生异味，不仅会影响饲料的适口性、降低采食量，甚至引起拒食。即使食入后也因影响及有效成分被破坏而降低饲料的营养价值，同时也会损害动物的健康。在饲料中添加抗氧剂即可防止饲料氧化变质，因此抗氧剂又称作饲料保存剂中的一个组成部分。

我国已批准使用的抗氧化剂是乙氧基喹啉（乙氧喹）、二丁基羟基甲苯（BHT）、丁基羟基茴香醚（BHA）和没食子酸丙酯四个品种。由于价格的原因，主要使用的是乙氧喹，它不仅用于配合饲料，还较大量地用于鱼粉中。我国乙氧喹主要用作饲料抗氧化剂，少量用作水果保鲜及其他，BHT则主要用作食品抗氧化剂，饲料中用量不大。

乙氧喹生产企业：上海市长征第二化工厂、上海福达精细化工有限公司、广州天科科技有限公司、江苏中丹化工集团（2 000t/年）、南通利田化工有限公司（2 000t/年）、珠海和丰精细化工有限公司。

BHT生产企业：上海化原精细化工有限公司（原向阳化工厂）（1 700t/年）、辽宁滨河化工有限公司（原滨河化工厂）（2 000t/年）、上海益民食品四厂。

1991年以来，我国共批准进口抗氧剂饲料添加剂十余种，主要是乙氧喹及BHT和其他成分，如BHA和PG等的复配物。近年来，由于饲料的安全卫生受到关注，因此抗氧剂的使用增加比较快。2002年估计用量约4 000t，其中乙氧喹的使用量占90%以上，由于BHT的价格较高，因此用量非常有限，通常是与其他产品配合使用。

复合型抗氧化剂的各组份可发挥协同作用，增强抗氧效果。近年来，已开发多种复合型抗氧剂，如加入异维生素C、TBHQ及柠檬酸等组份，上海长征第二化工厂研制的“克氧灵”、北京桑普生物化工公司研制的“抑氧”、广州天科科技有限公司研制的“天科素”抗氧灵等，由单一型转向复合型是今后的发展方向。

（韩秋燕）

**【防腐剂】** 饲料中含有丰富的蛋白质、淀粉、维生素等营养成分，在高湿高温的条件下，容易因微生物的繁殖而产生腐败霉变。霉变的饲料不仅影响适口性、降低采食量，还会影响饲料的营养价值，而且霉菌分泌的毒素还会引起畜禽拒食、呕吐、腹泄、生长停滞以至死亡。因此，在雨季和夏季生产和贮存配合饲料都需加入防腐防霉剂。

我国已正式批准使用的防腐剂5类13个品种，即丙酸类（包括丙酸、丙酸钠和丙酸钙）、甲酸类（包括甲酸、甲酸钠和甲酸钙）、柠檬酸类（包括柠檬酸钠）、乳酸类（包括乳酸、乳酸钙和乳酸亚铁）、富马酸。目前配合饲料主要使用丙酸类，青贮饲料则主要使用的是甲酸类。以上产品的主要生产厂家见下表。

**主要防腐剂生产厂家情况表**

| 产　品 | 生　产　单　位 |
|---|---|
| 丙酸盐类 | 黑龙江鹤岗市红旗精细化工厂<br>江苏泰县食品化工厂<br>杭州群力营养源厂<br>福建泰宁县精细化工厂<br>广州化学试剂二厂 |
| 甲酸钠和甲酸钙 | 天津有机合成厂<br>长春市化工五厂<br>连云港锦屏化工厂<br>株州市有机化工厂<br>广东省梅县化工厂<br>淮安防霉剂厂 |
| 柠檬酸和柠檬酸钠 | 安徽丰原集团(原蚌埠柠檬酸厂)<br>湖北黄石柠檬酸厂<br>湖南宁乡石油化工厂<br>无锡中亚化学有限公司 |
| 乳酸及乳酸钙 | 河南郸城生物化学厂<br>湖北亚风乳酸集团<br>无锡第二制药厂<br>山西关宝乳酸有限公司 |
| 富马酸及其酯类 | 苏州合成化工厂<br>河南周口地区科利达精细化工厂<br>江苏省吴县牡丹化工厂<br>宁夏正元精细化工有限公司<br>广东增城康达斯化工有限公司<br>安吉县吉达精细化工厂 |

近几年来，使用双乙酸钠作为防腐剂有所发展，

主要生产厂家有：上海市浦东区三维饲料添加剂厂、上海科昌精细化学品公司、山东周平康复福利有机化工厂、青州市利龙饲料有限公司、昌邑市友详动物保健品厂、河南新乡石油化工厂、山西三维集团股份有限公司（10 000t/年）。

1991 年以来，我国共批准进口防腐饲料添加剂数十种，主要是丙酸及其盐以及与其他多种成份，包括山梨酸、乙酸、苯甲酸等的复配物。

2002 年饲料工业中防腐剂用丙酸及其盐类估计在1.4 万～1.5 万 t；甲酸及其盐 1 200t，富马酸500t，双乙酸钠约 2 000t，其他 800t，总计在 1.85 万 t 以上，其中进口丙酸 9 838t，丙酸盐约 4 130t。

复合性防腐剂的各组份可发挥协同作用，拓展抗抑菌谱，增强防腐防霉效果。近些年来，国内多家厂商已开发多种配合饲料用复合型防腐蚀剂，如深圳市永鲜精细化工有限公司的“永鲜宝”和“霉天敌”，重庆威士化工有限公司的“克霉灵”，北京桑普生物化学技术公司的“除霉净”，上海邦成饲料科技有限公司的“霉克净”等。

（韩秋燕）

**【电解质平衡剂】** 电解质平衡剂是近年发展起来的一类饲料添加剂，其作用是保持动物体内的电解质平衡，促进动物的健康生长。此外，电解质平衡剂还具有一定的防腐、保鲜效果。目前饲料生产中使用的主要有柠檬酸、延胡索酸、乳酸、酒石酸、苹果酸等有机酸，以及磷酸等无机酸和复合酸，因此国外也将其归类为酸味剂。

目前国内市场销售的进口复合酸味剂有：美国安肥 1 000，美国健宝、西班牙肥得乐，国内生产的酸味剂有珠海溢多利公司的“溢酸肥”、浙江东立事业公司的“溢香酸”、顺德市惠牧生物技术有限公司的“得酸肥”等产品。

我国是世界上柠檬酸生产能力最大的国家，年生产量已达 40 万 t，年出口柠檬酸及酯近 30 万 t，生产能力完全可以满足饲料工业的需要。我国乳酸的生产近年来也取得了较大的进步，现有生产单位十余家，最大装置生产能力已超过 2 万 t/年，产品除用于国内消费外，每年还有 4 000t 左右的产品出口，并且可以生产 L—型乳酸。

其他无机酸的生产也完全可以满足需要。

此外，碳酸氢钠、氢氧化钠和氢氧化铵也可作为电解质平衡剂，调节动物体内的 pH 值。我国这些产品的生产能力很大，可满足配合饲料工业需要。随着人们对饲料添加剂安全性的重视，预计这类产品的市场发展潜力很大。

（韩秋燕）

**【着色剂】** 随着畜产品竞争的加剧，饲养者为了改变产品的外观，扩大产品的销售，越来越多地使用具有特殊功能的色素，如用于水产养殖的虾青素。目前我国批准使用的色素有 β—胡萝卜素、虾青素、辣椒红、叶黄素、柠檬黄和班蝥黄等 7 种产品，主要用于家禽和水产饲料，以及宠物饲料。其中用量较大的品种是柠檬黄，虾青素。由于β—胡萝卜素、辣椒红等价格较高，因此难以在饲料生产中使用。

由于色素的使用基本不能改进畜产品的营养价值，而且如不能严格按国家规定添加允许使用的色素，而用一些工业用染料或颜料，还会带来不良的后果，因此国家不鼓励配合饲料中大量使用色素。但由于畜产品的色泽是给消费者最直接的第一感官，因此色素的使用在不断增加。2002 年的消费量在 130t 左右。

目前色素的重点生产企业有天津市恒泽化工科技有限公司、杭州民生药厂添加剂分厂及广州威尔斯饲料集团有限公司等企业。此外，食用色素完全可以用于饲料生产中，除天然食用色素外，我国现合成食用色素的生产能力较大，在满足食品工业需要的同时，可以满足饲料工业的需要。我国合成食用色素技术力量较强、生产能力较大的单位有：上海染料研究所和天津染料研究所。

由于合成色素的安全性问题，天然色素和仿天然色素将越来越受到重视，如虾青素、β—胡萝卜素和叶黄素等，此类产品的使用量越来越多，其安全性比较高。

我国已批准的进口色素也比较多，如德国 BASF 公司的“露康定红”和“露康定黄”，瑞士的“加丽黄”和“加丽红”，展屏发展（中国）有限公司的“金碧黄”、“金碧红”等产品。总之，色素的供应是充足的。

（韩秋燕）

**【黏结剂】** 黏结剂也称赋型剂，是生产颗粒饲料，特别是水产饲料必不可少的添加剂。近年来，由于我国水产养殖业的发展，促进了黏结剂的发展。根据来源不同，黏结剂分天然和人工合成两大类。

根据我国的规定，有海藻酸钠和 α—淀粉、羧甲基纤维素钠（CMC）、以及聚丙烯酸钠等。

α—淀粉是目前用量较大的一种黏结剂，20 世纪 80 年代末，由于水产养殖业的需要，广东佛山溶剂厂等单位建设了小规模的生产线。随着水产养殖业的迅速发展，全国水产饲料的生产量越来越大，1994 年佛山溶剂厂进行了扩建，使其 α—淀粉的生产能力达到 1 万 t/年。目前，全国现有生产单位 20 余家，主要有广东佛山溶剂厂、广西明阳淀粉厂，总计生产能力为 15 万 t/年左右，2002 年全国产量近 10 万 t，主要生产企业的情况如下表。

**主要 α—淀粉黏剂生产企业情况表**

| 企 业 名 称 | 生产能力（万 t/年） |
|---|---|
| 广东佛山溶剂厂 | 10 000 |
| 福建怡昌公司 | 10 000 |
| 山西沅达公司 | 10 000 |
| 广西明阳淀粉厂 | 3 000 |
| 江苏省东台市港淀粉厂 | 3 000 |

海藻酸钠是一种性能优良的黏结剂，但由于受原料来源的限制，其产量低于α—淀粉，但价格高于α—淀粉。我国现有海藻酸钠生产企业20余家，但生产规模均比较小，主要分布在山东、福建、浙江等沿海地带，2002年全国海藻酸钠的总产量为8 000t左右，大量产品供应出口，少量用于食品加工。主要生产企业的生产情况见下表。

**主要海藻钠黏结剂生产企业生产情况表**

| 企业名称 | 生产能力/(t/年) | 2002年产量/t |
|---|---|---|
| 青岛黄海海藻工业公司 | 3 500 | 3 500 |
| 中国人民解放军第九七三三工厂 | 1 100 | 9 00 |
| 山东日照洁晶（集团）股份有限公司 | 3 500 | 3 100 |
| 山东乳山市黄海化工厂 | 500 | 350 |

目前，全国CMC的生产厂家达40余家，总生产能力在6万t/年以上，2002年产量已超过5万t，除用于饲料生产外，大量用于建筑和食品工业中。2002年主要CMC生产企业的情况见下表。

**主要羧甲基纤维素钠黏结剂生产企业情况表**

| 企业名称 | 生产能力/(t/年) | 2002年产量/t |
|---|---|---|
| 苏州依利法化工有限公司（原苏州益民化工厂） | 2 000 | 1 800 |
| 上海青东化工厂 | 5 400 | 3 600 |
| 上海赛璐璐厂 | 3 000 | 2 800 |
| 浙江省临海市龙华化工厂 | 1 500 | 1 100 |
| 泰安市九龙化工总厂 | 1 000 | 600 |
| 重庆桥丰化工厂 | 6 000 | 3 100 |
| 四川泸州化工厂 | 2 300 | 900 |
| 西安惠安化学工业有限公司 | 2 000 | 1 200 |

**【抗结块剂】** 为防止加工和贮存过程因水分变化而造成饲料结块，影响饲料质量而使用的添加剂为抗结块剂。此外，一些添加剂或添加剂预混料也将这类物质用作载体，以防止添加剂变性和结块。目前我国批准使用的抗结块剂有二氧化硅、硬酯酸钙、硅酸钠和硅酸钙等。

我国长江以南地区由于气候的原因，常年湿度较大，如不对饲料进行适当的处理，极易结块，而长江以南的广东、江苏、上海、江西、四川、湖南和湖北又是我国配合饲料和养殖业比较发达的地区，因此对抗结块剂的需求量较大。

我国现有数百家工厂可生产以上4种产品，主要生产厂家有。

**主要抗结块剂生产厂家情况表**

| 企业名称 | 产品 | 生产能力/(万t/年) |
|---|---|---|
| 上海牙膏厂有限公司 | 二氧化硅 | 2 000 |
| 茂名高岭土工业有限公司 | 二氧化硅 | 150 000 |
| 江苏兰陵化工（集团）公司 | 二氧化硅 | 1 500 |
| 北京市红星泡花碱厂 | 硅酸钠 | 50 000 |
| 天津市泡花碱厂 | 硅酸钠 | 56 000 |
| 内蒙乌海化工厂 | 硅酸钠 | 20 000 |
| 锦州化工三厂 | 硅酸钠 | 20 000 |
| 上海星火化工厂 | 硅酸钠 | 72 000 |
| 南京无机化工厂 | 硅酸钠 | 15 000 |
| 江苏德邦化学工业集团有限公司 | 硅酸钠 | 10 000 |

抗结块剂的使用完全是根据生产的实际情况而定，因此用量很难统计。

（韩秋燕）

**【乳化剂和稳定剂】** 乳化剂的作用是将两种或两种以上的不相容物质制成混合均匀的单一相容物质，由于许多维生素等其他饲料添加剂为脂溶性产品，因此在配制人工乳时难以与其他饲料成分混合，此外一些以饮水方式投料的添加剂难溶于水中，因此必须通过乳化剂将其配制成可溶于水的乳液，以便动物的采食。

我国现批准使用的乳化剂有甘油脂肪酸酯、蔗糖脂肪酸酯和山梨醇酐脂肪酸酯等产品，主要用于人工乳的生产中。

我国现有多家以上三种产品的生产企业，其产品除用于饲料工业外，大量用于食品工业中。2002年全国以上三种产品的产量在1.5万t左右，产品主要用于食品工业，主要生产企业的情况见下表。

**主要乳化剂生产企业情况表**

| 企业名称 | 产品名称 | 生产能力(t/年) |
|---|---|---|
| 大连中兴有机化工厂 | 蔗糖脂肪酸酯 | 100 |
| 上海伊凡尔精细化工有限公司 | 蔗糖脂肪酸酯 | 300 |
| 金华市第二制药厂 | 蔗糖脂肪酸酯 | 400 |
| 杭州市桐庐化工公司 | 蔗糖脂肪酸酯 | |
| 山西颐泰恒精细化学有限公司 | 甘油脂肪酸酯 | |
| 广州市天河美嘉食品科技实业有限公司 | 甘油脂肪酸酯 | |
| 重庆市侨丰化工厂 | 甘油脂肪酸酯 | |
| 上海油脂二厂 | 甘油脂肪酸酯 | |
| 辽宁旅顺化工厂 | 山梨醇酐脂肪酸酯 | 400 |
| 山东寿光市助剂厂 | 山梨醇酐脂肪酸酯 | 500 |
| 南宁化工集团公司 | 山梨醇酐脂肪酸酯 | 300 |

随着饲养水平的提高，饲养业对配合饲料的质量要求将不断提高，因此对于乳化剂的需要量将逐渐增大，并且复配性乳化剂的生产是未来的发展方向。

（韩秋燕）

**【药物饲料添加剂发展概况】** 随着集约化养殖业的发展，在配合饲料中添加药物已成为防治动物疾病和提高饲料效率的重要手段。但同时滥用抗生素给人类带来了越来越大的副作用，也给动物源食品安全造成极大影响。为此2002年农业部采取了一系列措施，进一步加强饲料药物添加剂的管理。

**一、药物饲料添加剂的管理状况**

1．药物饲料添加剂的管理。为加强兽药的使用管理，进一步规范和指导药物饲料添加剂的合理使用，防止滥用药物饲料添加剂，根据《兽药管理条例》的规定，农业部于2001年9月4日以第168号公告发布了《饲料药物添加剂使用规范》。明确规定饲料药物添加剂分二类，一是经农业部批准具有预防动物疾病、促进动物生长作用，可在饲料中长时间添加使用的饲料药物添加剂的产品批准文号为“药添字”，而且生产含有该类品种成份的饲料，需在产品标签中标明所含兽药成份的名称、含量、适用范围、停药期规定及注意事项等。二是经农业部批准用于防治动物疾病，并规定疗程，仅是通过混饲给药的药物饲料添加剂（包括预混剂或散剂）的产品批准文号为“兽药字”，各畜禽养殖场及养殖户须凭兽医处方购买、使用，所有商品饲料中不得添加该类兽药成份。除以上产品外其他任何兽药产品一律不得添加到饲料中使用，同时明确兽用原料药不得直接加入饲料中使用，必须制成预混剂后方可添加到饲料中。2002年9月2日又发布了第220号公告，规定养殖场（户）可凭兽医处方将防治疾病的兽药产品及批准的同类产品，预混后添加到特定的饲料中使用或委托具有生产和质量控制能力并经省级饲料管理部门认定的饲料厂代加工生产为含药饲料，但须与饲料厂签订代加工生产合同，并注明兽药名称、含量、加工数量、双方通讯地址和电话等。饲料厂必须按照合同内容代加工生产含药饲料，并做好生产记录，含药饲料外包装上必须标明兽药有效成分、含量、饲料厂名称。动物养殖场（户）应建立用药记录制度，严格按照法定兽药质量标准使用所加工的含药饲料，并接受兽药管理部门的监督管理。代加工生产的含药饲料仅限动物养殖场（户）自用，任何单位或个人不得销售或倒买倒卖。

2．禁用药物及其他化合物清单及其管理规定。为保证动物源性食品安全，维护人民身体健康，农业部发布了《关于发布食品动物禁用的兽药及其他化合物清单》（农牧发［2002］1号）和农业部第193号公告，禁止氯霉素等29种兽药用于食品动物，限制8种兽药作为动物促生长剂使用（具体品种见公告193号），并不准以促进动物生长为目的在食品动物饲养过程中使用性激素类、催眠镇静类、硝基咪唑类药物及制剂。在此基础上农业部和各地畜牧兽医行政管理部门对全国兽药生产、经营和使用单位进行了《禁用清单》中所列产品的清理工作，经清理审核共废止国家标准8个，行业标准2个，地方标准207个，其中废止渔用药产品质量标准52个；各地共撤销产品批准文号1 057个，其中撤销渔用药产品批准文号143个。并组织5个督查组分赴18个省对各地畜牧兽医行政管理部门贯彻落实第193号公告情况进行了督查。为进一步做好该项工作，保证动物源食品安全，农业部227号要求各兽药生产、经营、使用单位不得从任何渠道购进《禁用清单》所列品种的原料药品和各类制剂产品，不得以偿还债务、以货抵款的方式或其他借口从任何途径将禁用兽药及同品种人用药品转移到本单位；各药品生产、经营单位不得将《禁用清单》所列产品的同品种原料药品及其制剂产品销售给兽药生产、经营单位和动物养殖场、兽医医疗机构等兽药使用单位；各级兽药行政管理部门和药品监督管理部门要积极配合、齐抓共管，对跨行业、跨区域的重大违规案件和涉案人员要采取联合办案的工作方式，一查到底，严厉处罚；要互通信息，及时协调，不断深化禁用兽药查处工作，使动物性产品质量安全状况得到明显改善。

3．兽药药物饲料添加剂标签和说明书的管理。为加强兽药监督管理，规范兽药标签和说明书的内容、印制、使用活动，保障兽药使用的安全有效，根据《兽药管理条例》的规定，农业部于2002年9月27日发布了《兽药标签和说明书管理办法》。凡在中国境内生产、经营、使用的兽药的标签和说明书必须符合本办法的规定。为贯彻落实农业部第22号令，保证清理整顿兽药标签和说明书工作的质量与进度，针对各地普遍反映的问题，农业部又组织制定了《兽药标签和说明书编写细则》（农业部公告第242号），要求各地兽药管理部门要高度重视兽药标签和说明书的管理，并认真做好兽药标签和说明书的规范化管理和清理工作，各地不得以任何借口曲解、变更《兽药标签和说明书编写细则》标准规定要求，不得通过兽药名称夸大疗效、误导消费；不得擅自增加适应症和减少不良反应内容；不得在标签或包装上印制不健康、误导消费的背景图案和成分；不得印制未经批准的文字、图案；一个产品仅限使用一种标签和说明书。

**二、饲料药物添加剂研制概况**

1．环丙氨嗪预混剂。为昆虫生长调节剂，可抑制双翅目幼虫的蜕皮，特别是幼虫第1期蜕皮，使蝇蛆繁殖受阻，而致蝇死亡。一般在用药后6～24h发挥药效，可持续1～3周。用于控制动物舍内蝇幼虫的繁殖生长，杀灭粪池内蝇蛆，以保证环境卫生。瑞士诺化动物保健公司登记注册，预混剂商品名为“蝇得净”商品名为蝇得净。我国江苏省武进智能兽药合成厂、浙江省台州市东港兽药有限公司、山东齐鲁动物保健品厂等申报生产，已获批准。

2．黄霉素预混剂。为黄霉素与碳酸钙配制而成，属于磷酸化多糖类抗生素，对革兰氏阳性菌有效，主要用于促进动物生长，提高饲料转化率。由德国赫司特罗素公司进口，商品名为“富乐旺”，美国名称为斑贝霉素 Bawbermycin。目前我国中牧股份公司、浙江升华拜克有限公司、重庆大新药业股份有限公司等10多家公司申报生产，中牧股份公司已获批准，并转让给内蒙古金河集团生产。

3. 硫酸粘杆菌素。为多肽类抗生素，对革兰氏阴性菌有强大的抗菌作用，用于由大肠杆菌、沙门氏菌等革兰氏阴性菌引起的消化道疾病，并有一定的促生长作用。日本明治制果株式会社、科研制药株式会社和日本旭化学成工业株式会社的产品均在我国登记注册，日本旭化学成工业株式会社注册登记的商品名为“抗敌素”。常与对革兰氏阳性菌有效的杆菌肽锌1:1配合制成预混剂以产生协同作用，使抗菌谱加宽，抗菌活性增强。我国浙江升华拜克有限公司、天津新星兽药厂、山东鲁抗、山东齐鲁平阴分厂、浙江康裕生物制药有限公司等厂家申报生产。

4. 氟苯尼考（氟甲砜霉素）及制剂。抗菌谱与抗菌活性略优于氯霉素与甲砜霉素，对革兰氏阳性菌和革兰氏阴性菌及支原体等均有效，主要用于治疗巴斯德氏菌和嗜血杆菌引起的牛呼吸道疾病。对梭杆菌引起的牛腐蹄病有较好疗效，亦用于敏感菌所致的猪、鸡传染病如猪接触传染性胸膜肺炎等。美国先灵葆雅公司登记注册。我国已批准上海先灵葆雅公司、湖北安达药业公司、浙江台州海翔医药公司、山东齐鲁动物保健厂等厂生产。

5. 头孢噻呋钠。为第三代动物专用头孢菌素，制成钠盐和盐酸盐供注射用。具有广谱杀菌作用，对革兰氏阳性、革兰氏阴性包括产B内酰胺酶菌株均有效。主要用于溶血性巴氏杆菌、多杀性巴斯德氏菌与昏睡嗜血杆菌引起的牛呼吸道病（运动热、肺炎）、胸膜肺炎放线杆菌、多杀性巴斯德氏菌、猪霍乱沙门氏菌与猪链球菌引起的猪呼吸道病、兽疫链球菌引起的马呼吸道感染、大肠杆菌与奇异变形菌引起的犬泌尿道感染等。美国法玛西亚公司登记注册，我国山东齐鲁动物保健品厂、河北远征药业有限公司、河南惠中兽药有限公司、山西恒大药业有限公司等多厂家申报生产。

6. 替米考星。由泰乐菌素半合成的大环内酯类抗生素。抗菌作用与泰乐菌素相似，主要用于抗革兰氏阳性菌，对少数革兰氏阴性菌和支原体也有效。对胸膜肺炎放线杆菌、巴斯德氏菌及畜禽支原体的活性比泰乐菌素强。主要敏感菌引起的牛肺炎和乳房炎，也用于猪、鸡的支原体病。美国礼来公司登记注册，我国山东济宁兽药厂、浙江海正药业有限公司、浙江升华拜克公司、上海新亚药业有限公司、太原奥信药业有限公司等厂家申报生产。

7. 喹烯酮。为抗菌促生长剂喹乙醇的替代产品，母核结构类似，但三致作用减轻。主要用于猪的促生长。中国万牧新技术有限责任公司申报生产，待批准。

8. 氯前列醇。属于生殖系统药，可引起黄体形态和功能的退化（黄体溶解）。直接刺激子宫平滑肌引起收缩，同时使子宫颈松弛。对非妊娠10～150天内的妊娠母牛，用药后2～3天内出现流产。主要用于牛、猪的黄体溶解。暗发情或未观测到的发情、子宫积脓、慢性子宫内膜炎、排干尸化胎儿、终止误配所致的妊娠（流产）、同期发情和同期分娩。我国中国农业科学院畜牧研究所、上海荣立科技有限公司、中国海军药学专科中心联合申报生产。

9. 氟胺氰菊酯。为拟除虫菊酯类化合物，通过触杀和胃毒作用杀灭蜂螨，为专用于防治蜂螨的杀螨剂。我国四川资阳蜂药厂申报生产。

**三、饲料药物添加剂应用前景**

药物在动物性食品中的残留已成为全世界人们关注的热点。治疗用药物添加剂只对有病的动物使用有限的时间，虽然药物会在动物体内存留，但数量和时间有限。长期添加饲料药物添加剂对无病的动物也适用，并且使用时间很长，甚至食用动物在其整个生命过程都会摄入所添加的药物，成为食品中药物残留的主要来源。规定屠宰前或产蛋前的停药期，用药后的弃奶期可减少药物在食品中的残留，但不能从根本上解决问题。

随着抗菌药物（含抗生素）的大量使用，人们发现耐药细菌滋生，以致贻误了对人类疾病的治疗。在饲料中长时间低剂量使用抗菌药物是耐药细菌滋生最重要的根源。科学家已召开多次全球性会议，呼吁减少饲料中抗菌药物的使用。我国兽药行业虽然起步较晚，对兽药的审批比较严格，并且严格区分治疗药和预防用的药物添加剂，但食品中兽药残留和耐药菌滋生的问题，也开始困扰我们。特别是近几年围绕我国畜产品出口问题，欧盟、韩国、日本均多次派兽医官员来我国检查。我国出口的畜产品大多数是来自集约化程度高，添加或饮水用药较多的大型饲养场。因而兽药残留在进出口贸易中越来越受到重视。及时淘汰不安全的品种，减少饲料药物添加剂的用量，是大势所趋。由于化学合成药、抗生素饲料药物添加剂缺少确保人类健康和安全的主题因素，世界各国对化学合成和抗生素类药物添加剂的使用，作出了严格规定和逐步淘汰禁用的规定，如欧盟已禁止氯霉素、二甲硝咪唑、甲硝唑、甲硝咪乙酰胺、呋喃唑酮、呋喃西林等七种药在欧盟的食用动物中使用，杆菌肽锌、螺旋霉素、维吉尼霉素、磷酸泰乐菌素等四种抗生素在1999年7月1日停止用于促生长剂，1999年10月1日，喹乙醇及痢立清也被停止用于促生长剂。并规定莫能霉素钠、盐霉素钠、黄霉素、阿维菌素等四种使用至在2006年1月1日底。

天然中草药添加剂，取其自然，保持了其结构成分的自然状态和生物活性，并经数千年的实践筛选、确实对人和动物无毒副残留和不致使耐药性、无“三致”天然物的精华物质，预防和治疗疾病有其成功之处，因而成为世界公认的理想饲料添加剂，但由于其成分复杂、有效含量较少阻碍其发展应用，近年来各地从天然中草药中提取有效成分防治动物疾病的热潮不断兴起，因此今后中草药饲料添加剂将会由制剂工艺改进中突破而占有动物防治的一席之地。微生态活菌制剂预防和治疗动物疾病也有其独特之处，但由于人们对其作用机理和机制认识的不同，一直被人们忽视，加上实际生产工艺和应用中的微生物污染，影响了其应用的前景，随着人们对其预防和治疗作用认识深度的理解和抗生素产品应用的限制，微生物活菌制剂将会展现其独特作用。

（冯忠武　段文龙）

## 新型饲料添加剂

**【饲料用酶制剂】**

1. 饲料用酶制剂产品生产概况。2002 年全国饲料用复合酶制剂总产量约为 8 800t，比 2001 年增长了 17%。不同用途的饲料用酶制剂产量及所占比例如见下表。

**2002 年不同用途的饲料用酶制剂的产量及所占比例**

| 用　　途 | 产量/t | 所占总量的比例/% |
|---|---|---|
| 肉禽 | 3 100 | 35 |
| 乳仔猪 | 2 700 | 31 |
| 生长猪 | 1 000 | 11 |
| 蛋禽 | 1 300 | 15 |
| 其他 | 700 | 8 |

2. 饲料用酶制剂的主要酶种及作用机理。饲料用酶制剂（feed enzyme preparation）是通过产酶微生物发酵工程或含酶的动、植物组织提取技术生产加工而成，具有一种或几种底物清楚的酶催化活性，有助于改善动物对饲料营养成分的消化、吸收等，并有功效的生物学评定依据，符合安全性要求，作饲料添加剂用的酶制剂产品。饲料用酶制剂一般分为两类，一类是指动物体内能够产生的消化酶，包括淀粉酶、蛋白酶和脂肪酶，它们主要是补充在特殊状况下动物体内源酶分泌的不足；另一类则是指动物体本身不能合成，多来源于微生物，主要消化一些动物难消化的物质或消除降解饲料中的抗营养因子，又可分为非淀粉多糖酶和植酸酶。对日粮纤维成分有作用的是非淀粉多糖酶，包括纤维素酶、半纤维素酶和果胶酶。纤维素酶、半纤维素酶和果胶酶的作用机理在于能破解细胞壁，释放包裹在细胞壁中的营养物质，降低食糜粘度，减少胰腺和胃肠道的体积和重量，减轻消化器官的功能负荷，提高营养物质的消化率和食糜排空速度，从而促进养分的消化吸收，提高生产性能。非淀粉多糖酶制剂的添加还减少了养分在肠道内的蓄积，影响肠道微生物生长繁殖的环境，减少有害菌，并使肠壁变薄，改善营养物质的吸收，同时减少胆汁盐的早期分离，有助于脂肪消化。肠道有害菌的减少有利于畜禽健康，提高抗病力。最近的研究还表明酶制剂可以通过神经内分泌调控促进家禽生长。由于饲料中纤维成分及含量的不同以及使用对象（畜禽）的不同，目前饲用酶制剂多为复合酶制剂，以一种或几种酶为主体并辅以少量其他酶配合而成。以日粮针对性来看，针对大麦、燕麦基础日粮，应以 β—葡聚糖酶为主，辅以木聚糖酶；针对黑麦、小麦基础日粮，以木聚糖酶为主，辅以 β—葡聚糖酶；针对高纤维日粮如草粉、糟渣、稻谷应以纤维素酶为主，辅以其他酶。

目前，饲料用消化性酶种主要有蛋白酶（酸性蛋白酶和中性蛋白酶）、α—淀粉酶和糖化酶；非消化性酶种主要有非淀粉多糖酶和植酸酶。其中非淀粉多糖酶主要包括阿拉伯木聚糖酶、β—葡聚糖酶、纤维素酶、甘露聚糖酶和果胶酶等。

3. 饲料用酶制剂的应用进展。

（1）应用现状。目前饲料用酶制剂就动物针对性而言，肉禽和乳仔猪饲料中应用最多，反刍和水产动物应用很少；就日粮针对性而言，玉米豆粕型日粮用酶占绝大多数，其次是小麦型酶制剂，2002 年杂粕型酶制剂开始在市场上推广应用。就应用的饲料类型来说，基本上都应用于全价配合饲料中，浓缩料和预混料中极少使用。

随着人们认识的提高和研究的深入，已有专家提出把饲料酶制剂由非营养性饲料添加剂范畴划为营养养性饲料添加剂。如农业部 2002 年 9 月 7 日宣布，首批 73 项无公害农产品行业标准 2002 年 10 月 1 日起在全国实施，其中畜产品 24 项，水产品 23 项。在这些农业行业标准中，已将“酶制剂”列入其允许使用的营养性饲料添加剂（nutritive feed additive）范围。

（2）杂粕酶的应用。近年来，我国畜牧业和饲料工业发展十分迅速，饲料资源紧缺的矛盾日益突出。据专家预测，2010—2020 年，我国蛋白质饲料的差额为 2 400 万 t～4 800 万 t，饼粕类差额为 2 560 万 t。长期以来，我国主要以豆粕作为蛋白饲料原料，造成豆粕供应日趋紧张，价格不定期上涨波动。因此，越来越多的厂家开始使用棉粕、菜粕等杂粕来替代豆粕以降低成本。但由于杂粕含有较高的纤维素等非淀粉多糖，高杂粕日粮饲用效果不如人意。国内外一些饲料酶制剂生产厂家根据这一情况相继推出了杂粕型日粮专用酶制剂产品，如国内的广东溢多利生物科技股份有限公司生产的溢多酶 838C。

杂粕粗纤维含量高，特别是加工过程中脱壳不充分时。如棉籽饼粕的粗纤维含量可高达 17%，亚麻籽粕粗纤维含量可达 28%，带壳压榨的葵籽粕粗纤维含量更可高达 32%。粗纤维主要包括纤维素、半纤维素、果胶和木质素。粗纤维不仅本身不能被单胃动物消化利用，以一种“稀释”作用使饼粕原料本身养分浓度降低，而且还影响其他营养物质的消化吸收，表现出抗营养作用。同时，杂粕本身的蛋白质消化利用率较低，还含有一些特殊结构的蛋白质，不能被内源性蛋白酶所消化。因此，杂粕专用型饲料酶制剂酶谱组成应以纤维素酶、木聚糖酶和蛋白酶为主，辅以甘露聚糖酶、果胶酶等，以达到降解细胞壁，消除抗营养因子的不利影响，并提高蛋白质的消化利用率。

在饲料中大量使用杂粕还需要注意以下问题：一是杂粕中除含有大量抗营养因子以外，还含有一定量的有毒物质。酶制剂对各种毒素没有降解作用，因此建议大量使用杂粕时选用无毒或低毒品种，最好搭配三种以上杂粕使用，或在使用前进行脱毒处理；二是杂粕营养成分不平衡，注意补充氨基酸（主要是赖氨酸）和维生素；三是大量使用杂粕的饲料必须符合国家饲料卫生标准（GB13078-1991）关于异硫氰酸酯、恶唑烷硫酮、游离棉酚和氰化物的规定量。

4. 饲料酶制剂行业进展。

(1) 生产状况。2002 年，农业部新批准了 9 家企业从事饲料用酶制剂产品的生产，使国内从事饲料用酶制剂生产的企业增至 80 多家，其中一些企业如广东溢多利生物科技股份有限公司饲用酶制剂的研发、生产和应用水平已达到国际先进水平。

(2) 饲料用酶制剂行业标准化工作进展。2002 年 11 月，全国饲料工业标准化技术委员会在湖北宜昌召开了年会。在本次年会上通过了由农业部饲料工业中心主持制订的饲料用纤维素酶活力的测定和饲料用β—葡聚糖酶活力的测定两个农业行业标准终审稿。这表明我国饲料用酶制剂行业标准化工作取得了又一重大进展。随着饲料酶制剂行业标准的逐步制定，将规范饲料酶制剂生产厂家的生产，促进饲料酶制剂行业的健康发展。

5. 饲料用酶制剂研究开发和推广应用中存在的问题。目前在饲料用酶制剂研究开发和推广应用中存在的问题主要有：

(1) 对不同种类、品种、性别和生理阶段动物的消化生理特点研究或考虑的不够，致使不少的复合酶制剂产品缺乏动物针对性。

(2) 对常用饲料原料的主要抗营养因子种类及含量研究不够，致使不少复合酶制剂产品选用的酶种及配比不科学，缺乏日粮针对性。

(3) 缺乏饲用酶制剂产品与常用饲料添加剂相互作用的研究，不同料型及贮存条件下酶活稳定性的研究也很少。

(4) 一些厂家采用工业单体酶复配生产饲用复合酶制剂产品，工业酶适用的温度和 pH 范围不适合动物肠道环境，而且卫生指标往往达不到饲料卫生标准，经常引起负面作用。

(5) 许多国内饲用酶制剂生产厂家缺乏产品应用技术研究，生产的产品没有经过动物试验的检验即推向市场，影响了饲用酶制剂行业的健康发展。

(6) 绝大部分国内饲用酶制剂生产厂家规模小、技术含量低、研发能力不强、生产效率低下，与国外同类厂家相比有较大差距。一些厂家采用不规范方式进行生产和市场运作，扰乱了饲用酶制剂市场。

(7) 产品后处理技术落后，剂型单一，目前国产饲用酶制剂均为粉剂产品，与罗氏等国外大公司产品在剂型上有较大差距。

6. 饲料用酶制剂的发展方向。

(1) 优良菌株的选育　随着基因工程技术的进步，可以选育出产酶活更高，耐温性能更好的菌株，降低酶制剂生产成本，增加应用范围。

(2) 剂型的改进　通过对产品进行包埋和增加胞衣，即可以提高饲用酶制剂的耐高温性能，以可以实现在动物体内的缓释甚至定点释放，从而提高酶制剂产品的应用效果；通过生产液体剂型的饲用酶制剂在颗粒饲料或膨化饲料表面喷涂，从而避免饲料加工过程对酶的破坏。

(3) 复合酶选用酶种及配比的优化　通过对动物消化生理及饲料原料抗营养因子的系统深入研究，复配相应活性的各酶种，生产出具有极强针对性的复合酶制剂产品。

（吕东海　杨育才）

**【饲料酵母】** 21 世纪，人们崇尚绿色食品、保健食品，以绿色添加剂替代抗生素等药物，生产出真正适合人们生活需要的保健食品的消费趋势日益明显。运用微生物发酵而生产的微生物饲料添加剂，例如酵母及其培养物，就是此类添加剂中的一种。

1. 高活性干酵母在动物喂养中的作用。活性酵母应用于动物饲养中，起源于 20 世纪 20 年代，最早是用做反刍动物的蛋白质补充剂。随后至 50 年代，人们发现在反刍动物日粮中添加低剂量的活性酵母培养物能提高阉牛的日增重和奶牛的产奶量。现在，通过国内外大量的试验证实：在动物日粮中添加剂活性酵母，对改善动物对营养物质的消化吸收，提高动物的健康状态，促进生产性能的发挥具有明显的作用。

主要作用机理至今尚未定论，可能有以下因素：通过改善肠胃环境和菌群结构，以调控肠胃发酵，减少乳酸盐的产生，提高 pH 的稳定性，促进乳酸菌、纤维素分解菌为主体的益菌群系列及活力的提高。同时增加整个肠道酵母菌、乳酸菌、纤维素分解菌的有效浓度，促进肠胃对饲料中营养物质的分解和消化吸收从而增加采食量，提高动物对饲料的利用率，促进生产性能的发挥。

酵母作为活的微生物前体，进入肠道后生长和繁殖，能有效抑制病原性微生物菌群的生存竞争，排斥病原菌在胃肠黏膜表面的附着，协助机体消除毒素及其代谢产物，降低毒素和废物的抵抗力，对防治动物消化系统疾病起到保健作用。对幼年动物，可刺激其肠胃发育。

活性酵母及代谢产物中含有未知生长因子促进剂。酵母中含有丰富的蛋白质、各种氨基酸、B 族维生素及寡聚糖等营养物质，是饲料中营养的有益补充。

2. 饲料酵母。近十年来，我国饲料原料市场上出现了不少冠以饲料酵母或各种类的名称的产品，都宣传成优质蛋白饲料，甚至称其为鱼粉的替代品，造成了“饲料酵母”概念的模糊。这里重点介绍一下饲料酵母的定义、菌种，以及产品的感官要求、理化要求以及卫生要求。

饲料酵母是指以碳水化合物（淀粉、糖蜜以及味精、造纸、酒精等高浓度有机废液）为主原料，经液态通风培养酵母菌，并从其发酵醪中分离酵母菌体（不添加其他物质），经干燥后制得的产品。

酵母菌种主要指产朊假丝酵母菌（Candiada utilis），热带假丝酵母菌（Candida tropicalis），园拟酵母菌（Torula utilis），球拟酵母菌（Torulopsis stilis）和醇酒酵母菌（Saccharomyces cerevisiaae）等。

饲料酵母理化要求内容见下表：

**饲料酵母理化要求表**

| | | 优等品 | 一等品 | 合格品 |
|---|---|---|---|---|
| 水分/% | ≤ | 8.0 | 9.0 | |
| 灰分/% | ≤ | 8.0 | 9.0 | 10.0 |
| 碘反应（以碘液检查） | | 不得呈蓝色 | | |
| 细胞数/（亿个/g） | ≥ | 270 | 180 | 150 |
| 粗蛋白质/% | ≥ | 45 | 40 | |
| 粗纤维/% | ≤ | 1.0 | | 1.5 |

目前，浙江义乌蜜蜂集团和珠海益力集团利用味精生产排放的有机废水生产饲料酵母，年产量在5 000t以上。

3. 酵母饲料。这类产品大多数是将酵母菌种接种于某些饲料原料，在控制不严的环境下经固体发酵的，再干燥、粉碎而成，因而不属于“饲料酵母”范畴。为了提高产品的蛋白质含量，必须采用本身蛋白质含量就较高的原料作为发酵的基本原料，而通过发酵提高基质的蛋白质含量一般不超过10%。

为了区别于饲料酵母这个产品，人们通常把这类产品称作为酵母饲料。

4. 酵母培养物（Yeast Culture）。酵母培养物是由特定的酵母菌种按特定的工艺对特定的培养基进行发本酵而成。它含有一定活性酵母，但不是主要成份，其主要的使用价值是酵母细胞的培养基中产生的代谢产物。它既含有酵母细胞内的已知营养物质，如蛋白质、维生素和氨基酸，也含有细胞外的代谢物，如肽类、醇类、醚类、有机酸及芳香族成分等，细胞壁中还会有寡糖（甘露聚糖）。

酵母培养物的蛋白含量并不高，一般为百分之十几。它的主要作用不是蛋白质饲料原料，主要是促进胃肠道中微生物区里的增殖。

5. 啤酒中的酵母。啤酒中的酵母是啤酒酿造工业的副产品，约占啤酒总产量的0.1%，大多废弃不用，不仅造成资源的浪费，而且引起严重的环境污染。

啤酒酵母约含45%的蛋白质，是良好的蛋白饲料添加剂。据国家统计局统计，2001年全国啤酒产量2 273.76万t，另据啤酒行业统计产量为2 300.76万t，产量总数略有差异。按啤酒总量的0.1%测算，则啤酒行业可副产啤酒干酵母2.3万t左右，这是一笔不小数字的蛋白资源。

（于景芝）

**【饲料酸化剂产品概况】** 目前饲料酸化剂已被世界畜牧业发达国家普遍推广使用，并成为继抗生素之后的重要饲料添加剂，国内该产品的开发推广力度不断加大，今后将有更好的应用前景。

1. 饲料酸化剂的概念　饲料酸化剂是一种无机酸或有机酸，单独或复合形式加入畜禽的饲料或饮水中，以降低动物消化道内pH具有特定功能的饲料添加剂。饲料酸化剂的研究应用已有近40年的历史，大量的实验证明酸化剂具有降低胃肠道pH，提高内源酶的活性，同时对病原菌具有杀菌和抑菌等作用，因而提高畜禽生产性能。

2. 饲料酸化剂的分类　可作为饲料酸化剂的物质很多，包括无机酸、有机酸及其盐类：

（1）无机酸：无机酸作为酸化剂使用非常普遍，这是由于无机酸具有较强的酸性和较低的添加成本等。目前研究和应用过的无机酸主要有硫酸、盐酸和磷酸，已有试验表明硫酸基本无效。

（2）有机酸。有机酸化剂主要有柠檬酸、延胡索酸、乳酸、丙酸、苹果酸、山梨酸、甲酸、乙酸等及某些盐类。其中研究应用较为广泛的有柠檬酸、延胡索酸、乳酸、磷酸、甲酸、丙酸等。

人们还将有机酸及其盐类与无机酸复合作为复合酸化剂。

3. 饲料酸化剂的主要功能。一般说来，动物的胃和小肠内的酸性环境是饲料组分在体内被充分地消化吸收，有益菌群合理生长，病原微生物受到有效抑制的必要条件。饲用酸化剂主要功能有：

（1）抑制胃肠道有害菌促进有益菌的生长和繁殖，降低仔猪病理性腹泻的发生率；

（2）降低胃中pH，促进胃蛋白酶等消化酶的激活，调节胃排空速度；

（3）可减少肠道微生物代谢产物如氨气、多胺类物质（尸胺、氟胺）及挥发性脂肪酸的产生，改善消化道内环境；

（4）抗应激，如延胡索酸，能较好地缓解热应激反应；

（5）有助于调整免疫系统反应，从而增强畜禽的抗病力；

(6) 部分有机酸及其盐类具有防霉或抗氧化作用。饲料酸化剂就是通过其酸化效应，达到降低消化道内环境的 pH，从而实现抗病保健促生长等目的。

4. 饲料酸化剂的应用对象及范围。由于研究工作的不断深入，饲料酸化剂的应用愈来愈广泛，不仅在单胃动物如猪和家禽方面有较多的应用，而且在反刍动物中也得到了应用，酸化剂在水产养殖业中的研究已有报道。

(1) 在养猪业中的应用。目前酸化剂产品在猪饲料中应用较为广泛，特别是在仔猪阶段，由于自身消化道机能发育不全，胃酸分泌不足，加之断奶后饲料、环境及心理应激等因素，饲料不能很好被消化，肠道损伤，引起病原菌等大量繁殖，导致腹泻等疾病的发生，严重影响了养猪生产。因此在仔猪阶段添加酸化剂的基本目的是弥补仔猪胃酸分泌的不足，提高胃蛋白酶的活性，抑制有害菌繁殖，减少腹泻，提高仔猪生产性能。Copeul（2001）报道，通过母猪饲喂酸化饲料以后，母猪粪便中大肠杆菌数量较未饲喂酸化日粮减少约 100 倍，可有助于控制肠道微生物菌群平衡，母猪粪便中大肠杆菌的数量大幅度降低，从而可减少仔猪对大肠杆菌的感染，减少仔猪的死亡，并提高仔猪的生产性能。

(2) 在养禽业中的应用。饲料酸化剂添加于家禽的饲料或饮水中，对于维持嗉囊胃肠道等适宜的内环境，提高对营养物质的消化利用率，增强家禽机体抗应激能力，同样具有重要意义。Hyden（2000）报道在肉鸡饲料中添加酸化剂，通过对肠道微生物菌群的调控，促进有益菌双歧杆菌乳酸杆菌等增殖，死亡率大幅度降低，达到预防疾病提高生产性能的目的。王冉等（2001）在肉鸡日粮中添加酸化剂的研究结果表明，无论从肠道有益菌的增殖还是从对有害菌的抑制作用来看，酸化剂均有较明显的效果。多数研究结果认为，有机酸对保持禽类消化道内环境平衡、预防热应激等作用效果较为显著，其原因在于有机酸在家禽体内可被氧化成二氧化碳和碳酸氢盐，可缓冲血液碱性造成的危害，维持血液 pH 保持在适宜范围内，从而避免或缓解热应激保持机体健康。

(3) 在反刍动物中的应用。近年来，双乙酸钠在反刍动物粗饲料中的应用报道较多，双乙酸钠可作为一种绿色食品级饲料添加剂，自然状态下可缓慢释放出小分子的乙酸，乙酸是反刍动物合成脂肪的重要前体物质，对反刍动物具有提高采食量加快生长速度及有利于奶牛产奶量增加的功效。有机酸类添加剂在反刍动物中，其作用机制不同于单胃动物，应用研究表明，有机酸能刺激优势瘤胃细菌，改善混合瘤胃微生物的发酵，提高生产性能。

(4) 在水产业中的应用。Sugiura 等（1998）报道，在含鱼粉的鳟鱼饵料中加入柠檬酸可使磷的表观消化率从 65% 提高到 95%，随后的研究发现，添加 5% 的柠檬酸效果最佳。但在鲤鱼饵料中添加柠檬酸，鲤鱼采食量在最初 10 天明显下降，表明柠檬酸不适于无胃鱼类。酸化剂在水产中的应用效果如何，尚有待进一步研究。

5. 饲料酸化剂生产应用现状。据报道，2002 年饲料总量为 8 200 万 t，比 2001 年饲料总产量递增 5.6%，饲料酸化剂产品的应用总量约为 3 600t，该产品在乳仔猪饲料中应用较为普遍，约占 98%，在肉鸡或其他动物饲料中酸化剂用量极少，约为 2%。由于农业部在兽药残留监控等方面的工作进一步加强，2002 年修订 250 种兽药残留限量标准，制定 12 种兽药残留监测方法标准等，因此人们愈来愈重视无残留、无抗药性、无毒副作用的环保型饲料添加剂的应用。抗生素等超量长期在饲料中的滥用受到限制，为今后饲料酸化剂在抗病保健等方面发挥作用奠定基础。

6. 影响饲料酸化剂作用效果的因素。

(1) 日粮类型。日粮对酸化剂的缓冲能力在一定程度上影响胃内容物的 pH，不同类型的日粮对酸化剂的缓冲能力不同，缓冲能力强弱取决于日粮组成。动物性饲料如鱼粉、奶粉、乳清粉、血粉、肉粉等的缓冲能力高于植物性饲料，消化时需要较多的酸，日粮添加酸化剂后，其效果会被饲料本身的缓冲能力抵消一部分。Giesting 等（1991）报道了简单日粮的酸化效果优于复杂日粮。酸化剂添加于玉米豆粕型日粮（简单日粮）与加入乳制品等复杂日粮相比，其酸化的效果不同，实质上是由于复杂日粮中有乳糖等动物性原料的存在而影响了酸化剂的效果。

(2) 酸化剂的种类。不同酸化剂的分子量大小、酸性强弱、水溶性高低等物理化学性质各异，因此不同酸化剂的使用效果有所不同。无机酸中，盐酸的使用效果取决于日粮组成和盐酸添加量，大多数有关盐酸使用效果的研究报道很不一致。磷酸作为饲料酸化剂的效果得到了肯定，不仅可起到酸化和向体内提供磷源的双重作用，而且用量少，价格便宜，因此磷酸的应用较为广泛。有机酸中，使用最为普遍的是柠檬酸、延胡索酸。在欧洲使用延胡索酸较多，而在我国使用柠檬酸较多。常用的有机酸盐主要有甲酸及其钙盐等。丙酸、苹果酸、乳酸作为酸化剂已有报道。多数研究结果均表明上述有机酸能促进动物生长，提高饲料利用率。复合酸化剂是综合了有机酸和无机酸的优点进行复配而成，其效果优于单一酸。大多数复合酸化剂是一种酸为主，如乳酸宝中以乳酸为主，得卡肥中以磷酸为主，从而克服了单一酸化剂的不足或缺陷，混合使用产生互补协同效应，增强酸化剂的使用效果。

(3) 酸化剂的用量。酸化剂添加量大小受日粮类型和动物日龄等因素的影响，使用效果依赖于使用量。用量不足，起不到应有的酸化效果，用量过多则可造成仔猪肉鸡等生产性能下降，其原因可能是影响动物适口性，降低采食量，并导致代谢性酸中毒等。通常，酸化剂的添加量在 0.5%～3%，美国的研究认为，2%～3% 的效果最优，欧洲则认为 1.5%～2% 效果最好。总体而言复合酸化剂较单一酸化剂用量较小，其酸化效果较单一酸化剂显著。

(4) 动物的年龄及生长阶段。仔猪在断奶前后数周内，消化机能不健全，胃酸分泌量不足，胃内容物pH很难维持在2.0～3.5之间，加酸效果较为显著，但随着仔猪年龄和体重的增长，消化道机能逐步完善，胃酸分泌逐步加强，因此加酸效果将降低。多数研究者认为，在仔猪早期断奶（3～5周龄断奶）后的头1～2周内饲粮酸化后的效果明显，3周以后效果逐步降低，4周以后基本没有效果，然而早于2周龄断奶也影响酸化效果。在肉鸡方面，王冉等(2001)报道，同等剂量的同种酸化剂对21日龄和42日龄的肉鸡肠道内大肠杆菌的抑制作用和对乳酸杆菌的增殖作用存在差异，对42日龄的作用幅度低于对21日龄肉鸡的作用幅度，这可能是由于肉鸡早期肠道发育不完善，添加酸化剂有助于减少有害菌增殖有益菌，从而降低肠道微生物区系受饲料改变、环境应激等因素的影响。

(5) 酸化剂与其他添加剂产品的合用。Giesting等（1991）报道在以延胡索酸酸化的饲料中加入$NaHCO_3$，进一步提高了日增重，说明$NaHCO_3$与延胡索酸之间存在互作关系。一些研究表明，酸化剂与抗生素、高铜联合使用，效果优于单独使用，二者具有不同的作用机制，可能具有互补效应。

(6) 饲养环境。圈舍的卫生条件、饲养密度、温湿度和光照、各种应激因子也是影响酸化剂作用的重要因素。饲养条件差的地方，酸化剂的效果好于饲养条件好的地方，这可能是我国，尤其是大陆的养殖业中酸化剂应用效果较欧美一些国家更为明显的原因之一。

7. 目前酸化剂存在的问题。目前国内饲料酸化剂产品种类单一，基本为第一代酸化剂产品，少数的复合酸化剂产品配方设计很少考虑动物的生理特点和饲养环境（第二代产品），使用效果不稳定。主要存在以下问题：

(1) 添加量大，成本高，制成预混料不方便；

(2) 添加的酸化剂常被饲料中碱性物质中和，失去酸化效果；

(3) 添加酸化剂破坏饲料中维生素活性和矿物质的吸收；

(4) 酸化剂在胃中吸收速度过快，抑制胃酸分泌和胃功能的正常发育；

(5) 添加的酸化剂无法达到小肠，不能有效降低小肠中的pH、抑制有害菌生长、促进有益菌增殖；

(6) 酸化剂发生吸湿结块，或造成饲料受潮；

(7) 酸化剂腐蚀加工机械、仓储及运输设备。

8. 今后酸化剂的开发研究方向。今后酸化剂产品的开发应满足以下基本要求：能有效地提高饲料酸度，降低胃肠道中pH；具有良好的饲料加工性能，具有良好的流动性，以提高饲料中混合均匀度；无味无刺激性，不会对人体产生刺激，不会抑制动物采食量；要综合考虑有机酸、无机酸及有机酸盐类的各自特点，提高酸化剂的环保安全有效性；使用特殊的载体或包被技术，增加酸化剂的缓释功能及避免预混料中使用时的产气问题等。

为实现上述酸化剂的产品开发，需要进一步加强以下几方面的研究工作：

(1) 摸清饲料酸化剂的作用机制：目前关于作用机制仍未取得一致结论，可能不同的酸化剂有不同的作用机制，酸化作用的效果应该是多种机制的综合反应，因此加强对复合酸化剂的作用研究，将有助于阐明酸化剂的作用机制。

(2) 加强复合酸化剂的生产工艺研究：国际上推出的新型酸化剂已开始采用微胶囊制剂或脂质保护外膜，而国内饲料酸化剂的生产工艺较为落后，有待进一步研究改进，促使酸化剂体内缓释，以增强酸化效果，并减少酸化剂对饲料加工工艺环节的腐蚀破坏等不良作用。

(3) 强化酸化剂不同影响因素的研究，结合饲粮类型、动物种类及消化生理特点、饲养环境、确定最佳添加量。

(4) 开展酸化剂与其他饲料添加剂的加性效应研究，酸化剂与不同饲料添加剂联合使用可能有协同或拮抗作用，开展加性效应研究，有助于更好地应用酸化剂等产品。

（李 祥 李新慧）

**【益生素】** 在许多国家和地区，如美国、加拿大、日本、欧共体、澳大利亚等，抗生素正逐渐从饲料添加剂舞台退出。因此，研究人员一直在努力寻找适当的抗生素替代品，以解决随之而来的畜禽健康与高效生产问题。在众多备选制剂中，益生素具有刺激有益菌、抑制有害菌、调节机体代谢、提高机体免疫力、提高机体抗应激能力等多重功效，不失为一种良好的新型饲料添加剂。近年来，国际上有关益生素的研究，越来越为人们所关注。2002年，我国在益生素的作用机理、开发生产与应用效果等方面的研究也十分活跃。

1. 概念。益生素（probiotics），又称益生菌、活菌剂、微生态制剂、促菌生、生菌素、促生素、利生素等，是指能改善动物消化道内微生态平衡、抑制肠道有害微生物、对宿主产生有益影响的活菌制剂。益生素与益生元、合生元的概念不同。益生元是指能够刺激动物消化道内一种或几种有益微生物的生长繁殖而不被宿主消化的物质，它也被称为化学益生素或前生素（prebiotics）。合生元是由益生素和益生元组成的复合制剂，是复合微生物制剂的一种。

据报道，目前在畜禽和水产养殖生产上应用的益生素，通常由4类微生物构成，即乳酸菌类（嗜乳酸杆菌、双歧杆菌、粪链球菌等）、酵母菌类（酿酒酵母和石油酵母等）、芽孢杆菌类（枯草芽孢杆菌、地衣芽孢杆菌和蜡样芽孢杆菌等）和光合细菌类。

2. 益生素菌种的筛选和制备。

(1) 筛选。良好的益生菌菌种需具备如下条件：在肠道内定植和增殖能力强、耐酸性环境、耐胆汁、能有效抑制有害菌，并且对动物没有病原性。禹慧明等（2002）从健康乳猪肠道中分离筛选到13株乳杆菌，其中嗜酸乳杆菌3株、干酪乳杆菌1株、链状乳杆菌1株、发酵乳杆菌8株；这些乳杆菌经耐酸性筛选后对pH为3.0的酸性环境有较强的抵抗能力，可耐受1.0%的牛胆盐，并能抑制常见致病菌，而且对小鼠安全无毒[3]。

(2) 制备。生产中所用的益生素制剂必须要有足够的活菌含量。陈铁涛等（2002）研究了两歧双歧杆菌和嗜酸乳杆菌双联微生态制剂的工业化生产工艺，对发酵培养基及发酵条件进行了研究和优化，并确定了发酵奶的冷冻干燥工艺条件，结果冻干后的产品中两歧双歧杆菌和嗜酸乳杆菌的活菌数均达到了109～1 010个/g。

(3) 保存。良好的稳定性是益生素发挥保健作用的一个必要条件。常用的益生素中，双歧杆菌是严格的厌氧菌，活菌死亡快，不易保存。例如，7℃环境下，双歧杆菌M-1株在液体培养基中培养8天，活菌数减少99%；而双歧杆菌V-2株培养4天，活菌数就会降到1%以下。所以在保存过程中最好加入保护剂以减少活菌损失、延长保存时间。添加了保护剂后，双歧杆菌M-1株和双歧杆菌V-2株保存至24天时活菌数还在1%以上。

3. 益生素复合制剂研究的新趋势。

(1) 与抗生素复合。理论上讲，益生素不宜与抗生素复合使用。但目前抗生素在畜禽生产中的应用仍很普遍，所以生产中最好能考虑益生素与抗生素的配合效果。赵智华（2002）试验发现，饲料中复合使用土霉素和益生素对肉仔鸭的健康和生长比单独添加土霉素或益生素要好，土霉素0.1%和益生素0.075%的添加组合效果最佳。

2002年，许多试验检测了益生菌对各种抗生素的敏感性，为合理配伍益生素和抗生素奠定了基础。马艳等（2002）发现：乳酸菌对盐酸林可霉素、庆大霉素敏感，对丁胺卡那霉素不敏感；芽孢杆菌对庆大霉素敏感，对盐酸林可霉素不敏感；粪链球菌对庆大霉素敏感，对盐酸林可霉素、丁胺卡那霉素不敏感[7]。刘清源等（2002）对乳酸杆菌和蜡样芽孢杆菌进行了16种抗菌药的药敏试验，结果头孢呋新、四环素、庆大霉素、青霉素、复合磺胺对乳酸杆菌和蜡样芽孢杆菌无任何抑制作用。

配合使用方法对益生素、抗生素复合的效果影响也很大。将多种有益菌复合使用可减小抗生素对单种有益菌的抑制作用；先喂抗生素、再喂益生素，也可避免抗生素对益生菌的抑制作用；适当减少抗生素在饲料中的添加量也可增强益生素的作用。

(2) 与中草药复合。近年来，中草药因其具有提高机体免疫力、抑制有害菌、无污染等特点而被国内外科研人员广泛重视。在动物生产中将它与益生素复合使用，防病、促生长的效果也很显著。例如在雏鸡日粮中添加由有益菌和中草药提取物组成的HM－强效复合微生态制剂30天后，雏鸡肠道内大肠杆菌的数量明显减少，双歧杆菌、芽孢杆菌、乳酸杆菌等有益菌明显增多，雏鸡成活率明显提高。另外，日量中添加中草药微生态制剂可使蛋鸡产蛋率提高7.8%，产蛋量提高10.8%，饲料利用率提高6.8%，死亡率下降74.91%。

(3) 与酶制剂复合。酶制剂可以补充内源酶的不足、促进营养物质的消化利用，从而减少了肠道内致病菌大量滋生所必需的底物，它与益生素之间也有协同作用。赵京杨等（2002）用益生素（含乳酸杆菌、酵母菌、芽孢菌、白地霉菌和光合细菌等）和酶制剂（纤维素酶、淀粉酶和酸性蛋白酶）的复合产品饲喂8～35日龄哺乳仔猪，结果仔猪的日增重比对照组提高11.42%，腹泻率下降37.52%。

(4) 与酸化剂复合。柠檬酸和益生素结合使用也有明显的协同作用。酸化剂可降低肠道pH，提高消化酶的活性，促进机体对营养物质的消化吸收，而改变了肠道内环境，有利于有益微生物的增殖。周兴华等（2002）发现，柠檬酸和益生素结合使用能明显促进彭泽鲫的生长发育，而且配合饲料中添加柠檬酸0.34%～0.45%、益生素0.18%～0.22%时，彭泽鲫的生长性能最好。

(5) 与营养元素复合。将维生素、微量元素与活菌制剂复合使用，不仅能增进动物健康，而且可以同时提供充足的营养来源，促进动物生长。试验用益生素与营养元素复合的微生态制剂饲喂32kg左右的中猪，结果试验组猪的平均日增重比对照组提高了4.73%，料肉比降低了9.40%，耗料成本减少9.51%[13]。

4. 益生素在畜禽生产中应用效果。

(1) 猪。新生仔猪肠道处于无菌环境，喂服益生素，可促进有益菌抢先成为消化道中的优势菌群。施增斌等（2002）在仔猪吃初乳前就喂给1.5～2.0g微生态制剂，结果哺乳期白痢发病率和仔猪死亡率分别降低了17.72%和5.67%，而且平均日增重增加了32g/天。也有试验表明，仔猪从哺乳早期开始补给微生物制剂，也能显著提高哺乳仔猪日增重，降低腹泻率。

由于各种断奶应激，仔猪断奶时很容易出现腹泻等消化道疾病。通过给予益生素来调整胃肠道功能，可有效降低这类疾病。生产中发现，在断奶仔猪饲料中添加益生素后，仔猪的成活率提高7.5%，日增重提高26.2%，料重比下降0.6。但仅仅在断奶时才开始喂益生素，效果往往不够理想。有试验在34日龄的断奶仔猪日粮中添加0.4%的益生素，除了腹泻率有所降低外，日增重、料肉比等指标均无明显变化。

益生素对大猪的作用报道不一。黄少文等（2002）用40头16kg左右长×大阉公猪进行对比试验，对照组喂基础日粮＋抗生素，试验组喂基础日粮＋抗生素＋益生素，结果日增重和腹泻率均无显著差异，但饲料效率有所提高，血清总蛋白、血清白蛋白、血清尿素氮也有提高的趋势。夏先林等（2002）将稻草粉用根霉、酵母菌、乳酸菌接种发酵7天后添加到肉猪日粮中，结果肉猪的增重速度和饲料利用率均明显提高。

(2) 反刍动物。与新生仔猪一样，反刍动物新生时消化道也处于无菌状态，且酸碱度接近中性。新生犊牛补充微生态制剂，可调节胃肠道的 pH、促进发育、抑制病原菌、减少腹泻。王长文等（2002）用植物乳杆菌、乳酸片球菌、粪链球菌组成的接续产酸型活菌制剂按 5.4×108 个活菌/kg 体重投喂给荷斯坦乳用初生公犊牛，至 10 日龄宰杀，取十二指肠、空肠、回肠段组织样在透射电镜下观察，结果益生素有助于初生犊牛小肠上皮细胞胞质中细胞器的发育，并可以维持其正常形态、结构和功能。

虽然成年反刍动物的瘤胃会使许多有益菌失活，但是通过合理搭配各种菌种和改进添加方法后，益生素对它们也有一定作用。蔡一鸣等（2002）选用无毒芽孢杆菌、酵母菌、乳酸菌、粪链球菌等多株益生菌，进行适当培养、发酵制成反刍家畜饲用微生物添加剂，饲喂肉牛和山羊，结果试验组肉牛和山羊的平均增重分别比对照组提高 14.5%和 12.3%。

益生素对泌乳奶牛有抗应激、提高产奶量等功效。奶牛在夏季产奶量普遍下降，而饲喂益生素后，奶牛产奶量的下降幅度可从 17.4%减小到 6.1%，表明微生态制剂能减少奶牛夏季产奶量的下滑，提高奶牛抗热应激的能力。另外，青贮饲料用乳酸菌制剂处理后，适口性好、质地松软、有机酸含量高、饲料利用率高。果寿善（2002）用添加乳酸菌的青贮饲料喂奶牛，结果每头每日平均产奶量比对照组增加了 1.4kg，提高了 7.8%。

(3) 家禽。在肉鸡生产上的研究表明益生素是一种良好的抗生素替代品。王冉等（2002）试验表明，益生素和抗生素单独添加都能提高肉仔鸡日增重和饲料效率，其中益生素组仔鸡的腹泻率与抗生素组相似，但日增重高 2.7%，饲料报酬高 0.9%。益生素明显降低了肉鸡肠道内大肠杆菌和沙门氏菌的数量，显著提高了肠道内乳酸杆菌的数量；而抗生素在抑制大肠杆菌、沙门氏菌的同时，也抑制了有益菌。丁玉华等（2002）试验结果也证明在肉仔鸡日粮中添加乳酸菌、酵母菌的混合制剂可以达到与抗生素类似的生产性能。益生素也可以通过饮水补给仔鸡，在 42～72 天龄永川乌鸡的饮水中添加 0.4%光合细菌液后，乌鸡平均日增重增加 17.51%，料重比降低 11.86%。

蛋鸡饲料中添加益生素可以提高产蛋率，并且有防病、治病、增强机体免疫力的功效。而且，益生素可促进蛋鸡对饲料中营养物质的消化吸收从而提高饲料利用率，并可净化畜舍环境。饮水中添加 2%液态的微生态制剂或饲料中添加 30mg/kg 粉状的微生态制剂均能明显提高蛋鸡产蛋量。在产蛋高峰后期的蛋鸡日粮中添加 1～3ml/100g 光合细菌制剂，产蛋率下降的速度减缓，鸡蛋中硒含量和 SOD 活性提高；而且，蛋鸡血浆 SOD、GSH-Px 活性、VE 含量均显著增加。

益生素在家禽生产中的另一项应用就是被用来进行家禽粪便的无害化处理。试验结果表明，鸡粪经微生物制剂发酵处理可以除去臭味，生成容易消化的生物蛋白，且有较浓的芳香酸味；而且，益生素发酵处理鸡粪后，能大大减少有害菌数量。

(4) 水产动物。在水产养殖上，益生素主要从 3 方面发挥作用，即调节水质、控制有害微生物和调节机体功能。在全海水河蟹育苗阶段投加枯草芽孢杆菌，池水中氨氮浓度降低 39.44%，亚硝酸氮浓度降低 37.5%，河蟹幼体变态率增加 10%，换水量减少 80%。仇丽等（2002）在对虾池中应用枯草芽孢杆菌生物净水剂也有类似效果。饲喂彭泽鲫的试验结果表明，芽孢杆菌类益生素能明显增加鱼类的相对增重率和饵料利用率。

在对虾养殖中应用光合细菌也能减少疾病、促进生长、提高虾产量、净化虾池水质。施安辉等（2002）用分离出的沼泽红假单胞菌、胶质红假单胞菌、球形红假单胞菌和绿色红假单胞菌混合后净化鲤鱼池，试验鱼池中氨氮浓度和亚硝酸盐浓度都明显降低，而且鲤鱼的患病率和死亡率降低。罗氏沼虾池中加入益生素后，虾的采食量明显增加，成活率明显提高，且蜕壳整齐、虾体光洁、无黑鳃。

（陈才勇　王　恬）

# 饲料机械制造工业概况

**【饲料机械生产】** 饲料机械制造业适应饲料工业各部门的发展而有了较大的发展，据统计饲料机械生产厂家由 2001 年的 72 家增加到 110 家，单机生产比上一年增加 3 188 台，机组比上一年增加 802 套。这是与新厂建设和老厂技术改造进行扩建相适应的。

1. 近 3 年饲料加工成套机组生产情况，见下表。

**饲料机械成套机组产量（套）**

| 年度 | ≥10t/h | 5～10t/h | 1～5t/h | 合计 |
|---|---|---|---|---|
| 2000 | 118 | 427 | 1 863 | 2 408 |
| 2001 | 168 | 337 | 1 843 | 2 344 |
| 2002 | 259 | 466 | 2 421 | 3 146 |

2002 年饲料加工机组生产总数有了大幅度增加，大型、中型和小型机组分别比上一年增长 54%、38%、31%。可见大型成套机组增长最大，在某种程度上也说明大型企业有了更大的增长。

2. 近 3 年各种饲料加工机械生产情况，见下表。

**饲料单机产量（台）**

| 年度 | 粉碎机 | 混合机 | 制粒机 | 其他 | 合计 |
|---|---|---|---|---|---|
| 2000 | 17 822 | 3 008 | 1 257 | 7 416 | 29 503 |
| 2001 | 5 990 | 3 158 | 2 145 | 7 266 | 18 559 |
| 2002 | 4 169 | 3 403 | 1 484 | 12 691 | 21 747 |

从饲料加工机械总数来看，2002 年比 2001 年增加 3 158 台，但仍没达到 2000 年产量。并且，主要加工设备混合机数量近 3 年每年略有增加或说没多大变化，而粉碎机和制粒机数量比上年分别下降 1 821 台和 761 台。然而，虽然这两种单机台数下降，但全国饲料产量和大型企业及大、中型机组都有较大增长，说明这些单机的生产能力已增加，虽然台数减少，但总生产能力没有下降。另外，在其他单机方面，增加 5 425 台，一方面说明饲料加工企业的辅助设备在增加，使加工系统更加完善；另一方面由于生物技术发展，有关饲料加工设备（如发酵设备、干燥设备等）有了进一步发展。

到 2002 年底全国添加剂预混合饲料生产企业已发生产许可证的单位有 2 899 家，随着预混料生产的发展，新建企业和老企业技术改造，预混料加工机组需求量较大，在 1～5t/h 产量的饲料加工机组中，预混料机组占有相当比重。

**【饲料机械发展特点】** 主要有 8 个方面：

1. 饲料加工企业正在向大型化发展，饲料加工机组和单机也在大型化。

2. 饲料加工机械生产已形成多家生产局面，一些主要的主机，已不是只集中在几家生产，而是在竞争中形成多家生产，且质量都比较好，比如各种粉碎机、双轴桨叶式混合机、制粒机等。

3. 水产饲料发展很快，水产饲料中配合饲料和预混料分别占全国配合饲料和预混料总产量的 10.8% 和 5.7%。饲料机械制造工业不仅可以提供水产饲料加工机组和单机，而且大型现代化水产饲料加工厂国内可以完成设计、配套和施工建设。

4. 水产饲料、仔猪饲料、宠物饲料及饲料原料加工用的膨化机经多年改进提高，其生产性能和产品质量都有很大提高，国产设备已在饲料加工企业应用越来越多。

5. 随着产业结构调整和食品结构改变，养牛业发展很快，牛饲料生产发展很快，不仅多家生产，而且已形成多家生产规模较大的企业，反刍动物精料补充料、浓缩料和预混料增长比例都较大，与上一年相比分别增加 0.9%、1.9%、2.3%。一些新建的牛饲料加工厂建设规模也达到年单班 12 万 t。饲草加工设备也随之有较大发展。

6. 预混合饲料加工设备发展很快，适应预混料生产许可证发放的需要，一些饲料机械制造厂设计制造了性能比较完善的饲料加工机组，以解决预混料加工要求比较严格的混合均匀度、粉尘等要求。

7. 随着饲料资源开发，一些资源开发利用设备不断开发和改进，如 DDGS（或 DDG）加工设备、畜禽废弃物熔炼系列设备、骨粉骨肉粉加工成套设备、血粉脱水干燥生产线成套设备等。

8. 适应饲料添加剂和资源开发的需要，在饲料行业中应用的干燥设备有了很大发展。如高湿粘稠物料快速干燥机、氯化胆碱专用干燥设备、饲料酵母专用干燥机等。从干燥机机型方面，已有流化床干燥机、气流干燥机、旋转闪蒸干燥机、喷雾干燥机、回转圆筒干燥机等，以适应饲料加工、饲料原料加工和饲料添加剂加工的需要。

（牟永义）

**【牧草种植收获和加工技术的新进展】** 随着农业结构调整的深入，牧草生产和农作物秸秆饲料化利用越来越受到重视。国务院办公厅转发的农业部《关于加快畜牧业发展的意见》中指出，继续做好秸秆养畜过腹还田工作，扩大示范，加速推广。内蒙古粮、经、饲三元种植结构基本形成，青饲玉米及优质牧草等青饲草料种植面积逐年扩大，2002 年全区种植饲用玉米和牧草共 1600 多万亩，占农作物总播种面积的 18.5%。陕西省力推秸秆饲草机械化，2002 年在全省推广秸秆挤丝揉搓机械 3000 台，加工秸秆饲草 35 万 t。山东省把牧草生产和秸秆青贮机械化作为农机化创新示范工程的重要内容，带动了全省牧草生产和秸秆青贮机械化的快速发展；目前，全省牧草生产机械发展到 400 多台，机械播种牧草面积 38 万亩，机械收割牧草 40 万 t；秸秆收获青贮机发展到近千台，青贮秸秆 800 万 t。山东省巨野县农机局适应畜牧业发展的需要，积极围绕玉米秸秆做文章，主动与淄博农机厂联合，把玉米收获机改制成为玉米秸秆青贮机，使全县新增玉米秸秆青贮机械 400 余台，完成玉米秸秆机械化青贮 10 多万 $m^3$，农民每亩均增收 30 元，农机手每亩获利 40 元。

牧草生产和农作物秸秆饲料化利用的发展，对牧草和秸秆加工机械产生了更多的需要。2002 年该领域不断推出新产品，并有更多的企业进入。现代农装科技股份有限公司的主要产品有：自走式青贮饲料联合收割机、饲草打捆机、牛饲料搅拌喂料车、饲料膨化机、粗饲料压块机组等；上海电气集团现代农业装备成套有限公司与日本 Star 公司合资建立上海世达尔现代农机有限公司。公司利用日本 Star 农机公司先进的技术，生产中、小圆捆机、小型方捆机、中小包膜机、割草机、翻晒机、搂草机等新型农机装备。天津市尤耐特机械技术有限公司注册在天津市高新技术产业园区，是专门研发现代草业的高科技企业，近年来，研制成 MK5050-G 型捆扎机、RC-4512 型揉搓机等。

1. 牧草播种机械。2002 年牧草播种机有两个研发方向：一是直追国际高水平牧草播种机，一是因地制宜地在现有播种机的基础上进行改装和创新。

天然退化草场用的牧草播种，世界各国一般都采用专用的免耕播种机对草场进行补播。机具作业工艺为：草皮划破→松土→补播→镇压覆土。新西兰艾切森公司生产的 1100D 型牧草播种机，采用先进的海绵摩擦盘式排种器，土壤工作部件采用圆盘刀和凿型弹齿，在机具重力作用下，圆盘刀锋利的刀刃切断地表覆盖物和根茬，同时切开土层形成沟壕，再由其后的凿型弹齿开沟器形成种沟，进行播种。贵州省独山草种场、山西永济黄牛场曾引进该播种机，播种质量好，使用可靠。

内蒙古农机研究所吸收国外技术，研制出9MSB-2.1 型牧草免耕松土补播机。该机土壤工作部件采用圆盘切刀和松土铲，作业幅宽：2.1m，作业行数：7 行，同时进行牧草松土补播（3 行）与免耕补播（4 行）。它的排种器采用先进的海绵摩擦盘式排种器，排种量均匀、稳定，能播多种形状的种子，对流动性较差的披碱草、老芒麦种子也可顺利播种。同时采用了无级变速箱。配套动力：65～80 马力轮式拖拉机。生产率：0.6～1.0 $hm^2$/h。近两年来，内蒙古自治区推广保护性耕作技术，选择退耕地和退化草场进行了优质牧草的种植试验、示范、推广。采用了内蒙古农机研究所研制的 9MSB-2.1 型牧草免耕松土补播机及内蒙古商都牧机厂生产的免耕松土补播机进行作业，共完成牧草机械补播面积 0.5 万 $hm^2$，取得了良好的效果。

9SBY-3.6 型牧草种子撒播镇压联合组机。该机采用永磁直流电动机驱动的撒播盘，可撒播流动性好、自然休止角小的牧草种子，它的镇压器采用了德国栅条滚筒式镇压器的先进技术，具有一定的入土覆土和滚动镇压功能。该机与 13.2 kW 小四轮拖拉机配套作业，幅宽 3.6m；生产率 2～2.2$hm^2$/h。该机组由中国农科院草原研究所研制，已在内蒙古小批量生产。

9MB-9 型牧草播种机。该机与 11 kW 小四轮拖拉机配套，可一次完成开沟、播种、覆土和镇压，其作业行数可根据实际需要安装成 9 行、7 行、5 行。所用双橡胶辊式排种器可基本满足禾本科、豆科牧草种子的播种要求。该机由白城地区农机化研究所研制。

2002 年，仅新疆就改装近 200 台传统的小麦条播机，将其更换上小槽轮排种器或小窝眼排种器，改装成牧草播种机。该种播种机主要用于苜蓿的种植，各项性能指标虽然不能达到牧草播种要求，但成本低。

山西省运城市施肥播种机厂开发研制的一种 78-9 型牧草播种机，采用了特殊的排种器，其无级变速机构的变速范围大，从而实现了小颗粒种子的精少量播种。该机结构新颖，播量准确。配套动力为8.8～11.0 kW 小四轮拖拉机；播种作物品种包括苜蓿、芝麻、谷子、牧草等各种小颗粒种子；最小播量，苜蓿：3.3kg/$hm^2$，谷子：3kg/$hm^2$，芝麻：3kg/$hm^2$；幅宽 1 800mm；行距可调；生产率 0.67$hm^2$/h。

2. 牧草收获机械。牧草收获机械种类很多，包括割草机、搂草机、打捆机、联合收获机、草捆运输堆垛机械。

河北石家庄天同神农机械有限公司研制的 4LSC

牧草种子收获机，是我国第一台可满足草籽收获和牧草收获两种农艺作业要求的收获机。该机采用梳脱技术，在禾本科牧草种子成熟后先对种子进行收获，待牧草成熟后再将牧草割下成行铺放。2002 年 7 月农业部农业试验鉴定总站对该机收获羊草进行实地作业检测，其总损失率为 0.5%。

山西省芮城县农机技术服务公司研制开发了9JS-140 型秸草收获机，于 2002 年 10 月通过推广鉴定，该机对牧草与麦田、稻田机收后的残茬、秸秆能一次完成收割、检拾、输送和集装，配套动力 13.4kW，工作幅宽 140cm，作业效率＞0.4hm$^2$/h，草箱容积 2m$^3$，集草密度 50～65kg/m$^3$。

上海向明总公司推出 9GX（Y）-1.6 型圆盘割草机，该机悬挂于拖拉机后一侧，利用拖拉机输出的动力和行走装置进行收割牧草作业，配套动力为 30 马力以上的拖拉机，割幅 1 600mm，割茬高度 40mm，生产率 20～30 亩/h。

中国农业机械化科学研究院呼和浩特分院生产的 9GY-3.0 割草压扁机，可同时完成切割、压扁、集拢铺条 3 种工序，割幅为 3m，配套动力 25.7kW，生产率 2～2.33hm$^2$/h，适用于人工草场。

海拉尔牧机总厂生产的 9LZ-4.5 型圆盘式搂草机，搂幅 4m，动力为 20 马力以上拖拉机，前进速度 12km/h，生产率为 5.6km$^2$/h。

北京市顺义区农机研究所研制生产了 9LZ-5 型指盘式搂草机，用于苜蓿等牧草和麦类秸秆等的搂集和翻晒。该机配套动力为 20～44 kW 轮式拖拉机，工作幅宽 2 500～6 000mm（可调），作业速度 10～15 kW/h，生产效率 5.3～6.6hm$^2$/h。

上海向明总公司研制的 9YY-80 型圆草捆打捆机，适用于干草、稻草、麦秸及牧草的收集和捆扎，检拾宽度为 80cm，草捆尺寸为 70cm×50cm，打捆作业完成时，蜂鸣器自动提示鸣叫。

上海电器集团现代化农业装备成套公司生产的 9KYZ-7050 自走式圆捆机，用于稻草、麦秸等农业废弃物或牧草的收集捆扎，收集后可用作畜牧业饲料；9KYQ-9085 中圆草捆捆扎机，基本形式是由拖拉机牵引和输送动力，通过捡拾机构、卷压机构和扎绳机构的连续工作，将散布在田地的稻麦秸秆或牧草捡拾捆扎成圆形草捆。与上述机型配套的 9BM-9085 中圆草捆包膜机，是用机械将已捆扎成捆的草捆用专用无毒拉伸回缩膜进行缠绕密封包扎；9FK-8040 型小方草捆捆扎机，基本形式是由拖拉机牵引和输送动力，通过捡拾机构、送料机构、压实机构。打结机构的连续工作，将散在田里的稻麦秸秆或牧草捡拾捆扎成方草捆，并连续出捆。

中国农业机械化科学研究院呼和浩特分院推出 9YFQ-1.9 型跨行式方草捆捡拾压捆机，其工作过程是拖拉机牵引压捆机同时横跨在同一草条上前进，通过拖拉机动力输出轴将动力传递到压捆机上，检拾器弹齿将牧草检拾起来，由输送喂入器送入进料腔将牧草预压后再喂入压捆室内，打捆机构将压缩成型的方草捆用塑料绳打捆，经过防捆板自动落在地上。该机独特的预压室大大减少了楔形草捆的产生。工作幅宽 1 928mm，配套动力 25.7 kW 的拖拉机，生产率10～12t/h，草捆截面尺寸 360×460mm，草捆密度120～180kg/m$^3$。

天津市尤耐特机械技术有限公司生产的MK5050-G 型捆扎机，配套动力 3.5kW，生产效率 45～75sec/捆，草捆重量 18～35kg，草捆尺寸 50×7 3cm；LMK5070-X 型捆扎机，配套动力 ≥24 马力，生产效率 45～60sec/捆，草捆重量 15～45kg，草捆尺寸 52×52cm。

现代农装 YD-220 型固定式液压打捆机，能自动完成牧草以及水稻、麦类作物秸秆的 1 次或 2 次压缩打捆，配套动力 13kW，工作压力 20 t，草捆尺寸 500×400×1 000（mm）。

3．青贮饲料收割机。现代农装 2008 型自走式青贮饲料收割机是国家计委“九五”重大装备科技攻关项目。该机由主机配带三种割台，可分别收获青贮大麦、燕麦、苜蓿等矮秆作物和青贮玉米、高粱等高秆作物，在田间能一次完成对作物的收割、输送、切碎并抛送装车等作业。

中国农业机械化科学研究院推出 GZS-2000 型悬挂式玉米青贮收割机，采用往复式割刀，不对行，有过载离合器和回吐装置。配套动力＞40kW，割幅 2m，切段长度 5～15mm，工作效率＞30 t/h。

黑龙江赵光机械厂与德国合作生产的 MB-220 型圆盘旋转式青饲收获机，配套动力 22～66kW 拖拉机，适合饲料玉米和玉米秸秆的青贮收获，1 次只能收获 1 行。

中收农机股份有限公司生产 92QY0.6 单行青饲收获机，主要适用于收获以玉米为主的高秆青（黄）饲料。用“铁牛-55”拖拉机做配套动力牵引，机具后面挂拖车，一次可完成一行玉米的收割、喂入、切碎、抛送饲草至拖车等联合作业。主要技术参数：生产率 8～15t/h，刀盘转速 1 350r/min，切刀数量 6 片，切碎长度＜30mm。

北京顺义区将玉米收获机的割台卸下，研制加装了无行距收获割台和秸秆粉碎、压扁、揉搓等装置，使玉米收获机增加了青饲收获的功能。该台样机经过 6 月份收获小黑麦和 7 月份收获青饲春玉米试验，性能良好，8 月中旬开始正式投入青饲玉米和皖草 2 号等作物的收获。该机有效割幅为 3m，切割器采用往复式，且在割台两侧设置了立刀，避免了倒伏作物或杂草的缠绕，日作业量 100～120 亩，割茬高度低于 10cm，秸秆揉碎率为 98%，作物切碎长度为 3～5cm，完全符合牛羊的饲喂标准，总损失率小于 5%。

4．铡草、揉切与粉碎机械。洛阳四达农机有限公司推出 9Z-2.5 型青贮铡草机，主要用于铡切青、干玉米秸秆，也可用于铡切各种饲草，并能将铡切物料抛送到青贮池或贮草室内。该机配用动力为 4kW 电机（4 级）或皮带传动四轮拖拉机，在青玉米秸秆含水率 65%，连续均匀喂入条件下，生产效率

2.5t/h,切草长度 15.35（mm），出草射程 4～6（m）。

山东淄博市临淄区农机推广站与六顺机械厂共同开发研制出 93ZT-18000 型滚筒式青贮铡草机。目前已通过农业部定型鉴定和推广鉴定检测。该机采用了先进的滚筒式六刀切碎机构，秸秆切碎长度为 21～25mm，每小时铡草 18～20t，配套动力 18.5～22kW 电动机。

中国农业机械化科学研究院呼和浩特分院推出 9Q-60 型青干饲草切碎机，可切碎青干玉米秸秆、饲草、苜蓿等，配套动力 4～7.5kW，切碎长度 30mm，生产效率 6～8 t/h（青玉米秸秆）、2.5～3 t/h（干玉米秸秆）。

山东省泰安市农业机械化学校设备厂研制的 SF-SP75 型多功能铡草粉碎机，在铡草的同时又能揉搓，使铡出的草料、秸秆更适于牲畜食用。生产效率 3～4t /h（铡切青玉米秸秆）。

辽宁省农业机械化研究所研制生产的 9RF-40 型多功能揉搓粉碎机，能将玉米秸秆等揉搓成丝状，大大提高了对于牛、羊的适口性，提高进食速度，干利用率达到 98%。该所还研制生产了 9P-250 型超强力饲草破碎机，能破碎干草、青草、秸秆、树枝等，破碎饲草长度为 5～90mm，工作效率可达2 000kg/h。

山东省淄博三明环保农业有限公司研制的 JYR-3A 型玉米秸秆挤丝揉碎机，可将玉米秸秆一次性压扁、纵切、揉碎成牛羊适口性很好的丝状饲料。

天津市尤耐特机械技术有限公司生产的 RC-4512 型揉搓机，配套动力 7.5kW，揉搓湿度 40%～75%，产量 3 000kg/h。

5. 制粒与压块机械。以牧草、秸秆、作物茎叶等植物性蛋白为原料加工饲料的需求日益增大。正昌集团和牧羊集团引进国外草业加工技术，开发出各类牧草加工设备与工艺，可提供牧草加工生产线，其关键设备有牧草压块机、牧草制粒机。

河南省新乡市黄河禽林牧有限公司研制成鲜草深加工全套设备，在牧草资源加工利用上取得了突破。该设备适合对紫花苜蓿、鲁梅克斯、皇竹草、菊苣等牧草和秸秆进行深加工，可直接将鲜草切断、揉碎、烘干。用户可根据不同的需要加工成草块、干粉或颗粒饲料，每天可生产干草粉 12～15t，加工后的干粉或草块，粗蛋白质含量可达到 20%以上。

石家庄市潜水电泵厂生产的大型秸秆饲料成套加工设备，可将玉米秸秆等农作物秸秆加工成“饲料压缩饼干”。这一新技术可明显提高秸秆饲料的有效营养成分，其产品的体积比秸秆的体积减少 6～8 倍，便于储存运输。据鉴定，这种饲料富含磷、铁、钙，粗蛋白含量 6%～8%，粗纤维含量 34%。粗灰分低于 9%。据鹿泉养殖场对 50 余头牛 10 个月的喂养试验，奶牛产奶量提高 16.4%，牛奶内脂肪量增加 0.2%；肥牛增肉率为 15%，生长加快，出栏周期缩短。

玉米作为山东省莱州市的主要粮食作物之一，每年种植 2.67 万 $hm^2$ 以上，年产鲜秸秆可达 60 多万 t。由于收获机械化程度较低，人工收获后除部分用作养牛和生活燃料外，大部分秸秆被遗弃或焚烧，不仅使可利用资源造成很大浪费，而且污染了环境。为了解决玉米秸秆综合利用问题，莱州市在加快推广玉米联合收获机械和秸秆青贮机械的同时，建成玉米秸秆加工颗粒饲料生产线 。项目总投资 20 万美元，预计年加工颗粒饲料 5 万 t，可消化干玉米秸秆 5 000 万 kg。

6. 烘干与储存机械。河南新乡市东方机械有限责任公司研制生产的牧草（秸秆）烘干机组获国家专利。该设备填补了我国牧草行业的一项空白。烘干成品颜色青绿、气味芳香、保留了鲜草的色、味及营养成份，口感好，增加了牲畜的食欲，提高了经济效益。机组组成：烘干机、热风炉、铡草机、出料器、输送机、压块机等。

牧草快速烘干还取得了生产第一线运作经验。北京碧洲新草业有限公司，选定了每小时 300 kg 产量的干燥设备做苜蓿深加工，在 150 天的生产季节中，将要生产 1 000t 产品，就必然要有 1 000 亩苜蓿地与其匹配，如果田间是 3 次刈割，每次将是 300t 以上的产品要生产，设备均衡生产只能在 50 天内完成。而田间的成熟却要求每次刈割必须在 10 天内完成。这 10 天与 50 天的矛盾，意味着有 4/5 的苜蓿不能进入设备，仍然成为青干草；设备在生产季节中却有 4/5 的时间，因得不到鲜苜蓿原料而闲置，这个矛盾决不是调节田间收获刈割期能解决的。前端的技术开发就显得尤其必要了。刈割期内，1/5 的鲜苜蓿在 10 天内进入设备进行生产，4/5 的苜蓿刈割时经拉伸膜保鲜，在后 40 天内持续进入设备进行生产。这种前端技术的应用，使强力干燥技术向牧草深加工领域的引入得到了保护，能更好地应用。

（郭佩玉　刘清水）

# 秸秆养畜

## 一、秸秆处理及秸秆养畜示范项目建设

2002年秸秆养畜工作的特点是青贮稳步增长，全株青贮玉米快速发展，秸秆氨化比重有所降低。全国青贮秸秆1.35亿t（鲜重），氨化（含微贮）秸秆4 800万t。用于秸秆养畜项目的中央财政资金增至5 700万元，项目建设由秸秆养畜示范县为主向以示范区建设为主过渡，第一批五个秸秆养畜示范区正式批准实施。今后项目发展方向：根据"十五"畜牧业发展规划及国家农业综合开发总体规划，目前在有条件的地市以重点示范县建设为基础，进一步强化秸秆养畜示范区建设。通过连片开发，巩固提高，发展饲料生产基地，强化秸秆科学处理利用体系，完善示范区品种改良体系，建立高效运行的加工流通体系，健全技术培训体系，逐步形成区域化、专业化生产格局，使之建设成为国内主要的牛羊肉及奶类商品产业化生产基地，基本杜绝秸秆焚烧现象。

## 二、全株玉米青贮的应用

随着农村产业结构调整和养殖业的迅猛发展，特别是奶牛业的快速发展，全株青贮玉米在奶牛饲养中的应用越来越体现出其独特的优越性。在一些奶牛主产区，全株青贮玉米呈快速增长趋势。

### （一）青贮玉米的种植情况

2002年除新建奶牛产区正在积极试验推广青贮玉米外，全国绝大多数奶牛主产区已全面开展了青贮玉米种植和应用。据统计，2002年北京种植青贮玉米27.7万亩；河北省种植青贮玉米80万亩，其中全株青贮玉米在10万亩左右；黑龙江省种植156.1万亩；山东省种植260万亩。另一奶牛大省山西，青贮玉米的种植也开始起步。

青贮玉米的品种主要以高油类、粮饲兼用型品种为主。

北京市主要种植科青1号、科多8号、农大86、中金601、农大108、高油115、W5017、金海5号、中单9409、中原单32号等10个品种。其中科青1号、科多8号产量可以达到每亩4 500kg以上，农大86、W5017、金海5号产量每亩4 000kg以上。种植模式主要有春季一茬青贮玉米、春夏两茬青贮玉米、上茬小黑麦下茬青贮玉米等三种模式。青贮玉米是京郊养殖业的主要饲草饲料来源。

河北省全株青贮玉米的主要品种为中原单32号、农大108、科多8号等。全株青贮玉米的青体产量在6 000～8 000kg左右。个别土壤、水分比较好的青体产量可以达到10 000kg。青贮玉米主要分布在张家口、承德、保定、石家庄等地。张家口、承德地区主要是结合"一退双还"及全省实施的"禁牧舍饲"等有关优惠政策推广青贮玉米。另外，张家口、承德的坝上地区无霜期比较短，正常玉米成熟比较困难也是一个重要原因。保定、石家庄等地主要结合奶牛饲养比较多的实际情况，许多奶牛饲养大户和奶牛养殖小区饲养水平比较高，通过多年的实践总结，认识到全株青贮玉米在奶牛饲养中的优越性。所以，以上地区全株青贮玉米种植的比较普遍。

黑龙江省青贮玉米种植品种主要有十个。第一、二积温带适宜种植中原单32号、白鹤、辽源一号、龙福208、英红五个青贮玉米品种，平均产量每亩4 800kg,第三、四积温带种植吉单408、农大3138、白单9、龙单12、绥育6五个品种，平均产量每亩4 200kg。青贮玉米种植主要在4市1局，即哈尔滨市、绥化市、大庆市、齐齐哈尔市、农场局。

山东省青贮玉米品种主要有中原单32号、高油115、南顶1号、农大108、辽远1号等，春播产量每亩可达到4 500～8 000kg，夏播每亩3 000～4 000kg，平均亩产量5 000kg左右。种植地区主要集中在菏泽、德州、东营、济南郊区县等牛羊饲养比较集中的地区或规模奶牛场、小区周围。山东全省2002年完成青贮玉米秸秆1 560万t，其中带穗玉米青贮600万t。

### （二）全株青贮玉米的应用情况

北京市规模化牛场或养殖小区每头成乳牛日投喂粗饲料30kg，其中青贮玉米25～30kg、投喂牧草4～5kg、植物块根5kg。饲养一头奶牛平均年需牧草1.4t、青贮玉米8.2t。青贮工作每年9月开始，11～12月开窖食用，食用时间1年。北京还从河北省少量购入商品青贮饲料，价格为160～180元/t。

河北省全株青贮玉米在饲养奶牛时的饲喂方式与普通青贮玉米没有什么区别，只是在饲喂时适当减少精料用量。在奶牛饲养中，饲喂的全株青贮玉米每头奶牛日饲喂量在15～20kg左右。由于全株青贮玉米整体的营养价值比普通的青贮玉米质量要高，所以对奶牛的产奶量有较大的提高，在石家庄地区，可提高奶牛的产奶量10%～15%左右。在一些饲养条件比较差、科技水平比较低的地区，可提高奶牛的产奶量15%～20%左右。

黑龙江省犊牛、青年母牛、产奶奶牛都可饲喂青贮饲料。饲喂方式，有直接饲喂的也有拌精料饲喂的。黑龙江省奶牛单产情况，1999—2001年一直徘

徊在3.5～4.0t之间，近几年抓了青贮饲料生产，奶牛单产增加到4.5t左右，平均日产鲜奶15kg，黑龙江省奶牛平均体重500kg，日产奶15kg，乳脂率3.5%。一般情况下，泌乳牛青贮饲料日饲喂量和日产奶量相当。

山东省青贮玉米在奶牛饲养中应用效果很好，一般奶牛每天饲喂青贮饲料20～25kg，喂带穗玉米青贮可多产奶5%～8%，且奶质好。

**（三）全株青贮玉米在饲养、应用中存在的问题和前景**

1．存在的问题

（1）全株青贮玉米在全国的发展还很不均衡，全株青贮玉米占青贮饲料的比例还很低。除了在几个奶牛主产省全株青贮玉米的种植、应用达到一定规模外，其他地区只有一些零散种植。即便是在全株青贮玉米发展相对较好的地区，全株青贮玉米在青贮饲料中的比例还比较低。山东省2002年全株青贮玉米占全部青贮的38%，河北省全株青贮玉米的种植只占青贮玉米种植面积的12.5%。造成这一问题的原因，一方面是对全株青贮玉米在奶牛饲养中的增产效果认识不足，另一方面也存在技术推广部门推广力度不够的问题。

（2）青贮玉米品种不全，相关品种标准制定滞后。目前，国内大面积种植的青贮玉米多为粮饲兼用型品种，专用青贮玉米品种的筛选及其制繁种技术研究有待加强。

（3）青贮玉米增产潜力还未充分挖掘。同一品种在同一地区，相同的水肥条件，产量差异很大，说明专用青贮玉米的综合配套高产栽培技术研究应当加强。

（4）饲料地相对缺乏，制约青贮玉米的发展。有些地方，奶牛饲养场、户有种植青贮玉米的需求，但其掌握的耕地资源有限，饲料地如不能解决，则严重制约青贮玉米的发展。

（5）青贮玉米的收贮费工费力。由于缺乏大型收贮机械，小型铡草机效率不高，制作青贮往往要耗费大量人力和工时。一座容积1.2万$m^3$、贮量8 000多t的青贮窖，需动用100人、8台切碎机，20天的时间才能贮完。

2．发展前景

（1）全株青贮玉米将呈快速增长的趋势。首先比较效益高是拉动全株青贮玉米快速增长的主要动力。随着近两年我国奶业的高速增长，饲养奶牛已成为农民增收最有效的途径之一。黑龙江省农民养一头年产4.5t奶的奶牛，平均收入可达3 000元，相当于种30亩旱田，所以农民养奶牛积极性很高。有关专家研究表明：在土地和耕作条件相当的情况下，青贮玉米比籽实玉米每公顷多收入539元，多生产可消化蛋白53kg，奶牛饲喂青贮玉米比不喂的日产奶可增加3.64kg。其次，从畜牧业发达国家的经验看，青贮玉米必将在整个种植业中占到相当比例。在欧美许多农牧业发达国家，青贮玉米种植面积占到整个玉米面积的30%～40%，美国青贮玉米播种面积已达5 325万亩，法国每年种植青贮玉米2 270万亩，占玉米种植面积的80%以上。根据我国奶业发展的实际需要，即使我国人均用奶量仅达到发达国家的一半，也需要至少种植青贮玉米6 000万亩。第三，国家政策的支持对青贮玉米的发展起到积极的推动作用。当前，种植业结构调整的主要内容就是三元种植业结构的确立，其中，饲料作物中青贮玉米又占到相当大的比例。黑龙江省实施“奶业振兴计划”，已将落实青贮玉米种植面积作为一项主要任务。

（2）青贮玉米品种进一步丰富，青贮品质不断提高。除现有的高油类、粮饲兼用型品种外，专用青贮玉米品种将得以推广。青贮玉米的品种以选择单位面积青饲产量高的品种为宜，还要求适口性好、消化率高。评价青贮玉米品种的优劣，产量和品质是两个不可或缺的标准。青贮玉米的品质，目前国内通常采用粗蛋白含量、粗脂肪含量、粗纤维含量、无氮浸出物和灰分含量等指标判断饲料的营养品质。这种划分方法相对比较落后，也不够准确。目前国际上通常采用洗涤剂的方法对纤维的营养价值进行评价。通过选用不同类型的洗涤剂可以得到半纤维素含量、纤维素含量和木质素含量。衡量青贮玉米品质的标准应建立在营养成分、纤维素的类型和动物离体实验的基础上进行。其中的粗蛋白含量、淀粉含量、中性洗涤纤维含量、酸性洗涤纤维含量、木质素含量、离体消化力和细胞壁消化力应作为主要的评价标准。

（3）商品青贮方兴未艾、专业化的青贮服务初露端倪。鉴于青贮饲料已被广大养牛户重视，并给养牛户带来可观的效益，又由于饲养比较分散，单个农户搞青贮费时费力，挤占庭院，规模小、成本高、质量差。同时，部分地区土地资源有限，养牛场户缺少饲料地。为商品青贮的发展提供了良好的机遇。山东、河北一些地方已有发展商品青贮的成功经验。黑龙江正着手组建青贮饲料公司，商品青贮逐步发展起来。

在平原区进行青贮饲料生产具有容易实现机械化操作的优点。近年来，北京西郊牛场利用已有青贮收割机成立独立的青贮服务组，在大兴、通州、顺义等区县进行收割服务，受到群众欢迎。这种专业化的青贮服务，既节省了大型收贮机械的投入，又提高了青贮工作的效率，同时还能提高青贮玉米品质，在青贮玉米大面积种植区域将是一种鼓励发展的模式。

（张志青）

# 饲料工业生产许可证管理

2002年，饲料添加剂和添加剂预混合饲料生产许可证专家审核委员会每月召开一次审核会议，经报农业部批准，发布两批公告，共有165家饲料添加剂企业和320家添加剂预混合饲料企业获得生产许可证，批准24家企业增项。具体情况见下表：

**2002年批准饲料添加剂生产企业明细表**

| 许可证编号 | 单 位 名 称 | 产 品 |
|---|---|---|
| 饲添（2002）0089 | 宜兴市健宝生物有限公司 | 复合酶（Ⅰ） |
| 饲添（2002）0857 | 浙江黄岩荣耀化工厂 | 甜菜碱、大蒜素、L-抗坏血酸－2－磷酸酯（Ⅰ） |
| 饲添（2002）0867 | 天津市天海兽药有限公司 | 维生素（Ⅱ） |
| 饲添（2002）0925 | 湖北正嘉生物制品股份有限公司 | 饲料级微生物添加剂（产朊假丝酵母、钠豆芽孢杆菌）（Ⅰ） |
| 饲添（2002）0970 | 天津市正格轻工发展有限公司 | 维生素（Ⅱ） |
| 饲添（2002）0981 | 蚌埠市正正饲料有限公司 | 饲料级酸化剂、维生素E粉（Ⅱ） |
| 饲添（2002）0989 | 沧州市运西益微增产菌生物制剂厂 | 复合酶制剂、沼泽红假单胞菌（Ⅰ） |
| 饲添（2002）0990 | 海南海大实验兽药厂 | 饲料级微生物添加剂(沼泽红假单胞菌)(Ⅰ) |
| 饲添（2002）0992 | 温州海螺挑战生物工程有限公司 | 植酸酶（Ⅰ） |
| 饲添（2002）0993 | 天津市捷马精细化工厂 | 碘化钾、碘酸钙（Ⅰ） |
| 饲添（2002）1007 | 吴忠市动物科学研究所 | 饲料级碳酸氢钠（Ⅱ） |
| 饲添（2002）1017 | 通州市大方饲料有限公司 | 饲料级硫酸锌（Ⅰ） |
| 饲添（2002）1022 | 辽宁天鹏动物保健品厂 | 饲料级维生素B1、B2（Ⅱ） |
| 饲添（2002）1047 | 淄博奥威粘合剂厂 | 羟甲基脲（Ⅰ） |
| 饲添（2002）1051 | 上海创博生态工程有限公司 | 饲料级微生物添加剂（枯草芽孢杆菌、植物乳杆菌）（Ⅰ） |
| 饲添（2002）1058 | 大庆市成龙生物饲料有限责任公司 | 氯化胆碱（Ⅰ） |
| 饲添（2002）1066 | 沧州市亚东兽药有限公司 | 饲料级氯化胆碱（Ⅱ） |
| 饲添（2002）1067 | 沧州市大农饲料添加剂有限公司 | 饲料级氯化胆碱、维生素C、亚硒酸钠VE（Ⅱ） |
| 饲添（2002）1069 | 沧州市华丰兽药有限公司 | 饲料级氯化胆碱（Ⅰ） |
| 饲添（2002）1071 | 河北维尔康制药有限公司 | 维生素C、L-抗坏血酸－2－磷酸酯（Ⅰ） |
| 饲添（2002）1072 | 石家庄华牧集团公司兽药厂 | 烟酸（Ⅰ）、维生素E（Ⅱ） |
| 饲添（2002）1074 | 户县石井世龙石粉厂 | 碳酸钙（Ⅰ） |
| 饲添（2002）1079 | 石家庄凯特生物科技开发有限公司 | 复合酶、益生素（Ⅰ）、饲料级蛋氨酸锌(Ⅰ)、复合酸化剂（Ⅱ）(16) |
| 饲添（2002）1080 | 河北天成兽药厂 | 维生素B12（Ⅱ） |
| 饲添（2002）1081 | 河北雄威化工股份有限公司 | 氯化钴（Ⅰ） |
| 饲添（2002）1082 | 正定县极峰饲料厂 | 磷酸氢钙（Ⅰ） |
| 饲添（2002）1083 | 河北省牧工商动物饲料兽药有限公司 | 维生素C（Ⅱ） |
| 饲添（2002）1084 | 淄博博山翔洲饲料添加剂厂 | 磷酸氢钙（Ⅰ） |
| 饲添（2002）1085 | 山东八三碳化硅热件厂 | 硫酸亚铁（Ⅱ） |

（续）

| 许可证编号 | 单 位 名 称 | 产 品 |
|---|---|---|
| 饲添（2002）1087 | 威海顺安饲料厂 | 维生素、乙氧基喹林（Ⅱ） |
| 饲添（2002）1088 | 淄博市桓台县通达饲料添加剂厂 | 硫酸亚铁、硫酸镁（Ⅱ） |
| 饲添（2002）1089 | 青岛牧兴生物技术研究所 | 饲料级复合酶（Ⅱ） |
| 饲添（2002）1090 | 青岛嘉明牧业科技有限公司 | 饲料级电解质平衡剂、防腐剂（Ⅱ） |
| 饲添（2002）1091 | 青岛康大镒泰科技有限公司 | 饲料级微生物添加剂（Ⅰ） |
| 饲添（2002）1092 | 山东桓台中信化工厂 | 氧化锌（Ⅰ） |
| 饲添（2002）1093 | 上海天昌饲料科技有限公司 | 香味剂、防腐剂、抗氧剂、酸化剂（Ⅱ）；饲料级聚丙烯酸树脂Ⅱ（Ⅱ）(15) |
| 饲添（2002）1094 | 常州制药厂有限公司 | 叶酸（Ⅰ） |
| 饲添（2002）1095 | 长兴县石粉厂 | 碳酸钙（Ⅰ） |
| 饲添（2002）1096 | 杭州新瑞饲料技术开发有限公司 | 甘氨酸铁、维生素C（Ⅱ） |
| 饲添（2002）1097 | 建德市中大饲料兽药有限公司 | 酸化剂（Ⅱ） |
| 饲添（2002）1098 | 浙江医药股份有限公司新昌制药厂 | 生物素（Ⅰ） |
| 饲添（2002）1099 | 广州市萝岗联丰饲料材料有限公司 | 硫酸铜（Ⅰ）、硫酸锌（Ⅱ） |
| 饲添（2002）1101 | 西安市周至县惠成化工厂 | 饲料级碘酸钙（Ⅰ） |
| 饲添（2002）1102 | 甘肃明珠胶业有限责任公司 | 磷酸氢钙（Ⅰ） |
| 饲添（2002）1103 | 米泉市军慧工贸有限责任公司 | 碳酸钙（Ⅰ） |
| 饲添（2002）1105 | 宜宾五粮液集团精细化工有限公司 | 乳酸（Ⅰ） |
| 饲添（2002）1106 | 都江堰市幸福非金属矿粉厂 | 碳酸钙（Ⅱ） |
| 饲添（2002）1107 | 自贡市金典化工有限公司 | 碘化钾、碘酸钙、氯化钴、亚硒酸钠（Ⅰ） |
| 饲添（2002）1110 | 北京市朝阳兴牧饲料厂 | 硫酸铜、硫酸锌、硫酸亚铁、硫酸锰、亚硒酸钠、氯化钴、碘化钾、氧化锌（Ⅱ） |
| 饲添（2002）1112 | 北京农大利生物技术中心 | 饲料级复合酶制剂、蛋氨酸铁、蛋氨酸铜、蛋氨酸锌、α-淀粉（Ⅱ） |
| 饲添（2002）1113 | 天津中津药业股份有限公司 | 维生素$B_1$（Ⅰ） |
| 饲添（2002）1114 | 天津市禽泰兽药厂 | 饲料级维生素$B_1$、维生素$B_2$、氯化胆碱（Ⅱ） |
| 饲添（2002）1115 | 天津市三源兽药有限公司 | 饲料级维生素（Ⅱ） |
| 饲添（2002）1116 | 昔阳县大寨工贸园区晋阳饲料厂 | 磷酸氢钙（Ⅰ） |
| 饲添（2002）1117 | 泽州县永盛实业有限公司 | 磷酸氢钙（Ⅰ） |
| 饲添（2002）1118 | 山西吕梁富源饲料有限公司 | 磷酸氢钙（Ⅰ） |
| 饲添（2002）1119 | 太原南郊化工厂 | 氯化胆碱（Ⅰ） |
| 饲添（2002）1121 | 广州市岳湖园生物科技有限公司 | 微生物添加剂（Ⅰ） |
| 饲添（2002）1122 | 华南农业大学饲料添加剂厂 | 硫酸亚铁、硫酸铜、硫酸锰、硫酸锌（Ⅱ） |
| 饲添（2002）1123 | 广州绿本源生物科技有限公司 | 沼泽红假单胞菌（Ⅰ） |
| 饲添（2002）1124 | 肇庆市港汇矿物饲料有限公司 | 饲料级硫酸锌（Ⅰ） |
| 饲添（2002）1125 | 广州太普乐生物技术有限公司珠海分公司 | 饲料级微生物添加剂（Ⅰ） |
| 饲添（2002）1127 | 江西省临川市龙深饲料原料厂 | 硫酸铜（Ⅰ）、硫酸亚铁（Ⅱ） |
| 饲添（2002）1128 | 哈尔滨市创新饲料添加剂厂 | 饲料级复合酶制剂（Ⅱ） |
| 饲添（2002）1129 | 哈尔滨康龙兽药有限责任公司 | 维生素$B_1$、$B_2$（Ⅱ） |

（续）

| 许可证编号 | 单位名称 | 产品 |
|---|---|---|
| 饲添（2002）1130 | 武进市牛塘化工厂 | 叶酸（Ⅰ） |
| 饲添（2002）1131 | 江苏常顺化工有限公司 | 维生素 $B_6$（Ⅰ） |
| 饲添（2002）1132 | 商河县万达磷酸盐厂 | 饲料级磷酸三钙（Ⅰ） |
| 饲添（2002）1134 | 绵竹市福利化工厂 | 磷酸氢钙（Ⅰ） |
| 饲添（2002）1135 | 广东省农科集团前沿动物保健技术中心 | 甘氨酸铁、蛋氨酸锌、果寡糖、富马酸亚铁、酸化剂（Ⅱ） |
| 饲添（2002）1136 | 广州三泓实业有限公司 | 调味剂、大蒜素、防霉剂、抗氧剂、电解质平衡剂（Ⅱ） |
| 饲添（2002）1137 | 华北制药康欣有限公司 | 维生素 $B_{12}$（Ⅰ） |
| 饲添（2002）1138 | 石家庄市康成实业公司 | 维生素 $B_{12}$（Ⅰ） |
| 饲添（2002）1139 | 新疆威仕达生物工程股份有限公司 | 饲料级微生物添加剂（乳酸链球菌、植物乳杆菌、枯草芽孢杆菌、产朊假丝酵母菌）（Ⅰ） |
| 饲添（2002）1140 | 博乐市个体三台大理岩矿 | 饲料级碳酸钙（Ⅰ） |
| 饲添（2002）1141 | 乌鲁木齐天康药业有限责任公司 | 饲料级维生素 $B_1$、$B_2$（Ⅱ） |
| 饲添（2002）1142 | 喀什化工责任有限公司 | 饲料级碳酸钙（Ⅰ） |
| 饲添（2002）1143 | 喀什地区聚鑫石粉厂 | 饲料级碳酸钙（Ⅰ） |
| 饲添（2002）1144 | 湖南省泸溪县龙达磷化工总厂 | 磷酸氢钙（Ⅰ） |
| 饲添（2002）1145 | 河南省平舆县豫大饲料有限公司 | 复合酶制剂（Ⅰ） |
| 饲添（2002）1146 | 上海华扩达生化技术研究开发有限公司 | 饲料级抗氧化剂（Ⅱ） |
| 饲添（2002）1147 | 贵州修文黔鑫磷化工有限责任公司 | 饲料级磷酸氢钙、磷酸二氢钙（Ⅰ） |
| 饲添（2002）1148 | 贵州省金沙县磷酸化工厂 | 饲料级磷酸氢钙、磷酸二氢钙（Ⅰ） |
| 饲添（2002）1149 | 哈尔滨摩天农科兽药有限公司 | 饲料级维生素（Ⅱ） |
| 饲添（2002）1150 | 哈尔滨飞龙兽药厂 | 饲料级维生素、亚硒酸钠（Ⅱ） |
| 饲添（2002）1151 | 安宁龙旺饲料原料有限公司 | 饲料级磷酸氢钙（Ⅰ） |
| 饲添（2002）1152 | 云南康和生物工程股份有限公司 | 饲料级植酸酶（Ⅰ） |
| 饲添（2002）1153 | 晋宁县昆明大明磷酸盐厂 | 饲料级磷酸氢钙、磷酸二氢钙（Ⅰ） |
| 饲添（2002）1154 | 昆明化肥有限责任公司 | 饲料级磷酸氢钙、磷酸二氢钙（Ⅰ） |
| 饲添（2002）1155 | 长沙振驰化工厂 | 饲料级硫酸锌（Ⅰ） |
| 饲添（2002）1156 | 湖南省长沙县华通化工厂 | 饲料级硫酸锰（Ⅰ） |
| 饲添（2002）1157 | 长沙仙旺化工厂 | 饲料级硫酸锰（Ⅰ） |
| 饲添（2002）1158 | 岳阳市诚兴科技开发有限公司 | 饲料级双乙酸钠（Ⅰ） |
| 饲添（2002）1159 | 湖南省长沙创亿化工厂 | 饲料级硫酸锌（Ⅰ） |
| 饲添（2002）1160 | 长沙县兴旺化工厂 | 饲料级硫酸锰（Ⅰ） |
| 饲添（2002）1161 | 华北制药威可达有限公司 | 饲料级维生素 $B_{12}$（Ⅰ） |
| 饲添（2002）1162 | 石家庄市华达维生素厂 | 饲料级维生素 $B_{12}$（Ⅱ） |
| 饲添（2002）1163 | 石家庄市标新动物药业有限公司 | 饲料级维生素 C（Ⅱ） |
| 饲添（2002）1164 | 藁城市黄庄兴旺磷酸氢钙厂 | 饲料级磷酸氢钙（Ⅰ） |
| 饲添（2002）1165 | 天津市津都饲料添加剂厂 | 饲料级维生素 $B_1$、$B_2$、E、$AD_3$、氯化胆碱、含硒微量元素（Ⅱ） |
| 饲添（2002）1166 | 长兴蓝鑫生物技术有限公司 | 饲料级复合酶制剂（Ⅰ） |
| 饲添（2002）1167 | 无锡阿尔宝尔生物工程有限公司 | 饲料级微生物添加剂（枯草芽孢杆菌）（Ⅰ） |
| 饲添（2002）1168 | 镇江高鹏药业有限公司 | 饲料级叶酸（Ⅰ） |

（续）

| 许可证编号 | 单 位 名 称 | 产 品 |
|---|---|---|
| 饲添（2002）1169 | 西安百顺科技有限公司 | 饲料级果寡糖、甘露寡糖（Ⅱ） |
| 饲添（2002）1170 | 沈阳市信利动物保健品有限公司 | 饲料级木聚糖酶、β-葡聚糖酶、植酸酶（Ⅱ） |
| 饲添（2002）1171 | 辽源市富达添加剂厂 | 饲料级氯化胆碱（Ⅱ） |
| 饲添（2002）1172 | 湖北省咸宁第二制药厂 | 饲料级维生素 $B_6$（Ⅰ） |
| 饲添（2002）1173 | 湖北飞特实业发展有限公司 | 饲料级肉碱、低聚果糖、β-葡聚糖酶（Ⅱ） |
| 饲添（2002）1174 | 国营华中制药厂 | 饲料级维生素 $B_1$(盐酸硫胺、硝酸硫胺)(Ⅰ) |
| 饲添（2002）1176 | 武汉泛华生物技术有限公司 | 饲料级酸化剂、甜味剂（Ⅱ） |
| 饲添（2002）1177 | 陕西富士达农业科技有限公司 | 饲料级氯化胆碱（Ⅰ） |
| 饲添（2002）1178 | 山东华尔康生物技术有限公司 | 饲料级复合酶制剂（Ⅱ）、饲料级微生物添加剂（枯草芽孢杆菌、啤酒酵母菌）（Ⅰ）、（16）饲料级 $VC_1$、$VB_1$、$VB_2$、$VB_{12}$、甜菜碱（Ⅱ） |
| 饲添（2002）1179 | 安丘市华星药业化工有限公司 | 饲料级硫酸铜、硫酸亚铁、硫酸锌、硫酸锰、硫酸镁、碘化钾、氯化钴（Ⅰ） |
| 饲添（2002）1180 | 潍坊市坊子祥宇饲料厂 | 饲料级维生素 $B_1$、$B_2$、$B_{12}$、$K_3$、C(Ⅱ) |
| 饲添（2002）1181 | 东营市新发动物保健品有限责任公司 | 饲料级 D-泛酸钙、叶酸、烟酸、维生素 $K_3$（Ⅰ） |
| 饲添（2002）1182 | 漯河市兴茂化工有限公司 | 饲料级硫酸亚铁（Ⅱ） |
| 饲添（2002）1183 | 靖江市恒通生物工程有限公司 | 饲料级 L-抗坏血酸-磷酸酯（Ⅰ） |
| 饲添（2002）1184 | 成都市金牛区鑫兴饲料厂 | 饲料级大蒜素、香味剂（Ⅱ） |
| 饲添（2002）1185 | 四川九源化工有限公司 | 饲料级磷酸氢钙(Ⅱ)、磷酸二氢钙(Ⅰ) |
| 饲添（2002）1186 | 浙江省仙居亚细亚肌醇厂 | 饲料级肌醇（Ⅰ） |
| 饲添（2002）1187 | 长兴县方岩硫酸铜厂 | 饲料级硫酸铜（Ⅰ） |
| 饲添（2002）1188 | 湖州鸿翔化工有限公司 | 饲料级氯化钴（Ⅰ） |
| 饲添（2002）1189 | 富阳佳乐预混合饲料厂 | 饲料级硫酸锌、硫酸铜、硫酸亚铁（Ⅰ） |
| 饲添（2002）1190 | 江铜贵冶华信金属有限责任公司 | 饲料级硫酸铜（Ⅰ） |
| 饲添（2002）1192 | 临沂市罗庄区鑫海磷酸氢钙厂 | 饲料级磷酸氢钙（Ⅰ） |
| 饲添（2002）1194 | 山西省生物制品厂兽药饲料添加剂分厂 | 饲料级维生素 $AD_3$、亚硒酸钠维生素 E（Ⅱ） |
| 饲添（2002）1196 | 博白县联惠净水材料厂 | 饲料级硫酸亚铁（Ⅰ） |
| 饲添（2002）1197 | 上海三维兽药厂 | 饲料级维生素 E 粉（Ⅱ） |
| 饲添（2002）1198 | 上海红马饲料有限公司 | 饲料级抗氧化剂、酸化剂、香味剂（Ⅱ） |
| 饲添（2002）1199 | 上海松江油脂有限公司 | 饲料级肌醇（Ⅰ） |
| 饲添（2002）1200 | 成都金杏实业有限公司 | 饲料级防腐剂（Ⅱ） |
| 饲添（2002）1201 | 四川康迪游高科技实业有限公司 | 饲料级微生物添加剂(沼泽红假单胞菌)(Ⅰ) |
| 饲添（2002）1202 | 宁夏益农牧业科技有限公司 | 饲料级碳酸钙（Ⅱ） |
| 饲添（2002）1203 | 长沙佳辉化工厂 | 饲料级硫酸锌（Ⅰ） |
| 饲添（2002）1204 | 南昌市幸田预混料添加剂厂 | 饲料级防腐剂、酸化剂、富马酸亚铁、甜菜碱、氯化胆碱、大蒜素、甜味剂（Ⅱ） |
| 饲添（2002）1205 | 江西三丰生物工程有限公司 | 饲料级微生物添加剂（枯草芽孢杆菌、嗜酸乳杆菌）（Ⅰ） |

（续）

| 许可证编号 | 单 位 名 称 | 产 品 |
| --- | --- | --- |
| 饲添（2002）1206 | 宁波益益久生物科技有限公司 | 饲料级微生物添加剂（沼泽红假单胞菌、植物乳杆菌、啤酒酵母菌）（Ⅰ） |
| 饲添（2002）1208 | 长沙县沿江化工厂 | 饲料级硫酸锰（Ⅰ） |
| 饲添（2002）1209 | 安徽丰原生物化学股份有限公司 | 饲料级赖氨酸盐酸盐（Ⅰ） |
| 饲添（2002）1212 | 山东省明发饲料有限公司 | 饲料级维生素、抗氧化剂、防腐剂（Ⅱ） |
| 饲添（2002）1214 | 长沙市亿利化工厂 | 饲料级硫酸锌（Ⅰ） |
| 饲添（2002）1215 | 湖南娄底金隆工贸有限公司精细化工厂 | 饲料级硫酸锌（Ⅰ） |
| 饲添（2002）1216 | 湖南鸿鹰祥生物工程股份有限公司 | 饲料级淀粉酶、纤维素酶、β-葡聚糖酶（Ⅰ） |
| 饲添（2002）1217 | 商丘福源韦斯迪生物技术公司 | 饲料级复合酶制剂（Ⅱ） |
| 饲添（2002）1219 | 株洲市石峰区湘建饲料添加剂厂 | 饲料级硫酸亚铁（Ⅱ） |
| 饲添（2002）1220 | 衡阳天信化工实业有限公司 | 饲料级硫酸亚铁（Ⅰ） |
| 饲添（2002）1225 | 上海大众药业许昌生化有限公司饲料添加剂分公司 | 饲料级维生素 $B_{12}$（Ⅱ） |
| 饲添（2002）1230 | 固安宏峰化工有限公司 | 饲料级L-肉碱盐酸盐、大蒜素（I） |
| 饲添（2002）1231 | 石家庄正道动物药业有限公司 | 饲料级维生素 $AD_3$（Ⅱ） |
| 饲添（2002）1232 | 藁城市开元饲料厂 | 饲料级磷酸氢钙（Ⅰ） |
| 饲添（2002）1233 | 太原市满宏饲料添加剂有限公司 | 饲料级氯化胆碱（Ⅰ） |
| 饲添（2002）1234 | 哈尔滨博大兽药厂 | 饲料级维生素A、$B_1$、$B_2$、$D_3$（Ⅱ） |
| 饲添（2002）1235 | 德清县华明饲料添加剂有限公司 | 饲料级大蒜素（Ⅱ） |
| 饲添（2002）1236 | 浙江欣欣饲料股份有限公司 | 饲料级α-淀粉（Ⅰ） |
| 饲添（2002）1237 | 潍坊勤乐畜牧有限公司 | 饲料级双乙酸钠、氧化锌（Ⅰ） |
| 饲添（2002）1238 | 邹平县同信化工有限责任公司 | 饲料级硫酸锌、硫酸锰、硫酸亚铁、硫酸镁、硫酸铜、氯化钴、碘化钾（Ⅰ） |
| 饲添（2002）1239 | 济南德高生物科技有限公司 | 饲料级大蒜素、维生素C、$B_1$、$B_2$、$B_{12}$（Ⅱ） |
| 饲添（2002）1241 | 广州市海纳川生物技术有限公司 | 饲料级酸化剂（Ⅱ） |
| 饲添（2002）1242 | 广州市海贝生物技术有限公司 | 饲料级大蒜素、维生素C（Ⅱ）、微生物添加剂（Ⅰ） |
| 饲添（2002）1243 | 深圳市百寿水产科技发展有限公司 | 饲料级L-抗坏血酸-2-磷酸酯、蛋氨酸铜、蛋氨酸铁、蛋氨酸锌（Ⅰ） |
| 饲添（2002）1244 | 重庆渝港钛白粉股份有限公司 | 饲料级硫酸亚铁（Ⅰ） |
| 饲添（2002）1245 | 重庆华硕工业有限公司 | 饲料级丙酸钙（Ⅰ） |
| 饲添（2002）1246 | 重庆市江北区宏达防霉剂厂 | 饲料级抗氧化剂、防霉剂（Ⅱ） |
| 饲添（2002）1257 | 河南省新谊医药集团公司精细化工厂 | 饲料级烟酸（Ⅰ） |
| 饲添（2002）1258 | 泸州正泰生物工程有限公司 | 饲料级香味剂、微生物添加剂（啤酒酵母菌）（Ⅱ） |

## 2002年批准饲料添加剂预混合生产企业明细表

| 许可证编号 | 企业名称 | 许可证编号 | 企业名称 |
|---|---|---|---|
| 饲预（2002）2310 | 龙江县龙大牧业科技有限责任公司 | 饲预（2002）2682 | 潍坊唯达饲料有限公司 |
| 饲预（2002）2467 | 通海富仁饲料有限公司 | 饲预（2002）2684 | 潍坊市牧富饲料有限公司 |
| 饲预（2002）2497 | 玉溪市兽药厂 | 饲预（2002）2685 | 诸城市双胜牧业有限公司 |
| 饲预（2002）2563 | 衡阳市东阳供销社富矿添加剂厂 | 饲预（2002）2686 | 诸城市裕昌牧业发展有限公司 |
| 饲预（2002）2571 | 樟树市旺达饲料厂 | 饲预（2002）2687 | 诸城市天丰牧业有限公司 |
| 饲预（2002）2581 | 北京大北农饲料科技有限责任公司合肥分公司 | 饲预（2002）2688 | 诸城市精诚农牧有限公司 |
| 饲预（2002）2602 | 石家庄市麦尔维牧业有限公司 | 饲预（2002）2689 | 潍坊富源农牧开发有限公司 |
| 饲预（2002）2604 | 永年县广府天溪饲料添加剂厂 | 饲预（2002）2691 | 诸城申腾饲料有限公司 |
| 饲预（2002）2605 | 遵化市长城饲料有限公司 | 饲预（2002）2692 | 诸城市金润牧业有限责任公司 |
| 饲预（2002）2611 | 石家庄兰大牧业有限公司 | 饲预（2002）2693 | 诸城市丰畜饲料有限公司 |
| 饲预（2002）2617 | 南通五谷饲料有限责任公司 | 饲预（2002）2694 | 诸城市益升牧业发展有限公司 |
| 饲预（2002）2621 | 江阴市大盈生物技术有限公司 | 饲预（2002）2696 | 济南伟业动物保健品有限公司 |
| 饲预（2002）2624 | 河南省汤阴县富康饲料有限公司 | 饲预（2002）2697 | 山东高密奇力饲料有限公司 |
| 饲预（2002）2627 | 昆明正好饲料厂 | 饲预（2002）2698 | 平原传奇饲料有限公司 |
| 饲预（2002）2630 | 成都枫澜科技有限公司 | 饲预（2002）2699 | 山东省夏津县久益鸡业有限责任公司 |
| 饲预（2002）2637 | 长沙市奥泰林科技有限公司 | 饲预（2002）2700 | 莘县六环饲料有限公司 |
| 饲预（2002）2643 | 阜新科威饲料有限公司 | 饲预（2002）2701 | 临沂经纬动物保健科技有限公司 |
| 饲预（2002）2646 | 海门市通东饲料有限公司 | 饲预（2002）2702 | 莒南县奥美特饲料有限公司 |
| 饲预（2002）2647 | 盐城市华龙生化药业有限公司 | 饲预（2002）2704 | 烟台大方牧业新技术有限公司 |
| 饲预（2002）2679 | 潍坊三农牧业有限公司 | 饲预（2002）2705 | 烟台永裕饲料有限公司 |
| 饲预（2002）2680 | 潍坊腾飞动物保健品有限公司 | 饲预（2002）2706 | 德州金帆实业有限公司 |
| 饲预（2002）2681 | 潍坊威力兽药有限公司 | 饲预（2002）2707 | 滨州市正元畜牧发展有限公司 |

（续）

| 许可证编号 | 企业名称 | 许可证编号 | 企业名称 |
|---|---|---|---|
| 饲预（2002）2708 | 山东惠民双新牧业科技开发有限责任公司 | 饲预（2002）2770 | 天津市宁河县昌盛鱼混饲料加工厂 |
| 饲预（2002）2715 | 沈阳众友饲料有限公司 | 饲预（2002）2771 | 天津全药动物保健品有限公司 |
| 饲预（2002）2730 | 北京旺通春瑞饲料有限公司 | 饲预（2002）2772 | 天津市正格轻工发展有限公司正格兽药厂 |
| 饲预（2002）2732 | 重庆军华动物营养研究有限公司 | 饲预（2002）2773 | 涿州市牧旺饲料有限公司 |
| 饲预（2002）2735 | 重庆石柱蓝天饲料厂 | 饲预（2002）2774 | 河北天成兽药厂 |
| 饲预（2002）2737 | 河南省格菱生物饲料有限公司 | 饲预（2002）2776 | 深州金粮饲料有限公司 |
| 饲预（2002）2738 | 清丰县濮壹饲料添加剂厂 | 饲预（2002）2777 | 涿州市昊友饲料厂 |
| 饲预（2002）2747 | 沧州市亚东兽药有限公司 | 饲预（2002）2778 | 营口嘉荣粮油饲料有限公司 |
| 饲预（2002）2752 | 石家庄市中农维康饲料添加剂厂 | 饲预（2002）2779 | 遂宁市三快饲料有限公司 |
| 饲预（2002）2754 | 石家庄德沃丰牧业有限公司 | 饲预（2002）2780 | 遂宁市天路饲料有限公司 |
| 饲预（2002）2757 | 北京金汇利昌饲料有限公司 | 饲预（2002）2781 | 遂宁市致富饲料有限公司 |
| 饲预（2002）2758 | 北京荣达兴饲料技术有限公司 | 饲预（2002）2782 | 昆明市添宝科技开发有限公司 |
| 饲预（2002）2759 | 北京市朝阳兴牧饲料厂 | 饲预（2002）2784 | 新疆泰昆集团有限责任公司 |
| 饲预（2002）2760 | 北京和昌伟业饲料科技发展有限公司 | 饲预（2002）2785 | 广州宗泰饲料有限公司 |
| 饲预（2002）2762 | 北京育谷生物科技有限公司 | 饲预（2002）2786 | 东莞兴业生物科技有限公司 |
| 饲预（2002）2763 | 北京永怀饲料科技有限公司 | 饲预（2002）2787 | 东莞市茶山康宝饲料厂 |
| 饲预（2002）2764 | 北京市协美农饲料加工厂 | 饲预（2002）2788 | 江门市生物精细饲料厂 |
| 饲预（2002）2765 | 北京科丰益源科技有限公司 | 饲预（2002）2789 | 佛山农牧高等专科学校饲料厂 |
| 饲预（2002）2766 | 北京康华远景科技有限公司 | 饲预（2002）2790 | 深圳市禾康实业有限公司湛江分公司 |
| 饲预（2002）2767 | 北京中科牧丰生物技术有限公司 | 饲预（2002）2791 | 郓城县金鸡饲料有限公司 |
| 饲预（2002）2768 | 天津市新概念生物技术有限公司 | 饲预（2002）2792 | 荷泽市宏牧饲料科技有限公司 |
| 饲预（2002）2769 | 天津市利农全元植物营养素总厂 | 饲预（2002）2793 | 临沂市兰山区亿大利饲料厂 |

（续）

| 许可证编号 | 企 业 名 称 | 许可证编号 | 企 业 名 称 |
|---|---|---|---|
| 饲预（2002）2794 | 威海顺安饲料厂 | 饲预（2002）2817 | 福州恒力达饲料有限公司 |
| 饲预（2002）2795 | 德州正大饲料有限公司 | 饲预（2002）2818 | 福建晋江农丰饲料有限公司 |
| 饲预（2002）2796 | 青岛希望饲料有限公司 | 饲预（2002）2819 | 浙江广安饲料有限公司 |
| 饲预（2002）2797 | 青岛新特瑞饲料科技有限公司 | 饲预（2002）2820 | 杭州新瑞饲料技术开发有限公司 |
| 饲预（2002）2798 | 青岛牧兴生物技术研究所 | 饲预（2002）2821 | 杭州天虹饲料技术开发有限公司 |
| 饲预（2002）2799 | 爱科（青岛）饲料有限公司 | 饲预（2002）2822 | 宁波大榭开发区维联实业有限公司 |
| 饲预（2002）2800 | 青岛金久生物技术有限公司 | 饲预（2002）2823 | 金华市天福饲料有限公司 |
| 饲预（2002）2801 | 青岛嘉明牧业科技有限公司 | 饲预（2002）2824 | 江西天佳实业有限公司 |
| 饲预（2002）2802 | 滨州惠宝饲料厂 | 饲预（2002）2825 | 江西宏通实业有限公司 |
| 饲预（2002）2803 | 淄博市临淄齐鄂饲料有限公司 | 饲预（2002）2826 | 兰州奉特动物科技有限公司 |
| 饲预（2002）2804 | 上海振农饲料有限公司 | 饲预（2002）2827 | 北京巨农商贸有限责任公司 |
| 饲预（2002）2805 | 上海富捷饲料有限公司 | 饲预（2002）2828 | 北京申跃饲料有限公司 |
| 饲预（2002）2806 | 徐州恒昌饲料科技有限公司 | 饲预（2002）2829 | 北京神州庆丰生物技术有限公司 |
| 饲预（2002）2808 | 南通市腾飞生物工程有限公司 | 饲预（2002）2830 | 北京嘉禾利华饲料有限公司 |
| 饲预（2002）2809 | 铜陵正翔饲料有限责任公司 | 饲预（2002）2831 | 南昌江大生物技术饲料厂 |
| 饲预（2002）2810 | 淮北市科达饲料厂 | 饲预（2002）2832 | 四川眉山国凤饲料药物添加剂厂 |
| 饲预（2002）2811 | 蚌埠市天牧饲料有限责任公司 | 饲预（2002）2833 | 德阳克里莫动物保健有限公司 |
| 饲预（2002）2812 | 安徽省康地新技术有限公司 | 饲预（2002）2834 | 宣汉富昌实业有限公司 |
| 饲预（2002）2813 | 安徽省灵壁县华中饲料厂 | 饲预（2002）2835 | 绵阳市游仙区联兴饲料厂 |
| 饲预（2002）2814 | 淮北市科大饲料有限责任公司 | 饲预（2002）2836 | 成都康贝尔饲料有限公司 |
| 饲预（2002）2815 | 合肥市普祥动物预混饲料厂 | 饲预（2002）2837 | 甘肃省武威天马制药厂 |
| 饲预（2002）2816 | 濉溪县腾飞工贸有限责任公司 | 饲预（2002）2838 | 铁力市阳光饲料厂 |

（续）

| 许可证编号 | 企 业 名 称 | 许可证编号 | 企 业 名 称 |
|---|---|---|---|
| 饲预（2002）2839 | 鸡西市嘉禾牧业科技有限公司 | 饲预（2002）2863 | 天津开发区威尔饲料科技有限公司 |
| 饲预（2002）2840 | 密山市绿宝石饲料有限公司 | 饲预（2002）2864 | 广西牧大畜牧预混饲料有限公司 |
| 饲预（2002）2841 | 哈尔滨康龙兽药有限责任公司 | 饲预（2002）2865 | 广西藤县永丰化工制品有限公司永丰饲料厂 |
| 饲预（2002）2842 | 哈尔滨市强丰动物保健品厂 | 饲预（2002）2866 | 南宁隆生饲料有限责任公司 |
| 饲预（2002）2843 | 秦皇岛燕龙饲料有限公司 | 饲预（2002）2868 | 合浦县珠城浓缩饲料厂 |
| 饲预（2002）2844 | 北京中牧伟业科技有限公司 | 饲预（2002）2869 | 陕西省兴平市满堂红饲料有限责任公司 |
| 饲预（2002）2845 | 秦皇岛市奥极饲料有限公司 | 饲预（2002）2870 | 通辽岳泰科技实业股份有限公司 |
| 饲预（2002）2846 | 北京牧强科技有限公司大同分公司 | 饲预（2002）2871 | 大连种鸡场 |
| 饲预（2002）2847 | 郑州宏展饲料添加剂有限公司 | 饲预（2002）2872 | 灯塔市沈旦镇丰源饲料厂 |
| 饲预（2002）2848 | 永城市利平饲料有限公司 | 饲预（2002）2873 | 昆明金鼎五华兽药有限公司 |
| 饲预（2002）2849 | 黑龙江省鸡西市兴亚饲料添加剂厂南乐联营厂 | 饲预（2002）2874 | 通辽市正地饲料有限责任公司 |
| 饲预（2002）2850 | 广州市希普生物饲料有限公司 | 饲预（2002）2875 | 包头市双胜饲料科技有限责任公司 |
| 饲预（2002）2851 | 乌鲁木齐天康药业有限责任公司 | 饲预（2002）2876 | 顺德市德宁水产饲料有限公司 |
| 饲预（2002）2852 | 昌吉市疆搏饲料有限责任公司 | 饲预（2002）2877 | 长沙富源科技实业有限公司 |
| 饲预（2002）2853 | 上海澳全饲料有限公司 | 饲预（2002）2878 | 汨罗市乐泰饲料厂 |
| 饲预（2002）2854 | 上海朝翔生物技术有限公司 | 饲预（2002）2879 | 长沙大丰生物科技有限公司 |
| 饲预（2002）2855 | 上海万雄饲料科技有限公司 | 饲预（2002）2880 | 西安百顺科技有限公司 |
| 饲预（2002）2856 | 上海正邦生物饲料有限公司 | 饲预（2002）2881 | 西安辰烁生物制品（集团）有限公司 |
| 饲预（2002）2857 | 上海保斯利饲料有限公司 | 饲预（2002）2882 | 哈尔滨亿阳饲料有限公司 |
| 饲预（2002）2858 | 天津名门动物食品有限公司 | 饲预（2002）2883 | 哈尔滨摩天农科兽药有限公司 |
| 饲预（2002）2861 | 天津市春峰饲料厂 | 饲预（2002）2884 | 黑龙江省山鹰食品有限责任公司 |
| 饲预（2002）2862 | 天津市万格尔生物工程有限公司 | 饲预（2002）2885 | 齐齐哈尔市禾田饲料厂 |

（续）

| 许可证编号 | 企 业 名 称 | 许可证编号 | 企 业 名 称 |
|---|---|---|---|
| 饲预（2002）2887 | 石家庄永佳利药业有限公司 | 饲预（2002）2913 | 安丘市华星药业化工有限公司 |
| 饲预（2002）2888 | 石家庄市标新动物药业有限公司 | 饲预（2002）2914 | 临沂江泉饲料有限公司 |
| 饲预（2002）2889 | 石家庄未来饲料有限公司 | 饲预（2002）2915 | 青州市发达饲料有限公司 |
| 饲预（2002）2890 | 河北省第一兽药厂 | 饲预（2002）2917 | 长沙宏泰饲料科技有限公司 |
| 饲预（2002）2891 | 盐城天元饲料有限公司 | 饲预（2002）2919 | 山西省生物制品厂兽药饲料添加剂分厂 |
| 饲预（2002）2892 | 徐州市丰裕饲料科技有限公司 | 饲预（2002）2920 | 深圳市日富成实业有限公司 |
| 饲预（2002）2895 | 昆明田园饲料有限公司 | 饲预（2002）2921 | 广州绿安康饲料科技有限公司 |
| 饲预（2002）2898 | 北京中企饲料有限公司 | 饲预（2002）2922 | 东莞宏英饲料厂 |
| 饲预（2002）2899 | 沈阳维科特饲料技术开发中心 | 饲预（2002）2923 | 三水市华洋动物营养品有限公司 |
| 饲预（2002）2900 | 沈阳亿万饲料科技有限公司 | 饲预（2002）2924 | 茂名市裕农预混合饲料有限公司 |
| 饲预（2002）2901 | 大连中食畜禽发展有限公司 | 饲预（2002）2925 | 新乡市海阔天空饲料有限公司 |
| 饲预（2002）2902 | 诸城市奥威牧业有限责任公司 | 饲预（2002）2926 | 成都科飞饲料科技有限公司 |
| 饲预（2002）2903 | 诸城市奥星畜牧饲料厂 | 饲预（2002）2927 | 成都红金饲料科技有限公司 |
| 饲预（2002）2904 | 诸城市瑞富祥饲料厂 | 饲预（2002）2928 | 四川省资中县加能农牧科技有限责任公司 |
| 饲预（2002）2905 | 诸城市兴粮饲料有限公司 | 饲预（2002）2929 | 四川宜宾市霓辉动物药业有限责任公司 |
| 饲预（2002）2906 | 诸城大成有限公司 | 饲预（2002）2930 | 遂宁市全顺饲料有限公司 |
| 饲预（2002）2907 | 诸城市正和科技饲料有限公司 | 饲预（2002）2931 | 绵阳市鼎霸饲料有限责任公司 |
| 饲预（2002）2908 | 诸城市民心农牧有限责任公司 | 饲预（2002）2932 | 三台县茁壮效特饲料厂 |
| 饲预（2002）2909 | 诸城市农家乐饲料有限公司 | 饲预（2002）2933 | 成都明智绿色生物高科技有限公司 |
| 饲预（2002）2910 | 诸城市大升饲料有限公司 | 饲预（2002）2934 | 河北新龙饲料有限公司 |
| 饲预（2002）2911 | 诸城市万年食品有限公司 | 饲预（2002）2935 | 中牧实业股份有限公司郑州华罗饲料添加剂厂 |
| 饲预（2002）2912 | 诸城市鲁牧饲料有限责任公司 | 饲预（2002）2938 | 武汉泛华生物技术有限公司 |

（续）

| 许可证编号 | 企业名称 | 许可证编号 | 企业名称 |
|---|---|---|---|
| 饲预（2002）2939 | 南昌市自然风生物技术有限公司 | 饲预（2002）2964 | 宜兴市天石饲料有限公司 |
| 饲预（2002）2940 | 南昌明佳科技有限公司 | 饲预（2002）2966 | 北京市华都峪口禽业有限责任公司 |
| 饲预（2002）2941 | 南昌市恩农实业发展有限公司 | 饲预（2002）2967 | 北京美好佳牧科技有限公司 |
| 饲预（2002）2942 | 南昌亚际饲料厂 | 饲预（2002）2968 | 北京绿色伟农科技有限责任公司 |
| 饲预（2002）2943 | 南昌市中泽饲料添加剂厂 | 饲预（2002）2970 | 北京绿普信科生物科技有限责任公司 |
| 饲预（2002）2944 | 江西三丰生物工程技术有限公司 | 饲预（2002）2971 | 北京厚爱饲料有限责任公司 |
| 饲预（2002）2945 | 武汉圣达生物科技开发有限公司 | 饲预（2002）2972 | 北京正宏饲料有限公司 |
| 饲预（2002）2946 | 哈尔滨市宏昌饲料有限责任公司 | 饲预（2002）2973 | 北京市现代科技饲料厂 |
| 饲预（2002）2947 | 哈尔滨三力饲料添加剂厂 | 饲预（2002）2974 | 北京百事荣达科技发展有限责任公司 |
| 饲预（2002）2948 | 齐齐哈尔市鸿运饲料厂 | 饲预（2002）2975 | 湘潭市雨湖区比天高预混料厂 |
| 饲预（2002）2949 | 长沙国雄饲料有限公司 | 饲预（2002）2976 | 长沙市当代饲料有限公司 |
| 饲预（2002）2950 | 上海宏风饲料有限公司合肥分公司 | 饲预（2002）2977 | 长沙绿叶生物科技有限公司 |
| 饲预（2002）2952 | 上海华易动物保健品有限公司兽药厂 | 饲预（2002）2979 | 滑县牧星科技饲料有限公司 |
| 饲预（2002）2953 | 济南澳利兽药制品有限公司 | 饲预（2002）2981 | 郑州思源工贸有限公司 |
| 饲预（2002）2954 | 济南现代动物保健品有限责任公司 | 饲预（2002）2983 | 石家庄市永丰饲料有限公司 |
| 饲预（2002）2955 | 济南立德尔牧业发展有限公司 | 饲预（2002）2985 | 西安新希望产业有限公司 |
| 饲预（2002）2956 | 利津县合信饲料加工有限责任公司 | 饲预（2002）2986 | 宝鸡市辉煌动物营养工程有限责任公司 |
| 饲预（2002）2957 | 淄博健德动物保健品有限公司 | 饲预（2002）2990 | 天津市宁河原种猪场 |
| 饲预（2002）2958 | 莱芜高品饲料有限公司 | 饲预（2002）2991 | 康地万达（天津）有限公司 |
| 饲预（2002）2959 | 四川养殖科技开发公司 | 饲预（2002）2992 | 天津市宏兴饲料有限公司 |
| 饲预（2002）2960 | 绵阳市金星饲料厂 | 饲预（2002）2993 | 滦南县燕丰饲料有限责任公司 |
| 饲预（2002）2961 | 绵阳市大科饲料研发有限公司 | 饲预（2002）2994 | 唐山融商普林畜禽有限公司 |

（续）

| 许可证编号 | 企 业 名 称 | 许可证编号 | 企 业 名 称 |
|---|---|---|---|
| 饲预（2002）2996 | 哈尔滨市相成饲料有限公司 | 饲预（2002）3021 | 潍坊市志达动物营养研究所 |
| 饲预（2002）2997 | 哈尔滨双龙饲料有限责任公司 | 饲预（2002）3022 | 青州市华丰饲料有限公司 |
| 饲预（2002）2998 | 哈尔滨天博饲料厂 | 饲预（2002）3023 | 济南德高生物科技有限公司 |
| 饲预（2002）3000 | 扬州市邗江贝伦动物营养有限公司 | 饲预（2002）3024 | 山东省邹平县万通达实业有限公司 |
| 饲预（2002）3001 | 盐城市城区广和饲料厂 | 饲预（2002）3026 | 淄博健发饲料添加剂有限公司 |
| 饲预（2002）3002 | 温州康利兽药饲料有限公司 | 饲预（2002）3027 | 滨州邦农饲料科技有限责任公司 |
| 饲预（2002）3003 | 安徽省萧县鑫鼎饲料有限责任公司 | 饲预（2002）3028 | 青岛玛斯特生物技术有限公司 |
| 饲预（2002）3004 | 安徽省肖县华星畜禽饲料有限责任公司 | 饲预（2002）3029 | 青岛大福成动物药业有限公司 |
| 饲预（2002）3005 | 湖州市南浔横街超农饲料厂 | 饲预（2002）3030 | 济南成功饲料有限公司 |
| 饲预（2002）3006 | 安徽正大畜禽新技术有限公司 | 饲预（2002）3031 | 滨邹红鲁饲料厂 |
| 饲预（2002）3007 | 合肥华仁生物技术有限公司 | 饲预（2002）3032 | 潍坊勤乐畜牧有限公司 |
| 饲预（2002）3008 | 合肥市竞天农牧发展有限公司 | 饲预（2002）3033 | 威海力康生物技术研究开发有限公司 |
| 饲预（2002）3009 | 芜湖县大嗓门饲料厂 | 饲预（2002）3035 | 郑州市大北农饲料科技有限公司 |
| 饲预（2002）3011 | 合肥市爱博生物技术有限公司 | 饲预（2002）3036 | 南乐县惠佳牧业有限公司 |
| 饲预（2002）3012 | 安徽华亿农牧科技开发有限公司 | 饲预（2002）3038 | 武汉正源动物营养工程有限公司 |
| 饲预（2002）3013 | 淮安市浓香科技饲料有限公司 | 饲预（2002）3039 | 武汉圣灵生物科技开发有限公司 |
| 饲预（2002）3014 | 淮安市加龙牧业科技有限公司 | 饲预（2002）3040 | 湖北安佑饲料实业有限公司 |
| 饲预（2002）3015 | 厦门益嘉科技有限公司 | 饲预（2002）3041 | 重庆美德生物科技有限责任公司 |
| 饲预（2002）3017 | 新泰市中兴民饲料厂 | 饲预（2002）3042 | 重庆市玉带河饲料厂 |
| 饲预（2002）3018 | 泰安市嘉润生物技术有限公司 | 饲预（2002）3043 | 重庆大正畜牧科技股份有限公司 |
| 饲预（2002）3019 | 郓城县菁华饲料厂 | 饲预（2002）3045 | 重庆市万州方铭饲料有限责任公司 |
| 饲预（2002）3020 | 青州市鸿祥饲料厂 | 饲预（2002）3047 | 重庆民泰香料化工有限责任公司 |

（续）

| 许可证编号 | 企业名称 | 许可证编号 | 企业名称 |
|---|---|---|---|
| 饲预（2002）3048 | 重庆九重天科技饲料有限公司 | 饲预（2002）3057 | 穗屏企业有限公司饲料厂 |
| 饲预（2002）3050 | 四川冠龙生物科技有限公司 | 饲预（2002）3058 | 深圳市绿康实业有限公司 |
| 饲预（2002）3051 | 三台县唐记饲料厂 | 饲预（2002）3059 | 深圳市天牧饲料有限公司 |
| 饲预（2002）3052 | 四川省恒星实业有限公司动物药业分公司 | 饲预（2002）3061 | 顺德市凯仕德饲料科技有限公司 |
| 饲预（2002）3053 | 昆明法思特饲料有限公司 | 饲预（2002）3064 | 广东温氏食品集团有限公司 |
| 饲预（2002）3056 | 广州市兴腾科生物饲料有限公司 | 饲预（2002）3066 | 武威希望饲料有限公司 |

**截至2002年底批准饲料添加剂生产许可证企业统计表**

| 省份 | 获添加剂生产许可证企业 | 省份 | 获添加剂生产许可证企业 |
|---|---|---|---|
| 北京市 | 25 | 湖北省 | 27 |
| 天津市 | 23 | 湖南省 | 63 |
| 河北省 | 110 | 广东省 | 84 |
| 山西省 | 9 | 广西壮族自治区 | 28 |
| 内蒙古自治区 | 3 | 海南省 | 3 |
| 辽宁省 | 38 | 重庆市 | 36 |
| 吉林省 | 10 | 四川省 | 103 |
| 黑龙江省 | 41 | 贵州省 | 15 |
| 上海市 | 32 | 云南省 | 21 |
| 江苏省 | 88 | 陕西省 | 29 |
| 浙江省 | 85 | 甘肃省 | 2 |
| 安徽省 | 7 | 青海省 | 2 |
| 福建省 | 8 | 宁夏回族自治区 | 4 |
| 江西省 | 15 | 新疆维吾尔族自治区 | 13 |
| 山东省 | 128 | 总计 | 1 081 |
| 河南省 | 29 | | |

注：截至2002年底累计发放饲料添加剂生产许可证企业1 081家。

**截至 2002 年底批准饲料添加剂预混合生产许可证企业统计表**

| 省 份 | 获预混料生产许可证企业（个） | 省 份 | 获预混料生产许可证企业（个） |
|---|---|---|---|
| 北京市 | 159 | 湖北省 | 86 |
| 天津市 | 83 | 湖南省 | 95 |
| 河北省 | 152 | 广东省 | 145 |
| 山西省 | 18 | 广西壮族自治区 | 79 |
| 内蒙古自治区 | 35 | 海南省 | 2 |
| 辽宁省 | 82 | 重庆市 | 97 |
| 吉林省 | 20 | 四川省 | 211 |
| 黑龙江省 | 181 | 贵州省 | 3 |
| 上海市 | 88 | 云南省 | 19 |
| 江苏省 | 296 | 陕西省 | 80 |
| 浙江省 | 126 | 甘肃省 | 8 |
| 安徽省 | 47 | 青海省 | 3 |
| 福建省 | 63 | 宁夏回族自治区 | 9 |
| 江西省 | 89 | 新疆维吾尔族自治区 | 21 |
| 山东省 | 443 | 共计 | 2 840 |
| 河南省 | 97 | | |

注：截至 2002 年底，添加剂预混合饲料生产许可证吊销生产许可证企业 2 家，注销 47 家，累计获证企业数量为 2 840 家。

（李燕松）

# 饲料安全管理

**【新饲料、新饲料添加剂审批与管理】** 根据《饲料和饲料添加剂管理条例》和《新饲料和饲料添加剂管理办法》的规定，2002 年共有 10 个新产品提出申请。在 4 月和 7 月，由全国饲料评审委员会办公室组织召开了两次新饲料和新饲料添加剂评审会。经过有关专家评审，有 4 个产品获得新饲料添加剂许可证（详见下表）。

**新饲料和饲料添加剂品种目录**（2002-01）

| 申 请 单 位 | 产 品 名 称 | 证书编号 |
|---|---|---|
| 上海华扩达生化技术研究开发有限公司 | 复合半胱胺盐酸盐（CT2000） | 新饲证字（2002）01 号 |
| 甘肃大圣生物技术有限公司<br>甘肃大圣生物工程研究所 | 保加利亚乳杆菌添加剂 | 新饲证字（2002）02 号 |
| 中国农业科学院畜牧研究所 | 吡啶羧酸铬 | 新饲证字（2002）03 号 |
| 福建莆田市神州生物工程有限公司 | 小球藻粉 | 新饲证字（2002）04 号 |

**【进口饲料、饲料添加剂管理】** 2002 年共批准进口产品 248 个，其中换证产品 62 个，新注册登记产品 186 个。注册产品中进口动物性饲料仍占很大比例，注册的鱼粉和肉骨粉等蛋白质饲料 83 个产品，占新注册总数的 44%；注册的宠物饲料和鱼饲料等配合饲料 23 个产品，占新注册总数的 12%。

2002 年经过全国饲料评审委员会专家审议通过的新型进口饲料和饲料添加剂为：美国金宝动物营养公司生产的美铬佳 3% 和美铬佳 1 000；韩国巴斯夫公司生产的饲蜜素；我国台湾省味丹企业股份有限公司生产的浓缩糖蜜发酵液。

2002 年登记工作中的主要问题：①关于矿物质预混料和矿物质添加剂问题。近两年新出现的产品有牛、羊用矿物质舔砖、马用矿物质预混料和水产动物用矿物质预混料。此类产品均为多种矿物质混合而成，含有的矿物质元素品种较多，有的多达 8～9 种，并且每一种矿物质元素的含量都比较少；这类产品的主要问题是在检测过程中其质量标准较难控制与把握。②检测标准急需完善。从 2002 年进口产品的种类来看，矿物质螯合物、植物提取物、酶制剂和微生态制剂等产品的进口有增多趋势，这些产品的质量标准及测定方法都将是我们面临的新问题。目前我国已批准使用的矿物质螯合物有蛋氨酸锌、蛋氨酸铜、蛋氨酸铁和甘氨酸铁等。不同厂家的螯合产品质量标准不同，一般为检测蛋白质与矿物元素的比例，但是该比值无法反映产品真正的螯合程度。用光谱法测定也仅是一个定性的鉴定，无法做到量化，急需制定检验标准；③关于植物提取物的开发利用。随着社会的发展，人类生活水平的提高，食品的安全问题越来越受到人们的关注，饲料中允许使用的抗生素种类也逐渐减少，部分可以减少抗生素使用的植物提取物类饲料添加剂将成为今后新饲料添加剂的发展方向。虽然国内专家对于植物提取物等产品做为饲料添加剂使用存有争议，但其发展趋势不容忽视；④酶制剂产品的发展趋势。酶制剂在动物饲料中的使用已被广泛接受，我国已批准使用的酶制剂为 12 类，针对不同的类别还规定了允许使用的发酵菌种。随着加工工艺的不断提高，由新的菌种生产出的酶制剂有所增加，在 2002 年的进口申请中已出现此类产品；⑤旧证的更换问题。105 号公告是 1999 年 7 月颁布的，该文件规定了我国允许使用的 173 种饲料添加剂。而在此之前批准的饲料添加剂有的未在公告允许范围内，针对此类产品，在换证时我们严格执行 105 号公告，要求生产厂家重新提供产品的资料，重新审理，要求生产厂家遵守条例的规定，提前 6 个月提交换证的申请资料，在尽可能不影响产品进口的同时，保证对产品质量和安全性的审查。

饲料行业是一个涉及加工、发酵、化工、医药、食品等多个领域的综合性产业。随着科学技术的发展，涉及多个领域的综合性饲料产品相继出现，这就要求我们不断地充实评审委员会专家库，寻求其它行业的技术支持。在解决问题的同时，把好进口饲料产品的质量关，为饲料业的安全提供可靠保障。

2002 年进口注册情况详见下表。

## 2002年进口饲料和饲料添加剂注册目录

| 商品名称 | 产品类别 | 生 产 厂 家 | 许可证号 | 有效期限 |
|---|---|---|---|---|
| 金枪鱼鱼粉<br>Tuna fishmeal | 蛋白质饲料<br>Protein feed | 巴布亚新几内亚 RD Tuna Canners 有限公司<br>RD Tuna Canners Ltd. Paqua New Guinea | (2002) 外饲<br>准字 001 号 | 2002.01－<br>2007.01 |
| 乌鱼肝末粉<br>Squid powder | 蛋白质饲料<br>Protein feed | 日本八户水产饲料株式会社<br>Hachinohe Chemical Feed Co., Ltd. Japan | (2002) 外饲<br>准字 002 号 | 2002.01－<br>2007.01 |
| 卤虫卵<br>Artemia cysts | 配合饲料<br>Compound feed | 美国英伟水产集团<br>INVE Aquaculture Inc. USA | (2002) 外饲<br>准字 003 号 | 2002.01－<br>2007.01 |
| 白鱼粉<br>White fishmeal | 蛋白质饲料<br>Protein feed | 新西兰 Amaltal Fishing 有限公司<br>Amaltal Fishing Co., Ltd. New Zealand | (2002) 外饲<br>准字 004 号 | 2002.01－<br>2007.01 |
| 红鱼粉<br>Red fishmeal | 蛋白质饲料<br>Protein feed | 智利 Sco. Pesquera Landes 公司<br>Sco. Pesquera Landes S. A. Chile | (2002) 外饲<br>准字 005 号 | 2002.01－<br>2007.01 |
| 红鱼粉<br>Red fishmeal | 蛋白质饲料<br>Protein feed | 印度尼西亚 PT Fishindo Kusuma Sejahtera<br>PT Fishindo Kusuma Sejahtera, Indonesia | (2002) 外饲<br>准字 006 号 | 2002.01－<br>2007.01 |
| 红鱼粉<br>Red fishmeal | 蛋白质饲料<br>Protein feed | 智利 Foodcorp 公司<br>Foodcorp Chile S.A | (2002) 外饲<br>准字 007 号 | 2002.01－<br>2007.01 |
| 饲料级鱼油<br>Feed grade Fish oil | 能量饲料<br>Energy Feed | 新西兰 Sealord 集团有限公司<br>Sealord Group Ltd. New Zealand | (2002) 外饲<br>准字 008 号 | 2002.01－<br>2007.01 |
| 乳能佳<br>MMK++ | 能量饲料<br>Energy Feed | 马来西亚奥格营养有限公司<br>Omega Nutrition Pte Ltd., Malaysia | (2002) 外饲<br>准字 009 号 | 2002.01－<br>2007.01 |
| 微量维他<br>Premix layer 0.25% | 预混合饲料<br>Feed Premix | 德国汉堡 Schlubach & Co. Handels－ und Bochalo 股份有限公司<br>Schlubach & Co. Handels － und Bochalo GmbH Germany | (2002) 外饲<br>准字 010 号 | 2002.01－<br>2007.01 |
| 营养香<br>Flav－R | 饲料香味剂<br>Feed Flavor | 加拿大纽茨比奥公司<br>NutriBios Corp. Canada | (2002) 外饲<br>准字 011 号 | 2002.01－<br>2007.01 |
| 盛肥速得<br>Confeed | 微生物添加剂<br>Microbial biotic additive | 韩国英波奈特株式会社<br>InBioNET Corporation, Korea | (2002) 外饲<br>准字 012 号 | 2002.01－<br>2007.01 |
| 卡普乐 P<br>Calpronal P/PA | 饲料酸化剂<br>Feed acidifier | 荷兰维大特公司<br>Verdugt B.V. The Netherlands | (2002) 外饲<br>准字 013 号 | 2002.01－<br>2007.01 |
| 丝兰宝<br>Biopowder | 饲料添加剂<br>Feed Additive | 墨西哥农工公司<br>Agroindustrias EI Alamo S.A. de C.V. Mexico | (2002) 外饲<br>准字 014 号 | 2002.01－<br>2007.01 |

（续）

| 商品名称 | 产品类别 | 生　产　厂　家 | 许可证号 | 有效期限 |
|---|---|---|---|---|
| 源康宝<br>Globigen 66 | 蛋白质饲料<br>Protein feed | 日本源公司<br>Ghen Corporation, Japan | (2002) 外饲<br>准字 015 号 | 2002.01－<br>2007.01 |
| 红鱼粉<br>Red fishmeal | 蛋白质饲料<br>Protein feed | 厄瓜多尔<br>中荣国际集团有限公司代理 | (2002) 外饲<br>准字 016 号 | 2002.01－<br>2007.01 |
| 麦可维 TM A 超能型 1000<br>MicrovitTM A supra 1000 | 饲料级维生素<br>Vitamin<br>feed grade | 法国安万特动物营养<br>Aventis Animal Nutrition, France | (2002) 外饲<br>准字 017 号 | 2002.01－<br>2007.01 |
| 右旋泛酸钙<br>D － Calcium Pantothemate | 饲料级维生素<br>Vitamin<br>feed grade | 日本第一精密化学株式会社本社工厂<br>Daiichi Fine Chemical Co., Ltd. Japan | (2002) 外饲<br>准字 018 号 | 2002.01－<br>2007.01 |
| 维生素 $B_6$<br>Vitamin $B_6$ | 饲料级维生素<br>Vitamin<br>feed grade | 日本第一精密化学株式会社本社工厂<br>Daiichi Fine Chemical Co., Ltd. Japan | (2002) 外饲<br>准字 019 号 | 2002.01－<br>2007.01 |
| 净霉灵<br>Klinofeed | 饲料添加剂<br>Feed Additive | 瑞士 Unipoint 有限公司<br>Unipoint Ltd. Switzerland | (2002) 外饲<br>准字 020 号 | 2002.01－<br>2007.01 |
| 烟酸<br>Niacin | 饲料级维生素<br>Vitamin<br>feed grade | 长春石油化工股份有限公司 | (2002) 外饲<br>准字 021 号 | 2002.01－<br>2007.01 |
| 露保美 NC<br>Lupro mix NC | 饲料添加剂<br>Feed Additive | 韩国巴斯夫有限公司<br>BASF Company Ltd. Korea | (2002) 外饲<br>准字 022 号 | 2002.01－<br>2007.01 |
| 世元液体<br>L－赖氨酸<br>Sewon－Lysine®<br>Liquid 50% | 饲料添加剂<br>Feed Additive | 韩国巴斯夫有限公司<br>BASF Company Ltd. Korea | (2002) 外饲<br>准字 023 号 | 2002.01－<br>2007.01 |
| 红鱼粉<br>Red fishmeal | 蛋白质饲料<br>Protein feed | 秘鲁 Pesquera Hayduk 公司<br>Pesquera Hayduk S. A. Chile | (2002) 外饲<br>准字 024 号 | 2002.01－<br>2007.01 |
| 白鱼粉<br>White fishmeal | 蛋白质饲料<br>Protein feed | 秘鲁 Pesquera Hayduk 公司<br>Pesquera Hayduk S. A. Chile | (2002) 外饲<br>准字 025 号 | 2002.01－<br>2007.01 |
| 观赏鱼饲料<br>Aquarium food | 配合饲料<br>Compound feed | 美国海星国际有限公司<br>Ocean Star International Inc. USA | (2002) 外饲<br>准字 026 号 | 2002.01－<br>2007.01 |
| 虾苗饲料—罐装 | 配合饲料<br>Compound feed | 美国海星国际有限公司<br>Ocean Star International Inc. USA | (2002) 外饲<br>准字 027 号 | 2002.01－<br>2007.01 |
| 虾苗饲料—袋装 | 配合饲料<br>Compound feed | 美国海星国际有限公司<br>Ocean Star International Inc. USA | (2002) 外饲<br>准字 028 号 | 2002.01－<br>2007.01 |
| 保富—旦精粉<br>Profound | 蛋白质饲料<br>Protein feed | 美国脱水食品有限公司<br>American Dehydrated Foods, Inc. | (2002) 外饲<br>准字 029 号 | 2002.01－<br>2007.01 |
| 红鱼粉<br>Red fishmeal | 蛋白质饲料<br>Protein feed | 秘鲁<br>香港港佳国际贸易有限公司代理 | (2002) 外饲<br>准字 030 号 | 2002.01－<br>2007.01 |

（续）

| 商品名称 | 产品类别 | 生 产 厂 家 | 许可证号 | 有效期限 |
| --- | --- | --- | --- | --- |
| 红鱼粉<br>Red fishmeal | 蛋白质饲料<br>Protein feed | 智利富德科普有限公司<br>Foodcorp Chile S.A. | (2002) 外饲准字 031 号 | 2002.01–2007.01 |
| 白鱼粉<br>White fishmeal | 蛋白质饲料<br>Protein feed | 秘鲁 Procesadora DE Productos Marinos 公司<br>Procesadora DE Productos Marinos S.A. Peru | (2002) 外饲准字 032 号 | 2002.01–2007.01 |
| 红鱼粉<br>Red fishmeal | 蛋白质饲料<br>Protein feed | 秘鲁 Consorcio Pesquera Carolina 公司<br>Consorcio Pesquera Carolina S.A. Peru | (2002) 外饲准字 033 号 | 2002.01–2007.01 |
| 红鱼粉<br>Red fishmeal | 蛋白质饲料<br>Protein feed | 秘鲁 Inversiones Pesqueras Parra 公司<br>Inversiones Pesqueras Parra S. A. C. Peru | (2002) 外饲准字 034 号 | 2002.01–2007.01 |
| 白鱼粉<br>White fishmeal | 蛋白质饲料<br>Protein feed | 秘鲁 Corporacion Del Mar 公司<br>Corporacion Del Mar S.A. Peru | (2002) 外饲准字 035 号 | 2002.01–2007.01 |
| 喷雾干燥鸡蛋粉<br>Spray dried eggs | 蛋白质饲料<br>Protein feed | 美国 Rose Acre Farms 公司<br>Rose Acre Farms Inc. USA | (2002) 外饲准字 036 号 | 2002.01–2007.01 |
| 爱乐—卖客<br>ELO—Macro | 饲料添加剂<br>Feed additive | 德国撒宾茂赫股份有限公司<br>Sabine Maurer GmbH, Germany | (2002) 外饲准字 037 号 | 2002.01–2007.01 |
| 爱乐—庖客<br>ELO— Porc | 饲料添加剂<br>Feed additive | 德国撒宾茂赫股份有限公司<br>Sabine Maurer GmbH, Germany | (2002) 外饲准字 038 号 | 2002.01–2007.01 |
| 饲料级乳清粉<br>Whey permeate feed grade | 蛋白质饲料<br>Protein feed | 法国宝莱蛋白公司<br>Bonilait Proteines, France | (2002) 外饲准字 039 号 | 2002.01–2007.01 |
| 乳宝 80<br>Dairylac 80 | 蛋白质饲料<br>Protein feed | 美国国际原料公司<br>International Ingredient Corp. USA | (2002) 外饲准字 040 号 | 2002.01–2007.01 |
| 红鱼粉<br>Red fishmeal | 蛋白质饲料<br>Protein feed | 秘鲁 Compania Pesquera Del Pacifico Centro 公司<br>Compania Pesquera Del Pacifico Centro S.A. Peru | (2002) 外饲准字 041 号 | 2002.01–2007.01 |
| 白鱼粉<br>White fishmeal | 蛋白质饲料<br>Protein feed | 秘鲁 Compania Pesquera Del Pacifico Centro 公司<br>Compania Pesquera Del Pacifico Centro S.A. Peru | (2002) 外饲准字 042 号 | 2002.01–2007.01 |
| L-苏氨酸<br>L-Threonine | 饲料级氨基酸<br>Amino acid feed grade | 印度尼西亚 PT. Cheil Samsung 公司<br>PT. Cheil Samsung Indonesia | (2002) 外饲准字 043 号 | 2002.01–2007.01 |
| 红鱼粉<br>Red fishmeal | 蛋白质饲料<br>Protein feed | 秘鲁 Grupo Sindicato Pesquero Del 公司<br>Grupo Sindicato Pesquero Del Peru S.A. | (2002) 外饲准字 044 号 | 2002.01–2007.01 |

（续）

| 商品名称 | 产品类别 | 生 产 厂 家 | 许可证号 | 有效期限 |
|---|---|---|---|---|
| 牛肉骨粉<br>Beef meat and bone meal | 蛋白质饲料<br>Protein feed | 加拿大莱克赛得帕克斯公司<br>Lakeside Packers, Canada | (2002) 外饲准字 045 号 | 2002.01－2007.01 |
| 牛肉骨粉<br>Beef meat and bone meal | 蛋白质饲料<br>Protein feed | 美国内布拉斯加州莱克星屯 IBP 公司<br>IBP, Lexington, Nebraska, USA | (2002) 外饲准字 046 号 | 2002.01－2007.01 |
| 墨鱼乳化油<br>Squid liver oil | 饲料添加剂<br>Feed additive | 日本 Yamako 饲料株式会社<br>Yamako Feeds Corporation, Japan | (2002) 外饲准字 047 号 | 2002.01－2007.01 |
| 希杰　巴尔麦斯<br>CJ—Biomix | 微生物添加剂<br>Microbial biotic additive | 韩国（株）娜尔生物技术有限公司<br>Nel Biotech Co., Ltd. Korea | (2002) 外饲准字 048 号 | 2002.01－2007.01 |
| 白鱼粉<br>White fishmeal | 蛋白质饲料<br>Protein feed | 秘鲁 Pesquera Centinela 公司<br>Pesquera Centinela S.A. Peru | (2002) 外饲准字 049 号 | 2002.01－2007.01 |
| 饲料级乳清粉<br>Whey permeate feed grade | 蛋白质饲料<br>Protein feed | 比利时康必奶公司<br>Campina N. V. Belgium | (2002) 外饲准字 050 号 | 2002.01－2007.01 |
| 饲料混合油<br>Tallow feed grade | 能量饲料<br>Energy feed | 新西兰 Gardner Smith 公司<br>Gardner Smith NZ Ltd. | (2002) 外饲准字 051 号 | 2002.01－2007.01 |
| 生酵母剂<br>Yeasture | 微生物添加剂<br>Microbial biotic additive | 韩国 Easy Bio System 公司<br>Easy Bio System Inc. Korea | (2002) 外饲准字 052 号 | 2002.01－2007.01 |
| 宽谱酸化剂<br>Cooperacid | 饲料酸化剂<br>Feed acidifier | 荷兰马斯特贸易公司<br>Mater Trade The Netherlands | (2002) 外饲准字 053 号 | 2002.01－2007.01 |
| 宽谱防霉剂<br>Coopermold | 饲料防霉剂<br>Feed inhibitor | 荷兰马斯特贸易公司<br>Mater Trade The Netherlands | (2002) 外饲准字 054 号 | 2002.01－2007.01 |
| 红鱼粉<br>Red fishmeal | 蛋白质饲料<br>Protein feed | 秘鲁<br>中国牧工商（集团）总公司代理 | (2002) 外饲准字 055 号 | 2002.01－2007.01 |
| 维克胖维他水溶性水剂<br>Vitamino solution | 预混合饲料<br>Feed premix | 法国维克药厂股份有限公司<br>Virbac S.A. France | (2002) 外饲准字 056 号 | 2002.01－2007.01 |
| 保得 B.O.D | 微生物添加剂<br>Microbial biotic additive | 美国 Agro－Dynamics 国际有限公司<br>Agro－Dynamics International Inc. USA | (2002) 外饲准字 057 号 | 2002.01－2007.01 |
| 赐美健—G 35<br>LBC—G 35 | 微生物添加剂<br>Microbial biotic additive | 瑞士百福微生物公司<br>Cerbios—Pharma S.A. Switzerland | (2002) 外饲准字 058 号 | 2002.01－2007.01 |
| 赐美健—ME 17<br>LBC—ME 17 | 微生物添加剂<br>Microbial biotic additive | 瑞士百福微生物公司<br>Cerbios—Pharma S.A. Switzerland | (2002) 外饲准字 059 号 | 2002.01－2007.01 |
| 赐美健口服剂<br>Cernvit 68 oral doser for pigs | 微生物添加剂<br>Microbial biotic additive | 瑞士百福微生物公司<br>Cerbios—Pharma S.A. Switzerland | (2002) 外饲准字 060 号 | 2002.01－2007.01 |

（续）

| 商品名称 | 产品类别 | 生 产 厂 家 | 许可证号 | 有效期限 |
|---|---|---|---|---|
| 饲料级 DL－苏氨酸<br>DL－Threonine feed grade | 饲料氨基酸<br>Amino acid feed grade | 斯洛伐克斐尔玛斯公司<br>Fermas S.R.O. Slovenska Lupca | (2002) 外饲准字 061 号 | 2002.01－2007.01 |
| 饲料级 DL－蛋氨酸<br>DL－Methionine feed grade | 饲料氨基酸<br>Amino acid feed grade | 比利时德固萨安特卫普公司<br>Degussa Antwerpen N.V. Belgium | (2002) 外饲准字 062 号 | 2002.01－2007.01 |
| 猫粮—袋装<br>Cat food－in bags | 配合饲料<br>Compound feed | 巴西 Royal Canin DO Brasil Industria E 公司<br>Royal Canin DO Brasil Industria E Co., Ltd. | (2002) 外饲准字 063 号 | 2002.03－2007.03 |
| 狗粮—袋装<br>Dog food－in bags | 配合饲料<br>Compound feed | 巴西 Royal Canin DO Brasil Industria E 公司<br>Royal Canin DO Brasil Industria E Co., Ltd. | (2002) 外饲准字 064 号 | 2002.03－2007.03 |
| 丽比猫粮—干粮<br>9 Lives cat food dry | 配合饲料<br>Compound feed | 美国亨氏宠物产品公司<br>Heinz Pet Products Company. USA | (2002) 外饲准字 065 号 | 2002.03－2007.03 |
| 丽比猫粮—罐头<br>9 Lives cat food can | 配合饲料<br>Compound feed | 美国亨氏宠物产品公司<br>Heinz Pet Products Company. USA | (2002) 外饲准字 066 号 | 2002.03－2007.03 |
| 金比狗粮—干粮<br>Kibbles and bits dog food dry | 配合饲料<br>Compound feed | 美国亨氏宠物产品公司<br>Heinz Pet Products Company. USA | (2002) 外饲准字 067 号 | 2002.03－2007.03 |
| 家比狗粮—罐头<br>Skippy dog food can | 配合饲料<br>Compound feed | 美国亨氏宠物产品公司<br>Heinz Pet Products Company. USA | (2002) 外饲准字 068 号 | 2002.03－2007.03 |
| 巴比狗粮—副食零食<br>Pupperoni dog food snack | 配合饲料<br>Compound feed | 美国亨氏宠物产品公司<br>Heinz Pet Products Company. USA | (2002) 外饲准字 069 号 | 2002.03－2007.03 |
| 离乳好<br>Diet cocktail pig | 饲料酸化剂<br>Feed acidifier | 德国 Schlubach & Co.Handels－und Bochalo 公司<br>Schlubach & Co. Handels － und Bochalo GmbH | (2002) 外饲准字 070 号 | 2002.03－2007.03 |
| 卡普乐 L<br>Calprona Lcar 55 | 饲料酸化剂<br>Feed acidifier | 荷兰维大特公司<br>Verdugt B. V. The Netherlands | (2002) 外饲准字 071 号 | 2002.03－2007.03 |
| 饲料级鱼油<br>Feed grade Fish oil | 能量饲料<br>Energy Feed | 美国三叉海洋食品公司<br>Trident Seafood Corporation, USA | (2002) 外饲准字 072 号 | 2002.03－2007.03 |
| 虾用矿物精<br>Mineral premix for shrimp feeds | 预混合饲料<br>Premix feed | 谊晟实业股份有限公司<br>Ye Cherng Industrial Products Co., Ltd. | (2002) 外饲准字 073 号 | 2002.03－2007.03 |
| 钻石强力酶 BX＋BG<br>Nopcozyme II BX＋BG | 饲料级酶制剂<br>Feed enzyme | 新加坡大祥私人有限公司<br>Diasham Resources Pte Ltd. Singapore | (2002) 外饲准字 074 号 | 2002.03－2007.03 |

（续）

| 商品名称 | 产品类别 | 生　产　厂　家 | 许可证号 | 有效期限 |
|---|---|---|---|---|
| 红鱼粉<br>Red fishmeal | 蛋白质饲料<br>Protein feed | 智利 Pesquera Lota 蛋白公司<br>Pesquera Lota Protein Ltda, Chile | (2002) 外饲<br>准字 075 号 | 2002.03－<br>2007.03 |
| 牛猪混合肉骨粉<br>Meat and bone meal | 蛋白质饲料<br>Protein feed | 挪威 Norsk Fett－& Limindustri A/S<br>Norsk Fett－& Limindustri A/S Norway | (2002) 外饲<br>准字 076 号 | 2002.03－<br>2007.03 |
| 美铬佳 3%<br>MiCroPlex 3% | 矿物质添加剂<br>Mineral additive | 美国金宝动物营养公司<br>Zinpro Animal Nutrition. USA | (2002) 外饲<br>准字 077 号 | 2002.03－<br>2007.03 |
| 美铬佳 1000<br>MiCroPlex 1000 | 矿物质添加剂<br>Mineral additive | 美国金宝动物营养公司<br>Zinpro Animal Nutrition. USA | (2002) 外饲<br>准字 078 号 | 2002.03－<br>2007.03 |
| 饲料级酸化乳清粉<br>Pictacid 40 PA.O | 蛋白质饲料<br>Protein feed | 法国宝莱蛋白公司<br>Bonilait Proteins. France | (2002) 外饲<br>准字 079 号 | 2002.03－<br>2007.03 |
| 艾丽美<br>Alimet | 饲料级氨基酸<br>Amino acid feed grade | 美国诺伟思国际营养公司<br>Novus International Inc. USA | (2002) 外饲<br>准字 080 号 | 2002.03－<br>2007.03 |
| 立服能<br>Nephryl | 饲料级维生素<br>Vitamin feed grade | 法国维克药厂股份有限公司<br>Virbac S.A. France | (2002) 外饲<br>准字 081 号 | 2002.03－<br>2007.03 |
| 维克胖维他日常配方<br>Vitamino S. P. Daily Formula | 预混合饲料<br>Feed premix | 法国维克药厂股份有限公司<br>Virbac S.A. France | (2002) 外饲<br>准字 082 号 | 2002.03－<br>2007.03 |
| 克霉素<br>Aflagin | 饲料防霉剂<br>Feed inhibitor | 法国维克药厂股份有限公司<br>Virbac S.A. France | (2002) 外饲<br>准字 083 号 | 2002.03－<br>2007.03 |
| L－协和苏氨酸<br>L－Threonine | 饲料级氨基酸<br>Amino acid feed grade | 墨西哥 Edifico Torre Diamante<br>Edifico Torre Diamante Mexico | (2002) 外饲<br>准字 084 号 | 2002.03－<br>2007.03 |
| 酶他富 5000<br>Natuphos®5000 | 饲料酶制剂<br>Feed enzyme | 德国巴斯夫公司<br>BASF Akitengesellschaft | (2002) 外饲<br>准字 085 号 | 2002.03－<br>2007.03 |
| 露保细 NC64<br>Luprosil® NC64 | 饲料防霉剂<br>Feed preservative | 德国巴斯夫公司<br>BASF Akitengesellschaft | (2002) 外饲<br>准字 086 号 | 2002.03－<br>2007.03 |
| 露他维 B121%<br>Lutavit® B121% | 饲料级维生素<br>Vitamin feed grade | 德国巴斯夫公司<br>BASF Akitengesellschaft | (2002) 外饲<br>准字 087 号 | 2002.03－<br>2007.03 |
| 艾丽美钙<br>MHA | 饲料级氨基酸<br>Amino acid feed grade | 美国诺伟思国际公司<br>Novus International Inc.USA | (2002) 外饲<br>准字 088 号 | 2002.03－<br>2007.03 |
| 赐美健－M10<br>Shinivit M10 | 微生物添加剂<br>Microbial biotic additive | 久路利企业股份有限公司<br>Glib Industrial Co., Ltd. | (2002) 外饲<br>准字 089 号 | 2002.03－<br>2007.03 |
| 赐美健－M2<br>Shinivit M2 | 微生物添加剂<br>Microbial biotic additive | 久路利企业股份有限公司<br>Glib Industrial Co., Ltd. | (2002) 外饲<br>准字 090 号 | 2002.03－<br>2007.03 |

（续）

| 商品名称 | 产品类别 | 生 产 厂 家 | 许可证号 | 有效期限 |
|---|---|---|---|---|
| 利维它<br>Leivita | 饲料添加剂<br>Feed additive | 荷兰 Interfood 公司<br>Interfood B.V. Holland | (2002) 外饲<br>准字 091 号 | 2002.03－<br>2007.03 |
| 菲来克<br>Feedolac | 饲料添加剂<br>Feed additive | 荷兰 Interfood 公司<br>Interfood B.V. Holland | (2002) 外饲<br>准字 092 号 | 2002.03－<br>2007.03 |
| 均保 TMM6V<br>QuinguardTMM6V | 饲料抗氧化剂<br>Feed antioxidant | 韩国 Dongsun Ind. 有限公司<br>Dongsun Ind. Co., Ltd. Korea | (2002) 外饲<br>准字 093 号 | 2002.03－<br>2007.03 |
| 均保 TMM6S<br>QuinguardTMM6S | 饲料抗氧化剂<br>Feed antioxidant | 韩国 Dongsun Ind. 有限公司<br>Dongsun Ind. Co., Ltd. Korea | (2002) 外饲<br>准字 094 号 | 2002.03－<br>2007.03 |
| 肉骨粉<br>Meat and bone meal | 蛋白质饲料<br>Protein feed | 新西兰 Gardner Smith 公司<br>Gardner Smith NZ Ltd. New Zealand | (2002) 外饲<br>准字 095 号 | 2002.03－<br>2007.03 |
| 红鱼粉<br>Rde fishmeal | 蛋白质饲料<br>Protein feed | 秘鲁 Corporacion Del Mar 公司<br>Corporacion Del Mar S.A. Peru | (2002) 外饲<br>准字 096 号 | 2002.03－<br>2007.03 |
| 味美佳（FMT）<br>Agrisweet FMT | 饲料调味剂<br>Feed flavor enhancement | 英国国际添加剂有限公司<br>International Additives Ltd. HK | (2002) 外饲<br>准字 097 号 | 2002.03－<br>2007.03 |
| 味美佳（2027）<br>Addarome pig sweet | 饲料调味剂<br>Feed flavor enhancement | 英国国际添加剂有限公司<br>International Additives Ltd. HK | (2002) 外饲<br>准字 098 号 | 2002.03－<br>2007.03 |
| 味美佳（FE）<br>Agrisweet FE | 饲料调味剂<br>Feed flavor enhancement | 英国国际添加剂有限公司<br>International Additives Ltd. HK | (2002) 外饲<br>准字 099 号 | 2002.03－<br>2007.03 |
| 白鱼粉<br>White fishmeal | 蛋白质饲料<br>Protein feed | 冰岛<br>冰岛中岛公司代理 | (2002) 外饲<br>准字 100 号 | 2002.03－<br>2007.03 |
| 红鱼粉<br>Red fishmeal | 蛋白质饲料<br>Protein feed | 秘鲁<br>北京华垦金谷粮油有限公司代理 | (2002) 外饲<br>准字 101 号 | 2002.03－<br>2007.03 |
| 红鱼粉<br>Red fishmeal | 蛋白质饲料<br>Protein feed | 南非<br>天宝粮谷饲料贸易有限公司代理 | (2002) 外饲<br>准字 102 号 | 2002.03－<br>2007.03 |
| 红鱼粉<br>Red fishmeal | 蛋白质饲料<br>Protein feed | 越南<br>越南岘港市生产贸易出口公司代理 | (2002) 外饲<br>准字 103 号 | 2002.03－<br>2007.03 |
| “555” 牌乳清粉<br>“555” Brand whey permeate | 蛋白质饲料<br>Protein feed | 法国莫尔蛋白公司<br>Armor Protein, France | (2002) 外饲<br>准字 104 号 | 2002.05－<br>2007.05 |
| 爱露酸佳<br>Amasil Dry | 饲料酸化剂<br>Feed acidifier | 德国巴斯夫公司<br>BASF Aktiengesellschaft Germany | (2002) 外饲<br>准字 105 号 | 2002.05－<br>2007.05 |
| 红鱼粉<br>Red fishmeal | 蛋白质饲料<br>Protein feed | 智利南太平洋 Korp 公司<br>Southpacific Korp S.A. Chile | (2002) 外饲<br>准字 106 号 | 2002.05－<br>2007.05 |
| 高级无渣虾片<br>Shrimp flake | 配合饲料<br>Compound feed | 泰义工业股份有限公司<br>Tai－Yih Sun Industrial Co., Ltd. | (2002) 外饲<br>准字 107 号 | 2002.05－<br>2007.05 |

（续）

| 商品名称 | 产品类别 | 生 产 厂 家 | 许可证号 | 有效期限 |
|---|---|---|---|---|
| 饲料级鱼油<br>Feed grade fish oil | 能量饲料<br>Energy feed | 纳米比亚联合渔业企业有限公司<br>United Fishing Enterprises (Pty) Ltd. Namibia | (2002) 外饲<br>准字 108 号 | 2002.05－<br>2007.05 |
| 白鱼粉<br>White fishmeal | 蛋白质饲料<br>Protein feed | 挪威 Ervik 海产品公司<br>Ervik Seafood AS Norway | (2002) 外饲<br>准字 109 号 | 2002.05－<br>2007.05 |
| 肉骨粉<br>Meat and bone meal | 蛋白质饲料<br>Protein feed | 澳大利亚爱柔商贸私人有限公司<br>Arrow Commodities Pty Ltd. Australia | (2002) 外饲<br>准字 110 号 | 2002.05－<br>2007.05 |
| 九孔（鲍鱼）饲料<br>Abalone feed | 配合饲料<br>Compound feed | 东立饲料工业股份有限公司<br>Tung Li Feed Industrial Co., Ltd. | (2002) 外饲<br>准字 111 号 | 2002.05－<br>2007.05 |
| 虾苗饲料<br>Shrimp frv feed | 配合饲料<br>Compound feed | 博尚生化科技实业有限公司<br>Bor Shanq Shen Huah Co., Ltd. | (2002) 外饲<br>准字 112 号 | 2002.05－<br>2007.05 |
| 饲料级鱼油<br>Feed grade fish oil | 能量饲料<br>Energy feed | 智利 Corpesca 公司<br>Corpesca S.A. Chile | (2002) 外饲<br>准字 113 号 | 2002.05－<br>2007.05 |
| 红鱼粉<br>Red fishmeal | 蛋白质饲料<br>Protein feed | 智利<br>中荣国际集团有限公司代理 | (2002) 外饲<br>准字 114 号 | 2002.05－<br>2007.05 |
| 自然宝—狗粮<br>Nature's gift—Dry dog kibble | 配合饲料<br>Compound feed | 澳大利亚天然宠物食品有限公司<br>Nature's Gift Australia Pty Ltd. | (2002) 外饲<br>准字 115 号 | 2002.05－<br>2007.05 |
| 红鱼粉<br>Red fishmeal | 蛋白质饲料<br>Protein feed | 泰国开发鱼粉企业有限公司<br>Fishmeal Marketing Development Co., Ltd. Thailand | (2002) 外饲<br>准字 116 号 | 2002.05－<br>2007.05 |
| 红鱼粉<br>Red fishmeal | 蛋白质饲料<br>Protein feed | 墨西哥<br>香港宏源有限公司代理 | (2002) 外饲<br>准字 117 号 | 2002.05－<br>2007.05 |
| 红鱼粉<br>Red fishmeal | 蛋白质饲料<br>Protein feed | 纳米比亚<br>香港高龙集团股份有限公司代理 | (2002) 外饲<br>准字 118 号 | 2002.05－<br>2007.05 |
| 阿拉斯加白鱼粉<br>Kodiak white fishmeal | 蛋白质饲料<br>Protein feed | 美国 Kodiak 鱼粉公司<br>Kodiak Fishmeal Company USA | (2002) 外饲<br>准字 119 号 | 2002.05－<br>2007.05 |
| Lansy 虾饲料<br>Lansy shrimp feed | 配合饲料<br>Compound feed | 英伟（泰国）有限公司<br>Inve (Thailand) Ltd. | (2002) 外饲<br>准字 120 号 | 2002.05－<br>2007.05 |
| Frippak 虾饲料<br>Frippak shrimp feed | 配合饲料<br>Compound feed | 英伟（泰国）有限公司<br>Inve (Thailand) Ltd. | (2002) 外饲<br>准字 121 号 | 2002.05－<br>2007.05 |
| W 复合酶制剂<br>Enzyme Blend W | 饲料酶制剂<br>Feed Enzyme | 美国 A/B 国际技术有限公司<br>A/B Technologies INT'L Inc. USA | (2002) 外饲<br>准字 122 号 | 2002.05－<br>2007.05 |
| 爱美肥<br>A.B.FAT | 饲料酶制剂<br>Feed Enzyme | 久路利企业股份有限公司<br>Glib Industrial Co., Ltd. | (2002) 外饲<br>准字 123 号 | 2002.05－<br>2007.05 |
| 赐美健 LS<br>Shinivit LS | 添加剂预混料<br>Feed additive | 久路利企业股份有限公司<br>Glib Industrial Co., Ltd. | (2002) 外饲<br>准字 124 号 | 2002.05－<br>2007.05 |

（续）

| 商品名称 | 产品类别 | 生 产 厂 家 | 许可证号 | 有效期限 |
| --- | --- | --- | --- | --- |
| 白鱼粉<br>White fishmeal | 蛋白质饲料<br>Protein feed | 新西兰<br>香港高龙集团股份有限公司代理 | (2002）外饲<br>准字 125 号 | 2002.05－<br>2007.05 |
| 铁宝－蟹型氨基酸铁 | 饲料添加剂<br>Feed additive | 贸立实业股份有限公司<br>More－Standing Enterprise Co.，Ltd. | (2002）外饲<br>准字 126 号 | 2002.05－<br>2007.05 |
| 锌宝－蟹型氨基酸锌 | 饲料添加剂<br>Feed additive | 贸立实业股份有限公司<br>More－Standing Enterprise Co.，Ltd. | (2002）外饲<br>准字 127 号 | 2002.05－<br>2007.05 |
| 红鱼粉<br>Red fishmeal | 蛋白质饲料<br>Protein feed | 秘鲁<br>香港大洋实业有限公司代理 | (2002）外饲<br>准字 128 号 | 2002.05－<br>2007.05 |
| 海藻粉<br>Seaweed Meal | 饲料原料<br>Feedstuff | 冰岛 Exis Ehf 公司<br>Exis Ehf.，Iceland | (2002）外饲<br>准字 129 号 | 2002.05－<br>2007.05 |
| 罗维素 B2 80－DS<br>Rovimix B2 80－DS | 饲料级维生素<br>Vitamin feed grade | 德国霍夫曼－罗氏有限公司<br>Hoffmann－La Roche AG，Germany | (2002）外饲<br>准字 130 号 | 2002.05－<br>2007.05 |
| 保康生<br>Cornzyme | 饲料级酶制剂<br>Feed enzyme | 芬兰饲料国际有限公司<br>Finnfeeds International Pte Ltd.，Finland | (2002）外饲<br>准字 131 号 | 2002.06－<br>2007.06 |
| 生物素 2％饲料级<br>D － Biotin 2％ feed grade | 维生素类饲料添加剂<br>Vitamin feed additive | 韩国 E－Sung 化学制品有限公司<br>E－Sung Chemicals Co.，Ltd. Korea | (2002）外饲<br>准字 132 号 | 2002.06－<br>2007.06 |
| 维补－16<br>Vita－Burst | 维生素预混料<br>Vitamin premix | 加拿大伊申思有限公司<br>Triple E Essentials Inc. Canada | (2002）外饲<br>准字 133 号 | 2002.06－<br>2007.06 |
| 康营宝<br>Aquavit Fortifier 15 | 预混合饲料<br>Feed premix | 加拿大帕姆特微技术有限公司<br>Prairie Micro－Tech Inc. Canada | (2002）外饲<br>准字 134 号 | 2002.06－<br>2007.06 |
| 罗迪美 TM NP99<br>RhodimetTM NP99 | 饲料级氨基酸<br>Amino acid feed grade | 安迪苏法国公司<br>Adisseo France SAS | (2002）外饲<br>准字 135 号 | 2002.06－<br>2007.06 |
| 罗迪美 TM AT88<br>RhodimetTMAT88 | 饲料级氨基酸<br>Amino acid feed grade | 安迪苏西班牙公司<br>Adisseo Espana SA | (2002）外饲<br>准字 136 号 | 2002.06－<br>2007.06 |
| 麦可维 TM A 超性能型 500<br>MicrovitTM A Supra 500 | 维生素类饲料添加剂<br>Vitamin feed additive | 安迪苏法国公司<br>Adisseo France SAS | (2002）外饲<br>准字 137 号 | 2002.06－<br>2007.06 |
| 麦可维 TM A 超性能型 1 000<br>MicrovitTM A Supra 1 000 | 饲料级维生素<br>Vitamin feed grade | 安迪苏法国公司<br>Adisseo France SAS | (2002）外饲<br>准字 138 号 | 2002.06－<br>2007.06 |
| 麦可维 TM A 水分散型 500<br>MicrovitTM A Prosol 500 | 维生素类饲料添加剂<br>Vitamin feed additivc | 安迪苏法国公司<br>Adisseo France SAS | (2002）外饲<br>准字 139 号 | 2002.06－<br>2007.06 |

（续）

| 商品名称 | 产品类别 | 生产厂家 | 许可证号 | 有效期限 |
|---|---|---|---|---|
| 麦可维 TM $D_3$ 分散型 500 MicrovitTM $D_3$ Prosol 500 | 饲料级维生素 Vitamin feed grade | 安迪苏法国公司（荷兰工厂）Adisseo France SAS（The Netherlands Plant） | （2002）外饲准字 140 号 | 2002.06－2007.06 |
| 麦可维 TM E 混合型 50 MicrovitTM E Promix 50 | 维生素类饲料添加剂 Vitamin feed additive | 安迪苏法国公司 Adisseo France SAS | （2002）外饲准字 141 号 | 2002.06－2007.06 |
| 麦可维 TM E 水分散型 50 MicrovitTM E Prosol 50 | 维生素类饲料添加剂 Vitamin feed additive | 安迪苏法国公司 Adisseo France SAS | （2002）外饲准字 142 号 | 2002.06－2007.06 |
| 麦可维 TM $B_2$ 超性能型 80 MicrovitTM $B_2$ Supra 80 | 饲料级维生素 Vitamin feed grade | 安迪苏法国公司（美国工厂）Adisseo France SAS（USA Plant） | （2002）外饲准字 143 号 | 2002.06－2007.06 |
| 麦可维 TM $B_{12}$ 混合型 10000 MicrovitTM $B_{12}$ Promix10000 | 维生素类饲料添加剂 Vitamin feed additive | 安迪苏法国公司 Adisseo France SAS | （2002）外饲准字 144 号 | 2002.06－2007.06 |
| 麦可维 TM $B_3$ 混合型 MicrovitTM $B_3$ Promix | 饲料级维生素 Vitamin feed grade | 安迪苏法国公司（瑞士工厂）Adisseo France SAS（Switzerland Plant） | （2002）外饲准字 145 号 | 2002.06－2007.06 |
| 麦可维 TM $B_5$ 混合型 MicrovitTM $B_5$ Promix | 饲料级维生素 Vitamin feed grade | 安迪苏法国公司（德国工厂）Adisseo France SAS（Germany Plant） | （2002）外饲准字 146 号 | 2002.06－2007.06 |
| 麦可维 TM H 混合型 2000 MicrovitTM H Promix 2000 | 维生素类饲料添加剂 Vitamin feed additive | 安迪苏法国公司 Adisseo France SAS | （2002）外饲准字 147 号 | 2002.06－2007.06 |
| 麦可维预混 猪 V Microvit Blend Swine V | 预混合饲料 Feed premix | 新加坡安迪苏－亚太区私人有限公司 Adisseo Asia Pacific Pte Ltd. Singapore | （2002）外饲准字 148 号 | 2002.06－2007.06 |
| 麦可维预混 禽 V Microvit Blend Poultry V | 预混合饲料 Feed premix | 新加坡安迪苏－亚太区私人有限公司 Adisseo Asia Pacific Pte Ltd. Singapore | （2002）外饲准字 149 号 | 2002.06－2007.06 |
| 优越型复合酶 AP Rovabio Excel AP | 饲料酶制剂 Feed enzyme | 安迪苏法国公司 Adisseo France SAS | （2002）外饲准字 150 号 | 2002.06－2007.06 |

（续）

| 商品名称 | 产品类别 | 生 产 厂 家 | 许可证号 | 有效期限 |
|---|---|---|---|---|
| 优越型复合酶 LC<br>Rovabio Excel LC | 饲料酶制剂<br>Feed enzyme | 安迪苏法国公司<br>Adisseo France SAS | (2002) 外饲<br>准字 151 号 | 2002.06－<br>2007.06 |
| 白鱼粉<br>White fishmeal | 蛋白质饲料<br>Protein feed | 秘鲁 Alexandra 公司<br>Alexandra S.A.C. Peru | (2002) 外饲<br>准字 152 号 | 2002.06－<br>2007.06 |
| 红鱼粉<br>Red fishmeal | 蛋白质饲料<br>Protein feed | 智利<br>德国托福国际代理 | (2002) 外饲<br>准字 153 号 | 2002.06－<br>2007.06 |
| 乳亲宝<br>CW－11 | 蛋白质饲料<br>Protein feed | 美国国际原料公司<br>International Ingredient Corp. USA | (2002) 外饲<br>准字 154 号 | 2002.06－<br>2007.06 |
| 乳猪香浓缩粉<br>Dry pig krave (PRC) ♯3 base | 饲料香味剂<br>Feed flavors | 美国 Braes 饲料原料公司<br>Braes Feed Ingredients Inc. USA | (2002) 外饲<br>准字 155 号 | 2002.06－<br>2007.06 |
| 乳猪香浓缩液<br>LIQ pig krave (PRC) ♯3 base | 饲料香味剂<br>Feed flavors | 美国 Braes 饲料原料公司<br>Braes Feed Ingredients Inc. USA | (2002) 外饲<br>准字 156 号 | 2002.06－<br>2007.06 |
| 味之宝<br>Dry Advantaste | 饲料香味剂<br>Feed flavors | 美国 Braes 饲料原料公司<br>Braes Feed Ingredients Inc. USA | (2002) 外饲<br>准字 157 号 | 2002.06－<br>2007.06 |
| 虾粉<br>Prawn meal | 蛋白质饲料<br>Protein feed | 印度尼西亚 PT. Mitra Manggalindo 公司<br>PT. Mitra Manggalindo, Indonesia | (2002) 外饲<br>准字 158 号 | 2002.06－<br>2007.06 |
| 可可 A | 饲料添加剂<br>Feed additive | 日本尤尼吉可株式会社<br>Unitika Ltd. Japan | (2002) 外饲<br>准字 159 号 | 2002.06－<br>2007.06 |
| 白鱼粉<br>White fishmeal | 蛋白质饲料<br>Protein feed | 新西兰塔莉渔业有限公司<br>Talley's Fisheries Ltd. New Zealand | (2002) 外饲<br>准字 160 号 | 2002.06－<br>2007.06 |
| 塞克灵<br>Saccharo Culture | 微生物添加剂<br>Microbial biotic additive | 韩国第一化学株式会社<br>Cheilbio Co., Ltd. Korea | (2002) 外饲<br>准字 161 号 | 2002.06－<br>2007.06 |
| 鸡肉骨粉<br>Poultry By product meal | 蛋白质饲料<br>Protein feed | 美国贵芬公司<br>Griffin Industries Inc. USA | (2002) 外饲<br>准字 162 号 | 2002.06－<br>2007.06 |
| 美乐狗粮<br>Mira Dog Food | 配合饲料<br>Compound feed | 澳大利亚 Nature's Gift 有限公司<br>Nature's Gift Australian Pty Ltd. | (2002) 外饲<br>准字 163 号 | 2002.06－<br>2007.06 |
| 红鱼粉<br>Red fish meal | 蛋白质饲料<br>Protein feed | 普士牧禽畜保健品（马来西亚）有限公司<br>Bruce－Mall SDN.BHD. Malaysia | (2002) 外饲<br>准字 164 号 | 2002.06－<br>2007.06 |
| 葛林酶 TM GP5000<br>GrindazymGP 5000 | 饲料级酶制剂<br>Feed enzyme | 芬兰饲料国际有限公司<br>Finnfeeds Denmark | (2002) 外饲<br>准字 165 号 | 2002.06－<br>2007.06 |

（续）

| 商品名称 | 产品类别 | 生 产 厂 家 | 许可证号 | 有效期限 |
|---|---|---|---|---|
| 葛林酶 TM GP15000<br>GrindazymGP 15000 | 饲料级酶制剂<br>Feed enzyme | 芬兰饲料国际有限公司<br>Finnfeeds Denmark | (2002) 外饲<br>准字 166 号 | 2002.06－<br>2007.06 |
| 活酶宝<br>Super Zin－Methi | 微生物添加剂<br>Microbial biotic additive | 韩国中央生物科技株式会社<br>Choong Ang Biotech Co., Ltd. Korea | (2002) 外饲<br>准字 167 号 | 2002.06－<br>2007.06 |
| 爱慕牌乳清粉<br>Armor protein brand whey permeate | 蛋白质饲料<br>Protein feed | 法国 Armor 蛋白质公司<br>Armor Proteines S.A.S., France | (2002) 外饲<br>准字 168 号 | 2002.06－<br>2007.06 |
| 宝力精<br>Polycalcium Croissance | 复合预混料<br>Compound premix | 法国 Neolait 公司<br>Neolait S.A.S., France | (2002) 外饲<br>准字 169 号 | 2002.06－<br>2007.06 |
| 天麒营养粉<br>Tien Chi Nutrient Powder | 微生物添加剂<br>Microbial biotic additive | 台湾诠亚股份有限公司<br>Gene Asia Biotech Co., Ltd. | (2002) 外饲<br>准字 170 号 | 2002.06－<br>2007.06 |
| 福来丹<br>FlavodanTM SW－1766 | 饲料甜味剂<br>Feed Sweetener | 丹麦丹尼斯克食品添加剂公司<br>Danisco Ingredients, Denmark | (2002) 外饲<br>准字 171 号 | 2002.06－<br>2007.06 |
| 高蛋白白鱼粉<br>High Protein white fishmeal | 蛋白质饲料<br>Protein feed | 谊晟实业股份有限公司<br>Ye Cherng Industrial Products Co., Ltd. | (2002) 外饲<br>准字 172 号 | 2002.08－<br>2007.08 |
| 特威宝 FD<br>Allzyme FD | 饲料级酶制剂<br>Feed enzyme | 美国奥特奇生物技术公司<br>Alltech Biotechnology Inc. USA | (2002) 外饲<br>准字 173 号 | 2002.08－<br>2007.08 |
| 喷雾干燥牛血浆蛋白粉<br>Spray dried bovine blood plasma | 蛋白质饲料<br>Protein feed | 智利利肯公司<br>Lican Chile | (2002) 外饲<br>准字 174 号 | 2002.08－<br>2007.08 |
| 喷雾干燥牛血球蛋白粉<br>Spray dried bovine blood cells | 蛋白质饲料<br>Protein feed | 智利利肯公司<br>Lican Chile | (2002) 外饲<br>准字 175 号 | 2002.08－<br>2007.08 |
| 喷雾干燥猪血球蛋白粉<br>Spray dried porcine blood cells | 蛋白质饲料<br>Protein feed | 智利利肯公司<br>Lican Chile | (2002) 外饲<br>准字 176 号 | 2002.08－<br>2007.08 |
| 克霉 N<br>Fungicap N | 饲料防霉剂<br>Feed inhibitor | 西班牙埃特亚公司<br>Industrial Tecnica Pecuaria S.A. Spain | (2002) 外饲<br>准字 177 号 | 2002.08－<br>2007.08 |
| 保虾灵<br>Pro－Marine | 微生物添加剂<br>Microbial biotic additive | 泰国 Bio Solution 有限公司<br>Bio Solution Co., Ltd. Thailand | (2002) 外饲<br>准字 178 号 | 2002.08－<br>2007.08 |

（续）

| 商品名称 | 产品类别 | 生 产 厂 家 | 许可证号 | 有效期限 |
|---|---|---|---|---|
| 绿宝<br>BLCS | 微生物添加剂<br>Microbial biotic additive | 日本 Emeral 株式会社<br>Emeral Japan Co., Ltd. | (2002) 外饲准字 179 号 | 2002.08－2007.08 |
| 斑克－S<br>Biolac－S | 微生物添加剂<br>Microbial biotic additive | 韩国汉城动物药品有限公司<br>Seoul Vet Pharma Co., Ltd. | (2002) 外饲准字 180 号 | 2002.08－2007.08 |
| 白鱼粉<br>White fishmeal | 蛋白质饲料<br>Protein feed | 秘鲁 Epesca 公司<br>Epesca S.A. Peru | (2002) 外饲准字 181 号 | 2002.08－2007.08 |
| 纽埃特霉净剂<br>Toxy－Nil Dry | 饲料防霉剂<br>Feed inhibitor | 比利时 Nutri－AD Internation 公司<br>Nutri－AD Internation N.V. Belgium | (2002) 外饲准字 182 号 | 2002.08－2007.08 |
| 纽埃特酸合剂<br>Ultracid Lac Dry | 饲料酸化剂<br>Feed inhibitor | 比利时 Nutri－AD Internation 公司<br>Nutri－AD Internation N.V. Belgium | (2002) 外饲准字 183 号 | 2002.08－2007.08 |
| 乳香剂 FP369<br>Tastetite FP369 | 饲料甜味剂<br>Feed Sweetener | 英国 Inroads 国际有限公司<br>Inroads International Ltd. UK | (2002) 外饲准字 184 号 | 2002.08－2007.08 |
| 乳香剂 FP370<br>Tastetite FP370 | 饲料甜味剂<br>Feed Sweetener | 英国 Inroads 国际有限公司<br>Inroads International Ltd. UK | (2002) 外饲准字 185 号 | 2002.08－2007.08 |
| 红鱼粉<br>Red Fishmeal | 蛋白质饲料<br>Protein feed | 智利<br>加拿大环球太平洋企业有限公司代理 | (2002) 外饲准字 186 号 | 2002.08－2007.08 |
| 红鱼粉<br>Red Fishmeal | 蛋白质饲料<br>Protein feed | 秘鲁<br>加拿大环球太平洋企业有限公司代理 | (2002) 外饲准字 187 号 | 2002.08－2007.08 |
| 红鱼粉<br>Red Fishmeal | 蛋白质饲料<br>Protein feed | 毛利塔尼亚 C.T.P.Sarl 有限公司<br>C.T.P.Sarl Co., Ltd. Mauritania | (2002) 外饲准字 188 号 | 2002.08－2007.08 |
| 红鱼粉<br>Red Fishmeal | 蛋白质饲料<br>Protein feed | 马来西亚全利有限公司<br>QL Feedings SDN.BHD. Malaysia | (2002) 外饲准字 189 号 | 2002.08－2007.08 |
| L－苏氨酸<br>L－Threonine | 饲料级氨基酸<br>Amino acid feed grade | 味之素（美国）哈特兰德公司<br>Ajinomoto Heartland, Inc. USA | (2002) 外饲准字 190 号 | 2002.08－2007.08 |
| 赛可新<br>Selko－pH | 饲料酸化剂<br>Feed acidifier | 荷兰赛尔可公司<br>Selko BV, The Netherlands | (2002) 外饲准字 191 号 | 2002.08－2007.08 |
| 菲乐斯<br>Fylax－Liquid | 饲料酸化剂<br>Feed acidifier | 荷兰赛尔可公司<br>Selko BV, The Netherlands | (2002) 外饲准字 192 号 | 2002.08－2007.08 |
| 肥酸宝<br>Selacid－Dry | 饲料酸化剂<br>Feed acidifier | 荷兰赛尔可公司<br>Selko BV, The Netherlands | (2002) 外饲准字 193 号 | 2002.08－2007.08 |
| 中蛋白乳清粉<br>Mid － protien whey permeate | 蛋白质饲料<br>Protein feed | 欧洲乳清公司<br>Euroserum France | (2002) 外饲准字 194 号 | 2002.08－2007.08 |

（续）

| 商品名称 | 产品类别 | 生 产 厂 家 | 许可证号 | 有效期限 |
|---|---|---|---|---|
| 亲虾饲料<br>Breed－Shrimp | 配合饲料<br>Compound feed | 英伟（泰国）有限公司<br>Inve (Thailand) Ltd. | (2002) 外饲<br>准字 195 号 | 2002.08－<br>2007.08 |
| 卤虫强化剂<br>$A_1$ Selco | 饲料添加剂<br>Feed additive | 英伟（泰国）有限公司<br>Inve (Thailand) Ltd. | (2002) 外饲<br>准字 196 号 | 2002.08－<br>2007.08 |
| 叶酸<br>Folic acid | 饲料级维生素<br>Vitamin Feed grade | 瑞士霍夫曼—罗氏有限公司<br>F. Hoffmann－LA Roche Ltd. Switzerland | (2002) 外饲<br>准字 197 号 | 2002.08－<br>2007.08 |
| 罗维素烟酸<br>Rovimix Niacin | 饲料级维生素<br>Vitamin Feed grade | 瑞士霍夫曼—罗氏有限公司<br>F. Hoffmann－LA Roche Ltd. Switzerland | (2002) 外饲<br>准字 198 号 | 2002.08－<br>2007.08 |
| 露他维 E 50S<br>Lutavit E 50S | 饲料级维生素<br>Vitamin Feed grade | 德国巴斯夫公司<br>BASF AG, Germany | (2002) 外饲<br>准字 199 号 | 2002.08－<br>2007.08 |
| 露他维 A 500S<br>Lutavit A 500 S | 饲料级维生素<br>Vitamin Feed grade | 德国巴斯夫公司<br>BASF AG, Germany | (2002) 外饲<br>准字 200 号 | 2002.08－<br>2007.08 |
| 露他维 D3 500S<br>Lutavit D3 500 S | 饲料级维生素<br>Vitamin Feed grade | 德国巴斯夫公司<br>BASF AG, Germany | (2002) 外饲<br>准字 201 号 | 2002.08－<br>2007.08 |
| 保肥灵<br>Panakayaku－F | 饲料粘结剂<br>Feed binder | 日本化药株式会社<br>Nippon Kayaku Co., Ltd. Japan | (2002) 外饲<br>准字 202 号 | 2002.08－<br>2007.08 |
| 饲蜜素<br>Lysine CMS | 精料补充料<br>Concentrate supplement | 韩国巴斯夫有限公司<br>BASF Company LTD. Korea | (2002) 外饲<br>准字 203 号 | 2002.08－<br>2007.08 |
| 佳力牌乳清粉<br>Calva－Lac Brand Deproteinized whey powder | 蛋白质饲料<br>Protein feed | 美国佳力产品有限公司<br>Calva Product Inc., USA | (2002) 外饲<br>准字 204 号 | 2002.10－<br>2007.10 |
| 海燕牌乳清粉<br>Petrel Brand Whey Powder | 蛋白质饲料<br>Protein feed | 法国莱克塔利斯工业公司<br>Lactalis Industrie, France | (2002) 外饲<br>准字 205 号 | 2002.10－<br>2007.10 |
| 鱼油<br>Fish Oil | 能量饲料<br>Energy feed | 智利 CIA. Pesquera Camanchaca 公司<br>CIA. Pesquera Camanchaca S.A. Chile | (2002) 外饲<br>准字 206 号 | 2002.10－<br>2007.10 |
| 优质蛋白<br>Bio－Pro 480 | 蛋白质饲料<br>Protein feed | 惠胜地实业股份有限公司<br>Hui Shung Agriculture & Food Corp. | (2002) 外饲<br>准字 207 号 | 2002.10－<br>2007.10 |
| 白鱼粉<br>White Fishmeal | 蛋白质饲料<br>Protein feed | 越南 East Wind 公司<br>East Wind Vietnam | (2002) 外饲<br>准字 208 号 | 2002.10－<br>2007.10 |
| 先多棒<br>Piobond | 添加剂预混料<br>Additive premix | 美国先拓生物科技公司<br>Piotech Company USA | (2002) 外饲<br>准字 209 号 | 2002.10－<br>2007.10 |

（续）

| 商品名称 | 产品类别 | 生 产 厂 家 | 许可证号 | 有效期限 |
|---|---|---|---|---|
| 先牧素<br>PioMos | 添加剂预混料<br>Additive premix | 美国先拓生物科技公司<br>Piotech Company USA | (2002) 外饲<br>准字 210 号 | 2002.10－<br>2007.10 |
| 先泌素<br>Lacture | 微生物添加剂<br>Microbial biotic additive | 美国先拓生物科技公司<br>Piotech Company USA | (2002) 外饲<br>准字 211 号 | 2002.10－<br>2007.10 |
| 红鱼粉<br>Red Fishmeal | 蛋白质饲料<br>Protein feed | 泰国 Sermsin 鱼产品有限公司<br>Sermsin Fish Product Co., Ltd. Thailand | (2002) 外饲<br>准字 212 号 | 2002.10－<br>2007.10 |
| 宝利肥<br>Thepax | 微生物添加剂<br>Microbial biotic additive | 意大利拓大公司<br>DOX－AL Italia SPA | (2002) 外饲<br>准字 213 号 | 2002.10－<br>2007.10 |
| 富磷洛奇<br>Phos Rich Rockie | 精料补充料<br>Concentrate supplement | 英国泰邦公司<br>Tithebarn Limited UK | (2002) 外饲<br>准字 214 号 | 2002.10－<br>2007.10 |
| 黄洛奇<br>Yellow Rockie | 精料补充料<br>Concentrate supplement | 英国泰邦公司<br>Tithebarn Limited UK | (2002) 外饲<br>准字 215 号 | 2002.10－<br>2007.10 |
| 60%肉骨粉<br>60% Meat and Bone Meal | 蛋白质饲料<br>Protein feed | 美国国家副产品公司<br>National By－Products, LLC, USA | (2002) 外饲<br>准字 216 号 | 2002.10－<br>2007.10 |
| 浓缩糖蜜发酵液<br>Condensed Molasses Formentation Solubles | 精料补充料<br>Concentrate supplement | 味丹企业股份有限公司<br>Vedan Enterprise Corporation | (2002) 外饲<br>准字 217 号 | 2002.10－<br>2007.10 |
| 红鱼粉<br>Red Fishmeal | 蛋白质饲料<br>Protein feed | 巴基斯坦赛义德渔业公司<br>M /S Syed Fish Pakistan | (2002) 外饲<br>准字 218 号 | 2002.10－<br>2007.10 |
| 红鱼粉<br>Red Fishmeal | 蛋白质饲料<br>Protein feed | 马来西亚澳大利工业有限公司<br>Organic－Cycle Industries SDN BHD. Malaysia | (2002) 外饲<br>准字 219 号 | 2002.10－<br>2007.10 |
| 曼哈顿鱼油<br>Menhaden Fish Oil | 能量饲料<br>Energy feed | 美国 Omega 蛋白质有限公司<br>Omega Protein Inc. USA | (2002) 外饲<br>准字 220 号 | 2002.10－<br>2007.10 |
| 新奇康乳<br>Newkey Kang Ru | 精料补充料<br>Concentrate supplement | 英国贝明有限公司<br>Belmin Ltd. UK | (2002) 外饲<br>准字 221 号 | 2002.10－<br>2007.10 |
| 新奇康壮<br>Newkey Kang Zhuang | 精料补充料<br>Concentrate supplement | 英国贝明有限公司<br>Belmin Ltd. UK | (2002) 外饲<br>准字 222 号 | 2002.10－<br>2007.10 |
| 泰利牌鱼油<br>Talley's Fish Oil | 能量饲料<br>Energy feed | 新西兰泰利渔业公司<br>Talley's Fisheries Ltd. New Zealand | (2002) 外饲<br>准字 223 号 | 2002.10－<br>2007.10 |

（续）

| 商品名称 | 产品类别 | 生 产 厂 家 | 许可证号 | 有效期限 |
|---|---|---|---|---|
| 泰利牌红鱼粉<br>Talley's Red Fishmeal | 蛋白质饲料<br>Protein feed | 新西兰泰利渔业公司<br>Talley's Fisheries Ltd. New Zealand | (2002) 外饲准字 224 号 | 2002.10－2007.10 |
| 麦赛姆代鱼粉<br>65% Fish Meal Replacer | 蛋白质饲料<br>Protein feed | 美国中南制粉公司<br>Mid－South Milling Company, Inc. USA | (2002) 外饲准字 225 号 | 2002.10－2007.10 |
| 得奶美<br>Dynamate® | 矿物质预混料<br>Mineral Premix | 美国 IMC Potash Carlsbad 公司<br>IMC Potash Carlsbad Inc. USA | (2002) 外饲准字 226 号 | 2002.10－2007.10 |
| 美迪施<br>Medistress | 维生素预混料<br>Vitamin premix | 印度尼西亚美迪安有限公司<br>P. T. Medion Indonesia | (2002) 外饲准字 227 号 | 2002.10－2007.10 |
| 乳清粉<br>Deproteinized Dairy Whey | 蛋白质饲料<br>Protein feed | 美国国际生物营养有限公司（威斯康星州工厂）<br>Bio－Nutrition International Inc. (Adell plant in Wisconsin) USA | (2002) 外饲准字 228 号 | 2002.10－2007.10 |
| 喷雾干燥全蛋粉<br>Spray Dried Whole Egg Powder | 蛋白质饲料<br>Protein feed | 美国 Pulaski County Egg Farm<br>Pulaski County Egg Farm, USA | (2002) 外饲准字 229 号 | 2002.10－2007.10 |
| 喷雾干燥血浆蛋白粉<br>Spray Dried Animal Plasma | 蛋白质饲料<br>Protein feed | 美国国际生物营养有限公司（爱荷华州工厂）<br>Bio－Nutrition International Inc. (Plant in Iowa) USA | (2002) 外饲准字 230 号 | 2002.10－2007.10 |
| 猪肠黏膜蛋白<br>PMP 30RD | 蛋白质饲料<br>Protein feed | 美国蛋白原料有限公司<br>Protein Resources, Inc. USA | (2002) 外饲准字 231 号 | 2002.10－2007.10 |
| Amchem 多种维生素粉末/水溶性<br>Amchem Multivitamin W.S. | 维生素预混料<br>Vitamin premix | 荷兰阿姆奇公司<br>Amchem B. V. The Netherlands | (2002) 外饲准字 232 号 | 2002.10－2007.10 |
| 益力乳<br>Bestlac | 蛋白质饲料<br>Protein feed | 荷兰 P. C. Van Tuijl Kesteren 公司<br>P. C. Van Tuijl Kesteren B. V., The Netherlands | (2002) 外饲准字 233 号 | 2002.10－2007.10 |
| 喷雾干燥血浆粉<br>Spray Dried Plasma | 蛋白质饲料<br>Protein feed | 加里佛尼亚喷雾干燥公司<br>California Spray Dry CO., USA | (2002) 外饲准字 234 号 | 2002.10－2007.10 |
| 赐立壮<br>Piggy Guard | 复合预混料<br>Compound premix | 瑞士赫夫曼生化科研公司<br>H. U. Hofmann AG Switzerland | (2002) 外饲准字 235 号 | 2002.10－2007.10 |
| 赐立安<br>One－Shot | 饲料原料<br>Feedstuff | 瑞士赫夫曼生化科研公司<br>H. U. Hofmann AG Switzerland | (2002) 外饲准字 236 号 | 2002.10－2007.10 |
| 赐立康<br>Coloron Forte Plus | 复合预混料<br>Compound premix | 瑞士赫夫曼生化科研公司<br>H. U. Hofmann AG Switzerland | (2002) 外饲准字 237 号 | 2002.10－2007.10 |

(续)

| 商品名称 | 产品类别 | 生 产 厂 家 | 许可证号 | 有效期限 |
|---|---|---|---|---|
| 赐立多<br>Swine Guard GII Forte | 复合预混料<br>Compound premix | 瑞士赫夫曼生化科研公司<br>H. U. Hofmann AG Switzerland | (2002) 外饲准字 238 号 | 2002.10 - 2007.10 |
| 赐立旺<br>Pork Guard | 复合预混料<br>Compound premix | 瑞士赫夫曼生化科研公司<br>H. U. Hofmann AG Switzerland | (2002) 外饲准字 239 号 | 2002.10 - 2007.10 |
| 好特美 C<br>Hostazym C | 饲料酶制剂<br>Feed enzyme | 荷兰波斯曼有限公司<br>Buisman B. V. The Netherlands | (2002) 外饲准字 240 号 | 2002.10 - 2007.10 |
| 普瑞纳狗粮<br>Purina Dog Food | 配合饲料<br>Compound feed | 美国雀巢普瑞纳宠物食品公司<br>Nestle Purina PetCare Company, USA | (2002) 外饲准字 241 号 | 2002.10 - 2007.10 |
| 普瑞纳狗罐头<br>Purina Dog Food | 配合饲料<br>Compound feed | 美国雀巢普瑞纳宠物食品公司<br>Nestle Purina PetCare Company, USA | (2002) 外饲准字 242 号 | 2002.10 - 2007.10 |
| 普瑞纳猫粮<br>Purina Cat Food | 配合饲料<br>Compound feed | 美国雀巢普瑞纳宠物食品公司<br>Nestle Purina PetCare Company, USA | (2002) 外饲准字 243 号 | 2002.10 - 2007.10 |
| 普瑞纳猫罐头<br>Purina Cat Food | 配合饲料<br>Compound feed | 美国雀巢普瑞纳宠物食品公司<br>Nestle Purina PetCare Company, USA | (2002) 外饲准字 244 号 | 2002.10 - 2007.10 |
| 喜得多 AD3E<br>Hydrosol AD3E | 维生素预混料<br>Vitamin premix | 法国法商维克药厂股份有限公司<br>Virbac S.A. France | (2002) 外饲准字 245 号 | 2002.10 - 2007.10 |
| 罗维素 AD3500/100<br>Rovimix AD3500/100 | 维生素预混料<br>Vitamin premix | 瑞士霍夫曼罗氏有限公司<br>F. Hoffmann - LA Roche Limited Switzerland | (2002) 外饲准字 246 号 | 2002.10 - 2007.10 |
| 金枪鱼油<br>Tuna Crude Oil | 能量饲料<br>Energy feed | 泰国 T.C.Union Agrotech 有限公司<br>T. C. Union Agrotech Co., Ltd. Thailand | (2002) 外饲准字 247 号 | 2002.10 - 2007.10 |
| 红鱼粉<br>Red Fishmeal | 蛋白质饲料<br>Protein feed | 泰国 T.C.Union Agrotech 有限公司<br>T. C. Union Agrotech Co., Ltd. Thailand | (2002) 外饲准字 248 号 | 2002.10 - 2007.10 |

(周岩华)

# 饲料质量监督与检测

饲料质量的好坏直接关系到动物养殖业的发展，关系到动物产品的质量和安全。近年来，由于经济利益的驱动，一些企业或个人在饲料的生产、经营和养殖等各个环节，违法添加违禁药物、违规添加药物，给动物养殖带来损失的同时，也给动物产品带来了质量和安全隐患。违禁药物盐酸克伦特罗引起的中毒事件，更是倍受新闻媒体和全社会的关注，也引起了中央领导和各级政府的高度重视。在国务院颁布实施《饲料和饲料添加剂管理条例》后，农业部相继发布了一系列配套的法规和一系列措施，以规范饲料生产和保障饲料的质量和安全。

为了促进我国饲料产品质量和安全水平的提高，保证我国饲料产业的健康发展，为我国动物养殖生产的高效安全，保障动物产品质量和安全，保障人体健康和社会安定，农业部组织了一系列大规模的饲料和饲料添加剂质量安全检测，现将结果、成效和反应的情况介绍如下：

**一、监督检测概况**

按照《实施细则》的具体要求，监督检测工作分3个阶段进行。3个阶段共监督检测饲料生产、经营和使用环节的企业共25 807家，其中产品全部合格的企业22 014家，企业合格率85.3%；共检测产品43 908批次，其中合格产品39 103批次，产品合格率89.1%。全年检测项次总计332 440个。

1. 配合饲料和浓缩饲料质量监督检测结果。检测配合饲料和浓缩饲料产品15 067批次，合格13 712批次，合格率为91.0%。其中：猪浓缩饲料产品4 349批次，合格3 935批次，合格率为90.5%；猪配合饲料产品3 290批次，合格2 998批次，合格率为91.1%；禽浓缩饲料产品1 593批次，合格1 362批次，合格率为85.5%；禽配合饲料产品4 350批次，合格4 002批次，合格率为92.0%；水产配合饲料产品1 470批次，合格1 415批次，合格率为96.3%。

检查配合饲料和浓缩饲料生产企业8 065家，产品全部合格的企业7 027家，合格率为87.1%。其中：检查猪浓缩饲料生产企业2 819家，产品全部合格的企业2 486家，企业合格率为88.2%；检查猪配合饲料生产企业2 166家，产品全部合格的企业1 906家，企业合格率88.0%；检查禽浓缩饲料生产企业1 233家，产品全部合格的企业1 055家，企业合格率为85.6%；检查禽配合饲料生产企业2 166家，产品全部合格的企业1 908家，企业合格率88.1%；检查水产配合饲料生产企业889家，产品全部合格的企业828家，企业合格率93.1%。

2. 饲料添加剂和预混合饲料监督抽查结果。检测添加剂和预混料产品3 777批次，合格3 329批次，产品合格率为88.1%。其中：维生素预混合饲料产品201批次，合格181批次，产品合格率为90.1%；微量元素预混合饲料产品417批次，合格390批次，产品合格率为93.5%；复合预混合饲料产品2 499批次，合格2 130批次，产品合格率为85.2%；饲料添加剂产品660批次，合格628批次，产品合格率为95.2%。

检查添加剂和预混料生产企业1 987家，合格1 666家，企业合格率为83.8%。其中：维生素预混合饲料生产企业118家，合格104家，企业合格率为88.1%；微量元素预混合饲料生产企业242家，合格216家，企业合格率89.3%；复合预混合饲料生产企业1 275家，合格1 025家，企业合格率为80.4%；饲料添加剂生产企业352家，合格321家，企业合格率91.2%。

3. 动物性饲料产品监督抽查结果。检测动物性饲料2 177批次，合格1 897批次，产品合格率87.1%。其中：鱼粉样品1 507批次，合格1 294批次，产品合格率为85.9%；骨粉样品377批次，合格346批次，产品合格率为91.8%；肉骨粉293批次，合格257批次，产品合格率为87.7%。

检查动物性饲料的生产、经营、使用企业1 862家，合格1 627家、企业合格率87.4%。其中：鱼粉生产企业1 293家，合格1 118家，企业合格率为86.5%；骨粉生产企业355家，合格323家，企业合格率为91.0%；肉骨粉生产企业273家，合格240家，企业合格率为87.9%。

4. 饲料经营企业监督检查结果。检测饲料经营企业的产品8 701批次，合格6 556批次，产品合格率为75.4%。其中：维生素预混合饲料产品137批次，合格63批次，产品合格率46.0%；微量元素预混合饲料产品784批次，合格295批次，产品合格率37.6%；复合预混合饲料产品1 346批次，合格691批次，产品合格率为51.3%；饲料添加剂产品719批次，合格486批次，产品合格率67.6%；浓缩饲料产品2 535批次，合格2 136批次，产品合格率为84.3%；配合饲料产品3 180批次，合格2 885批次，产品合格率90.7%。

检查的6 227家饲料经营企业中，合格4 493家，合格率为72.2%。其中：经营维生素预混合饲料121家，合格48家，合格率为39.7%；经营微量元素预混合饲料542家，合格184家，合格率34.0%；经营复合预混合饲料 1 090 家，合格 555 家，合格率为 50.9%；经营饲料添加剂 422 家，合格 234 家，合格率 55.5%；经营浓缩饲料1 877家，合格 1 540 家，合格率为 82.1%；经营配合饲料 2 331 家，合格 2 064家，合格率 88.6%。

5.“饲料/水”中药物饲料添加剂和违禁药物监测结果。检测“饲料/水” 样品 14 186 批次,合格 13 609 批次,合格率 95.9%。其中:猪库/槽料配合饲料样品 6 493 批次,合格 6 137 批次,合格率 94.5%;猪饮水样品 3 062 批次,合格 3 057 批次,合格率 99.8%;鸡库/槽料配合饲料样品 2 858 批次,合格 2 716 批次,合格率 95.0%;鸡饮水样品 1 413 批次,合格 1 412 批次,合格率 99.9%;水产用库/槽料配合饲料样品 360 批次,合格 287 批次,合格率 79.7%。

检查的 7 666 家养殖场（户）中，合格 7 201 家，合格率 93.9%。其中：抽查猪库/槽料配合饲料产品的养殖场（户）3 257 家，合格 2 960 家，合格率 90.9%；抽查猪饮水的养殖场（户）2 785 家，合格 2 780 家，合格率 99.8%；抽查鸡库/槽料配合饲料的养殖场（户）1 611 家，合格 1 526 家，合格率 94.7%；抽查鸡饮水的养殖场（户）1 348 家，合格 1 347 家，合格率 99.9%；抽查水产库/槽料配合饲料的养殖场（户）315 家，合格 246 家，合格率 78.1%。

6. 饲料产品标签执行情况　在判定的 28 236 批次产品中，标签合格 21 700 批次，合格率 76.9%。其中：配合饲料产品 11 922 批次，标签合格 9 781 批次，合格率 82.0%；浓缩饲料产品 8 101 批次，标签合格 6 538 批次，合格率 80.7%；预混合饲料产品 5 304批次，标签合格 3 962 批次，合格率 74.7%；饲料添加剂产品 1 298 批次，标签合格 936 批次，合格率 72.1%；动物性饲料产品 1 611 批次，标签合格 483 批次，合格率 30.0%。

## 二、监督抽查工作取得了很大成效

1. 有力地打击了违法添加违禁药物和超范围超量使用药物的行为。饲料安全关系到动物养殖业的可持续发展，关系到动物产品的质量和安全，关系到人们的身体健康和社会安定。因此，农业部对每一阶段的监查结果都向各省、自治区、直辖市发通报，并要求全国各地饲料行政主管部门严格执法，对抽查不合格企业和产品要按照《饲料和饲料添加剂管理条例》的有关规定给予处罚。对于使用盐酸克伦特罗、安定等违禁药物，超范围、超剂量使用喹乙醇、呋喃唑酮、土霉素和金霉素的企业和养殖场（户）从重从严处理，对添加违禁药物的企业要追查到底，严查责任人和违规企业。

本年度饲料质量监督抽查统计结果表明，在饲料生产企业没有检出添加违禁药物，使用环节违禁药物的检出率较前几年明显下降。说明监督抽查工作对规范药物的使用，特别是对禁止添加违禁药物起到的积极的引导作用，取得了阶段性成果。通过检查并对查出的问题的严肃处理，有力地遏制和震慑了违规企业和个人，起到了很好的效果。

2. 引起了各级政府的重视和全社会的广泛关注。近年来，由于经济利益的驱动，一些企业或个人在饲料的生产、经营和养殖等各个环节，违法添加违禁药物，超范围超量添加药物，给动物养殖带来损失的同时，也给动物产品带来了质量和安全隐患，并危及人体健康。违禁药物盐酸克伦特罗引起的中毒事件，更是倍受新闻媒体和全社会的广泛关注，也引起了中央领导和各级政府的高度重视。中央领导先后多次批示，要加强饲料安全管理工作，建立健全饲料监测体系，制定完善饲料标准和检测方法，加大对饲料中使用违禁药品的查处力度，确保饲料安全。无论是饲料行业内部还是广大人民群众，都迫切希望加大饲料的监管力度，为老百姓吃上放心的动物产品打好基础。

通过本年度大范围、高密度的饲料和饲料添加剂质量监督检测工作，以及对不合格产品和企业的通报和严厉处罚，得到了各级政府的高度重视，在饲料行业和养殖行业引起了极大的震动。饲料行政主管部门和饲料质检机构务实的工作作风得到了社会各界的普遍认可和赞扬，树立了饲料行政主管部门和饲料质检机构的新形象。

3. 对进一步规范饲料市场起到了促进作用。饲料经营是饲料工业重要的环节，是饲料生产企业与养殖企业联系的纽带和桥梁。经过多年的发展，我国的饲料经营环节已经自成体系，饲料经营企业（或个人）具有分布广、数量多、影响大、经营产品品种多等特点。从业人员专业知识水平参差不齐，文化素质普遍较低。因此，规范经营企业的商业行为和提高从业者的质量意识将直接影响着饲料行业的发展。

本年度三个阶段饲料市场产品的平均合格率分别为：第一阶段 70.6%、第二阶段 73.2%、第三阶段 80.0%，产品合格率呈逐步上升趋势。在农业部主管部门的直接领导下，各级饲料行政部门和饲料质检机构通力合作，本年度的质量抽查具有质量分析准确到位，处罚措施落实有力等特点，饲料生产企业，特别是饲料流通、使用环节的突出问题进一步得到暴露。这些问题已引起经营企业、使用单位和主管部门的高度重视。监督检测工作对规范企业的生产、经营行为，提高企业的质量意识，加强质量管理起到了积极的推动和促进作用。

4. 促进了饲料和饲料添加剂产品质量的提高。各地饲料办和质检机构借助 2002 年度监督抽查契机，加大对饲料生产企业，流通环节和使用单位的监管力度，增强了企业的质量意识，规范了企业的生产行为，提高了企业的生产水平。本年度三个阶段监督检测产品的平均合格率分别为：第一阶段 86.0%、第二阶段 90.4%，第三阶段 90.1%。这说明进行监督检测，对提高饲料和饲料添加剂质量确实起到了促进作用。饲料产品质量的提高对动物产品的质量改善有推动作用，饲料行业间接的增强了动物产品在国际市场上的竞争力。

5. 掌握了我国饲料和饲料添加剂质量状况，为各级行政主管部门制定方针政策提供了依据。本次监督检测的对象涉及生产、流通和使用等环节的配合饲料、浓缩饲料、预混合饲料、饲料添加剂、动物性饲料以及动物使用的饮水，检测的项目包括营养指标(或主含量)、卫生指标和违禁药物。3个阶段共监督检测饲料生产、经营和使用环节的企业共25 807家，共检测产品43 908批次，这样大范围、大规模进行饲料和饲料添加剂质量全面监督检测，对了解我国饲料和饲料添加剂质量安全状况，发现我国饲料发展过程中出现的问题，寻找出影响饲料产品质量和安全的因素，为以后提出相关对策都是十分必要的。2002年度的监督检测，基本上摸清的我国饲料行业存在的质量和安全问题，找出了解决问题的办法和应该采取的措施，明确了今后的工作重点和工作目标，为各级行政主管部门制定法律法规和方针政策提供了可靠的依据。

6. 锻炼了队伍，提高了质检机构的整体水平。作为实施饲料安全工程重要的组成部分，农业部在全国范围内对饲料和饲料添加剂进行大规模的监督检测工作对质检机构来说是第一次。各地人员技术水平、设备配置参差不齐，需要完善和解决的问题很多。为了保证监督检测的顺利进行，质检机构之间相互学习，积极配合，加强信息交流，完善实验手段，提高技术水平。三个阶段高强度的工作为饲料质检机构提供了一个实战平台和难得的施展机会，检测工作调动了各质检机构的积极性，检测技术和整体素质得到了提高，执法水平得到了加强。大家共同的体会是：锻炼了质检队伍，提高了应变能力，强化了检验技术，取得了丰硕的成果。事实证明这是一支善打硬仗，可信赖的队伍。我国饲料质检体系的重要作用是不容置疑的，他们的工作为今后进行全国性饲料的监督抽查打下了基础，有着积极的意义。

## 三、监督抽查中发现的主要问题

### （一）饲料产品质量安全卫生方面

1. 违禁药物“瘦肉精”的使用仍未根除。违禁药物“瘦肉精”的使用曾给社会造成过很大危害，党中央、国务院高度重视，要求严厉打击。农业部第168号公告《饲料药物添加剂使用规范》和农业部176号公告《禁止在饲料和动物饮用水中使用的药物品种目录》发布后，各地进行宣传贯彻，要求生产、经营、使用者严格按公告规定执行。为了落实好有关规定，夯实饲料安全工程，1999年以来，农业部多次对滥用、超量添加药物和违禁药物，饲料中违禁药物“瘦肉精”检出率1999年为19.8%，2000年两次分别为7.1%和6.5%，2001年三次检出率分别为0.76%、0.66%和0.4%。2000年开始在生猪养殖场抽查猪尿样品，“瘦肉精”检出率从23.4%，到2001年底的6.6%。针对添加使用盐酸克仑特罗的违法行为，给予了从严从重处理以及媒体的公开曝光。

2002年度扎实具体的抽查和检测工作，对企业和整个行业起到了很好的警示和威慑作用，有效遏制违禁药物“瘦肉精”的使用，违法使用“瘦肉精”的现象大大减少。全年检测生长育肥猪配合饲料、浓缩饲料和预混合饲料6 901批次，仅检出“瘦肉精”14例，检出率为0.2%。猪尿中“瘦肉精”检出率为3.6%。“瘦肉精”检出率大幅度降低并不意味着可以放松对“瘦肉精”的查处。

2. 违法添加安定、呋喃唑酮等违禁药物和超量超范围使用药物的问题仍然突出。监督检测结果统计表明，仍有饲料生产企业和养猪场在饲料中添加盐酸克伦特罗、安定、呋喃唑酮等违禁药物；仍有饲料生产企业和养鸡场在饲料中超范围使用喹乙醇，超量添加土霉素、金霉素等饲用抗生素的现象存在。特别是在饲料生产、经营和养殖各个环节，违法违规添加药物和违禁添加药物的现象依然存在，屡禁不止。一些企业缺乏了解药物使用的有关规定和基本常识，对滥用药物对社会造成的危害的认识肤浅，熟视无睹，麻木不仁。在三个阶段4 805批次不合格样品中，违法违规添加药物和违禁药物的样品537批次，占全部不合格样品的11.2%。其中添加安定的样品有204批次，添加喹乙醇的样品有102批次、添加金霉素的样品104批次、添加土霉素的样品66批次、添加呋喃唑酮的样品40批次。个别地区抽检的饲料中安定、呋喃唑酮的检出率达到5 %以上。

本次检查中还了解到，一些地区使用已被美国FDA批准为“营养再分配剂”，我国禁止使用的“莱克多胺（Ractopamine)”。甲状腺素及类似物和蛋白质激素的使用也未得到有效控制。呋喃唑酮已列为欧盟畜产品中重点检测的药物，2002年在我国出口欧盟的肠衣中也多次检出呋喃唑酮。

3. 产品卫生指标超标现象值得注意。卫生指标不合格项目有沙门氏菌、黄曲霉毒素$B_1$、铅、铬、镉、氟、砷等，这些有毒有害指标不仅影响了产品的质量，而且在动物体内蓄积，给动物的正常生长带来危害的同时，通过动物产品给人体带来危害，安全隐患极大。

在抽查的4805批次不合格样品中，卫生指标不合格的样品有725批次，占不合格样品的15.1%，其中铅不合格的样品为387批次、沙门氏菌不合格的样品为130批次、黄曲霉毒素$B_1$不合格的样品为208批次。

被抽查的饲料添加剂、添加剂预混料和配合饲料产品中，铅超标比较严重，主要原因是饲料生产厂家对矿物质饲料原料把关不严，特别是使用未经检测的和工业级的石粉、沸石粉、膨润土，使用不合格的磷酸氢钙、硫酸盐以及工业或农业用矿物质，这类饲料原料不仅含铅量超标，其它重金属如氟等也同样存在超标问题。

鱼粉、骨粉和肉骨粉等动物性饲料产品中，沙门氏菌不合格比例较高，主要原因是国内产品生产工艺简单，厂家将鱼类或动物下脚料经过简单的烘干、粉碎就上市，一些生产厂家甚至用病死动物尸体生产产品。

配合饲料和浓缩饲料中黄曲霉毒素 $B_1$ 超标情况不容忽视，黄曲霉毒素 $B_1$ 超标的样品主要集中在个别地区，与当地的气候潮湿和使用的“陈化粮”、劣质鱼粉原料有一定的关系。

另外第一阶段抽查的浓缩饲料、配合饲料和鱼粉中，铬不合格的产品共 60 批次，主要原因是饲料原料如皮革粉、鱼粉和硫酸锌等矿物质中含铬超标，一些饲料产品中使用了有机铬，有些产品中铬超标几百倍，甚至上千倍，严重地影响了饲料产品的质量。

本次监督检测未对砷进行判定，但从检测的数据看，总砷含量超过标准的现象非常严重，饲料中添加有机砷制剂的情况非常普遍。大量的有机砷随畜体粪便排出体外后，不能被降解为无害物，它们进入水体和土壤后，部分为动植物所吸收，其余存贮土壤，并有逐级富集作用，造成土壤、水源等环境的污染，安全隐患同样存在。

4. 饲料营养指标不合格现象依然严重。在历年来全国饲料和饲料添加剂产品的国家或专项监督抽查中，反映出产品质量也不断提高，存在的质量问题主要是营养指标（或含量）不合格。历年来监督抽查配合饲料合格率：1987 年仅为 20%，1996 年为 71.2%，1998 年 89.7%，1999 年达到 95.7%，2001 年为 92.0%，2002 年为 97.5%。浓缩饲料合格率 1997 年为 62.0%，1999 年为 81.5%，2002 年为 94.3%。饲料添加剂和预混合饲料合格率 2000 年为 85.5%，2001 年为 81.0%，2002 年为 65.0%；动物源性饲料 2001 年为 49.3%，2002 年为 87.1%。

本次监测结果显示：配合饲料和浓缩饲料的各种营养指标粗蛋白质、粗灰分、钙、磷、水分等均有不合格现象。粗蛋白不达标的情况较为突出，在 4805 批次不合格产品中，粗蛋白质不合格的产品有 1752 批次，占不合格产品总数的 36.5%，该参数直接影响配合饲料和浓缩饲料产品的质量。造成这些指标不合格的主要原因：一是饲料市场竞争激烈，企业为赢得市场，竞相压价，为降低饲料成本，企业不得不降低饲料营养指标；二是生产企业不能严格按照“标准”生产，特别是 2002 年，豆粕价格上涨而饲料产品价格涨不上去，企业则采取了减少投料的方式，导致饲料中粗蛋白质不合格；三是生产企业缺乏技术、人员和设备，不能对原料和产品进行质量控制，有意无意地使用了不合格原料；四是市场上确实存在假冒伪劣产品，一些中小型不规范生产企业扰乱市场，竞争给规范企业造成的压力很大，影响了饲料质量。

在维生素预混合饲料、微量元素预混合饲料、复合预混合饲料和饲料添加剂的检测项目中，除砷不进行判定外，其它项目均有不合格现象。其中维生素 A 不合格产品为 601 批次，预混合饲料中铜不合格（超标）861 批次，这是本次监督检测造成预混合饲料和添加剂合格率较低的主要原因。

5. 动物性产品存在的问题值得关注。动物性饲料在饲料生产中已得到广泛应用，在动物养殖业中也取得了很好的效果。在我国，使用的动物性产品有进口的，也有国产的，主要包括鱼粉、肉骨粉和骨粉等。动物性饲料产品质量一旦出现问题，会给动物养殖业带来危害，给人民的身体健康带来危害。我们在监测中发现：市场上的动物性产品，不管是进口的还是国产的，合格率都较低，安全隐患仍然存在。第一阶段监督检测结果，产品平均合格率只有 53.5%，不合格的项目主要是粗蛋白质、沙门氏菌、铅、铬等。无论是生产企业还是经营企业大小不一、鱼龙混杂，生产或经营的产品质量良莠不齐。产品价高质次、搀假严重。在经营企业销售的动物性饲料多数无标签，不知产品的来源。

6. 饲料产品标签问题不容忽视。《饲料标签》标准属强制性国家标准，它是政府管理部门对饲料生产、经营环节进行规范和管理的重要手段，是生产者向用户介绍自己产品特征、传达产品质量信息、对用户作出承诺和保证的途径，是经营者对饲料产品在流通环节中安全储运、适时销售的指南，也是使用者了解和选择饲料产品的重要依据。饲料标签不合格主要包括以下一些情况：

（1）饲料名称不规范。名称属性模糊，有些只使用商品名，不与表明饲料真实属性的名称同时使用，或预混料种类不明确，不知道是微量元素预混料还是复合预混料。

（2）加入药物饲料添加剂产品不规范。未标明“含有药物饲料添加剂”以及药物添加剂名称、含量、停药期。

（3）动物性饲料无标签现象比较严重。

（4）产品成分分析保证值与所执行的标准不一致。标准低、明示高，如预混料的铜指标、浓缩饲料的粗蛋白质等，或标准高、明示低，如预混料的锌指标等。

（5）存在无证无号、假证假号、有证无号、有号无证、新证老号、老证新号、兽药证号、医药证号等现象。

7. 饲料标准不规范是一个大问题。长期以来，饲料企业的产品标准审批备案归企业所在地区县级以上技术监督部门，由于饲料标准的专业性比较强，技术监督部门很难对产品标准做出科学准确的界定和真正意义上的审查，只进行有限的形式审查备案。企业标准不科学、不规范，一定程度上影响了饲料产品的质量。由于企业间饲料产品标准各异，质检机构的判定依据起源于企业标准，掌握尺度不一，影响了监督抽查判定的公平性。企业标准存在较多问题，如标示值大大低于国家推荐标准、允许误差范围大、营养指标偏低、有毒有害指标偏离《饲料卫生标准》、限制性指标过宽等等。

8. 流通环节中的饲料和饲料添加剂产品合格率较低。根据统计结果显示：本年度在饲料市场监督检测产品平均合格率为 75.4%，与生产企业抽检结果相比，市场产品合格率低了 13 个百分点以上。其中第一阶段产品平均合格率为70.6%，第二阶段产品平均合格率为73.2%，第三阶段产品平均合格率为80.1%，产品合格率逐步上升。

以往的监督抽查和统检，重点是针对饲料生产企业，只有在1992年监督抽查了经营企业的配合饲料产品。2002年度监督检测结果显示，经营企业产品的合格率比生产企业要低10个百分点。主要原因是由于饲料原料价格上涨，动物产品价格的偏低，经营企业的利润降低。受经济利益驱动，出现了二次掺假、掺入违禁药物的现象。分析造成这种现象的原因：一是生产企业通过经营企业销售的产品，利润相对较低，企业偷工减料，产品质量失去控制；二是主管部门对饲料流通环节监管力度不够，假冒伪劣产品进入市场有了可乘之机；三是部分经销企业质量意识差，认为产品质量是生产企业的事，进货时重视价格，只要有利可图，什么样的产品都经营，致使大量不合格品涌入市场；四是一些生产企业与经销商相互勾结，定点生产假冒伪劣产品来蒙骗消费者。

**（二）饲料管理方面的问题**

1.饲料企业管理水平参差不齐。监督检查中发现，一些企业管理不规范，制度不健全。有的将制度贴在办公室墙上或锁在抽屉内，员工是否按制度办事，则是另外一回事；有的企业人员素质较差，甚至没有技术人员；有的没有质检仪器或配备不齐，对进厂的原料和出厂的产品缺乏质量控制；有的企业无生产记录，没有实行产品留样制度；有的只有几间房，厂区、生产区脏、乱、差，缺乏必要的除尘、通风、照明、消防设备；有的仓库破旧，库存条件差，原料和产品随意堆放，混杂不清；

2.少数企业、养殖场抵制抽查。一些生产、使用饲料的企业（户）对监督抽查缺乏认识，或者对饲料质量没有把握，以各种借口阻止抽样。一些生产企业不提供产品质量标准，尽管检测单位采取种种办法向生产企业索要质量标准，仍有企业不予配合。

3.存在无证无号生产现象。本次检查发现，一些生产饲料的企业未获得饲料管理部门发放的生产许可证，也没有办理产品批准文号。有的企业有生产许可证，多个产品共用一个文号，一些小型配合饲料和浓缩饲料生产企业，也未到当地饲料管理部门登记备案，这些企业是监督检查的真空地带，不仅保证不了饲料质量，也给正常的饲料市场带来了负面影响。

4.饲料经营环节管理薄弱。目前对饲料经营企业的管理，缺乏有效的手段，不能像管理饲料生产企业一样，要求其进行登记。给经营环节的饲料产品质量留下了隐患。一些经营企业不懂饲料知识，不学习有关饲料的法律法规，也没有饲料质量把关的意识，不注意经销环境和饲料保存条件，常常有意无意的经销质量低劣、假冒或过期饲料，给用户造成损失后，既是害人者，也是受害者。

5.监督多头管理，抽查意在收费。监督抽查中发现：部分地区饲料监督和管理不顺，当地技术监督部门、工商管理部门经常性的频繁的对饲料企业进行饲料抽查，抽查的目的在于收取检验费。一些基层技术监督部门的下属质检机构，只抽样、收费，不检验，不出具检验报告。浙江的一家小型饲料企业仅一个产品一次被收取8千多元“监督检验费”。企业对此反映极为强烈，一致要求理顺关系，还饲料企业宽松的外部环境。

**四、意见和建议**

根据2002年度监督检测的具体情况，分析监督检测的结果和存在的问题，提出以下建议。

1.加强饲料法规的宣传和贯彻，全面提高饲料行业的产品质量意识。《产品质量法》、《饲料和饲料添加剂管理条例》及其配套法律法规的颁布实施，为规范饲料行业的生产经营活动提供了法律保证，为饲料工业的健康发展提供了新的契机。各级饲料管理部门和饲料质检机构应抓住时机，把饲料行业有关法律法规宣传工作作为2002年的基础性任务抓紧抓好。重点是饲料生产、经营和动物养殖企业（户），要把落实饲料安全工程的意义和饲料质量安全与人们食品安全的密切关系，与饲料企业的发展前景联系起来。

各地饲料管理部门和饲料质检机构要借助本次监督检测的东风，根据各地的实际情况有计划有组织举办不合格企业负责人培训班，举办各种有关饲料科学技术、饲料质量控制、饲料与食品安全以及执法与守法等内容的培训和教育。提高饲料生产、经营者的质量意识、管理水平和业务素质。树立以质量求生存、求效益、求发展的指导方针。树立饲料生产者、经销者对饲料质量与人民身体健康、环境保护的意识，把保障饲料安全作为对人民健康负责，对子孙后代负责的道德准则和行为规范，自觉执行有关标准和法规。

2.对不合格企业有效的处理处罚是监督检测的关键。处理处罚的目的是督促企业生产、经营和使用合格的饲料和饲料添加剂产品，促进饲料产品质量的提高。对于在监督检测中发现的不合格企业，在进行行业内部通报的基础上，各地可根据实际情况，通过新闻、报刊，向全社会通报，以引起各级政府和全社会的广泛关注，形成强大的社会压力。根据企业产品不合格项目，除经济处罚外，明确行政处罚方法：使用违禁药物的企业，吊销其生产许可证、批准文号或备案，建议工商、税务等部门取消其生产、销售许可证；其它情况则责令其查清不合格原因，研究有效的措施，限期整改，同时进行监督，使监督检查真正地落到实处。

3.完善企业标准和饲料标签的管理工作是饲料管理和质检部门的责任。各级饲料管理部门和饲料质检机构要加强对企业制定标准和饲料标签的指导和监督工作，采取措施规范企业标准的制定和饲料标签的编制，积极争取质量技术监督部门的支持或主动参与配合他们的审查备案工作，把对企业的管理和监督工作落实在先。

4.建立健全市场准入制度是规范化管理的基础。对饲料添加剂和添加剂预混合饲料生产企业，要严格

《生产许可证》和《产品批准文号》的审批制度。对配合饲料、浓缩饲料和动物性饲料生产企业，要严肃生产登记制度，特别是把那些小型、季节性的生产企业纳入管理的范围，不留死角。同时，应考虑采取有效的措施对饲料经营企业（或个人）进行监督管理。

5. 加快饲料中违禁药物和药物检测方法标准的制定（修）订工作。根据饲料市场出现的新情况存在的新问题，针对新的违禁药物使用发展趋势，应尽快制定饲料中违禁药物的检测方法标准，对莱克多邦胺、碘化酪蛋白等违禁药物检测方法应组织力量集中联合攻关制定。同时，尽快完成饲料检测机构饲料中药物检测的增扩项工作，使检测结果有章可循，有翔实的科学依据。

6. 坚持不懈开展饲料安全监测。饲料是造成肉蛋奶不安全的主要因素，对城乡人民身体健康有重要影响。2002 年检测统计结果表明，饲料中不安全的问题还比较突出，安全隐患较多。坚持不懈开展饲料安全监测是必要的，在今后的一段时期内保持高度警惕是饲料质检机构的重要职责。一旦缺乏有效监管，一些违禁药物的使用很容易反弹。因此，对饲料的监测力度只能加强，不应削弱。

7. 协调好对饲料企业的监督抽查。各级饲料管理部门和质检机构，应与各级技术监督部门协调，解决好基层饲料质量监督和重复检验问题，切实减轻企业负担，也可解决饲料监督检测多头管理的混乱状况。归根结底，应将饲料质量管理职能纳入行业管理。

（杨曙明　苏晓鸥　董焕程　顾君华）

# 科技与推广

2002年饲料行业取得科研成果近100项，为行业的发展提供了重要的技术支持。具体情况见“2002年饲料行业科技成果统计表”。

2002年饲料行业科研成果统计表

| 课 题 名 称 | 承担单位/专家 |
|---|---|
| 畜禽营养调控关键技术研究 | 中国农业科学院畜牧研究所 |
| 饲料资源开发与产业化利用关键技术研究 | 中国农业大学 |
| 生物饲料添加剂研究开发 | 中国农业科学院畜牧研究所 |
| 优质环保型配合饲料生产及质量保证关键技术研究 | 中国农业科学院饲料研究所 |
| 应用酶工程提高大麦糠饲料用价值及产业化研究 | 浙江大学许梓荣 |
| 肉鸡能量和蛋白质营养研究 | 中国农业科学院畜牧研究所 |
| 加酶饲料预消化处理工艺研究 | 章世元 |
| 反刍动物非蛋白氮尿素的应用研究 | 中国农业科学院畜牧研究所刁其玉 |
| 生长肥育猪可消化色氨酸需求参数研究 | 林映才 |
| 优质蛋白玉米对猪的生物学价值及氮代谢研究 | 中国农业科学院饲料研究所齐广海 |
| 长链脂肪酸钙的合成及其在奶牛生产中的应用 | 葛蔚 |
| 微生物多糖对水产动物免疫作用的研究 | 浙江大学赵红霞 |
| 虾青素的开发 | 刘惠芳 |
| 脂肪细胞膜免疫调控动物体脂沉积的研究 | 杜改梅 |
| 中草药防止饲料霉变研究 | 时维静 |
| 灌木资源饲用价值分析与利用研究 | 郭孝 |
| 膨化颗粒饲料生产新工艺 | 李奇 |
| 动物肽营养研究 | 齐莉莉 |
| 以可利用氨基酸配制肉鸡饲粮研究 | 郜卫华 |
| 钙蛋白酶系统改善肉嫩度的研究 | 浙江大学金海丽 |
| 冷却除尘组合机调整技术 | 中国农业科学院饲料研究所侯雁 |
| 植物性饲料中植酸磷和植酸酶的研究 | 王康宁 |
| 纯中药制剂替代肉鸡饲料中抗生素的效果研究 | 张荣春 |
| 生长猪饲料级磷酸盐可消化磷的评定 | 刘显军 |
| 甘露低聚糖及其酶的研究 | 浙江大学关荣发 |
| 有机微量元素对母猪生产性能的影响研究 | 谭会泽 |
| 南美白对虾营养需求研究 | 周兴华 |
| 丙酸铵复合物防霉效果的研究 | 张若寒 |
| 动物硒蛋白研究 | 谢忠忱 |
| 微量元素氨基酸螯合物的研究 | 袁书林 |
| 新型饲料添加剂水合铝硅酸钠钙研究 | 王彦波 |
| 功能性寡糖研究 | 香红星 |
| 表皮生长因子研究 | 朱金銮 |
| 抗生素对肉鸡小肠肠壁组织结构的影响 | 中国农业科学院畜牧研究所王俐 |

（续）

| 课 题 名 称 | 承担单位/专家 |
|---|---|
| 黑曲霉固态发酵生产木聚糖酶条件研究 | 禹慧明 |
| 分光光度法测定磷酸氢钙中磷含量 | 武英利 |
| 反刍动物饲料前处理的研究 | 张浩 |
| 预混合饲料中铜、铁的快速连续测定 | 朱聪英 |
| 蛋鸡抗热应激添加剂研究 | 潘琦 |
| 蛋氨酸锌在动物营养中的研究 | 浙江大学许梓荣 |
| 微量元素硒营养的研究 | 中国农业科学院畜牧研究所游金明 |
| 多糖抗病毒及免疫调节作用研究 | 浙江大学金海丽 |
| 包衣尿素生产工艺 | 罗继学 |
| 应用酶联免疫吸附法测定饲料中克伦特罗 | 国家饲料监测中心杨曙明 |
| 高效液相色谱法测定喹乙醇含量 | 符金华 |
| 木聚糖酶的应用研究进展 | 石军 |
| 淡水生态养殖技术研究 | 珠江水产研究所 |
| 转基因植酸酶产业化示范工程 | 江西民星企业集团 |
| 饲用聚糖酶系列化、产业化开发 | 浙江省农业科学院生物制品厂 |
| 大黄鱼配合饲料生产研究 | 杭州皇冠特种水产饲料有限公司 |
| 蛋氨酸硒研制 | 建德市维丰饲料有限公司 |
| 饲料微生态添加剂及酶制剂研究开发 | 山西恒山饲料研究所 |
| 奶牛秸秆饲料青贮—微生物处理技术 | 天津农垦集团总公司 |
| 皖中山芋、稻谷型猪预混饲料技术 | 安徽省饲料工业协会 |
| 良种蛋鸡饲料配方技术及综合配套技术 | 南京农业大学 |
| 高蛋白饲料酸模 | 兴安盟农垦种业有限公司 |
| 基因重组酵母技术生产植酸酶 | 湖南翔和生化技术有限公司 |
| 维生素 H（生物素） | 河南省天择实业有限责任公司 |
| 仿生微囊饲料 | 杭州高成生物营养技术有限公司 |
| 饲用复合酶制剂 | 湖州璟宝集团有限公司 |
| 天然无公害动物生长促进剂 | 江苏正昌集团 |
| 耗氧性蜡样芽胞杆菌肠道定植技术 | 大连微生态中试基地 |
| 微生态调节剂—健鱼生 | 大连微生态中试基地 |
| 生态因素驱除羊肉膻味的技术 | 甘肃农大吴建平 |
| 肉羊饲料配方及成型饲料研究 | 甘肃农大李发弟 |
| 肉牛日粮配方计算机系统 | 山东农大王中华 |
| 肉牛适宜供给量及系列化饲料配方应用技术研究 | 山东农大杨在宾 |
| 牛肉快速成熟与牛肉产品加工技术 | 山东农大罗欣 |
| 秸秆规模化加工处理机械配套及关键设备研究 | 山东农大姚宝刚 |
| 早籼糙米营养价值评定和猪鸡配合浓缩预混料设计 | 武汉工学院胡奇伟 |
| 秸秆发酵制备单胃动物饲料的方法 | 武汉工学院王亚林 |
| 啤酒糖含酶饲料的研究 | 黄石市劳改局刘章武 |
| 猪免疫机能调节与绿色人工饲料的研究与开发 | 湖北省教育厅侯永清 |
| 脲酶抑制剂 | 中国农业科学院畜牧研究所 |
| 新型畜禽生长促进剂“喹烯酮” | 农业部兰州畜牧所 |
| 新型饲用调质环隙膨胀环 | 中国农机院 |
| 高品质α淀粉生产关键设备—滚筒干燥机 | 中国农机院 |

（续）

| 课 题 名 称 | 承担单位/专家 |
|---|---|
| 新型饲料膨化机 | 中国农机院 |
| 玉米秸秆压块机 | 北京农人技术有限公司 |
| 鲍鱼防病配合饲料的研制与开发 | 福建海洋研究所 |
| 柠檬酸促雏鸡生长作用机理研究 | 梁俊荣 |
| 维生素 $D_3$ 生产新工艺 | 中国科学院理化技术研究所 |
| 先进的卤虫卵加工工艺技术 | 北京创丰生物技术有限公司 |
| 秸秆生化饲料研究与工业化示范 | 中国科技大学绿色化学研究室 |
| 微量元素钼的营养研究 | 浙江大学赵华成 |
| 双外流连续培养系统模拟瘤胃消化研究 | 中国农大夏兆刚 |
| 肉仔鸡日粮中添加异麦芽低聚糖效果的研究 | 卢庆萍 |
| 苜蓿干草和鲁梅克斯对奶牛生产性能的研究 | 李胜利 |
| 调控鸡蛋中胆固醇含量的微量营养素 | 赵晓芳 |
| β-胡萝卜素吸收的因素研究 | 宋建婷 |
| 水产饲料中大豆制品替代鱼粉的研究 | 贾艳菊 |
| mrna 差异显示技术在营养学研究中的应用 | 无锡轻工大学饲料研究所 |
| 鲫鱼配合饲料及池塘配套养殖技术 | 北京朝阳区畜牧局 |
| 海水健康养殖技术研究 | 黄海水产研究所 |
| 渔用高效饲料开发技术 | 青岛海洋大学 |

（陈　强）

# 教育与培训

**（一）教育工作**

目前，全国有40所高等院校和科研单位设立饲料与动物科学专业。其中，设有本科的院校有23所，设专科的院校有16所，硕士点与博士点24个。这些教育科研单位为饲料工业行业输送了大批专业人才，他们在科研、教学、生产、企业管理、质量监督、安全检测、市场营销、技术服务、等各个领域施展才能，为饲料工业的发展和提高做出了很大的贡献。

**（二）培训工作**

2002年全国饲料行业的培训工作有较大进展，特别是在HACCP管理培训方面做了许多工作。2002年10月15日至11月4日，饲料行业HACCP考察和培训团赴加拿大进行了为期3周的HACCP技术考察和培训。系统地学习了饲料行业HACCP管理原则和方法，完成了HACCP师资培训课程和审核员培训课程学习，参观了已获HACCP认证或正在认证的Wallenstein feed & supply LTD.，Agribrands Purina Canada Inc.（Palmerston），Agribrands Purina Canada Inc.(Strathroy)，BASF Canada等4家饲料企业，同时了解了加拿大饲料概况、饲料安全计划以及加拿大畜禽饲料法规等内容。

HACCP体系是一种系统性强、结构严谨、有多向约束、适应性强、效益显著的以预防为主的质量保证方法。HACCP已被世界范围内许多组织认可，如联合国粮农组织（FAO)、世界卫生组织（WHO)、食品法典委员会（CAC)、美国、欧盟、加拿大、澳大利亚、新西兰、日本等许多国家都大力推行它。加拿大在饲料行业HACCP管理方面工作开展较早，积累了大量经验，已开发出饲料行业的通用模型。此次考察团参加了加拿大圭尔夫食品技术中心（加拿大饲料工业协会指定HACCP培训机构）提供的饲料行业HACCP理论、培训师、审核员的培训课程并获结业证书。

1.GMP培训。饲料工业GMP管理是HACCP管理的基础和先决条件，可以减少关键控制点的数量。对饲料企业的HACCP认证大约需要12～18月的时间，3/4的时间用于GMP的建设。GMP主要关注加工前后的管理，HACCP侧重于加工过程的控制。GMP管理的主要内容有：建筑设施、接收，储存和运输、设备运行和维护保养、人员培训、卫生（房屋清洁）和害虫控制、召回（追溯性)、加工控制和文件编制。

2.HACCP培训。危害分析：分析食品制造过程中各个步骤的危害因素及程度；关键控制点：依据危害分析而设定的关键控制点及其控制的方法。

HACCP原则：进行危害分析、确认关键控制点(CCP)、确定关键限值、明确监督关键控制点的要求、确定纠偏行动、建立核查程序、建立记录保存程序。

建立HACCP的实用步骤：实施HACCP计划、进行内部审核、第三方审核和认证。

3.HACCP师资培训。评估培训需求、讲课技巧、通过演讲来练习所学内容、评估和后续工作、完全理解先决条件计划和HACCP计划的制定方法、了解成人学习的原理和风格、掌握有效的教学方法。(计划，传授，评估)

4.HACCP审核员培训。审核员的准备工作、实施审核、编写审核报告、审核技巧、审核工具以及结束审核。

通过进一步了解，目前加拿大饲料行业HACCP通用模型中列出的主要关键控制点是：原料接收、药物添加、配方、编制生产顺序、混合时间、制粒、标签标识等。

（赵之阳）

# 饲料行业职业技能鉴定

2002年，根据农业行业职业技能鉴定工作和饲料行业的工作重点，中国饲料工业协会、农业部饲料工业职业技能鉴定指导站、各省市饲料行业主管部门和鉴定站紧密围绕饲料行业抓安全、加强管理的中心工作，结合本省和本行业实际，扎实作好基础工作，大力推进就业准入制度的实施，为增强饲料行业从业人员素质、确保饲料行业管理目标的顺利实现、提高行业整体水平和竞争力、保证饲料行业健康发展做出了努力。

**一、加强组织领导，确保职业技能鉴定工作的顺利进行**

根据农业部的安排，饲料行业参加了2002年4月在西安召开的全国农业职业技能鉴定工作会议。全国饲料工作办公室、中国饲料工业协会的领导出席了会议，会议期间各省饲料行业主管部门和鉴定站的负责同志交流了工作，同时，也学习了其他行业开展职业技能鉴定工作的有益经验，对饲料行业职业技能鉴定工作起到了极大的推动作用。山东省饲料监察所还代表饲料行业在大会上作了典型发言。

会议期间，全国饲料工作办公室王鹰副主任到会作了重要讲话，他指出，饲料行业职业技能鉴定工作是整个饲料行业管理工作中的重要组成部分，就业准入制度的实施对提高从业人员素质，保证行业管理工作的顺利进行具有十分重要的作用。各省市在过去几年里为开展职业技能鉴定做了大量的工作，希望各省市认真贯彻落实职业技能鉴定的有关政策规定，继续积极推进就业准入制度在饲料行业的实施。领导的讲话极大地鞭策和鼓励了在饲料行业职业技能鉴定战线上辛勤工作的同志们，也为今后的工作指明了方向和目标。

只有领导重视，才能为工作的开展创造良好的条件，几年来饲料行业职业技能鉴定工作的实践也充分证明了这一点，山东省畜牧办领导和各地市饲料管理部门对职业技能鉴定工作十分重视和支持，省畜牧办主管领导多次召开会议，听取鉴定站的工作汇报，根据工作中存在的问题，做专门研究，要求各地市饲料管理部门高度重视这一工作，积极配合鉴定站的工作，保证了职业技能鉴定的顺利进行。

就业准入作为推行职业资格证书制度的切入点，是当前开展职业技能鉴定工作的核心。重庆、湖南、云南、青岛等省市根据饲料行业实行就业准入制度实施方案，结合本省特点，对职业技能鉴定和就业准入制度的实施提出了明确的目标、要求，将这项工作纳入到了整个饲料行业的管理工作中。

2002年，农业部饲料工业职业技能鉴定指导站协助农业部职业技能鉴定指导中心完成了农业220号以前鉴定站中饲料行业鉴定站的鉴定许可证审核换证工作。在新的职业技能鉴定许可证中，将饲料营销员列入鉴定许可范围，为今后开展这一职业的培训鉴定奠定了基础。

**二、抓好基础建设，加强管理，为职业技能鉴定工作提供组织和技术保障**

2002年1月底劳动和社会保障部、农业部组织了国家职业技能鉴定试题库农业分库的验收。饲料检验化验员职业技能鉴定试题库通过了验收。目前，试题库已经开始运行。

5月初举办了饲料行业职业技能鉴定考评员和督导员资格认证培训班。50名学员取得了劳动和社会保障部颁发的国家职业技能鉴定考评员资格证书，有35位同志获得了职业技能鉴定督导员资格证书。

8月底，劳动和社会保障部、农业部召开了农业行业国家职业标准审定会议。饲料行业的“饲料检验化验员”等四项国家职业标准通过了终审，各标准编制小组根据终审意见对标准进行了进一步修改，并已通过农业部上报劳动和社会保障部。在会议期间，农业部人事劳动司对第二批农业行业国家职业标准的制定进行了部署。饲料行业职业标准编制委员会和农业部饲料工业职业技能鉴定指导站根据行业实际情况，经研究提出制定“饲料营销员”职业标准，并上报部人事劳动司，获得批准。随后确定了标准编制专家。饲料营销员职业标准已经通过了饲料行业委员会的初审。

在饲料行业试行了职业技能鉴定督导制度，加强对各站进行职业技能鉴定的监督与管理，保证工作顺利开展。各鉴定站的鉴定中都实行了督导。农业部饲料工业职业技能鉴定指导站为各职业技能鉴定站开展职业技能培训与鉴定工作提供了技术支持与服务。各省、自治区、直辖市职业技能鉴定站按照在饲料行业实行就业准入制度的要求，认真做好培训和鉴定工作，2002年有25个站进行了培训鉴定，有3822人获得了国家职业资格证书，获证人数比2001年增长90%以上。切实为提高行业从业人员素质做出了努力。

截止2002年，全国饲料行业职业技能鉴定站已建立近30个，为全面开展行业技能鉴定工作，迅速提高饲料行业从业人员素质提高了重要组织保证。全国饲料行业职业技能鉴定站机构情况见“饲料行业职业技能鉴定机构一览表”。

**三、大力实施就业准入制度，提高从业者素质，提升行业整体水平**

实行就业准入，开展职业技能鉴定是提高劳动者素质，加强行业管理的重要措施。各省市饲料主管部门和鉴定站认真按照实施方案的要求，下大力气抓职业技能鉴定，工作取得显著成效。如云南省鉴定站在工作中精心组织考评员、督导员和培训教师认真学习职业技能鉴定的政策法规和技术规程，提高了从事这项工作同志的认识，使鉴定工作有序开展；广西区、重庆市、湖北省、福建省鉴定站积极开展职业技能鉴定宣传工作，他们多次印发有关就业准入和职业技能鉴定方面的法规和宣传资料，同时通过电话、函件等方式解答有关企业和人员的咨询，帮助企业和从业人员认识职业技能鉴定工作的重要意义，使企业和从业人员的观念发生转变，积极要求鉴定站组织培训和鉴定；山东省鉴定站严格按照职业技能鉴定规程组织鉴定，严把考核质量关，对违反考场纪律、冒名顶替等现象坚决予以查处，确保了鉴定的质量，树立了职业技能鉴定和职业资格证书在从业人员和企业中的威信；河北省、山西省、广西区等鉴定站还开展了在校学生的职业技能鉴定工作，使学生在取得学历证书的同时，拿到了职业资格证书，使他们获得了更多的就业机会；为加大就业准入制度实施的力度，广东省、青岛市等很多省市饲料主管部门都在生产许可证发证、年审和办理饲料产品免征增值税等工作中，都将从业人员持证上岗作为一项重要的考核指标，从行政管理方面保障了职业技能鉴定工作的开展。

由于在职业技能鉴定工作中做出突出成绩，山东省、湖南省鉴定站去年还获得了农业行业 2000—2001 年度优秀职业技能鉴定站荣誉称号，为饲料行业增光添彩。

**饲料行业职业技能鉴定机构一览表**

| 单 位 | 鉴定站编号 | 通 讯 地 址 | 邮政编码 | 联系电话 |
|---|---|---|---|---|
| 农业部饲料工业职业技能鉴定指导站 | — | 北京市朝阳区麦子店街 20 号楼 | 100026 | 010－64194582 |
| 北京市饲料工业职业技能鉴定站 | 农业 022 | 北京市宣武区南菜园 49 号 | 100054 | 010－63543914 |
| 天津市饲料工业职业技能鉴定站 | 农业 025 | 天津市和平区解放北路 108 号 | 300040 | 022－23312859 |
| 河北省饲料工业职业技能鉴定站 | 农业 035 | 石家庄市裕华东路 216 号 | 050011 | 0311－6682941 |
| 山西省饲料工业职业技能鉴定站 | 农业 037 | 太原市迎泽大街 312 号 | 030001 | 0351－4129732 |
| 辽宁省饲料工业职业技能鉴定站 | 农业 044 | 沈阳市和平区北京街 82 号 | 110002 | 024－22534972 |
| 吉林省饲料工业职业技能鉴定站 | 农业 183 | 长春市人民大街 54 号 | 130051 | 0431－2713664 |
| 黑龙江省饲料工业职业技能鉴定站 | 农业 050 | 哈尔滨市动力区文府街 4－1 号 | 150040 | 0451－2627420 |
| 上海市饲料工业职业技能鉴定站 | 农业 023 | 上海市幸福路（富苑大厦）42 号楼 7 层 706 室 | 200032 | 021－64048918 |
| 江苏省饲料工业职业技能鉴定站 | 农业 056 | 南京市龙江小区月光广场 8 号 | 210024 | 025－6631764 |
| 浙江省饲料工业职业技能鉴定站 | 农业 193 | 杭州市秋涛北路 164 号 | 310003 | 0571－87224319 |
| 安徽省饲料工业职业技能鉴定站 | 农业 265 | 合肥市美菱大道 421 号 | 230001 | 0551－2645961 |
| 福建省饲料工业职业技能鉴定站 | 农业 069 | 福州市古屏路 183 号省农业厅内 | 350003 | 0591－7859740 |
| 江西省饲料工业职业技能鉴定站 | 农业 197 | 南昌市福州支路 2 号 | 330006 | 0791－6226051 |

（续）

| 单　　位 | 鉴定站编号 | 通 讯 地 址 | 邮政编码 | 联系电话 |
|---|---|---|---|---|
| 山东省饲料工业职业技能鉴定站 | 农业 203 | 济南市槐村街 68 号 | 250022 | 0531－7103442 |
| 湖北省饲料工业职业技能鉴定站 | 农业 083 | 武汉市武昌区武珞路 519 号 | 430070 | 027－87876982 |
| 湖南省饲料工业职业技能鉴定站 | 农业 085 | 长沙市韶山北路 84 号 | 410011 | 0731－4423340 |
| 广东省饲料工业职业技能鉴定站 | 农业 090 | 广州市先烈东路 135 号农业厅综合楼 10 楼 | 510500 | 020－87707465 |
| 广西区饲料工业职业技能鉴定站 | 农业 095 | 南宁市七星路 135 号 | 530012 | 0771－2800033 |
| 四川省饲料工业职业技能鉴定站 | 农业 104 | 成都市武侯祠大街 4 号附 1 号 | 610041 | 028－5548413 |
| 重庆市饲料工业职业技能鉴定站 | 农业 028 | 重庆市江北区华新村 326 号 | 400020 | 023－67725271 |
| 贵州省饲料工业职业技能鉴定站 | 农业 215 | 贵阳市延安中路 62 号 | 550001 | 0851－5287049 |
| 云南省饲料工业职业技能鉴定站 | 农业 295 | 昆明市穿金路 156 号齐宝酒店八楼 | 650225 | 0871－5611600 |
| 陕西省饲料工业职业技能鉴定站 | 农业 110 | 西安市习武园 11 号农业大厦 3 室 | 710003 | 029－7345876 |
| 甘肃省饲料工业职业技能鉴定站 | 农业 219 | 兰州市秦安路 1 号 | 730030 | 0931－8838380 |
| 宁夏区饲料工业职业技能鉴定站 | 农业 254 | 银川市玉皇阁南街 48 号 | 750004 | 0951－6072044 |
| 新疆区饲料工业职业技能鉴定站 | 农业 220 | 乌鲁木齐市新华南路 23 号 | 830001 | 0991－2837160 |
| 青岛市饲料工业职业技能鉴定站 | 农业 076 | 青岛市延安一路 31 号 | 266023 | 0532－2738803 |

（胡广东）

# 饲料工业标准化

我国非常重视饲料工业标准化工作，于1986年成立了全国饲料工业标准化技术委员会（TC76，对应ISO TC34/SC10），并于2002年通过国家标准化管理委员会审查，成为国家首批重新认可的专业委员会。经过多年的细致工作，已基本建立了一套结构合理、功能配套的标准化体系，截止到2002年6月底，共发布国家标准和行业标准260余项，基本涵盖了饲料原料、饲料添加剂、饲料产品、检测方法和饲料机械等各个方面。这些标准的发布实施，对于保障饲料安全、提高饲料质量、保障畜禽产品安全和人身健康发挥了积极有效的作用。

## 一、饲料工业标准体系建设的现状

### （一）饲料工业标准化组织建设

1. 全国饲料工业标准化技术委员会情况。为了加强饲料工业标准化工作，1986年经国务院标准化行政主管部门批准，成立了全国饲料工业标准化技术委员会（以下简称“全国饲标委”），直属国家质量监督部门，秘书处挂靠在中国饲料工业协会。

第一届全国饲标委由科研、大专院校、企业以及管理和监督部门的29名专家组成。1996年换届成立第二届全国饲标委，第二届全国饲标委为适应市场经济发展的需要吸收了部分大中型企业作为单位委员加入到标委会的工作，第二届标委会共有委员63名，其中单位委员28名。大中型企业参与饲料工业标准化工作，使得标准更切合生产实际，也更容易实施，既增加了标委会的活力，又提高了标准制定的质量。2001年按期换届成立第三届全国饲标委，共有委员52名，其中单位委员22名，占40%强。

由于饲料工业的发展，饲料工业标准的制定修订、宣贯实施和咨询服务工作量越来越大，基于上述原因，全国饲标委于1998年成立了“水产饲料标准协作组”、“饲料机械标准协作组”和“饲料工业法律咨询组”，以期加大水产饲料标准饲料机械整改的制定工作和标准化咨询服务力度。

全国饲标委成立后，本着饲料工业标准统一归口的原则，重点抓了饲料工业国家标准的立项、审查制定、修订和宣贯工作，并对国家各有关部门制定的饲料工业行业标准进行归口审查。

2. 地方饲料工业标准化技术委员会情况。随着饲料工业发展，特别是市场经济的发展，饲料工业标准化工作量越来越大，一些省、自治区和直辖市在标准化行政主管部门和饲料行业主管部门的领导下，成立了地方饲料工业标准化技术委员会（以下简称“地方饲标委”）。已成立饲标委的省、区、市有：黑龙江、辽宁、江苏、上海、江西、湖南、湖北、河南、四川、广西和浙江。地方饲标委的成立对饲料工业标准的制定、修订、宣贯和咨询服务起了有力的促进作用，特别是在强制性国家标准《饲料标签》标准和《饲料卫生标准》的宣贯、企业标准的制定和审查备案、提高饲料产品质量和规范饲料市场等多方面做出了贡献。

### （二）饲料工业标准制定修订、宣贯和实施情况

1. 饲料工业标准制定情况。进入20世纪90年代后，随着我国市场经济逐步建立，全国饲标委在制修订和宣贯标准方面加大了工作力度，重点突出了《饲料标签》标准和《饲料卫生标准》的制修订，并加强了宣传贯彻工作。截止到2002年底，经全国饲标委审查，由国务院标准化行政主管部门发布的国家标准和有关行政主管部门发布的行业标准260余项，其中国家标准108项。国家标准中有6项强制性标准，其余为推荐性标准。6项强制性标准中，有2项是基础性标准（《饲料标签》标准和《饲料卫生标准》），其余4项是饲料添加剂标准。按类别分，具体情况见下表。

**饲料工业标准制定情况表**

| 类　别 | 数　量 | |
|---|---|---|
| | 国　标 | 行　标 |
| 综合 | 7 | 3 |
| 检测方法 | 1 | 62 |
| 产品标准 | 2 | 22 |
| 原料标准 | 3 | 40 |
| 饲料添加剂 | 19 | 27 |
| 饲料机械 | 3 | 37 |
| 实验动物饲料 | 12 | 0 |
| 相关标准 | 1 | 30 |

2. 饲料工业标准修订情况。全国饲标委每年召开一次年会主要是讨论标准化工作和标准审查方面的工作，近三年（2000—2002年）年会审查标准98项，其中国家标准70项；2002年完成了《饲料中沙门氏菌的测定》等13项国家标准和《饲料中呋喃唑酮的测定》等11项农业行业标准的报批工作，为确保饲料安全管理提供了科学依据。

3. 标准立项情况。近年来，饲料工业制标工作

重点已经转向安全卫生和基础性标准，相应加大了卫生标准和添加剂检测方法标准的立项力度。1998—2002年共立项154个，5年立项数量达到已有标准数量的近60%。具体见下表。

饲料行业标准立项情况表

| 年代 | | 1998 | 1999 | 2000 | 2001 | 2002 |
|---|---|---|---|---|---|---|
| 数量 | 国标 | 8 | 23 | 19 | 30 | 19 |
| | 行标 | 0 | 18 | 22 | 11 | 4 |

4. 标准宣传贯彻情况。全国饲标委在国家质检总局、全国饲料工作办公室和中国饲料工业协会的领导和支持下，通过召开各种形式培训，加大对饲料工业标准的宣传贯彻力度，特别是基础性、强制性国家标准《饲料标签》标准和《饲料卫生标准》的宣贯工作，极大地促进了饲料工业标准的实施。

## 二、目前饲料标准化工作存在的主要问题

尽管我国饲料工业标准化工作取得了一定的成绩，为畜牧业发展和农业经济结构调整做出了很大贡献。但是从总体上看，饲料标准工作还存在标准化意识淡薄、标准体系不健全、技术水平不高、标准制定程序不科学、技术队伍薄弱、采用国际标准率低等突出问题，远远不能满足农业发展新阶段和应对入世的需要。

### （一）数量少、不配套

我国现有饲料国家标准、行业标准仅260余项，与饲料工业管理和生产需要相比，严重不足，无标生产和无标流通现象时有发生。现行的饲料产品中分析方法标准多数制定的时间较长，有的标准已不能满足监测工作需要，有些方法在实验室中早无法使用或达不到监测要求。具体表现为：

1.《饲料卫生标准》不完善，覆盖面小。该标准只涉及到猪、家禽（鸡、鸭、鹌鹑）、牛、羊等动物的配合饲料、饲料原料、饲料添加剂、添加剂预混合饲料、浓缩饲料、精料补充料，对有毒有害物质也只涉及17种，急需修订完善。增加动物品种、饲料品种和有毒有害物质种类。

2. 检测方法标准制订尚不适应饲料生产发展的需要。主要是数量少，有些重要的检测方法标准尚未制定饲料中违禁添加物如饲料中莱克多巴胺、硝呋烯腙等50多项。如饲料中药物饲料添加剂中药物含量的检测方法等标准需制订。

3. 尚无饲料添加剂允许使用量标准。目前农业部已公布了允许使用的饲料添加剂品种目录，共173种（类），但允许使用量标准尚待制定和完善。饲料生产企业只能根据经验和提供的说明添加，在实践中往往存在使用添加不当的现象。

4. 饲料原料标准亟需修订。我国已颁布的饲料原料标准40余项，但绝大多数标龄过长，其中由国家标准转化为行业标准的有29项，均为1989年制定的，标龄长达14年，仅有4个标准标龄未超过5年。目前仅有《饲料用豆粕》农业行业标准上报待批，另有《饲料用小麦》、《饲料用大麦》、《饲料用大豆》、《饲料用豌豆》、《饲料用蚕豆》、《饲料用蚕豆粕》已列入2002年国标修订计划。

5. 通用规程急需制订。以往的饲料工业标准制定工作主要侧重产品标准和检测方法标准的制定，缺少对饲料产品及生产企业综合评价标准。需要制定安全评价规程、饲料企业生产管理规范、新饲料资源和新饲料添加剂的毒性试验技术要求、安全性毒理与评价程序和方法等。

### （二）技术水平较低

与发达国家标准相比，我国饲料现行标准一个突出问题是技术水平较低。主要表现在：

1. 标准标龄长、质量安全参数设置不合理。现行标准中有50%的标龄已超过5年，其中75%的标准标龄已超过10年。特别是大部分饲料原料标准和饲料添加剂标准是由原来的强制性国家标准改为推荐标准号后重新颁布的，标龄已超过15年。产品标准中参数指标不全，不能完全体现产品所应具有的功能特性。以配合饲料产品标准为例，目前配合饲料产品只考虑粗蛋白质的指标，而不考虑氨基酸的平衡等因素，这些老的标准已不适应饲料、饲养发展新的形势。

2. 科技水平含量低。我国现行的60多项分析方法标准中，大多数都是用常规的重量法、容量法或比色法。这些方法普遍存在操作流程长、费工费时，对伪劣假冒产品特别是恶意掺假的辨别能力极弱，不能满足对微量成分的分析要求。例如氯化胆碱恶意掺假是饲料市场的一个恶瘤，但整治很难，重要原因之一就是掺假者是利用该标准无法分析辨别掺假的弊病，如检测方法一旦用离子色谱法，则该问题就迎刃而解了。

3. 先进的分析技术应用少。目前，监控主要是针对安全卫生指标，这些指标多是以微量、痕量水平存在的，因此，很难用常规的分析手段进行检测。而国际分析测试领域科学技术日新月异，建立了一大批诸如离子色谱、离子质谱、等离子质谱等新方法，为解决微量、痕量水平分析问题提供了有效途径。但我国由于接受、采纳分析领域的最新研究成果进展迟缓，引进先进仪器后却缺乏相应的先进检测技术方法，影响了仪器设备功能和作用的发挥。

4. 高技术产品缺乏有效的检验方法。高技术产品正准备或已进入市场，如酶制剂、氨基酸螯合物、各种抗生素、促生长剂和转基因产品等，但缺乏精确有效的监测技术和检验方法，无法实施有效的监控，不利于饲料行业科技进步。

### （三）制标程序不科学

制标程序不科学也是导致我国饲料现行标准技术水平不高的重要原因。

1. 标准的立题不能快速反应市场的需要。在标准立项和制定过程中，由于缺乏情报信息研究人员和企业、用户的参与，标准立题难以反映市场的真实需要。

2. 标准的承担单位构成不尽合理。由于项目经

费、仪器设备、人员技术欠缺等原因，实验数据不科学，验证实验不充分，导致检测方法标准适用性、灵敏度和准确性差，小部分标准的重现性较差。

3. 标准的验证制度不健全。标准的验证工作是保证标准科学性、可操作性的一个重要手段。发达国家发布的标准都经过多个实验室的全程验证后才通过的，这种验证可将很多问题消除在萌芽状态。而我国的现行标准由于时间紧、经费少，没有经过认真严格的试验验证和对比分析就发布了，标准中的很多问题是在实施过程中才被发现。

4. 行业间标准制定不协调。我国饲料产品质量安全管理不仅涉及生产条件、组织原料、生产过程、包装标识、储存运输、经营销售、使用消费等诸多环节，而且涉及标准制定、标准实施、认证认可、监督执法等诸多领域。对同一个产品，制定各自的标准，给标准的使用带来困惑，使其无所适从。

**（四）技术队伍薄弱**

近年来，由于农药、兽药、饲料和饲料添加剂、动植物激素的不合理使用和违禁药物滥用，食用农产品因农药残留、兽药残留等有毒有害物质超标而引发的食品急性中毒事件时有发生，使消费者对农产品质量安全产生了疑虑；出口农产品遭遇贸易进口国以安全为由设置的技术性贸易壁垒，我国农产品出口受阻事件屡屡发生。产生这些问题的主要原因之一是，相对发达国家，我国农产品质量安全研究起步晚、专业技术人员匮乏、基础性研究薄弱。如发达国家20世纪70年代便开始农产品质量安全研究，我国在20世纪的80～90年代，仅少数几个实验室的极少数人员在从事安全方面的探索性研究，研究经费和手段也极其有限，国家较大规模投入资金和人力开展相应研究还是近5年的事情。

目前制标单位虽为技术单位，但多为非专职机构，饲料检测中心、饲料监察所、农业科研院所或农业大专院校等单位也存在标准制修订专业人员少、对产品质量安全技术标准研究起步晚、经验积累少；有些机构身兼数职，标准研究、制定的技术队伍不稳定，时间和经费得不到保证，标准研究、制定进程慢，某些标准在使用中暴露出这样或那样的问题，以至于无法有效实施，一方面，政策法规因缺乏配套技术标准，难以发挥规范生产行为和市场活动的作用；另一方面，技术标准脱离政策法规，、可操作性差而发挥不了应有的作用，相应的管理监督不完善和技术人员匮乏是上述矛盾的主要原因。严重地影响了我国农产品质量安全体系建设进程。

**（五）标准宣贯和监督检查力度不够**

根据《中华人民共和国标准化法》及其《实施细则》和饲料工业有关标准，大部分饲料企业已按标准组织生产，基本杜绝了无标生产现象，但在标准执行中发现很多不完善之处。如饲料标签中药物饲料添加剂标注及屠宰前停药期标注不规范，有的只标注添加了药物饲料添加剂，而不注明药物的法定名称、使用量、注意事项等，这些都不符合标签标准要求。目前我国监督检查中，主要针对饲料营养成分如粗蛋白质、粗脂肪、粗纤维、粗灰分和个别卫生指标的检测，而且重点放在前者，对饲料安全卫生的监督检查力度不够。致使一些企业和养殖场户缺乏饲料安全意识，任意使用添加剂，或超量添加药物饲料添加剂甚至使用禁用物品盐酸克仑特罗、己烯雌酚、硝呋烯腙等，由于没有检测方法标准，无法开展针对性的检查，给不法之徒造成可乘之机。今后要加快有关安全卫生标准检测方法的制定工作，为行业监督检查提供科学依据。

**（六）标准国际交流少，国际标准的采标率低**

发达国家为提高农产品品质，促进本国农产品在国际市场上的竞争地位，制定了详细的产品质量安全标准，而我国的饲料卫生标准化工作始于20世纪80年代，农产品标准化工作起步更晚，其制标原则、方法及其所形成的标准体系与技术内容与WTO有关协定和国际食品法典委员会（CAC)、国际动物卫生组织（OIE)、国际植物保护公约（IPPC）标准存在较大差别，已不能够满足入世后农产品质量安全控制的需要。具体表现为：

1. 标准的技术要求和指标与国际标准不对接。我国现已制定并发布了包括饲料污染物和农药与兽药残留限量标准、包装材料、添加剂等各类饲料卫生标准及其检验方法，但不少标准标龄过长，加上缺乏对有关国际标准了解，存在一定差距，指标单一、内容不完善、技术内容落后、实用性不强等问题较为突出。许多标准的指标没有充分利用风险评估技术，而只是照搬和套用，标准的科学性和可操作性都亟待提高。

2. 国际合作的高级人才缺乏。我国现行人才多属专业性人才，懂专业但不熟悉贸易、法律和标准知识，熟悉标准化知识但不具备专业素养，专业人才外语水平普遍较低，具有全面专业知识、贸易、法律，又具有标准化方面知识，外语水平高的高级人才缺乏，制约了我国参与国际标准方面的交流与合作，影响掌握国际制标动态和采用标准的步伐。

## 三、饲料工业质量标准体系建设中应当关注的问题

**（一）标准的统一性**

我国标准体系的不合理性，经常导致各级标准之间的不统一性。因此，亟待协调标准化政策与科技政策、产业政策、产品贸易政策等之间的关系，建立合理的标准体系。

我国的标准体系框架是国家标准、行业标准、地方标准和企业标准四类。国家标准是国务院标准化管理机构和国务院各有关部门组织制定，行业标准是国务院各有关部门按部门需要组织制定，地方标准是各省级及以下各级人民政府的标准化管理部门组织制定的，企业标准是由企业根据产品贸易需要组织制定的。虽然形式上明确但由于各方面协调不力造成各级标准之间层次不清、范围不明确、重点不突出，重复、交叉、矛盾，导致结果是标准使用者和执行者不知所措。在国家标准和行业标准之间的矛盾表现在：

国家标准“脑袋大身子小”，产品不细分，一大类产品规定了相同的参数和要求，违背了客观实际，行业标准按产品细分参数和要求，符合客观实际但又与国标形成了冲突。行业标准之间的矛盾表现在：由于同一标准化对象人为划分成不同阶段，由不同部门分别制定相互关联的标准，因各部门考虑的重点不一样，标准在技术内容上极难协调。国家标准、行业标准同地方标准之间的矛盾表现在：由于推荐性的国家、行业标准的不强制性，各地出台了指标不一致，甚至在国家标准和行业标准是强制性标准的情况下，一些地方还出现了与国家标准、行业标准规定不近一致的现象。企业标准与政府标准之间，许多生产企业没有考虑市场竞争的需要，盲目认为只要达到国家相应标准规定的要求即可，甚至出现很多企业标准比推荐性的国家标准、行业标准、地方标准的指标还低的情形。要解决以上问题，就需要真正建立合理的标准体系结构，以便使标准达到真正的协调统一。

建议将现行的标准化法规定的四类标准，调整为三个层次即国家标准、行业标准和企业标准，第一层次为调整后的国家标准，包括现在的国务院标准化主管部门发布的国家标准、国务院有关行业主管部门发布的行业标准，以及地方政府发布的地方标准，这是与国外相类似的。国家标准涉及的内容为强制性要求和管理性措施，以及有关环境保护、疫病防治等区域性规定，而不涉及产品标准的具体品质指标；第二层次为行业标准，这一层次标准与以往的由各行业主管部门颁布的行业标准不同，主要是涉及产品标准和有关技术规范，由社会团体、合作组织制定，适用于本行业范围内使用，确保公平和自律，推荐使用。第三层次为企业标准，内容规定的指标不得低于国家标准和行业标准，是为适应市场竞争即制定的企业标准。

**（二）标准的科学性**

标准是科学技术成果于实践经验相结合的产物，即科学技术研究成果是标准产生的重要基础，标准必须以大量的科学成果为依据，同时标准又是实践经验的总结。只有对科技成果和经验进行充分分析、比较、综合，加以规范和验证，制定出来的标准方具有科学性。另外，在制定标准过程中要充分发扬民主，不仅要有生产部门参加，还应当有用户、科研、检验等部门共同讨论，与有关方面协商一致，做到“三稿定标”，即征求意见稿—送审稿—报批稿，这样制定出来的标准才具有权威性、科学性。

**（三）标准的适应性**

饲料工业标准除了有评价和仲裁功能外，还有组织和引导饲料工业科学研究和生产的功能，因此饲料工业标准在坚持标准科学性和先进性的同时，必须强调适用性。一是由于我国科技和经济相对落后，饲料工业标准必须做到经济合理，正确处理好需要与可行的关系；二是由于我国幅员辽阔，地区发展差异显著，饲料工业标准技术内容必须做到密切结合当地生产条件和自然环境，宜统一的应尽量统一，不宜统一的不应强求统一；三是我国饲料工业整体素质不强的今天，从业人员文化知识水平较低，标准的内容必须做到通俗易懂，易被广大饲料工作者所理解、运用。

**（四）标准的针对性**

同任何事物一样，标准有两面性，犹如一把双刃剑，对经济的积极作用和消极影响并存。政府部门在制定某一项标准的制修订计划时，其制标目的应当清楚，该项标准发布以后，会对哪些企业、哪种产品、哪种行为产生影响等进行广泛调研，会对我国的畜牧业发展和经济运行产生什么有利或不利的影响。

在对标准的目标进行明确和控制时，首先，其经济目标要合理，兼顾各方面的利益，否则，就会变成影响生产力发展的障碍。现阶段标准的工作更加侧重于标准的经济性，标准的制定必须能为社会带来效益，促进经济的发展。其次，重点目标要突出，每个时期、每个地方经济发展都会有一些重点，标准目标则应围绕这些重点展开。避免标准制定了不少，但适应畜牧业经济发展要求不多的现象发生。现阶段，在我国饲料工业标准制修定过程中，必须注重特定产品的进出口贸易情况，区分不同情况，从有利于提高我国畜牧水产品的市场竞争力和产业发展来进行。比如，制定或修订农产品的农药残留、兽药残留等安全卫生标准时，在考虑充分保障消费者健康的基础上，还要考虑我国农业生产力发展水平、农资产业发展和农产品进出口贸易等多因素，力求使标准更加科学、合理、适用。对于我国进口量大的农产品，可以在某些技术指标要求上从严，以尽量减少对国内生产的负面影响；对于主要是出口的农产品，因最终的产品质量评价主要是由贸易方来进行的，因此在进口方没有要求的情况下，国内标准的某些技术指标可以不主动提高“门槛”或适度降低要求，防止因标准偏严导致产品合格率偏低，授人以柄，从而影响我国农产品出口贸易的正常开展。

## 四、饲料工业标准体系建设的对策与建设

我国加入WTO后，饲料工业标准化面临着与国际标准接轨的新形势，为广泛了解国际标准化情况，及时组织专家搜集翻译汇编了美国、欧盟、日本等国家和地区的相关政策、管理制度和饲料标准等资料，研究SPS、TBT协议规范，提出行业应对措施，为企业走出国门，参加国际市场竞争做好服务。

饲料标准化工作虽然取得了一定成绩，但与饲料工业的发展和饲料安全需要比较，饲料标准体系建设仍显滞后，有关安全卫生方面的检测方法标准也不完善，现有饲料标准仅为饲料工业体系表的四分之一强。在今后标准化工作中，将在认真完成财政支持农业标准化项目计划的基础上，加大资金投入，重点做好各方面的工作。

**（一）加强标准的法制化管理**

加强农业标准的立法，确立农业行政主管部门在农业标准化的主体地位，为农业标准化工作的开展和组织机构建设提供法律保障。在农业标准化整体框架下，加大饲料工业标准化工作力度与其他标准配套，

形成农业标准化合力。尽快组织专家研究，力争将《饲料卫生标准》以饲料法规的形式颁布实施，以便于与国际接轨。

在国际贸易中用来设置技术壁垒最为广泛的是技术标准和技术法规。我国应加强有关农产品质量技术标准和技术法规的制定和调整，适应农产品质量管理的工作需要，适应市场经济的需要。加大对技术标准和技术法规的研究力度，研究WTO其他成员国在制定和运用技术标准和技术法规方面的具体情况，找出我国在农业技术法规方面存在的不足，有针对性地开展工作。

**（二）迅速改革饲料工业标准的管理体制**

饲料工业标准化工作，应当按照WTO规则，将现行的标准分为两类。一是变现行强制性标准为技术法规，由农业投入品、农业产地环境和农产品管理的主管部门组织制定和发布，作为农业相关法律法规及规章的配套技术性措施，强制性执行；二是将现行由各个政府部门发布的一些推荐性技术标准，转化为行业协会和合作经济组织内部的自律性标准，以满足行业发展和市场自律需要，根据形势发展可随时进行调整。要打破现行的标准一年下达一次制修定标准计划的传统，变为只要需要，应当及时组织制定和修定，不应受所谓的制修定计划的限制；要逐步执行标准制修定项目的招投标制度，择优选定承担单位。要改革现行标准的审定方式，要充分利用现代信息技术，采取网上征求意见和举行听证会，广泛听取和吸收各方面的意见，以保证标准的科学性、先进性和适用性。在标准审定时，应当选择有专业知识和代表性的专家参加，同时逐步推行标准审定专家资质备案审查制度，建立稳定的审定专家资源库。

**（三）优化标准结构**

改变现行的国家标准、行业标准、地方标准和企业标准四类结构。将现行的国家标准和行业标准合并，设立新的国家标准，并由国务院标准化行政主管部门组织制定和发布，避免同一个标准化对象存在两个或两个以上有效的全国性标准；在安全卫生标准纳入技术法规的范畴后，取消地方标准，避免各省（区、市）利用技术标准为农产品省际间流动设置不合理的障碍；积极鼓励农业企业或生产基地制定企业标准，作为组织和规范生产、加工、销售行为的技术依据。农业标准的制标范围要满足农产品“从农田到餐桌”全过程质量安全控制和促进农业科技进步的需要，农业基础设施建设、农产品产地环境、农业投入品及其合理使用、生产加工技术规范、农产品质量安全、包装贮运、标识、检验测试等环节标准要成龙配套，并有机衔接；使饲料工业与种植业、畜牧兽医、渔业、生态环境保护、农业高新技术等方面标准既协调配套，又要突出重点。

**（四）建立标准协作机制，形成全国的制标“合力”**

建立标准化工作核心单位。由全国饲料工作办公室负责组织协调，进行总体规划，建立由中国饲料工业协会、农业部饲料工业中心、中国农科院饲料所、畜牧所以及国家饲料质量监督检验中心（北京）等单位组成的标准化工作核心单位，充分利用已有的组织管理、协调、技术、设备、人才等优势，适当添置部分先进仪器设备，开展调研、制标、宣贯和监督检查工作。

1. 建立政府相关行业间制修定农业标准的协作机制、标准承担方组织不同单位力量共同参与标准起草的协作机制、充分发挥全国饲标委在饲料工业标准制修订中的协调组织作用，形成全国的制标合力。

2. 建立政府相关行业间制修定农业标准计划间的协作机制，将从组织机制上杜绝标准的多头立项制定，相互矛盾的现象，形成我国饲料工业标准制修订工作的层次分明、分段协作的格局。

3. 充分发挥标准承担方标准制定工作的组织协调作用。通过这种协调作用，将与标准内容相关的科研院校、检测机构、生产企业的力量整合到该标准的制修订中，充分利用与标准内容相关的科研成果，保证标准的科学性、先进性、适用性。

4. 充分发挥各地标委会在标准制修订中的协助作用。各标委会做好咨询工作，协助行业主管部门提出本专业的标准体系表、建立标准的立项制度、标准承担者的资质制度、验证制度、验收制度及标准发布实施后的监督制度，保证标准的系统性、配套性、以及与国际的可对接性。

**（五）加强科学研究，增强标准的技术贮备**

加大科研力度，为制定标准奠定基础。随着人们对饲料安全问题的广泛重视，农业部将着重研究饲料有毒有害因素的来源、性质、作用、监测手段和控制措施。研究饲料中非安全性因素在饲养动物产品中残留和富集，对新开发的饲料资源做好卫生质量鉴定和做出安全评价，研究和解决新的饲料添加剂在使用中可能带来的毒性问题及其他有关的卫生问题，推广应用饲料毒物毒性试验方法，并进一步探索短期快速毒性试验方法。

1. 研究建立危险性分析和关键点控制（HACCP）的评估体系。该体系的研究建立将对饲料产品质量安全的由检验控制转化为对生产环节中潜在危害的控制，预防生产不合格的产品或预防因饲料产品质量安全引发的危害性事件，从而既能避免危害性事件带来的经济损失。建立危险性分析和关键点控制的认证评估体系，首先要建立相应的认证规章制度和认证评估人员队伍；开展对关键控制点的研究，对不同的农产品加工过程确定合适的关键控制点和数量；确定管制每个关键控制点的标准，对已确定的管制标准必须制定适当的检测方法。农业部畜牧兽医局（全国饲料工作办公室）已将饲料工业HACCP管理列入议事日程，并进行了试点工作，拟在全行业中推行。

2. 研究建立饲料产品质量安全预警系统。研究建立饲料产品不良反应的报告制度和调查制度，预防大范围危害性事件发生。饲料和饲料添加剂、药物饲料添加剂等广泛长期应用所产生的潜在危害难以预测，因此必须建立不良反应报告和调查制度；建立农产品产地、种植业、养殖业环境污染、违禁化学品使用举报和调查制度，提供对某种农产品发出危害性预警的科学依据，建立投入品的再评价程序和淘汰危害性投入品程序。从源头上预防不安全因素危害，防止恶性危害性事件发生。

3．加大标准的制定力度。一是针对当前部分饲料企业和养殖场户使用违禁药物和扩大允许药物饲料添加剂使用范围的现象，加快饲料和动物饮用水中各种违禁药物和药物饲料添加剂的快速检测方法。争取尽快完成《饲料中盐酸克伦特罗的快速测定》、《饲料中莱克多巴胺的测定》等标准的起草工作。二是根据农业部等三部局联合发布的违禁添加物名单，陆续补充标准计划项目的立项，加大制标力度。进一步加强对饲料添加剂检测方法的制定和修订，重点放在药物饲料添加剂的检测方法方面。对关系到整个饲料行业安全卫生的重大原料和添加剂的标准仍将及时提出并予以制修订。三是加大研究影响我国饲料安全卫生因素的力度。影响饲料安全的因素较多，除饲料原料本身，在储存、加工和运输过程中都有可能造成霉变和污染等，特别是饲料添加剂和允许使用的药物饲料添加剂的不合理使用，将会造成严重的安全问题。有毒有害物质的蓄积和残留，一方面降低饲料转化率；另一方面直接威胁人类的健康。因此，要对饲料产品进行跟踪调查，对其饲养的畜产品进行安全卫生检测，提出降低或避免饲料不安全因素综合治理对策。

**（六）加强国际合作，积极采用国际标准**

我国已经加入 WTO，饲料产品质量安全管理与国际接轨也势在必行。在标准体系建设上应加强与国际组织和发达国家的合作，积极采用国际标准，加强国际交流与合作势在必行。饲料的安全卫生问题已成为国际社会广泛关注的热点之一，世界各国如美国、加拿大、日本、德国、英国等在重视饲料相关立法的同时，非常重视饲料工业标准化建设，投入了大量的人力、物力，研究配套技术，建立了比较完善的标准体系。有效地对饲料产品研制、生产、销售和使用等环节实施监督。我们要借鉴国外的先进技术，加强国际间饲料安全卫生的控制、检测和监督管理等方面的交流与合作，在饲料安全卫生指标和检测技术方面尽可能与国际接轨，使我国检测技术达到 ISO、AOAC 和 FAO-CAC 所颁布的先进标准水平。着重开展国际间标准化工作交流和国外先进标准的借鉴；饲料添加剂，特别是药物饲料添加剂的应用与管理；饲料卫生安全控制的最新进展以及先进检测仪器设备的引进应用等。

1．系统研究和全面了解国内和国外标准。通过对相应专业范围内的国际、各国的标准作系统全面的查阅、研究和分析，了解到国际、国外标准的现有体系组成、特点和水平等，找出我国与国际、国外标准间的差距，为采用国际标准和国外先进标准提供依据。

2．积极采用国际标准。国际食品法典委员会（CAC）的标准已为国际贸易组织（WTO）确定为在食品国际贸易争端的仲裁依据，应重点研究，积极采用。世界发达国家尤其是我国农产品主要贸易国如日本、美国联邦法规（CFR）及食品药品管理局（FDA）的指令、俄罗斯及欧盟制定的农产品标准或法规，也应在制标过程中参照。

3．创新研究与引进并举，提高标准的科学性、实用性和时效性。我国在标准制定的创新性方面差距十分明显，在许多情况下，国外提出某项安全限量标准、设定一个技术壁垒后，我国有关部门才开始被动着手建立相关标准，这已经给我国农产品在国际市场上的形象和产品竞争力带来了很大的负面影响。必须将危险性评估技术引进我国食品安全标准领域，在总结我国科技成果和生产实践的基础上，借鉴 WHO、FAO 和 CAC 等国际组织以及发达国家和主要农产品贸易伙伴国在标准、指南或规范制定上的经验、方法和程序，开展标准技术创新研究，为保证食品安全和政府部门制定符合我国利益的进口食品监督检验的策略和措施建立技术支撑。

4．加强人才培养，广泛开展国际合作与交流。培养具备综合性专业知识、外语过硬、能在标准化领域进行国际交流的高级人才，积极主动地参加 WHO、FAO 和 WTO 等有关国际组织的有关标准化活动，学习和借鉴发达国家在标准制定包括资料收集、统计方法、危险性评价中数学模型应用等方面已经积累了丰富的经验，主动交流、全面合作，运用危险性评价作为指定技术措施的科学基础，全面与国际标准接轨，建立健全我国饲料工业质量标准体系。

总之，标准化工作是饲料安全监管工作的基石，加快标准制定速度、提高标准质量、完善饲料工业标准化体系，是确保饲料安全的根本措施。

（徐百志　孙　鸣）

# 饲料行业质量认证

中国饲料工业协会为提高饲料行业企业管理的水平，保证饲料质量与安全，推动饲料工业发展，2002年，认真贯彻国家认监委、农业部、全国饲料办加强质量管理和认证工作方针政策，在质量体系认证、HACCP体系认证、产品认证等方面做了大量工作并取得了一定成绩。

2002年2月11日国务院办公厅以国办发［2002］11号发出关于加强认证认可工作的通知，指出认证是保证产品、服务、管理体系符合技术法规和标准要求的合格评定活动、对从事认证及相关的检测检验机构（实验室）和审核人员资质条件与能力的合格评定活动。开展认证认可工作，对从源头上确保产品安全，规范市场行为，指导消费和促进对外贸易具有重要作用。当前，加强认证认可工作，既是我国加入世贸组织和参与经济全球化的需要，也是适应社会生产力发展和满足人民群众日益增长的物质文化需求的需要；既是规范市场秩序的重要手段，也是提高我国产品质量、增强出口产品竞争力以及保护国内产业的重要举措。通知要求各地区、各部门务必从发展经济、促进贸易、增强我国经济实力的高度充分认识加强认证认可工作的重要意义。通知提出了当前认证认可工作的主要任务和工作重点，包括建立统一的国家认可制度和适应市场经济发展要求的认证制度，并加强对认证机构及认证咨询、培训机构的管理。

2002年4月2日国家认监委等四个部门以国认联［2002］21号发布了《认证机构及认证培训、咨询机构审批登记与监督管理办法》及其相关文件的有关规定。

中国饲料工业协会按照上述有关规定，加强了有关认证方面的组织机构建议工作。

经过努力，使北京中饲协质量咨询中心获得了国家认监委认证咨询机构批准书（批准号：CNCA-Z-01Q-2002-102）；进行了质量体系认证机构筹备工作；按照认监委对认证与咨询分离的要求，调整了咨询中心机构组织和归属。

**（一）质量体系认证**

组织了ISO9000培训。2001年以来由饲料协会组织了ISO9000标准基础培训，培训了近300人，这些人在企业质量管理和认证工作中起了骨干作用。2002年饲料协会与“国培”联合组织了预备知识班和外审员班的培训，共培训外审28人，其中合格26人，这些人中，绝大部分是饲料行业的年轻技术骨干，他们既懂业务，又掌握质量管理知识，对提高饲料工业质量，是一批新生的力量。

截止到2002年底全国饲料工业通过认证的企业已达到241家，见下表。

**全国饲料工业已认证企业一览表**

| 省　市 | 企业个数（2002年） | 累计个数 |
|---|---|---|
| 北京市 | 9 | 26 |
| 上海市 | 2 | 6 |
| 天津市 | 0 | 2 |
| 重庆市 | 0 | 4 |
| 河北省 | 7 | 16 |
| 山西省 | 0 | 1 |
| 内蒙古 | 0 | 2 |
| 辽宁省 | 1 | 11 |
| 吉林省 | 1 | 3 |
| 黑龙江 | 1 | 5 |
| 江苏省 | 4 | 19 |
| 浙江省 | 7 | 24 |
| 安徽省 | 1 | 4 |
| 福建省 | 4 | 12 |
| 江西省 | 2 | 5 |
| 山东省 | 7 | 22 |

（续）

| 省　市 | 企业个数（2002 年） | 累计个数 |
|---|---|---|
| 河南省 | 2 | 3 |
| 湖北省 | 0 | 3 |
| 湖南省 | 0 | 1 |
| 广东省 | 10 | 25 |
| 广　西 | 1 | 4 |
| 海南省 | 1 | 2 |
| 四川省 | 2 | 27 |
| 云南省 | 0 | 4 |
| 陕西省 | 0 | 2 |
| 宁　夏 | 0 | 1 |
| 青海省 | 0 | 1 |
| 新　疆 | 2 | 6 |
| 合　计 | 64 | 241 |

**（二）HACCP 体系认证**

组织 HACCP 管理体系的培训。2002 年，为提高饲料生产企业的安全卫生质量的管理水平，饲料工业协会邀请加拿大圭尔夫大学食品技术中心质量体系专家 Irnin Prom 先生，于 2002 年 4 月来华，对饲料行业管理人员进行了 HACCP 管理体系的培训，共培训了 25 人，取得合格证书 20 人。同年 10 月，组织有关人员 12 名到加拿大进一步培训，提高了实际操作能力。

组织起草了《HACCP 饲料管理通则》标准，为认证提供依据。全国饲料工业标准化技术委员会（秘书处设在饲料工业协会）组织专家，针对我国饲料、饲料添加剂生产实际情况进行了调查研究，完成了《HACCP 饲料管理通则》标准的制定和审查工作，现已报批。

该标准借鉴 CAC/RCP－1（1997）《食品卫生通则》中的某些规定，参照加拿大和美国有关 HACCP 的资料，并结合我国饲料企业的现状和有关安全卫生法规制订的。

根据我国饲料行业管理水平和企业整体水平的实际，建立我国饲料行业的生产质量安全管理模式和企业安全生产运行模式，编制《饲料和饲料添加剂生产安全管理规范》和《饲料和饲料添加剂生产质量安全管理技术指南》。

饲料危害分析及关键控制点（Hazard Analysis and Critical Control Point，HACCP），主要由危害分析和关键控制点两部分组分，用于鉴定饲料危害，且含有预防方法，设法使饲料安全危害的风险降到最低限度。通过饲料工业 HACCP 管理体系的建立和实施将有利于解决目前存在的饲料安全问题，对消费者提供安全卫生的动物产品。此项标准的发布实施将给饲料 HACCP 认证管理提供依据，并将产生良好的社会和经济效益。

**（三）ISO9000 认证培训**

2002 年饲料协会与“国培”联合组织了预备知识班和外审员班的培训，共培训外审 28 人，其中合格 26 人，这些人中，绝大部分是饲料行业的年轻技术骨干，他们即懂业务，又掌握质量管理知识，对推动饲料行业发展，是一批新生的力量。

（四）产品认证　饲料产品不仅关系到畜、禽、水产养殖的产品质量安全，而且关系到人们的身体健康和安全。在国际上饲料的安全问题已提升到“饲料安全就是食品安全”的地位，在国内饲料安全问题已成为人民普遍关心的热点问题，因此建立饲料工业产品质量认证机构，加快饲料工业产品质量认证步伐，确保饲料质量、安全是非常必要的，特别是随着我国畜产品出口的增加，国际贸易中技术壁垒已成为我国畜产品出口的重要障碍。实行饲料产品安全认证，是消除国际贸易中技术壁垒，保护我国民族工业的有效手段。

中国饲料工业协会是全国饲料工业行业的社会团体，是联系政府和饲料工业行业企事业单位、社会团体和个人的非营利性社会中介组织和自律性行业管理组织。协会是全国饲料工业标准化技术委员会挂靠单位，是全国饲料力审核饲料工业产品许可证惟一委托单位。并组织饲料实验室，开展饲料的监督检验检测工作。中国饲料工业协会初步具备了产品认证工作，并为成立产品认证机构做大量准备工作。

为规范饲料产品认证工作，促进饲料产品安全卫生和质量水平的提高，维护人民身体健康，饲料协会还与认证机构的管理部门进行饲料产品认证管理办法制定等方面的工作。

（陈强）

# 国际交流与合作

为促进中美两国饲料行业间的技术信息交流，建立长期友好互惠合作关系，定期开展交换饲料业有关法规及出版物，定期开展互访和学术交流，合作举办国际研讨会、国际展览会及推广饲料新技术知识讲座等活动，美国饲料工业协会会长大卫·波斯曼先生应邀于2002年10月14日至22日来中国访问。

2002年10月15日，中国饲料工业协会秘书长刘同占在北京亲切会见了大卫·波斯曼先生，双方在亲切友好的气氛中相互通报了各自协会的工作情况。

刘同占秘书长代表中国饲料工业协会对大卫·波斯曼先生的访华活动表示欢迎，并详细介绍了中国饲料工业发展情况。中国饲料工业协会是经国务院批准、农业部主管的全国性行业社团组织，是联系政府和全国饲料工业行业社团组织。其宗旨是在中国政府指导下，遵守国家法律，遵守社会公德。适应市场经济需要，以企业为本，强化行业管理，提高服务质量，全心全意为会员服务，促进饲料工业行业全面发展。

大卫·波斯曼先生对中国饲料工业协会邀请他访华表示感谢，并饶有兴致地介绍了美国饲料工业协会的工作。他强调指出，美国饲料工业协会是美国唯一专门致力于提供强有力的代表饲料、宠物饲料及其供应商、立法、规章等方面利益的全国性行业组织。协会成员包括690个会员公司，其饲料、宠物饲料年销售量占全美饲料总量的75%。协会的成员包括饲料生产厂、饲料原料供应商、动物保健公司、设备制造商大型综合家畜、家禽养殖场和为畜产品企业提供产品和服务的公司。协会成员中有35个是州、地区、全国性或国际性的协会。

中国饲料工业协会副秘书长王随元、乔玉锋、颜小军以及综合处处长沙玉圣和外经处副处长张贞奇参加了会谈。

会谈后，双方签署了“中国饲料工业协会与美国饲料工业协会合作备忘录”。

1. 双方一致认为美国饲料工业协会与中国饲料工业协会同意为各自成员的利益在国际领域进行合作。这一历史性决策将使世界上最大的两个饲料组织在国际前沿领域为其成员提供更好的服务和更多的机遇。

2. 双方承诺将提供稳定、安全、优质的饲料，在现代食品生产领域为保障消费者信心继续发挥关键作用。

3. 双方将努力作到：协调国际饲料工业的地位，在制定食品法规及相关事宜方面进行合作，在国际事物中加强饲料工业的呼声，建立交流渠道，制定对话及贸易政策，提供新的培训机会。

4. 美国饲料工业协会与中国饲料工业协会保证将在国际上通过国际饲料工业联合会为更多的共同目标而努力；如有不同意见，也将通过国际饲料工业联合会讨论解决。

（张贞奇）

# 饲料工业信息体系

信息资源是国家的战略资源，它在国民经济信息化中位于核心的地位。信息资源对促进我国信息化的快速发展，正确引导我国信息化的发展方向，对拉动国民经济和社会发展，提高全民族的文化素质和创新能力，促进社会进步和繁荣，实施西部大开发战略等方面有着十分重要的意义。

互联网络信息资源是信息资源的重要组分，自从20世纪90年代中期以来，互联网在我国迅猛发展，网上中文信息资源快速增长，截止到2002年底，各类域名数、网站数和数据库数都较2001年有很大的增长。(1) 全国域名数为940 329个，域名数排在前4位的省市依次是北京、广东、浙江和上海，这4省的域名总数占全国域名总数的51.6%；华东地区的域名数占全国总量的43.46%，华东、华北、华南三地区的域名数总和占全国总量的88.62%；(2) 全国网站数为371 600个，网站数排在前4位的省市依次是北京、广东、上海和浙江，这4省的网站总数占全国总数的58.2%。华东地区的网站数占全国总量的33.2%，华东、华北、华南三地区的网站数总和占全国总量的81.9%。各类网站中，企业网站数的比例最大，占全国网站总数的78.83%，其次为商业网站，占8.70%。(3)在线数据库的总量为82 929个。在所有在线数据库中，企业网站拥有的数据库数量也最多，占全部数据库的61.08%；其次是商业网站拥有的数据库，占全部数据库的29.14%；第三是教育、科研机构网站拥有的数据库，占全部数据库的4.85%。

2002年，中国农业互联网发展迅速，各类农业网站共计10 000余家，其中，各地农业网站2 053个，公司企业网站4 275个，农业院校网站1 114个，园艺/园林357个，畜牧养殖业351个，林业网站347个，政府机构网站306个，种植业网站299个，研究机构网站223个，农业资料网站192个，水产/渔业网站126个，动植物保护网站103个，农业工程网站70个，协会组织网站62个，乡镇企业信息等其他类网站241个。这些网站多集中在经济较发达的省市，一些经济欠发达的省份也都建起了很多农业网站。

目前农业网站存在很多不足之处：

1. 设计质量相对较低，缺少特色。
2. 信息内容重复、单调。
3. 缺乏开放性，有价值的信息难以实现共享。
4. 更新慢，时效性差。

饲料行业互联网在国内互联大发展的气候下快速发展，专门为饲料行业提供服务的相关网站多达30多家。饲料网站达到570个，兽药类网站161个，养殖类网站703个。这些网站提供的信息服务正发挥着越来越重要的作用：①为政府和企业及时了解饲料信息最集中窗口；②促使饲料企业加快信息化的步伐；③服务饲料科研与管理；④实现信息互通有无，促进商贸的实现；⑤为饲料企业宣传形象，加大了企业知名度和产品的知名度。

中国饲料工业信息网（www.chinafeed.org.cn），自1998年开通以来，一直致力于为各级饲料管理机关、协会组织和饲料生产、经销企业、原料贸易企业提供国内外快捷、准确、全面的饲料信息服务，2002年再次根据各方面的实际需求情况进行改版，确定了行业动态、玉米、饼粕、鱼粉、添加剂、养殖、管理等重点栏目，受到了企业和相关机构的极大关注。同时，该网为加强国际饲料企业的交流与合作，为国外客户提供完善的饲料行业信息服务，在2002年开通了英文网站 www.chinafeed.info，成为饲料行业对外的一个重要窗口之一。截至2002年底，中国饲料工业信息网的总访问人数将近200万人次，较2001年以前访问人次增长1倍以上。中国饲料在线网站（www.chinafeedonline.com）所提供的专业化饲料原料信息服务越来越受到企业的关注。上海益农网（www.efeedlink.com.cn）的饲料电子商务取得了较大的发展。上海汇易网（www.chinajci.com）自2002年开通以来，发展十分迅速，其独特的市场分析视角受到业内人士的好评。中国饲料行业信息网经过近几年的发展，也取得了很大的进步，尤其是在科技等方面具有更明显的特点和优势。

各类饲料网站的建立和发展，为饲料工业的信息化起到了积极的推动作用。具体行业网站和企业网站见下表。

**饲料工业行业信息网络机构情况（一）**

| | 名　　称 | 网　　址 |
|---|---|---|
| 饲料工业行业主要网站 | 中国饲料工业信息网 | http：//www.chinafeed.org.cn |
| | 中国饲料监测体系信息网 | http：//www.cfms.org.cn/ |
| | 中国畜牧兽医信息网 | http：//www.cav.net.cn |
| | 中国饲料行业信息网 | http：//www.feedtrade.com.cn |

（续）

| | 名 称 | 网 址 |
|---|---|---|
| 饲料工业行业主要网站 | 中国饲料在线 | http：//www.chinafeedonline.com |
| | 上海汇易咨询网 | http：//www.csjci.com |
| | 上海益农网 | http：//www.efeedlink.com.cn |
| | 富得网 | http：//www.foodec.com |
| | 中华食物网 | http：//www.foodchina.com |
| | 上海邦成网 | http：//www.epansun.com |
| | 中国粮油商务网 | http：//www.fao.com.cn |
| | 东北饲料信息网 | http：//www.nefi.com.cn |
| | 南方饲料信息网 | http：//www.sfe.net.cn |
| | 天下粮仓网 | http：//www.cofeed.com/ |
| | 无忧饲料网 | http：//www.51feed.cn/ |
| | 环球饲料网 | http：//www.globalfeed.com.cn/ |
| | 中国牧业网 | http：//www.china－ah.com |
| | 中国饲料信息网 | http：//www.china－feed.com |
| | 中华饲料商务网 | http：//www.chinaccm.com/13/ |
| | 江苏饲料信息网 | http：//www.jsfeed.org.cn/ |
| | 黑龙江省兽药饲料网 | http：//www.hljsy.cn/ |
| | 中国北方饲料机械信息网 | http：//www.sljx.com.cn/ |
| | 中华粮网 | http：//www..cngrain.com |
| | 中国兽药信息网 | http：//www.ivdc.gov.cn |
| | 中国谷盟网 | http：//www.gm178.com |
| | 宏良资讯网 | http：//www.goldgrain.net |
| | 中国粮油食品信息网 | http：//www.cof.net.cn |
| | 西部畜牧饲料兽药信息网 | http：//www.nsfeed.com.cn |
| | 中国大豆网 | http：//www.soybeanchina.com |
| | 中国玉米网 | http：//www.maize.com.cn/ |
| | 中国玉米淀粉网 | http：//www.jsec.com.cn/ |

注：排序不分先后。

**饲料工业行业信息网络机构情况（二）**

| 地 区 | 单 位 名 称 | 网 址 |
|---|---|---|
| 北 京 | 中牧实业股份有限公司 | http：//www.hua－luo.com |
| | 北京挑战饲料科技集团 | http：//www.challenge.com.cn |
| | 伟嘉集团 | http：//www.vicagroup.com.cn |
| | 北京大北农贸易有限责任公司 | http：//www.dbn.com.cn/ |
| | 北京虹福威生物技术发展有限公司 | http：//www.hongfuwei.com/ |
| | 北京北农大动物科技有限责任公司 | http：//www.bau.com.cn |
| | 北京资源集团 | http：//www.resourcefeed.com.cn |
| | 北京英惠尔生物技术有限公司 | http：//www.enhalor.com.cn/ |
| | 北京精准动物营养研究中心 | http：//www.bjapn.com/ |
| | 北京昕大洋生物技术有限公司 | http：//www.bjxindy.com/ |
| | 北京卓兴业科贸有限公司 | http：//www.bdragon.com.cn/ |
| | 北京天地大科技有限公司 | http：//www.trendaaa.com/ |
| | 北京农大利生物技术中心 | http：//www.ndl.com.cn |

（续）

| 地　区 | 单位名称 | 网　址 |
|---|---|---|
| 北　京 | 北京潞威动物保健品公司 | http：//www.wierluwer.com/ |
| | 北京天福莱生物科技有限公司 | http：//www.sunplant.com/ |
| | 北京康华远景科技有限公司 | http：//www.keepyoung.com.cn/ |
| | 北京九州大地饲料公司 | http：//www.jzdd.com.cn |
| | 北京市友谊饲料公司 | http：//www.friendshipfeed.com/ |
| | 北京德佳牧业科技有限公司 | http：//www.dejuxe.com.cn/ |
| | 北京海正兴发兽药有限公司 | http：//www.bjhisun.com |
| 天　津 | 天津市新星兽药厂 | http：//www.tjxinxing.com |
| | 天津市兽药二厂 | http：//www.china－veterinary.com |
| | 天津市中敖畜牧集团 | http：//www.zhongaogroup.com/ |
| | 天津牧光公司 | http：//www.moregrowing.com/ |
| | 天津津发兽药有限公司 | http：//www.tjjf.com.cn/ |
| | 天津牧丰饲料有限公司 | http：//www.muguan.com/ |
| | 天津中敖畜牧集团 | http：//www.zhongaogroup.com/ |
| | 天津佳农饲料有限公司 | http：//www.cam.com.cn/ |
| 上　海 | 上海大江饲料有限公司 | http：//www.dajianggroup.com |
| | 上海华扩达生化技术研究开发有限公司 | http：//www.walcom－biochem.com/ |
| | 上海创博生态工程有限公司 | http：//www.sh－chuangbo.com/ |
| 重　庆 | 重庆威士化工有限公司 | http：//www.cqwshg.com/ |
| 河　北 | 石家庄市海天饲料有限公司 | http：//www.haitiansl.com/ |
| | 河北大午农牧集团饲料有限公司 | http：//www.dawugroup.com/ |
| | 河北省沧州市厚德生物新技术研究所 | http：//www.houde－bio.com/ |
| | 河北兴达饲料有限公司 | http：//www.hebeixingda.com/ |
| | 沧州旺发生物技术研究所 | http：//www.hbyongfasw.com/ |
| 山　西 | 山西威科饲料科技公司 | http：//www.weikesiliao.com/ |
| 辽　宁 | 辽宁众博饲料科技有限公司 | http：//www.jubofeed.com/ |
| | 沈阳波音饲料有限公司 | http：//www.boin－china.com/ |
| | 禾丰集团 | http：//www.wellhope－ag.com/ |
| 内蒙古 | 金河集团实业公司 | http：//www.jinhe.com.cn |
| 江　苏 | 江苏正昌集团有限公司 | http：//www.zhengchang.com |
| | 宜兴阿克苏诺贝尔化学有限公司 | http：//www.akzonobelyx.com |
| | 江苏牧羊集团 | http：//www.chinamuyang.com |
| | 无锡太湖粮机有限公司 | http：//www.thlj.com.cn |
| | 无锡正大畜禽有限公司 | http：//www.wxzhengda.com |
| | 宜兴天石饲料有限公司 | http：//www.yxtianshi.com/ |
| | 无锡华诺威动物保健品有限公司 | http：//www.hanove.com |
| | 南京郁氏农牧开发有限公司 | http：//www.feed－grow.com/ |
| | 江苏徐州强物预混合饲料厂 | http：//www.xaqw.com |
| 浙　江 | 浙江花园生物高科有限公司 | http：//www.hybiotech.com |
| | 浙江一星集团 | http：//www.zjyixing.com |
| | 浙江金大地生物工程股份有限公司 | http：//www.jindadi.net |
| | 浙江璟宝饲料股份有限公司 | http：//www.jingbaogroup.com |
| | 浙江大飞龙动物保健品有限公司 | http：//www.dovro.com.cn |

（续）

| 地 区 | 单位名称 | 网 址 |
| --- | --- | --- |
| 浙 江 | 杭州康德权饲料有限公司 | http：//www.kdqfeed.com |
| | 浙江兄弟化工有限公司 | http：//www.brother.com.cn |
| | 杭州民生科技 | http：//www.hzmsbt.com/ |
| | 浙江康裕生物制药有限公司 | http：//www.kangyubio.com |
| | 浙江义乌华统饲料有限公司 | http：//www.huatong-forage.com.cn |
| | 浙江大学科达生物技术有限公司 | http：//www.zdkd.com/ |
| | 浙江新和成股份有限公司 | http：//www.cnhu.com |
| 安 徽 | 安徽省蚌埠正虹饲料有限公司 | http：//www.zzfeed.com/ |
| | 安徽淮北正虹饲料公司 | http：//www.zhenghonghb.com/ |
| 福 建 | 福建博大生物工程有限公司 | http：//www.boom-darb.com |
| | 厦门金达威维生素股份有限公司 | http：//www.kingdomway.com |
| | 福州海马饲料有限公司 | http：//www.seahorsefeed.com |
| | 新奥（厦门）农牧发展有限公司 | http：//www.singao.com/ |
| | 厦门瑞辉工贸有限公司 | http：//www.xmrh.com/ |
| 江 西 | 江西民星 | http：//www.mxkj.com |
| | 正邦集团 | http：//www.zhengbang.com/ |
| 山 东 | 山东胜利股份有限公司 | http：//www.vicome.com |
| | 山东宝来利来生物工程有限公司 | http：//www.boly-lely.com |
| | 济南天天香有限公司 | http：//www.jnttx.com |
| | 潍坊中基饲料有限公司 | http：//www.zhongjifeed.com |
| | 齐鲁动保厂 | http：//www.qiludb.com |
| | 临沂市龙盛饲料有限公司 | http：//www.longshengfeed.com/ |
| | 济宁利特有限公司 | http：//www.jnlt.com/ |
| | 山东天聚发展有限公司 | http：//www.china-tianju.com/ |
| | 济南华鲁饲料有限公司 | http：//www.jinanhualu.com/ |
| | 山东济南新发药业有限公司 | http：//www.jn-xinfa.com/ |
| 河 南 | 河南省项城市恒祥有限公司 | http：//www.china-hengxiang.com |
| | 河南牧友科技饲料有限公司 | http：//www.muyou.com/ |
| | 河南省项成市恒祥有限公司 | http：//www.hxtdl.com/ |
| 湖 北 | 武汉新华扬生物有限公司 | http：//www.huayang-biology.com |
| | 武汉邦之德牧业科技有限公司 | http：//www.whhw.com.cn/ |
| | 襄樊市乾泰磷化有限公司 | http：//www.qtlhco.com/ |
| 湖 南 | 湖南晶天科技实业有限公司 | http：//www.jtkj.com |
| | 湖南正虹饲料股份有限公司 | http：//www.hunan-zhenghong.com.cn |
| 广 东 | 广州天科科技有限公司 | http：//www.tanke.com.cn |
| | 惠州市维尔康贸易有限公司 | http：//www.weirkang.com |
| | 广州市金银卡饲料有限公司 | http：//www.gdkingcard.com |
| | 广东溢多利物科技股份有限公司 | http：//www.yiduoli.com.cn/ |
| | 广东恒兴集团有限公司 | http：//www.hx888.com |
| 广 西 | 广西南宁骏威饲料有限公司 | http：//www.jun-wei.com/ |
| 四 川 | 四川龙蟒集团 | http：//www.lomon.com |
| | 成都大地饲料有限公司 | http：//www.dadicorp.com |
| | 通威集团有限公司 | http：//www.tongwei.com |

（续）

| 地　区 | 单 位 名 称 | 网　址 |
| --- | --- | --- |
| 四　川 | 新希望集团 | http：//www.newhopegroup.com |
| | 成都巨星饲料有限公司 | http：//www.paishen－tech.com/ |
| | 四川省畜科饲料有限公司 | http：//www.animtech.com/ |
| 陕　西 | 西安亨通光华制药有限公司 | http：//www.xa－ht.com |
| | 陕西金冠物业有限公司 | http：//www.jinhuaqin.com/ |
| | 陕西石羊集团股份有限公司 | http：//www.sx－shiyang.com/ |
| | 陕西杨凌富仕特饲料有限公司 | http：//www.firstfeed.com |
| 云　南 | 云南康和生物工程股份有限公司 | http：//www.ynkh.com |
| 甘　肃 | 博亚饲料有限公司 | http：//www.bigboya.com |
| 宁　夏 | 宁夏正旺生物技术有限公司 | http：//www.nxzw.com.cn |
| | 宁夏夏盛实业集团 | http：//www.sunsonenzymes.com |
| 国外企业 | 安迪苏生命科学制品 | http：//www.adisseo.com.cn |
| | 康地饲料添加剂（北京）有限公司 | http：//www.contibj.com |
| | 巴斯夫（中国）有限公司 | h：//www.chinafeed.org.cn/mem/BASF |
| | 诺伟司国际贸易（上海）有限公司 | http：//www.chinafeed.org.cn/mem/novus/ |
| | 罗氏（中国）有限公司 | http：//www.roche.com.cn |
| | 丹尼斯克动物营养 | http：//www.danisco.com/animalnutrition |
| | 日本味之素 | http：//www.ajinomoto.com.cn/ |
| | 布勒设备工程（无锡）有限公司 | http：//www.chinafeed.org.cn/mem/buhler/ |
| | 广州龙沙有限公司 | http：//www.chinafeed.org.cn/mem/lonza |
| | 德固赛中国有限公司 | http：//www.aminoacidsandmore.com/ |
| | 北京得乃美国际农牧科技有限公司 | http：//www.imcglobal.com.cn |
| | 南英伟生物技术饲料（深圳）有限公司 | http：//www.invenutriadchina.com |
| | 伊比西欧洲有限公司 | http：//www.epcchem.com/ |
| | 意大利威尼达中国公司 | http：//www.vanettaspa.com/ |
| | 大昌洋行（上海）有限公司 | http：//www.dksh.com/ |
| | 上海麦可维贸易有限公司 | http：//www.microvert.com.cn/ |

注：排序不分先后。

（孙志强）

# 地 方 篇

## 北京市饲料工业

**【发展概况】** 截止到2002年底，全市建档、备案的饲料企业为580家，比上年减少57家，其中：饲料加工企业470家，减少20家，经营企业110家，减少37家。全市饲料总产量242万t，比上年增产5万t，增长2.1%，其中：配合饲料180万t，浓缩料35万t，预混料26万t，饲料销售额达55亿元，利税1.2亿元，从业人员1.5万人。饲料工业已经成为北京市郊区农业经济中的一项重要产业，在保障郊区养殖业发展、促进农业结构调整、扩大就业、增加农民收入、节约粮食以及保障动物性食品安全等方面发挥了重要作用。

**【行业特点】** 北京市饲料企业发展特点及趋势：

1. 民营高科技企业快速发展，技术含量高的产品持续增长，销售市场不断扩大。由于北京市拥有畜牧、饲料及动物营养等科技人才优势，一批起点高，科技含量高，员工素质高和管理水平高的“四高”企业在郊区迅速兴起。目前全市获得高新技术企业证书的企业已达37家。科技含量较高的浓缩料、添加剂和预混料一直呈较快的增长势头，产销量逐年增加，2002年添加剂预混料比上年增加近5万t，增长22.7%。北京市饲料产品的市场辐射面得到进一步拓展，除在北方有相对稳定的市场外，部分企业还开拓了南方市场，并在外埠设立了分公司或办事处，国内市场不断扩大。此外，少量产品已开始走出国门，销往国外。

2. 企业管理和市场行为进一步规范。2002年全市饲料企业的生产经营管理、工艺设备改进、检化验设施和人员配置以及市场销售行为都得到了进一步完善和规范。大部分企业增加或更新了混合机，完善了除尘、安全设施和检化验设备，按要求增加了检化验人员和设备维修人员，并积极报名参加培训、鉴定持证上岗。企业的法制观念，质量意识，特别是卫生安全意识普遍增强，各项管理制度日益完善，员工素质不断提高，并加快了ISO9000质量管理体系认证工作。截止2002年底，全市获得质量管理体系认证的企业25个，部分企业还获得了ISO14000环境认证，目前正在为通过HACCP管理体系认证做准备。标志着本市饲料企业管理和产品质量迈上了一个新台阶。

3. 安全饲料与养殖业结合的农牧产业化经营初见成效。全市饲料企业积极响应农业部“无公害安全食品行动计划”和“饲料安全工程”。目前，全市有20多个大型饲料企业已公开郑重承诺，并向全市饲料企业发出“保证饲料无公害安全生产”的倡议。一些饲料企业大力改革创新饲料配制技术，并与郊区养殖业联合，向农牧产业化一体化、集团化方向发展。北京“天福莱”饲料科技公司与湖南正虹集团合作，共同开发研制天然植物提取物饲料添加剂，兴办新型饲料企业；大兴资源集团的安全猪肉产业化工程日趋完善，现代化屠宰线已经开工投产；康达饲料科技集团的清真安全肉羊产业化已在大兴开始运行，分割羊肉产品已经上市。目前本市已有北京资源饲料科技有限公司、中牧实业股份有限公司等5家企业被确定为国家农业产业化重点龙头企业。

4. 饲料行业呈现出向规模化、效益型发展的新趋势。随着行业竞争的日趋激烈，为适应行业发展和市场竞争的需要，北京饲料企业正在进行整合，进一步上规模，上水平。一些生产条件差，技术水平和管理能力低，产品质量不高、不稳，难以坚持正常生产的企业陆续关、停、并、转。一些大、中型企业的规模不断扩大，正向规模化、效益型的方向发展。目前全市有年产量在5万t以上、销售额1亿元以上的饲料加工企业10多家，产销量最大的为22万t；年产销预混料2 000t以上的企业20多家，最大为6万多t。其中：中牧实业股份有限公司、大北农饲料科技有限公司、大发正大有限公司等7家企业被评为全国饲料行业百强企业；九州大地公司、资源集团等四家企业荣获“全国饲料行业科技进步企业”称号。

北京饲料工业在取得较快发展的同时，也还存在着一些问题，主要是：企业数量较多、生产规模较小、综合实力不强，部分企业重生产轻管理，产品质量不高；饲养场自配自用饲料的管理，目前还缺乏具体办法，少数企业违法添加使用违禁药物或添加剂的现象仍有发生。

**【主要工作】** 2002年主要抓了以下几方面工作：

1. 加强行政执法，提高产品质量，全面推进饲料安全工程。一是大力开展饲料产品质量检测。根据农业部下达给北京市的年度饲料质量监督检测任务，市农委下发了《关于2002年度北京市饲料和饲料添加剂质量监督检测工作安排的通知》，对全市592家饲料和养殖企业的1 602个样品进行了检测。对农业部通报的产品质量不合格的企业，市农委会同市饲料工业协会和市饲料监察所，召开饲料质量检查结果通报会，对不合格企业及不合格产品进行通报，并要求限期进行整改，写出检查整改报告，对有异议和情况不符的，调查核实取证澄清后上报农业部全国饲料办。对一些问题严重的企业由所在区县政府进行了查处。二是严厉查处非法使用违禁药物的行为。为确保饲料和畜产品质量安全，2002年在开展饲料打假工作的基础上，重点加大了对饲料和养殖环节非法生产、经营和使用违禁药品的查处力度。年初市农委会同市农业局出台了《关于加强饲料和养殖企业管理，依法查处非法使用盐酸克伦特罗行为的规定》，严厉查处非法使用盐酸克伦特罗等违禁药物的行为，并依法对被农业部和北京市查处的违规企业进行了处罚。根据农业部开展饲料及畜产品中“瘦肉精”等违禁药品专项整治工作的安排，市农委与市农业局又联合下发了《关于开展饲料及畜产品中“瘦肉精”等违禁药品专项整治工作的通知》，于11～12月份在全市集中开展了饲料及畜产品中“瘦肉精”等违禁药品的专项整治活动，对2002年被农业部和北京市检测出问题的企业全部进行了复查，共检测了115家饲料、养殖、屠宰和市场的245个样品。通过一系列的整治活动，有效地遏制了非法使用违禁药物的行为，提高了饲料及畜产品的安全水平。三是积极推进饲料安全工程。为促进饲料安全工程的开展，北京市饲料工业协会倡议并受全国饲料标准化委员会委托，承担了《天然植物饲料添加剂使用通则》的起草制定任务，历经数月调研，多次修改，在湖北全国标委会评审会上原则通过，待报国家质量技术监督局批准发布后，将进一步促进饲料配制技术的改革创新。此外，年初我们还与市消费者协会、市绿色食品办公室联合举办了安全肉禽食品新闻发布会，全市共有9家饲料、养殖和肉禽食品加工企业联合向社会公开承诺，坚决保障饲料，肉禽生产和食品加工安全。提出了具体保证措施，包括新闻单位在内近百家参加，并在北京电视台播出，大力宣传饲料业在整个食品安全，特别是动物性食品安全工程中的重要作用，取得了良好效果。

2. 进一步完善全市饲料管理和监督体系，强化饲料行业管理。2002年，依据国务院《饲料和饲料添加剂管理条例》，北京市进一步加强了饲料监督管理体系建设，已经形成了由市农委负责，市饲料监督所和市饲料工业协会密切配合的“三位一体”的行业管理和监督体系，全面加强了饲料管理工作。一是制定和完善北京市饲料行政审批手续。根据《饲料添加剂和添加剂预混合饲料生产许可证管理办法》及有关规章，按照《北京市人民政府批转市监察局关于进一步建立健全行政审批程序性规定和责任追究办法意见的通知》精神，2002年制定了北京市饲料添加剂或添加剂预混合饲料产品批准文号（审批类）、饲料添加剂或添加剂预混合饲料生产许可证（审核类）和饲料企业登记证（备案类）三项程序性规定，并通过政府网向社会公布。二是认真开展饲料添加剂和添加剂预混料企业的审核和年检工作。全年共对41家新办饲料添加剂和添加剂预混合饲料企业进行审核，并报请农业部为其中的39家颁发了生产许可证；全年共核准并发放饲料添加剂及添加剂预混合饲料批准文号930个；对全市已经取得生产许可证的147家添加剂及其预混料生产企业进行了年检，并对16家企业进行了实地核查，报请农业部注销了10家不合格企业的生产许可证。三是对109个新办登记备案的企业进行了注册备案登记，建立了企业档案并发给了登记证；并为256个已登记注册发给登记证的配合料、浓缩料、饲料原料、牧草加工和饲料经营企业办理了企业名称、法人、厂地等变更手续及有效期延期手续，给企业办理免征增值税手续提供方便。四是根据在湖南召开的全国生产许可证工作会议精神，召开专业会议，组织添加剂和预混料生产企业进行整改活动，要求企业写出整改计划报告，并在2003年2月份以前，完成设备工艺、检、化验室改造和技术人员配套等方面的工作，在年检中予以检查。

3. 认真贯彻农业部《关于促进饲料业持续健康发展若干意见》，加快本市饲料业持续健康发展。2002年，按照农业部的要求，北京市认真组织学习和贯彻落实国务院转发农业部《关于促进饲料业持续健康发展若干意见》，采取召开会议和开展检查等多种方式，积极进行宣传贯彻，并组织大型企业的领导和专家进行研讨，制定加快本市饲料业发展的意见。

4. 积极开展种类职业技能培训活动。2002年继续大力开展饲料检、化验员，中控室操作员和设备维修员的培训、考核和技能鉴定工作，强化持证上岗，其中：培训检、化验员2期60多人；中控室操作员1期20多人；设备维修员2期60多人。同时，还对饲料统计员进行了培训。根据农业部办公厅印发的经国家统计局批准的《全国饲料工业综合统计报表制度》，按照福建全国饲料统计工作会议的要求，连续举办了2期统计员培训班，全市重点企业共派出100多人参加了培训，通过培训和测试，使其基本掌握了饲料统计信息系统和新统计制度的使用、填报方法和要求。

5. 圆满完成协会换届工作。2002年4月初，北京市召开了市饲料工业协会第三届理事会换届大会，总结了几年来北京饲料工业发展成效和工作，提出了新时期，新阶段本市饲料业的发展方向、目标和措施，产生了第四届理事会，圆满完成协会换届工作。

北京市饲料工业协会第四届理事会共有理事143人，企业经理、厂长、技术总监占95%、大专以上学历占90%；常务理事33人，企业董事长、总经理占98%、大专以上学历100%；会长、副会长、秘书长、副秘书长、监事22人，大型企业总经理占98%、大专以上学历占100%。这次换届，充分体现了协会以企业为本的宗旨，积极向企业办协会过渡，协会整体素质普遍提高，加快了与国际接轨的步伐。

（北京市农委养殖业管理处）

## 天津市饲料工业

2002年是“十五”规划实施的第二年，也是促进天津市农业现代化建设和实现跨越式发展目标的重要年。市饲料工业办公室在市农委的直接领导下，按照工作目标和责任范围，认真开展工作。依据农业部全国饲料工作办公室的工作安排和部署，天津结合本市实际，认真宣传贯彻国务院《饲料和饲料添加剂管理条例》和农业部有关文件精神，全面加强饲料安全和执法工作，重点开展了饲料打假、产品质量监督检测、饲料添加剂及其预混料生产审核审批、企业登记备案和年检、质量标准体系认证及违禁添加物查处等工作，使天津市饲料行业管理进一步规范，产品质量不断提高。

**【发展概况】** 截止2002年底，天津市有不同规模的饲料加工企业337家。其中：饲料加工生产企业262家；饲料添加剂生产企业75家；饲料原料生产企业27家，年生产加工能力分别为235.7万t，4.1万t，

10.8万t。2002年全市饲料总产量235.7万t，产值48.7亿元，同比分别增5.6%和5.8%。其中：配合饲料196.3万t，同比增5%，包括（猪料54.7万t，蛋禽料59.9万t，肉禽料20.6万t，水产料36.5万t，反刍料14.3万t，其他料10.2万t，结构比例分别占 29.2%、30.4%、10.4%、18.4%、7.2%、4.4%；浓缩料27.4万t，同比增10%，添加剂预混料11.9万t，同比增5%。

**【主要工作】** 2002年主要抓了以下几个方面工作：

1. 全面加强饲料质量监督检测工作。按照农业部全国饲料工作办公室农牧饲便函［2002］25号文，今年下达给天津市的饲料质量监督检测任务，年初天津市制定了《2002年度天津市饲料和饲料添加剂质量监督检测抽样计划》，并召开全市饲料质量检测专题会议，对全市饲料质量监督检测工作进行安排和部署。请各区县饲料工业办公室、市饲料监察所密切配合、分工协作、根据《计划》的监督检测抽样内容和具体要求开展工作，全年共分3批对全国300家饲料和养殖企业的饲料和动物饮水进行了抽样检测，其抽样样品1 300批次，及时、全面完成农业部全国饲料工作办公室下达给天津市的年度检测任务。对检测质量不合格的企业和产品，按要求依法进行整改。

2. 认真开展饲料企业审核，年检和登记备案工作。

3. 检化验员培训工作。根据农业部人事劳动司，全国饲料工业办公室农（人农）［2001］10号文件资料，在全国饲料工业行业中对饲料检化验员职业实行就业准入，市饲料办负责本辖区内职业技能鉴定的组织和管理工作，并于2001年12月14日至2002年1月25日举办了天津市第3～4届饲料检化验员职业技能培训班，历经一个月时间。在大家共同努力下，圆满完成任务。

4. 统计年报汇总工作。根据农业部农办牧函(2002) 4号文件要求，天津市饲料办专门召开全市饲料工业统计年报汇总工作会议，在各区县农委（饲料办）及市各有关单位的共同努力下，较好地完成了2002年统计年报汇总工作，为各级领导和有关部门提供真实、准确的数据，为天津市农业经济结构调整及饲料工业发展规划提供决策依据，汇总工作顺利完成并按时上报农业部。主要三点做法：一是提高认识，领导重视，落实人员。二是加强专业学习，提高专业素质。三是及时反馈信息，为基层做好服务。

5. 召开宣贯专业政策大会。市饲料办于6月份召开市饲料行业宣贯国务院令第327号培训班。各区县政府饲料办领导，各区县技术监督局科长以及全市270位饲料企业负责人到会，市农委副主任王恒智同志结合天津市现状讲话，强调“对天津市饲料企业‘以法治饲，扶大扶优扶强’政策”，全国饲料办处长王晓红同志对国务院令第327号内容及有关政策法规进行了讲解，中国饲料工业协会标准处徐百志处长对饲料安全及标准化工作做了讲解，全国饲料标准委员会孙鸣同志对影响饲料工业可持续发展的因素和解决的措施进行了讲解，市技术监督局饲料监察所负责人高级工程师古莹同志对制定天津市淡水鱼饲料地方标准与执行要求进行了宣传贯彻。

6. 坚持不懈地抓好“无公害饲料”安全工程。继续强化“依法治饲，依法兴饲”之路做保证，2002年通过加强行业管理与正确引导，在进行全行业3次抽检中，对高效、优质、安全有市场竞争力的名牌饲料企业产业进行了全面考查，经专家组初审、复审，到年底天津无公害饲料管理办公室认定通过“天津正大饲料科技有限公司”等35家企业为天津市首批无公害饲料企业，并发证书、证牌及防伪标记。以此行动使天津市饲料工业产业质量迈上一个新台阶。

7. 饲料执法工作略有提高。按照农业部全国饲料办总部署，天津市在认真开展一年一度的饲料质量检测同时，加强对饲料执法工作的认识，在市政府法制宣传指导下，在市农委法制处帮助配合下，上半年对天津市各区县政府“饲料管理”行政执法人员重新进行了法治培训，截止年底天津市有“饲料管理”行政执法人员共50名。

**【存在问题】**

1. 大部分企业规模偏小，产品科技含量低。目前，天津市登记在册的饲料生产企业约347家，其中农业部发添字31家，预混字80家，天津市发饲字226家，大中型企业数量偏少，绝大部分、个体、社会规模小而分散，产品科技含量低。

2. 部分企业产品检验把关环节薄弱是产量质量不高的主要原因。由于今年加大抽检力度，部分企业产品质量出现问题，分析原因主要是缺少必要检测手段，进的原料如氟、砷、铝、沙门氏菌、黄曲霉毒素B等不能检测所造成。

3. 非法使用违禁药物行为尚未杜绝。截至2002年12月下旬，经全国饲料办带队，由全国饲料质检中心组成专家组到天津市抽检中，发现仍有个别养殖户和个人受经济利益驱动，存在非法使用“瘦肉精”违禁药物行为，市饲料办依法已进行管理。

4. 市场饲料管理机构有待完善。截止2002年底，市级饲料管理机构，由于多方面原因，具体工作人员与全市行业管理工作还不相匹配，给全市饲料行业管理和执法工作带来一定难度。

（天津市饲料工业办公室）

## 河北省饲料工业

**【发展概况】** 2002年，全省建成时产1t以上（含1t)的饲料生产企业968家，其中时产5t以上（含5t)的饲料生产企业148家，分别比上年增加44家和6家，增幅为4.8%和4.2%，大型企业比中小型企业增长幅度快。生产能力2900t/时。全省饲料产品总产量700.4万t，比上年增加15.5万t，增长2.3%；其中配合饲料550.2万t、浓缩饲料130.1万t、添加剂预混合饲料20.0万t，配合饲料比上年增加12.1

万 t、浓缩饲料比上年增加 9.3 万 t，增幅 2.2 %和 7.7 %。饲料加工业总产值达 110 亿元，比上年增加 14.2 亿元，增幅 14.8%。

全省共有饲料添加剂生产及分装企业 142 家。各种饲料添加剂总产量 6.1 万 t（其中维生素类 0.4 万 t、微量元素类 0.5 万 t、氯化胆碱 7.2 万 t、其它类 1.1万 t），单一饲料生产企业 194 家，产品总产量 280 万 t（其中鱼粉 6.2 万 t；骨粉、肉骨粉 6.0 万 t；磷酸氢钙 9.8 万 t；其他原料近 258.0 万 t）。全省共有饲料机械制造专业和兼业厂家 20 多家，其中能生产成套饲料机械的骨干企业 3 家，共生产饲料机械 760 台（套）。

**【发展特点】** 2002 年，河北省饲料工作以贯彻落实一个《条例》、两个《办法》为核心，以打击非法制售和使用盐酸克伦特罗等违禁药品的违法行为为重点，积极治理整顿饲料市场，规范饲料生产经营秩序。主要特点表现为：

1. 饲料产品产量稳步增长，质量进一步提高。2002 年，农业部对全国饲料和饲料添加剂产品进行统检，河北省猪配合饲料合格率 97.1%，猪浓缩饲料合格率 97.7%，禽配合饲料合格率 95.5%，禽浓缩饲料合格率 95.0%，水产配合饲料合格率 100%，添加剂预混料合格率 61.1%，均比 2001 年有了较大幅度的提高。

2. 饲料产品结构进一步优化。浓缩饲料和添加剂预混料比重增加，特别是奶牛、肉牛、肉羊和水产饲料增加比重较大，肉兔、肉狗等特种动物饲料从无到有。

3. 饲料添加剂发展形势看好。以华北制药厂生产的维生素 $B_2$，以沧州市生产的氯化胆碱为代表的饲料添加剂产品，从质量和价格上都有了很大的改善，国内外市场需求量逐年增加；大蒜素、益生素、酶制剂等绿色饲料添加剂发展势头迅猛。

**【主要工作】** 2002 年主要抓了以下几方面工作：

1. 积极宣贯饲料管理法律、法规。为了贯彻落实《条例》和省政府的两个《办法》，2002 年 1 月，省局在沧州市召开全省饲料工作会议和新闻发布会，将 3 月份定为宣传月，各市相继成立了宣传活动领导小组，充分利用各种媒体，广泛开展宣传工作。据统计：在宣传月活动中，全省共出动宣传车 350 多辆（次），出动宣传人员 1 300 多人（次），印发宣传材料 12 万份，书写、悬挂宣传标语、条幅 4 000 多条。通过广泛地开展宣传活动，《条例》、《办法》已逐步深入人心，家喻户晓，为规范企业行为和市场秩序打下了良好的基础。

2. 加强规范管理、治理整顿饲料市场。为了进一步加强对饲料和饲料添加剂生产、经营企业的规范化管理，省局从四个方面对饲料企业进行了规范。首先，对 2001 年核（换）发饲料和饲料添加剂生产、经营许可证的情况进行了复核，对无证或继续使用旧证的，限期进行补办，对过期仍未补办的，按《条例》和《办法》的有关规定进行了处罚。其次，结合农业部对饲料添加剂和添加剂预混合饲料生产企业的年检，对重点企业进行跟踪检查。在跟踪检查中，对不符合条件的企业限期进行了整改。第三，结合畜产品安全工程，强化了饲料安全标准，为畜产品安全和标准化生产提供了先决条件。第四，加强了对饲料和饲料添加剂生产企业的管理，要求所有饲料和饲料添加剂生产企业都必须建立自己的质检机构，新办企业没有质检机构一律不批，并提出了企业必须实行“三个五”标准。“一五”是车间、库房、办公室、化验室及周围环境整洁、卫生；“二五”是饲料《条例》、《办法》上墙，各项规章制度上墙，安全生产措施上墙，目标岗位责任制上墙，奖惩措施五项制度上墙；“三五”是无假劣产品，无不合格的包装、标签产品，无产品质量合格证不规范的产品，无添加违禁药品的产品，无生产许可证、产品批准文号或审查登记证的产品进入市场。通过采取以上措施，河北省饲料和饲料添加剂生产、经营企业的面貌、仪器设备的配置和人员素质都有了明显改善，产品质量显著提高。在此基础上，统一核（换）发了生产、经营许可证、产品审查登记证和产品批准文号。全年共发放饲料、饲料添加剂经营许可证 3 647 个、饲料生产企业审查登记证 1 524 个，确保了全省饲料和饲料添加剂企业持证生产和经营。

3. 饲料立法工作取得新突破。为了全面贯彻落实饲料管理《条例》和《办法》，加快河北省畜产品安全和标准化工作进度，2002 年 12 月 18 日，以省政府［2002］第 21 号令颁布了《河北省饲料和饲料添加剂质量安全管理办法》。根据《条例》和《办法》的规定，起草下发了《河北省饲料和饲料添加剂包装和标签审查备案管理办法》、《河北省饲料和饲料添加剂产品质量合格证有关规定》、《河北省饲料和饲料添加剂检测机构考核验收管理办法》等。这些《办法》和《规定》的出台，为依法治理整顿饲料市场、保证饲料产品质量提供了法律保障。

4. 饲料执法力度不断加强。2001 年 11 月份，农业部通报了河北省 5 家养猪企业检出“瘦肉精”后，河北省立即开展了查处瘦肉精等违禁药品的专项治理整顿活动。全年共安排布署了 5 次查处“瘦肉精”等违禁药品专项整治活动，这项工作得到各级政府领导的高度重视，各市、县都成立了严厉打击非法生产经营和使用盐酸克伦特罗等违禁药品领导小组。各级财政都拿出部分经费来保证此项工作的开展，全省共争取财政经费 300 万元。各级法院、检察院、公安局和工商局等有关部门密切配合，确保了专项整治活动顺利开展。去年，除完成了农业部分配给河北省的 1 860批（次）饲料和饲料添加剂抽检样品的任务外，省局又自行安排抽检任务 2 000 批次，现已全部完成任务。10 月 30 日至 11 月 2 日，省局配合农业部查处盐酸克伦特罗工作组赴沧州市进行检查，先后对任丘、河间、献县 3 个县的规模养猪场进行了拉网式突击检查，共检查了 43 个乡（镇）的 93 个养猪场，抽检样品 546 批次。根据农业部的通知精神，省局对沧州、邯郸两个市检出瘦肉精阳性的猪场进行了跟踪检查，并在当地公安机关的密切配合下，基本上查清了瘦肉精阳性猪场使用瘦肉精的来源，对有关责任人进行了严肃处罚，对触犯刑律的，已移交公安机关处理。

在全年饲料执法检查和查处非法生产经营和使用盐酸克伦特罗等违禁药品的专项活动中，全省共出动饲料执法人员 11 840 多人（次），出动车辆 3 626 辆（次），检查饲料生产企业 926 个（次）、经营企业 3 248个（次）、规模养猪场（户）11 307 个（次）、屠宰场（点）132 个（次）。查出无证生产企业 41 个（次）、无证经营企业 250 个（次）、无批准文号生产企业 23 个（次）。查处假劣饲料和饲料添加剂 268.3t，货值 53.7 万元，罚没款额 42.78 万元。受理群众举报 234 起，立案查处 32 起，涉案人员 57 人。已经结案 25 起，移交司法机关 5 起，涉案人员 9 人，逮捕 1 人，拘留 5 人。

5. 饲料质量监测体系日趋完善。为了加强和完善饲料质量监测体系，省局积极向农业部和省政府及有关部门争取项目资金。省饲料质量监测体系建设项目已经农业部批复，共投资 580 万元，该项目正在实施。市级饲料质量监测体系建设项目，省局已向农业部提交了项目任务书，2003 年有望解决。为了加强各市饲料质量监测手段，提高工作效率，省局为 11 个市配备电脑和电脑打印机各一台。各市、县也都在积极争取项目，加强饲料质量监测体系建设。目前，除个别市外，大部分市初步建成了饲料质量监督检验机构。

6. 加强饲料安全工作。随着社会主义市场经济的发展以及我国加入 WTO 以后出现的新情况，饲料安全已成为全社会关注的热点问题。2002 年，中国饲料工业协会向全国饲料企业提出了 4 项具体要求，即安全第一，质量第一，服务第一和信息第一。并发出倡议，确保生产企业生产出安全饲料。为了贯彻落实中国饲料工业协会发出的倡议，河北省饲料工业协会组织省内 23 家大中型饲料企业率先在全省发起了《饲料安全宣言》，公开向社会承诺：严格执行标准，不制假、不售假，坚决杜绝在饲料产品中使用违禁药品，确保人民身体健康。为搞好这次活动，2002 年 7 月 29 日，协会在保定召开了新闻发布会，并专门出版了《河北省饲料安全宣言》宣传画册，同时，在《河北经济日报》和《河北科技报》两份省级媒体上进行了两个专版的宣传。这次活动的开展对河北省"饲料安全工程"的建设起到很好的推动作用。

（河北省饲料工作办公室）

## 山西省饲料工业

2002 年，全省饲料行业广大干部职工在调整产业结构、优化产业环境战略思想的指引下，以实施饲料安全工程，确保饲料、畜产品安全卫生为主线，努力克服饲料产品价格、畜禽及水产品价格持续低迷，而豆粕、鱼粉等重要原料价格上涨，其他原料价格频繁波动所造成的不利因素，通过开发技术潜能、挖掘市场潜力和调整产品结构等措施，使全省饲料工业保持了稳定发展的局面，为提高养殖效率、增加农民收入做出了应有的贡献。

**【发展概况】** 全省饲料行业发展的主要特点是：规模化、大型化企业发展迅速；饲料品种进一步向多元化转变；产品的合格率进一步提高；企业的科技要求、品牌意识进一步增强。具体表现在：

1. 饲料加工企业由上年的 650 家减至 628 家，减幅 3.4%；而时产 5t 以上的企业由上年的 50 家增至 57 家，增幅 14%；这些大型企业的饲料产量约占全部饲料加工企业的 32%。

2. 全部加工企业的年双班生产能力由上年的 380 万 t 增至 420 万 t，增幅 11%；实际年产量 141.2 万 t，总量比上年减少 11 万 t，减幅 7.2%；但产品结构发生了较大的改变：配合饲料由上年的 129.5 万 t 降至 105.4 万 t，降幅 18.6%，浓缩饲料由上年的 25.2 万 t 增至 35.2 万 t，增幅近 40%；水产动物配合饲料由上年的 1.45 万 t 增至 1.96 万 t，增幅 35%；而且首次生产水产动物浓缩饲料 0.19 万 t；反刍动物配合饲料由上年的 2.67 万 t 增至 3.05 万 t，增幅 14.2%；反刍动物浓缩饲料由上年的 0.24 万 t 增至 1.17 万 t，增幅 387%；反刍动物预混合饲料及各类宠物饲料也在部分饲料企业投入商品化生产。可以明显地看出，以猪、禽为对象的二元饲料结构已向适应多种饲养动物需要的多元化饲料结构转变。由此产生的效果是，在繁荣饲料市场的同时，实现了增加经济效益的目的。本年度尽管饲料总产量低于上年，但全省饲料工业总产值却比上年增加 2.6 亿元，达到 26.4 亿元，增幅 10.9%，高于畜牧业产值的增幅。

3. 随着企业质量意识的不断提高，以及国家通过增加抽查频率，加大处罚力度等手段，加强对饲料和饲料添加剂质量的监管，有效地激发了企业注重科学、讲究质量及树立良好社会形象的自觉性和责任感。经对 475 个饲料企业生产的 1 129 份饲料产品抽样检测，饲料的平均合格率达到 91.3% 比上年的合格率提高了 6 个百分点；添加剂预混合饲料的平均合格率达到 80%，比上年的合格率提高了 5 个百分点。

**【组织机构】** 随着饲料工业的进一步发展，这一新兴产业在调整、优化农业产业结构和在发展国民经济中的突出表现得到社会各界的广泛重视。各级党和政府进一步加大了对饲料工业的重视程度和扶持力度。在组织建设和机构设置上，一是尽最大的努力设立饲料行业管理机构，本年度又有晋中市、大同市、运城市三个地级市和清徐县、万荣县、平遥县、祁县、长子县在政府机构改革时成立了饲料工业办公室；二是在人员配备上注重高规格、高水平。省饲料工业办公室主任由农业厅副厅长、省畜牧局局长董希德兼任，各市、县饲料工业办公室主任都由同级畜牧局局长担任，长治市政府为强化对饲料工业的领导，还成立了由副市长任组长的饲料工业领导组。各地在配备饲料办工作人员时，坚持政治素质与业务素质相统一的原则，把德才兼备的人员安排到饲料行业管理部门。据统计，至年底全省直接从事饲料行业管理的人员共260人，基本做到了饲料工业有人抓、有人管。

**【主要工作】** 2002年，各级饲料管理部门紧紧围绕饲料安全和促进饲料工业持续健康发展这一主题，积极稳妥地开展了以下工作：

1. 积极宣传饲料条例及配套规章、政策，大力营造依法治饲的社会氛围。在省饲料、畜牧管理部门的组织下，将2001年国务院新颁布的《饲料和饲料添加剂管理条例》印制成张贴广告，将《饲料和饲料添加剂管理条例》及其配套规章、《兽药管理条例》等相关法律、法规、文件汇编成册。分发至各级饲料办、畜牧局和饲料生产企业，收到了扩大宣传范围和方便从业人员学习的效果。

在此基础上，省饲料办、省畜牧局及时组织了由全省市（地）、县（市、区）畜牧局局长、饲料办主任参加的法律法规培训班；是年10月又邀请全国饲料工作办公室杨振海处长、中国饲料工业协会徐百志处长为全省饲料行业举办专题讲座，宣讲饲料行政法规和技术法规，使各级管理人员及企业负责人受到了较高规格的法制教育。

2. 认真贯彻落实国务院办公厅《转发农业部促进饲料业持续健康发展若干意见的通知》，努力创造发展饲料工业的良性环境。国务院办公厅转发的农业部促进饲料业发展的若干意见，是新的历史条件下党和政府指导饲料行业的纲领性文件，对推动我国饲料工业由饲料大国向饲料强国跨越具有十分重要的意义，对我们饲料工业欠发达的省份更有其特殊的指导意义。为此，省饲料办针对本省实际，在广泛征求意见的基础上拟定了《关于加快山西饲料产业发展的若干意见》报请省政府转发；修改了《山西省饲料行业“十五”计划及到2015年远景目标规划》；拟定了未来5年分阶段发展目标和具体措施，部分内容已纳入《山西省人民政府关于加快畜牧业发展的若干意见》；作为实施国务院办公厅通知的具体行动之一，从2002年10月份开始，组织市、县饲料管理部门对全省饲料生产经营企业进行调查摸底；对持有饲料添加剂和添加剂预混合饲料生产许可证的企业、持有配合饲料和浓缩饲料准产证的企业实施年度检查；对无证生产经营且有安全隐患的企业进行了拉网式检查，督促其改善生产经营条件，规范生产经营行为，为2003年大规模的整顿饲料市场秩序奠定了基础。

3. 强化饲料质量安全监管，严肃查处违规企业和不合格产品。针对连续几年“瘦肉精”等违禁药品给饲料、畜产品乃至人民生活造成的严重危害，各级饲料管理部门在新年、春节、中秋、国庆几大节日期间，采取突击抽查的方式对385处生产经营的饲料和饮用水进行了安全卫生专项检查，没有查出含有“瘦肉精”的饲料/水，经在媒体公布抽查结果，及时消除了城乡居民的“恐肉”心理，较好地维护了节日的市场秩序和社会安定。

按照农业部的安排，省、市、县三级饲料管理部门积极参与了全国饲料和饲料添加剂质量监督检测，超额完成抽检50%以上的企业和1 110份样品的任务。并根据《饲料和饲料添加剂管理条例》对不合格的53个企业、73种饲料进行了批评、警告、停产整顿、没收产品和罚款处理。对少数技术条件薄弱，确实属于无知犯错的企业则通过管、帮、促的方式使其建立了必要的管理制度，配备了必要的检验设备。经复查、质量状况有了明显的改善。

4. 以提高从业人员素质，从源头上提升产业层次和产业质量为出发点和落脚点，大力开展职业技术培训和职业技能鉴定工作。在认真总结职业技能鉴定工作经验教训的基础上，2002年进一步加大了工作力度，选择具备教学、培训及鉴定条件的山西农业大学、大同农牧机械有限公司对160位饲料检验化验员，50位饲料加工设备维修工进行了职业技术培训，此后对148位饲料检验化验员、40位饲料加工设备维修工进行了职业技能鉴定，经农业部、劳动和社会保障部批准，13人获得初级饲料检验化验员资格证书，118人获得中级饲料检验化验员资格证书，29人获中级饲料加工设备维修工资格证书。

5. 培育名牌企业、名牌产品，树立具有榜样作用的科技型企业和具有竞争能力的强势产品，提高山西饲料的知名度。根据国家有关部的安排，积极组织了全国饲料行业科技进步先进单位、先进个人评选和全国饲料行业最具实力品牌调研活动。经过严格的审查、筛选，山西威科饲料科技公司、榆次亨通饲料厂、晋城市饲料公司、稷山晋龙饲料公司获得中国饲料工业协会认定的全国饲料行业科技进步先进单位。山西威科饲料科技公司还被中国饲料工业协会授予“全国饲料行业百强企业”称号。

**【存在问题】** 2002年的饲料工作虽然取得了一定的成绩，但按严格的市场经济要求，与人民群众的满意程度相比，还有不少问题和差距。一是生产秩序仍不规范，“三无”企业问题突出，经营环节的无序和混乱现象仍很严重；二是畜产品价格长期低价位运行，养殖效率下降，养殖场（户）对饲料的投入减少，导致相当一部分饲料企业处于产量增加而效益下滑的状态；三是行业管理秩序混乱，多头管理，重复检查，乱收费、滥罚款现象仍然严重，企业负担加重。

（山西省饲料工业办公室）

## 内蒙古自治区饲料工业

畜牧业是内蒙古自治区的基础产业，建设绿色畜牧业强区是自治区“十五”时期重要奋斗目标，而饲料工业是实现这个目标不可缺少的基础物质保障。为此加强饲政管理，引导规范企业健康有序发展，确保畜产品安全就成为饲料办工作的中心。一年来，通过对企业进行审查登记、职业资格证书培训、市场检查和监督检测等措施，促进饲料工业的健康发展，在自治区畜牧养殖业生产中发挥了重要作用。

**【基本概况】** 2002年底统计，全区已办理审查登记证的饲料和饲料添加剂生产企业174个，有40家生产企业获得了饲料添加剂、预混合饲料生产许可证，有13个企业办理产品批准文号62个，时产5t以上的企业有30家。2002年生产各种饲料128.34万t，其中配合饲料61.61万t、浓缩饲料65.18万t、预混合饲料1.95万t。对产品抽样340批次，合格率达92%。

**【饲政管理措施】** 根据自治区饲料工业发展情况，以及国务院修订的《饲料和饲料添加剂管理条例》。2002年自治区畜牧业厅对《内蒙古自治区饲料、饲料添加剂生产经营企业审查登记证管理办法》进行了修改，这个《办法》在规范全区饲料企业行为、保证产品质量和畜产品安全，提高从业人员素质等方面发挥了重要作用。经农业部同意，2002年12月在赤峰市举办了第一期特种行业职业技能培训班（饲料检验化验员培训班），并进行了职业技能鉴定，共有72人参加。为了培训学员及便于基层饲政管理人员开展工作，自治区饲料办编印了《饲料工业政策法规汇编》。根据农业部“关于印发《饲料及畜产品中‘瘦肉精’等违禁药品专项整治计划》的通知”，制定了落实“通知”的实施方案下发各盟市，并进行了重点抽查，这次市场检查同时也是一次很好的法规宣传，有效提高了饲料工业从业人员遵纪守法的自觉性，保证了畜产品安全。2002年，自治区领导拟订了《关于发展自治区饲料工业》的调研课题，在自治区党委政研室的主持下，自治区饲料办积极参与，并派人到基层调研，这篇调研报告为自治区领导在对饲料工业的宏观决策上提供了详实的第一手资料。

（内蒙古自治区饲料工作办公室）

## 辽宁省饲料工业

**【基本概况】** 2002年饲料行业继续保持稳定健康发展，饲料产量稳定增长，企业正向规模化、产业化方向发展，产品结构和质量得到进一步优化，高效、安全饲料已成为新的增长点，饲料工业综合能力进一步提高，行业经济效益和社会效益稳中有升。

2002年全省饲料产品总量继续保持增长势头，突破480万t，是大发展的一年。据统计，2002年年末双班生产能力达1 250万t，与上年相比增长5%。总产量为483.2万t，与上年相比增长20.7%，其中配合饲料272.4万t，增长28.22%；浓缩料为205.9万t，增长12.5%；添加剂预混料为5万t，增长26.8 %；全年实现工业总产值为100.7亿元（现价），增长15.5%。职工人数为18 368人，其中博士28人，硕士82人。

饲料原料工业总量增加，效益下滑。据统计，饲料原料总产量为57 327t，其中鱼粉31 398t，骨粉、肉骨粉产量为3 903t。

饲料添加剂工业正稳步健康发展。在激烈的市场竞争中，以巴斯夫维生素有限公司和东北制药总厂为代表的大型添加剂厂，依靠雄厚的技术力量，不断开发新产品，其产品在省内外享有一定的知名度。据统计，2002年饲料添加剂双班生产能力为5.5万t，总产量为29 010t，其中维生素C 14 000t，维生素$B_1$ 662t，维生素$K_3$ 150t，销售总额18 268.4万元。

饲料机械工业稳步增长，以海城北方粮油工程有限公司为代表的饲料机械加工企业迅速发展，为辽宁省饲料企业技术改造提供了可靠保障。据统计，2002年饲料加工机械总产量为321台套，同比增长52%。其中时产10t以上成套机组18套，同比增长5倍；时产5～9t成套机组49套，同比增长2%。

**【行业特点】** 主要有以下几个方面：

1. 饲料企业向规模化、产业化方向发展，规模效益进一步增强。当前饲料行业正处在一个重要历史转折时期，饲料行业发展的特点是已由数量型、速度型向规模化、产业化方向发展，产业化龙头企业作用不断加强和壮大，规模效益明显增强。据统计，时产5t以上企业产量为295.8万t，占总产量的61.2%，产值为52.6亿元，占总产值的52.2%。全省前十名饲料加工企业的产量为220万t，占总产量的45.5%，与上年相比增长1.1倍，实现产值18.2亿元，占总产值的18%，与上年相比增长11.2%。2002年全省共有13家饲料企业被确定为省农业产业化重点龙头企业，其中辽宁大成、大连韩伟养鸡集团、大连中食公司被确定为国家龙头企业。

2. 无残留、高效、安全饲料以成为饲料行业新的增长点。随着人民生活水平不断提高，人们越来越重视畜产品的品质和安全。饲料工业是养殖业的物资基础，饲料产品质量与安全直接影响畜产品的安全。如何生产出保证畜产品安全的饲料是饲料行业新的挑战和发展机遇。于是一些大型饲料企业根据养殖业的需要，加强科技投入，及时调整产品结构，率先生产出无残留、高效、安全饲料。产品一投入市场深受养殖户的欢迎。据统计，2002年配合饲料的比重占总产量的56.4%，与上年相比增长28.2%；浓缩料的比重占总产量的42.6%，与上年相比增长12.5%；添加剂预混料的比重占总产量的1.1%，与上年相比增长26.8%。据不完全统计，在配合饲料中无残留、高效、安全饲料占20%左右，其中在127.7万t猪料中无残留、高效、安全饲料占5%左右；218.2万t禽饲料中无残留、高效、安全饲料占15%左右。大型饲料企业中如辽河英鹏饲料总产量为26万t，无残留高效、安全饲料达21万t，占总产量80.7%。

3. 质量安全意识进一步增强，产品质量有所提高。2002年辽宁省饲料行业在以确保产品质量为中心的同时，重点抓好从以数量求发展转为抓质量保安全轨道上来。在认真贯彻落实农业部《饲料药物添加剂使用规范》和《饲料卫生标准》的同时，严格规范饲料生产企业、市场流通领域的经营秩序，推动饲料产品安全工程向前发展。一是加大投入，重点检测盐酸克伦特罗、安定等违禁药品。全省共安排检测经费达122.5万元，其中省级80万元。在对5679个样品检测中未检出盐酸克伦特罗；在农业部“拉网式”对动物组织、猪肝、猪尿中盐酸克伦特罗残留230个样品检测中，没有发现盐酸克伦特罗，合格率为100%，有效扼制了违禁药品的使用。二是产品质量有所提高。据统计，在对500多家饲料生产企业的626个样品检测中，合格率达90%以上；市场流通领域抽样合格率为85%以上，与上年相比提高13个百分点。

4. 饲料综合能力进一步增强。饲料工业的发展壮大有力地拉动了养殖的生产，为农村发展经济，农民增加收入作出了重大贡献。2002年1t配合饲料可为养殖业增收100～200元，整个饲料工业可使农民增收30多亿元。同时可吸纳大量农村剩余劳力。

**【行业管理】** 一是饲料行政执法进一步加强。根据新修订《饲料和饲料添加剂管理条例》的有关规定，做到依法监督，依法行政，全省第一次统一了饲料行业执法程序和文书。并出台37个执法文书和72项执法制度，使饲料行业执法逐步走向正规化，规范化。(1) 执法水平有所提高。各市采取不同方式对各级饲料执法人员进行培训。据不完全统计共举办19次各种类型培训班，培训人员达1 000多人次。(2) 加大市场流通领域执法监督力度。全省共出动执法人员435人次，立案查处131起，查处劣质饲料和饲料原料24.3t，处罚金额达28.9万元。(3) 为便于饲料行业从业人员查找有关饲料法律法规，做到学法懂法、懂法守法、依法执法，组织有关专家编写了《饲料行业新法规标准选编》一书。二是组织实施对96家110个饲料添加剂、添加剂预混料生产许可证进行年检。经农业部批准有93家107个生产许可证合格，注销了3家企业生产许可证。三是根据《饲料和饲料添加剂产品批准文号管理办法》的有关规定，经审查有30家企业195个产品符合规定，并核发了产品批准文号。其中添加剂5个企业14个产品，预混料25家181个产品。四是根据《饲料和饲料添加剂管理条例》的有关规定，对全省饲料企业进行了登记，截止2002年12月末为止，对870企业进行了登记。其中饲料加工企业793家，鱼粉加工企业35家，骨粉加工企业18家。在登记的企业中有化验设备的企业480家，其中饲料加工企业450家，占企业总数的56.7%，而时产5t以上的企业就有223家，占饲料加工企业总数的28.3%。五是继续强化饲料行业特有工种的培训工作。全年共培训鉴定化验人员43人，机械设备维修工24人。六是积极开展“3.15质量承诺”活动。全省共有54家企业参加“3.15质量承诺”活动。在国家开展百强企业评选活动中，辽宁省有沈阳禾丰牧业有限公司、巴斯夫维生素有限公司、农标普瑞纳（抚顺）饲料有限公司获得了“全国饲料行业百强企业”荣誉称号。七是完成饲料工业协会换届工作。

（辽宁省畜牧局饲料办）

## 吉林省饲料工业

**【基本概况】** 2002年是吉林省饲料工业的丰收年，这一年里吉林省的饲料工业在吉林省委和吉林省政府的亲切关怀下，在管理部门和广大从业人员的共同努力下，吉林省的饲料工业取得了突破性进展。对吉林省牧业经济乃至整个国民经济都作出了很大贡献。据统计2002年吉林省饲料工业总产值实现了59.7亿元(按现价)，产品产量206万t，其中配合饲料118万t、浓缩饲料85万t、添加剂预混料2.8万t、饲料添加剂4.5万t。年末双班生产能力550万t，开班率46.4%。全省共有饲料和饲料添加剂企业352家。饲料工业从业人员25 579人。

**【主要工作】** 2002年吉林省饲料工作的总体思路是：依法整顿、规范入手，狠抓饲料安全，营造宽松的发展环境，提高吉林省饲料生产企业竞争能力。按照这一工作思路我们开展了卓有成效的工作：

1. 开展了《饲料和饲料添加剂管理条例》宣传活动。为了加大饲料行业执法力度，进一步规范饲料生产、经营秩序，提高饲料质量，确保饲料安全，促进吉林省饲料业的快速发展，省饲料办下达了《关于开展〈饲料和饲料添加剂管理条例〉宣传月活动的通知》，要求全省各市、州、县（市、区）饲料工作办公室在5月份利用各种形式，广泛、深入地开展《条例》宣传活动。以期通过宣传，使《条例》更加深入人心，引起各级领导和广大群众重视与关注，从而推进饲料业的健康发展。文件下达后，各地都成立了宣传月活动领导小组，采取了各种有效形式，广泛深入地开展了《条例》宣传活动。据统计，在《条例》宣传月活动中，全省共出动宣传车60台次，出动宣传人员9 100人次；举办各类讲座35次；印发宣传材料8万份；处理违反《条例》案例84件。通过宣传月活动，已使《条例》深入人心，受到了各级领导的重视和社会的普遍关注。

2. 对吉林省获得《饲料生产企业审查登记证》的企业进行了年度检查。目前，吉林省已经有343家饲料生产企业取得了《饲料生产企业审查登记证》，其中70%已经获证一年以上。为了加强对饲料生产企业的行业管理，从2002年开始，对获证一年以上的企业进行年检。通过对企业进行年检，进一步加强对饲料企业的行业监管，改变了长期以来饲料生产企业放任自流，无人管理的状况，从而增强饲料企业的行业管理意识，自觉遵纪守法地进行生产经营，有效地推进了饲料行业规范化建设。

3. 开展了饲料和饲料添加剂产品质量监督检查。

根据农业部畜牧兽医局下达的《2002年度全国饲料和饲料添加剂质量监督检测实施细则》的要求，省饲料办会同省兽药饲料监察所从4月16日开始分两个阶段进行，至8月18日结束，历时45天，对生产、经营、使用单位（用户）较集中的长春、吉林、四平、辽源和通化5个市及其辖属的17个县（市、区）进行了抽样，共抽查饲料生产企业120家，饲料经营企业（户）120家，养殖场户199家，抽得饲料和饲料添加剂样品1 648批次，经检测合格率78.3%。通过抽检进一步加大了对饲料产品质量的监督力度，有效地保障了饲料安全。

4. 举办了两期全省饲料生产企业法律、法规培训班。为了提高饲料生产企业的法制观念，帮助企业运用国家颁布的法律、法规维护企业的自身权益，自觉遵纪守法搞好生产经营，进一步规范吉林省饲料生产企业管理，先后培训了132家企业的主要负责人。

5. 开展了两期饲料行业中级饲料检验化验员职业技能鉴定。按照农业部人事劳动司、全国饲料工作办公室联合下发的《饲料工业行业饲料检验化验员等三个职业实行就业准入制度实施方案》的规定，吉林省饲料工作办公室以吉饲字［2002］3号文件，下发了《关于开展饲料行业职业技能鉴定培训工作的通知》，指定省农业183号特有工种职业技能鉴定站具体负责培训、鉴定工作。在农业部饲料工业职业技能鉴定指导站的监督、指导下，严格按规范要求进行培训、鉴定。两期参加培训共145人，全部考核合格，使吉林省饲料企业的检验化验员获得了国家承认的“职业资格证书”（即上岗证），并为吉林省今后培训鉴定工作积累了经验，打下了基础。

6. 开展了“吉林省优质饲料产品评选推介活动”。为了推介吉林省饲料产品，树立吉林省饲料产品形象，推进吉林省饲料产品上档次，上水平，吉林省饲料工业协会，在全省饲料企业中开展了“吉林省优质饲料产品评选推介活动”。经过专家和业内人士对申报产品的评审，经省饲料工业协会审定，全省有吉林德大、吉林正大等32家企业的4类75种产品被评为“吉林省饲料工业协会推荐产品”，并通过《吉林日报》、《东北饲料信息》和吉林人民广播电台等新闻媒体向社会公开发布，从而推出了吉林省首批饲料推荐产品。在引导企业产品上档次、上水平工作上，迈出了重要的一步。

7. 坚持不懈地开展了饲料打假专项整治活动。为了实施饲料安全工程，确保饲料安全，按照农业部的部署和“两院”（最高人民法院、最高人民检察院）关于办理非法生产、销售、使用禁止在饲料和动物饮用水中使用的药品等刑事案件具体应用法律若干问题的解释，会同省质量技术监督和省工商行政管理等部门组成联合工作组，深入部分市、县对饲料生产企业和经销企业及养殖业户（场）进行了认真“整治”。通过饲料打假联合行动，在全省形成了打假声势，收到了宣传群众，震慑制假、售假活动的显著效果，达到了净化市场，确保饲料安全的目的。到目前为止，吉林省还没有发现违法生产、经营和使用盐酸克伦特罗（即瘦肉精）的违法行为，有力地保障了吉林省肉品市场的安全。

（吉林省饲料工业办公室）

## 黑龙江省饲料工业

【基本情况】 2002年，黑龙江省饲料工业继续保持健康发展的良好态势。截止年底饲料生产能力达750万t/h，生产企业已达579家，经营企业3 500多家。饲料生产总量达到415万t，增长10.1%，其中：配合饲料产量227万t，增长6.1%，浓缩料产量159万t，增长17.7%，添加剂预混料29万t，增长3.5%。饲料添加剂产量达到0.46万t。实现产值96亿元，增长4.3%。产品质量进一步提高。配合饲料合格率达到91.6%，饲料和动物饮用水中药物残留合格率为95.1%。

【主要工作】 2002年主要抓了以下几个方面工作：

1. 立法。根据省政府立法计划，在充分征求各有关部门及到陕西、河北等省内外调研基础上，制定了《黑龙江省饲料和饲料添加剂管理办法》（草案），待报省政府审批。

2. 打假和质量监督检查。按期完成农业部农市（2002）7号、农牧发（2002）27号要求的任务，并结合农业部布置的2002年全国饲料和饲料添加剂质量监督检测工作，对全省中小企业、重点地区进行了数次专项打假和监督检查。

3. 饲料监督体系建设。制定了饲料安全工程方案，组织、协调建立农业部饲料质检中心（哈尔滨）和分布于哈尔滨、齐齐哈尔、牡丹江、佳木斯等市的省级饲料质检站。农业部饲料质检中心（哈尔滨）建设项目已经启动，总投资741万元。哈尔滨市饲料质检站项目总投资450万元，正在建设之中。齐齐哈尔、牡丹江、佳木斯等市已能开展常规检验。

4. 法律、法规和职业技能鉴定培训。组织哈尔滨、齐齐哈尔、佳木斯、牡丹江等市及呼兰、林甸等县法律、法规培训班6期，参加人数达1 500余人，开展3期化验员、设备维修工、中控室微机操作工职业技能鉴定工作，又有近197人做到了持证上岗。

5. 审发生产许可证和批准文号。依据《饲料添加剂、添加剂预混合饲料生产许可证管理办法》，共审发饲料添加剂生产许可证5家、添加剂预混合饲料34家。根据《饲料添加剂、添加剂预混合饲料产品批准文号》，共审批饲料添加剂批准文号26个、添加剂预混合饲料批准文号129个。核发饲料生产企业许可证588个。

（黑龙江省饲料工业办公室）

## 上海市饲料工业

**【基本概况】** 随着经济体制改革逐步深化国内一些大型饲料企业集团如东方希望集团、湖南唐人神集团、山东六和集团等都来上海投资，其中东方希望集团总部已搬迁到浦东。2002 年上海共有饲料、饲料添加剂生产企业 209 家，2002 年生产饲料、饲料添加剂 125 万 t，总产值 39.8 亿元。其中年产值 1 000 万元以上的饲料生产企业有 49 家，年产值亿元以上的饲料生产企业有 11 家。东方希望集团有限公司、上海大江集团有限公司、上海新农饲料有限公司被评为全国饲料百强企业。

罗氏（上海）维生素有限公司、上海迪赛诺维生素有限公司、特明科氯化胆碱（上海）有限公司、上海四药有限公司等公司的维生素产品产量和质量在国内均处于领先地位。饲料添加剂 VA、VE、$B_6$、生物素、氯化胆碱、泛酸钙、肉碱、抗氧化剂、调味剂等多种产品在服务于全国的同时，又把目标瞄准国际市场。饲料添加剂出口有了一个好开端，罗氏（上海）维生素有限公司、上海迪赛诺维生素有限公司、特明科氯化胆碱（上海）有限公司、上海四药有限公司、上海康鑫化工有限公司等出口饲料添加剂维生素以及上海美农饲料有限公司、上海三维饲料添加剂有限公司和上海福达精细化工有限公司出口饲料添加剂调味剂、防霉剂和抗氧化剂。饲料添加剂产品出口额已达 2 亿元。

饲料机械工业是上海饲料工业近年崛起的新兴产业。上海正诚、正宜机电制造有限公司和上海申德饲料机械有限公司 3 家合资企业已成为国内饲料机械的主力军，其产品已开始销往国外，年出口额为 810 万元。还有专业生产饲料检化验仪器的上海嘉定钎检仪器厂。

饲料资源的深加工利用有了新的起点，上海杰隆生物工程股份有限公司利用鲜猪血经喷雾干燥等工艺，所生产的血浆蛋白粉和血球蛋白粉含有丰富的蛋白质和氨基酸，口感较好，还含有天然免疫球蛋白，具有较好的饲养效果，其产品可与国外同类产品相媲美。目前该类产品不仅已投放国内市场，还出口东南亚国家。

上海市饲料工业在调整中保持了健康发展的势头，呈现以下几个特点：一是产品结构更趋合理。2002 年全市共生产配合饲料 110 万 t，浓缩饲料 2.8 万 t。猪、鸡配合饲料生产随着本市猪、禽等畜产品自给率的下降而减少，但近几年上海水产和奶牛饲料产量在不断增加。添加剂预混合饲料和饲料添加剂产量增涨迅速。2002 年全市生产添加剂预混合饲料 8.3 万 t，比去年同期上升了 59.6%。生产饲料添加剂 2.2 万 t，比去年同期上升了 83.3%。二是企业管理水平不断提高。有大江（集团）股份有限公司等 8 个企业已通过 ISO9000 认证。三是产品质量进一步提高。四是饲料资源开发继续取得进展。五是饲料添加剂国产化程度进一步提高。上海迪塞诺维生素有限公司开发生产的生物素已开始远销欧美等国。六是饲料产品价格保持稳定，为养殖业整体效益的提高和全面发展，为农民增收做出了相当大的贡献。

**【组织机构】** 根据上海市人民政府机构调整的决定，原挂靠在市商委粮食局的上海市饲料工业办公室划转到市农委畜牧办，并改名为上海市饲料工作办公室。2001 年起正式开展工作，市饲料办与市畜牧办实行一套班子，两块牌子。依据《饲料和饲料添加剂管理条例》，上海市饲料工作办公室负责全市饲料、饲料添加剂企业管理工作。为加强对全市饲料、饲料添加剂的生产、经营和使用等环节进行执法监督和检查，2001 年下半年又新组建了上海兽药饲料监督管理所，与市兽医卫生监督管理所一套班子二块牌子。上海市兽药饲料监察所和上海市饲料产品质量监督检验站对饲料、饲料添加剂的产品进行检测。上海市饲料工业协会在换届后，也将归口市农委管理。上海市饲料工业标准化技术委员会受市技监局委托负责饲料工业的标准化管理。上海市饲料工业职业技能鉴定站承担饲料行业特有工种技能鉴定。

**【主要工作】** 2002 年主要抓了以下几方面工作：

（一）饲料添加剂和添加剂预混合饲料生产许可证年检。根据农业部办公厅农办牧［2002］1 号文《关于 2002 年度饲料添加剂和添加剂预混合饲料生产许可证年检工作的通知》要求，上海饲料办于 1 月底对 100 家取得生产许可证企业召开许可证企业年检工作会议，同时下文布置年检工作。为能更详细了解生产许可证企业情况，专门设计了上海市饲料添加剂和添加剂预混合饲料生产许可证年检自查表，并配备了具有年检表格内容的磁盘，采用电子邮件形式对企业年检材料进行网上申报。饲料办审核了企业申报的年检材料，并与上海市兽药饲料监督管理所一起对 10% 的生产许可证企业进行了现场检查。结果有 95 家企业符合年检要求，5 家企业未通过年检，不合格率 5%。3 月底完成生产许可证年检工作。

（二）饲料打假专项整治工作。为贯彻落实全国整顿和规范市场经济秩序领导小组会议和电视电话会议精神，根据农业部、公安部等五部门《2002 年全国农资打假专项斗争工作方案》（农市发［2002］7 号）和上海市整顿和规范市场经济秩序作。领导小组办公室《关于本市今年进一步整顿和规范市场经济秩序工作的意见》上海市畜牧办公室对畜产品、饲料、兽药、种畜禽制订了《关于 2002 年上海市畜牧行业生产资料打假专项整治工作的意见》（沪畜牧办（2002）第 32 号），饲料办就整治依据、整治措施、时间安排和整治要求提出了打假专项整治实施方案。

1. 动员布置　为更深入在全市范围内开展打假专项整治工作，4 月份市畜牧办召集各区县农委，畜牧兽医主管领导及有关部门负责人会议。会议要求饲料执法、监督、检测部门及市、区（县）畜牧主管部门领导，要认真学习江总书记“三个代表”重要思想，提高思想认识，认真落实打假重点，精心组织，加大整治力度，建立长效机制。

2. 沟通协调，摸清情况　由市农委牵头，协调农资各单位、市工商局消保处，共同商量开展农资市场专项打假工作。对全市经营范围中涉及饲料的3 996家企业进行排队分析，其中工商经营范围涉嫌无证生产饲料企业140余家，对其中20余家饲料生产企业作为重点检查对象。与浙江、四川、湖南等外省市饲料管理部门进行了沟通，帮助核查有关产品的批准文号。

3. 具体抓了以下几项工作

(1) 集中专项整治　上半年结合饲料质量监督抽查工作，市区二级饲料畜牧管理部门共出动700人次，对204个饲料生产、经营企业和50个畜牧、水产养殖场进行了检查。共立案查处10起，结案7起，共处罚7.7万元。下半年由市区二级饲料畜牧管理部门联合对本市各区（县）115家饲料生产、经营企业进行专项检查，共出动320人次，没收违规饲料、饲料添加剂2 230kg，价值1万余元。

(2) 生产许可证及产品批准文号管理　按农业部要求年初开展了生产许可证年检工作，对10家生产许可证企业进行了现场检查，对不符合要求的内容限期整改，已上报农业部要求注销上海鳞翼饲料有限公司添加剂预混合饲料生产许可证。对上海荷斯坦奶牛科技有限公司冒用、无证生产奶牛预混料等违法行为进行立案调查。

按《饲料和饲料添加剂管理条例》和农业部令第24号《饲料添加剂和添加剂预混合饲料生产许可证管理办法》，2002年已有23家企业取得了农业部颁发的生产许可证。按农业部令第23号《饲料添加剂和添加剂预混合饲料产品批准文号管理办法》共核发批准文号800余个。为贯彻全国许可证工作会议要求，按农业部要求适当提高许可证审核的门槛，9月下旬对本市生产许可证企业举办培训班。

经过近一年的整治，饲料添加剂和添加剂预混合饲料产品批准文号违规使用的现象明显减少，将继续加强对饲料添加剂和添加剂预混合饲料产品批准文号的监管。

(3) 资质清理　针对目前本市共有近4 000家饲料生产、经营企业，本次检查中发现有些企业已不再从事饲料生产、经营，故清理资质是上海饲料办一项重要工作。目前已对未取得生产许可证的150多个企业已提请工商注销相应经营范围。

（三）饲料和饲料添加剂产品质量监督抽查。根据农业部下达《2002年度全国饲料和饲料添加剂质量监督检测细则》，已按计划完成抽检工作。根据农业部农牧发（2002）21号文的要求，上海饲料办针对本次监督抽查出现的问题，采取如下措施：

1. 根据农业部通报的不合格产品饲料生产企业和使用不合格饲料原料生产企业，8月份上海饲料办对企业法人（负责人）进行培训和帮助查找原因。要求不合格企业写出整改报告，并由市兽药饲料监督管理所，对其进行监督。对判定不合格产品提出异议的生产企业，进行了进一步核实。

2. 委托上海市兽药饲料监察所，对不合格产品进行2个月的质量跟踪检查；对列为不合格的产品，未经上海市兽药饲料监察所检测合格不得出厂；对不合格产品企业的其他产品，进行随机进行抽样检测；对列为劣质产品的企业，依法进行处罚。

3. 根据《饲料和饲料添加剂管理条例》，按照饲料生产企业5项基本条件，对不合格产品生产企业进行资质清理。对无基本检测能力的企业，进行停产整顿。

4. 在今年已经召开饲料生产企业安全工作会议的基础上，继续推行安全质量承诺制度和药物使用月报制度。

（四）动物性饲料原料的监管。针对国内动物性饲料原料（包括进口产品）标签不规范，严重损害消费者利益的现象，上海饲料办提出要规范标签，并得到了全国饲料工作办公室和全国饲料工业标准化技术委员会的支持。上海饲料办已于7月底召开本市主要经销进口鱼粉的经营企业会议，进行饲料法规和饲料标签的宣传培训，下一步将重点抓好规范鱼粉等动物饲料原料标签工作。还打算通过华东地区饲料标准化联络网年会，共同抓好进口动物性饲料原料的监管。

（五）推行无公害安全饲料产品地方标准。为确保饲料产品的安全，进而确保人身的健康，上海饲料办在继续推行药物饲料添加剂使用月报表和加强监管的同时，由饲料办牵头的无公害安全饲料产品地方标准已报市技监局立项。相信通过推行该地方标准，有助于推进本市饲料行业产品上一个新台阶。

（六）关于饲料行政审批事项的清理。根据市府办发（2002）18号上海市人民政府办公厅印发《关于进一步深化本市行政审批制度改革实施意见的通知》的要求，按照饲料法规、规章，饲料行政审批共申报13项，经审核共取消审批事项5项，调整审批3项。保留饲料添加剂、添加剂预混合饲料生产许可证、饲料添加剂和添加剂预混合饲料产品批准文号的核发、配合饲料、浓缩饲料、单一饲料生产企业生产登记证和饲料、饲料添加剂经营企业登记证的审批。

（七）开展了饲料企业免征增值税、技术质量审核工作。配合市国税局做好本市饲料生产企业申报免征增值税的工作，全年共为140个企业、660余个产品出具了市饲料产品技术质量审核表。

（八）饲料工业职业技能鉴定工作。按照全国饲料工业职业技能鉴定指导站要求，市饲料技能鉴定站开展技能鉴定，全年共有50名取得农业部、社会劳动保障部颁发的检化验初级工技能鉴定证书，50名取得检化验中级工技能鉴定证书。

上海承担农业部、社会劳动保障部下达的《饲料厂中心控制室操作工》国家职业标准的制定工作，已通过农业部审定。10月农业部启动第二批职业技能鉴定工种国家职业技能标准编写，上海负责起草《饲料营销员》国家职业标准。

**【存在的问题】**

(一) 面临的形势　进入新世纪后的5～15年，是我国经济和社会发展的重要时期，是建成上海现代化都市农业的重要时期。上海的饲料工业面临着新的形势，主要表现在：

1. 根据《上海市养殖业“十五”发展专项规划》，本市畜禽生产总量调减30%，现代化畜禽场从现有1 000家调减至700家左右，为此本地销售配合饲料量也将随之调整；全国范围内随着农业和农村经济结构的战略调整，加快发展养殖业，为饲料工业的发展提供广阔的市场。优质饲料和其他饲料作物种植面积扩大、产量增加，为饲料工业发展提供了坚实的物质基础。

2. 经济全球化，随着中国加入WTO，特别是上海作为国际大都市的重要地位，多家跨国公司已落户上海市。上海市饲料工业必须立足上海、服务全国、参与国际经济的合作和竞争。同时，信息技术、生物工程为代表的高新技术产业的发展，为我们提出新的目标任务、研发的空间和领域。

3. 我国正全面进入小康社会，城乡居民向富裕迈进，人民对食品的要求，已从量的保障转为质的提高。上海吃“放心肉”喝“放心奶”已成为社会、市民、政府关心的热点问题。营养、保健食品成为发展趋势，对畜禽饲料的质量更加关注营养、安全、诚信。饲料工业的发展，必须要把质量放在第一位。

(二) 存在的主要问题　发展上海饲料工业存在不少问题，主要表现在：

1. 饲料产业结构不合理。一是饲料加工能力相对过剩，企业开工不足，相当一部分企业规模小、工艺落后、技术含量低、缺乏市场竞争力。二是科技含量较高的饲料添加剂工业企业不多、品种少、产量低，不能满足国内市场需求，出口量也不大。

2. 对饲料产业的政策扶持小。饲料企业既要利用高新技术、先进适用技术改造传统产业，又要发展高新技术产业，实现跨越式发展都要有必要的资金投入，近几年来由于国家无技改资金、无贴息贷款、无贷款担保，使行业的整体技术水平同国外差距拉大。上海市饲料科研能力较低，尤其是对生物工程、信息技术等高新技术研究开发经费少、产业化水平低，影响了饲料工业的发展。

3. 饲料工业的培训、技术推广、信息咨询等服务体系薄弱，区（县）畜牧行政主管部门无饲料工作专职人员。

（上海市饲料工业办公室）

## 江苏省饲料工业

2002年江苏省饲料管理工作紧紧围绕农产品质量安全工作，加强法律法规的宣传与贯彻实施，狠抓饲料市场的综合整治，严厉打击非法生产销售使用违禁药物；强化审核审批，把好饲料生产准入关；增强管理服务，努力为饲料行业创造公平竞争的市场环境，促进了全省饲料产业健康稳步发展。

**【基本概况】** 2002年，全省有各类饲料加工企业532个，其中年单班生产能力万吨以上的配合饲料企业81个，饲料添加剂生产企业44个，预混料生产企业260个，饲料机械加工企业548个。全省已基本形成了一个包括饲料资源工业、饲料加工工业、饲料添加剂工业、饲料机械工业在内的门类比较齐全、功能比较完备的产业体系。饲料工业的发展，有力地推动了畜牧水产业的快速增长，促进了养殖业增产增效和农民增收。

据统计，2002年全省工业饲料总产量267万t，与上年基本持平。其中，浓缩料、添加剂预混料和饲料添加剂产量持续增长。全年浓缩饲料产量28万t，比上年增长65%，添加剂预混料32万t，比上年增长52%，饲料添加剂11.6万t。生猪配合饲料产量61万t，比上年下降41%。肉禽配合饲料产量63万t，比上年增长13.8%。水产配合饲料产量58万t，比上年增长26%。

**【行业特点】** 有以下几点：

1. 品种结构优化，产品质量提高。工业饲料总产量中，浓缩饲料、预混合饲料的比重分别占10%和12%。配合饲料中，猪饲料占29%，肉禽饲料占30%，水产饲料占28%，其他类饲料占13%。其中鱼虾饲料发展迅猛，基本适应了养殖业结构调整的需要。

2. 饲料企业在加快技术改造的同时，注重质量建设。先后有20多家企业通过了ISO9000质量体系的认证。连云港正大饲料有限公司还被省出入境检验检疫局认定为出口肉鸡企业指定使用产品。溧阳正昌集团生产的“福乐兴”饲料产品，通过了绿色食品的标志认定，成为江苏省第一个绿色饲料。全省饲料产品质量不断提高，涌现了一批国优、部优和省名牌产品。

3. 饲料工业经济结构调整步伐加快。近年来，“三资”进入饲料的企业明显增多，省外饲料企业如湖南正虹、四川通威、四川希望、山东六和集团等相继在江苏省投资建厂。合资、独资企业在江苏省饲料产业中继续保持着领先地位，初步统计，32个合资、独资企业。2002年饲料产量达150万t，约占全省总产量的50%以上，成为江苏省饲料产业的骨干力量。通过深化改革，江苏省饲料生产企业类型已由过去以国有、集体所有制为主逐步向多元化方向发展。全省年产10万t以上的饲料企业已全部实现股份制。现有饲料加工企业中，股份制企业已占50%，比上年高4个百分点；国有、集体企业占15%；民营企业占25%；合资、独资（港、台资）企业占10%。股份制企业、民营企业不断发展壮大，显示了强有力的生命力，经济运行质量大大提高。饲料企业向规模化、集团化发展的步伐进一步加快，形成了一批主业突出，核心竞争力强，有一定实力的大、中型企业。至2002年，江苏省年产量5万t以上的饲料生产企业有9家，工业饲料产量达90万t，占全省工业饲料总产量的34 %，其中年产量10万t以上的企业有4家，占全省工业饲料总产量的22%。江苏正昌集团有限公司、江苏牧羊集团有限公司、南通巴大饲料有限公司、江阴市正虹饲料有限公司被列入全国饲料工业百强企业。

**【管理工作】** 2002年重点抓了以下几方面管理工作：

（一）全面开展饲料市场综合整治，市场秩序明显好转。2002年江苏省把整治饲料市场，确保畜产品投入品的安全列为全年饲料管理工作的重点，在全省范围内组织饲料市场的专项治理活动，重点查处无许可证、无产品批准文号（添加剂、预混料）、无产品质量标准和合格证的产品，严格检查药物使用情况。南通市海安县集中2个月时间组织对全县饲料、兽药市场的专项整治行动。精心组织，周密部署，相关职能部门密切配合，协同作战，严厉打击饲料、兽药非法生产经营行为。全省集中查处一批无饲料添加剂和预混料生产许可证、无饲料生产企业登记证的企业，查处了一批无产品批准文号和不合格产品。据初步统计，全省各地先后查处“四无”企业26家，查处“四无”产品30个，收缴假劣产品30多t，罚款59万多元。经过集中整治，饲料生产经营秩序取得明显好转，无证无号生产的现象得到有效遏制。

（二）严厉打击生产经营使用违禁药物，确保畜产品安全。开展“拒绝违禁药物，确保饲料安全”的倡议，营造良好社会氛围。年初南通巴大饲料有限公司等23家企业在全省饲料安全工作会议上向全省同行发出倡议，公开向社会承诺：“拒绝违禁药物，确保饲料安全”，得到了全行业的普遍响应，无锡、镇江、泰州、海安等市、县相继举行活动，号召辖区内的饲料企业响应倡议，自觉做好本企业的饲料质量把关工作，确保饲料安全，在社会上引起了很大反响。

制定饲料安全管理法规。2002年6月22日江苏省第九届人民代表大会常务委员会第30次会议通过了《关于在畜禽生产中禁止使用违禁药物的决定》，并于2002年8月1日起施行。这是江苏省饲料和畜产品安全生产管理的一个重大举措。自《决定》颁布后，我们积极做好宣传贯彻工作，7月30日召开了贯彻实施《决定》的新闻发布会，省农林厅向规模养殖大户发出贯彻实施决定的一封公开信，省饲料工业协会等6个省级行业协会向各行业发出倡议：拒绝违禁药物，确保畜产品安全。省政府办公厅印发“关于贯彻实施《省人大常委会关于在畜禽生产中禁止使用违禁药的决定》的意见”。全省各地全面开展了宣传贯彻活动，并将《决定》及“公开信”、“倡议书”等有关宣传材料加印，发送到养殖场、养殖大户、饲料厂，形成了全省学习、宣传、贯彻《决定》的高潮。据初步统计，全省各地共印了各类宣传资料34 000余份，有效地推进了《决定》的学习和贯彻，提高了广大群众对违禁药物危害的认识和执行《决定》的自觉性。

全省各地以贯彻实施《决定》为重点，加强畜产品质量安全的检测，通过内查外堵等措施，把多起有残留“瘦肉精”的生猪挡在了屠宰和上市之前。3月底，省政府办公厅发出通知，要求强化生猪检疫和监督检查，实施宰前“瘦肉精”残留抽检。省农林厅及时组织布置，要求各地农业部门做好外地调入生猪的抽样检测和对地产猪的检查。2002年全省共抽样检测猪饲料、猪饮水、猪尿、猪肝样品3 400多个。在抽检的配合饲料、预混料产品和饮用水中均未发现“瘦肉精”等违禁药物，少量阳性猪尿和肝样多数来自于外省的调入猪。对瘦肉精残留的生猪均作无害化处理复检阴性后方准上市，有效地防止了中毒事件的发生。

（三）强化日常监督，实行长效管理。全面开展饲料生产企业的登记发证。根据《饲料和饲料添加剂管理条例》和《江苏省饲料生产企业登记管理办法》，2002年江苏省全面开展了配合饲料生产企业的登记工作。对配合饲料、浓缩饲料生产企业进行了全面登记、审核、发证，对企业生产设施、技术力量、检验条件、管理制度等进行考核，符合规定条件的，颁发江苏省饲料生产企业登记证。2002年共有268个企业登记发证，有50多家饲料企业不符合规定条件被退回，或整改后重新申报，通过企业登记实行饲料有证生产，有效地规范了饲料企业的生产行为。

严格把好许可证的审核和产品批准文号的审批关。2002年共受理52个企业申请，考核合格报农业部发证的企业42个。与此同时加强已有添加剂和预混料企业的年检工作，对一些条件差，生产不正常、产品质量有严重问题的企业，坚决要求关闭，有12家饲料添加剂和预混料企业在企业年检时因存在问题而被报请农业部注销生产许可证。对产品批准文号的申批，认真审核药物添加剂使用的范围、剂量，杜绝禁用药物。

组织全省饲料行业的质量监督抽检。根据农业部部署，对全省饲料及添加剂生产经营企业产品进行了全面的抽检，共抽查了138个饲料生产企业的536个配合饲料、浓缩饲料和奶牛精料补充料样品，128个生产企业的187个饲料添加剂和添加剂预混料样品，67个生产和经营企业的79个动物性饲料样品，167个畜禽水产养殖场的336个畜禽饲料和畜禽饮用水样品，共计1 138个样品。根据检测结果通报，及时召开了不合格企业参加的质量分析会，查摆问题，分析原因，对企业提出了整改意见，对部分违规企业实施了行政处罚。

**【存在的问题及对策】** 在饲料产业不断发展和饲料管理工作逐步规范的同时，还存在着一些困难和问题，突出表现为：一是饲料产量位次后移。尽管全省浓缩料、预混料产量不断增加，但配合饲料产量不断下降，饲料产量在全国的位次后移。二是企业数量多，规模小，而竞争力强、市场覆盖面大的龙头企业和集团化企业少；小企业的增多，导致整个产业处于微利运行；产品档次不高，饲料市场在低价位上竞争；新产品开发能力不强，严重影响了江苏省饲料产业声誉、产品升级和质量的提高；部分企业开工不足，经济效益下滑。三是饲料市场有待进一步规范。尽管全省上下全面进行了畜牧业投入品的整治，收到了显著成效，但是各地基础不同，整治工作参差不齐，无证生产、无批号生产、假冒伪劣产品依然存在，在部分地区还比较严重，饲料安全潜伏着隐患。对此，江苏省将加大饲料管理力度，立足饲料安全，突出改革和创新，面向市场，依靠科技，不断优化饲料产业结构和布局，化消极因素为积极因素，全面实施四大发展战略，即以确保饲料安全为重点，全面提高产品品质，实施饲料业可持续发展战略；以结构调整为主线，实施饲料业与种植业、养殖业的协调发展战略；以体制创新为突破，扩大企业规模，培育优势主导产业，实施集团化发展战略；以科技创新为手段，研制开发新品，实施饲料新品、名牌发展战略，壮大饲料产业，把江苏省饲料业建设成为国民经济的重要产业。

（江苏省饲料站）

## 浙江省饲料工业

**【基本概况】** 2002年度，在农业和农村经济结构战略性调整过程中，随着畜牧业的进一步发展，浙江省饲料行业在前几年发展的基础上，又上了一个新台阶。目前，全省饲料和饲料添加剂生产企业共527家，其中配合饲料生产企业251家，年生产配合饲料332多万t，饲料添加剂和添加剂预混合饲料生产企业173家，产量17多万t。列入工业统计的饲料生产企业，2002年度饲料工业总产值达66.56亿元，比2001年度增长了20.76亿元。

**【发展特点】** 有以下几个特点：

1. 饲料产量和产品质量稳中有升。进入“十五”期间后，浙江省从提高企业规模化和产品专用化、高效化、标准化、系列化生产水平入手，以配合饲料为主，保持饲料总产量稳定，同时大力开发和提高水产系列饲料的比重，使产品种类和质量走上新台阶。2002年饲料工业又有了新的发展，饲料和饲料添加剂生产企业比上年增加了80家，其中预混合饲料和饲料添加剂生产企业增加了27家；新增配合饲料30多万t，新增预混合饲料和添加剂2 000多t。同时，以上产品质量抽检合格率继续保持较高水平，并且有很大提高，从2001年度的85%以上提高到2002年度的90%以上。

2. 绿色、无公害饲料添加剂已成为浙江省饲料添加剂工业的主导产品。浙江省饲料行业发展较早，已成为我国饲料添加剂主要生产基地之一。尤其是浙江省最主要的饲料添加剂产品维生素类添加剂，在全国占有较大的份额并逐步增大，从饲料级VE、VA、$VD_3$、$VK_3$及烟酸、泛酸钙等主要产品的生产，发展到生物素、肌醇、$VB_6$等产品的开发和利用，均在全国具有举足轻重的地位。目前，浙江大学又开发研制出“糖帖素”这一绿色无公害的饲料添加剂，具有很大的市场前景，正在推广应用。这些产品也已成为浙江省饲料添加剂行业的当家产品和支柱产业。

3. 生产企业法制意识和科技意识得到进一步提高。随着市场公平竞争机制的不断完善和监督管理工作的不断加强，企业为了求得生存和发展，法制意识和科技意识明显加强。通过全省各级饲料管理部门连续的《饲料和饲料添加剂管理条例》宣传和经常的市场监督检查活动，在《条例》颁布以前创办的企业，也主动申报进行审核登记，2002年申报登记合格的共有113家。目前经批准合法生产的饲料企业已占90%以上。为提高竞争力，企业注重科技投入，涌现出了一批生产设备先进、技术力量雄厚、质量保证体系完善、产品上档次的骨干企业，部分大型骨干企业技术装备已接近国际水平。全省已有20多家企业通过了ISO质量体系认证，在全国饲料行业评比中有10家企业获百强企业称号，5家获科技先进企业称号。

4. 外向型企业得到进一步发展。我国加入WTO后，浙江省一些饲料生产企业，尤其是饲料添加剂生产企业，及时瞄准了国际市场，许多产品如VE、生物素、烟酸等已经走出了国门，参与国际市场竞争。2002年度，已经成为外向型的生产企业，产品出口数量总体上又有了增长，在国际市场上的份额越来越大；同时，出口的企业也增多了。到目前为止，浙江省多数生产原料的企业共有10多家已将产品推向了国际市场，全年创汇超过1亿美元。

**【工作情况】** 为促进饲料工业的稳步发展，维护市场经济秩序，确保动物产品的安全，浙江省认真贯彻执行新修改的《饲料和饲料添加剂管理条例》、《浙江省饲料和饲料添加剂管理办法》和农业部的一系列《公告》精神，切实加强管理，加大行政执法力度，查处大案要案，取得了明显成效：

1. 做好宣传工作，提高法制意识。为做好宣传工作，我们及时向各地印发了《条例》，先后以农业厅等文件转发或提出了宣传贯彻执行农业部《第193号公告》、《最高人民法院、最高人民检察院关于办理非法生产、销售、使用禁止在饲料和动物饮用水中使用的药品等刑事案件具体应用法律若干问题的解释》的意见。各级农业部门充分利用报纸、电视、广播等新闻媒体，以及举办培训班、发放宣传资料等多种形式开展宣传活动。先后印发数十万份《条例》、《公告》、《司法解释》等进行张贴或发放到生产、经营者手中。为提高宣传效果，结合违法行为查处活动开展宣传工作。在2002年8月份和9月份组织开展的全省饲料市场专项整治活动和全省统一销毁违禁药物及假冒伪劣饲料活动中，专门邀请了在杭中央和省级的新闻单位和全省7个市级电视、报纸、电台等有关新闻媒体，对活动现场进行了报道。浙江省嘉善县农业局专门组织广大养殖专业户和畜产品经营者，旁听了嘉善县人民法院公开审理的一起违法使用违禁药品案件。这些宣传活动大大提高了人民群众的法制意识。

2. 加强监督管理，坚持扶优扶强，促进行业发展。一是加大了市场产品质量抽检工作力度。2002年度组织开展了4次全省性饲料市场抽检活动，抽检饲料品种1 300多个，抽检样品4 000多批（次），对抽检不合格的及时进行调查处理，并查找原因进行整改，促进企业产品质量提高。二是积极组织开展技术培训与交流。针对我国加入WTO后饲料行业发展面临的机遇与挑战，3月份专门邀请国外专家为浙江省40多家重点饲料生产企业，讲授了我国饲料行业的发展方向与应对的措施；6月份又举办了全省饲料和饲料添加剂生产企业（共200多人）参加的培训班。各地的培训交流活动更多，提高了企业开发和管理的水平。三是严把审核关，提出更高要求。浙江省精细化工发达，饲料工业起步较早，已涌现出一批科技含量较高的饲料企业，为了推动浙江省饲料行业上一个新台阶，促进饲料企业做强做大，按照《条例》和全国饲料工作办公室的有关规定，对新办企业进行审核时，严格按照规定的条件进行审核，同时对达到规定条件准许生产的企业提出更高的要求，指导企业发展和提升企业档次。

3. 加大行政执法力度，严厉打击违法行为，维护饲料市场秩序。为净化饲料市场，彻底杜绝在饲料中添加违禁药品和生产经营假冒伪劣饲料的违法行为，浙江省先后组织了在春节前以畜产品安全为主的、4月份以打假保农业为主的、8月份以规范兽药饲料市场为主的和10月份确保节日安全为主的4次专项整治活动，在每次专项整治活动中都将整治饲料市场作为重要专项活动的重点内容。4次专项整治活动全省共出动执法检查人员达6 000多人次，基本清理了违禁药品和非法饲料。尤其是8月份的专项整治活动，全省共出动执法人员1 775人，检查饲料和饲料添加剂生产经营企业1 933家，取缔无证饲料生产企业3家、饲料经营企业28家，查处违法案件60多起，查获非法饲料74.4t，各地销毁的各种违禁药品5 000多kg，有效地净化了畜牧业投入品市场。

全省各级饲料管理部门在实行专项整治的同时，加强平时的行政督查工作，尤其是突出了对添加使用禁用药品违法行为的督查工作，对生产企业和饲料市场实行有效的监控。2002年全省共立案查处76起，查获非法饲料143t，移交司法机关5人。

4. 延伸管理，确保畜产品安全。随着管理工作的不断深入，饲料行业管理工作已逐步从源头管理延伸到源头、市场和使用三者管理并重的阶段，使饲料管理工作更加有效，这也是浙江省实施《绿色畜产品行动计划》的重要保证。2002年对饲料市场质量抽检力度加大的同时，加强了动物饲养场（户）饲料、饲料添加剂使用情况和屠宰生猪的抽检工作。全年对浙江省嘉兴、衢州等重点地区先后组织了4次地毯式的生猪饲料和尿样“瘦肉精”抽检。嘉兴等地的有关县实行了常年监测制度。杭州、嘉兴、温州、绍兴、衢州等城市的屠宰场（厂）实行了常年或不定时的屠宰猪尿样“瘦肉精”检测工作。据不全统计，2002年全省共检测了1 300多个养猪场（户）的3 000多份尿样和饲料，抽检了150多万头屠宰生猪。屠宰场生猪“瘦肉精”阳性检出率从以前开始时的20%，下降到现在的0.1%左右，并呈下降趋势。结合无公害畜产品生产基地和绿色畜产品的认证工作，除“瘦肉精”检测外，在饲料环节还开展了其他多种有害物质残留的监测，先后检测50多个畜产品生产基地的500多个样品。通过饲养和屠宰环节的检测工作，不仅确保了畜产品的安全，有效地遏止了非法饲料和违禁药品的生产、经营和使用，净化了饲料市场。

（浙江省饲料工作办公室）

## 安徽省饲料工业

**【基本概况】** 2002年安徽省饲料工业在省委、省政府的正确领导下，在上级业务部门的大力支持下，饲料工业发展态势总体上平稳，产品质量稳步提高，行业逐步规范。全年饲料总产量164.4万t，其中配合饲料142.5万t，浓缩饲料12.9万t，添加剂预混料9.0万t；赖氨酸960t，酸化剂、香味剂500t；骨粉、肉骨粉1 132t，磷酸氢钙3 162t；生产能力315万t。配合饲料中猪料、禽料、水产料分别为47.5%、42.4%、5.5%；浓缩饲料中猪料、禽料、反刍料分别为64.4%、29.1%、6.2%；添加剂预混料中猪料、禽料、反刍料分别为44.6%、48.3%、1.1%。饲料企业215家，其中时产5t的51家。职工总数9 689人，其中硕士45人。

**【行业特点】** 一是产品质量进一步提高。在农业部、省举行的饲料和饲料添加剂质量监督检测中，安徽省的配合饲料的合格率达96%，浓缩饲料合格率达95%，分别高于去年2、3个百分点。二是饲料添加剂品种更加丰富。投资一座年产5 000t的赖氨酸厂、两家微生态制剂厂。三是行业竞争逐步规范。曾一度盛行的不法赊销现象得到了很好控制。四是配合饲料企业效益继续下降。禽料仅是为了维持市场，基本上无利润，猪料的利润也较往年大幅度下降。五是兴办预混料企业方兴未艾，2002年全省新建预混料企业13家，申报预混料生产许可证29家，发证20家。

**【主要工作】** 2002年主要抓了以下工作：

1. 饲料市场。一是春季、秋季集中打假活动。全省共检查饲料生产、经营单位及个体2 690家，查获违法饲料产品52 000kg，货值12多万元，立案查处42起。二是饲料市场督查工作。9月和12月分别抽调兽药、饲料执法人员，分五组在全省开展兽药饲料执法工作专项督查，通过听取汇报、查阅资料、随机抽查经营单位和暗访乡镇兽药、饲料市场的形式，共检查17个市及其所属34个县（市、区）400个兽药饲料经营单位及门面。

2. “瘦肉精”等违禁药品专项整治斗争。省农委今年曾两次下文要求各地加大对饲料及畜产品中“瘦肉精”等违禁药品打假力度。同时，全省共抽检饲料、动物饮用水和生猪尿样液样品1 800余批次，查出含有“瘦肉精”1例，检出含有“安定”类违禁药品的养殖场10余家，分别进行了严格处罚。同时，举办了全省饲料安全研讨会。饲料企业、大型养殖场共200余人参加了会议，省人大分管农业副主任赴会作报告。会上全省20家大型饲料企业联合向社会承诺不在饲料中添加使用违禁药品，并公布了举报电话。省电视台、安徽日报社、新安晚报等多家媒体作了报道，有的还作了追踪调查。

3. 饲料标准。2002年省饲料标委会共召开14次标准审定会，审定标准110多个、标签800多个。对提高全省饲料产品质量和档次，保障产品顺畅流通起着重要作用。

4. 检测体系。在建设省饲料兽药监察所的同时，在全省健全市级饲料检测所，去年已在安庆、芜湖、淮北三市率先投资建设。

5. 丰收计划的验收、报奖工作。2000年农业部首次安排安徽省饲料行业丰收计划项目，确定安徽省实施《皖中山芋稻谷型猪预混料技术推广》项目，按照项目的任务和要求，我们组织了霍邱、寿县、舒城、颖上四县具体实施，经过两年的大力推广，项目区育肥猪的生长速度、出栏率、投入产出比、瘦肉率和屠宰率等均有不同程度的提高，降低了饲料消耗，取得显著的经济、社会和生态效益，全面完成了项目规定的各项技术、经济指标。项目已顺利通过验收，并被农业部评为丰收计划三等奖。

6. 秸秆养畜项目。一是会同省农业开发办、省农委计划处对1999年实施的界首、霍邱、凤台三县秸秆养畜示范县进行了验收；二是制定了省秸秆养畜“十五”及2010年规划；三是顺利通过农业部对2002年砀山县、谯城区的秸秆养畜续建项目的审核。

（安徽省饲料工作办公室）

## 福建省饲料工业

**【发展概况】** 2002年饲料生产呈良好发展态势。全年饲料工业总产值近63亿元，总产量163万t，比上年增长7.4%，其中配合饲料154.8万t，增长11.5，占总产量的92.7%；添加剂和添加剂预混料7.5万t，占5.1%，比上年略有减少。饲料生产呈现以下几个特点：一是配合饲料产量快速增长，产品结构进一步优化。尤其是水产配合饲料达33.6万t，占饲料产品的比重达21.3%，比上年提高了10个百分点。二是民营企业占主导地位，多种经济成份共存，共同发展。在福建省270家饲料生产企业中，民营企业占50.4%，股份制企业占7.4%，联营企业占2.2%，集体企业占7.4%，港澳台企业占10%，外商独资企业占8.5%，国有企业占3.3%，其他企业占10.7%。三是饲料生产更加集中。饲料生产企业比上一年减少5%，产量却增长7.4%；年产万t以上的企业只占全省饲料生产企业的20%，但其产量和产值却分别占总产量和总产值的80%和60%。

**【主要工作】** 以查禁“瘦肉精”等违禁药品为突破口，推进全省饲料工业健康持续发展，根据国家开展饲料市场专项整治工作和严厉打击生产经营使用“瘦肉精”等禁用药物违法行为的精神，结合省政府“治理餐桌污染”，建设“食品放心工程”的工作部署，全省饲料管理部门狠抓饲料监督管理，积极开展专项整治工作，规范饲料生产和市场，有力地促进了福建省饲料工业的健康持续发展。

1. 定期、不定期地监督检查饲料生产企业。根据《饲料和饲料添加剂管理条例》和五部门《2002年全国农资打假专项斗争工作方案》的总体安排，对全省71个饲料添加剂和添加剂预混合饲料生产企业进行了年检，对280多家饲料生产企业随机抽取35家进行实地检查，没有发现大案要案。从年检的情况看，福建省饲料添加剂和添加剂预混合饲料企业大多数都能按照《饲料和饲料添加剂管理条例》的要求组织生产，一些企业还更新了设备，增加了检验项目，对厂房进行改造；一些企业提高了对产品质量的意识，加大了饲料安全的管理，加强对原料进货环节的监督，和产品出厂的检验。但也发现个别企业的管理比较混乱，生产条件不能满足生产要求，根据有关规定，收回了3家企业的生产许可证。

从实地检查企业的情况看，福建省饲料生产企业，对饲料安全工作比较重视，能够按产品标准进行组织生产，饲料标签的使用比较规范，没有发现饲料中添加“瘦肉精”等违禁药物的行为。但由于经费紧缺，多数市县没有安排专项治理经费，对“瘦肉精”的检测难以做到经常化、制度化。

对在生猪饲养环节查到使用“瘦肉精”的情况，福建省采取了强制滞留饲养1个月后，经再次检测阴性后方准上市的处罚措施；对在屠宰场查获的则是销毁同群猪。但因没有强制手段，对“瘦肉精”的来源一直无法实现追查到底。

2. 加大饲料行业餐桌污染治理力度。“瘦肉精”问题出现后，省委、省政府领导对查禁工作非常重视，2001、2002年连续两年把“治理‘餐桌污染’，建设‘食品放心工程’”工作列为省委、省政府为民办实事项目的首位，由省长负总责，分管副省长抓具体工作。而将查禁“瘦肉精”工作列为治理“餐桌污染”的重中之重的任务，各市也都将这项工作列入为民办实事项目，主要领导负总责，分管领导专项负责。今年以来，全省各级畜牧饲料管理部门加强了对饲料生产、经营企业监督管理，使“瘦肉精”等违禁药品的阳性率进一步降低，违法使用“瘦肉精”等违禁药品的状况等到有效控制。

一是开展饲料生产、经营企业的饲料质量监督检查，全年对150个饲料生产企业抽检饲料样品821个，经检测在这821个样品中没有发现在饲料中添加违禁药品的现象。

二是开展对生猪饲养场（户）饲料、饮水中违禁药品的检查，检测了170个生猪饲养场的饲料和饮水样品527个，没有检出使用“瘦肉精”的情况，但有17个生猪饲养场被检出使用违禁药品“安定”的情况，对使用安定的猪场都由猪场所在地的行政管理部门按照有关规定进行经济处罚（每个场罚款1 000元）。

三是对龙岩的猪场进行了两次“瘦肉精”突击检查，今年5月，根据省领导的指示，对龙岩罗区猪场进行了突击抽查，抽检了57头生猪，查出“瘦肉精”阳性猪3头。

6月14～17日，配合农业部到龙岩对生猪进行“瘦肉精”拉网式检查，共检测1 032头生猪的样，检出阳性28头，阳性率为2.71%；6月18日在厦门屠宰场突击检测了40头尿样，阳性3头，阳性率为7.5%。以上两次共抽检1072头，用福建省地方标准判断，阳性猪31头，阳性率为2.89%；用农业部标准判断，阳性猪为21头，阳性率为1.96%。

四是加大执法力度。全省共查获违法经营使用的违禁药品案件219起，没收违禁和假劣兽药（包括渔药）8 527件，其中，违禁药物的品种及数量分别为：呋喃唑酮原料662.5kg、片剂9 600片；氯霉素原料37.6kg、针剂303合；乙烯雌酚25合（250支）；孔雀绿50kg。

3. 对饲料产量进行质量监督检查。根据农业部《关于2002年度饲料产品质量安全监督检测工作有关事项的通知》和全国饲料工作办公室关于印发《2002年度全国饲料和饲料添加剂质量监督检测实施细则》通知的要求，在全省范围内对配合饲料、浓缩饲料、饲料添加剂和添加剂预混合饲料以及动物性饲料产品的生产、经营企业和使用单位进行了质量监督检查。对36家产品不合格的企业进行通报，并限期整改；对2家养殖场在饲料中添加违禁安定类药品进行处罚。

4. 初步制定《福建省饲料生产企业综合审查办法》。为了规范福建省饲料生产企业的管理，完善饲料生产条件和质量保证体系，根据《饲料和饲料添加剂管理条例》第九条的规定，从人员要求、生产场地、生产设备、质量检验、主要管理制度和卫生环境等方面对全省饲料生产企业进行审查验收，合格企业发给《福建省饲料生产企业综合审核证明》，不合格企业限期整改，至12月底已验收合格企业183家。

**【组织机构】** 福建省饲料工作办公室挂靠福建省农业厅，核定机关事业编制3名。随着市级机构改革的推进，市级饲料管理部门全部设立，厦门市饲料办挂靠厦门市计委，无编制；莆田市饲料办挂靠莆田市农业局，2个行政编制；龙岩、三明、南平三个市设立了饲料办，均挂靠市畜牧水产局；福州、漳州、泉州和宁德4个市未设立饲料办，但编办均将饲料管理职能划归市农业局。县级饲料管理力量十分薄弱，全省县级尚未有明确设立饲料管理机构。

（福建省饲料工作办公室）

## 江西省饲料工业

**【发展概况】** 2002年，江西省饲料工业发展势头仍较好，全省饲料加工双班生产能力330万t，工业饲料总产量230万t（不包括养殖户自配自用饲料，约100万t），比2001年增长5.5%；工业饲料产值64.6亿元，比2001年增长7.3%。品种近200个，结构趋于合理，猪、禽、水产料的比重分别为62.1%、31%、5.1%，其他料占1.8%。饲料产品质量有所提高，抽检合格率达到90%左右。

**【行业特点】** 从2002年江西省饲料生产经营情况看，主要呈现以下几个特点：

1. 饲料生产经营向规模化、专业化方向发展。随着饲料监管工作的加强和饲料平均利润下降，一些小企业越来越难以生存，被迫关门。据统计，2002年江西省饲料生产企业总数比2001年减少87家，这87家企业中90%以上为小型企业。而一些规模较大的企业通过兼并、联合、重组等形式，实行低成本扩张，形成大型企业集团。江西正邦集团2002年陆续兼并了原吉安县吉大饲料有限公司和抚州中盛饲料厂，生产规模进一步扩大，年产销量达到50多万t。正邦集团已被认定为农业产业化国家重点龙头企业；赣州华利饲料有限公司兼并原赣州大通饲料有限公司后，组建了金苹果科技牧业有限公司，市场竞争力显著增强；江西加大实业有限公司还走出去，在广东南海兴办了分厂，积极开拓广东市场。

2. 预混料发展势头较猛。截止2002年底止，江西省有89家饲料生产企业获得添加剂预混合饲料生产许可证。2002年商品预混料产量近10万t，比2001年增长12.5%。江西省预混料发展势头较猛原因主要有二：一是单位预混料利润相对较高；二是预混料适应江西省规模养殖快速发展需求现状。

3. 饲料生产经营企业饲料安全意识大大增强。随着宣传和监管工作的到位，特别是饲料管理部门严厉查处经营、使用禁用药品典型案例的警示教育，江西省广大饲料生产者、经营者、使用者对国家的有关法律、法规有了进一步的了解，认清了确保饲料安全的重要性和紧迫性，意识到了生产、经营和使用禁用药品的危害和后果，增强了依法生产和经营的自觉性。

**【主要工作】** 2002年主要抓了以下几方面工作：

1. 积极宣传国家有关饲料法律、法规，提高饲料生产（经营）者依法生产（经营）的自觉性。2002年，江西饲料办充分利用各种媒介广泛宣传《饲料和饲料添加剂管理条例》、《禁止在饲料及动物饮水中使用的药品品种目录》以及《最高人民法院、最高人民检察院关于办理非法生产、制售、使用禁止在饲料和动物饮用水中使用的药品等刑事案件具体应用法律若干问题的解释》等相关法律法规和规定。广大饲料生产（经营）者法律意识显著增强，绝大多数做到了依法生产和经营。

2. 依法行政，严格审批事项。依照《饲料和饲料添加剂管理条例》有关规定，江西饲料办对2002年1月1日以前取得饲料添加剂和添加剂预混料生产许可资格的90家企业进行了“年检”，对其中不符合条件的6家企业予以“年检”不合格处理，并建议农业部吊销（注销）其生产许可证；组织有关专家组成评审组对10家企业的申报材料进行了审核和实地考核，有7家企业通过考核，获得了农业部颁发的生产许可证；核发产品批准文号35个。

3. 依据《饲料和饲料添加剂管理条例》严厉查处违规企业。2002年是江西省饲料执法力度最大的一年。在过去的1年里，江西饲料办按照农业部和省农业厅的安排和部署，组织了3次饲料“打假”专项斗争和4次违禁药品专项整治活动。每次饲料“打假”专项斗争（违禁药品专项整治行动），江西饲料办都进行了研究部署，市、县（区）饲料管理机构按省办的要求均作了精心的部署和安排。在调查摸底、掌握饲料生产、流通及养殖领域中违规行为的基础上，组织优势力量进行突击查处。为督促指导各地的饲料“打假”和违禁药品专项整治行动，江西饲料办还四次抽调有关人员组成检查组，赴全省11个区市，对各地的工作进行了督促检查，并着重检查了重点饲料市场、中小饲料生产企业、规模养殖场（户），抽检饲料和饲料添加剂样品462批次，大猪尿样216份，猪肝样55份。据不完全统计，去年的饲料“打假”专项斗争和违禁药品专项整治行动，江西省共出动检查人员1 281人次，出动车辆672台次，共检查饲料生产、经营企业（户）、规模养殖场（户）3 715家，抽检饲料和饲料添加剂、大猪尿样、畜禽内脏等样品2 862份。查处“四无”饲料和饲料添加剂生产（经营）企业（个人）36家，没收“四无”饲料和饲料添加剂产品200t，查获假冒伪劣饲料和饲料添加剂产品300余t，查处非法经营使用安定等违禁药品企业10家，罚没金额总数达112万元。对一些影响较大的违规企业和案例，江西饲料办直接立案查处，保证了执法的严肃性。2002年江西饲料办直接对违规企业罚款21万元。

4. 扎实做好2002年全国饲料和饲料添加剂产品监督抽检工作。2002年全国饲料和饲料添加剂产品监督检测计划下来后，江西饲料办按照计划要求，对饲料和饲料添加剂抽样及检测任务进行了详细的阶段分解和落实。每阶段抽样实施前，都作了认真的安排和部署，下发了《关于做好2002年全省饲料和饲料添加剂抽样工作的通知》。为确保2002年全国饲料和饲料添加剂产品监督检测计划按时、按质、按量完成，江西饲料办在人、财、物等方面都作了周到安排，并安排专人负责协调抽样有关事宜。由于上上下下、方方面面的共同努力，江西省较好地完成了2002年全国饲料和饲料添加剂产品监督检测工作。共抽查各类企业914家，抽查产品1 626批次。

5. 积极开展饲料工业职业技能鉴定工作。加强职业技能培训和鉴定是全面提高行业职工素质，保证饲料工业持续、稳定、健康发展的一项重要基础工作。为搞好此项工作，2002年，江西饲料办做了大量深入而细致的工作，成功举办了中级饲料检验化验员职业培训及职业技能鉴定培训班两期，有61人通过理论考试和操作技能考核，获得职业资格证书。

6. 规范企业行为，维护行业利益。在市场竞争日趋激烈的情况下，江西饲料办一直十分重视维护行业良好的竞争环境。2002年，江西饲料办对行业竞争环境给予了密切关注，为规范行业竞相压价行为，9月初召开了部分大型饲料企业座谈会，对饲料价格进行协调。加强了企业之间的沟通与交流，建立了饲料企业磋商机制。对饲料生产企业反映的有关部门越权执法、乱收费、乱罚款等问题，江西饲料办积极出面与有关部门进行了沟通和协调，较好地维护了行业利益。

7. 帮助做好协会主管单位变更平稳过渡和换届工作。经省政府批准，从2002年2月起，省饲料工业协会由省发展计划委员会主管划入省农业厅主管。江西饲料办协助协会认真做好各项移交工作。移交手续办理之后，江西饲料办又积极协助协会筹备江西省饲料工业协会第三届会员代表大会。由于农业厅党组的高度重视和各位理事的大力支持，2002年8月13日召开的，江西省饲料工业协会第三届会员代表大会取得了圆满成功。

**【存在的问题】**

1. 经费不足。江西省各级财政预算中没有饲料和畜产品监管方面经费，难以满足监管工作的需要。

2. 机构不全，监测手段缺乏。部分县的饲料管理职能部门尚未明确，导致部分地区饲料监管力度不够。饲料及畜产品质量检测机构不健全，省以下大多没有饲料及畜产品检测机构，有的虽有机构和人员，但监测手段特别是饲料及畜产品安全监测手段缺乏，不能有效开展工作。

3. 饲料管理体制不顺。有的部门越权介入饲料行业管理，造成政出多门，大大降低了《饲料和饲料添加剂管理条例》和饲料管理部门的权威。

4. 违禁药品经营、使用隐蔽性太强，销售者和使用者相互勾结，暗箱操作，查处难度较大。

（江西省饲料工业办公室）

## 山东省饲料工业

**【发展概况】** 2002年，山东省畜牧业保持了良好的发展势头。全省肉类产量达到627万t，禽蛋399.4万t，奶类116.8万t，分别比上年增长了5.3%、5.4%、29.1%；畜牧业产值701.44亿元，同比增长7.5%；畜牧业产值占农业总产值的比重达到27.8%，同比增长1.3个百分点。畜产品及其加工制成品出口创汇21.21亿美元，其中畜产品出口8.08亿美元，同比增长12.8%，占农副产品出口创汇总值的15.5%。农民人均畜牧业纯收入590元，占农民人均纯收入约20%。

**【行业特点】** 畜牧业的持续发展，有力地带动了饲料工业生产的迅速增长。2002年，是我国入世的第一年，饲料行业的竞争更加激烈。畜禽产品价格波动不定，饲料原料市场起伏较大，特别是7～8月份，主要饲料原料豆粕、鱼粉等价格大幅度上涨，而饲料产品价格上涨幅度不大，造成部分企业经营困难，效益低下。但广大饲料企业克服种种困难，不断地开拓市场，寻找替代原料，扩大生产规模，挖掘潜力，降低成本，实行微利经营，从全年看，整个行业仍保持了发展的好势头。

1. 产品产量增长，品种多样化，结构日渐合理。配合饲料稳定，浓缩料产量增长幅度较大。从品种看，猪、蛋鸡饲料稳定增长，肉鸡、牛羊、鱼虾、特种养殖和其他饲料增长幅度较大。特色饲料发展较快，如良种畜禽专用饲料、"笨鸡""土猪"专用饲料、观赏动物饲料、宠物饲料等。饲料原料、饲料添加剂原料生产无论是产量和品种也都较大增长。如维生素类、微生态制剂、酶制剂、酸化剂、螯合盐类、植物源性添加剂以及抗生素的替代产品。截止2002年底统计，全省饲料企业1 454家，年双班生产能力达1 800万t，全省饲料加工产品产量达908万t，同比增长6%。其中配合饲料650万t，增长1.1%；浓缩饲料218万t，增长31.3%；添加剂预混合饲料41万t，比上年略有下降；饲料工业总产值196.7亿元，同比增长6%。在山东省39个工业门类中居于19位。从产量看，位居全国第一位，成为全国饲料大省。

2. 饲料的加工能力比较强，企业规模进一步增大。2002年，新增饲料加工能力300万t，万吨以上的饲料企业203家，万吨以上的企业由10%上升到14%以上。以六和集团、潍坊中基饲料有限公司、齐鲁动物保健品厂、济南华鲁饲料有限公司、济南正大有限公司、昌邑正虹饲料有限公司为代表的大企业，无论是生产规模，还是经济效益，都处于优势地位，成为山东省饲料工业发展的骨干力量，代表着山东省饲料工业的整体形象和发展方向。上述7企业被评为2002年度全国饲料行业百强企业。饲料生产集中度和产销量逐渐向大企业和名牌产品集中，集团化、规模化竞争越来越显示其优势。独立的饲料厂生存空间越来越小。六和集团、莱阳春雪、诸城外贸、威海环山等大型饲料企业，纷纷建立自己的标准化养殖场，打造自己的肉食加工体系，以饲料为基础，向养殖业、加工业延伸，实施战略转型，营造新的发展优势；一些大型的养殖企业，纷纷建立自己的饲料厂或饲料加工车间。通过"一条龙"生产和与上下游行业联盟协作经营的模式，实现了资源的最优配置，降低了市场风险和交易成本，突出了企业优势，形成了较强的市场竞争力和新的发展优势。

山东六和集团是集饲料生产、畜禽产品加工、良种繁育、兽药制造、生物技术开发、国际进出口贸易等相关产业于一体的大型企业集团。年饲料加工能力300余万t，仅次于正大集团和希望集团，在全国排在第三位。此外还有诸城市外贸饲料加工厂，实行一体化经营，年产饲料30多万t；中基饲料有限公司率先通过ISO9002质量体系认证，可年产各种饲料近20万t。

济宁九九集团正在筹建年产100万t的饲料厂，其中一期工程年产50万t的两条生产线，于2002年底动工兴建，预计2003年10月可投产。山东凯赛里能生物高科技有限责任公司投资数亿元，筹建年产10万t的饲料级赖氨酸项目，其中一期工程年产4万t，总投资4亿元，于2002年底动工兴建，2003年10月投产。

3. 产品质量比较稳定，饲料安全状况较好。为加强饲料和饲料添加剂的质量监督，保障养殖产品质量安全，根据农业部的安排，结合山东省的实际情况，省畜牧办公室组织了2002年度全省饲料和饲料添加剂质量抽检和质量大检查活动。检查范围涉及114个县的638个生产企业，121个经营企业，141个养殖场（户）。从检查情况看，共抽取样品1 882个，经检验合格率86%。其中配合饲料529个，合格率87.9%；浓缩饲料427个，合格率80.8%；添加剂预混合饲料191个，合格率88%；动物性饲料71个，合格率80.3%；养殖场（户）饲料和饮用水417个，合格率95%。从检查看，没有发现使用"瘦肉精"等违禁药品的现象，但药物添加剂使用不规范的现象依然存在。

**【组织机构】** 2000年机构改革后，在省农业厅内设立省畜牧办公室，主管全省畜牧业和兽医、饲料工作。省畜牧办公室设饲料处，对上可使用"山东省饲料工作办公室"的名义。性质：行政机关；经费来源：财政拨款；编制：6人。

**【主要工作】** 2002年，紧紧围绕增加农民收入和确保食品安全两大主题，坚持科技和体制创新，调整饲料企业组织结构，优化饲料产品结构，提升饲料行业整体素质；强化饲料质量安全监管，加强执法监督和监测体系建设；依法行政，规范生产经营秩序，维护公平竞争环境。

1. 宣贯法规、政策，完善制度。2001年11月，为适应入世的新形势，提高饲料产品质量，确保饲料安全，国务院对《饲料和饲料添加剂管理条例》进行了修改，并重新公布。我们采取开会、印制小册子、举办培训班、通过各种媒体等形式进行广泛宣传，为全面开展饲料行政执法工作奠定基础；《国务院办公厅转发农业部关于促进饲料业持续健康发展若干意见的通知》下发后，我们及时组织了学习，认为该文件在分析了新时期我国饲料业面临的新形势和我国饲料业发展现实状况的基础上，全面、系统地阐述了我国政府对饲料业发展的方针、政策和措施，是新时期指导饲料业持续健康发展的重要文件，是十几年来国家首次发表的饲料业发展意见。及时召开了会议，下发了文件，要求认真组织学习，深刻领会，全面贯彻；为进一步规范企业，提升档次，先后下发了关于"加强企业审查登记的规定”、“加强饲料企业年检的规定”和“加强饲料行业职业技能鉴定工作的通知”等。

2. 加强饲料质量安全监管。饲料产品的监管主要是质量安全监管，我们始终把饲料安全工作放在极其重要位置。一是为保证饲料执法工作的顺利开展，提高执法人员素质和执法水平，举办了饲料执法人员培训班，重点培训县级饲料执法人员。实行现场考试，合格者统一公布为“山东省饲料执法监督员”，发证、挂牌执法。二是为落实农业部等5部委关于农资打假工作部署，3～6月份组织开展了饲料执法大检查活动，制定了饲料执法大检查工作方案。加强饲料生产、经营和使用等环节的监测，重点查处假冒伪劣产品、制假售假和非法经营、使用“瘦肉精”等违禁药品的行为以及无生产许可证、无产品批准文号、无产品质量标准和无质量合格证的“四无”饲料和饲料添加剂产品，特别是加大了对中、小饲料生产企业和经营网点的监管力度。结合大检查，省饲料所分3批实施了抽样。查没假劣饲料和饲料添加剂数百吨，货值100多万元，有效地净化了饲料市场，为企业创造了良好的市场环境和发展空间。三是落实农业部《饲料及畜产品中“瘦肉精”等违禁药品专项整治计划》，组织开展饲料及畜产品中“瘦肉精”等违禁药品专项整治行动，实施饲料生产、经营和使用全程监控。四是认真受理举报。先后受理了十几次举报，都做了认真的调查处理。五是加强质检机构建设。重点是完善省级质检机构，建设市级质检机构。

3. 全面提升企业素质。抓大促小，扶持大企业，规范小企业，在引导企业联合、兼并、重组，调整产品结构，实施标准化生产，加强行业自律、全面提升企业素质等方面做了一些工作。一是先后组织举办了两期企业管理培训班，加强了企业管理、饲料安全与标准化等方面的培训，参会企业反响很好。二是组织开展争创百强企业和名牌产品活动，组织推荐了11家大型企业参加中国饲料百强企业评价活动，争创全国饲料行业百强。三是在企业重组和调整产品结构方面，主要是鼓励、支持、引导，提高办事效率，例如鼓励大型企业申报农业产业化龙头企业；坚决支持抗生素替代产品的开发生产，鼓励添加剂企业扩大产品出口，山东省的磷酸氢钙、氯化胆碱等饲料添加剂产品出口势头很猛；为鼓励和推动饲料行业科技进步和科技创新，提高行业整体科技水平，组织开展争创全国饲料行业科技进步先进集体和先进个人活动，总结科技工作的成果和经验，表彰先进。经筛选，山东省有4家先进单位和4位先进个人受到全国表彰。四是组织开展行业自律活动。发挥饲料行业联谊会的作用，组织企业开展饲料安全承诺活动。形式是企业自愿参加、新闻媒体和社会公众监督的行业自律行为。有50家大中型饲料企业自愿参加，向社会公开承诺：严格遵守国家法律法规，绝不在饲料产品中使用“瘦肉精”等违禁添加物，坚决与危害饲料安全的行为作斗争，严格生产控制，健全各项管理制度，确保产品质量安全等。五是大力开展饲料行业职业技能鉴定工作，实施就业准入制度，全面提高从业人员的素质。今年以来，先后进行了饲料化验员、中控工、维修工的鉴定工作。六是在日常行业管理中，严格按照申办生产许可证和审查登记证的条件和资质标准，规范审批程序，严格市场准入，避免盲目上马。在审查验收、年检、批证办文号当中，严格把关。

4. 积极开展调研工作。一是为明确山东省优势饲料企业现状，找出存在的问题，推出重点企业进行重点培育，大力扶植，打造出山东省的名牌饲料产品，开展了大型企业情况调查活动。组织接待了中国饲料工业协会会长白美清同志到山东省考察调研工作，介绍了山东省的饲料业情况，白会长充分肯定了山东省的饲料工作，并提出了新的要求。二是针对我国加入WTO，开展饲料行业如何应对的调研，及时写出了山东省饲料工业面临的机遇和挑战及应对措施的调研报告；三是参与办里组织的对大型企业的考察调研，对山东省六和集团进行了全面的考察了解，并及时推广了六和的好经验、好作法。

**【存在问题】** 饲料产品结构还不尽合理，产品科技含量和档次低，饲料添加剂生产量少；企业结构不合理，数量多、规模小；饲料管理还有不到位的地方，个别地方保护主义较重，搞市场封锁；饲料安全隐患不同程度存在。

（山东省畜牧办饲料处）

## 河南省饲料工业

河南省饲料工业经过近20年的发展，已初步形成了饲料原料、饲料加工、饲料添加剂、饲料机械工业以及饲料科研、推广、教育培训、监督检测、信息等完整的饲料工业体系。尤其是20世纪90年代以来，更是进入了一个新的发展时期。

**【行业特点】** 主要呈现以下几个方面：

1. 饲料工业产品产量逐年提高，产值稳步增长，2002年，全省饲料工业总产量达到511万t，产值达到103亿元，分别比96年增长81%和75%。

2. 饲料产品结构进一步优化。以发展浓缩饲料和添加剂预混料为重点，优化了饲料产品的内部结构。2002年河南省浓缩饲料总量达239万t，添加剂预混合总量达9.4万t，分别比1996年42万t和3.1万t，增长了4.69倍和2倍，其中牛、羊饲料补充料从无到有，目前产量已达3万t。

3. 饲料工业产品质量进一步提高，低劣产品逐步淘汰，优质、安全、高效饲料产品发展步伐加快。绿色饲料、安全饲料生产技术得到进一步推广。2002年产品合格率为85%以上，比1996年总体合格率高了5%；饲料安全卫生问题越来越成为饲料企业产品质量的核心，违禁药品的发案率逐步降低，违法经营、使用“瘦肉精”现象基本得到遏制。

4. 饲料企业逐步由小而散向大型化、规模化和集团化方向发展。1996年年产万t以上的企业91家，

2002年年产万t以上的企业135家。产业链条逐步拉长，由单一的饲料品种向多品种专用饲料发展。同时饲料工业的管理也逐步规范化，目前全省发放许可证137家，累计发放生产登记证640多家。

5.饲料工业发展，吸纳了农村剩余劳动力，增加了就业，吸纳就业人员将近3万人，其中大专以上学历人员5 916人。

6.饲料产品的科技含量增加，行业的科技进步贡献增大。

总之，饲料工业的发展带动了粮食的转化增值，对降低饲养成本，提高养殖效益，增加农民收入，促进全省畜牧业向集约化、规模化、现代化方向发展起到了积极的推动作用，做出了应有的贡献。

**【组织机构】** 河南省畜牧局饲料处（河南省饲料工业办公室）作为河南省的饲料行业管理部门，成立于1995年，现有工作人员6人。河南省饲料工业协会成立于1996年，设有秘书处负责日常工作，办有内部刊物《中原饲料》，现有团体会员单位145个，个人会员60余人。

**【业务工作】** 2002年主要抓了以下工作：

1.依法行政，实施饲料生产、销售、使用全程监管。2002年以来，依照农业部5部委和省7厅局《关于开展2002年度农资"打假"联合执法行动的通知》，下发了《河南省畜牧局关于印发2002年饲料管理工作意见》、《河南省畜牧局关于继续深入查处"瘦肉精"等违禁药品的紧急通知》，在全省范围内开展了打击制售假劣饲料、非法销售、使用"瘦肉精"等一系列专项整治活动。成立了"查处非法生产销售和使用违禁药品领导小组"并设立了举报电话。先后多次派人分赴全省各地市督查该项工作的落实，并随时把全省打击"瘦肉精"的动态，以"打击'瘦肉精'专项斗争快报"的形式报有关领导和下发各市地主要领导。同时在畜牧业生产资料市场整顿中，把平时检查与重点抽检相结合、集中检查与重点时间段相结合，将每年的"五一"节、国庆节、春节前等重大节日前1个月作为重点时间段检查，确保节日期间畜产品的安全。全年对饲料生产、经营市场组织了4次拉网式检查，并在三重一大（即：重点地区、重点市场、重点产品和大要案的查处）和"五不放过"方面取得了突破性进展，全省各级饲料主管部门与规模饲养场、经营门市（店）签订了不经营、不使用"瘦肉精"承诺，逐步使饲料市场得到了规范。同时安排专项资金，对重点地区重点企业进行重点检查，全年共检查饲料生产企业526家，经营企业7 500户，养殖场1 500户，整顿市场414个，各省辖市共受理举报126起，查处要案171起，移交司法机关30起，全省共查获不合格饲料484t，查获违禁药品23kg，取缔生产企业8家，取缔经营门市部37家，捣毁制售假窝点25个，挽回经济损失349.3万元。在打假活动中注意与工商、公安联合，形成了上下联动、部门协作、齐抓共管的工作局面，为规范整顿市场提供了强有力的组织保障。

严把饲料生产关，依法对申请办理生产许可证、产品批准文号的企业组织专家现场考核，全年共审核验收35家企业，合格上报农业部31家，已批准通过24家。发放饲料生产企业登记证317个，审批办理生产批准文号300个。同时完成了对109家饲料添加剂和添加剂预混合饲料生产许可证的年度审核工作，并配合有关税务部门完成了对380家企业6 038个产品的免税审查工作，配合工商部门对20余家饲料生产经营企业的设立、营业执照年检审核（备案）工作等等。

2.加强饲料检测体系建设。2002年农业部和省共同投资400万元重点是建设好省级饲料产品质量监测检验中心，使其担当起违禁药品、卫生指标的快速检验，通过几年的努力，实现全省、市、县、厂4级饲料产品质量监测体系。依据《饲料和饲料添加剂管理条例》赋予的职责，河南饲料办先后组织农业部双认证考评员为漯河市、南阳市、平顶山市饲料产品质量监测站进行了审核考评，并赋予其检验资格认可。同时修订完善企业标准，严禁无标生产和超剂量、超范围使用饲料添加剂，鼓励饲料企业采用国家标准或国际标准生产。河南饲料办会同省技术监督局对饲料企业送审备案标准进行事前审查，限制或修改不合理的饲料配方，使其尽量按照优于国家标准组织生产。在今年农业部对河南省饲料和饲料添加剂质量监测工作中，河南省共抽查饲料生产企业325个、经营企业203家、养殖厂170家，抽取饲料样品1 947个，产品合格率85.8%，圆满完成了农业部安排在河南省的3次抽检、化验工作。

3.抓大放小，催生名牌。注重饲料资源、新型饲料添加剂、高新配方技术的研究，加快企业设备改造和工艺更新步伐，实施名牌战略，开展创优活动，激励企业提高产品质量，充分发挥优秀企业和名牌产品的骨干带头作用，促进全省饲料产品整体质量的提高。提倡饲料企业加快改制的步伐，建立规范的现代企业制度，采用资产重组、联合、兼并、租赁、股份制等多种方式，扩大企业规模，发展一批大型企业集团，以利于提高企业的市场应变能力和竞争能力。目前河南省的牧鹤、宏展、海润等企业集团的规模发展势头喜人，有力地带动了河南省饲料工业的健康发展。

4.加大对饲料安全的宣传工作。新修订的《饲料和饲料添加剂管理条例》和《河南省畜牧业条例》出台以后，我们通过多种方式进行了宣传贯彻：印制了《条例》单行本600本下发各市县饲料管理部门，同时还通过电视、电台等各种媒体和科技下乡途径扩大宣传，特别是向广大饲料生产经营企业、养殖场户宣传，进一步规范企业的生产经营行为；向社会公众宣传，促进社会监督；向各级政府和有关部门宣传，争取各级领导重视和支持，切实做好饲料和饲料添加剂的监督管理。努力在河南省营造良好的法制氛围，使管理者依法行政，使生产、经营、使用者奉公守法，确保饲料安全。同时让全社会都关心了解饲料行业，消除由于一些“瘦肉精”等案件所造成的恶劣影响和误解，增强人们对肉类消费的信心，共同促进河南省畜牧业的健康发展。

5. 对外宣传交流。河南省是畜牧大省，也是饲料工业大省，产量、产值在全国排名前列，但与全国同行相比，河南省饲料企业厂家多而规模小，没有叫得响、名气大、市场占有率高、影响力强的名牌企业和产品。我们一直为催生出河南省的饲料名牌产品而努力。今年，省饲料工业协会主办的《中原饲料》刊物编刊了10期，深受行业各界好评，对进一步扩大河南省饲料行业对外影响力，提高知名度将会发挥越来越重要的作用。

**【存在的问题】** 1. 在查处非法销售和使用“瘦肉精”等违禁药品的工作中，由于环节众多，仪器昂贵和检测时间过长，加之送检样品检测成本高，按规定又不得向企业收取检验费，各市、县级饲料管理部门由于缺乏经费，实际查处工作困难重重。2. 大部分市、县在饲料监督管理工作中，感到对饲料厂和饲料经营门市部管理较易，而对养殖场户管理较难。非法销售盐酸克伦特罗的人员，采取更加隐蔽的手段，暗箱操作，直接到养猪场和农户家中推销，使管理工作更加困难。3. 宣传力度不够，与外界信息交流少。

（河南省饲料工作办公室）

## 湖北省饲料工业

**【发展概况】** 2002年，省饲料办紧紧围绕饲料工作的热点、重点、难点，围绕“一加强一确保三提高”做文章，狠抓饲料安全，不断地推进湖北省饲料工业的协调、健康发展。

截止2002年年底，全省有配合饲料和浓缩饲料生产企业104家，预混合饲料生产企业102家，饲料添加剂生产企业34家。2002年，饲料双班生产能力已达600万t，工业饲料产量达到330万t，产值74亿元。其中，配合饲料263万t，浓缩饲料60.4万t，添加剂预混料6.6万t，生产总量与2001基本持平；饲料的产品结构进一步优化，猪料的比重已下降到58%，禽料的比重基本持平，稳定在18%，水产料的比重已上升到21%。饲料产品质量也显著提高，2002年，湖北省配合饲料和浓缩饲料的产品质量合格率在90%以上，大型饲料企业产品合格率一般都保持在95%以上。

企业生产规模不断扩大，骨干企业的影响和作用更加明显。2001年全省年实产饲料在5万t以上的企业仅1家，2002年已达到4家以上。不少饲料企业内抓管理，外拓市场，短短的几年就在行业内占据一席之地。湖北天荣农业股份有限公司还被评为全国饲料行业百强企业和湖北省农业产业化重点龙头企业。

湖北省饲料添加剂工业得到了飞速发展。目前，全省饲料添加剂生产企业超过30家，不仅传统的饲料添加剂如维生素$B_1$、维生素$B_2$、维生素$B_6$、泛酸钙、生物素、肉碱、磷酸氢钙、磷酸二氢钙等品种在全国继续占据重要的位置，有的处于领先水平，产销量持续保持良好的增长势头，而且在无公害饲料添加剂的开发和生产方面也取得了可喜成绩，饲料用酸化剂、酶制剂、微生物制剂、免疫促进剂、植物提取物（中草药饲料添加剂）等代表饲料添加剂工业发展前沿领域的添加剂品种发展势头较好，在行业内的知名度不断提升。武汉新华扬生物有限公司生产的“强稳C”2002年被全国饲料添加剂专业委员会评为推荐产品，广济药业股份有限公司生产的维生素$B_2$、国营华中制药厂生产的维生素$B_1$、湖北安琪酵母股份有限公司生产的饲料用高活性干酵母和红酵母、葛洲坝股份有限公司葛丰化工厂生产的磷酸氢钙不仅在国内占据较高的市场份额，还打入了国际市场，出口到欧美、南韩和东南亚等地区。

**【主要工作】** 2002年主要有以下几方面工作：

1. 加大力度宣贯饲料法律法规。2001年11月29日，国务院颁布实施了新《饲料和饲料添加剂管理条例》，一些确保饲料安全的法规和文件也相继发布，不少企业由于信息传递不畅等原因，难以及时了解和掌握。为此，湖北饲料办将新《饲料和饲料添加剂管理条例》、《饲料药物添加剂使用规范》、《允许使用的饲料添加剂品种目录》、《禁止在饲料和动物饮用水中使用的药物品种目录》、《食品动物禁用的兽药及其他化合物清单》等重要的法律法规印成挂图共计3 420余份，分发饲料和养殖企业，要求企业组织员工学习，并将挂图张贴在办公室和生产车间，让企业全面、准确、透彻地了解行业管理方面的法律法规，使企业清楚哪些能做，哪些不能，哪些能用，哪些不能用。

2. 继续实施“饲料入户”工程，提高饲料入户率。在上一年实施的基础上，继续加大示范力度，抓好示范点的建设。省办重点抓好“大冶”“沙洋”两个省级饲料入户示范点的建设，各地饲料办也都抓好了自己的饲料入户示范点建设，宣传好的饲料产品，指导农民正确地选购和使用饲料，实现科学喂养，促进农民手中的余粮和农副产品转化增值。荆州、荆门、十堰、襄樊等地工作抓得实，成效好，影响大，深受群众欢迎。2002年，全省饲料入户率达到40%。

3. 组织开展质量抽检，摸清全省饲料产品质量现状。为了加强饲料和饲料添加剂的质量监管，保证养殖产品质量安全，根据《饲料和饲料添加剂管理条例》的规定，农业部组织了2002年度全国饲料和饲料添加剂质量监督检查，农业部下达湖北省的任务是抽查2 720批次样品，其中湖北省检测1 561批次，送国家和部级监测中心1 159批次。省饲料办委托湖北省饲料监测所承担了这次质量监督检验任务，共监测1 642个样品，合格1 406批，合格率为85.63%。总体来看，配合饲料和浓缩饲料质量比较令人满意，抽检352批，合格314批，合格率为89.20%，添加剂和预混合饲料、动物性饲料的质量现状堪忧，合格率仅为79.23%和65.96%，从饲料经营企业抽检的产品合格率也较低，仅为69.20%。抽验结果还显示，少数养殖企业仍然存在添加使用安定、喹乙醇、土霉素等违禁药物的现象。

4. 完成了《湖北省饲料管理办法》的修订工作。《湖北省饲料管理办法》是1997年颁布施行的，它对促进湖北省饲料工业的发展起了一定的作用。随着形势的变化，特别是我国加入WTO后，它的修订势在必行。新的《湖北省饲料管理办法》以刚颁布实施的《饲料和饲料添加剂管理条例》为蓝本，将有关条款进一步细化和明确，增强了可操作性，现已将修改稿上报省法制办，预计2003年上半年能颁布施行。

5. 开展了打击"瘦肉精"的专项整治行动。2001年11月份以来，湖北省二县三市一区（黄梅县、通城县，黄石市、宜城市、仙桃市，黄陂区）的牲猪在深圳市市场销售时被抽检出有药物残留，并已经查实有非法使用"瘦肉精"情况。2002年6月13日，农业部对仙桃市规模化猪场进行拉网式抽查，进行"瘦肉精"监测。共抽查了71个规模化猪场505头育肥牲猪尿样，检查结果显示，有6个规模猪场的42头牲猪"瘦肉精"检测呈阳性，检出率高达8.5%。这些情况说明，湖北省"瘦肉精"现象十分严重，畜产品安全问题非常突出。为此，省饲料办按农业部的要求，在生猪主产区开展了打击"瘦肉精"的专项整治行动，并严肃处理了有关违法违纪人员。对5名涉案人员分别处以3万元、0.8万元、1万元、0.6万元和0.5万元的经济处罚，还承担了相应的刑事责任。

6. 签订责任状，建立饲料安全目标责任制管理。2002年3月5日，省办与各地饲料办签订了"2002年饲料安全工作目标管理责任状"。强化了几项饲料安全考核指标：即各地饲料办必须保证本地饲料企业守法生产经营的比率达到98%以上，保证饲料产品质量抽检合格率达到98%以上，保证饲料产品中非法用药的比例控制在2%以下，保证饲料产品中盐酸克伦特罗的检出率为零。年底，省办对照责任状的要求，对地饲料办的工作业绩进行严格考核，对落实责任状要求表现突出的3个饲料办负责人进行了表彰。

7. 倡导和扶持企业发展无公害饲料工业。一是省饲料协会发起成立了湖北省华康绿色食品饲料研究所。研究所成立的宗旨就是以发展绿色、无公害饲料工业和养殖业为己任，通过充分发挥湖北省畜牧和饲料行业的科技优势，发挥畜牧、兽医、水产和饲料专家的集体智慧，不断地整合现有的科研成果，并在生产实践中加以改进、完善，达到养殖业无公害化，畜牧水产品安全卫生化，为湖北省绿色、无公害饲料工业和养殖业的发展发挥技术先导和表率作用。二是举行新闻发布会，邀请十多家新闻媒体，对武汉高龙饲料有限公司中华鳖系列配合饲料获得无公害标志认证进行大力宣传，扩大影响，以此来带动全省其他饲料企业发展无公害饲料生产。可喜的是，湖北省已有一些企业开始按无公害饲料生产规程组织生产，并在着手申请无公害标志认证。

8. 开展了饲料工业职业技能鉴定，提高从业人员的整体素质。2002年，省饲料工业职业技能鉴定站举办了两期饲料检化验员、中央控制室操作工和饲料机械维修工的职业技能培训和鉴定，全省有198名饲料从业人员报名参加。经考核，179人通过了培训和技能考核，获得了国家劳动部颁发的职业资格技术等级证书，其中，饲料检验化验员92人、中央控制室操作工33人和饲料机械设备维修工54人，合格率为90.4%。这项工作的开展，有效地提高了湖北省饲料行业从业人员的整体素质。

9. 加大力度，切实为企业搞好服务。为企业服务始终是饲料办和饲料协会工作的重点。2002年我们的服务工作主要表现在以下方面：一是为全省24家饲料添加剂、添加剂预混料生产企业申办了生产许可证，对45家饲料企业510余个产品审核发放了批准文号。二是帮助企业充分享受国家优惠政策，主要是免税政策。在免税审批程序上，今年湖北饲料办本着减轻企业负担，一切从简的原则，为企业办理免税手续，从政策上支持了企业发展。据统计，全年共为252家企业的饲料产品办理了免税审批手续。三是以省饲料标准化技术委员会为依托，为80余家饲料企业制作饲料标签提供了咨询服务。四是协调解决了多起饲料企业与执法部门之间的纠纷。五是信息服务。继续以《湖北饲料》为媒体，为企业提供了政策法规、科技动态、市场行情、养殖业状况等方面的信息。六是组团参加了9月13～19日在青岛举行的"2002年青岛饲料添加剂产品交易会"，本次交易会湖北省参展的8家饲料添加剂企业较好地展示了湖北省饲料工业的整体形象，为湖北省饲料工业争取了荣誉。

**【存在的问题】** 管理方面，个别管理部门工作不到位，抓面上的工作多，沉下去的少，对本地的饲料工业发展情况了解得不够全面。饲料企业方面，违法现象依然存在，乱用违禁药物的行为时有发生，企业规模不大、产品质量不稳定、科技含量不高，个别企业负责人不学法、不懂法还相当普遍。有的虽然懂法，但仍我行我素，知法犯法，为了一己之利，坑害老百姓。还有些企业，设备不全或老化，不配置化验设备，不搞留样观察，不搞生产记录，不搞出厂检验，特有工种也不按要求报名参加培训考核、持证上岗。经营户销售"四无产品"、不合格产品、劣质产品，甚至销售添加有"瘦肉精"的产品。

（湖北省饲料工作办公室）

## 湖南省饲料工业

**【基本概况】** 2002年，全省饲料产量399.3万t，比上年增长3.14%，其中浓缩饲料141.1万t，增长5.06%，添加剂预混料11.3万t，增长31.08%。产值110亿元，比上年增长12.16%。

**【组织机构】** 湖南省饲料工作办公室、湖南省饲料工业协会两块牌子一套人马，编制15人，正处级，隶属于湖南省发展计划委员会。

**【主要工作】** 2002年主要抓了以下几方面工作：

（一）及时传达上级指示精神，迅速召开了饲料办主任会议。全国农业畜牧饲料会议和全国饲料质量安全监管工作会议召开后，为了传达农业部和全国饲料工作办公室的两次会议精神，湖南省迅速召开了市（州）饲料办主任会议，及时把两会精神作了传达，同时对去年全省的饲料监管工作进行了认真总结，并及时安排部署了2002年工作。

（二）狠抓了国务院《饲料和饲料添加剂管理条例》的贯彻落实。

1. 抓企业。2002年3月22日至24日举办了全省有300多个企业负责人和14个市州饲料办主任共350多人参加的学习班。省计委分管主任在培训班上作了严格执行国务院《条例》的讲话，与此同时，还在湖南卫视发表了坚决依照国务院《条例》办事，进一步加强对饲料业监管的电视讲话。省饲料办有5位同志经过精心的准备在培训班上讲了课。各企业负责人通过参加培训班后，都进一步增强了法律意识和法制观念，纷纷表示今后一定依法生产和经营。

2. 抓队伍建设，进一步加大执法力度。11月4～8日举办了全省饲料系统300多名干部执法培训班。为办好这次培训班，省政府副省长庞道沐亲临会议指导并作重要讲话，全国饲料办负责人季之华、省计委、省政府法制办领导在培训班也作了讲话。

3. 抓证号管理。①对已发证的49家饲料添加剂企业和85家预混料企业进行了年检，通过年检的分别为46家和83家。②组织审核，申报生产许可证企业30家，其中预混料企业13家，添加剂企业17家。③因变更企业名称地址而换发的生产许可证15个。④核发添加剂、预混料52家企业的产品批准文号285个，其中预混料的258个，添加剂的27个。

4. 抓免税审核。今年对上年未办理免税手续的饲料企业申报免税产品进行了采样、封签、检测、审核，同时为企业审核、修订产品标准、标签，免税产品共抽检样品165个。

（三）在全省范围内开展了声势浩大的打击“瘦肉精”专项整治行动

1. 领导重视。张云川省长及时作出了“查禁‘瘦肉精’问题十分重要”的批示，并在各种场合，多次强调一定抓好打击“瘦肉精”的工作。省政府分管秘书长余长明多次听取饲料和畜牧部门工作的汇报，并亲自接待深圳来湖南省通报情况的同志。省计委分管主任用了一大半精力在直接抓。

2. 省政府以［湘政办39号］专门发出了一个打击“瘦肉精”专项整治行动的重要文件。

3. 全省各地组织声势浩大的饲料打假行动。据统计，这次行动参加人员2 200多人次，出动车辆580次，共检查了饲料销售户3 400户，养殖户480户，饲料生产企业370家，在打假行动中，共查扣、封存、没收过期霉变饲料120余t，对标签不合格或无标签的产品下达整改通知书82份。

4. 进一步充实和加强了省、市打击“瘦肉精”领导小组，各县（市）2002年也都成立了打击“瘦肉精”领导小组。湖南省打击“瘦肉精”领导小组成员单位原来由省政府办公厅、省计委、省农业厅、省公安厅、省质监局、省药监局、省工商局等7个委厅局组成，2002年又增加了两个成员单位——省卫生厅和省内贸，使打击“瘦肉精”的范围更广、力度更大。

5. 省政府于2002年9月7日专门召开了全省畜产品安全和打击“瘦肉精”的会议。各市（州）计委副主任、饲料办主任、畜牧水产局局长参加了会议。省委副书记常务省长周伯华、省政府副秘书长余长明、省计委副主任邹贻谋、省畜牧局长曹英华在会上作了指示和讲话。

6. 狠抓落实，加强督查。省政府9月7日畜产品安全工作后的第7天，湖南饲料办就打电话对各市、州进行了一次督查，9月24～26日，省打击“瘦肉精”领导小组的几个主要成员单位又立即组成督查组，对湘潭、株洲、衡阳3市进行督查。从督查情况看：① 三市认识到位，机构健全。三市打击“瘦肉精”领导小组进一步得到了充实和加强，职能部门之间的配合更加密切，形成了齐抓共管局面。②作了广泛宣传，精心部署。③依法监管，查处得力。

7. 接到部里农牧发［2002］27号文件后，省饲料办又立即组织人员进行学习，迅速地与省畜牧局的同志协商，在很短的时间内就代表省计委和省农业厅制定了《饲料及畜产品中“瘦肉精”等违禁药品专项整治计划》印发到全省各市州县。

（四）扎扎实实地抓了从业人员的培训。2002年元月和6月，举办了3期职业技能培训、鉴定班，分别对要求持证上岗的3个职业进行了职业技能培训、鉴定，省内210个饲料和饲料添加剂生产企业的282人参加了培训、鉴定，有262人取得相应的国家职业资格证书，为落实持证上岗制度打下了良好基础。

（五）全面开展了饲料产品质量监测监督工作。按照部里的统一安排和部署，2002年湖南省完成了1 500多个样品的抽样和检测工作。

省饲料办接到农业部《关于2002年下半年全国饲料和饲料添加剂质量监督抽查检测结果的通报》（农牧发［2002］28号）后，于11月27日举办了由在2002年度国家统检中存在质量问题的23个饲料生产企业的法人代表，以及相关的10个市州饲料办主任参加的饲料产品质量管理学习班。学习班上传达了文件，讲解了不合格产品的危害性，按照“五不放过”的原则查找了原因，制定了整改措施。并责令存在不合格产品企业整改，再行抽检，仍不合格的，按《条例》实施惩罚责任取消从业资格。

（六）积极抓国务院国办发［2002］42号文件的贯彻落实。

1. 迅速组织学习。9月24日，省饲料办收到这个文件后，立即组织全办人员进行认真学习，深刻领会精神。通过学习，大家一致认为，这既是一个推动饲料业持续健康发展的纲领性文件，又是一个统一大家思想认识的重要文件，必须迅速抓紧贯彻落实。

2. 把它作为一件头等大事来抓。为了迅速贯彻落实这个文件，有的同志在国庆节长假期间没有休息，加班加点代省计委向省政府写请示。请省政府全面听取全省饲料业的情况汇报；建议省政府召开全省市、州长会议传达贯彻这个文件精神。

3. 积极抓协调，进一步规范行业管理。经过数次协调，饲料管理部门与省质监、工商部门达成一致意见，联合行文，解决了饲料生产经营企业办理工商登记时不经饲料管理部门同意就办理“证照”问题。

（七）在有关部门的配合下，依照国务院《条例》查处了一批案件。去年下半年以来，每接到农业部的通报和文件，凡涉及湖南的企业和个人有问题的，立即组织有关部门迅速一一查处，全省共有5个违法犯罪分子被逮捕判刑。通过对大案要案的查处，不但对铤而走险的不法分子起到了威慑作用，净化了市场，而且也保护了合法经营者和消费者的正当权益。

**【其他工作】** 主要有几下几点：

1.《湖南饲料》加大了党和国家饲料政策法规的宣传力度。全年共出版6期，取得了较好社会效益和经济效益。

2. 为适应WTO规则下开展饲料行业管理工作，在计委组织下，省饲料办全体人员参加了《国际贸易学》及法律知识学习与考核。

3. 协会工作成绩显著，湖南省饲料工业协会被中国饲料工业协会评为先进集体，饲料办主任、湖南省饲料工业协会会长徐成进同志被评为先进个人。

4. 湖南省饲料职业技能鉴定站被评为全国先进单位。

5. 在全国饲料百强企业评比中，湖南省有6家企业名列其中，特别是正虹、唐人神集团荣居一、二。

由于湖南省饲料监管工作得力，使湖南省饲料企业没有出现“瘦肉精”中毒死人事件，全省饲料工业正呈现出稳健发展的勃勃生机，湖南饲料办也分别在元月份全国农业工作会畜牧饲料专题会议以及7月份全国动物防疫和畜产品安全会议上作为全国先进典型作了交流发言。

**【存在问题】** 一是饲料工业、养殖场滥用药物现象时有发生；二是饲料企业结构不合理，600余家饲料企业中，时产5t以上的只有82家，散、小、效益差企业居多。

（湖南省饲料工作办公室）

## 广东省饲料工业

**【发展特点】** 2002年是入世元年，广东省饲料行业根据我国加入WTO的新形势，抓住机遇，迎接挑战，克服了饲料主原料价格波动幅度大，畜禽水产品价格低迷，饲料产品市场竞争更加激烈等困难，总体上保持继续稳步发展的势头。主要特点有：

1. 饲料生产能力、饲料产量、产值持续增长。一批饲料生产企业经过并购、重组或股份制改造，重新调整生产构架，更新设备扩大生产能力；也有的由于搬迁等原因重新建厂。据统计，2002年新建时产5～10t的饲料加工企业共37家，全省饲料加工年单班生产能力比上年度净增135万t。另外，一批饲料科技人员投资技术含量较高的饲料添加剂和添加剂预混料生产领域，2002年全省新办饲料添加剂企业20家、预混料企业26家。据统计，2002年全省饲料加工年单班生产能力达789.5万t，工业饲料总产量880.4万t，饲料加工业产值177.3亿元，分别比上年度增长20.8%、3.5%和3.4%。

2. 饲料产品结构随着市场需求进一步优化。2002年广东省水产料、浓缩料及预混料产量有所增长，分别达到了119.2万t、17.8万t和17.7万t，比上年度分别增长13.7%、9.8%和40.5%。特别是虾配合饲料增幅较大，产量几乎翻了一番，达34.1万t。猪料产量减少了11.7万t，降幅为6.9%；家禽料产量略有增长，但在配合饲料中的比重降低了0.3个百分点。

3. 饲料产品质量不断提高。为了保持饲料产品的市场份额，进一步扩大新的销售市场，饲料企业的科技创新和新产品开发步伐加快，更加注重产品质量和企业信誉，做好售后服务，千方百计满足养殖户的需要，饲料产品质量不断提高。据农业部对广东省饲料产品监督抽查检验结果统计，2002年广东省的配合饲料、浓缩饲料产品合格率为98.7%，添加剂和预混合饲料产品合格率为94.5%，是历年来最好的。

4. 饲料企业的竞争能力和抗风险能力增强。由于4月份受香港禽流感事件的影响，年初家禽产销两旺的局面暂停，鸡苗和肉鸡价格急跌，以致全年禽产品价格偏低。生猪价格继续下降，养猪场收益降低。水产养殖业市场虽然比较平稳，但虾价一直较低，价格不足20元/kg。畜禽水产品市场价格的低迷，直接影响饲料生产企业的销售。而饲料主原料玉米、麦麸、豆粕、鱼粉等价格不稳，价格升降幅度每吨达几百元甚至上千元，给饲料企业生产经营增加了难度，企业普遍反映效益下降。在种种困难面前，广东省饲料生产企业采取了积极的应对措施，从企业内部管理抓起，精打细算，收紧开支，减少冗员，提高工作效率；更加注意在生产的各个环节挖潜降耗，降低生产成本，每新增加一种添加剂都认真进行效益核算；在营销策略上，根据市场情况及时作出调整，严格控制赊销，加快资金回笼；许多企业还在原料采购方面下足功夫，如将信息网络技术用于原料价格的预测，力求避开市场风险。种种措施使企业掌握饲料市场的主动权，在激烈的竞争中取得效益。

**【主要工作】** 一年来，广东省各级饲料管理部门以“确保饲料质量安全，实现饲料工业可持续发展”为宗旨，按照“依法治饲，搞好服务，规范生产，整顿市场”的指导思想，积极主动地开展了以下工作：

1. 抓好饲料政策法规的宣传和地方配套法规的立法准备工作。我们将《饲料和饲料添加剂管理条例》、《饲料药物添加剂使用规范》、《饲料卫生》和《饲料标签》国家强制性标准等翻印成小册子；并编纂了30万字的《饲料安全管理与应用研究》一书，由广东科技出版社正式出版发行。这些资料由各级饲料管理部门派发给企业，要求饲料企业认真学习贯彻，依法生产经营。同时，积极参加省有关部门组织的政策下乡宣传活动，向农民和饲养户宣传饲料政策法规和科学安全的饲养知识。根据《饲料和饲料添加剂管理条例》，结合广东省实际，初拟的《广东省饲料和饲料添加剂管理办法》经征求有关部门的意见和反复修改，已形成草案并上报给省政府，争取今年颁布施行。

2. 抓好饲料企业生产条件的完善，确保饲料产品质量。首先是抓好新办生产企业的立项审核，在生产场地、设备和技术人员等方面提出具体要求，符合条件的方可立项筹建。其次是完善饲料生产企业生产条件和质量保证体系的审核验收制度。饲料加工企业须经市级饲料办考核验收，取得《验收合格证》后，方可投产销售；饲料添加剂和添加剂预混合饲料生产企业须经省级评审组验收合格，并取得《生产许可证》和《产品批准文号》后，方可投产销售。此外，向社会公布了广东省饲料添加剂和添加剂预混合饲料生产企业的生产许可证号和产品批准文号，以便使用者和执法部门检查监督。

3. 促进产业结构调整，实施名牌战略。鼓励饲料企业以深化体制改革和建立现代企业制度为突破口，通过提高质量管理水平和科技创新，促进企业规模化发展，以名牌产品扩大市场份额。下半年组织广东省企业参加全国饲料行业百强企业评价及最具实力品牌调研活动，经评定，广东省19家饲料企业被评为2001年全国饲料行业百强企业，约占全国的1/5。不少企业通过百强评选和创名牌活动，健全了产品质量保证体系，使企业的整体素质有了提高，企业也扩大了知名度，取得良好的效益。2002年又有10余家企业通过了ISO系列质量体系认证，一大批产品获得了各种优秀产品称号。到2002年底，广东省已有48家企业通过了ISO系列质量体系认证，5个产品获得了省名牌产品称号。

4. 促进科技进步和技术创新，大力开发无公害和绿色饲料产品。我们把科技创新，开发无公害和绿色饲料、饲料添加剂作为一项重要工作来抓，引导科研单位和饲料企业联手攻关，运用生物工程技术、新的精细化工技术开发生物制剂，如酶制剂、微生物制剂及氨基酸微量元素螯合物、天然物饲料添加剂等，并通过研讨会、交流会、讲座等活动进行大力推广，加速科研成果的转化和新产品、新技术的应用。目前，利用生物发酵技术生产的酶和微生物添加剂产品已在80%以上的饲料企业生产中运用，这些产品逐步替代了允许使用的某些抗生素和药物饲料添加剂，在市场上得到广大消费者的赞同和认可。2002年在全国饲料行业科技进步经验交流会上，广东省有7家企业被评为先进集体，6人被评为先进个人。

5. 规范饲料市场，加强行业管理。为改变饲料行业无序竞争状态严重、价格混乱、添加违禁药物现象时有发生等状况，广东省加大整治力度，坚持不懈地打击制售假劣饲料、饲料添加剂和使用“瘦肉精”等违禁药品的违法行为。在为期两个月的打击饲料及畜产品中使用“瘦肉精”等违禁药品的专项整治行动中，全省共出动打假检查人员21 680人次，检查生产、经营饲料和饲料添加剂企业、屠宰场（厂）4 016家，查出销售假劣饲料40t、假劣饲料添加剂2.5t，共折货值86万元；查出无生产许可证、无批准文号生产饲料添加剂、添加剂预混合饲料地下厂3家。同时，进一步加强行业自律，规范企业行为，广东恒兴集团等30多家企业发起了开展“饲料产品质量安全承诺活动”的倡议，向社会庄严承诺：坚决执行国家有关饲料行业政策法规，不制假、不售假、不使用违禁药物，保证饲料产品质量和安全。这一倡议得到全省100多家饲料企业积极响应，在全行业形成了求质量、重安全、讲诚信的良好风气，促进了饲料安全管理工作的开展和产品质量的提高。

6. 搞好行业服务和科技交流。2002年3月省饲料工业协会召开第三次代表大会，选举产生了新一届理事会和常务理事会，加强了协会组织建设。协会坚持每季度一次的大型企业座谈会制度，交流行业动态，协调行业工作。2002年5月协会组织了52家企业参加“第二届中国（广州）国际畜牧业暨饲料工业展览会”。全年组织各类技术研讨会13期，介绍饲料工业科技新动态、新技术、新产品，有2 700多人次的企业技术人员参会。饲料行业职业技能鉴定工作2002年共举办6期291人参加，208名检化验员和51名中控工、30名机械维修工经过培训考试鉴定合格取得国家职业资格证书。协会还组织大型企业负责人到国外和省外参观考察，开拓视野，学习先进的管理经验。此外，还利用《广东饲料》杂志这个行业窗口，宣传国家政策法规，通报行业信息，探讨热点问题等等。

（广东省饲料工作办公室）

## 广西壮族自治区饲料工业

**【发展概况】** 2002年，全区饲料行业从业人员抓住机遇，迎接挑战，克服了饲料原料价格波动幅度大，畜禽水产品价格低迷，饲料产品市场竞争激烈等困难，扎实工作，实现了全区饲料业持续健康发展。自治区人民政府修订了《广西饲料和饲料添加剂管理办法》，饲料监管力度进一步加强；据统计，全区饲料加工产品产量达266.37万t，工业总产值58.90亿元，分别比上年度增长4.5%、7.8%；贵港扬翔饲料有限公司等4家企业被评为全国饲料行业百强企业，桂林漓源饲料有限公司等5家企业被评为全国饲料科技先进单位。

【行业特点】 2002年广西壮族自治区饲料工业发展，主要呈现以下几个特点：

1.饲料产品质量稳步提高。饲料企业为了在激烈的市场竞争中站稳脚跟，不断扩大市场份额，更加注重科技创新和新产品开发，注重产品质量和企业信誉，饲料产品质量稳步提高，2002年全区结合免税审批、国家统检、自治区监督抽查等方式，共抽检饲料产品1 813批，合格1 695批，合格率达93.49%，比上年的90.91%上升了2.58个百分点。桂林漓源饲料有限公司等4家企业猪配合饲料产品被评为广西名牌产品，柳州大北农饲料有限公司等8家企业产品被评为广西优质产品。

2.产品结构进一步优化。2002年全区浓缩饲料、预混合饲料增长幅度大，分别达到了29.98万t和5.24万t，比上年分别增长44.3%和20.7%。此外，在水产饲料中，对虾饲料大幅度增长。

3.企业生产能力大幅提高。国内外大型饲料生产企业看好广西市场，2002年，中粮集团、新加坡郭氏兄弟集团、泰国正大集团、广东恒兴集团、四川通威集团、福建华港集团均在广西投资建厂，并建成投产，加上中外合作康佳龙饲料公司、南宁富金丰饲料有限公司各18万t生产线建成投产，全区新增饲料生产能力100多万t，豆粕生产能力85万t，饲料企业整体实力大大增强。

【工作回顾】 2002年主要抓了以下几方面的工作：

1.大力宣贯饲料管理法规。自治区共印制《饲料和饲料添加剂管理条例》宣传挂板6 800张，《饲料管理法规汇编》1 000册，《广西壮族自治区饲料和饲料添加剂管理办法》单行本3 000册，分发全区全行业，并要求认真学习贯彻。地市县饲料管理部门派发宣传资料39 122份，挂横幅703条，张贴标语10 292条，举办饲料管理人员培训班15期，培训管理人员510人，举办饲料生产、经营、使用环节有关人员培训班121期，人数达11 293人。宣传培训工作的开展，增强了饲料管理者、生产者、经营者和使用者的法律意识，提高了全行业从业人员遵纪守法的自觉性。

2.积极贯彻落实《通知》精神。《国务院办公厅转发农业部关于促进饲料业持续健康发展若干意见的通知》下发后，广西饲料办认真组织学习，深刻领会《通知》精神，赶印了《通知》单行本2 000册，分发全区饲料行业。根据自治区人民政府分管领导的意见，起草了自治区贯彻落实促进饲料业持续健康发展若干意见的通知，10月底就上报自治区人民政府审发，政府办公厅转请自治区经贸委、财政厅等9厅（局、银行）提出修改意见，自治区质量技术监督局等4厅局提出了具体修改意见，广西饲料办及时修改后再次提请自治区人民政府审发，由于在饲料质量监督权限等问题与技术监督部门存在争议，政府办公厅委托自治区政策研究室进行协调，政策研究室最终采纳了饲料办的意见。

3.扎实开展质量监督抽检工作。全年除按时完成农业部安排的抽检计划外，自治区级也下达了抽检任务，任务量之大，是历年之最。在年初召开的全区饲料工作会议上，把全年抽样任务、时间安排分解到各地、市，安排了抽样经费，全区全年共抽检饲料产品1 813批（其中生产企业抽检763批，流通环节抽检439批，养殖企业抽检611批），在家禽饲料中还增检药物添加剂喹乙醇、呋喃唑酮，合格1 695批，合格率达93.49%。与此同时，着手建设全区饲料监测体系，自治区饲料监测所抓紧实施国家饲料安全工程项目，已完成实验室的改造扩建；百色市饲料监测站已通过自治区质量技术监督局组织的计量认证，桂林、玉林、贵港三市饲料监测站已完成化验室改造扩建，检验设备也已招标到位，正在紧锣密鼓进行仪器安装调试、人员培训等工作。

4.开展饲料市场专项整治工作。2002年3月份自治区召开专门会议对该项工作作了部署，9月份组织了地市间交叉检查，全年全区共出动执法人员3 108人次，检查饲料生产企业317家，饲料经销门店5 418家，养殖场518家，查处违法案件118起，没收处理不合格饲料产品116 t左右，案值25.6万元，缴获“睡梦美”等违禁药品228.9kg，罚款13.06万元。全区饲料市场得到进一步整治。

5.着力促进技术、管理水平提高。从广西实际出发，大力推广应用新技术、新产品、新工艺，全年共举办各种研讨会、学术报告会、技术讲座12期（次），邀请了区外动物营养、饲料加工工艺、添加剂应用等方面专家、教授20多人前来讲学，参会人数达1 500人次。广西饲料办组建的广西动物营养与饲料学分会，团结了全区饲料生产、教学、科研单位技术人员，2002年10月召开的学术年会，邀请了17位区外专家教授作学术报告，全区饲料企业技术人员350多人参会，盛况空前。我们每季度主持召开1次饲料企业厂长经理例会，除交流探讨饲料产销形势、原料价格走势、行业自律等问题外，还邀请管理专家授课，促进了饲料企业管理水平提高。

6.稳步推进职业技能鉴定工作。全年共举办4期培训及鉴定考核，其中饲料检验化验员3期，饲料厂中心控制室操作工1期。共鉴定160人次，其中检验化验员130人次，中心控制室操作工30人次；134人获得职业资格证书（包括补考人员），其中检验化验员107人，中心控制室操作工27人；合格率为83.75%，考核一次通过率为82.84%。其中检验化验员为81.65%，中心控制室操作工为88%。

7.扎实做好行业管理基础工作。一是认真做好饲料准产证、饲料添加剂和添加剂预混合饲料生产许可证及产品批准文号的审核发放，全年审核发放准产证78个，产品批准文号338个，审核上报申请生产许可证添加剂企业18家。二是认真审核饲料生产企业产品企业标准，全年审核企业标准400多个。三是组织饲料企业申报全国饲料行业百强企业，组织评选全国饲料行业科技进步先进集体和先进个人，协助组织开展全国饲料行业最具实力品牌调研活动。

**【存在问题】** 一是违禁药物的非法使用依然存在，而且使用更为隐蔽，查处难度大；二是药物饲料添加剂使用不规范，药物配伍、停药期、使用量等方面还存在不少问题；三是饲料执法起步晚，机构设置、人员配备等队伍建设滞后，执法人员法律知识和执法经验有待进一步强化提高。

（广西壮族自治区饲料工业办公室）

## 海南省饲料工业

**【发展概况】** 全省饲料工业产品产量近75万t，工业总产值18亿元，其中：配合饲料产量为74.3万t，添加剂预混合饲料1 560t，饲料原料产品52 561t，水产饲料6.3万t。

饲料行业职工素质得到进一步提高。全省饲料生产企业年末职工总人数达2 242人，大学专科以上732人（其中博士4人、硕士20人、大学本科289人，大学专科419人），占32%；技术工种人员有278人，占12.4%，与往年相比都有较大提高。

**【组织机构】** 海南省饲料工作办公室隶属于海南省农业厅，是农业厅的一个行政处室，与畜牧兽医处合并编制，但独立办公，级别为正处级单位，畜牧兽医处编制8人，其中饲料办编制2人，经费由财政拨款；海南省饲料工业协会成立于1998年，现有团体会员37个，个人会员145人，下设有秘书处、负责日常的工作。

**【主要工作】** 2002年主要抓了以下几点工作：

1. 制定地方配套法规。根据省政府办公会议的立法工作安排，结合海南的实际情况，我们组织力量完成了制定《海南省饲料和饲料添加剂管理办法》，现已报省政府，将以地方规章形式颁布。

2. 强化服务意识，积极为企业提供服务。主要做了3件事：一是全年共完成行业引资和审批项目4个，其中海南大海水产饲料有限公司和海南海田水产饲料有限公司两家企业已分别建成年产4万t的水产饲料厂；海南正强生化技术开发有限公司和海南海大实验兽药厂获得农业部颁发的饲料添加剂生产许可证，至此海南省获得饲料添加剂生产许可证的企业达到5家；二是认真落实国家对饲料行业的税收优惠政策，全年共为11个企业250多个饲料产品办理了免征征值税手续；三是申报玉米配额。经与省计划厅配合全省有4家饲料企业被国家计委列入进口玉米单位，进口玉米总配额为2.5万t。

3. 切实加强饲料监管，确保饲料安全。为了加强饲料质量和安全管理，根据全国饲料办关于开展全国饲料产品质量安全监督检测工作的部署要求，全省共完成抽检饲料样品1 327个。对不合格的产品根据《条例》做出相应的处理。特别是在开展打击违法使用“瘦肉精”等违禁药品的专项活动中。正式立案查处了儋州加中新农业开发有限公司和儋州金丰农业有限公司等两家企业违法使用“瘦肉精”的行为，并在行政处罚的同时新闻媒介还给予曝光，此举在行业引起很大的反响并收到较好的效果。

4. 积极推进行业科技进步，鼓励和支持饲料应用技术前瞻性研究。根据国家农业部颁发的5个无公害食品饲养饲料使用准则要求，为了控制和减少当前抗生素类药物的使用和残留，海南省拨出专项科研经费支持企业开发技术含量高并在海南省有广泛应用前景的生物制剂，有效地起到了替代抗生素的作用。目前海南省养殖业特别是水产养殖业，已经广泛应用生物制剂无公害健康养殖模式。

5. 发挥行业优势，培育龙头企业，推进产业化进程。根据本行业饲料生产、加工销售的特点，引导企业与农民结成利益共同体共同发展养殖业。海南裕泰饲料科技有限公司和海南东方大慧饲料科技有限公司通过推行“公司＋基地＋农户”的经营模式，不但保障了企业的发展和利润的增长，而且使农民传统的生产观念、生产模式发生了很大变化，增强了商品意识和经营意识。特别是海南裕泰饲料科技有限公司，从饲料、种苗、管理方式、饲养技术和产品收购等方面对农民进行扶持，使大批农户因此走上了养殖致富之路。这两家企业被授予国家级、省级农业产业化龙头企业。

6. 切实抓好安全生产工作，消除生产事故隐患。海南省将企业安全生产列入企业年度审查登记内容，不合格的企业不予登记；不定期组织安全检查小组对企业进行安全生产检查，清除事故隐患，全年没有发生任何安全生产事故。

**【主要问题】** 主要有以下几个方面：

1. 饲料行政执法工作仍需进一步加强。主要表现在行政管理关系没有理顺，市县基本没有专项经费，行政执法人员少，执法手段有待完善，缺乏与其他部门联合执法的经验。对养殖单位的自配料的监管没有到位，其安全问题尤为突出。

2. 无公害绿色环保饲料推广面窄。由于饲料市场的价格战、赊销战现象，企业为满足客户要求而不注重高科技产品的开发，但我国加入WTO后，市场呼唤绿色产品，需要政府必要的引导和支持，以加快此方面的进程。

3. 贯彻农业部饲料行业5个强制性标准缺少保障体系特别是检测体系的支持，由于饲料安全工程的实施尚未到位，省兽药饲料监察所的设备无法满足大规模的检测工作。

4. 有些地方的技术监督部门和工商管理部门为了部门利益，仍然存在对企业进行收费性抽检和越权处罚企业的现象。

（海南省饲料工业办公室）

## 四川省饲料工业

**【发展概况】** 2002年，四川有饲料加工企业934家，年双班生产能力达800万t，饲料行业职工人数34 906人。从生产产品类别看，配合饲料企业257个，浓缩饲料企业245个，添加剂预混料企业221个，饲料添加剂企业108个，单一饲料企业98个；从企业性质看，国有48个，集体49个，私营688个，联营7个，股份114个，港澳台4个，外商8个，其他16个，私营企业数占企业总数的73.7%。2002年，全省饲料工业持续健康发展，工业饲料总产量达427.3万t，同比增长2.8%，产值117.8亿元。工业饲料中配合饲料364万t，浓缩饲料42.5万t，添加剂预混料20.7万t，同比分别增长3.95%、44%、19.7%。配合饲料中，猪料199万t，占54%；蛋禽料72.8万t，占19.8%；肉禽料49.9万t，占13.6%；水产料36.7万t，占10%；反刍料4.1万t，占1.1%。饲料添加剂继续保持良好的发展势头，磷酸氢钙产量在全国继续保持领先地位，产量达105万t，同比增长37%；微量元素添加剂、赖氨酸等添加剂较2001年均有不同程度的增长，为全省乃至全国饲料工业的发展做出了贡献。

2002年，四川饲料产品质量安全继续保持较好水平。据全国饲料和饲料添加剂质量监督检查统计，2002年国家在四川省总共抽检3 933个样品，其中配合饲料和浓缩饲料930批，合格率91.9%；添加剂预混料401批，合格率91.5%；动物性饲料24批，合格率87.5%；饲料/水310批，药检合格率97.1%；猪饲料和饮水374批，未检出盐酸克伦特罗。

**【组织机构】** 四川省畜牧食品局主管全省饲料工业，设饲料处（挂四川省饲料工业办公室牌子），编制4人，属行政性质。全省21个市州均设有饲料办，有专人负责饲料行业管理。四川省饲料工业协会的业务主管部门为四川省畜牧食品局，秘书处挂靠饲料处，无编制。

**【主要工作】** 宣贯饲料法规，促进依法办事。一是与省法制办一道，根据国务院关于修改《饲料和饲料添加剂管理条例》的决定，对四川省的“实施办法”进行了相应修改，并印发了贯彻实施意见。二是召开了全省饲料管理及政策法规培训会，具体培训了修改的“条例”及“实施办法”、最高人民法院和最高人民检察院的相关司法解释、国家相关的饲料药物管理规定、行政执法程序等。市（州）行政执法人员和饲料企业的厂长（经理）共300多人参加了培训。三是汇编了《饲料法规政策》（Ⅲ），收录编发了自2001年以来发布的10个重要法律法规，方便了行业人员的学习和查阅。

积极开展打假行动，加大行业执法力度。一是按农业部的要求，结合四川省实际，印发了全省饲料市场“打假”方案，进行了“打假”前的动员和培训。5～10月，精心组织，在全省范围内开展了声势浩大的饲料市场打假工作，并分4个组对全省打假工作进行了督查。据统计，2002年全省共出动执法人员11 818人次，检查生产企业999个，经营企业和个体工商户24 096家，市场3 127个，捣毁制假窝点3个。全省共立案查处违法案件673件，涉案商品959.23t，货值189.85万元，罚没金额60.19万元，罚款31.22万元。二是及时办理了农业部批转的有关四川省饲料企业的违法违规行为举报，与相关市州饲料办组成调查组，对违规企业进行了取证、查处。全年共查处了50多个企业近300个产品。三是按农业部的通知要求，认真开展了“瘦肉精”等违禁药品的专项整治工作，重点对成都、德阳、绵阳、乐山、资阳等地的78个肉品加工厂、饲料企业和养殖场进行了抽查。从检测的178份猪尿与123批猪饲料表明，未检出“瘦肉精”；对19批奶牛饲料抽检，未检出氯霉素和己烯雌酚，全部合格。四是根据全年的监督检查结果，结合企业的生产情况，加强对生产许可证的管理，向全国饲料办建议，注销了21个企业的生产许可证，在行业内起到了极大的震慑作用。五是建立了违规违法企业登记卡，把违法企业名称、内容、次数记录在案，重点监控，对屡教不改的企业从重处罚，情节严重的取消其从业资格。

严格审查把关，规范饲料生产经营。为加强管理，保证饲料安全，按照“条例”和“实施办法”规定，我们在工作中严格把好“四个关口”。一是把好建厂条件审查关，对新申办的饲料和饲料添加剂企业的生产条件都要进行严格评分审查。全年向农业部申报的19个添加剂企业和35个添加剂预混料企业全部获得批准，颁发了81个配合饲料和浓缩饲料生产企业的审查合格证明。二是把好产品质量标准关。按制定标准的申报程序，对企业申报的质量标准首先进行严格初审，再提交省饲料标准化技术委员会专家组审查通过。共审查、通过了236个企业标准。三是把好产品配方和批准文号审查关，对申报产品配方的科学性、药物使用及标签标识进行严格审查。共对127个企业的456个产品核发了批准文号。四是严把免税审查关。按国家规定，质量合格的饲料产品才能免征增值税。四川饲料办严格按此规定布置免税工作，改送样为抽样，同时严格审查检测结果、生产许可、批准文号等环节。全省共有659家企业的6 029个品种办理了免征增值税的审查手续。

搞好服务工作，促进行业交流。一是组织四川省大型饲料企业积极申报全国百强企业，对四川省各企业的申报材料进行了逐一审查、核实并向国家转报。经国家专家组审定，四川省有10个企业被授予了“全国百强企业”荣誉称号。二是按照农业部的要求，对发起《饲料安全新世纪宣言》的4家饲料企业进行了安全质量承诺监督检查，并报送了履行安全承诺较好的新希望、龙蟒、通威、隆生4个企业先进事迹材料，建议全国饲料办予以表彰。三是与铁路运输部门协调，为企业争取运价优惠；对乱收费，乱罚款等地方保护行为，与有关部门协调并提供法规政策帮助。在搞好服务工作的同时，十分注重行业交流，2002年，先后有广东、河北、湖南等省的5个代表团近70个大中型企业家来川考察并进行贸易洽谈。先后组织了近20个企业家赴国外学习、考察，开阔视野，拓展发展思路。同时还组织了省内近50个饲料企业参加了全国第七届饲料添加剂交流会，了解饲料行业新技术和新产品的发展趋势。与美国、意大利、西班牙以及国内的科研单位、大型企业联合举办了6次大型新技术、新产品培训会。出刊《西部饲料》杂志6期。为行业间增进了解，促进合作作出了贡献。

加强职业技能鉴定工作，提高行业质检水平。2002年共培训检验员78人，鉴定72人。

**【重要事件】** 4月中旬，成功举办了第二届中国成都饲料与动物保健品展览交易会。有来自全国22个省、市、区和德国、日本、美国、荷兰、意大利、以色列、西班牙等国家的220多个厂家和单位参加了交易会，展位250个，会期合同成交额2.5亿元，举办了4场新技术、新产品学术讲座。11月，由省饲料工业协会承办的全国饲料行业科技进步经验交流会在成都隆重召开。中国饲料工业协会白美清会长、张延喜副会长，全国饲料办季之华主任以及国家计委领导，各省市区行业管理部门负责人和受表彰的企业代表共230余人参加了大会。副省长陈文光出席会议并作了重要讲话。四川省共有6个单位（企业）和5名科技工作者受到国家表彰。11月27日，四川省饲料工业协会第三届会员代表大会在成都温江区召开。会议得到了省委、省人大、省政府的关心重视和支持，省人大孟俊修副主任、孙自强副主任到会祝贺，省政府陈文光副省长到会并作了重要讲话。会议总结了近五年来四川省饲料工业发展的经验，研究了今后的发展思路，选举产生了新一届协会领导班子。全国政协常委、原省委副书记续任会长，四川省畜牧食品局饲料处处长李淳同志任秘书长。

**【存在的问题】** 一是行业整体素质仍需进一步提高，行业科技含量和科技水平需进一步提升；二是饲料质量安全隐患仍然存在，行业监管力量弱、经费缺，行业安全监管和执法难度大，需要国家进一步重视和支持。

（四川省饲料工业办公室）

## 重庆市饲料工业

**【发展概况】** 重庆市饲料工业继续坚持促进农民增收和确保饲料安全的指导思想，实行提高与发展并重、数量与质量并举的方针，以提高经济效益为中心，取得了较好的效果。

全市现有生产企业约259家，其中添加剂、预混料企业115家，其他饲料企业近120家，其中时产5t以上的29个。年双班生产设备能力140万t，2002年总产量95.33万t，比2001年增长近20%，其中配合饲料70.06万t、浓缩饲料7.30万t、添加剂4.5万t、预混料7.62万t、单一饲料5.84万t。实现工业产值18.2亿元，利税约8 000万元。有2个企业入选全国饲料行业“百强企业”。

**【组织机构】** 主管部门是重庆市农业局，重庆市饲料工业办公室负责日常管理工作。

**【主要工作】** 围绕“工作力度上使劲、管理规范上用功、发展环境上努力”的思路，主要做了以下工作：

1．完善行业法制。在与有关部门职能不清、争议激烈、困难重重的情况下，多方努力、积极推动出台了《重庆市饲料和饲料添加剂管理条例》，以地方法规的形式进一步明确了全市饲料工业管理体制，充实了重庆市农业局以及区县饲料管理部门职能。

《条例》出台后，组织起草、讨论、修订了贯彻《条例》所急需的“饲料准产证管理办法”、“饲料产品批准文号管理办法”、“饲料经营企业审查管理办法”等3个配套性文件。

2．查处违法行为。组织查处和指导区县查处违法案件50余起，涉案金额300多万元，特别是及时查处了在西部地区首次发现、涉及全市13个区县80个乡镇120多个经营户、案值130多万元、全国整顿规范市场经济秩序十大案件之一的“瘦肉精”预混料一案。维护了法律法规的严肃性、树立了管理部门的权威性、保护了饲料用户的合法权益。

3．关注技术推广。在人少事多、工作繁杂、又无经费的情况下，先后邀请到美国谷物协会、大豆协会专家来渝免费举办技术讲座，受到企业界的普遍欢迎。

4．召开了全市饲料企业工作会，评选出全市饲料行业“十强企业”。开展了以《重庆市饲料和饲料添加剂管理条例》新闻发布会为主要形式的一系列宣传活动。

此外，开展了饲料产品、畜产品违禁药品突击抽检活动，有力地回答了有关部门提出的引起市政府领导高度关注的重庆市猪肉到底是否含有“瘦肉精”的问题。

日常工作中，对申报许可证的企业和申报产品批准文号的标准、标签等进行了严格审查。

积极开展职业技能培训、鉴定工作。分4期对125家企业344名技术人员的检验化验员、中心控制室操作工和饲料加工设备维修工进行了技能培训。

**【存在的主要问题】** 主要有以下几点：

1．企业生产规模小，产品科技含量低。部分小型企业的生产条件简陋，资金短缺，处于停产或半停产状态，制约着重庆市饲料行业的发展和产品质量的提高。

2．饲料生产、经营企业从业人员素质有待进一步提高。大专以上学历的仅有20%左右。

3．部分企业质量管理体系不健全，管理水平低，检测能力亟待提高。

4．工作经费严重缺乏，行政执法难以到位。建议各级财政支出结构要随着农业、农村经济结构的调整而调整。把饲料安全监管、行政执法所需资金列入财政预算；饲料业的高新技术开发、推广和优质饲料原料基地建设，各级财政也要给予必要的支持。

5．饲料产品，特别是预混料产品命名较为混乱，

"一号多品"的问题较为突出。

6. 饲料条例所规定的一些内容急需细化，建议尽快出台《条例》细则。

（重庆市饲料工业办公室）

## 贵州省饲料工业

2002年全省饲料行业管理工作在各级政府领导的重视关心支持下，全行业同志齐心努力，紧紧围绕增加农民收入和确保食品安全两大主题，认真按照农业部、公安部等5部委"关于印发《2002年全国农资打假专项斗争工作方案》的通知"精神要求，以整顿和规范市场经济秩序为契机，加强行业管理和执法力度，严厉打击假冒、伪劣饲料产品及违禁药品，对保证饲料安全，提高养殖业的科技水平和经济效益，增加农民收入，促进畜牧业的发展，发挥了积极的作用。

**【基本概况】** 2002年全年贵州省饲料工业总产值8.08亿元，比上年增长70.9%，饲料加工企业产品产量共计28.66万t，比上年增长16.8%，其中：配合饲料14.69万t，比上年增长1.94%，浓缩饲料13.91万t，比上年增长38.0%，添加剂预混合饲料0.055万t，比上年增长89.66%。

在配合饲料产品结构中，猪料占56.74%，蛋禽料占4.71%，肉禽料占24.40%，水产料占6.46%，反刍料占5.79%，其他料占1.90%。

单一饲料工业产品产量22.70万t，比上年增长50.23%，其中：菜籽粕6.13万t、骨粉、肉骨粉0.38万t、饲料级磷酸氢钙10.27万t（比上年增长119.03%），饲料级磷酸二氢钙1.23万t。

全省有143个饲料生产加工企业（比上年增加9个），年末双班生产能力100万t，时产5t以上配合饲料加工企业15个（去年10个），添加剂预混合饲料加工企业3个，磷酸氢钙生产企业16个，饲料企业从业人员总计5 426人，比上年增加2 483人，大专以上工程技术人员1 255人。

**【组织机构】** 贵州省饲料工作办公室属贵州省农业厅管理，与厅畜牧兽医局合属办公，局长兼任饲料办主任，2002年招考了1名专职饲料行政管理人员。全省9个市（州、地）均建立了饲料工业办公室和饲料监察所（站），另有60多个县以不同形式建立了县级饲料工业办公室和饲料监察所。

贵州省饲料工业协会成立于1991年，原属贵州省经贸委管理，为便于协会开展工作，2002年协会正式划转贵州省农业厅管理，在贵州省民政厅重新登记注册，并申请调剂3个事业编制和3个社团编制，为协会下一步工作的开展打下基础。

**【主要工作】** 有以下几个方面：

（一）认真贯彻《饲料和饲料添加剂管理条例》，加强制度建设。为加强行业管理力度，保证饲料产品安全，根据国务院新修订的《饲料和饲料添加剂管理条例》，结合贵州省实际，起草了《贵州省〈饲料和饲料添加剂管理条例〉实施办法》，并报省政府法制办等单位会审。为不影响《条例》的实施，3月以农业厅文下发了《关于加强贵州省饲料行业管理的意见》，对设立饲料生产、经营企业的条件提出了具体要求，实行饲料生产、经营企业《登记证》管理、产品标签备案、经营人员培训持证上岗、经营品种数量登记、生产经营情况季报等制度。

（二）全面加强行业管理工作，确保饲料质量安全

1. 认真清理整顿市场。为贯彻落实党中央、国务院在全国范围内深入开展整顿和规范市场经济秩序的决定，根据国务院、农业部及贵州省人民政府关于整顿和规范市场经济秩序的一系列文件要求，全省各级饲料管理部门在农资市场的打假工作中，积极与工商、技监、公安和新闻单位等部门配合，以整顿和规范饲料市场为突破口，加大执法和宣传力度，部分地区专门成立兽药饲料稽查大队，在资金紧缺、人员不稳定、饲料经营户多，位置分散、交通不便的情况下，克服种种困难，在坚持经常性清理整顿的基础上，相继组织了2次全省性的3次分片区的集中整顿饲料市场活动，对饲料生产、经营、使用环节进行全面清理整顿。各地查处"四无"饲料添加剂生产经营户，取缔无证生产饲料添加剂和预混料企业，取缔无批准文号的饲料添加剂和预混料产品，查处假冒伪劣饲料产品及未附具产品合格证或标签不规范的配合饲料和浓缩料产品，重点清查滥用违禁药品及超量、超范围使用药物饲料添加剂情况。今年贵州省公布了全国饲料/水统检结果，对不合格产品和企业，要求各地严格按照《条例》规定处理，确保饲料市场的有序竞争，确保饲料安全，确保人民身体健康。

全省共出动饲料行业管理人员9 500人（次），车辆1 200辆（次），深入全省9个地（州、市）80余个县、1 700余个乡镇，开展法律法规宣传和打假工作，清理饲料市场1 790场（次），检查饲料生产经营企业数5 170个，发放宣传品13 000余份，没收、销毁假冒、伪劣、过期饲料、饲料添加剂372.5t，货值71.52万元，涉案人员704人，受理举报案件84起，案值5万元以上1个，立案查处数158个，查处结案数156个，移交司法机关案件2个，移交司法机关人数5人。

为了贯彻落实农业部等5部委《关于印发〈2002年全国农资打假专项斗争工作方案〉的通知》（农牧发［2002］7号）及贵州省整顿和规范市场经济秩序领导小组会议精神，切实整顿和规范兽药、饲料市场秩序，严厉打击制假售假、欺农坑农及非法制造、销售禁用药品等违法行为，6月1日至8月20日在全省范围内开展兽药饲料市场集中整治行动。要求各地认真组织对辖区内兽药、饲料生产、经营企业、屠宰场、养殖场进行彻底检查，充分利用法律法规赋予的职权，严格把好市场准入关；同时组织工作组下到各地抽查执法工作开展情况。

2. 严厉打击非法生产经营使用“瘦肉精”等违禁药品。今年春节前，根据农业部《关于加强防疫检疫力度，让群众吃上“放心肉”的紧急通知》精神，畜牧厅立即成立以饲料、兽防、药检为主的30人专项治理行动组，赴全省9个地（州、市）开展屠宰场、兽药、饲料市场的专项治理行动，共出动检查3 051人（次），检查市场881个，其中屠宰场97个，兽药、饲料经营户3 523个，没收伪劣兽药2 435包（支）、饲料添加剂580包。

10月，按照农业部《饲料及畜产品中“瘦肉精”等违禁药品专项整治计划》，及时制定《贵州省饲料及畜产品中“瘦肉精”等违禁药品专项整治行动实施方案》，要求各地认真贯彻执行，从源头解决制售、使用“瘦肉精”等违禁药品问题。

3. 加大大案要案的查处力度。2002年6月26日，遵义科新农牧开发研究所畜禽饲料保健厂销往重庆永川市的产品“元林复合预混料”，经国家饲料质检中心检验检测（重庆市饲料质量监测管理所送检），检出“盐酸克伦特罗”。接到报案当天立即派人赴该厂调查、取证，责令该厂停止生产和销售，要求厂方通知其营销人员和销售点停止销售该厂产品，对该厂相关人员进行调查并作询问笔录；对库房内的所有原材料、半成品、成品共计41个（总价120万元）依法进行清点、抽样、登记保存。经贵州省饲料监察所检测，检出该厂原料“阿散酸”2批次呈阳性，为进一步确证，根据农业部的指示，将该样品送北京国家质量检测中心作进一步检定。经检验，这两批阿散酸中含有盐酸克伦特罗，含量分别为0.13mg/kg和1.56mg/kg。

为防止事态扩大，饲料办立即以厅下文，要求各地对经营、使用环节中遵义科新饲料厂生产的所有产品和浙江黄岩康达动物健品有限公司荣耀化工厂生产的“阿散酸”进行清查、登记保存，并送省饲料监察所检验，已经销售出去的，要尽快予以追回，对已使用以上两企业产品的养殖场（户）的生猪，必须经过尿检合格，方可屠宰上市。全省各级饲料管理部门立即对本辖区进行拉网式突击检查，共登记保存、送检遵义科新饲料厂产品46批、浙江荣耀化工厂“阿散酸”3批。按照《行政执法机关移送涉嫌犯罪案件的规定》，于7月8日向省公安厅提出案件申请，省公安厅在7月9日正式受理立案，定名为“7.9瘦肉精案”。贵州省公安厅立案后，贵州饲料办按“五不放过”的原则，积极配合并参与案件查处工作，7月10～15日赴重庆、重庆永川市和贵州遵义市调查，7月22日、8月9日两次分赴江苏、杭州、上海等地对案件作进行一步调查。已查清此案系浙江省杭州市正康饲料有限公司法人代表吴胜伙同其弟吴晓等人所为，省公安厅已刑拘4人。

根据贵州省公安厅治安总队案件侦查处《关于遵义科新农牧开发研究所畜禽饲料厂涉嫌生产、销售含违禁药物案侦察终结的函》及2002年9月25日由省公安厅、农业厅《联合会议纪要》，并请示农业部全国饲料工作办公室，已允许该厂恢复生产，并要求该厂加强企业管理，严把进货关，加强产品质量监督检验，确保产品质量。

2002年10月21日，接农业部全国饲料工作办公室“关于兴义市大北农饲料公司涉嫌在饲料中添加痢特灵”的举报案件查处通知，饲料办立即向厅领导汇报，并按领导的决定立案查处。调查人员2次赴该厂进行调查取证工作，对有关当事人、证人作询问调查，对原料库房、生产车间、成品库房等进行检查，查获呋喃唑酮2.1kg，初步认定兴义市大北农饲料有限公司下属的万峰湖养殖基地违规使用禁用兽药——痢特灵，违反了《兽药管理条例》第三十七条的规定，予以处罚10 000元。

4. 安排部署2002年度全省饲料产品质量安全监督工作。为保证贵州省饲料产品质量安全，促进养殖业生产，保障人民身体健康，根据农业部《2002年饲料和饲料添加剂质量检测实施细则》，制定了《贵州省饲料和饲料添加剂质量检测实施方案》。全省各地、各部门密切配合，分工协作，及时、有效、全面地完成了2002年度饲料产品质量安全监督工作。全年完成检查饲料生产企业120家，抽检样品275批；检查饲料经营企业150家，抽样300批；检查动物性饲料产品生产企业、经营企业及使用单位共55家，抽样110批；检查养殖企业（农户）170家企业，抽样（库存饲料、食槽饲料、饮水样品）510批。

5. 加强饲料生产、经营企业管理。针对贵州省多数饲料生产、经营企业小，厂房、设备简陋，达不到《条例》规定要求的问题，今年对全省饲料生产、经营企业进行全面清理整顿，各地饲料管理部门对本辖区饲料生产企业进行了实地考核，部分地区采取评分制，目前已上报企业申报材料152份，经审核，饲料办已为144家饲料生产企业办理了企业登记手续，并核发了饲料生产企业登记证，获证企业正在各地办理饲料标签备案手续。对达不到《条例》规定要求的企业，令其停产整改。

今年饲料办组织有关专家对4家申请办理饲料添加剂生产许可证的企业进行了实地考核和审核并上报农业部，其中3家已获农业部颁发的《饲料添加剂生产许可证》，贵州饲料办核发产品批准文号6个。同时对已获农业部颁发的《饲料添加剂生产许可证》的16家饲料添加剂、添加剂预混料生产企业进行年检，对肉骨粉厂进行全面调查。

6. 宣传贯彻《饲料和饲料添加剂管理条例》，抓好专业队伍建设。各地通过各种新闻媒体和途径广泛宣传新修订的《条例》，印制宣传资料13 000余份，参加全省性的法制宣传活动，向社会公众宣传、向政府和有关部门宣传。同时，加大对“瘦肉精”危害的宣传力度。2月召开全省饲料工作会议，组织全省各级饲料管理部门管理人员认真学习新修订的《条例》及相关的法律法规和政策性文件，提高行业管理人员的执法水平。

为适应加入WTO和知识经济发展的需要，提高饲料从业人员的守法意识，规范生产经营行为，各地饲料管理部门举办多期饲料行业从业人员培训班，学习《条例》及相关的法律法规文件和专业知识，目前已培训饲料生产、经营企业管理人员约 5 100 人。同时，向农民宣传普及饲料安全和科学用药知识，强化养殖产品质量安全意识。

7. 抓好饲料协会工作。为充分发挥协会的桥梁和纽带作用，促进贵州省饲料工业的发展，今年加强了饲料工业协会的组织建设，特邀国家饲料工业协会白美清会长一行 3 人到贵州省指导工作，积极筹备协会的换界改选工作。今年贵州省 2 家饲料生产企业荣获全国饲料行业先进企业光荣称号，1 人获先进工作者，推荐了 10 家饲料生产企业作为全国重点调查企业。为下一步开展饲料行业职业技能鉴定工作，组织 9 人参加农业部举办的职业技能考评员培训学习，并获农业部颁发的高、中级考评员资格证书。按时完成了全省饲料工业统计工作。

**【存在的困难和问题】** 有以下几个方面：

1. 机构不健全，人员不稳定，行业管理和执法工作难度大。1997 年饲料工业办由经委转到农业厅，通过多方面的努力，到目前为止，贵州省各地（州、市）和多数县先后以不同形式成立了饲料工业办公室，但因大多挂靠事业站，工作人员多为兼职或借用，无编制、无人员、无工作经费，给依法行政、依法管理造成困难。特别是机构改革后，弱化了饲料管理机构，饲料工作大都放在从属地位，部分地区畜牧局改为畜牧事业局、畜牧服务中心，属事业单位，难以落实行业管理和行政执法的各项职责。

2. 无行业管理和整顿市场专项经费，各地工作难以深入开展。贵州省交通不便，县以下饲料经营户小而分散，零售游动摊点多，“配方门市”多，由于各地财政困难，无饲料行业管理和整顿饲料市场专项经费，工作难以深入开展。

3. 管理与服务、监督与协调的关系尚未理顺。行业管理人员素质不高，执法偏差大，未摆正执法与服务的关系，重执法轻服务，出现明显的地方保护主义，不利于贵州饲料市场统一开放体系的形成与发展。当前行业管理还存在两种倾向，一是不作为，二是越权执法。

4. 存在不规范使用兽药和饲料添加剂的现象。饲料质量安全已成为政府、群众和媒体关注的热点。贵州省饲料安全形式也不容乐观，存在不规范使用兽药和饲料添加剂的现象，主要是以下几种形式：一是过量使用，二是使用无批准文号的兽药和饲料添加剂，三是不标明停药期，四是使用过期的兽药和饲料添加剂，五是超量使用，六是有违规使用违禁药品现象。

5. 假劣饲料在市场上有可乘之机。贵州省由于地处边远，饲料市场不规范，畜牧养殖业水平低，农民整体素质低，喜欢用低价位的产品，一些不法分子乘机制售假劣饲料和饲料添加剂低价销售，牟取暴利，对正规生产企业产生了巨大冲击，同时，饲料市场形成了一种低质低价的恶性循环。

6. 处罚力度不够，对制假者未形成威慑力。在查处假劣饲料案件时，由于各种原因，一般只能没收产品加以销毁，而不能按《条例》规定予以处罚，由于打击力度不够，制假售假行为屡禁不止。

7. 饲料产品质量合格率低。2002 年度第一阶段全国饲料和饲料添加剂质量监督检测除饲料/水中药物检测合格率达 98.3% 外，其余 146 批产品合格率只有 40.3%。经营环节中省外进入贵州省市场的添加剂预混合料合格率只有 26.8%。

8. 制假手段隐秘，方式多样化，管理工作难度加大。市场上兽药、饲料制假技术手段日趋隐秘，一般从产品外观、标识、包装上已很难区分真伪，增加了监督管理工作难度。

（贵州省饲料工作办公室）

## 云南省饲料工业

**【发展概况】** 2002 年云南省饲料工业在 2001 年的基础上又有新的发展，全省饲料工业仍继续保持了良好的发展势头，饲料总产量再创历史新高，取得了较好成绩。截至 2002 年底止，全省现有饲料生产企业 302 家，其中已获农业部颁发生产许可证的有 43 家（饲料添加剂企业 24 家、添加剂预混合饲料企业 24 家），饲料产品年双班生产能力达到 213.5 万 t，全省饲料工业总产值达 30.4 亿元。饲料产品产量达到 135.45 万 t，其中，配合饲料产品产量 101.93 万 t，浓缩饲料 32.85 万 t，添加剂预混合饲料产品产量 6 725.9t，饲料工业从业人员达到 21 261 人。

**【行业特点】** 2002 年呈现以下几个特点：

1. 饲料主导产品产销量增长幅度大，产品质量进一步提高。2002 年云南饲料工业企业，进一步加大了饲料促销手段，企业采取薄利多销，加强为养殖业服务工作，扩大市场占有率，使全省饲料产品产量仍然保持了持续增长的良好态势，增长幅度较大，饲料产品总产量由 2001 年的 121.56 万 t，上升到 135.45 万 t，比上年净增 13.89 万 t，增长 11.4%，增长幅度比上年提高 6.8 个百分点。其中配合饲料总产量达到 101.93 万 t，比上年净增 4.85 万 t，增长 4.99%；浓缩饲料总产量达到 32.85 万 t，比上年净增 11.62 万 t，增长 54.7%。

在激烈的市场竞争中，由于饲料生产企业不断完善和加强质量管理，企业质量意识和标准化意识增强，不仅饲料总产量继续保持了较大幅度增长，而且饲料产品质量也有一定提高。2002 年全省抽检 1 426 个饲料样品，产品合格率为 87.6%，比上年提高 2.6 个百分点。

2. 加大饲料产品结构调整力度，适应市场需求。2002 年，全省饲料生产企业面对激烈的市场竞争，重视捕捉市场信息，狠抓饲料产品结构调整和新产品开发，使全省饲料产品结构也相应地发生了一些新的变化。

2002年全省饲料总产量中，配合饲料占75.25%，比上年下降4.5个百分点；浓缩饲料占24.3%，比上年增加6.8个百分点，增幅较大。配合饲料中：猪配合饲料占27.3%，比上年下降3.7个百分点；蛋禽料占17.03%，比上年下降1.9个百分点；肉禽料占36.6%，比上年增加12.6个百分点，增幅较大；水产饲料占15.4%，比上年下降0.6个百分点；反刍家畜料占1.8%，比上年下降5.2个百分点；其他饲料占1.7%，比上年下降0.3个百分点。

浓缩饲料中：猪料占92.5%，比上年增加11.6个百分点，增幅较大；蛋禽料占2.6%，比上年下降4.4个百分点；肉禽料占4%，比上年下降3个百分点；反刍占0.2%，比上年下降3.8个百分点；新开发的水产料占0.3%、其他饲料占0.3%。通过产品结构的调整，既增加了企业饲料产品市场占有份额，提高了产量和效益，更重要的是使企业产品逐步适应市场经济和养殖业发展的需求。

3. 全面加强企业管理，产业化发展迈出了新的步伐。面对入世后的挑战和机遇，云南省一批饲料生产企业十分重视转变企业经营管理观念，全面加强企业管理，做好企业质量体系认证工作。云南省神农饲料有限公司、昆明正大饲料有限公司、云南通威饲料有限公司、昆明新希望饲料分公司、昆明人和化工有限公司、新云珠饲料有限公司、云南立隆化工有限公司等企业加强了内部质量管理和技术改造，都已先后通过ISO9001—9002国际质量体系认证，企业整体管理水平有明显提高，生产经营情况良好。目前仍有一批企业正抓紧做好此项工作，力争尽快完成质量体系认证工作。

以产业化为目标，培育发展大型骨干龙头企业。推进产业化经营，是今后饲料工业发展的重要方向。企业在做好主业的基础上，一头向饲料原料和养殖业延伸，一头向畜产品收购销售发展。积极参与农村科学种、养技术培训与推广，以推广促销售，带动农户发展，出现了较好的势头。如昆明正大有限公司，针对云南农村养殖业规模小，科学饲养水平低，养殖户生产的畜产品难以承受市场行情的波动，影响了发展养殖业的积极性。公司采取“公司＋农户”，由养殖户投资建盖猪、鸡舍，公司负责提供猪、鸡苗、饲料、疫苗（药品），并配备专门技术人员跟踪服务，开展技术指导，产品由公司统销，风险由公司承担，减轻了养殖户的现金投入，提高了养殖收益，解除了养殖户的后顾之忧。目前公司发展商品鸡养殖户40户，饲养肉鸡40余万只；发展种猪养殖户40户，每户养母猪120头，共饲养4 800头。另外公司为解决饲料生产优质玉米的来源问题，针对云南省农户种植规模小、玉米品质良莠不齐的现状，采取公司＋农户，由公司提供优质玉米种子，由农业技术人员指导栽种，农户按定单生产，公司负责产品回收，公司玉米采购已经100%本地化。云南神农饲料有限公司正积极筹建《优耐特畜禽食品有限公司》产业化项目，发展饲料、养殖、畜产品加工销售一条龙，预计2003年将投入运营。云南省目前绝大多数企业都参与农村科学养殖技术培训与推广，以推广促销售，带动农户养殖业的发展，取得了一定成效。

**【组织机构】** 云南自2000年省级国家机关机构改革后，饲料工业行业管理行政职能划归省农业厅，设立了云南省饲料工作办公室与农业厅畜牧兽医处合署办公；云南省饲料工业协会也移交省农业厅，2002年5月底召开了云南省饲料工业协会第四届会员代表大会进行了换届选举产生了新的第四届理事会；云南省饲料监察所已列入农业部饲料检测（昆明）中心的建设项目，目前正抓紧该项目建设任务的完成，力争2003年底通过部级验收；省内各地、州、市、县饲料工业行政管理职能已基本划归农牧行政主管部门管理，基本做到了政令畅通，同时省内正抓紧9个重点地区饲料监察所的建设。

**【主要工作】** 2002年云南省饲料工作办公室，在人员少、事情多、工作任务较繁重的情况下，合理安排、分轻重缓急、调配组织力量，在省农业厅、协会、省饲料监察所及各地、州、市、县的大力支持和紧密配合下，主要做了以下工作：

1. 认真贯彻落实国务院办公厅《转发农业部关于促进饲料业持续健康发展若干意见的通知》（国办发［2002］42号）。国务院国办发［2002］42号文件下达后，云南省人民政府领导十分重视，以云政办发（2002）135号文件《云南省人民政府办公厅转发国务院办公厅关于促进饲料业持续健康发展若干意见文件的通知》，下发省内各地，结合实际贯彻执行。这些文件，对饲料业今后的发展指明了方向，同时也提出了发展的对策措施。不但在新创刊的《云南饲料》杂志进行了广泛宣传，而且也组织了相关部门、饲料企业认真学习，深刻领会，结合实际，狠抓落实。因此，2002年云南省饲料产量有了较大幅度增长，饲料质量也进一步提高。

2. 继续大力宣传和贯彻落实《饲料和饲料添加剂管理条例》。2001年11月29日国务院第327号令重新修改颁布实施《饲料和饲料添加剂管理条例》。这是饲料行业的一件大事，必须认真贯彻落实。云南办始终把《条例》宣传、贯彻落实作为工作的重中之重，不仅在创刊的《云南饲料》首期上，全文转载了新颁布的《饲料和饲料添加剂管理条例》向全省饲料行业进行宣传，更重要的是把《条例》宣贯落实到各项工作中，通过实际工作，提高全行业执行《条例》的自觉性，帮助大家增强“依法生产”、“依法经营”、“依法行政”的意识。

按照《条例》有关规定，截至2002年底止，对全省饲料添加剂和添加剂预混料生产企业，申报生产许可证59家，组织评审57家，农业部已审批发证43家，其中饲料添加剂企业22家，预混料生产企业21家，省饲料工作办公室还为已获证企业32家173个产品办理了产品批准文号，其中添加剂生产企业

16家共24个产品，预混料生产企业16家共149个产品。同时遵照云政办发［2001］133号文件《云南省人民政府办公厅关于加强饲料和饲料添加剂生产经营管理有关问题的意见》，在有关地、州、市的大力支持和配合下，已为53家饲料生产企业审查办理了饲料生产条件合格证，为已申报的两家省级饲料和饲料添加剂经营企业审查办理了经营条件合格证。

3. 较好地完成了2002年饲料质量监督检测及打假工作。为了保证饲料产品质量安全，促进养殖业健康发展，保障人民群众身体健康，遵照农业部畜牧兽医局《关于印发2002年度全国饲料和饲料添加剂质量监督检测实施细则的通知》（农牧饲便函［2002］25号）要求，省饲料办组织制定了《2002年度云南省饲料和饲料添加剂质量监督检测实施细则》，在做好产品质量监督检测的基础上，深入开展了以饲料打假为重点的饲料安全监督管理工作。截至2002年底止，在全省各级行政主管部门、饲料检测部门的共同配合下，全省共抽检各类样品1 426个，合格1 249个，合格率为87.6%。同时全省还出动执法人员4 882人次，印发资料39 194份，检查饲料生产和经营企业1 431个，整顿市场532个，受理举报案件38件，立案查处59件，结案59件，查获伪劣产品14.5万余公斤，货值13.79万元，挽回经济损失7.09万余元。

4. 举办技术培训，提高人员素质。2002年12月10日至12日，我们会同省质量技术监督局共同在昆明举办了GB/T1.2—2002《标准化工作导则第二部分：标准中规范性技术要素内容的确定方法》宣贯培训班，采取专人宣讲、制定企业标准实例讲解、消化、答疑、考试等方式进行宣贯、培训、参训人员117人，全部取得了合格培训证书，为企业今后制、修订标准打下了良好基础。同时还举办了两期检化验从业人员职业技能培训和鉴定。两期技能培训与鉴定共有112人参加，两项考核成绩合格的共108人，合格率为96.4%，取得较好成绩。

**【存在的主要问题】** 从目前情况看，云南饲料工业的发展仍滞后于畜牧业发展，云南畜牧业在全国的排位靠前，而饲料工业排位靠后（第21位），饲料覆盖面不广，大型企业少、产业化程度低，影响了云南畜牧业资源优势、品种优势、区位优势的发挥。所以云南饲料工业的发展空间还很大，必须努力做好各方面工作，促进饲料工业发展上一个新的台阶。

（云南省饲料工业办公室）

## 西藏自治区饲料工业

**【发展概况】** 饲料加工业在西藏自治区是一个新兴产业，相对内陆省份来说，起步较晚，更由于其特殊的自然条件和长期以来的养殖业的粗放经营、农牧民商品观念的淡薄，致使自治区饲料加工业基本上是处于起步阶段，还未出现规模化的饲料企业。

随着国家西部大开发的战略性决策的实施，农牧业和农牧区经济结构的调整，西藏自治区饲料加工业在依托农区畜牧业和城郊畜牧业、服务高寒草地畜牧业的发展原则下，迅速发展。个别中小型饲料加工厂立足实际，适应养殖业的需要，合理利用资源，依靠科技，走饲料、饲养、加工一体化的经营模式，着力发展饲料添加剂预混合饲料、全价饲料及畜禽不同生长阶段配方饲料，已初步改变以前的被动局面。

目前，自治区在日喀则地区、山南地区、那曲地区有4家中小型饲料加工厂，生产干粉型混合饲料，年生产各种饲料2 000余t，年产值约1 000余万元。另外，各地部分乡村和农户也配备了小型饲料粉碎机、混合机，对一些简单的配方及加工技术，农牧民也基本掌握。畜牧业内部结构的调整，一方面为自治区饲料工业提供了广阔的发展空间和市场机遇，一方面优质饲草饲料及农作物副产品的增多，也为饲料工业奠定了物质基础。

**【组织机构及职能】** 2001年机构改革后，全区饲料办公室设在西藏自治区农牧厅畜牧兽医水产处内，宣传贯彻饲料工业生产、经营法规，指导全区饲料工作，审核发放饲料生产、经营许可证，协调牧业抗救灾饲草料等生产资料的储备，做好饲料行业质量安全监督检验及信息统计管理工作。各地区（市）、市（区、县）畜牧行政主管部门负责管理本地饲料生产、经营、监督、管理等相应工作。

**【主要工作】** 一是申请建立兽药饲料监察所。拟成立正县级建制的自治区级兽药饲料监察所，前期工作已就绪。二是大力开发饲料来源。利用农牧业经济结构调整的机遇，充分发掘饲料来源，加快粮食作物、饲料作物、经济作物种植结构调整步伐，加大优质饲草料种植面积，广泛开展粮食和秸秆转化养畜，加快发展饲料工业。三是加强草原保护、管理、利用和重点项目的建设。按照“以草定畜、增草增畜、草畜平稳”的原则，坚持把草地建设和饲草料生产放在第一位，年内完成人工种草12.36万亩。年内在15个县实施牲畜温饱续建、新建工程和3个县天然草场植被恢复建设项目，完成配套人工种草7.48万亩，围栏改良草地21.74万亩，提高了项目区饲草供给能力和防抗灾能力。秸秆养畜工作进展顺利，年内在19个县实施秸秆微贮推广工作，新建秸秆示范户1 365户。四是推进饲料加工企业改革。为使自治区饲料加工企业逐步走向正规化、制度化、规模化，自治区本着继续支持鼓励和引导个体饲料企业发展的原则，加快对现有几家饲料加工企业的改制，引导企业开展科技创新，建立健全其内部管理制度和质量安全保障制度，提高饲料生产企业的管理水平。五是本着多种渠道集资、多形式办厂的原则，采取相应扶持政策和灵活措施，充分发挥各地积极性。

**【存在问题】** 一是投入不足，现有几家生产企业改制进展缓慢。其设备简单、老化、生产能力差、管理方式落后、饲料粮建设基地滞后，已不能适应自治区饲料发展的需要；二是缺乏饲料资源开发、饲料添加剂开发等方面的专业人才；三是饲料工业技术推广服务体系建设仍属空白，技术培训和推广力度跟不上；四是饲料市场体系不健全。由于没有相应执法部门及队伍，对饲料产品无法进行检验、监测，从而也无法监督，更难以营造公平、公正的市场竞争环境。

**【发展思路】** 一是加强全区饲料行业的发展与协调，加强对生产与市场的规范指导，贯彻和宣传《饲料和饲料添加剂管理条例》，抓好饲料安全问题，组织开展打击饲料生产、经销伪劣产品和违禁产品活动。二是围绕调整农牧业结构这一主线，重点扶持饲料加工业，使之形成体系，依靠本地资源，生产符合自治区实际的各类饲料，为农区畜牧业的发展提供饲料保障。三是成立自治区级兽药饲料工业行政执法队伍。

（西藏自治区农牧厅畜牧兽医水产处）

## 陕西省饲料工业

**【发展概况】** 2002年，陕西饲料工业以宣传、贯彻《饲料和饲料添加剂管理条例》为契机，紧密围绕省委、省政府《关于加快畜牧产业化建设的决定》，坚持“四大发展战略”即以确保饲料安全为重点，实施饲料工业可持续发展战略；以结构调整为主线，实施饲料业与种植业、养殖业的协调发展战略；以体制创新为突破，实施规模化集团化发展战略；以科技创新为手段，实施饲料新产品、名牌发展战略。抓住西部大开发和农业产业结构战略性调整的机遇，与时俱进，加快行业整合，转变职能，理顺关系，有力地促进了饲料工业的持续稳定健康发展。

**【行业特点】** 全省饲料工业生产呈现出蓬勃生机。主要表现在以下几个方面：

（一）饲料工业产量、产值再创新高。全省饲料工业总产量达165.8万t,其中浓缩饲料达90万t,分别比上年增长16.13%和15.38%。配合饲料达69万t,实现饲料工业总产值可达61.9亿元，分别增长15.76%和20%。提前3年超额完成“十五”目标任务。

（二）龙头企业发展步伐加快。全省饲料工业生产企业发展到438家,其中年生产能力达5万～22万t的企业42个,月产销量达到1 000～8 000t的企业38个,产销量达85万t,占全省总产量的47.22%,有力地带动和促进了全省饲料工业的迅猛发展。

（三）产品结构发展趋势不断优化。饲料工业生产在猪禽饲料生产持续发展的基础上，重点转向发展牛、羊、水产饲料，由追求数量向提高质量和效益方向转变。配合饲料中，猪料占36.78%，禽料占45.21%，水产料占4.22%，反刍料占13.79%，其中反刍料比同期增长47.22%，与陕西省畜牧产业结构调整与时俱进。

（四）饲料安全意识增强，产品质量提高。从全省“饲料/水”质量监督抽查结果看，对170家养殖场（户）510个样品进行了质量监督抽查，合格率为98%，比上年提高了5.5个百分点。同时按照农业部和陕西省安排，先后3次大范围开展“饲料/水”中“瘦肉精”监督抽查，共抽样674批，其结果均为阴性，省内未发现违禁添加“瘦肉精”。

（五）新建规模企业和技术改造企业势头强劲。全年新建饲料生产企业15家,其中年生产能力3万～18万t的企业12家,石羊集团杨凌饲料科技有限公司等13家企业先后投产,陕西省饲料厂等11家企业对原有设备和生产工艺进行了技术改造,全省用于新建项目和设备技术改造资金达2.1亿元,新增颗粒饲料生产设备21台(套),年新增生产能力达116万t,为加快陕西省饲料工业快速发展打下了良好的基础。

（六）企业整合意识增强，新产品开发与时俱进。企业机制创新，文化定位，企业员工素质培训，企业形象策划，市场培育，售后技术服务，营销策划，企业现代化管理等手段进一步提高。经过整合，企业的知名度随着产品市场占有率的不断扩大得到了社会和广大用户认可。

（七）全省生物产品的开发步伐加快。高活性蛋白饲料、“苹果粕”生物活性饲料、益生素、脲酶抑制剂等反刍动物产品已见端倪，辐射面不断扩大，为广大城乡居民吃上“放心肉”，喝上“放心奶”提供了保证。

**【主要工作】** 表现在以下几个方面：

1.理顺关系，搞好协调，促进职能转变。为理顺饲料执法中的省级有关部门之间的关系，陕西饲料工业办公室多次与省质量技术监督局、工商局等部门主动联系，分工负责。由饲料办负责起草，省农业厅、省质量技术监督局、省工商行政管理局联合下发了《关于进一步加强饲料和饲料添加剂管理工作的通知》，明确规定了饲料和饲料添加剂产品质量监督检查、行政处罚、质量检验等饲料管理工作的具体分工操作。明确了执法主体，杜绝了饲料生产、经营过程中乱执法、乱处罚行为，为全省饲料行业的可持续发展创造了良好的外部环境。与此同时，积极协助地市政府抓了饲料工业机构建设。组成强有力的班子深入到汉中市，督促协调，促成汉中市政府成立了市饲料工业办公室。同时还促成了咸阳市和榆林市成立了饲料监测所（站）。目前全省10个地级市中，已有9个成立了饲料监测机构，有力地推进了饲料监测网络和饲料产品质量监测工作的深入开展。

2.加强政策扶持引导，为饲料企业营造良好的发展环境。首先，积极做好饲料产品免征增值税工作。协助省国家税务局制定了《陕西省国家税务局饲料生产企业增值税管理办法》。在免税过程中为了减轻企业负担，落实好扶持政策，同省国家税务局联合下发了《关于做好饲料产品免征增值税工作的通知》，确保了全省饲料产品免征增值税工作的顺利开展，仅此一项可为企业提供300多万元的发展资金。其次，抓住西部开发机遇，省地方税务局和省农业厅联合制定下发了《关于陕西省饲料行业实施国务院西部大开发政策中有关企业所得税减征问题的通知》，对设在西部地区国家鼓励类产业的饲料行业内资企业，2001—2010年期间，减按15%的税率征收企业所得税，有力地减轻了企业负担，吸引了其他行业和外省企业相继来陕投资兴办饲料企业。

3．积极开展执法检查，净化饲料生产营销市场，确保饲料安全。一是把监督管理关口前移，在全省颁布实施了《陕西省饲料生产企业资格审查办法》，目前全省共有265家饲料生产企业获得了《陕西省饲料生产企业资格审查合格证》。获证企业，进一步完善生产工艺和检化验设备，改善了厂区环境和生产经营条件，为生产安全饲料产品提供了可靠保证。此外，结合陕西实际，制定了《陕西省饲料经营企业资格审查办法》，将于2003年在全省饲料经营企业实施。同时完成了对85家企业95个生产许可证的年检工作，加强了生产许可证的有序管理。二是开展饲料专项检查，净化饲料市场。先后组织开展了5次饲料生产企业、饲料经销门市部和使用环节的专项检查，重点查处非法生产、经营和使用盐酸克伦特罗（瘦肉精）及违禁添加物等行为。三是对"饲料/水"中药物监控不合格企业进行了整改。根据农业部要求，两次共对47家企业的65个不合格产品进行了整改。3次向社会公布了饲料中禁止添加违禁药物、违禁动物性原料产品目录。同时公布了监督电话，增强了社会监督透明度。四是组织饲料安全倡议活动。对2001年度在饲料安全工作中成绩突出的18家企业进行了表彰，2002年6月，又在全省饲料行业发出了安全倡议，确保饲料安全。五是与农业系统"创佳评差"活动相结合，在全省饲料行业开展了"创佳评差"活动，制定了《陕西省饲料工业行业创建文明饲料办、文明饲料监测站（所）、十佳饲料企业、饲料执法标兵实施办法》。六是加强行业法规培训，提高行业自律自觉性。5月份举办了全省饲料工业行业管理培训班，参会代表160多人。

4．积极贯彻科教兴国和可持续发展两大战略，不断提高陕西饲料工业科技含量。一是进一步加快ISO9000族标准在陕西的推广、认证和实施，目前有8个企业拟开展认证工作。同时开展了企业产品标准和标签审定工作。全省共开发新产品189个，审批企业产品标准347个，核发标签认可号392个。二是对饲料检验化验员初级工、饲料厂中心控制室操作工中级工、饲料加工设备维修工初级工各开展了1次职业技能培训和鉴定。三是在全省先后举办了5期饲料工业行业培训班，培训人员达800多人次。四是组团参加全国第七届饲料添加剂产品展览会和第九届中国杨凌农业高新科技成果博览会。五是加快科技名牌战略发展，促进饲料产业可持续发展。全省有5个企业被授予全国饲料行业百强企业荣誉称号。三个企业被推荐为国家重点龙头企业，4个单位和个人分别获全国饲料科技进步先进单位和先进工作者。

5．抓好行业宣传和信息服务工作。全年出刊发行《陕西饲料报》24期，近40万份，走访企业和采访企业厂长（经理）110多次，策划企业专版和广告版80多个。其次，正式启动了陕西饲料工业信息网。三是组织编辑出版了《陕西省饲料工业行业名录》。收录了全省饲料行业及相关行业企事业单位近500家，编辑了饲料行业国家有关的法律、法规、规章（文件）等29个。

（陕西省饲料工业办公室）

## 甘肃省饲料工业

**【发展概况】** 甘肃省拥有饲料生产企业219家，饲料经销企业800多家。随着国家加快发展畜牧业战略的实施及规模养殖的蓬勃发展，甘肃省饲料业的市场容量进一步扩大。饲料产销量稳步增长，饲料价格基本稳定，略有上涨，市场需求有所扩大，随着畜牧养殖业总体的稳步回升，呈现出了产销两旺的势头。今年年初以来，玉米价格回升在0.96元/kg，豆粕、鱼粉等原料价格攀升幅度不大，平均比去年同期上涨7个百分点，各类配合饲料价格基本稳定，猪、蛋鸡、肉鸡配合饲料价格分别为1.40元/kg、1.44元/kg、1.37元/kg。饲料生产在2001年一度增长的情况下，进一步增长，产量可达110万t。工业化饲料比例不断上升，牛羊料市场前景看好，从占总量的2%的基础上，提高到5%，将成为饲料生产的一个新的增长点。

**【主要工作】** 2002年主要抓了以下几点工作：

1．实施饲料安全工程，开展饲料监督检测，对饲料市场进行了规范整顿。饲料安全不仅直接影响养殖业的健康发展和养殖产品的质量，而且也影响人民身体健康和环境质量，已成为饲料行业发展和食品安全的新课题。春节前，为了防止含有"瘦肉精"等违禁药物的猪肉上市，根据省农牧厅的部署安排，配合有关处室，对兰州市的屠宰厂及市场上的肉产品进行了突击性检查。

根据农业部关于2002年饲料和饲料添加剂监督检测的总体安排，结合甘肃省的实际情况，制定了具体实施方案。甘肃省全年饲料安全监测任务为：分3阶段监测生产、经营和使用企业的各类饲料和"饲料/水"样品1 448批次。第一阶段从3月2日开始到5月30日结束。抽查监测了188家饲料生产、经营、使用企业共577批样品，并将检测结果以农牧厅的名义进行了通报。第二阶段从6月初开始，9月底结束，315批次样品的抽查检测工作已全部完成。第三阶段从10月初开始，590批次样品的抽检工作已在第四季度开展，按计划将于2003第一季度完成。

对饲料生产、经营、使用（养殖场）企业的抽检、分析，基本摸清了甘肃省饲料行业存在的主要问题，一是配合饲料和浓缩饲料营养成分不足，其中以粗蛋白质含量不足尤为突出；二是个别单项卫生指标不符合规定，尤其是动物性饲料（骨粉、肉骨粉）产品质量差；三是个别经销企业和养殖场非法销售和使用含有违禁药物的饲料。其中在2家饲料使用企业（养殖场户）中监测出4批样品含有违禁药物安定，在1家经营企业（经销部）经营的添加剂中检出盐酸克伦特罗（瘦肉精）。

从监督检测的结果看，甘肃省饲料行业在质量方面还存在较多问题，尤其经营环节问题较为严重。我们在梳理问题的基础上，本着边检测、边整改的原则，按照问题的轻重缓急和地域分布特点，以泾川、靖远、临洮县为试点，在当地政府的支持下，组织农牧行政主管部门，会同工商、公安等部门，联合进行了规范治理，并将查处情况转发各地，供各地就同类情况参照查处。针对第二批抽检在经营环节检测出1例盐酸克伦特罗（瘦肉精），及时以农牧厅名义下发了明传电报，要求各地县紧急查处含有盐酸克伦特罗（瘦肉精）的该类产品。以农牧厅名义对2002年上半年全省饲料和饲料添加剂质量监督检测结果进行了通报，对查处工作进行了部署，提出了指导性的分类处理意见。

2. 全省秸杆养畜示范工程项目进展良好。甘肃省正在实施中的秸秆养畜示范县工程项目有临夏、镇原、平凉、广河、高台、徽县、泾川。在省、地、县各级有关部门领导的关心下，在各级业务部门的组织下，多数项目进展良好。个别项目由于配套资金到位迟缓，进度较慢。临夏县项目已于2002年通过省级验收，目前正准备接受农业部验收。镇原县和平凉市国家级秸秆养畜示范工程项目是农业部1999年下达的，经过3年实施，到目前基本完成各项建设任务。平凉市两年多时间里，在16个项目实施乡（镇）的82个村，建成青贮氨化池与塑料膜暖棚圈舍相配套示范户2 169户，辐射带动1 030户，新建青贮氨化窖池4 338座，69 430m$^3$，暖棚牛舍4 530间，81 757m$^2$，建黄牛改良点16个，购置了人工授精仪器、液氮罐，投放铡草机械109台，共创造直接经济效益1 114.6万元；镇原县项目区新建青贮安花窖池5 800个，2.32万m$^3$，占计划的96%，改建羊舍160m$^2$，饲料加工调制、人工授精、兽医防治室210m$^2$，购置铡草机60台，占计划的120%，购进种公羊126头，占计划的113.2%，全县羊存栏28.6万只，占计划的102%，出栏13.6万只。目前，两县市已开始准备验收材料，接受检查。其他项目由于下达时间较晚，均积极落实资金开展前期工作。

**【存在的问题】** 一是饲料安全形势不容乐观。从今年3次饲料监测情况看，甘肃省饲料行业的生产企业质量安全情况尚好，但其他方面的不合格产品（商品）的比例均较大，尤其是经营企业问题突出，需加大监管力度。二是《饲料和饲料添加剂管理条例》等有关法规还未得到广泛宣传贯彻。尤其是对饲料的经营者、使用者需加大宣传力度，使其进一步强化法制观念，依法经营。

（甘肃省饲料工业办公室）

## 青海省饲料工业

**【发展概况】** 青海省饲料工业始建于20世纪70年代，经过20多年的发展，基本形成了饲料加工、饲料原料、饲料添加剂生产，饲料科研、人员培训及饲料监察组成的饲料工业体系。但从全国来看青海省发展水平相对滞后，生产企业少，加工能力低，年单班生产能力仅为14.03万t。2002年生产各类饲料近10万t，其中配合饲料3.24万t，饲料原料3.62万t，肉骨粉0.482t，饲料添加剂0.532t。实现工业总产值1.13亿元。

**【行业发展特点】** 2002年青海省饲料工业发展的主要特点：

1. 饲料产品结构有序的进行调整。随着近年来发展较快的“西繁东育工程”和“青南牧区越冬饲料储备项目”的实施，牛羊育肥饲料需求旺盛。与2001年相比，配合饲料中适销对路的牛羊配合饲料上升了27.7%，奶牛饲料上升了5.8%，猪、禽料则分别下降22.8%和8.0%，产品供求平衡，结构进一步趋于合理。

2. 产品质量稳步提高。配合饲料的合格率为91.2%，饲料生产、经营和养殖企业的饲料产品中未检出盐酸克伦特罗等违禁药品，饲料产品比较安全卫生。

3. 信誉好质量稳定的大型企业的饲料产品入户率逐步提高，小型饲料加工厂（车间）的低档混合饲料市场萎缩。

**【组织机构】** 省饲料工作办公室隶属于新组建的省农牧厅，编制2人，属行政编制，经费由财政拨款，现与草原处合署办公。

**【主要工作】** 2002年主要抓了以下几方面工作：

1. 认真做好全省饲料统检工作。根据农业部部局和全国饲料办的文件精神，制定了“2002年度全省饲料产品质量安全监督检测工作实施方案”，组织省饲料兽药监察所等单位，对青海省辖区内的59家饲料和饲料添加剂生产、经营和使用单位的152批次饲料产品分3个阶段进行了监督、抽检，经检测合格企业44家，占抽检数的73.7%，检测合格饲料产品82批次，占抽检数的89.1%。同时抽检的部分饲料/水送国家部级检测中均未检出安定类、乙烯雌酚、盐酸克伦特罗等国家公布的违禁药品。

2. 加强饲料及畜产品中违禁药品整治工作。按照农业部的有关文件精神，及时下发了文件，组织协调各级农牧部门认真检查，重点检查饲料生产、经营企业，兽药经销点和畜禽养殖场，查处没收了一批无生产许可证、无批准文号的饲料添加剂和部分国家明令禁止的兽药品，从源头上清除青海省非法销售和使用“瘦肉精”等违禁药品的危害，规范了市场的经营秩序。

3. 抓好项目实施，确保畜牧业生产。青海省果洛、玉树两州9县30乡的自然环境恶劣，是灾害多发区，省委、省政府确定的青南牧区牲畜越冬饲料贮备项目实施过程中，认真编制项目实施方案，具体安排部署工作任务，组织开展饲料调运工作，2002年度贮备牛羊颗粒配合饲料17 690t，完成计划任务的

101.2%，为该地区牲畜的安全越冬，促进畜牧业发展打下了良好的基础。

4. 继续做好饲料企业免征增值税审查工作。根据国家有关政策，严格执行免征增值税饲料产品的范围和质量要求，对申请免征增值税的企业，经省级饲料检测部门抽样检验合格后，方可享受优惠政策。

5. 认真做好饲料统计工作。全国饲料工作办公室下发新的《全国饲料统计综合统计报表制度》后，积极组织辖区内州（地）、县农牧管理部门和饲料重点跟踪企业的统计人员进行《饲料工业统计信息系统软件》培训，提高饲料统计工作效率和报表准确性，规范了饲料报表程序，强化了饲料生产的基础管理工作。

**【存在的问题】** 2002年青海饲料工业存在的主要问题：

1. 饲料的行业管理和执法机构亟待加强。由于目前仅设立了省级饲料工作办公室，州（地）、县两级农牧主管部门对饲料行业管理职能还不明确，也没有相当的监督管理机构，致使省、州（地）、县无法形成合力，影响了饲料生产、经营市场的监管。

2. 饲料生产规模小，产品档次低。全省仅有几家大、中型饲料加工企业能够生产全价配合饲料，大部分小型企业设备简陋，只能生产混合饲料，产品质量不稳定，经济效益差。

3. 养殖户科学养殖水平不高，缺乏正规的养殖和畜产品龙头企业，使养殖户对营养全面的全价配合饲料认识不足，优质饲料入户率偏低。

（青海省饲料工业办公室）

## 宁夏回族自治区饲料工业

**【基本概况】** 2002年宁夏饲料工业，经过全行业的努力，饲料产量和质量都有较大幅度的提高。截止年底，全区共生产饲料产品45.18万t，其中配合饲料40.19万t，浓缩饲料4.2万t，添加剂预混合饲料0.84万t。年双班生产能力76万t。配合饲料比例中，猪料占2.65%，蛋禽料占16.7%，肉禽料占14.6%，水产料占17.4%，反刍料占39.2%，实现工业总产值10.92亿元。饲料业的发展，有力地促进了养殖业的发展，2002年，全区肉类总产量达到22.8万t，禽蛋产量9.5万t，奶类产量31万t，水产品产量4.8万t。秸秆处理量达到85万t，其中青贮60万t（全株玉米青贮12万t），氨化饲料8万t，微贮、酶贮饲料17万t，秸秆处理利用率达到27%。

全区共有各类饲料加工厂258个，其中时产5t饲料加工企业11个，浓缩饲料企业4个，5t以下（含1t）饲料企业228个，已获得饲料添加剂生产许可证企业4家，添加剂预混合饲料企业14家。

**【饲料业呈现特点】** 2002年宁夏回族自治区饲料工业发展的主要特点：

1. 产品产量增加。2002年，自治区配合饲料产量同比增长38.6%，配合饲料产品中反刍料产量增加显著。2002年，为了加快自治区生态建设，自治区政府下达封山禁牧，实行休牧育草的生态治理举措，使自治区养羊模式由过去传统饲养向舍饲转变，尤其南部山区种草养畜，可以减少自然灾害损失，有利于农民脱贫致富。并制定各项优惠政策，强化各种有效措施，有利地推动了自治区畜牧养殖业的发展。启动实施了“十万贫困户养羊工程”和全区奶牛品种改良计划，使自治区规范养殖户在原来基础上又发展了4.2万户，畜牧养殖业的发展，拉动了饲料业的发展，产量明显增加。

2. 新技术推广、新产品开发，产品质量意识加强。根据《宁夏肉羊优势区域规划》、《宁夏奶牛优势区域规划》以及《无公害食品的渔用配合饲料安全限量》，自治区在奶牛重点地区推广了奶牛预混料、浓缩料及精料补充料，以及奶牛全混合日粮饲喂技术TMR，使口粮各种营养成分发挥很好互动效果，降低了饲养成本。开发了羔羊代乳料，在全区各羊场推广实行，取得了良好效果；水产饲料严格按照“农田到餐桌”全过程质量监督，产品生产环境和质量安全状况明显改善。自治区酶制剂、微生态饲料市场供不应求。

3. 饲料资源丰富。宁夏是全国十大牧区之一，农区有300万～350万t农作物秸秆可供利用，山区有320万公倾草地资源，退耕还林还草、人工种草可产干草1 000万t，随着地方特色经济的发展，种植业结构由粮经“二元结构”向粮经饲“三元结构”的转变，饲草饲料种植面积的增加，以草兴牧、以牧带饲，进一步促进自治区饲料工业的发展。

**【组织机构】** 根据宁夏自治区机构改革要求，2002年，由自治区畜牧局划归自治区农牧厅管理，定员编制：5人，负责全区饲料工作管理。

**【主要工作】** 有以下几个方面：

1. 宣传贯彻《条例》，加强法制建设。新修订的《条例》，是我国饲料行业管理的基本法规。自治区饲料工业办公室印制了《条例》挂幅，下发到各企业，利用各种媒体、企业办培训班等形式，进行宣传贯彻，使广大饲料生产、养殖企业重视饲料安全，提高产品质量意识；宁夏饲料办会同有关部门，立法调研，依据《条例》制定了《宁夏饲料和饲料添加剂管理办法》，并于2002年7月24日由自治区人民政府49号令颁布实施。还协调有关部门，起草了《关于进一步加强饲料、饲料添加剂管理工作的通知》，拟以农业、工商、质检3部门联合下发。为把好饲料生产企业准入关，加强饲料生产企业的管理，确保动物和人体健康，促进全区畜牧业快速、健康发展，自治区农牧厅根据《宁夏自治区饲料和饲料添加剂管理办法》有关规定，制定了《宁夏自治区饲料准予生产证暂行管理办法》，于2002年11月批准实施。《条例》的颁布，地方性法规《办法》出台，以及配套相关法律、法规、制度的建立，使自治区饲料管理步入法制化轨道，企业生产、营销有法可依、有章可循。

2. 开展饲料质量监督检查工作。2002年，国家下达自治区统抽检任务1 250个批次，为确保工作任务完成，宁夏饲料办制定了饲料和饲料添加剂质量监督实施细则，从2月份至4月中旬，分3批进行抽检，抽检结果显示，大中型饲料企业产品质量继续保持稳定，本次抽检8家大中型企业，产品合格率为100%，一批乡镇企业发展速度快，产品质量不断提高。抽检不合格企业中，小型企业占多数，对不合格企业，要求限期整改，对违规企业责令停业整顿，不准销售。有效地净化了自治区饲料市场，提高了产品质量。

3. 开展饲料市场“打假”整治。按照农业部要求，参加了由自治区农牧厅组织的开展对全区生资市场“打假”整治活动。严厉查处和打击了饲料生产、经营中使用违禁药物、违规的不法行为，对300余家生产、经营及养殖部门饲料产品进行监督检查，发现24个品种，2 000余件饲料不符合规范要求，对此进行了查处，并摧毁1个制假窝点，规范整顿了全区饲料生产经营秩序，维护了养殖企业的合法权益，为建立饲料安全工作体系做出了贡献。

4. 实施农牧渔业“丰收计划”项目。2002年，开展了农牧渔业“丰收计划”项目《猪用复合添加剂预混合饲料研究应用技术》，项目组科技人员与自治区26个养殖企业（场），密切配合，进行饲喂实验，以科技推广为龙头，以企业增效、农民创收为目标，进一步促进了自治区养殖业生产水平和经济效益明显提高。

5. 开展了职业培训鉴定工作。连续2年，自治区举办了2期技能职业鉴定培训班，2002年12月19～31日，职业技能鉴定培训班共培训中级人员49人，其中：检化验工21人，中控工4人，饲料粉碎、制粒工9人，设备维修5人，培训人员合格率98%。提高了从业人员的整体素质，树立了职业道德观。

6. 开展企业标准化管理工作。2002年，自治区先后对12个生产企业产品标准按照国家标准进行了审定备案，对9个申请添加剂预混合饲料生产企业许可证的企业进行考核审定和申报工作，对13个申请配合饲料和饲料原料生产证的企业进行了条件审定和发证工作，对74家生产、经销企业进行了资格审查和注册登记。通过企业标准的审定，使企业树立了质量、标准化意识，促进了自治区饲料标准化建设。

7. 举办西北五省（区）饲料新技术研讨会。为促进西部地区饲料工业和养殖业的发展，提高自治区饲料工业科技水平，我们邀请了国内知名专家，学者来宁讲学、做学术报告。2002年8月份，自治区与美国大豆协会联合举办了西北五省（区）饲料新技术研讨会、《水产养殖专题技术讲座》，参加研讨会人员60人次，各企业厂长、经理、技术人员参加，此次研讨会，对国内外饲料业发展态势，前沿技术及水产养殖生产技术进行交流，进一步促进自治区饲料工业及养殖业的快速发展。

8. 开展了行业评选活动。2002年11月份，参加全国饲料行业科技进步交流会，自治区5家生产企业、三名个人被评为先进，受到了表彰。此次活动开展，树立了企业形象，表彰了行业先进，为全区饲料行业创名牌产品、行业更好地服务于社会奠定了基础。

**【存在问题】** （1）小规模企业较多，加工能力不足，部分小企业生产时产时停，产量不稳定，质量也难以保证，更无力参与竞争，总体效益不高。（2）饲料添加剂产品品种少，企业技术力量薄弱，设备老化需要更新，缺乏资金。（3）机构建设仍在理顺中，行业管理还需更进一步加强。现有的机构，工作管理缺乏力度，形不成合力。（4）大部分企业信息工作投入少，未建立信息网络，管理部门宏观调控困难。（5）饲料市场，仍有不规范经营状况存在，需长期不懈地去管理、整顿，净化饲料市场。

（宁夏回族自治区饲料工业办公室）

## 新疆维吾尔自治区饲料工业

**【发展概况】** 截至2002年底，新疆有各类饲料企业319家。其中单一饼粕类的生产企业161家，饲料加工生产企业158家（每小时生产能力达514t）。企业按生产产品的类型分（有重复计算）：配合饲料企业119家，浓缩饲料企业40家（兼产），添加剂预混合饲料企业26家，饲料添加剂企业14家（其中一企兼产）。按企业登记注册类型分：国有企业46家，集体企业62家，股份合作22家，股份有限公司12家，各种私营企业101家，中外合作合资企业3家，其他有限责任公司85家。

2002年全区生产各类饲料114.97万t，比上年增加6.57万t，增长6.07%。其中：配合饲料104.6万t，浓缩饲料9.58万t，添加剂预混合饲料0.89万t，分别比上年增长12.59%、62.33%和15.58%。各类饲料中商品饲料占58.98%为67.37万t，较上年增加18.6万t，增长38.14%。配合饲料中，猪料占12.98%，蛋禽料占23.37%，肉禽料占35.70%，鱼料占10.93%，反刍料占6.88%，其他料占10.14%。浓缩饲料中，猪料占38.37%，蛋禽料占37.31%，肉禽料占20.28%，鱼料占2.41%，反刍料占1.48%，其他料占0.15%。预混合饲料中，猪料占24.46%，蛋禽料占21.88%，肉禽料占15.97%，鱼料占8.22%，反刍料占17.98%，其他料占11.49%。添加剂生产企业生产饲料级碳酸钙14 010t，微贮活杆菌0.4t，维生素C 2t，骨粉、肉骨粉约3 000t。全区生产种类饼粕722 826t，其中：豆粕42 234t，棉籽粕375 467t，菜籽粕256 243t，其他饼粕48 882t。

2002年全区饲料工业总产值21.08亿元。年末职工人数为5 293人，其中：博士13人，硕士33人，大学本科生404人，大专生546人，其他4 138人。饲料特有工种职业技能岗位人员399人，其中饲料厂化验员151人，维修工132人，中央控制室操作工116人。

【生产特点】 主要表现在以下几个方面：

1. 大型企业扩大生产规模。2002年新疆饲料工业生产规模又有了一个新的发展，在伊犁州、喀什地区饲料生产加工能力增长较快，大企业纷纷扩大生产规模，建立分厂。从2002年下半年开始有正大集团、天康集团、泰昆集团、昌鼎公司分别在伊犁和喀什建立了万吨以上的饲料厂，使新疆饲料工业体系进一步完善。

2. 产品结构趋于合理。从饲料产品结构看，配合饲料、浓缩饲料、添加剂预混合饲料全面增长，浓缩饲料增长较大，产品结构趋于合理。各饲料企业加大了新产品开发力度，牛羊精料补充料成为新产品开发的重点。甜菜粕、糖蜜、西红柿渣、葡萄渣等过去没有进入工业化饲料的原料，已成功地运用于工业化配合饲料生产中。牛羊复合营养舔块，全混合膨化饲料等产品相继开发成功；长时间悬浮水产饲料新产品开发也获成功。

3. 产品质量有所提高。由于饲料电脑配方技术进一步普及，饲料产品质量有所提高。过去只在部分大型饲料企业使用饲料电脑配方技术，2002年各中小型预混饲料企业和中小型饲料企业普遍采用了该项技术。预混料企业采用率已达100%，小型饲料企业达70%。配合饲料入户率稳步提高，2002年在伊犁青年农场等地的调查，禽蛋养殖户普遍采用了配合饲料，伊宁、霍城等地商品化育肥牛也基本采用了精料补充料。昌吉、石河子一线奶牛饲养户也较多地采用了配合饲料技术，配合饲料入户率目前已达35%以上。饲料品质有了较大的提高。

正大、天康、泰昆、希望等企业普遍开始在部分饲料产品中运用无公害饲料标准，泰昆集团还在玛纳斯、吉木萨尔、奇台等地建立了饲料—养殖无公害肉禽产品示范基地。

从各种饲料产品质量监督检验情况看，饲料产品的合格率较高。

2002完成了全国统检任务，全年共完成抽样1 437个批次，其中配合饲料、浓缩饲料414个批次，添加剂、预混合饲料280个批次、动物源性饲料107个批次，养殖户抽样665个。抽检样品中：由农业部部级检测中心进行违禁药品添加专项检测的665个批次基本符合国家规定；由自治区兽药饲料检察所监测的800个样品中，合格产品770个批次，不合格产品30个批次，合格率为96.3%。

2002年完成各类饲料产品检验1 115个批次，其中企业申请饲料添加剂、添加剂预混合饲料文号的报批检验51个批次，合格48个；免税检验216个批次，合格161个，不合格48个，待检7个批次；委托检验298个批次，合格103个，其余为单项含量检测；定期监督检验54个批次，全部合格；盐酸克伦特罗专项检验550个批次，未检出。

【组织机构】 新疆2001年政府机构改革确定畜牧部门负责全疆饲料和饲料添加剂管理工作，具体业务由自治区饲料工业领导小组办公室（简称新疆饲料办）负责，饲料工业办为依照公务员管理的事业单位，具有行政执法管理职能，定编5人，领导职数2人。

长期以来，自治区饲料行业仅有自治区一级饲料管理机构，区以下的管理机构一直没有建立，2002年以来我们积极推动地州级饲料管理机构的建立，目前，全疆13个地州市，已有11个地州市相继成立了饲料管理机构并有专人负责，使新疆饲料行业管理工作步入正轨。

【主要工作】 2002年主要抓了以下工作：

1. 强化对饲料行业行政执法管理人员的培训。饲料行业行政执法管理工作对地(州)县(市)畜牧部门的同志来说比较生疏，大多数同志不太熟悉饲料工业的管理，根据上年培训班情况和有关地州的执法情况反馈，于2002年4月举办了为期3天的全区饲料行政执法管理人员的培训班，对全疆畜牧部门的饲料行政执法人员进行了集中培训，包括行政执法培训和饲料管理业务培训两部分。培训邀请了自治区法制局的领导和新疆农业大学的教授讲课，并对饲料执法情况进行了交流，参加培训的同志普遍感到收获很大。

2. 大力宣传饲料法规规章。饲料安全生产是人们关注的热点问题，近几年来农业部连续对饲料用药、动物性饲料以及质量管理发公告、规章、文件进行规范，根据国家规章和新疆饲料行业管理情况，编制了新疆维吾尔族自治区《饲料政策法规汇编》，其中系统地收录了国家、自治区发布的相关法规、规章43篇，使之成为了各级饲料管理部门、饲料行政执法部门及饲料生产经营企业必备的资料。

3. 饲料产品质量安全监督监测工作。2002年开展全疆“瘦肉精”的专项整治工作，投入人员200多人次，抽取样品300多个，对样品进行了全部的检测。对其中20个怀疑添有盐酸克伦特罗的饲料产品送农业部国家质检中心进行复合检验。从农业部复合检验情况看，新疆饲料企业基本上能够遵守国家有关添加剂和药物添加剂的规定。

为保证饲料产品质量安全，促进养殖业生产，保障人民身体健康，农业部决定2002年在全国范围内全面开展饲料产品质量安全监督管理工作，并就此先后下发了《关于2002年度饲料产品质量安全监督检测工作有关事项的通知》和《关于印发2002年度全国饲料和饲料添加剂质量管理监督检测实施细则的通知》等文件，对各省区的饲料安全监督检测工作进行了具体详尽的安排，新疆承担1 000批次的安全监督检测任务。为完成农业部下达的计划任务，3月专门召开伊犁，喀什，昌吉等主要地州畜牧饲料管理部门的同志参加会议，制定了具体的工作方案，安排部署了配合饲料、浓缩饲料、预混合饲料、肉骨粉和水/饲料1 300个批次的执法检查和抽样工作，按部署此项工作已基本完成。

4. 做好培训工作。2002年3月新疆饲料办专门召集了全疆饲料添加剂和添加剂预混合饲料企业进行了培训，重点是向企业讲解饲料安全和药物饲料添加剂的使用规范。培训邀请了国际药物生产知名企业——英特威公司张珂卿博士讲解了欧盟饲料安全法规及添加剂和药物添加剂的使用规定。新疆饲料办选择4地（县）推广利用电脑科学合理配制饲料技术培训班，加快了秸秆养畜的科技含量。

5. 加强饲料行业管理。根据全国饲料办要求和新疆行业管理的情况，新疆饲料办下达了《关于加强饲料行业管理的通知》，强调了《允许使用的饲料添加剂目录》和《饲料药物添加剂使用范围》的要求，对生产许可证、设立条件和批准、登记文号及产品标准备案做了时间限制。并要求各地州尽快完成经营企业设立条件审查工作。

2002年新疆有16个饲料添加剂和添加剂预混料企业取得了生产许可证，办理和增加的批准文号35个。办理和重新办理饲料产品免税审核的企业102个。根据自治区有关规定，配合饲料、浓缩饲料、精料补充料生产企业设立条件通过审查38家，核发饲料产品登记文号475个。组织专家审查了38家饲料企业的87个产品标准，已完成备案的有66个产品标准。

6. 加强饲料行业特有工种职业技能培训鉴定工作。新疆饲料行业特有工种职业技能鉴定农业220站，于2002年12月16～22日对饲料检验化验员、饲料厂中央控制室操作工、饲料加工设备维修工3个工种进行中级等级《职业资格证书》的考核与鉴定。3个班中共有88人次参加，有77人成绩合格，取得中级等级资格证书。其中，饲料检验化验员33人，饲料机械维修工26人，饲料厂中央控制室操作工18人。主要作法一是加大宣传力度，做好报名的组织工作；二是明确考核条件与考核对象；三是加强对考务人员的培训，做好考核鉴定工作；四是严格考试程序，公正考核。

（新疆维吾尔自治区饲料工业办公室）

## 大连市饲料工业

**【发展概况】** 至2002年底，大连已有饲料添加剂和饲料生产企业82家，其中饲料添加剂生产企业4家、添加剂预混合饲料生产企业12家、浓缩饲料生产企业36家、配合饲料生产企业12家、单一饲料生产企业18家。饲料添加剂和饲料总产量为44.4万t、总产值为9.2亿元，其中饲料添加剂产量为37t、添加剂预混合饲料产量为12 349t、浓缩饲料产量为54 816t、配合饲料产量为353 559t、单一饲料产量为23 200t。经过几年的发展，大连从最初只能生产简单的配合饲料，发展到现在已能生产饲料添加剂和添加剂预混合饲料、浓缩饲料等畜禽、水产动物、特种动物所需的各类饲料。大连市饲料工业经过不断深化企业改革，推进技术进步，调整产业和产品结构，初步形成了以饲料加工业为主体，饲料原料工业、添加剂预混料工业、饲料质量监督检测协调发展的饲料工业体系，饲料工业整体素质全面提高，总体实力显著增强，2002年生产企业猛增到82家，生产能力大幅提高，饲料产量和产值均有新的突破。在国民经济发展中，特别是在促进畜牧业发展方面的作用日益突出。

**【组织机构】** 大连市政府对饲料工业的发展十分重视，在2001年机构改革中，将饲料管理职能由市计划委员会划归到市农村经济发展局，并成立了大连市饲料工作办公室，编制5人。7个涉农区市县也成立了饲料工作办公室，均设在农村经济发展局。

**【主要工作】** 一是全面贯彻法规，规范行业管理。2002年大连市饲料工作办公室组织区（市）县饲料管理部门和生产企业认真学习和贯彻《饲料和饲料添加剂管理条例》、《饲料添加剂和添加剂预混合饲料生产许可证管理办法》、《饲料添加剂和添加剂预混合饲料产品批准文号管理办法》、《进口饲料和饲料添加剂登记管理办法》等法规规章，增强了行业人员的法律意识，提高了行业管理能力和生产经营水平。二是调整产品结构。在贯彻国办发《〈关于促进饲料业持续健康发展若干意见〉的通知》的过程中，大连市委市政府对大连市饲料业的发展高度重视，市委书记在《关于扶强做大大连市饲料产业的建议》中做了重要批示。大连市的饲料产品结构调整的思路是开辟饲料添加剂生产、稳定配合饲料、大力发展浓缩饲料和添加剂预混合饲料。饲料添加剂生产企业从无到有，发展到4家；配合饲料产量2000年为33万t、2002年为35万t，增长6%；浓缩饲料产量2000年为2.4万t、2002年为5.5万t，增长了129%；添加剂预混料产量2000年为7 842t、2002年为12 349t，增长了57%。经过调整后，高附加值饲料产量大增，产品结构逐步趋向合理。三是完善经营机制。在计划经济条件下，大连市的饲料行业是以国有粮食系统兴办的大型加工企业为主，靠国家政策补贴过日子，随着改革开放的深入，经济的转型，市场竞争的日趋激烈，部分国有企业由于管理不善，缺乏应变能力，严重亏损而倒闭。大连市按照“抓大放小”的原则，通过企业间的联合、兼并、重组与合作等方式不断完善经营机制，实现产业结构优化升级，一批以合资、独资、民营等多种经济成分构成的饲料企业诞生，并不断发展壮大。1991年国有、集体企业占全部饲料企业的35%，2000年，合资、独资和民营企业占80%，2002年，合资、独资和民营企业占94%，并有秸宝、牧康生物等一批高新技术企业崛起，这些企业的建立，不仅推动了大连市饲料工业的快速发展，而且成为全市饲料工业的一支生力军。四是加强行业管理，全面提高饲料产品质量。在日益激烈竞争的市场环境下，大连市饲料管理部门十分重视饲料产品质量的提高，按照《饲料和饲料添加剂管理条例》等法规政策要求，一方面积极引导、鼓励企业运用高新技术和先进设备发展生产，开发新型优质饲料，健全质量保证体系，依标生产，争创大连饲料名牌。另一方面加大对饲料行业的监督管理和产品质量监督抽检力度，严厉打击生产、经营和使用假劣饲料和在饲料中添加违禁药品等违法行为。使企业经营管理不断完善，各项制度逐步健全，产品质量逐渐提高。

**【存在的问题】** 由于大连市饲料工业起步晚、基础差、底子薄，部分企业规模小、科技含量低，缺乏市场竞争力；产品结构仍不尽合理，饲料添加剂工业处于起步阶段，饲料加工机械生产还是空白；在管理方面，地方规章和标准体系还不健全，企业的检验设施还不完善，市场秩序还需进一步规范；对饲料工业的投入不足，缺乏设备更新和技术创新能力。

（大连市饲料工业办公室）

## 青岛市饲料工业

**【基本情况】** 2002年，青岛市饲料工业行业在一靠政策扶持、二靠科技创新、三靠资金投入、四靠结构调整、五靠强化管理的基础上，得到了持续快速发展。目前，全市已形成了饲料原料工业、饲料加工工业、饲料添加剂工业、饲料机械工业以及饲料科研、推广、教育培训、监督检测、信息等完整的饲料工业体系。

**【行业特点】** 2002年全市饲料工业发展的主要特点是：产品总量不断增加，产品质量稳步提高，行业结构继续优化，行业实力进一步壮大，科技进步与创新迈出了新步伐，饲料安全保障进一步加强，市场清理整顿取得了明显成效，人员素质进一步提高，行业管理达到了新的水平。其具体表现有如下7个方面。

1. 产品总量不断增加，产品质量稳步提高。全年各类饲料生产总量突破100万t，达到104万t，实现产值26亿元，比去年同期增长10%以上，其中浓缩饲料、饲料添加剂预混合饲料、主要单一饲料原料、水产饲料，都有较大幅度的增长，尤其是鱼虾蟹鳖鲍鱼等水产配合饲料有了长足的发展。全年饲料抽检合格率达到95.6%。

2. 产业结构进一步优化。在保持原有传统产品的基础上，稳定畜牧饲料发展，加快水产饲料发展。畜牧饲料逐渐向优质高效安全型和质量品牌效益型转变，科技含量高、经济效益好、无公害、无污染的产品比重明显提高；水产饲料逐步由自配料和鲜活饵料转向高质量、工业化生产的配合饲料上来，部分产品开始出口。蛋白质饲料原料、饲料添加剂的产量和品种数量又有了新的发展。

3. 行业实力进一步壮大。又一批饲料生产企业，如海大同信、源发、环山、蜀富等20多家新企业在青岛建立。截止到年底，全市饲料生产企业突破了100家大关，达到105家，以六和、正大、九联、万福、康大、统一、新特瑞、海跃、金海力等为代表的一批大中型骨干企业，不断扩大规模，打造品牌，实行规模化、产业化经营，成为青岛市饲料工业发展的骨干力量。统一、万福通过与日本三井株式会社三家强强联合，成立三统万福产业集团，六和、九联、万福、康大已被国家命名为全国重点农业产业化龙头企业，六和被评为全国饲料百强企业。

4. 科技进步与创新进一步发展。一是以大型企业为龙头的科技进步和技术创新局面已基本形成，六和、正大、九联、康大、新特瑞等一批大中型企业已建立科技创新体系和实验基地。二是企业把立足点转移到依靠科技进步的轨道上来，海跃、业兴、海大同信、吉青达、亿路发等一批企业与驻青高校、科研院所有机结合，加大科技投入，使企业充满了生机与活力。三是科技成果转化的步伐明显加快。继长生中科、海跃、杰海等饲料公司，利用中国海大和中科院海洋所的科研成果发展起来的大中型高新技术企业之后，2002年又有金海力、思福德等企业借助高校、科研单位的科研成果投资建厂，并已正式投产运行。另有国风集团华阳制药有限公司开发的新饲料添加剂“高益素”项目，黄海所研究开发的新饲料添加剂“海洋生物酶”项目，正在中试和报批中，不久即将建成投产。四是获奖饲料科研成果和优质名牌产品逐步增加。截止2002年底，中国海大的“对虾营养及配合饲料研究”、中国水科院黄海所“大菱鲆鱼用饲料”等6家单位近20个产品获奖。2002年全国饲料行业科技进步大会上，青岛市有六和、中国海大、中国水科院黄海所、青岛海跃等4家单位及麦康森、吕明斌、孙谧、刘瑞盛4位同志，分别被评为先进集体和授予先进个人荣誉称号。市饲料工业协会先进事迹被选录入先进事迹汇编。

5. 饲料安全保障进一步加强。一是严把饲料生产企业审批关，按规定对新企业从业人员配备、厂房配套、生产工艺设备、检化验条件、管理制度和环境保护六个方面进行严格考核，不符合要求的，决不放进行业。二是协助企业建立健全标准化体系，严格制定和执行标准。全年为企业审核各种标准300多个，建立标准化体系20多个，完善标准化体系52个，修改饲料标签500多个。三是加强了监督检测，全年配合国家、省、部级饲料监测部门和结合免税检测工作共计到生产企业、经营企业和使用养殖单位抽检样品500余个，抽检合格率达到95.6%以上，其中抽检“瘦肉精”样品82个，均未检出“瘦肉精”，合格率100%；从养殖单位食槽和饮水器中抽检饲料和饮用水检测违禁药物样品30余个，抽检合格率100%。四是把提高劳动者素质做为保障饲料安全的关键环节。通过贯彻农业部“关于饲料工业特有工种实行就业准入持证上岗制度”的精神，做好青岛市饲料生产企业“一员二工”（饲料检验化验员、饲料厂中心控制室操作工、饲料加工设备维修工）的职业技能鉴定和培训工作。截止2002年底培训与鉴定饲料检验化验员97名，中控室操作工37名，饲料加工设备维修工67名，基本达到了国家规定要求。五是在全市饲料生产和经营企业实行饲料安全承诺制度，以签承诺书的形式要求企业严格按照《产品质量法》、《饲料条例》、《饲料标签》、《饲料卫生标准》等法律法规、标准组织饲料产品的生产和经营，坚决杜绝无标生产；不制假、不售假，绝对不在饲料产品中使用“瘦肉精”等违禁药物，实行企业自律，并举报损害饲料安全的各种违法行为。

6. 市场清理整顿取得明显成效。2002 年是青岛市“饲料市场秩序清理整顿年”。在整顿年活动中，各市、区共印发各种宣传材料 57 000 余份（册），横幅标语 300 余条，培训和咨询服务人数 6 000 余人，出动车次 400 余次，人员 1 360 多人次，共检查乡镇、办事处 136 个，村庄 2 294 个、生产企业 134 个，经营企业 633 个，养殖单位 246 个，立案 76 个，取缔生产企业 3 个，经营企业 79 个，查处违禁药品企业 2 家，没收违禁药品 305kg，罚款 10 000 元，没收产品品种 50 个，重量 10.6t，限期整改生产企业 23 个，经营企业 217 个。通过市场秩序清理整顿年活动，增强了饲料生产、经营及养殖企业的遵法守法意识，维护了饲料生产、经营和使用者的合法权益，打击了违法犯罪行为，弘扬了正气，净化了市场，强化了合法企业和产品的市场经营地位，有力地维护了饲料市场经济秩序，为确保饲料安全不出问题奠定了坚实的基础，也为企业创造了公平竞争的良好市场环境和发展空间。

7. 行业管理不断规范，整体素质进一步提高。寓管理于服务之中，在服务中不断规范行业管理，是青岛饲料办的工作准则之一。2002 年我们规范行业管理突出表现在以下 3 个方面：一是在履行职责方面，认真执行国家和省市有关方针政策和法律法规，维护了饲料生产、经营和使用者的合法权益。二是在行政审批、依法行政方面，按市畜牧服务中心行政审批事项公示通告，印发了关于审批事项办理的“明白纸”和正式文件发到基层单位，规范了审批行为，按公正、便民、廉洁、高效要求，规范了审批程序，减少了审批环节，提高效率，审批时间比规定时限提速 40%以上。三是在廉洁从政，为企业搞好服务，全年帮助和指导 20 多家饲料生产企业、500 余家饲料经营企业建立规章制度 4 000 多项，审核产品技术标准 300 多个，未发生违规违纪现象。四是与市国税局、饲料检测部门密切配合，按规定和程序为企业要求对企业免征增值税近 8 000 万元。五是认真按照《统计法》的要求，准确、科学、及时搞好青岛市饲料统计工作，在为企业提供信息的同时，也为上级主管部门对饲料行业发展综合分析、统筹规划、宏观调控提供了科学的依据。

**【机构设置】** 青岛市饲料工业办公室自 2001 年整建制地划归市畜牧服务中心后，全市已有 5 市 4 区（不包括市内 3 区）都设立了饲料行业管理部门，在负责辖区内饲料行业的规划、协调、指导、管理和服务等方面，发挥着极其重要的作用。

（青岛市饲料工业办公室）

## 宁波市饲料工业

**【发展概况】** 2002 年，宁波市饲料工业继续保持稳中有升的发展势头，全年生产配合饲料 23 万 t，同比增加 4.5%，实现销售收入 5.8 亿元，同比增加 5.2%。2002 年新申请成立配合饲料生产企业 2 家，目前全市有各类饲料生产企业 37 家，其中时产 5t 以上配合饲料生产加工企业 8 家，时产 1～5t 的配合饲料生产加工企业 8 家，配合饲料年单班生产能力 40 余万 t。另外有预混合饲料生产加工企业 6 家，饲料添加剂生产加工企业 2 家，鱼粉等单一饲料生产企业 12 家，产品遍及猪、肉禽、牛、兔、淡水鱼、海水鱼、虾、蟹、鳖和鱼鳗鲡等畜禽、水产及部分特种经济动物系列，饲料品种齐全。2002 年 7 月，宁波天邦股份有限公司生产的“天邦”牌特种水产饲料获得中国绿色食品发展中心颁发的“A 级绿色食品生产资料认定推荐证书”。该证书的获得，使宁波天邦股份有限公司成为国内水产饲料生产中，首家获得绿色证书的企业，也是宁波市继糖萜素饲料添加剂获得国内第一个 AA 级绿色饲料添加剂后的又一殊荣。

**【组织机构】** 2001 年初，宁波市政府专门发文明确宁波市农业局为全市饲料和饲料添加剂主管部门，负责全市区域内的饲料和饲料添加剂管理工作。宁波市农业局根据内设机构的职能设置，同市畜牧兽医站具体负责全市的饲料和饲料添加剂管理工作。2002 年，有关县（市）、区也相应调整了饲料行业主管部门，逐步理顺了市、县两级饲料行业管理体制。

**【主要工作】** 2002 年主抓了以下几个方面：

1. 开展宣传教育活动，提高全社会特别是从业人员的认识。2002 年，全市各级农业部门通过开办培训班、科技下乡、联场联户等活动，并借助《生猪产销协会通讯》、《兔业信息》等行业协会内部发行刊物和其他新闻媒体，着重围绕如何规范使用饲料和饲料添加剂、绿色畜产品生产、最高人民法院、最高人民检察院关于办理非法生产、销售、使用禁止在饲料和动物饮用水中使用的药品等刑事案件具体应用法律问题的解释和国务院办公厅转发农业部善于促进饲料业持续健康发展意见的通知等主题内容，分阶段，有重点地开展了广泛性的宣传和教育活动。

2. 开展调研工作，做好参谋。针对宁波市鱼粉行业存在的问题，市、县两级联合开展了调查研究，并就调查状况写了调查报告。调查报告分析了宁波市鱼粉行业现状、存在问题，并提出解决方案，引起有关领导和政府部门的重视，有关领导专门作了指示。

3. 推进绿色畜产品生产，规范饲料和饲料添加剂使用。2002 年上半年，宁波市制定并发布了《宁波市地方标准：安全卫生优质农产品猪肉》和《宁波市地方标准：安全卫生优质农产品禽肉》两个地方标准。两标准专门规定了饲料和饲料添加剂的使用条款，并专门明确了以瘦肉精为重点的有关兽药和添加剂的禁用（限制作用）要求。2002 年下半年，经过充分酝酿和准备，宁波市启动了绿色农（畜）产品基地和绿色（畜）产品认定工作。该认定工作把《宁波市地方标准：安全卫生优质农产品猪肉》和《宁波市地方标准：安全卫生优质农产品禽肉》两标准作为评定的依据之一。同时，为进一步推进宁波市绿色畜产品生产，宁波市制定了《绿色畜产品行动计划实施方案》。《绿色畜产品行动计划实施方案》以“突出三个重点，建立四大体系，强化五项措施”为主要内容，确定了十大绿色畜产品生产基地建设的目标。该方案对控制影响畜产品品质的兽药残留、人畜共患病、激素等重点指标，确保有害物质残留在安全范围内提出了具体的实施步骤。

4. 开展饲料生产和经营市场秩序整顿工作。一是按照《浙江省饲料生产企业登记办法》，对全市未申请过饲饲料生产登记证的饲料生产企业进行了登记审核。对不符合要求的饲料生产企业，责令其限期整改，并关闭了一些家庭作坊型的小规模饲料生产加工企业。二是全市各级农牧部门通过绿剑打假保农业及兽药、饲料和饲料添加剂、各畜禽等专项整治活动，加大农资市场整顿力度，严厉打击各种违法生产经营假冒伪劣饲料、饲料添加剂和兽药及β-兴奋剂等行为，有效地起到了规范和整顿农资市场经济秩序的作用。据统计，全市检查兽药、饲料和饲料添加剂企业268家，涉及饲料和饲料添加剂品种65只，兽药品种350只，查获禁用兽药615kg，假兽药3 850瓶(盒)，无证经营兽药5 686盒，查获违规安全29起，其中罚款7起，取缔兽药、饲料和饲料添加剂经营企业5家，烧毁过期标签4万多张，涉案金额3.51万元。三是开展β-兴奋剂检测。2002年共对全市规模牧场和屠宰场抽样检测282头份，对发现的总是及时进行了处理。四是对饲料和饲料添加剂抽样产品不合格的企业进行处罚，并帮助有关企业做好整改工作。

**【存在问题】** 主要有以下3个方面：

1. 现阶段行业管理和监督手段较为单一。由于管理职能调整时间不长，目前宁波市、县两级畜牧兽医站都未建立起专门的饲料化验和检测实验室，除了β-兴奋剂能够依托兽医站实验室开展检测外，饲料其他的分析、化验工作尚不能开展，制约了饲料和添加剂选定管理和监督工作的开展。

2. 饲料生产企业开工不足。宁波市畜牧业生产规模化程度较高，饲料和饲料添加剂在畜牧生产上普遍应用，对饲料和饲料添加剂需求量较大。但宁波市多数饲料生产企业处于不饱和生产状态，既造成设备闲置，又影响企业经济效益。造成饲料生产企业开工不足的主要原因有：一是大量外来的饲料和饲料添加剂打入宁波市，饲料和饲料添加剂市场竞争激烈；二是相当一部分畜牧生产企业自购饲料原料，自行配方，自行生产，影响了饲料市场的供求状况；三是一些家庭作坊式的饲料代加工点的代加工行为对饲料市场的不良影响。从今后管理工作来看，如何处理好饲料生产企业和畜牧生产场、户两者关系，实现两者互动发展，是今后需重点研究和解决的问题。

3. 饲料和饲料添加剂市场秩序尚需进一步规范。随着管理工作力度的加强，个别饲料经营户及养殖场、户经营和使用违规产品的手段越来越隐蔽，对管理工作带来新挑战。

（宁波市饲料工业办公室）

## 厦门市饲料工业

**【发展概况】** 截至2002年底，厦门市有饲料工业企业35家，从业人员2 599人，全年实现工业总产值18.4亿元，年总产量达36.5万t，其中猪料7.6万t，蛋禽料7.5万t，肉禽料9.3万t，水产料9.9万t，浓缩料0.2万t，预混料1.0万t，其他1.0万t。全年饲料生产主要呈现出以下特点：一是大型饲料生产企业继续保持优势，全市总产值上亿元的企业有6家，分别是厦门市福寿实业有限公司、厦门浦头饲料有限公司、厦门金达威维生素股份有限公司、厦门正大农牧有限公司、厦门银祥实业有限公司和厦门百穗行实业有限公司；二是水产饲料占有量进一步提高，产量跃居第一；三是一些饲料生产企业发展特色产品，满足市场需求，如健特生物饲料公司生产的鲍鱼饲料在全国占有近一半的市场份额。

**【组织机构】** 2002年厦门市饲料管理工作仍然挂靠在市计委产业处，由于没有专职人员，行业管理的日常工作基本上依托市饲料工业协会，各区没有饲料管理部门。

**【主要工作】** 主要有以下几个方面：

1. 加强对企业的生产审核，规范饲料生产。由市饲料工业办牵头，组织饲料生产企业审核验收专家小组，对全市所有饲料生产企业的生产条件和生产状况逐个进行检查审核，严格按照《饲料和饲料添加剂管理办法》的要求，对生产条件和质量保证体系不完善的企业督促整改。

2. 强化质量管理，加强生产环节的检测。联合质量技术监督部门，对全市饲料生产企业的饲料产品进行不定期的抽检，对质量不合格的产品，联合消费者委员会向社会公布，同时，重点检查生产企业有无违反添加国家明令禁止的违禁药物，确保养殖业的安全生产和保护人民身体健康。

3. 强化经营环节的监督检查。联合农业、水产等部门，按照《饲料和饲料添加剂管理办法》规定的条件，对饲料经销企业进行检查，重点查处经营无产品质量标准、无产品质量合格证、无生产许可证和产品批准文号的饲料、饲料添加剂等违法行为。

4. 强化服务意识，及时为合格生产企业办理免税证明。在强化对生产及经营环节进行监督管理的同时，本着严格管理，规范发展的原则，我们及时为符合条件的生产企业办理了免税合格证明，经检测及考核，全年共为29家企业办理了免税合格证明，促进了饲料生产企业健康发展。

5. 建立健全饲料监测体系。饲料安全问题已经成为各级政府和人民群众关注的焦点，在国家农业部的支持下，厦门市饲料质量监测项目已得到批复，总概算经费281万元，项目的建设后有力推动厦门市饲料工业沿着规范化方向发展。

【存在问题】 1. 小型饲料企业的不正当竞争导致大型饲料企业销量减少。有些小型饲料生产、销售企业与养殖户挂钩，低价出售不合格饲料和饲料添加剂，甚至搭售“瘦肉精”等违法、违禁品。2. 小型饲料企业无证经营或超范围经营的现象仍然存在。有些饲料企业原本只能经营饲料原料，没有加工生产许可证，但仍存在“地下”加工的现象。而且这些地下加工厂往往只在夜间开工，白天则关门。

（厦门市饲料工业办公室）

（注：2002 年香港、澳门、台湾饲料工业情况暂缺）

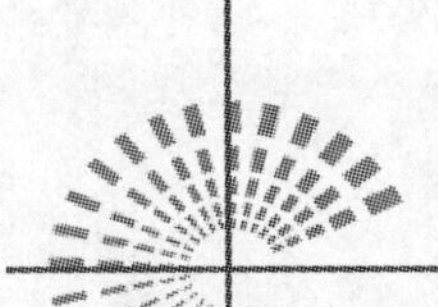

Zhongguosiliaogongyenianjian

# 企 业 篇

# 重点企业经验介绍

## 科技领先　产业化带动

### ——中牧实业股份有限公司

中牧实业股份有限公司（简称中牧股份）是由中国牧工商（集团）总公司独家发起，以募集方式于1998年12月25日成立的股份制上市公司。公司现有总股本3.9亿股，其中国有法人股2.7亿股，社会公众股1.2亿股。公司股票于1999年1月7日在上海证券交易所上市。

中牧股份2001年公司总资产为15.19亿元，固定资产为3.907亿元，主营业务收入15.25亿元，资产负债率为41.0%，信用等级为AAA级。其经营范围包括：饲料、饲料添加剂、饲料原料、动物保健品（生物制品）、畜禽制品及其副产品加工、生产与销售，畜牧业生产资料贸易、与主营业务有关的技术咨询服务及科技开发，以及与以上产品相关的进出口业务，2000年4月获得独立进出口经营权。

中牧股份是北京市科委认定的高新技术企业，公司现有博士、硕士50余名，具有本科以上的中高级技术职称人员500余人，技术力量雄厚，以在饲料生产过程管理、质量控制、产品品牌、销售服务网络体系建设、先进设备引进使用、配方工艺改进、新型添加剂与技术应用以及计算机辅助管理等各方面取得的成就，确立了在本行业领域里的优势和主导地位。在饲料、生物制品的研发领域先后完成30多项国家和省部级重大研究项目和成果，多项技术填补了国内空白。目前已与国内外多家科研院所、大专院校建立了企业研发基地和产学研开发联合体，联合开发的项目有国家“863”和“974”高科技项目。

中牧股份的主要产品多维、预混合饲料及畜禽疫苗在市场上占有极大份额，上市以来始终处于行业领先地位。中牧股份北京华罗饲料添加剂厂从事饲料添加剂及预混合饲料生产多年，其生产过程控制系统、可编程逻辑控制配料计量系统、高精度电子秤、填料系统等多自德国、瑞士引进，设备、技术和工艺居于国内领先水平，现具有年产维生素预混料5 000t和复合预混料30 000t的生产能力，连续10年被评为全国饲料工业行业“百强企业”；连续多年被中国农业银行北京市分行评为AAA级信用企业；2001年5月获得国家出入境检验检疫局颁发的进口食用动物饲用饲料生产企业资格证明；2001年8月通过ISO9002国际质量体系认证。作为全国最大的多维生产企业，连续5年销售量保持在1 600t以上，市场占有率高达25%。华罗预混料与华罗多维珠联璧合，卓越品质一脉相承，以其经济、高效之特征觉得用户信赖，年销售量达18 000t。华罗产品享誉全国，多年来在全国的多次评比中屡获殊荣。

中牧股份饲料产品遍布全国各地，相当一部分直接客户是各地的养殖专业户，在与用户的互动交流中成为先进技术和产业化模式的推行者。养殖户不良的饲喂或饲料使用不当的例子，投注的成本很大，但是没有效益。这就给企业提出了一个要求：如何引导养殖户搞好养殖，用好饲料，帮养殖户多赚钱。中牧股份结合当地实际情况，分析其地理位置、环境、畜产品市场行情、地区经济及政策导向的影响，依照不同地区饲养动物的品种、规模、饲养技术和观念，细化服务内容，为用户设计独特的最适配方与管理方式，以达到用户真正期望的指标——获取利润。这也成为公司策经营念的核心所在，它所包含的另一层含义是帮助用户完成养殖观念的转变。目前，广大养殖户正经历着从传统养殖到现代养殖的转变，他们使用一些比较原始的方式，要么想省钱，要么想省事，或者只追求表面上的东西，而不计算如何最大的获取投资回报。对此，中牧股份的技术人员通过登门拜访，深入交流，向养殖户介绍优良的品种、先进的养殖技术以及“效益=（品种+环境+营养）×管理”的经验，使他们了解科学养殖所带来的变化和效益。其次，就是用实际的例证让养殖户实地观察和学习，发现自己的不足，认识到观念转变对利润增长的重要作用。在江苏、四川、河南3个京外生产基地先后投入运营，完善的一体化布局合服务功能更加突出。以预混料产品为例，中牧股份每年在各地举办的技术讲座上百场，以提高养殖户的科学意识和生产技术水平，帮助养殖户改善生产管理，注意解决生产中遇到的问题，仅此一项，年受益的养殖户即超过万人。我们还在国内著名的畜产品生产基地建设一批产业化企业，如与江苏海安县有关部门共同投资兴建无公害畜产品生产、加工、销售一体化项目，现已达成初期意向投资1 000万元人民币，实现年产20万t饲料产品规模，受益的农户将达到500户，年畜禽养殖规模达1 000万只，直接加工处理或向市场提供的无公害畜产品达20万t/年，可有效带动区域农村经济发展，帮助农民致富奔小康。在产品销售过程中，通过动物营养、动物防疫技术指导及结合产品提供的服务等工作，已经与当地养殖农户建立起了越来越紧密的利益共同体，有力保障了当地养殖业的安全，促进了畜牧业健康发展。

依靠新技术，创建新机制，探索新模式，一心一意的服务于畜牧业，服务于农村，服务于农户，是中牧一贯的经营理念。公司将在今后的经营实践中，不断完善和创新农业产业化经营机制和运作模式，为进一步实现公司与农户“双赢”目标、促进农业产业化发展作出更大贡献。

## 科教兴农的典范
## 产业经营的龙头

### ——北京大北农饲料科技有限责任公司

北京大北农饲料科技有限责任公司是北京市农业产业化重点龙头企业。公司成立于1993年，是以高科技预混合饲料和全价配合饲料为主导产品，协调发展种业、养殖业、动物保健、农用化工、农业教育和农业信息等多种产业的大型农业科技企业集团。公司以北京为中心在全国24个省、市、自治区下设48家分公司，现有总资产3亿元。是中国农业银行北京分行认定的AAA级信用企业。公司建有严格的质量标准和质量监测体系，每年向市场提供8大系列210个品种的高科技预混合饲料4万余吨，全价配合饲料40余万吨，饲用玉米种籽7 200t，优质水稻种籽4 000t和系列农化、动物保健品等，产品产销率一直保持在99%以上；每年组织购销种猪1.3万头，商品猪20万头。

多年来，大北农始终坚持以科教兴农为己任，以促进“三农”事业和大北农企业共同发展为目标；以种业—种植—饲料加工—养殖—肉制品流通等有机结合的产业链为基础；以良种繁育、饲料科技、动物疫病防治、生产环境控制、农业与畜牧业机械设施引进、市场信息和经营管理等相结合的配套服务为纽带，稳步建立了一个产、加、销一条龙；科、工、贸一体化的产业化经营格局。企业通过北京怀柔、河南新乡、江苏盐城、广西柳州等基地直接带动农户近2万户。

大北农公司在设立之初，针对我国农业人口众多，人均占有耕地少，单一依靠种植业获取社会平均利润能力低的国情，坚持认为吸纳农民广泛就业，并实现农民普遍致富最有效的途径是养殖业；未来我国养殖业的发展出路在于适度规模经营与分散经营相结合，以分散经营为主；同时，我国养殖业的组织化程度和全新理念的市场化意识低，加之技术水平低，导致了农民收益程度低。有鉴于此，大北农公司经过调查、分析和论证，确立了以下产业经营模式：

#### 一、紧密型带动模式

以带动地方经济发展，企业与农民共同受益为基础，以向农民提供产品的产前、产中和产后全方位的技物结合的服务为纽带，以组织终端商品生产为目标，使得经营体制不断完善。比如在河南新乡、广西柳州等地实施了“紧密型带动农户”的产业化经营模式：由企业向农户提供优质种猪、种鸡、高科技预混合饲料和动物保健品并免费提供养殖技术服务，帮助农户发展养殖业生产，再根据市场对产品质量和数量的要求，组织产品购销。通过这种“一揽子”式的全程服务使农户获得最大的经济效益。这样既将农户的劳动力和初级产品的资源优势转变成为终端产品优势，实现了产品增值，农民增收；又培育了大北农各种产品稳定的客户群体，实现了产品生产和企业规模快速发展，也使企业与广大农户的经济效益显著提高。大北农公司拥有的由10位博士、22位硕士和1 300多名专业技术人员组成的研发和技术服务队伍，常年为广大农户提供技术服务，每年参加大北农公司组织的各类培训活动的农户多达20万人次以上；大北农公司每年生产的饲料产品可以供应近100万养殖户进行养殖生产，所生产的种子产品可以满足300多万亩农田的生产需求。这些产品和服务有力地拉动了地方农村经济的发展，也为农民致富提供了有利的物质和技术保障。

#### 二、订单型带动模式

公司与农户之间签署订购合同是两者之间最为直接和稳定的一种利益连接机制，大北农在这一方面也进行了很多尝试。大北农公司控股的两家种业公司，实行与制种农户之间订单合同制。公司与县、乡政府协商，规划种子扩繁区域，由种业公司向农户提供亲本和种植技术服务，实行封闭管理，全程技术指导。以合同的形式约定合作关系，使公司与农户成为利益共同体，有力地拉动了制种农户经济效益的提高。例如，南京两优培九种业有限公司采取“公司+基地+农户”的产业化运作模式，在江苏盐城地区安排制种，累计面积已达5.87万亩，新增经济效益5 780万元，带动2万户农户致富。

#### 三、合资型带动模式

大北农公司正在组织实施本企业在产业化经营方面的又一次探索——“博野大北农标准化养殖示范基地”项目：博野县人民政府与大北农公司签署了联合建设“博野大北农标准化养殖示范基地”项目协议，实施“政府+银行+企业+农户”的产业化经营模式。由当地政府制定各项优惠政策，扶持养殖业发展；银行根据企业和农户的需求优先放贷；农户与公司共同发起成立养殖协会，共同出资成立公司，并由公司从事种猪、饲料、动物保健品的供应，和商品猪回收等经营活动。以“民办、民管、民受益”为基本原则，维护农户与企业的经济合作关系。与此同时通过充实、完善和培训提升县、乡、村三级畜牧服务体系的职能作用，与大北农技术人员一道组成技术服务队伍，推行各项标准，共同协调开展规范化、标准化生猪生产和技术服务工作，保障无公害安全肉食品供应北京市。形成一种资金共筹、收益共享、风险共担的经济共同体，造就从初级产品到终端消费品的新型产业链，从根本上解决农民增收的核心问题。

农业产业化是农业结构战略性调整的重要带动力量，是提高我国农业国际竞争力的有力措施，是在家族承包经营基础上实现农业现代化的有效途径，是党和政府从国情出发，带领亿万农民走向富裕，实现现代化的基本理念。中国加入WTO、北京申奥成功也给中国农业带来了前所未有的发展机遇，北京大北农饲料科技有限责任公司将继续在市场经济条件下发展农业产业化经营，逐步摸索出一条适应时代要求，推动农业事业发展，更能够让广大农户走向致富的产业化之路！

## 全方位出击 营造强势竞争力

### ——北京北农大动物科技有限公司

北京北农大动物科技有限公司是从事畜牧产业化发展的专业化公司，系中国农业大学直属高新技术企业，拥有一流的专业技术人才和丰富的专业技术经验，以超强的研发能力、过硬的产品质量和卓越的服务水准享誉业界。北农大公司，主要经营饲料核心产品研究与制造，经营领域涉及动物遗传育种、牧场设计施工、疫病监测防治、牧草良种销售、畜牧技术培训等，在各领域均取得了良好的业绩。

**一、始终以技术为依托**

北农大公司，以中国农业大学动物科技学院为技术依托，拥有国内权威的专家教授、先进的实验设备和现代的科研机制，始终站在动物营养科学的前沿，占据着饲料技术的制高点。

**二、以全面质量管理保证产品质量**

北农大公司，2002年投资600万元在北京中关村高科技园区昌平园建设现代化的花园式预混料工厂，产能6万t，严格执行三级预混工艺，从配方设计、原料采购、加工制造、包装储运各个关键环节实行全面质量管理，保证产品产量高、质量优、性能稳。

北农大公司根据现代畜牧业的生产要求，于2002年推出了“赛优”、“必优”、“微宝素”系列高性能预混料，全年产销突破1万t，产品行销全国20个省市，受到广大用户高度评价。

**三、以优质的服务赢得客户**

北农大公司，荟萃北京农业大学100年人才、技术、经验之精华，创立了著名的“北农大五环养殖模式”，从品种、营养、防疫、环境、管理5个关键环节，为客户提供全方位、高质量的专家服务。

1. 品种　提供农大褐（粉）三号节粮小型蛋鸡：2002年共提供父母代种鸡50万套，商品蛋鸡200万羽，与常规品种相比为养殖企业增加效益5 000万元；顺应“饲料安全即食品安全”的时代要求，研发成功“小农”牌绿色鸡蛋，拉动小型鸡蛋消费终端，全面推动小型鸡专业化、产业化发展。

2. 营养　提供“赛优”、“必优”、“微宝素”系列高性能预混料，全部产品均符合饲料卫生和无公害农产品标准；承接饲料检测化验；提供配方技术培训咨询服务和配方软件。

3. 防疫　为养殖企业提供疫病现场和实验室诊断服务；协助养殖场进行疫病监测和净化；设立兽医在线门诊；提供兽医技术培训。

4. 环境　承接大中型畜牧场设计与施工。

5. 管理　为畜牧企业提供管理咨询、培训；提供管理软件。

**四、网络**

北农大公司，正在用互联网技术改造传统的销售管理模式，在全国养殖密集区域设立了50余个办事处和技术服务站，为客户提供更便捷、更贴身的技术支持和物流服务，让全国各地的畜牧业者都能很方便地购买北农大制造的优质产品、享用北农大的先进技术。

**五、合作**

北农大公司，和饲料流通领域最活跃的环节——经销商正在建立战略合作伙伴关系，直接将传统销售模式中业务员所产生的费用，让利给有经营头脑、有销售网络、有经济实力的经销商，同时给予强大的广告、技术支持，全面提升产品的市场竞争力。

北农大公司，以“让世界享用北农大科技”为使命，制定并坚持“整合才智，布局中国，技术先导，决胜终端”的企业战略，运用品牌经济技术合作理念重新整合饲料市场资源，在未来3年内，将建设东北、华东、华南、西南4个预混料工厂，并以此为中心合作建设一系列浓缩料和全价料工厂，最终形成以品牌技术为主线、覆盖全国的饲料生产和营销体系，成为国内集技术、产品与服务三位一体、技术前沿、制造精准、服务完善的畜牧产业供应商。

## 提高饲料质量和科技含量 保证人民群众身心健康

### ——天津牧丰饲料有限公司

天津牧丰饲料有限公司是一家集动物营养研究、畜禽水产饲料、特种养殖饲料开发、生产于一体的高科技现代国有饲料工业企业，创建于1996年，坐落于天津市西青区杨柳青镇北，占地面积20hm$^2$，是农业部和天津市人民政府共同投资兴建的，总投资1 800万元。经过6年的发展，公司的技术力量有了长足的进步，打出了企业自己的品牌——牧冠。企业按照市场经济运做要求，注重产品质量和信誉，不断改革生产工艺，使企业规模不断扩大，产品质量不断提高，信誉度不断增加。公司现已成为天津饲料工业界3强之一，而且是天津饲料工业界唯一的一家国有企业。2000年，天津牧丰被中国饲料工业协会评为优秀企业，同年被天津市人民政府评为天津市优秀企业；2001年，产品被天津市技术监督局认证为质量公正产品；2002年被天津市农委评为天津市第3届农业名牌产品，无公害饲料生产企业。公司拥有大型全自动电脑成套加工设备，年产量10万t，根据科学的配方，采用一流的加工工艺，年生产预混料5 000t，浓缩料50 000t。天津牧丰汇集了畜牧、兽医、饲料加工、动物营养、市场营销、经营管理等中高级人才32名，占公司全部职工的29%，公司内各层管理者均受过良好的企业管理教育培训，具有相关的工作经验，具备精良的业务素质和较高专业水准，员工队伍基本达到了知识化、专业化、年轻化。公司同中国农业大学动物营养室合作，从现代畜禽营养需求角度出发，利用可消化氨基酸平衡理论和寡肽营养理论设计生产了鸡、猪、鱼、牛、鸭、狗、兔等一系列预混料、浓缩料、全价料7个大类29个品种的优质饲料。目前，公司产品畅销于内蒙古、辽宁、山东、山西、河北、北京、天津地区。

1996年至2001年度公司累计销售额2.2亿元，20%浓缩料累计销售量10.15万t，累计实现利润800万元；在2002年度饲料行业中饲料原料市场价格极不平稳并不断上涨的严峻形势下，公司20%浓缩料销售量4.75万t，销售额1.5亿元，实现利润410万元，为公司的发展奠定了良好的基础。

**一、历史回顾**

天津牧丰饲料公司在成立之前只是一家小型国有饲料企业（实际上是一个车间），当时已累计亏损42万元，厂房破旧，设备落后，人心涣散。但经过6年的发展，目前公司已成为拥有资产2 000万元，产品畅销5省2市，20%浓缩料销售量4.75万t，销售额1.5亿元的大型现代饲料国有企业。

**二、双赢的销售战略**

公司自建立起就确定了“提高饲料质量和科技含量，保证人民群众身心健康”的宗旨，以“双赢的销售战略”为指导思想，以优质服务为基本措施，以扩大市场覆盖面，提高市场占有率，树立“牧冠”品牌为总目标的企业总方针。

所谓“双赢战略”就是牧丰产品定位时让自己获利，同时也让农民养殖户获利和发展，而且，把后者视为企业赢利的前提和基础。在这个思想的指导下，该战略整套运作模式是：贴近市场确定产品价格→农民养殖户获利→大量农民养殖户购买牧丰产品→牧丰饲料生产规模扩大，成本费用降低，企业利润回升。按照这一模式，公司产品销售量每年以38%的速度递增，货款的回收率100%。

为配合公司扩大市场覆盖面，提高市场占有率的营销政策，销售部积极引进人才，先后从全国十所高校引进60多名人才，通过严格的筛选，组建了一支35人的高素质营销队伍，并聘请上海、北京、天津等地的同行业专家教授对这些人进行培训，不断增强营销实力，使公司的业务量不断扩大，销售网点已达到254个，从整体上提高了营销队伍的人员素质。销售部根据山西和内蒙市场的实际情况，分别在山西太谷和内蒙呼和浩特市设立了办事处。利用当地的市场条件，经过办事处人员的努力，一年内为公司新增销售量4 000t，新增销售额1 000万元。扩大了“牧冠”品牌产品在当地市场的覆盖面，提高了“牧冠”品牌在当地市场的知名度。为拉动经销商的积极性，销售部与有实力有发展前途的经销商签定经销合同，设立牧冠产品专销奖。通过这项活动，使“牧冠”品牌产品在河北省的大成地区、廊坊地区、青县地区，山东的德州地区，天津的蓟县、宝坻等地的局部地区获得了“牧冠”品牌的大范围认可，取得了较好效果。公司的产品售后服务全面提升，销售部与生产部联合建立了24小时供货，无理由退货制度；技术部免费为客户提供病禽畜解剖、诊断等服务，免费为客户联系药物；财务部每天中午及时为来厂提货的客户发放每人5元的午餐卷，解决了客户的午餐问题。凡是公司的窗口部门一律实行窗口微笑服务；针对距离比较远的客户提货费用高，提货难的问题，公司安排专人为这些客户免费联系配货，深受客户的好评。

**三、完善企业制度，建立质量管理体系**

建立行政管理体系和产品质量管理体系，是保证产品质量的重要手段。牧丰公司出台了与现代化企业管理体系相配套的相关政策，制定职工行为准则标准、劳动规则、劳动工资奖惩制度、职工培训、职工参加社会保险、职工福利待遇等一系列规定，使企业按照行业发展的总体规划部署确立了一个立足全局，重点突破，分层推进，形成了一个比较完善的操作性较强的管理工程体系。

健全质量管理体系。首先把好原材料入库关，公司对购入的原材料实行采购部订合同→品控部验质量→化验室检测全部合格→最后入库。原料入库后，库管员每天对原材料进行检查，发现坏损不得投入生产；其次把好生产加工关，生产车间根据技术部的配方标准和生产工艺，制定生产环节和每个岗位的工作标准，由电脑操作员按照正确的工艺和配料数据准确输入，进行生产加工；然后把好成品入库关，成品入库后，10t一批，每批100%抽检，凡是不合格产品一律不准出库，确保产品合格率100%。

**四、加强企业基础建设，强化内部管理**

实现财务电算化，信息网络化。牧丰公司在每个办公室配置一台电脑，财务部安装了财务软件，聘请专业的软件工程师培训财务人员，使财务工作实现了电算化，财务人员的工作效率提高了30%。公司委托中国饲料工业协会信息中心建立了公司自己的网站(www.muguan.com)。在公司网站上设立产品介绍、企业专栏、技术论坛等栏目介绍企业产品、发布企业信息、宣传企业形象、进行网上技术服务。采购部根据饲料信息网上的原材料市场信息，及时掌握原材料市场行情，确定定货情况，节约了定货成本，实现了信息网络化。

加强生产安全管理。公司实行安全生产责任制制度，与安全岗位责任人签订岗位安全责任书。各安全部门的安全制度全部上墙，车间内悬挂安全标语，时刻警示员工注意安全。公司安全领导小组定期进行检查。建立行政值班人员夜间巡视制度。因此从未发生过安全事故，并被天津市农委评为安全生产先进单位。

**五、强化生产管理和产品成本管理**

公司根据产品销售量逐年增大的情况，生产部扩建库房1 000m$^2$，使库房存货量达到800t；改造搅拌系统，使饲料成品均匀度由CV8%～10%提高到CV3%～5%，并从每3～6t/h产量提高到8～15t/h使设计生产能力由3.5万t增加到5万t；修复一台匈牙利37kW粉碎机，使总粉碎能力提高30%，并节省了物料提升设备，使原设计充分发挥了能力；对制粒生产线、供气系统进行改造，使调制供气压力生高，从而使颗粒料淀粉糊化速度提高，产量提高了25%，提高了颗粒料品质；与北京诺伟思公司合作，设计安装了液体蛋氨酸添加设备，既利用了低价原料，又集中了设备优势，使每t蛋鸡饲料节约成本30元。生产部以成品率和产品合格率为考核指标，每半个月对各岗位进行考核一次，使成品率达到99.5%，产品合格率100%。成品率比去年同期提高0.1%，为公司节约成本62 500元。公司对维修、主控、化验等重要岗位的人员送出去进行培训然后取证上岗，到目前为止，公司已拥有高级维修工1名、高级化验员1名、高级主控1名，是天津饲料工业界除天津正大以外惟一一家拥有高级主控、高级化验员、高级维修工的饲料企业。

**六、调整产品结构，加大产品科研力度，适应市场需求**

为适应市场形势的变化，满足消费者的需求，2002年牧丰公司技术部利用中国农业大学可消化氨基酸平衡理论研究成果，精选多种优质原料配制了牧冠800乳猪配合饲料，开发了牧冠858B型猪用浓缩料；利用中国农业大学寡肽营养理论研究成果改造了公司主导产品牧冠618蛋鸡浓缩料。技术部与中国农业大学动物营养室合作开发的绿色、安全的肠道菌——芽孢杆菌在绿色饲料产品中的应用研究，目前，已取得了阶段性成果，很快便能运用到生产实践中，并利用天津市政府为农业科研合作开发项目提供资金的有利政策，向科委申报了此项目，将会取得较好的发展前景。

**七、实行科学经营决策，确保企业持续健康发展**

在企业销售策略，营销方法，经营管理，产品开发，广告投入，促销措施等重大决策中，坚持民主生活会制度，坚持调查研究的工作作风，牧丰公司党小组成员从历史的机遇、天津国有企业发展的高度和我公司的实际情况，经过集体讨论，反复研究后才作出决定，保证经营决策的成功，确保企业持续快速健康发展。

## 提高企业效率是民族饲料企业创造竞争优势的惟一出路

### ——天津科技产业园区嘉隆饲料科技有限公司

当今的中国社会变化万千，日新月异。在各行各业中，既有高科技的IT产业，万众瞩目的房地产业，又有龙争虎斗的汽车行业，但谁都没料到福布斯中国富人排行榜榜首却被一个人们极不熟悉的饲料行业巨子夺得，且连续数年名列前茅，除去刘氏兄弟经营有方外，至少还得说明“饲料”这个中国以前没有的行业在近年获得了令人难以置信的进步和发展。纵观当今的中国饲料市场除少数“希望集团”这样的民族企业外，较大规模和实力的企业均为具有几十年甚至上百年历史和经验的外资企业，那么诸多民族中小企业如何在强手如林的行业缝隙中求生存、求发展，也许提高企业效率，创造竞争优势是惟一出路。

**一、适度规模的发展思路**

首先，饲料行业运输费用占整个生产成本相当大比例，如果盲目扩大生产规模，势必扩大销售半径(单位面积内养殖规模基本上是相对恒定的）导致增加运输距离，使运输费用加大，引起生产成本上升，从而产生边际报酬递减效应。因此保持适度生产规模，确定最佳销售半径，以较低的生产成本进入市场是提高竞争优势的有效手段。嘉隆自创建以来，坚持以“专业、技术、经验+诚实”为信条，踏踏实实，稳步发展，其产品销往天津、北京、河北、山东、内蒙等北方部分地区，在确保产品质量和产品服务的基础上，适度扩大生产规模，提高企业的竞争力，成为北方地区高品质饲料行业中的佼佼者、北方养殖业十分信赖的预混料供应商。

当今中国饲料企业大多分布于广大农村，即饲料中主要原料粮食的产地附近，在这样的农业地带建设饲料生产、畜禽繁育、饲养、屠宰加工、食品加工的产业链，有利于合理地利用土地及劳动力资源。这些生产要素形成整体的规模经济有利于稳定饲料产量，提高产品的附加值。

**二、加大科技投入，创建专业的研发队伍**

加大科技投入，创建专业的研发队伍，开发适合中国国情的饲料产品是提高企业竞争力的有效手段。外资企业虽然资金实力雄厚，行业经验丰富，但他们缺乏对中国国情更深入透彻的了解，这就会导致产品不能表现出最佳生产指标，而民族饲料企业大多由具有多年丰富行业经验的专业人事组成，他们中不乏一些在外企工作多年且十分了解外企的管理机制和产品特点的专业技术人员。因此在充分了解竞争对手的特点、结合中国国情方面，这些人会做的更好，更有效率。

嘉隆自创建以来，汇聚有一些多年大型外企工作经验和创业精神的高素质专业技术人才和专业销售人才，并与天津农学院建立校企联合，组成了由博士、硕士、本科科技人才的研发队伍。嘉隆吸取外企优秀的管理经验，建立了适合公司发展的运行机制，用丰富的技术经验服务于客户，提高了企业的效率，加速了企业的发展，使公司在客户和同行中都树立了良好的企业形象。

**三、强化产品品控意识，虚心向先进的外企学习**

以往有些民族企业只重视设备投资和工程建设这些硬件建设，忽视了规章制度管理方法这些软件开发。品控手段就是这样一个十分重要而往往不被重视的软件，民族企业在这方面缺乏经验，品控的控制机制较差，导致记录核对等环节不能真实反映品控的意图和结果。嘉隆认真学习国外同行先进的管理机制和经验，结合自身企业的实际情况制定出一套行之有效的品控方法。

面对我国加入 WTO 带来的挑战，人民生活水平的提高，针对生产“无公害、绿色畜禽产品”高标准的要求，嘉隆十分重视产品的品质控制，引进了先进的饲料品质控制检测设备和畜禽主要疫病检测试剂和设备，更方便地为客户提供饲料原料检测和成品检测。嘉隆根据用户的原料品质和价格，及时调整客户配方，降低饲料成本，使客户获取最大的效益；根据客户的特殊要求，对养殖场和养殖户进行疫病流行情况检测，及时为客户调整畜禽疫病控制方案，达到有效控制疫病的目的，为生产“无公害、绿色畜禽产品”提供了可靠的保证。

**四、加强市场和营销管理意识的培养，树立正确的营销概念**

民族饲料企业与外企在资金、技术等诸多方面存在差距，其中最大的差距是营销意识和概念方面。如何强化营销意识，多种形式的培训是有效的办法。重视培训，强调营销管理，培养既懂技工又懂营销的专家型销售能手，建立精干务实、高效的销售队伍是扩大销量的先决条件。

嘉隆近年来聘请了国内外多名畜禽养殖、疾病预防控制专家对公司销售技术人员进行定期培训，使每一个销售人员不仅懂开拓市场销售产品，而且会在畜禽产品供求、饲养管理、疫病控制、用户信息反馈等多方面服务客户，建立高素质、高效率的营销队伍。

**五、用高品质的产品服务社会、服务农民**

嘉隆常年聘请有丰富经验的高级兽医师，建立高水平专家组成的售后服务队伍，并开通技术服务热线，根深蒂固地树立通过高品质产品服务社会、服务农民的服务观念，切实有效地帮助农民解决生产实践中的疑难问题。嘉隆定期或不定期地下基层召开研讨会、交流会，传授知识、经验和文化，带动广大农民共同致富是企业走向繁荣的必由之路。

综上所述，要使企业有效经营是世上最困难的事，因为它需要顾客满意，需要合理利润，需要在竞争中求生存求发展，需要维持创新性的领先；同时它也是最美妙的事，因为它化无为有，化小为大，化死水为活水；它更是世界上最慈善的事，因为它创造了就业及国家财富。所以我们坚信跨世纪的中国民族饲料企业，只要努力、勤奋、善学就一定会有光明的前途。

## 依靠技术改造　抢占行业制高点

### ——天津市新星兽药厂

天津市新星兽药厂是国家农业部首批确定的全国大中型乡镇企业之一，坐落在天津市北辰区杨北公路霍庄大桥南。该厂创建于 1986 年，主导产品为新型饲料添加剂——杆菌肽锌预混剂。为了不断提高企业生产规模，增加科技含量，企业加大资金投入力度，加快技术创新步伐，不断进行了技术改造，积极抢占行业制高点，使企业不断发展壮大。几年来，企业共累计投入技改资金 4 000 万元，产品年产量由1 000t 提高到 8 000t；企业的生产规模位居国内同行业首位，产品质量达到国际同类产品先进水平，经济效益在国内同行业中名列第一。

**一、企业扩张**

企业要生存、要发展就必须进行技术改造和技术创新，而先决条件是要加大资金投入，没有一定的投入做保证，技术改造和技术创新将无从谈起。因此，新星兽药把强化投入机制放在第一位，坚持多渠道筹措资金；对原有的设备进行了“脱胎换骨”的技术改造，使企业设备在较短的时间内，在全国同行业中处于了领先地位。为了满足国内外市场的需求，使企业实现规模化生产，2000 年 5 月，新星兽药投资3 600 万元进行扩能改造，此项目 2001 年被国家计委列入国家级产业化推广项目，同时列入国家级科技型中小企业创新基金项目，获得 100 万元贷款贴息的支持。工程已于 2001 年 8 月建成并投入正常生产。目前，该厂产品不仅大量替代了进口产品，而且 70% 出口到世界 26 个国家和地区。

为了满足科研开发、技术创新对人才的需求，新星兽药在人才引进和人才培训上花费了较大的成本。

几年来，他们从全国各地高薪聘请多位包括生物发酵、生物制药、电子仪器、工程技术及微颗粒制造等方面的高级专家，并提供比较优厚的工作和生活条件，增强了对高级人才的吸引力。目前企业所聘的高级工程技术人员，全部在企业扎根，为企业的发展做出了重大贡献。在实际工作中，他们还注重加强对自身人才培训工作，鼓励员工在岗进修，自学成才，凡符合企业要求的技术进修，企业给予报销全部费用和照发全额工资，并提供交通工具。目前，全厂有30多名干部职工参加了各类学校（院）的学习培训，全厂200多名员工中大中专以上学历的工人和技术人员达到92人。

**二、技术创新**

新星兽药生产的产品属于生物发酵制品，作为生物发酵行业，国际上迄今已有几十年的历史了，而作为该厂涉足这一领域不过十几年时间，他们深知企业的生产技术和产品质量与国际水平的差距，为了赶超国际水平，自1997年8月起，他们打破生物发酵技术常规，重点对生产工艺进行了改造，包括喷雾塔回收装置改造，浓缩装置改造，菌种接种方法及工艺培养基配方改进和菌种提纯复壮等，使菌种发酵液单位达到或超过国际先进水平，特别是在杜绝发酵工艺过程中的染菌倒罐、缩短喷雾提取时间、保证发酵液单位活力，提高产品回收率，实施微型造粒技术等方面，在全国同行业中都是独一无二的。根据企业发展的需要，他们还对2条生产线进行了自动化改造，由原来的人工控制改造成全程电脑控制，从而使产品不断提高了质量品位和技术水平，而且成本大幅度下降，下降率达到43%，优等品率达到了100%。

**三、新产品开发**

依靠技术创新提高产品质量，使其成为全国同类产品中的排头兵，成为在全国乃至国际市场叫得响的名牌产品，不断开发新产品，为企业的发展备足后劲，是该厂始终追求的目标。新星兽药于1992年就对企业的主导产品杆菌肽锌注册了“迈隆”牌商标，荣获国家级新产品；1997年被市政府授予天津市首批农业名牌产品；在全国同行业中，第一家获得“国家星火计划名优产品”星标使用权，第一家获得自营进出口权，第一家获得ISO9002国际质量体系认证。2001年4月，获天津名牌产品称号，2002年11月被中国动保协会评为国内同行业50强企业之一。

科研工作对于企业发展至关重要，它是企业的生命线。为了给企业发展备足后劲，几年来，他们对厂办研究所的科研开发资金投入达到400多万元，占企业销售收入的4%以上。投资300多万元，建立了具有国内领先水平，全程电脑控制的现代化中试车间和放大中试车间，使企业从研制开发、中试到投入生产形成一体化，实现了生产一代、开发一代、研制一代、储备一代的良性循环。并以此为龙头，促进了企业与大专院校和科研单位的联合与合作，南开大学生命学学院及天津科技大学已把该厂作为科研中式基地和教学实习基地，双方已经合作研制开发了多个生物产品，并取得了可喜的成果。

## 追求卓越　加速发展

### ——山西威科饲料科技公司

山西威科饲料科技公司成立于1995年5月，系中国饲料工业协会会员单位，是山西省农业科学院饲料科技中心科技成果转化基地，是集饲料生产、饲料添加剂、饲料原料、兽药、绿色畜禽产品开发于一体的企业。5年来山西威科以“引导养殖户（场）科学养殖，提高经济效益，让畜禽奉献更多，使用户称心如意”为经营理念，恪守“务实、守信、努力、创新”的企业精神，坚持送技术、进产品、进服务到养殖第一线，并推出5大系列40多个品种饲料，在以其“配方技术先进，产品质量稳定，饲喂效果良好”赢得了市场认可的同时，公司亦获得了稳步、健康的成长。威科饲料产品既是中国国际农业博览会名牌产品、中国饲料工业协会推荐产品，又是山西省跨世纪农业科技产品。山西威科饲料科技公司也被评为先进企业、AA级信用企业。

回顾5年来的拼搏历程，威科公司认识到一个后起的饲料企业不仅有精力旺盛、积极向上的一面，也有抗力不足、易受挫折、消极不利的一面。在目前激烈的市场竞争中，如何扬长避短，茁壮成长，是关系到振兴地方饲料工业，为“兴晋富民”做奉献的头等大事。威科在吸取国内外企业先进经验，在分清自己的优劣势的基础上，把公司的具体奋斗目标确定在“追求卓越加速发展”的层次上。因为，威科明白没有卓越就没有好的产品；没有好产品就没有好市场；没有好市场也就失去了一切。

**一、威力源于科技**

为了追求卓越，威科始终把“威力源于科技”作为企业的座右铭，五年如一日地把不断加大科技投入当成出产品、占市场、创效益的根本举措。为了保证公司对科技的高效投入，威科主要通过坚持“五个一”：一是抓好一支队伍。威科要成长壮大，没有一支挑得起、放得下的英才队伍不行，而这支队伍光有老专家、教授带头还不行，还必须有一批中、青、老年科技人员作支撑。威科公司十分珍惜老专家、老教授，但也加倍重视中、青年技术骨干的成长。其主要通过出台有力的人才吸引、稳定、保留政策，不仅大范围寻找、吸引中、青年英才加盟，给予其具有竞争力的物质报酬，更会通过压担子加强人才的培养，不断给予他（她）们机会去实践、去锻炼，组织他（她）们参加国内外重大学术研讨会与外出进修，并不惜代价为他（她）们创造良好的学习与生活环境，形成一个自觉学习提高能力的氛围。二是拨给一定经费。威科认识到：要发展，产品要更新，必需经常开展科学研究。威科公司主要从公司的活动经费中按一定比例拨资金作为科学研究的经费保证和争取上级有关部门的重视与支持等方式提高和加强自己的科研能力。诸如：新型微生物饲料、蛋鸡集成系列饲料、植酸酶饲料等的研制与开发都是在省计委、省科技厅的支持下完成的。三是建设一个基地。为了保持威科发展的后劲，开发更多可依赖的产品问世，威科公司坚持推出产品必须经过试验的科学态度，并不惜人力、物力兴建了具有千只规模的蛋鸡试验场，在兄弟单位的协作下，又分别有了其他畜禽及水产试验基地。如液体蛋氨酸的开发与推广，"金蛋"的研制都是在基地试验成功的基础上，慎重推广的。四是开好一个会。即开好企业内部的学术研讨会。每遇公司内部的重大学术决策，威科公司都充分发挥学术民主的精神，邀请来自方方面面的代表与专家教授进行广泛的论证，形成科学的共识后，再全面推行。五是走一条创新路。坚持上述"五个一"的总目的是为了给公司的不断发展壮大，增添实力和保持青春活力。因此，威科在坚持上述四个一的基础上，不断创新具体实施的方法和结果，以达到用最好的点子、凭借最好的执行力，获得最好的结果。目前威科公司的产品已由创建初期的低档单一走向高档系列化，不但有了不同生长阶段的鸡、猪、牛、羊系列饲料，还有鱼、兔、鸭及珍禽专用饲料、绿色畜禽产品以及营销兽用药械、饲料原料、添加剂等。其饲料产品的覆盖率已普及全省80%的地市。

**二、管理出效益**

为了追求卓越，威科始终把"管理出效益"视如公司的生命线，并力争把公司的管理水平逐步纳入国际标准轨道。主要是通过一是在认真学习其他企业成功经验与引进吸纳西方发达国家管理模式的基础上，自下而上地制定了切实可行的规章制度，其中比较全面地包括了员工守则、组织机构、部门管理、经营企划、广告策划、咨询服务、员工培训、员工福利以及事务处理准则、回避制度、提案制度与公司FAB等。为了保证上述管理制度的顺利实施，公司在办公室内还设立了监督机构，对内每月通报一次，对外设有举报电话，做到"执行有监督，遇事有反馈，处理有下落"，不再是"无法可依，无章可循，遇事绕着走了"。这里，应该指出的是，威科为了加强公司与客户的联系，发展良好的客群关系，本年度开始实施的《部门经理联系客户制》、《首问责任制》、《24小时复命制》均获得了较好的效果，使客户的满意率达到95%以上。"部门经理联系客户制"规定每位部门经理必须负责一定数量的中级以上的老客户的日常联系与接待工作，发现并总结客户需求，帮助客户解决问题，与销售部共同处理客户抱怨，以及督察协助技术代表开展工作、提出合理化建议等。"首问责任制"即要求公司员工热情接待来访客户，无论是否属于自己工作范围，均应为客户提供帮助，指明办事程序，介绍承办人员，不得漠然走开，置之不理。"24小时复命制"即凡上司交办的工作事项，相关人需立即落实，并在领命后24小时内负责向上司汇报完成情况。在办理过程，如遇到不能独立解决情况时应及时请示上司解决。如在24小时内完不成，应每隔24小时向上司汇报一次进展情况，不得借故拖延，从而在公司各部门及员工之间形成了诚实、谦让、谨慎、合作的局面，促进了工作与生产，也为公司赢得了声誉。二是有效地实施ISO9002标准，并通过努力在省内饲料行业率先通过ISO9002质量体系认证，使企业内部职责及权限明确，预防和控制了不合格产品的发生，降低了质量成本，对市场开拓起到积极作用，使企业增加了利润，提高了工作效率。

**三、社会化优质服务**

为了追求卓越威科公司始终把社会化优质服务视为己任，在一手抓产品"硬件"的同时，另一手还要抓好优质服务这个"软件"，认为只有硬、软件配套才能实现养殖业的全面腾飞与可持续发展。从2000年开始在国家财政部的支持下组建了"山西威科畜牧服务网"，以"选用威科产品，享受网络服务"为宗旨，送技术、送产品、送服务到养殖第一线，开展"威科服务就在您身边"系列活动，赢得养殖界好评，在社会上产生了巨大的轰动效应。同时获得省科委、省科协、省妇联的嘉奖。

## 发挥龙头作用　推动农村养殖业产业化发展

### ——山西鲲鹏饲料集团公司

山西鲲鹏饲料集团公司位于山西中部晋中市榆次区，是以产销畜禽饲料为重点，与农民开展多种形式的联合养殖和以畜禽产品的加工销售为主的产加销一条龙，贸工农一体化的高科技龙头企业。近年来，养殖业在农村蓬勃发展，已成为各地农村经济的一大支柱产业，为使养殖业摆脱传统的粗放型小生产的束缚，解决生产流通与市场脱节的现象，增强养殖业抵御市场风险的能力，鲲鹏积极探索和农民联合发展养殖业的新型模式，实行以"公司+农户"合作化养鸡为核心的养殖产业化运作。这种联合，不是以往粗放型的合作，而是以市场为纽带，以公司为依托，以农户为载体，由市场配置资源的新形式。

几年来，鲲鹏高举邓小平理论伟大旗帜，深入贯彻"三个代表"重要思想，大胆创新，积极实施利用优势企业、优良品种带动优势产业的战略，以平等合作、优势互补、互惠互利、共同发展为原则，以科技、品牌、规模、人才为依托、开展"公司+农户"的合作化养鸡，通过发展龙头企业，形成市场、公司、农户的有机结合，促进商品、资源、效益的迅速转化，探索出一条区域化布局、专业化生产、一体化经营、社会化服务、企业化管理的一条龙良性循环之路，实现了贸工农一体化，有效带动了农村养殖业产业化发展。目前，鲲鹏已带动合作农户400余户，建设养殖小区30余个，养鸡规模已达60万只，形成了以榆次为中心辐射太原、晋中、忻州、原平、吕梁等10余个市的规模化格局，产品远销广西、重庆、湖南、湖北、广东、云南、贵州、四川等9个省、市，“山西鲲鹏”产品成为南方市场知名品牌。鲲鹏主要抓了以下几方面的工作：

**一、调整结构，引进品种**

在国家大力调整农业产业结构的情况下，根据我国南北气候条件，饲料生产现状，经济发展状况，市场消费观念等差异，经过周密的市场调查，利用晋中丰富的玉米，豆饼等资源和适宜的养殖气候条件，公司1999年引进了在南方市场适销对路的广西麻花鸡，乌鸡等土种肉鸡品种，通过“公司+农户”的合作形式，创建了肉种鸡养殖基地，实现了南鸡北养、种蛋南运。

**二、健全机制，抓好运行**

光有良好的、可适销对路的品种和前瞻的发展目标，没有高效的机制保证依旧不能取得优势发展。鲲鹏从以下两个方面来加强管理和机制的高效。

一是夯实基础，公司十分重视与农户合作前的一系列基础管理工作，在操作上主要突出了两方面工作：

培育基地。基地是公司加农户的主体。鲲鹏把合作基地的培养和建设作为重中之重。鲲鹏选择养殖业发达，地理位置优越，交通运输方便，具备一定养殖条件，并能形成规模的小区作为合作化基地。先后确定了万只鸡规模小区30余个。

签订合同。靠合同化规范管理的合作行为。鲲鹏采取乡村担保、个人银行存折和房产抵押的办法，与合作农户签订合同，在明确了公司、农户双方责任和义务的基础上，还规定了相应的奖罚内容以及承担责任，对公司和农户都形成了强有力的约束，也使合作化养鸡更具有法律效力。鲲鹏开展该项目以来，无一违约，保证了公司加农户养殖业的顺利发展。

二是管理跟踪。在管理过程中鲲鹏实行五个到位：一是管理人员到位。配备有事业心的专业技术人员负责此项工作。工作地点在基地，工件对象是农户。二是饲料供应到位。保证供应给农户符合饲喂标准的优质低价配合饲料。三是种苗供应到位。全部由公司提供优质的种苗，有效地保证了雏鸡成活率。四是科学管理及疾病防疫到位。合作全过程实行程序化、专业化、制度化、工厂化管理。五是收购结算到位。凡农户养殖家畜达到合同中规定的质量标准，公司均按保护价收购，按合同与农户结算给予报酬。一般农户1年饲养1000只鸡。可获纯收入1.3万元以上，同时，农户种地有机肥有了保证，促进了粮食丰产丰收。

**三、发挥优势，强化服务**

搞好服务是合作的重要环节，鲲鹏在合作中全力抓好饲料、管理、技术3大服务。在对农户的管理中，鲲鹏把农户称之为“养殖业主”，实行员工化管理，物业化服务，从信息、技术、培训、销售、市场、后勤保障、资金、效益上给予保证，使农户感觉到自己是鲲鹏事业的主人。鲲鹏在技术服务中，首先建立了专业服务机构，分别成立了麻鸡、乌鸡技术服务公司。配备了具有大、中专学历的专业技术人员20余名，聘请了省内著名专家指导。其技术人员常年下乡蹲点服务，专家上门定时定点服务，专家技术人员巡回交叉服务，为合作农户提供了可靠的技术保障。在饲料供应上，鲲鹏抽调专人，专门研制了符合麻花鸡、乌鸡营养需要的饲料统一供应。为了保证饲料质量，不断改进技术，先后投资60余万元，对饲料生产设施进行了更新改造，在全面提高饲料质量的基础上，不断改进饲料供应售后服务，对合作农户实行上门送货，设立常年送货点40余个，方便了合作农户。而且无偿抵垫饲料420万kg。仅饲料一项，农民减少流动资金600多万元，减少农民流动资金贷款利息30多万元。通过这些工作，鲲鹏的养鸡规模成倍增长，由1999年首期饲养规模6万套分别到2000年的12万套，2002年35万套。

**四、良好的经济和社会效益**

公司加农户合作化工作，经过几年运作，已形成一定规模并取得了良好的经济和社会效益：

1. 公司、农户达到双赢。养殖户通过龙头企业保护价收购种蛋，减少了市场风险，获得了每只鸡平均13元的稳定收益；同时公司饲料产量增加1万余吨，销售收入增加1 500余万元，提高了经济效益，并带动了包装业、运输业等相关产业的发展，促进了粮食转化增值，提供了新的就业机会，达到了经济效益和社会效益的同步增长。

2. 开拓了农村市场。鲲鹏地处晋中平原，经济较发达，玉米等原料丰富，资源优势明显，但由于农产品生产的主体分散化，产生了“小规模”与社会化大市场的矛盾，农民自产自销，流通不畅，“卖难”的问题十分突出。通过公司龙头带动，把千家万户的农民和千变万化的市场有机地连接在一起，架起了小生产和大市场的桥梁，解决了农产品“卖难”问题，达到养殖业集约化水平，使农业生产要素达到了优化配置，农业资源合理与利用，带动了关联农户近3 000户，带动了粮食生产基地近10万亩。

3. 增加了农民收入。养殖业是微利行业，传统的农户分散饲养，养殖成本高，抵御市场风险能力差，特别是在2000年以后，饲料、原料价格涨跌无序，在市场出现较大波动的情况下，公司和养鸡农户都能在双方的互助下，得到稳定的收入。

4. 拉动了养殖业产业化发展。按照"公司 + 农户"的形式进行养殖产业化运作,以公司为龙头,一头连市场,一头连农户,通过发挥公司资金、技术、服务等优势。既解决了农户资金、技术、市场变化等方面的问题,又提高了养殖生产水平,带动了科技养殖观念的更新,走出了一条市场牵龙头,龙头带基地,基地连农户发展的新路子,使养殖业科技含量不断提高,社会化服务体系不断完善,加快了养殖业产业化发展。

## 挥舞龙头播火星<br>发挥优势求发展

### ——山西永济东风牧草开发有限公司

山西永济东风牧草开发有限公司是在国家实施产业结构调整、发展持续高效农业的新形势下，于1999年组建的一个集科、工、贸一体化，产、加、销一条龙的科技型股份制企业。其主要从事苜蓿牧草的科研、开发、利用及深加工，是永济市六大支柱产业龙头企业之一。公司现有职工 88 名，其中具有中级以上专业技术服务职称的 18 人，占到职工总数的 20.4%，拥有固定资产 1 868 万元，流动资金 800 万元。公司设备精良、工艺先进，加工设施配套齐全，现拥有万吨苜蓿牧草自动自控干燥深加工生产线一条，有压扁割草机、打捆机、制粒机、制粉机、压块机等 20 余台套，有苜蓿基地 6 万亩，年生产能力 6 万 t。是中国农业银行山西省分行授予的"AA"信用度企业。永济东风开发的"牧王"牌高效环保型绿色饲料——苜蓿草块、草颗粒、草粉、草捆、草饼等 5 大系列产品，经中华人民共和国山西出入境检验检疫局检验，符合 GB10389－89 标准。产品畅销北京、山西、天津、内蒙、西安、武汉、广州、上海等各大城市的乳业集团、牧场和饲料厂，并出口日本、南韩等国家。2001 年其产品获山西省首届畜产品展评会金、银、铜四大奖，2001 年永济东风获山西省产业化"百龙"企业银奖。2002 年公司荣获市人民政府"优秀企业"称号，2002 获得年运城市畜牧局授予的"草产品加工先进单位"，山西省农业厅授予的 2002 年度饲料生产"先进企业"，运城市城镇集体工业联合社授予的 2002 年度"先进企业"称号，永济市委、市政府授予的 2002 年度"优秀龙头企业"称号，中共山西省委农工办、山西省农业厅授予的山西省畜牧业"示范基地"。

#### 一、"公司、基地 + 农户"的企业发展之路

永济市位于山西最南端的运城盆地，南倚中条山，西临黄河，独特的地理位置形成了特殊的气候特点，当地的气候特点，特别适合苜蓿牧草的生长培育。同时永济市土地面积广阔，东西长 49km，总面积 1 221.06km$^2$，黄河沿永济市西界由北向南流经 6 个乡镇、48 个自然村，全长 48.6km，有着广阔的黄河滩涂面积，为发展苜蓿牧草提供了丰富的土地资源。所以，永济市境内水源充足，光照资源丰富，土地面积广阔，土地肥沃、气候温和、雨量适中，具有发展苜蓿牧草业的得天独厚的自然条件和资源优势。

山西永济东风牧草开发有限公司紧紧抓住国家调整农业产业结构的大好机遇，充分发挥永济市资源优势和产业优势，带动农户广种苜蓿，大力发展牧草产业。从 2000 年开始，发展的思路是走"公司、基地 + 农户"的企业发展之路，实行"定单农业"的生产模式。即同农户签定《种植合同》与《收购合同》。公司坚持以村党支部、村委会牵头、农户自愿申请、公司考察，签定种植合同，并进行公证，以法律形式维护公司和农户的切身利益的原则。永济东风为农户提供了产前选供优种，产中机播保全苗、科学管理达高产，产后收割、打捆、干燥等全程系列化配套服务，即：公司无偿向农户提供选种、播种、幼苗管理及田间管理技术服务。在收获时期，有偿提供割草机、打捆机等机械服务。收购时，按国家规定的等级标准，进行分级、验级、过磅，公司特定执行最低保护价格和市场浮动价格，不压级、压价，现收现付、不打白条，保护农户利益，使农户体验到投入少、产量稳、效益高、见效快的合作模式。两年多来，永济市苜蓿基地得到了迅猛发展，已形成了以永济为中心，辐射周边县市的苜蓿基地发展格局，播种面积包括永济市的蒲州、韩阳、张营、开张、卿头、栲栳、赵柏、于乡等 8 个镇和伍姓湖 48 个农场、村庄的 570 多户农户，并以此辐射到夏县、临猗、万荣、芮城、垣曲、运城等 6 个县市，以公司为依托，与临汾市的浮山县、沁水县建立横向联营（种植与加工），仅此一产业，带动了永济市及周边县市 6 000 余户致富奔小康，安排社会闲散劳力 12 000 人（按每人管理 5 亩计），年增加农户收入 6 000 万元。为公司深加工规模化生产提供了充足的原料。同时，大力发展苜蓿牧草业，符合国家农业产业结构调整政策，对于固沙改土、建设生态农业有着积极的推动作用，有着显著的经济效益、社会效益和改善生态环境效益。

#### 二、"公司 + 农户 + 科研单位"的企业发展之路

牧草业是一个新兴的亮点产业,苜蓿系列产品作为理想的蛋白和能量饲料,在国内国际市场年缺口较大,是一个市场潜力大、前景喜人的产品项目。山西永济东风牧草开发有限公司,充分发挥当地丰富的资源优势,瞄准国内与国际市场,共同与内蒙古农业大学和沈阳远大干燥设备研究所等科研单位紧密合作,走出了一条"公司 + 农户 + 科研单位"的企业发展之路,形成了"企业依托科研单位、市场牵动企业、企业带动基地、基地带富农户"与"农户致富、企业发展"的产业化链条的发展格局。随着基地面积的扩展,永济东风不断加大生产规模的投入,在 2000 年时公司年产量为 10 000t,为适应基地发展和国内外市场的需求,又新扩《年产 4 万 t 高效环保型绿色饲料》项目,再投入 1 868万元,将年生产能力由 10 000t 扩大到 50 000t。

该项目正式列入国家科技部 2001—2003 年《星火计划》,项目采用了苜蓿草适温、高效、气流干燥工艺技术,保证叶、茎、枝的含水率偏差在 3%以内,蛋白质、叶绿素损失降低到最低限度<0.5%,苜蓿草色泽为深绿色。这一技术是内蒙古农业大学与沈阳远大干燥设备研究所的一项高新科技技术成果,借鉴了国外先进工艺,技术水平属国内领先。该项技术已纳入国家科技部农业科技成果转化项目。根据这一工艺技术的要求,公司与科研单位多次进行了 1:100 的模拟试验,研制出具有国际先进水平的滚动式苜蓿草干燥系统设备,于 2001 年 10 月建成万吨苜蓿自动自控干燥深加工生产线一条,并一次试车成功,正式投入生产运营。它的投产填补了山西省苜蓿深加工产业的一项目空白,使牧草深加工又上了一个新的台阶。彻底改变了农户传统式的收割怕受气候雨天自然环境的困扰,造成苜蓿发生霉烂变质损失的后顾之忧。该生产线随时收割即时加工,不受气候自然的影响,既保证了农户的利益,又能加工出高品质的最佳产品,更便于运输和储贮。2002 年销售收入 4 000 万元,实现利润 700 万元,税收 400 万元。

随着人民生活水平的提高,人们对营养产品的质量和安全性要求越来越高,因此,进一步加速开发直接供人类食用的蛋白质营养素已成为客观需求。永济东风与高等院校、科研单位紧密合作,采用高科技手段开发新产品,以适应市场的需求和提高苜蓿产品的附加值。永济东风从 2001 年开始,已与内蒙古农业大学、山西农业大学、北京农科院等 8 个科研单位建立了科研关系,聘请兼职的专家、教授、副教授 5 人,专职高级科研人员 4 人,有科研场所 5 个,由公司提供科研经费。科研单位根据每项新产品特点,进行课题研究和试验,双方紧密配合,缩短部分产品进入小试阶段的实验期,尽快投入小批量生产的试产阶段,可望在 2003 年批量生产、投放社会。

经过几年来的努力,永济东风基地发展初步形成了以永济为中心,辐射周边 7 县 1 市的牧草基地发展趋势,但基地比较分散,不便于管理,为降低生产成本,减少运输费用,同步增加企业效益、社会效益和环境效益,永济东风计划在基地较集中的周边县市建立牧草深加工分公司 3 个,以扩大生产规模,到 2005 年可加工完成草产品 15 万 t,完成工业总产值 1.5 亿以上,实现税收 1 500 万元,实现利润 2 500 万元,年增加农户纯收入 1 500 万元,可带动 15 000 户农户致富,安排社会闲散劳力 3 万人。建一个黄羊养殖分公司,新上一条养殖、屠宰、加工生产线,年生产肉制品 300t,增加年销售收入 500 万元。

## 质量是绿色安全食品的本源

### ——内蒙古草原兴发股份有限公司

内蒙古草原兴发股份有限公司创立于 1993 年,是中国规模较大的草原肉食品生产和农业产业化国家重点龙头企业,拥有总资产 25.5 亿元,净资产 10.5 亿元,员工 1 万余人。草原兴发 A 股股票于 1997 年 6 月在深交所上市,至 2002 年底,总股本已增为 2.83 亿股,流通股为 1.10 亿股,每股收益 0.25 元,创利润 7 090 万元,实现销售收入 16.18 亿元。草原兴发已在内蒙古、黑龙江、吉林、甘肃、青海、新疆等 6 个省区拥有 71 家生产工厂,形成了年屠宰(加工)肉羊 600 万只、肉鸡 8 000 万羽的生产能力。2002 年 1 月"草原兴发"商标被国家工商行政管理总局认定为"中国驰名商标",2002 年 12 月草原兴发羔羊肉被国家质量监督检验检疫总局注册为地理标志产品。内蒙古草原兴发股份有限公司本身还被中国肉类协会评为中国肉羊生产企业第一名,全国肉类生产 50 强企业第 13 名。

草原兴发已成功地开发出草原兴发羔羊肉、草原兴发绿鸟鸡、草原兴发肥牛、野味熟食、四野杂粮、四野小菜、纯牛奶等 3 000 余个品种的特色产品。草原兴发一直苛求产品质量,生产工厂一律实行半军事化管理,严格按照 ISO9001 国际质量标准体系进行生产,并已通过 HACCP 验证。其 8 大类产品通过了国家绿色食品认证,其中,草原兴发肉鸡类产品于 1996 年即获得了对日出口免检待遇。草原兴发羔羊肉早在 1999 年就被列为中国食品工业协会推荐品牌。草原兴发已于 1997 年获得了自营进出口权,绿鸟鸡、绿鸟肉串等主导产品一直向日本、阿联酋、俄罗斯等国家和地区大量出口。在国内市场,草原兴发以自建网络的方式,在全国各省区建立 7 个销售大区、33 家销售分公司,重点进行了"两园三店"的建设,即草原兴发涮园、草原兴发烧烤乐园、草原兴发绿食店、草原兴发店中店和草原兴发烤店。并在国内建有 500 余家涮园,1 000 家绿食店,2 000 家店中店,1 000家烤店。在当今消费者越来越关注绿色、健康的今天,草原兴发食品为什么会得到广大消费者的青睐呢?其主要原因是草原兴发的企业精神为"忠诚、敬业、协作、服务",经营理念为"草原兴发,绿色天然",是草原兴发严密的食品安全控制体系和层层把关、步步提高的质量管理控制体系。

#### 一、严密的食品安全控制体系

草原兴发的食品安全控制体系主要由以下几个方面组成:一是产业化模式是食品安全控制体系的基础。草原兴发肉鸡、肉羊的产业化模式是食品安全控制体系的基础。草原兴发在饲料、养殖、回收、屠宰加工、销售等各环节,均采取严密科学的安全控制措施,从而保证了消费者餐桌上的食品安全。二是严密、科学的内部管理是食品安全控制体系的保证。草原兴发作为畜产品加工行业的龙头企业,多年来,以"绿色天然"为经营理念,力求以安全、健康的食品满足消费者的需求。草原兴发自创立以来,从未曾轻视过产品质量的管理,可以说草原兴发的成功主要归功于其对产品质量始终如一的追求。草原兴发的发展过程,也就是绿色产业的构建过程。随着世界一体化、经济全球化的进程，食品安全问题已越来越受到国内外消费者的瞩目，草原兴发与时俱进的质量控制意识和不断提升的产品质量，确保了其产品的绿色天然性，也同时注定了其产品达到国内外畅销的必然。

**二、层层把关、步步提高的质量管理**

要生产完全安全、环保的产品，就必需从产品的源头抓起。基地是绿色食品、安全食品的本源，原料是绿色健康的基本保证，要搞好绿色、健康、安全食品的开发，必须从源头抓起：一是肉鸡生产的管理。对饲养实行全程质量控制，从种鸡、饲料、商品鸡饲养（用药、饲养、防疫灭病）到生产加工，实行五统一管理，每一个养殖小区，公司下派一名经过培训的畜牧兽医专业人员，不仅在养殖技术和防疫治病方面进行指导，还对养殖户的饲养进行监管，严格执行公司的管理条例，不允许养殖户从外面购药，以免造成安全隐患，确保严格按绿色食品、安全食品饲养操作规程执行。二是肉羊生产的管理。肉羊生产基地均选在没有工业污染，水草丰美的草原腹地。优良的自然环境，保证了优良的品质；在收购和屠宰前需要经过严格的检疫检验，屠宰中、屠宰后严格按食品生产规程进行。三是种植基地、原料基地的管理。种植基地主要为饲料粮基地，杂粮基地和蔬菜种植基地，在肥料使用上全部施用农家肥或以农家肥为主，辅以少量的化肥，严格执行《生产绿色食品的肥料使用准则》和《生产绿色食品农药使用准则》中的有关规定，有效地控制化肥及农药的残留问题；原料基地主要是指饲料所使用的大宗原料来源地，原则上选择具有绿色食品生产证书的企业。

生产厂的质量管理。坚持经理（厂长）是第一责任人的原则，并教育全体员工牢固树立“质量第一”、“以质取胜”、“产品即人品”的现代企业理念，把质量管理落实到产品开发、生产、售后服务的每一环节，建立建全质量保证体系，严格贯彻实施ISO9000质量管理和质量保证标准，同时有针对性的推广HACCP（危害分析与关键控制点）和GMP（良好操作规范）的标准，把好生产的每一环节，确保产品出厂合格率达到100%。

销售环节的质量控制。草原兴发为打造成消费者心目中真正的品牌，不断深耕市场网络，努力建设绿色通道，完善物流配送体系，加大市场终端产品质量控制力度。草原兴发在全国各地的分公司与经销处都把服务当做产品对待，顾客对质量问题的要求、建议通过分公司及时反馈给生产厂、研发部等部门进行改进，推陈出新，不断满足消费者的需求。在国际市场上，草原兴发经过努力取得了自营进出口权，产品出口完全由草原兴发的外贸部直接同外商接洽，避开了中介环节，保证了出口产品的质量。

**三、产业化经营**

在产业化方面，草原兴发对不同地区结合当地实际，采取不同的生产经营模式。通过“公司+农户”、“公司+基地+农牧户”及“公司+合作社+农牧户”等产业组织形式，以“技术服务、融资服务、市场服务”等方式，带动10万多户农牧民走上了产业化发展的道路，每年可帮助农牧民增收约1.5亿元。草原兴发提出的“羔羊当年育成出栏”，可使每只羊增收30元。为草原畜牧业的持续发展探索出了一条环保、高效的发展新路子。在内部管理方面，草原兴发已走上了制度化的轨道。在人力资源开发方面，草原兴发早在1998年就率先引入员工职业生涯规划的理念。通过多次请专家讲学，帮助员工规划人生，为每位员工提供相应的可供其施展才华的职业舞台，以达到员工个人价值与企业目标的最佳结合。

**四、“十五”期间的发展目标**

根据市场竞争的需要和企业发展的需要，草原兴发提出了由传统制造业向餐饮零售服务业转变，由原料生产向工业化终端产品生产转变，由以生产为中心向以顾客为中心转变的“三个转变”，并提出了“十五”期间的奋斗目标：到2005年，肉鸡饲养加工规模达到1亿只，肉羊屠宰加工量达到1 000万只(头)，各类产品产量达到100万t，进入中国肉类食品加工企业前三强。在新世纪的征程中，草原兴发将首先加大对人力资源开发的投入，尽快培养出一批素质过硬的跨国经营人才，为草原兴发真正走向全球和百年发展打下坚实的基础；同时，依托草原兴发博士后科研工作站的力量，不断加大产品精深加工的力度，坚定不移地推进农牧业产业化的进程，不断加强技术创新和市场网络深耕的力度，真正培育出草原兴发的核心竞争力，并抓住机遇，向生物科技和电子商务领域进军，完成传统产业的全面升级，为草原兴发培育出强势增长点。

## 争做中国牛饲料第一品牌

### ——内蒙古伊利饲料有限责任公司

内蒙古伊利饲料有限责任公司是伊利集团在原伊利饲料厂基础上，成功兼并了原呼和浩特配合饲料厂，于2000年7月重新组建的饲料有限责任公司，主要生产加工各种奶牛饲料（奶牛浓缩料、奶牛精补料、奶牛预混料和添加剂等），是国内目前规模较大的专业化生产奶牛料的饲料加工企业。其位于呼和浩特市赛罕区河西路，占地91 102m$^2$，是伊利集团的控股企业，主要为伊利集团奶源基地建设做配套服务工作，隶属伊利集团原奶事业部管理。随着市场竞争的加剧，伊利饲料原有年产6万t的生产能力，已远远不能满足市场需求，2002年年底公司投入400多万元资金组建了年产12万t生产线，并于2003年5月开始正式投产。伊利饲料的所有生产线都是引进国际及国内最先进的生产设备，全部采用微机化控制，自动打包，流水化作业，完全实现全自动化电脑控制。

伊利饲料有限责任公司在成立短短的两年时间内，遵循伊利集团“做中国乳业第一品牌”的发展战略，在原奶事业部的领导下，树立“奶户的利益就是我们的工作目标”的经营宗旨，发展奶牛饲料生产，其产品占领内蒙地区主要的奶牛料市场，部分产品还销往北京、天津、山东、山西、黑龙江、辽宁、吉林等地。随着市场的扩大，陆续在黑龙江的大庆、绥化和北京郊区等地建立了分厂。2001 年伊利饲料产销量 3 万 t 以上，2002 年产销量达到 7 万 t。

伊利饲料有限责任公司作为饲料行业的后起之秀，依靠集团的优势和总体战略方针的指引，为奶源基地的建设、保证原奶质量以及提高奶户养殖水平和地区奶牛生产水平等方面主要做了以下工作：

**一、完善企业内部管理，适应国际化的经营理念**

及时了解市场的变化，不断规范企业管理，并积极主动调整企业发展战略规划，以求真正赢得企业发展的主动权。伊利饲料坚持以人为本的思想，始终把人才战略作为提升企业核心竞争力的重要战略，目前伊利饲料中层以上管理人员都具备大专以上学历。近年来伊利饲料更是加强对内部员工的培训和对外招聘人才的广泛度。伊利饲料始终把培养有理想、守纪律、爱岗敬业的员工当作企业发展的根本大计，全方位加强员工对公司的归属感。2001 年公司在不同环节实施了国际领先的电脑管理软件，实现了物流、资金流、信息流合一的现代化企业管理模式。

**二、依靠科技创新，提高产品技术含量**

为满足市场需求，伊利饲料利用技术优势、管理优势、设备优势、资金优势等精心研制出绿色环保型犊牛开食料、犊牛料、育成期料、干乳期料、围产前期料、围产后期料、产奶前期料、产奶中期料、产奶后期料等奶牛饲料“套餐”，以满足奶牛不同生理阶段的需要，产品自投放市场以来，就以优质的质量、适中的价格和全方位的技术服务深受消费者青睐。

伊利饲料以提高牛奶质量为目的不断进行新产品研制开发，投入大量资金和技术力量，对工艺设备进行技术改造，为使产品技术含量增加，引进目前国内外饲料工业先进的加工技术和设备—膨化饲料生产线，为提高产品质量水平建立了平台。生物饲料是解决饲料中添加抗生素的有效手段，也是目前国内外新的研究热点，伊利饲料公司率先在奶牛饲料中使用绿色生物饲料—益生素酵母，并投资组建了微生物研究室和生物饲料厂，引进了微生物发酵新设备和新工艺，产品应用于奶牛饲料中起到良好的效果。公司组建以来，与区内外多家科研院所如中国农科院畜牧所，内蒙古农业大学、内蒙古畜牧科学院、中国农大等建立了长期的技术合作关系，组成技术专家网，通过专家讲座和专家研讨会等形式，多次与国内外专家进行交流，及时了解和掌握国内外最新研究成果，采用世界先进的加工技术和配方技术，研制开发了各种符合市场需求的新产品，尤其在奶牛营养配合、生产加工和高科技产品应用等方面均处于国内领先地位。为保证原奶的纯天然、无污染，伊利饲料首家推出绿色环保型奶牛饲料，并且成为内蒙古家畜改良站种畜料定点生产企业。

**三、加强质量管理，保证产品优质稳定**

随着市场需求量的增加，产品质量成为企业良性发展的基石，企业必须拥有完善的质量管理体系。伊利饲料一方面组织实施了 ISO9000 国际质量体系的认证工作，另一方面引进国际先进的全自动化检测设备，对原料及成品进行营养成分及卫生指标进行严格检验。为保证产品质量，伊利饲料与内蒙古饲料质检站签订了委托检验协议。作为伊利集团的配套企业和奶业产业化链条中的关键环节，伊利饲料的奶牛料以产品量稳定，奶户放心，而受到奶源基地广大养牛户（包括伊利、蒙牛、奈伦等）的青睐。

**四、降低生产成本，让利于奶户，为集团提供配套服务**

伊利饲料秉承伊利集团先进的经营理念、管理理念，严格控制成本：一是原材料实行公开招标的方式货比三家，同等质量的原料比市场价低 10%。二是生产实行定额管理，各项费用实行预算控制，整体降低生产成本。三是利用集团的奶站直接将饲料配送到奶户，减少中间环节，把用于经销商的利润让利于奶户，每吨饲料可为奶户降低成本 100 元。四是按照集团的要求，饲料公司实行“薄利保本”的政策，伊利饲料利润点只保持同行业平均水平的 1/3。

**五、普及和宣传奶牛科学饲养知识，不断规范奶牛饲养管理**

伊利饲料公司的宗旨是：为奶户服务，不以赢利为主要目的，提高地区科学饲养水平，保证原奶的优质安全。因此，从 2000 年开始伊利饲料公司就按照集团的要求，组织建立了三级技术服务体系，形成了从科普员的初级技术服务到技术服务宣传队的全面系统的中级服务，最终以技术服务站的定点形式起到对市场随时监督、检查的服务体系模块。这支由兽医畜牧方面的专业技术人员组成的服务队伍，走村串户，以集中讲课和现场指导相结合的形式，为奶农宣传奶牛科学饲养知识，传授技术，效果反映良好。到目前为止，共在基地 400 多个奶站和自然村进行了三轮宣传讲课活动，对 11 000 多户奶农进行面对面的指导，发放《奶牛科学饲养技术》小册子、《奶牛科学饲养光碟》等技术指导资料几十万册（片），并通过讲课、播放《奶牛科学饲养》光盘、亲自到奶户家中为奶牛治病等服务形式，提高了奶源基地整体饲养水平。除此之外，伊利饲料公司还多次邀请国内外（联合国粮农组织、法国、加拿大、韩国等）专家及区内外（中国农大、中国农科院畜牧所、内蒙古农大、内蒙古畜科院等）专家在基地召开科学饲养现场会，得到当地政府和农民的热烈欢迎，并且多次被新闻媒体报道，有力地烘托了“乳业兴市”的宣传。

## 招是人想的　事是人做的

### ——哈尔滨青禾饲料有限公司人才观

哈尔滨青禾饲料有限公司是以生产预混料、浓缩料为主的专业化股份公司，组建虽不到4年，但年产量已突破2万t。被誉为黑龙江饲料行业杀出的一批黑马，并被认定为黑龙江省饲料行业十大重点跟踪企业。2002年农业部组织的3次统检，哈尔滨青禾饲料有限公司产品合格率100%。哈尔滨青禾饲料有限公司对产品质量的严格把关，受到了农业部的好评，在《中国畜牧报》进行了红榜展示。并被授予农业部科技先进企业称号。青禾的成功关键在于两点，一是科学管理模式的运用；二是重视人才的培养及科研开发、新科研技术的运用。

**一、没有人才，就没有发展**

招是人想的，事是人做的；没有人才，谈不上发展。这就是青禾人对人才的理解。

人才是企业发展之本。这在青禾体现的尤为明显，公司荟萃了业内知名的畜禽营养专家、兽医专家、高级管理人员及诚实热情、敢于挑战的营销队伍。正是通过饲料界才能卓著的精英加盟和对现有员工有计划的培训，公司的整体素质和技术水平才显示出不凡的实力。这种以人为本的治企之道，保证了青禾能够适应不断变化的市场及公司发展对高级专业人才的需求。哈尔滨青禾饲料有限公司现有员工180人，其中40%具有大专以上学历，高级职称者多人，平均年龄28岁，是一个年轻群体。青禾实行员工股份制。岗位持股，每个员工都是公司主人。强调人才的可持续发展，吸纳的人才大多是初出茅庐的年轻人。有激情、有干劲、可塑性强、能够接受新思想、新观念。经过公司有计划的培训及市场的锤炼，他们已成为哈尔滨青禾饲料有限公司发展及开拓市场的动力源。公司不但给予每位员工施展才能的舞台，更重要的是让他们在工作中通过磨炼，学到自身生存与发展的本领，提升自我能力，这也是吸引人才的关键。在制定相关待遇标准基础上，规章建制，定岗定责，分配上实行工资与业绩挂钩。“能者上、庸者下、平者让”，保证人才不受压抑。在青禾做事，没有后顾之忧。大家都铁了心在青禾干一番事业，与青禾一同发展。青禾的快速发展，来源于公司对人才的深刻认识。而这种认识，又伴随着“青禾”发展而不断加强。正是因为如此，青禾发展如虎添翼。2002年，企业5%预混料，猪浓缩料销量在省内业界位居前茅。是人才擎起了“青禾”成长的一方空间。

**二、权、责、利明确**

管理和制度建设是公司稳步发展的保障。哈尔滨青禾饲料有限公司在董事会领导下，实行行政、财务、品控三条管理线平行运作、互相制约、协调发展，每个岗位做到权、责、利明确，充分发挥每位员工的潜能，体现公司生机勃勃的活力。

哈尔滨青禾饲料有限公司的管理，自有独到之处。青禾，强调人性化管理，管理的目的是使大家一同完成各项工作。管理的主体是人，管理对象也是人。所以必须认知人性，

尊重人性。在此基础上，发挥管理的作用，使大家心往一处想，劲往一处使，把一个团队变成团结的集体，战斗的集体。基于这种对管理的理解，青禾形成了很多自己的管理理念。规范化制度建设，重视制度执行，青禾把制度作为管理的主要手段，本着严密、具体、可操作性强的原则，制定公司各项制度及各岗位工作规程。在每项制度出台之前，大家共同参与，从各角度审视其合理性，尽量减少漏洞及不合理之处。制度一旦公布执行，公司从上到下必须严格遵守，制度面前人人平等。青禾注重培养建设一支高素质的管理队伍，管理队伍是企业的灵魂。在各级管理人员的任命过程中，都是重视加谨慎，并多方考察的。看重管理人员的生活及职业道德观念、人品第一、观念第一，具有务实、乐观、坦诚、公正、无私、有主见、有思想、胸怀宽大的人格魅力，发挥凝聚作用；真正具有全身心投入到团队的事业之中。总之，培养和造就领军人物是青禾公司管理队伍建设的核心工作，是公司管理思想得以发挥的前提基础。青禾的管理不是单向的，而是互动式的。首先表现在对领导角色本身的理解上，认为领导不是用权，是授权，强调领导就是服务，是既带领又指导，实行领导与员工对话制度，及时沟通思想，交流感情，关心员工成长与利益，对所有员工一视同仁，积极解决各种实际困难和问题。通过这种沟通和服务，每个员工都信心十足、干劲倍增，顺利完成自己的工作。同时培养员工的管理观念、制度意识，使员工理解制度、遵守制度。倡导每个员工都是管理者及制度执行者，形成人人关心管理、人人遵守制度的工作风气。发挥员工的能动性、使大家在自己的岗位工作中，在执行制度的过程中，发现问题，及时反馈，提出建议，不断完善制度、完善管理。青禾就是在这种理论与实践的反复过程中使管理得到逐步提升的。

**三、不是管理，胜于管理**

制度是有形的，但无形的情感更重要。企业文化可帮助企业员工统一观念，统一价值取向，增强凝聚力，起到激励、约束、美化、协调的作用，不是管理，胜于管理。

同荣共辱的团队精神是青禾企业文化的核心。讲究把个人追求融入到企业的发展目标之中。俗话说：“大河没水小河干”。企业不发展，就没有个人前途。

公司上下齐心协力，相互尊重，相互理解，相互欣赏，进而形成思想上的共鸣和行动上的默契，团队优势自然发挥，这也是青禾公司快速发展的内在因素。敬业是青禾文化的基础。青禾崇尚全身心投入的敬业精神。大家无论在每个岗位上，追求要做就做最好的，不但为公司，更是为自己。在务实、进取、创新的工作中每个人每一天都在进步。通过岗位的磨炼和学习，逐步完善自我、完善岗位。尊重人性，倡导孝敬父母重视家庭。诸如天下百善孝为先、齐家治国、家和万事兴等，都强调家庭和睦是做事的前提。“家和”应有两个方面的含义。一是表明一种能力。俗话说：“清官难断家务事”家庭和睦说明家务事处理得好。难断的事全给你解决了，说明有能力。难怪古人云：“一屋不扫何以扫天下。”另一方面表明无后顾之忧能全身心投入工作。青禾员工爱岗敬业也在情理之中。讲信誉是青禾品德文化的外在表现形式。青禾提倡两种信誉。一是个人的信誉。要求踏实做事，说到做到；取信于同仁。二是公司的信誉，以用户效益求公司效益，与协作单位做事，以树立公司信誉形象为原则，损利不损誉。讲质量是青禾人一直追求的产品文化。公司把产品质量视为企业发展壮大之源。产品质量包括两个方面。一是产品把住质量关。二是产品质量的提高和创新。技术部随着畜禽品种的改良，饲料、原料的发展及市场对产品的需求，不断有新产品推入市场，确保企业科技领先，产品领先。

哈尔滨市青禾饲料有限公司凭借优秀的人才，独特的经营理念，及适合市场的产品策略和营销策略，在不断壮大发展中追求完美，为用户提供更优质的产品和更完善的服务。

## 追求卓越　共同荣耀

### ——黑龙江省双城市荣耀饲料生物技术开发有限公司

创建于1997年的黑龙江省双城市荣耀饲料生物技术开发有限公司是集饲料生产和销售于一体的高科技知识型、现代化企业。公司总部位于双城市新开发区，自有铁路专用线，交通运输便利。公司拥有一流的微机控制的全自动化饲料生产线。生产的荣耀牌奶牛、肉牛、生猪等多种营养型浓缩饲料、预混合饲料近50个品种，产品畅销黑龙江、河北、内蒙等地。

短短5年的时间，以总经理为首的“荣耀”技术和管理精英带领全体荣耀人励精图治，搏击市场，取得了良好的社会、生态、科技、人才、服务、管理和规模效益。双城市荣耀饲料生物技术开发有限公司先后获得“哈尔滨市政府著名商标”企业、“黑龙江省政府著名商标”企业称号。连续被哈尔滨市工商局授予“重合同守信用企业”，被黑龙江省科技服务团推荐为“农民致富科技产品”。在2002年底被评为“全国饲料工业百强企业”、“全国饲料工业行业先进集体”。公司已于2003年2月通过ISO9001国际质量体系认证。

#### 一、重视人才是根本

人本管理是企业管理的灵魂和中枢，只有建设具有较强团队意识的高素质的员工队伍，才能造就一流的具有竞争力的企业。双城市荣耀饲料生物技术开发有限公司内部实行全员聘用制，并向全国招贤纳士，对所有被聘用的近100名大学毕业生，实行公开竞聘上岗。公司定期或不定期的培训员工，通过聘请国内知名公司、学者举办有关专业知识培训班，培训企业骨干力量和各岗位人员，让其掌握领导技能、企业管理、营销技巧、动物营养和加工技术等知识，以提高其业务工作能力。管理层没有固定的交椅，员工没有铁打的饭碗，对所有人员采取优胜劣汰的办法，能者上，庸者下，从而确保了公司有一支有能征善战的高素质员工队伍。

#### 二、确保质量是关键

质量是企业的生命，树立品牌是企业立足市场的关键，而产品质量是树立品牌的基础，只有过硬的产品质量，才能树立起品牌。为此，荣耀公司始终把质量管理放在第一位。在原材料采购上，层层把关，做到不合格的原料质管部不批，采购员不购，仓库不收，装卸工不卸，生产部不用，环环相扣，相互制约，共同负责。公司以IOS9001国际质量体系认证契机，全国推行国际质量标准体系，使产品质量得到了更加科学和严格有效的控制，卓越的产品质量，赢得了广大养殖户的欢迎，在养殖户中间流传着“选来选去选荣耀”的口号。

#### 三、科学管理是保证

在高层次高水平技术人员对产品质量严格把关下，荣耀公司的产品已经走进了千家万户，在这产销两旺的势头下，公司领导层一致认为：要把企业发展放在首位，必须进行科学管理。具体落实到质量管理、人事管理和财务管理，狠练内功，抓好制度建设和队伍建设。公司在经营管理上连出新招，严格制度，分级管理，层层把关。在这种机制下，员工激情饱满，斗志昂扬，群策群力，完全表现出主人翁的工作姿态。

#### 四、售后服务是武器

双城市荣耀饲料生物技术开发有限公司想用户所想，急用户所急，在进行市场研究分析后，得出结论，农村养殖专业户不仅需要的是高质量的饲料，更需要的是养殖技术的提高，公司提出了“产品打到哪里，服务跟到哪里”的战略方针，探索出真正能为农民服务的新路子。每一位营销员既是服务员、质检员又是宣传员，可以随时为客户解决问题。公司购置了专用服务车，提高售后服务在服务过程中的快捷能力，以赢得时间，提高顾客满意度。公司的每一位营销员都具备专业知识，都热衷服务指导于养殖户。他们的身影、足迹遍布各市场的乡镇、村屯。良好的科技服务使养殖户的饲喂进入了科学化阶段。荣耀公司的营销员成为“爱心奉献社会、真情系结农民”的一道亮丽的风景线。

**五、培育市场是出路**

黑龙江省饲料工业发达，厂家众多，竞争异常激烈，要想在市场竞争中取胜，必须注意适应市场，加强市场培育，努力开发新市场。通过5年的市场锤炼，荣耀公司从小到大已发展成具有一定规模的饲料生产企业，并已具备作为成熟企业的品格。荣耀人清醒地认识到，只有不断开发和培育新市场，创名牌、闯市场才是企业谋求进步发展的根本出路。

现在饲料工业和养殖业正进入全面调整时期，也是荣耀公司完成第一次创业，准备腾飞，进行第二次创业的时期。荣耀公司坚持“科教兴牧、产业报国”的企业理念，发扬“正气、正义、时效、创新”的企业精神，一切以“顾客至上、技术先进、诚信服务、持续改进”为方针，坚持“发展饲料工业，振兴民族经济，干一番事业，富一方人民”的创业指导思想，不断提高新技术的应用研究与技术创新、不断提高服务质量，以崭新的姿态、饱满的精神、稳健的步伐，团结一致，锐意进取，扎实工作，永不满足，向着“创一流农牧科技企业”的目标前进！

## 重视产品质量　增强企业活力

### ——中外合资哈尔滨美龙饲料有限公司

1993年春，一座新型的中外合资企业落成在美丽的哈尔滨机场路旁。这就是东北三省第一家以生产预混合饲料为主的饲料企业——哈尔滨美龙饲料有限公司。

美龙饲料有限公司是由黑龙江省生物制品二厂与香港利亨农业有限公司合资兴建，以生产畜禽用浓缩饲料、预混饲料为主的专业化、现代化企业。公司拥有美国进口的自动化生产设备及高速、高效检测仪器，由美国著名动物营养专家钏伟彤博士提供适合东北三省地区饲养特点的电脑配方和生产技术。在公司全体员工的共同努力下，现已开发、投放市场各种畜禽、鱼虾饲料73个品种，产品销售覆盖东北三省及内蒙部分地区，年销量近万t。美龙公司的建成为东北三省畜牧养殖业的发展增添了盎然生机。

**一、以法治厂，以制度规范人**

几年来，随着人民生活水平的极大提高，我国畜牧业的蓬勃发展，各地大小饲料厂家风起云涌。这一新兴行业的无序竞争，给许多饲料厂家势必造成了某种程度上的危机感。如何在竞争激烈的千变万化的饲料市场中生存、发展自我。美龙人寻求的是一条以法治厂的路。

他们深入学习贯彻《饲料管理条例》，《标签标准》及各种饲料管理的法律法规文件。根据国家标准及饲料管理条例的有关规定制定了产品检验标准和原材料采购标准。为了进一步提高中层干部质量管理层次和员工的质量意识，美龙公司在全省饲料行业中率先进行了ISO质量体系认证，在认证中制定了企业的质量方针、目标，逐步完善了质量管理程序，使企业在产品标准化，管理规范化的有序生产状态中良性运行。

以规章制度规范人，是企业提高产品质量的重要措施。美龙人视质量为企业生存的源泉、发展的动力，把产品质量作为企业生产经营活动中的重要工作去抓、去落实。在美龙公司的规章制度中明文规定：“不合格原料不准投入生产，不合格产品不准出厂。严禁使用伪劣原料或以次充好。不破包、散包，缺斤、少两。对玩忽职守造成质量事故，追查生产责任，严肃处理”。这些明文规章制度有效地规范了生产工人和技术管理人员的生产行为，他们树立了良好产品质量意识观，以规章制度为准则，层层把好产品质量关口。公司从原料进厂投入生产，直至检验出厂都有专人把关，层层监控。

在生产环节上，做到了专人配方、专人投料，投料有监督，生产有记录。在产品检验上做到了一批一化验，从生产投料到产品入库都有检验记录，责任签字。由于公司实行严格的规章制度，以规章制度规范人的行为，人为地把住了产品质量关。依春友好养鸡场用美龙饲料后，种鸡产蛋率达到国际水平；嫩江鸡场用美龙饲料，蛋鸡月产蛋率在88%以上；哈尔滨市郊和外市县用哈尔滨美龙饲料有限公司553蛋鸡料均反映产蛋率高达98，高峰期持续时间最高达8个月之久，蛋鸡养540多天，产蛋率还接近8成以上。几年来公司生产有条不紊，产品信誉不断提高，用户满意地说：“美龙饲料产品稳定，用着放心，饲喂效果好。”

**二、以市场调研为导向**

以市场调研为导向，是产品结构变化的信息来源。哈尔滨美龙饲料有限公司重视市场调研工作，在业务员和部经理公出中，公司明确要求，只要有机会外出，就要带回市场情报，看公司的产品在市场中的反映如何，在品种上还有何缺欠，是否适销，在质量上是否让用户满意。每次公出的业务员，都要认真填写出差报告单，这些报告单由内勤人员整理汇总，形成档案纪录。公司领导层人员，根据这些记录在案的信息，每月一例会、总结，研究改善产品内涵，外观质量的方法和途径，向市场投放适销、畅销、质量稳妥的产品。

在产品质量上，哈尔滨美龙饲料有限公司追求的目标是：美龙饲料永远不会让用户失望。

**三、科技人才　周到服务**

以科学技术教育人，是企业提高产品质量意识的可靠途径。哈尔滨美龙饲料有限公司总经理意识到：要想提高产品质量意识，首先要提高美龙员工的素质，提高他们的科学技术水平。在强化质量观念上，他们做到了定期培训——每月末由主管技术总经理和技术人员讲课，宣传饲养、饲料、家禽、家畜、疫情疾病知识，使业务员把所学之长再结合实践中不断地增长技术才干，增强应变能力，提高专业素质。提高部经理经营水平——走出去学习、参观、考察，分期分批或单独教练的形式，让部经理及中层管理人员外出学习取经，学人之长，补己之短。员工持证上岗——凡生产、技术岗位人员一律经岗位培训、考试、考核合格后，持证上岗工作。通过以上3种培训教育，有效地提高了各类员工的素质，强化了员工的质量意识。

以服务态度感动人，是哈尔滨美龙饲料有限公司质量管理工作的重要环节。服务也是产品质量的体现，服务态度的优劣，直接作用于用户心理的承受能力，在美龙公司的管理中，服务态度是首位的规定要求。哈尔滨美龙饲料有限公司要求从后勤服务到销售出门，每个员工都要做到以礼待人，热情服务。用户的需要就是我们的工作，诚信、友情第一。业务员和用户交朋友，把用户的困难视为自己的困难，只要他们提出来，即使是份外工作也寻求解决途径，尽力协办。让用户从进厂门直到货物出门都感到美龙人的亲切，美龙人的诚实。在与用户交朋友的基础上，哈尔滨美龙饲料有限公司还舍得花大力气帮助用户养好鸡、养好猪，让用户走脱贫致富之路。公司由专家及专业技术人员带队，巡回在乡镇农村之间，到处宣讲饲养、管理禽畜疫情、禽病的防治工作，让养殖户尽快掌握科学饲养管理常识、技术，用好美龙饲料，养好禽畜。几年来，这支队伍走遍黑、吉2省，授课上百次，受教育人数达上万人次之多。除此之外，哈尔滨美龙饲料有限公司还聘请两位兽医专业技术人员，登门为用户进行售后技术服务，帮助养殖户做好禽畜疫病防治工作，使用户尽快走上致富之路。

**四、以整体形象凝聚人**

以整体形象凝聚人，是企业创收创利的有利保证。哈尔滨美龙饲料有限公司在管理上强化质量意识，体现质量标准，强调整体效应。在美龙公司，从清新整洁的厂容厂貌到车间、仓库有条不紊的管理，无处不体现质量管理的深入、严格。员工爱岗敬业，尽职尽责的工作场面，使每一个步入美龙公司的用户深深体会到，美龙公司的管理是规范的，美龙公司的产品质量是可靠的，美龙人的质量意识是可贵的。几年来，美龙饲料有限公司就是以整体的凝聚力，不断地提高产品质量及质量意识观念，在竞争激烈的大市场中顽强拼搏，努力实现企业的自我完善，自我发展。

企业曾获各种殊荣：质量管理工作获得了农业部全面质量管理达标证书；产蛋鸡预混料553荣获首届中国饲料工业博览会认定产品；1998年美龙牌饲料获得了黑龙江省质量监督局颁发的产品信得过荣誉证书；1999年美龙饲料有限公司被评为黑龙江省饲料十强企业；2000年企业获ISO国际质量体系认证证书；2002年“美龙”牌商标被评为黑龙江省著名商标，同年美龙饲料有限公司被中国饲料工业协会评为《全国饲料工业科技进步先进单位》。

哈尔滨美龙饲料有限公司的产品过硬，产品质量始终如一，美龙牌饲料已得到了用户的普遍认可。

## 在发展中求辉煌
## 在奋进中求创新
### ——东方希望集团

2002年是东方希望成立的20周年，东方希望集团有限公司是注册在上海的大型民营企业，现拥有资产数10亿元人民币，员工近6 000人。旗下70余家以饲料为主，涉足面粉、食品、生物工程、化肥等相关行业的子公司遍布华东、华北、中原、东北、东南、西南16个省市自治区，2000年开始跨国经营，已在越南建有2家饲料公司。东方希望集团董事长刘永行多次被美国著名财经杂志《福布斯》评为中国大陆最成功商人，成为媒体和社会关注的焦点。2002年刘永行被评为“2001 CCTV中国经济十大年度人物”和“搜狐2001十大财经人物”。

作为从事专业化动物饲料研发的东方希望，现已开发出猪、鸡、鸭、鱼4大系列的“希望”、“红门”、“金豆”、“强大”等12个品牌的预混料、配合料、浓缩料。东方希望饲料产品质量稳定，具有较好的性能价格比，为国内著名品牌。东方希望60多家现代化饲料工业企业遍布全国，市场占有率领先，年销售收入超过30亿元人民币，取得较好的经济效益。

作为在改革开放政策下成长起来的民营企业代表，东方希望集团20年来随着中国饲料业的发展壮大而壮大，饲料业始终是集团的第1主业。多年来，东方希望集团在其生产经营管理中秉承“诚信、正气、正义”的价值观，坚持“让农民富裕，让市民满意，让政府放心”的经营理念，努力把饲料行业做强做大，实践“三个代表”重要思想，并提出2010年夺取饲料产销量“世界第一”的集团跨世纪宏伟目标和建立中国的“百年老店、百年名店”的战略目标。为实现这一目标，东方希望在稳定产品质量的基础上不断提高产品的科技水平和服务质量，把2002年确定为集团第2个“优质产品经营年”。

**一、始终如一的严格管理是企业发展的“护身符”**

随着饲料行业竞争加剧，企业赢利空间越来越小，为了使饲料产品质优价廉，又保证企业健康发展，集团一直保持着“严格制度、奖罚分明”的管理特色。首先是层次分明的管理脉络，公司上下各条线的管理经纬分明，为了明确管理责任，公司各部门精心总结和设计自己的管理流程图，管理流程就是管理的“法律文书”，是有效运行的可靠保障，是企业管理的经验总结。其二有持之以恒的考核检查手段，编写了部门工作流程图，公司对各部门的可控成本、费用指标进行严谨科学测算，实行定额管理，对各部门的消耗和所发生的费用分别建立台帐，每月底由财务部计算汇总，作为部门考核的依据，奖惩当月兑现，落实分解到人头。同时，部门主管的奖金和升降任免与考核成绩挂钩，以数据来衡量各岗位的工作质量和服务质量，向管理要效益。每到周末总经理带着部门经理们从办公室到宿舍，从公共地段到成品原料库，再到机器设备，再到路边墙角，那些做得优秀的会得到表扬和奖励，那些不规范的、不安全的、不卫生的总要交“学费”。与此同时，集团还不断强调成本意识，从节约1度电、1滴水、1张纸抓起，1分1厘地“抠”……每月领工资时，要求每位员工提出一条降低成本的建议，由公司办公室汇总实施。集团通过各个公司在管理中形成的经验，不断地改进和创新，已经连续7年进行1年1度的《东方希望规范化管理》检查工作，形成了东方希望集团的管理典章。

集团高度重视市场管理，制定了《市场管理办法》，规范了市场，极大地推动了“希望大市场”的健康有序发展。东方希望集团原料采取超前储备、统一采购、杜绝假货、盘活库存等措施，最大限度地降低了成本，并首次在全国范围对8个品种的原料实行公开招标。

## 二、坚持不懈的学习是企业辉煌的“推进器”

东方希望独特的企业文化为其成功奠定了基础。也由此凝聚了一大批优秀人才为东方希望事业贡献聪明才智。东方希望力求把企业办成一支能打硬仗的队伍，一所培养人才的学校，一个温暖可靠的家庭，集团鼓励员工勤勤恳恳工作，堂堂正正做人，把自己的追求和东方希望事业的发展融合在一起，营造一种积极健康向上的企业文化。市场的竞争实际上就是人才的竞争，东方希望非常重视对职业经理人的素质培养，在上海成立了东方希望干部专科学校，去年共组织了12期短期培训，受训人员共计420多人次，并请美国谷物协会、上海水产大学、同济大学、光明乳业等单位的专家、教授为员工讲课。

“从外企学一点、向国企借鉴一点、向个体户那里总结一点、自己再创新一点。”这是东方希望的企业管理制度形成的重要途径，也是其独有的管理文化。集团要求干部做员工的“榜样、教师、教练”，干部带头学习，以帮带学，并采取多种学习形式，员工学习自成风气，员工们在实践中学习、向同事学习、从书本中学习，集团以务实的态度，坚持组织员工开展学习活动；鼓励员工自学成才，不管工作再忙，员工若要参加自学考试，公司一律准假，并提供必要的支持和帮助。真正做到“这里是一个学习型企业”。这也体现了集团胸怀博大的人才观。东方希望坚信，每天进步一点点，是卓越的开始，每天创新一点点，是领先的开始，每天多做一点点，是成功的开始。

## 三、坚持“为客户创造最大价值”是企业奋进的“制胜宝”

东方希望集团长期以来教育干部和员工要尽最大努力帮助农民和合作伙伴致富。干部员工始终实践着这一承诺，把为客户创造最大价值提升为“做大众文化的价值提供者”。大众需要得到多一点，付出少一点，这也是市场经济中推动企业发展的源动力，东方希望的领导层认为作为企业，必须满足消费者的需要，所以“以质促量”一直是集团在与外企共舞中制胜的法宝。公司拥有一套完善的质量控制体系和1支高素质的质量管理队伍，形成了抓“进口—原料”、抓“出口—成品”，控制“中间环节—生产工艺”的模式。在原料采购方面，做到货比10家，同一价格比质量，同一质量比服务，同一服务比时间。每车原料进厂时，边卸货边抽样，而且逐包抽，最后以综合化验为准，力争做到物美价廉，对不合格的原料一律拒收。中间环节抓工艺，优化配方，公司的配方一旦下达，便是执行令，任何人都无权修改或不严格照此办理。集团为适应市场推出高档乳猪料系列、高中档鱼料配方和新型奶牛料，成为年度新的赢利增长点。在生产过程中，对每一道工序都设立了质量控制点，每个岗位在醒目处悬挂岗位职责，严把生产过程中的质量关。为了配合优质产品生产，各子公司纷纷对设备进行改造或更新，如为了改善水产饲料的质量，保证产品粉碎细度，改普通粉碎设备为微粉碎设备；增加了喷油装置，保证油脂添加的均匀性；提高环模压缩比，提高水产饲料的水中稳定性等。尤其是生产颗粒料时，要以磨口瓶留存的样品规格、粒度作为对比标准，做到精益求精，让用户满意。对成品进行全面检验，验质验重，就连标签和缝包线稍有瑕疵也不能出厂，把质量管理从“事后把关”转变到“事前控制”上来。为了更直接地让用户了解公司产品的质量和带来的经济效益，东方希望选择多家典型的大型养猪场做“养殖实验”，让用户通过科学测试，自己验证产品质量。“桃李无言，下自成蹊”，养殖实验为公司引来了越来越多的用户。

通过5年多的研制，集团开发出了具有独立的知识产权的赖氨酸产品，打破了国外公司对该项技术的长期垄断，产品具有很强的竞争力。2002年集团还制定了新的高档料营养需要标准，并加强同国家检测中心的联系，掌握先进检测技术，了解原料掺假行情，对比检测数据，提高集团检测和原料识假水平。在添加剂使用方面，严格按照国家规定执行，并选用高效、无残留的产品。东方希望把企业的信誉看成企业的生命，把诚信经营作为企业发展的根本，带头成为了《饲料安全新世纪宣言》企业，积极参加上海市兽药饲料专项整治活动，坚决打击假冒、伪劣原料进入企业和社会，对净化市场，起到了积极的作用。

**四、细致入微的优质服务是企业创新的“垫脚石”**

集团深感在企业经营过程中，服务至关重要，为此专门制定了《窗口服务管理办法》，要求公司对门卫、司磅、开票、收款、发货、上车、食堂等所有与客户打交道的岗位明确规范的言行礼仪，对说普通话，笑脸相迎等都做了严格规定。如果哪个部门或岗位人员因服务不好而得罪客户，除向客户赔礼道歉，还将承担由此给公司造成的损失。集团内抓窗口服务态度，要求员工决不把不良情绪露给客户看，必须以诚相待，笑脸相迎；在外抓市场前线的销售服务和售后服务，进一步巩固了与老用户的长期友好合作关系，把售后服务工作越做越细，让终端养殖户赚钱致富。公司利用农闲时间先后在养殖户集中地区安排组织了技术讲座，利用投影机、影碟机等向养殖户演示和讲解了猪病、禽病、鱼病的预防与治疗。优质服务不仅仅针对经销商，公司对原料客户同样以礼相待，诚信采购，所以，优质服务也为公司降低了原料采购成本。

通过多年的努力，集团取得了稳步健康发展，2002年4月，集团被上海市地方税务局、上海市国家税务局评为“2001年度上海市A类纳税信用单位”。东方希望也成为上海2010年申博后援团，作为上海的民营企业代表，在世界上展示了自己的风采，为上海的申博做出了应有的贡献。

## 争做中国规模化猪场第一品牌饲料

### ——上海新农饲料有限公司

上海新农饲料有限公司成立于1994年5月，初建立时主要研究、生产、销售各种畜禽复合预混合饲料。其工厂和办公室均租用原松江农校的闲置厂房，除了简单的几件办公和生产设备，几乎没有什么固定资产。1994年注册资金为50万人民币，职工20来人，厂房面积100多$m^2$，由此可见当年创业的艰难。但是，凭着上海新农饲料有限公司先进的技术、艰苦的创业精神，1995年他们便实现了600多万元的销售业绩。经过近9年的艰苦奋斗，2002年新农公司达到了近2亿元人民币的销售额，职工人数也增加200多人，注册资金1 000万人民币，厂房面积达2 000多$m^2$，总投资额达3 000多万元人民币（以上均不包括合资、控股企业部分）。

目前，新农公司已形成了完善、专业的研究、试验、生产、销售体系：由4位动物营养博士主持的武汉新农饲料研究所是新农公司的主要技术来源，有600多头生产母猪的上海邬桥新农试验猪场是新农公司的试验基地，新农公司投资1 600多万元建成了自己的预混料生产厂——松江饲料厂，投资1 000多万元的建成了自己的配合饲料生产厂——青浦饲料厂，上海和畅实业有限公司是新农公司的高档饲料原料贸易公司。新农公司有畜牧兽医、动物营养专业毕业，大学本科以上学历的专业化、精干的销售服务队伍，有1个种源基地场——上海新农南汇种猪场，1个控股公司——武汉神农饲料科技有限公司，2个合资公司——深圳金新农饲料有限公司、武汉泛华生物科技有限公司，1个疾病监测诊断中心——上海新农饲料有限公司、华中农业大学动物疾病诊断中心。新农公司已连续5年被评为“上海市百强私营企业”（2001年排名第31位，而且是惟一的1家饲料企业），多年来一直被评为“松江区十佳企业”、“上海出口猪场惟一饲料供应企业”，2001年公司通过了ISO9001国际质量体系认证，2002年公司又被中国饲料工业协会评为“全国饲料工业科技先进集体”、“中国饲料行业百强企业”。

新农公司之所以能在短期内完成资本的原始积累并逐步取得这些成绩，除了在决策上顺应历史潮流，充分尊重市场规律，把握国家宏观政策导向等大原则上下工夫以外，还在具体的经营思路、经营理念、经营手段上摸索出了一套自己的经验。

**一、明确目标**

随着生产力水平的不断提高，养殖规模化、产业化是中国畜牧业发展的必然趋势。在很短的时间内，农村散户养殖将越来越少，规模化养殖场将越来越多。新农公司将主要目标客户定位为规模化猪场，认为他们是先进生产力的代表，是中国畜牧业发展的方向，也只有他们才能真正成为新农公司先进技术、高档产品的可能用户和最终受益者。

**二、科技领先**

新农公司自创立之初，便将高技术、高品位作为自己及产品的战略定位。通过技术入股的形式，公司吸纳了多位既掌握动物营养最新研究进展、又有着丰富实践经验的博士为股东，并专门成立新农饲料研究所。通过新农研究所，新农公司与国际、国内一些知名的大专院校、科研机构长期保持紧密的接触与良好的合作，随时掌握行业新动态和研究新成果，并根据市场的需要，及时地将这些先进技术应用到生产当中，不断研发最好的新产品，作到始终领先市场一步，以达永远稳定和提高市场占有率的目的。

1998年，新农公司为了提高客户的养殖水平，在上海地区率先成功推出了“新农牌”早期断奶乳猪料，该料不仅完全解决了乳猪21日龄早期断奶所产生的各种问题，而且能使仔猪断奶后10天内平均日增重达220～250g，保证了猪场21日龄早期断奶技术的顺利施行，使猪场的经济效益得到大大提高（1个万头猪场凭此技术1年可多获利10万元以上）。到目前为止，上海及其周边地区的绝大多数规模化猪场一直都在使用“新农牌”乳猪料，该系列乳猪料

2002年销售近3万t，名列全国各饲料公司乳猪料销量前矛。为了改善哺乳母猪的泌乳性能和种公猪的精液品质，新农公司又于2002年、2001年分别研发了高档哺乳母猪料和种公猪料。

**三、品质稳定**

品质稳定是新农市场稳定的前提和保证，也是客户的强烈要求、企业的生命。饲料企业只有提供高质量、稳定的饲料产品，才能保证企业长远、稳步的发展，也是企业创名牌，提高竞争力的根本。新农公司一直视质量为企业的生命，质量上乘，品质稳定是客户对新农产品的一致好评。新农公司的每一位员工都积极参与公司的质量控制工程。采购部选择一级供应商供应优质原料，品管负责每一批入库原料达到采购标准，工厂、品管保证每一批产品按配方和工艺生产，每一批成品必须经过质检检化验合格、品管认可方可入库，仓库保证妥善、保质储存原料和产品，销售部保证及时的销售和安全合理的运输。每一道工序均有原始的记录和日报表，严格按照ISO9001标准管理整个过程。

**四、个性化服务**

为了解决猪场发病率越来越高的问题，新农公司适时地推出了针对不同猪场、不同疾病的“个性化服务”。他们与华中农业大学等知名大专院校、科研机构和兽药、疫苗生产厂家建立广泛紧密的合作关系，根据疾病的流行情况，适时地邀请专家教授为自己的客户做疾病防治、饲养管理技术讲座和疑难病现场诊治。新农技术部还专门组织有丰富临床经验的技术人才成立兽医服务小组，开展现场疾病诊治、剖检、血清检测、处方饲料设计等形式多样而有效的服务手段，使客户的识病、防病、治病知识得到了系统的丰富，同时降低了猪场的发病率和疾病所造成的损失，更重要的是坚定了客户战胜疾病、进一步搞好养殖业、与新农公司共同发展的信心。

“踏实、专业、诚信、创新”是新农公司独到的经营理念。“踏实”具体表现为：每位员工的言行必须踏实，技术必须先进实用，产品必须高效实在，服务更要实实在在。“专业”的要求是：技术必须领先，产品必须科技含量高，质量必须稳定，在生产、销售、服务、管理等各个领域均须做到专业。“诚信”要求：企业和员工之间要诚信，员工和员工之间要诚信，企业和客户之间要诚信，员工和客户之间要诚信。“创新”是企业长期发展的必然要求：只有建立一套完善的创新机制，在不同领域不断创新，企业才会永葆发展活力，员工才会不断进步，只有带领客户创新，企业的创新才会得到最终的完善。

**五、新农未来发展思路**

产业化是中国农业的发展趋势，也是新农未来发展的思路。新农公司除了一如既往地发展饲料工业以外，还将积极配合上海市政府的养殖政策，大力发展种源农业，另外，还将进一步加大外省市场的开发力度，用新农公司上海的品牌、优质的产品、先进的技术帮助外省客户发展。“无公害饲料”也是新农近年的主要研发方向，目前新农公司已在这方面取得了一些突破，饲用“新农牌无公害饲料”生产、加工、销售“无公害肉”，是新农未来产业化发展的目标之一。

## 与时俱进　创新提高

### ——上海大江股份有限公司

上海大江（集团）股份有限公司成立于1985年，是一家集饲料、良种繁育、肉鸡饲养、屠宰加工一条龙连贯作业的中外合资农牧业上市公司。大江饲料工业是集团的支柱产业，其饲料的年生产能力为百万吨，预混合饲料的年生产能力为8万t，其主要产品品种有畜禽配合饲料、水产配合饲料、浓缩饲料和添加剂预混合饲料。上海大江（集团）股份有限公司属下的饲料总公司现有员工300人，其中技术人员60人。面对2002年饲料市场疲软，畜禽行情持续低迷，原料市场不稳，竞争日趋剧烈等不利因素，大江饲料总公司全体员工不畏艰难，沉着应战，紧紧围绕以促销增量、降本节支、提高效益为中心开展各项工作。工作中坚持两手抓，以管理为本，一手抓管理，确保管理出效益；以销售为龙头，一手抓销售，确保增量增效。努力做到3个结合，既与科技创新相结合，与管理创新相结合，又与创名牌、树信用相结合，走出了一条适合大江饲料业继续发展之路。2002年共生产各种饲料32.83万t，销售30.09万t，销售收入7.92亿元，其中畜禽配合饲料23.87万t、水产饲料44 590t、5%复合预混合饲料9 862t、1%复合预混合饲料814t、浓缩饲料6 937t，取得了饲料生产和销售的良好业绩。

**一、吸收先进技术，提高质量管理水平**

产品质量是企业的生命。要提高企业的市场竞争力，关键是抓好产品的质量，而要真正做到这一点，最重要的是要有一支技术过硬、勇于创新的质量管理队伍。为了加强质量管理的力量，上海大江不断引进经验丰富、有专业技术的人才，到目前为止，品管中心共有5人获得中级职称，2人获得初级职称，多人通过国家农业部职业技能鉴定中心考核，取得上岗证书，上岗持证率达到100%，另有多人被派往泰国正大总部学习培训。经过十几年努力，大江饲料总公司拥有了一大批训练有素的专业技术管理人才。

为了提高质量控制的技术水准，上海大江在硬件设施上更是不惜花费巨资，引进先进的分析仪器。其下属各饲料厂化验室普遍配制的常规化验仪器都具有国内最先进的水平，品管中心还先后从国外购进了原子分光光度仪，高压液相色谱仪和近红外快速测定仪等大型高精密分析仪器，如此大的投入在国内同行业中处于领先地位。这也充分体现了公司对饲料质量控制的决心，同时也提升了其饲料产品质量管理的水平。品管人员积极探索，利用先进的设备资源，先后展开了对原料的药物含量测定和各项卫生指标的测定，还增加了原料的氨基酸、维生素、微量元素（钙、铜、铁、锰、锌）和毒素的测定，对原料的控制更为严格，坚持不合格的原料坚决不用，使饲料的质量从源头就保证做到优秀。在成品控制方面，上海大江严格把住成品出厂关，并在短短的3年时间里，样品的检验项目由原来的27个增加到现在的55个。为了预防质量事故的发生，上海大江每月绘制产品质量控制图，运用统计学的原理对数据进行分析判断，以保证饲料产品的稳定性、可靠性和真实性。

由于有了较高素质的质量管理队伍和先进的检测仪器，“大江”牌饲料自诞生之日起就赢得了用户的信赖和好评，在国内享有较高的声誉，市场占有率也一直名列前茅。据统计，上海大江2002年共检测样品数13 051个，项目数80 280个，接受市、国家级饲料抽查5个批次、23个品种、免税饲料抽查36个品种、批准文号饲料抽查4个品种，共7个批次，63只品种全部合格。

**二、借用“外脑”，提升研发的技术含量**

技术创新是饲料持续发展的根本。上海大江由于以前对技术创新的重要性认识不足，失去了部分市场和部分客户。2002年上半年由于种种因素的制约，在饲料含粉率等问题上出现了一些质量问题，严重影响了上海大江饲料的销售。上海大江在刘宏达副总裁的带领下，组成各个小组，南下广东等地学习与取经，回来后组织生产攻关，使上述问题得到了切实有效的解决，并有效地控制了成本。2002年下半年以来，上海大江多次集中公司各种力量来强化产品研发工作，成立了由7人组成的饲料研发中心，建立了相应配套的2个试验场。同时采用“走出去，请进来”的办法，先后与北京、广东的饲料研发部门进行全方位的技术合作，将优秀的同志派出去学习培训，不断提高饲料技术含量，从而促进了销售。

**三、树立以市场为中心、以客户为中心的营销理念**

大江饲料的市场网络的形成已有17年的历史，但随着市场竞争的日益加剧，产生部分市场、部分客户的动摇是客观必然的。上海大江针对这一情况及时地在“深、实、细”方面做好工作，突出以市场为中心、以客户为中心的营销理念，集团公司主要领导关心营销工作，分管领导亲自抓饲料销售，饲料总公司领导经常性地跑市场、访客户，掌握客户动态、市场需求，亲自抓客户的稳定、开发及市场协调和管理，积极推进大江大饲料发展战略，积极向外拓展销售市场，并经常与经销商一起深入广大养殖基地听取意见，及时地并实事求是解决问题。在技术服务方面尽可能做到耐心细致，平时经常召开一些地区性的座谈会、恳谈会。

**四、不断完善的管理体系**

大江饲料总公司下属共有饲料公司6家，为了使下属各单位的产品质量都达到统一的标准，使饲料质量真正达到“安全，卫生，稳定，可靠”8字方针的要求，上海大江采用了统一原料采购程序，统一生产配方，统一生产工艺，统一检测方法，统一产品标准。在配方上，公司通过借鉴正大集团先进、科学的饲料配方技术，与国内科研单位挂钩，由研发中心，结合公司的实际情况，以及客户的要求，制定合理科学的配方，生产单位按照统一的配方技术文件组织生产。饲料生产的主控和关键设备均为国际饲料生产设备专业厂制造，为了达到最佳功效，公司同时制定了制粒、粉碎、混合、冷却、破碎等统一的加工工艺和操作规程。为了保证各厂品管人员行使“一票否决权”及“合格产品放行权”的准确性，品管中心制定了统一的饲料化验标准及化验仪器操作规程。经过10多年来的发展，大江饲料总公司目前已形成了猪、鸡、鸭、水产等大类的系列饲料产品。为了提高各厂的产品质量及保证大江品牌在市场上的声誉，根据国家标准及行业标准先后制定了各大系列饲料产品的标准。正是由于上海大江的工作中贯穿了严格的质量管理思路和方法，大江饲料产品的质量取得稳定和不断提高，市场声誉也得到不断提升，市场占有率也有了明显改变。

## 改善质量 与时俱进 推进产业化进程

### ——东海粮油工业（张家港）有限公司

东海粮油工业（张家港）有限公司是中国粮油食品集团（香港）有限公司、ADM亚太有限公司和新加坡KENSPOT公司共同投资兴建的外商独资企业。本着全球经济一体化的发展理念和优势互补的原则，强强联手，精诚合作，于1993年在东海之滨的张家港保税区，投资兴建了具有国际水平的大型粮油综合加工基地——东海粮油工业（张家港）有限公司。东海粮油到2002年的总投资已增加到1.98亿美元，占地700余亩，拥有榨油、精炼、特种油脂、小包装、饲料、面粉、大米、钢桶等8个专业生产厂，是目前全球规模大、技术先进的综合性粮油加工基地之一。自1997年全面投产以来，东海粮油凭借其雄厚的实力，在粮油行业迅速崛起，独占鳌头，到2001年底累计向国家上交各类税款16亿人民币，跻身于中国最大的100家外商投资企业之列。经过5年的稳定发展，到2002年底，工业总产值达到80亿人民币，饲料厂配合饲料年双班生产能力达到40万t，预混料年单班生产能力达到3万t。东海粮油现有员工1 200

余人，其中大专及大专以上学历的员工人数达到600多人，占总职工人数的近50%。2002年配合饲料总销售量逾20万t，是江苏省乃至华东地区最大的饲料加工企业。目前，东海粮油已有猪、鸡、鸭、鱼、鹌鹑、奶牛等6大系列“四海”、“五湖”两大品牌100多个品种的产品投放市场，产品和品牌先后荣获“江苏省质量信得过产品”、“江苏省重点保护产品”、“江苏省著名品牌”等殊荣。总结东海粮油饲料5年来的飞速发展经验，主要有以下3点：

## 一、确保质量稳步提高

为了保证产品质量，东海粮油注重与国外先进管理水平的接轨，高标准做好标准化达标和质量体系认证工作，先后通过ISO9001质量体系认证、ISO14001环境管理体系认证和HACCP食品安全体系认证，严格按照国际标准建立层层把关、环环相扣的质量管理网络，切实把工作质量、产品质量和服务质量与职工工资奖金挂钩，增强职工的质量意识，保证产品质量的稳步提高，从原料进厂→原料贮存→生产加工→产品包装→成品出厂→销售服务运行全过程，共制定标准325项，其中基础标准21项，技术标准80项，管理标准134项，工作标准90项，用管理标准、工作标准来确保技术标准的有效实施，以技术标准来保证产品标准落到实处。在实施中做到全员参与，落实到每一个部门、每一个岗位、每一位员工，并做好监督、考核工作，确保标准化工作正常、持续、有效执行。具体表现在以下3个方面：

1. 严格控制饲料原料关：根据企业标准，对企业原料进行严格抽检，合格的方可进入东海粮油原料仓库。不管是自产自给的原料，还是新老客户提供的原料，一视同仁，不合格的原料坚决不用，予以退货，从源头上控制产品质量。

2. 严格把好产品加工质量关：及时修订、提高饲料产品的质量标准，对加工过程中的粉碎、混合、制粒、冷却、破碎、筛选和包装等各道工序制定统一的标准。各工作岗位都有各自的工作标准和岗位责任制，进行规范化操作，不合格的半成品禁止流入下一道工序，职责分明，责任到人。

3. 严格控制成品出厂关：饲料品管部如同原料进厂一样，履行好对饲料成品的检测、监控职能，对每班生产的每一品种、每一批次的饲料成品进行认真检测，及时化验，开出结果单；没有品管部的评判，不得擅自作出成品出库的决定。品管部和成品仓库都设有样品柜，规定成品样品的留存期限，同时不定期将生产的饲料产品向国家饲料质量检验监督中心（武汉）送检，以接受上一级技术主观部门的监督和指导。

近年来，随着饲料市场的竞争加剧和饲料用户对饲料产品要求的提高，东海粮油特地在全国范围内聘请对饲料行业认识深刻、从业经验丰富的畜禽水产专家、教授组成其饲料营养与市场顾问团，对公司饲料产品的配方、质量、包装和市场策略进行指导，确保东海粮油饲料产品符合市场的需要，满足市场的需求，以进一步提升产品质量和用户中的形象。

## 二、强化内部管理

强化员工素质，加强团队合作：东海粮油深刻地认识到，在当下竞争如此激烈的饲料市场，要生产和销售优质高档的饲料产品，必须有一支道德素质好、技术过硬的生产、销售、服务队伍。为此，东海粮油精心设计培训内容，每月邀请国内外知名的畜禽水产专家、教授和同行中成绩斐然的成功人士到公司参观，并对饲料部所有生产、销售和服务人员进行授课，增强员工素质，努力打造一支专业知识扎实、技巧丰富的生产、销售和服务队伍。同时，东海粮油也清醒地认识到，个人素质和技能的提升速度已跟不上市场竞争形势的变化速度，仅仅依靠个人的力量已难以满足市场的需求。因此，东海粮油根据团结合作、降低成本的原则适时将营销代表分成若干个小团队，提拔一批业务素质好、领导能力强的营销代表作为团队带头人，加强市场信息的交流，共同分析市场行情，制定市场策略，协调、统一步伐，互相帮助，以达到增加销售量，提高产品的市场占有率的目的，并为培养中高层领导而储备人才。

强化危机意识，发挥个人潜能：正如东海粮油饲料部总经理孙舟所说：我们所拥有的，正在失去；我们所夸耀的，正在贬值。进入21世纪，饲料行业厂家众多，饲料产品有同质化的倾向，饲料公司要想获得持续、健康的生存和成长，必须加强所有员工的危机意识，清醒地认识到当下的严峻形势，忘却过去所取得的成绩，继续努力；用对的方法找对的事情做，并把事情一一做对；强化所有员工对成本控制重要性的认识及认同，努力减少在生产和销售过程中成本的无效浪费，节约成本，向内部管理要效益，增加饲料部的效益。

强化技术服务，送技术到家：为了解决广大养殖户在养殖过程中的后顾之忧，东海粮油近年来逐步吸引具有丰富实践经验的专业技术人才的加盟，配备强有力的技术服务人员深入农村为养殖户排忧解难。养殖户有疑问或养殖过程中出现问题，东海粮油售后服务人员就会及时给予咨询帮助或出现在养殖户的猪圈里、鸡舍中或鱼塘边，不怕脏，不怕臭，现场给出处理意见和建议。同时，技术服务人员会不定期地在各个区域或请养殖户到公司总部参观并举行养殖技术推广会，准备丰富精彩的技术资料，通过生动、形象的演讲形式，悉心讲解专业养殖知识，举办与之相适应的各种形式的宣传活动，增强养殖户对东海粮油生产设备、技术实力和产品质量的认识，增强养殖户对东海粮油产品的信任，加强公司与养殖户之间的感情交流。

## 三、积极构建现代粮油加工经营链条

东海粮油依据“踏踏实实做事，实实在在做人”的经营原则，多年来在粮油加工行业内埋头苦干，苦练内功，增强实力。做强做大是公司发展战略中的一个重要环节。具体来说，东海粮油采取稳步发展的战略，逐步推进，力争建设一个成功一个，没有走低成本盲目扩张的道路，从 2001 年起相继组建了江西南昌分公司和安徽临泉分公司，以适应公司饲料产品向外扩张的需要。

东海粮油立足畜牧水产产业，充分发挥资金优势、整体优势、规模优势、成本优势、品牌优势、技术优势、地理优势、产品和市场优势，积极、逐步构建从国际贸易→粮油加工→原料贸易→饲料加工→内外销售→动物繁育→动物养殖→技术服务 8 大领域的产业化一条龙现代粮油加工经营链条，在大豆加工的基础之上，先后投资涉入大米加工、大豆蛋白深加工、玉米加工等项目，组建动物原良种繁育基地和大型畜禽养殖场，抓住畜禽水产产业链条中的重要环节，坚持高科技、高起点、规模化经营道路，为我国畜禽水产产业发展发挥骨干、主导作用。

## 创新为魂 全力打造企业核心竞争力

### ——无锡正大畜禽有限公司

无锡正大畜禽有限公司已有 17 年的发展历史，企业取得了长足的发展，市场竞争能力有了较大的提高，步入了良性发展的轨道。进入 21 世纪，随着我国加入 WTO，国际竞争加剧，面对新形势，无锡正大提出了进行企业第二次创业的战略决策。他们深刻地认识到，应对日益变化的市场竞争，惟一的出路在于不断地创新，创新意识差，企业就兴旺不起来，创新能力不足，企业就难以在竞争中取胜。市场就是创新的目标，企业不是为了创新而创新，而是为了满足市场需要而创新，创新的成果需要市场的检验。无锡正大坚持以科技创新为主线，紧紧抓住质量、服务、诚信 3 大主题，塑造企业品牌，全力打造企业核心竞争力，公司产品走向全国，迈向世界，总销售额 1.6 亿元。

#### 一、以过硬的质量赢得用户的认知度

在科技创新上，无锡正大每年投入的科研资金占产品收入总额 5% 以上。加强与科研院校的紧密合作，不断强化科技研发力量，视研发为产品常青的瑰宝，推陈出新，重点开发，做到“人无我有、人有我优、人优我新、人新我转”，销售一代、生产一代、储备一代、开发一代，先人一步、高人一筹，形成了饲料添加剂、预混料、兽药、水产鱼药 4 大系列 200 多个品种的产品结构，特别是新推出的“新一代绿色安全饲料添加剂系列产品”进一步增强了企业在饲料添加剂市场上的竞争力。

产品是船，产品品牌是帆，品牌的核心一方面是高质量，另一方面是卓越的服务，“船”要想在市场经济的海洋中远航，就要看有没有好的“帆”。在无锡正大全体员工心里，已经牢牢树立了一种理念：质量第一。在生产过程中，始终坚持精细化管理，让每一位员工都明白，“下道工序就是用户”，每个人都必须将质量隐患消除在自己的岗位上，创造出产品合格率 100%。无锡正大把生产质量第一、顾客满意的精品作为企业执著的追求。在质量管理上制定了一整套规章制度，推行质量一票否决制，强化全体员工的质量意识。通过质量管理，连续十多年产品质量合格率达到 100%。无锡正大还在所有产品包装上使用防伪标识，提高了广大客户对牧圣产品的信任度与认可度，从而树立良好的品牌形象。牧圣产品多次获得“星级名牌产品”“消费者信得过产品”，“牧圣”商标被评为无锡市知名商标。公司被省、市政府授予“质量、计量信得过企业”、“江苏省先进民营科技企业”等荣誉称号。顺利通过 ISO9001—2000 国际质量管理体系认证。

#### 二、以优质的服务赢得客户的满意度

无论产品质量多么完善，价格多么合理，在市场上，产品合格是标准，用户满意才是目的。无锡正大在创造高质量产品的同时，始终把服务创新放在突出位置，针对客户不断提出的新意见和新要求，以最快的速度整合自己所有的资源，最大限度地满足用户的需求，公司提出：要时时处处为客户着想，在各个环节上实行同步流程，接到客户定单的一刹那，所有与该定单有关的部门或个人，都必须同步地快速行动起来，使定单快速传递、快速运作，使产品以最优的质量、最快的速度送达到客户的手中。

无锡正大在营销服务人员和全体员工中确立了全心全意为客户服务的经营指导思想，坚持为客户做好售前、售中、售后全方位服务。售前服务——实实在在介绍产品的特性和功能，为客户答疑解惑；售中服务——为客户提供饲养管理、疫病防制、食品安全、动物营养配方等知识；售后服务——通过电话、网络、走访等形式回访客户，与客户保持密切联系，以百分之百的热情来帮助客户解决在实际使用中可能发生的一些问题。

无锡正大的营销服务人员全年深入养殖第一线，2002 年共免费为养殖户举办技术讲座 136 场次，上门提供技术咨询 3 800 多次，解答电话咨询 43 000 多次，为客户解剖病死畜禽 3 000 多只并作出明确诊断，得到有效治疗。全年免费赠送技术资料 8 万份、技术光盘 1 万张，在全国 18 个省市召开技术研讨会 38 场次，参会人数近万人。投入资金 60 万元在 16 个行业专业杂志上刊登产品介绍，有效解除了客户的后顾之忧。

#### 三、以诚信赢得用户对产品的忠诚度

人民群众对肉食品存在一些疑虑，其主要原因是一些企业对饲料安全认识不足，只顾追求利润，不讲职业道德，有的甚至置消费者身体健康于不顾，违法

使用国家颁布的《食品动物禁用的兽药及其他化合物清单》内的原料，劣质饲料产品充斥市场，严重地损害了消费者的利益，危害了人们的身心健康。入世后，发达国家对我国畜禽产品出口的限制由原来的关税壁垒转向“绿色壁垒”，如果我们不解决好安全问题势必影响我国养殖业的发展，从而影响饲料企业的发展，养殖业、饲料业将两败俱伤。

无锡正大作为农业部确定的53家大型饲料生产经营企业，针对行业生产经营活动中存在的种种问题，进行了深刻的反思，形成“生产经营劣质产品是死路，生产经营绿色环保安全产品是出路”的共识。企业要取得长远发展就不能迎合某些用户见利忘义、目光短浅的短期行为，而应以诚信的行动与客户共同努力，创造出富有市场竞争力的产品，在市场竞争中取得双赢。

无锡正大在产品开发上，始终以关爱人类健康、保护生态环境为己任，严格按照国家规定的要求制定产品发展规划，致力于绿色安全饲料添加剂、预混料、兽药、水产鱼药的研究开发；在产品定位上大打安全牌，在社会环境上营造诚信观，积极倡导无公害安全食品生产消费模式，哪怕是一两一钱的违禁产品，都被拒之于门外。事实证明，只要企业以诚信赢得用户对产品的忠诚度，满足市场不同时期的需求，也就占领了市场竞争的制高点，赢得了市场核心竞争力。

为了适应饲料行业更加激烈的市场竞争，打造更强大的市场竞争能力，无锡正大购买无锡惠山经济开发区土地80余亩，与外商共同投资500万美元（中方51%，港方49%），建设与国际接轨的公司总部和GMP标准的饲料添加剂、兽药、动物保健品、生物制剂生产基地，从而顺应饲料行业发展高、精、强的趋势，利用中外合资江苏太泓生物科技有限公司自营进出口权的优势，大面积打入东南亚和中东市场，积极参与国际竞争。无锡正大的目标是：缔造国际品牌，创建世界名企。

在市场化进程日益深入的今天，企业不但要居安思危，更要居危思进，让每一天都充满新的挑战，让创新水平每天都有新的提高。在机遇与挑战并存的时刻，向前猛跨一步，就会赢得一个美好的空间；退后一步，就将失去一个世纪。在党的十六大精神鼓舞下，无锡正大将勇于更新观念，否定过去，否定自己，创造未来，不断加快科技创新的产业化、市场化的步伐；不断提高员工和企业整体素质；不断提高企业经济效益和社会效益。与时俱进，创新为魂，全力打造企业核心竞争力。

## 乘势而上　与时俱进

### ——泰兴瑞泰化工有限公司

泰兴瑞泰化工有限公司地处美丽富饶的长江三角洲和沿江开发带——江苏省泰兴市七圩镇，紧邻省级泰常公路及泰常汽渡码头，南有国家级沪宁高速、宁通高速公路、新长铁路贯通本地区，通往浦东国际机场、南京禄口机场的交通十分便捷。

泰兴瑞泰化工有限公司系集科、工、贸于一体的高新技术企业，是江苏省技术密集型和知识密集型企业，江苏省饲料行业质量效益型先进企业，连年省AAA级信用企业、江苏省泰兴市精细化工星火技术密集型骨干企业之一，是国家专业生产饲料添加剂企业，主要产品乙氧基喹啉原油，乙氧基喹啉粉剂为江苏省高新技术产品。承担的国家级星火计划乙氧基喹粉剂项目顺利实施完毕，获农业部科技进步三等奖。企业建厂以来，坚持以市场为导向，以科技为驱动，企业规模不断壮大，运行质态不断提高。2001年产值7 512万元，销售7 003万元，利税1 165万元；2002年产值7 928.3万元，销售7 591.6万元，利税1 621.6万元，公司现有固定资产（原值）2 138.5万元，职工人数118人，乙氧基喹啉有较好的市场前景，符合国家产业政策。2003年企业已形成4 000t/年原油的生产规模，市场占有率达52%，出口创汇400万美元，有力推动了行业的技术进步和产业的国际化进程。

**一、建立现代企业制度，推行市场化运作**

企业要参与市场竞争，抓竞争的主动权，就必须建立健全现代企业制度，完善法人治理结构。泰兴瑞泰是创办不久的合资企业，近几年来虽已按照合资章程基本上建立健全了现代化企业制度，但泰兴瑞泰依旧随着时势的改变而不断的实施制度创新和机构创新。

（一）实现资产重组，推行股份制，让经营层多占股、占大股。合资公司投资总额（注册资金）50万美元，折合人民币415万元；中方占60%折合人民币249万元。其中公司出让股份34%折140万元给中方经营层管理人员，泰兴瑞泰化工有限公司主要经营管理负责人占大股，高达22%。中层管理干部占多股，8人占股12%，完善股份制后，泰兴瑞泰结合公司实际，组织专业人员重新修订和出台了一系列规章制度，对董事会、监事会、股东会的职权进行重新规范，确保企业一切操作程序在合资章程，股东会章程的框架之内，坚持以有效的约束机制促进经济工作的健康运行。

（二）创新营销思路，突出市场建设。营销是企业的第一车间，市场是经济发展的调速器，因此，我们把市场建设作为企业经济工作的首要任务来对待。泰兴瑞泰化工有限公司主要负责人亲自上阵，坚持战斗在市场第一线，跟踪市场、捕捉商机，以市场建设来实现经济工作的新突破。实现产品销售、服务终身负责制，营销人员一旦与顾客发生业务往来，便终身负责销售、资金回笼、产品售后服务。当资金回笼出现风险、售后服务不到位造成直接损失时，全部记入个人账户。营销员个人账户其来源3个方面：①营销员初入市场时保证金；②营销员结算业务费提取的风险金；③企业根据营销人员的销量注入一定数额的市场建设基金。个人账户的最低金额，原则上不少于每批货款的 80%，当个人账户出现赤字时，营销人员必须及时以现钞注入或有价低算，这样增强了企业资产的安全系数，降低了经营风险。

（三）按“80/20”模式，建立工作责任连带追究制，泰兴瑞泰把海尔的“80/20”管理模式进行了有效移植，每月加大了对干部的考核力度，把车间、部门负责的工作考核与所在单位的整体工作切实挂钩，下属人员不能完成任务而受到处罚的，公司按“80/20”对负责人推行责任连带追究制 80% 的责任，从而增强了各级干部的主动性、责任性。

体制、机制的创新，给泰兴瑞泰化工有限公司的发展注入了新的活力，发展步伐明显加块，运行质量显著提高，2002 年，企业的产值、销售、利税等各项经济指标实绩分别比上年增长 18.71%、36.85%、26%，经济效益创下了办厂几年来的最高水平。

**二、坚持“质量第一”健全质量管理体系**

1993 年泰兴瑞泰创建时，乙氧基喹啉的生产广泛应用于饲料添加剂和食品水果保鲜方面，但国内无统一的生产标准。针对客观实际，泰兴瑞泰牢固树立“质量是企业的生命”的宗旨，在国际交往中率先在国内采用美国 1983 版标准组织生产。同时为了强化全员质量意识，泰兴瑞泰广泛宣传，层层发动，进一步确立质量第一的宗旨，建立了全员参与的以企业总经理为第一责任人的管理体系，并按照 ISO9001 质量管理认证标准，制定一系列管理制度，编制程序文件，推行质量管理责任制，从而使企业质量管理工作纳入规范化、制度化、科学化的轨道。泰兴瑞泰在抓产品质量的同时，既抓产品质量检验入库关，也抓原辅材料质量的进厂检测关，对产品制造各个环节严格把关，推行闭环管理。当年泰兴瑞泰化工有限公司在质量管理工作中初尝胜果，赢得了用户的满意，市场占有率大大提高，经济运行质态明显好转，质量管理工作也得到了上级主管部门的认可，并于 1997 年 7 月份顺利通过了 ISO9002 质量管理工作验收，成为国内饲料添加剂行业中第一家通过 ISO9002 质量管理论证的企业。产品的品牌效应初步形成。为使自己对产品的检测结果得到国际认可，泰兴瑞泰投资 15 000 美元检测费，将自己公司生产的乙氧基喹啉粉剂、原油系列产品送交国际权威 SGS 机构检测，检测发现泰兴瑞泰的产品已超过国际标准，可与美国孟山都公司生产的同类产品相媲美。几年来泰兴瑞泰的产品不仅风靡国内，而且还出口美国、日本、加拿大等 15 个国家和地区。2002 年 12 月份泰兴瑞泰产品质量管理顺利通过了 ISO9001 质量管理 2000 版换证验收。目前泰兴瑞泰正在向 ISO14000 管理标准迈进，可望于 2003 年通过验收。

**三、加强人才队伍建设，坚持科技兴厂，提高产品竞争力**

泰兴瑞泰以厂办研究所为人才队伍建设基地，按照“招人留心，用人连心”的原则，有目的地招聘高层次和实用型人才，提升科技队伍整体素质，全厂 118 人，大专以上学历 53 人，占职工人数 45%。同时鼓励科技人员持股上岗，项目竞标，充分调动科技人员的工作积极性。几年来，泰兴瑞泰注意人才队伍建设，坚持走科技兴厂之路，不断加大科技投入，大力推进技术改造，研制、储存新产品，提高企业的科技含量，加大产品的竞争力。企业原油产品的含量能控制提高到 98% 以上，抗氧化单体技术参数比美国先进标准高出了 3 个百分点，产品合格率始终保持 100%，不断满足客户在质量、价格、服务等方面的要求，供需双方利益兼顾，用户反映良好。公司产品在国内市场的占有率达到 55% 以上。2002 年泰兴瑞泰的产品跨进了以美国为代表的欧美洲 6 国的发达国家市场，企业的开放型经济发展水平得到了新的提高。预计出口交货值 500 万美元，比 2002 年 400 万美元增长 25%。

## 抓管理 创体制 促发展

### ——安徽淮北正虹饲料有限责任公司

安徽淮北正虹饲料有限责任公司由湖南正虹科技发展股份有限公司和安徽淮北天宏集团有限公司于 1995 年 8 月合资创办而成，属正虹科技控股子公司，是目前正虹集团中产销量最大的子公司。位于苏、鲁、豫、皖 4 省交界的淮北市，居淮海经济区中心地带，交通便利，地势优越，环境优美，矿山、能源、农牧业资源丰富。

**一、靠质量打市场，靠人才提高竞争力**

淮北正虹拥有现代化的饲料生产线 3 条，年生产能力 16 万 t，总资产 3 000 万元。公司中专业技术人才占 60% 以上，其中硕士研究生 2 名，大学本科毕业生 23 名；高级职称的 8 名，中级职称的 17 名。淮北正虹集饲料、养殖、科研为一体，拥有“正虹牌”畜禽水产类预混合饲料、浓缩饲料、配合饲料 3 大系列的 100 多个品种，各产品汲取总部的高新技术成果，力求保证质量的高档高效，同时 ISO9001:2000 质量管理体系标准化的管理建立也健全了公司产前、产中、产后的全程质量保障体系，有效保证了产品质量的长期稳定，生产流程中，公司精选原料，做到每批化验，杜绝不合格原料进厂；采用先进设备加工，电脑配料，配料精确，双轴桨叶仿生混合机混合均匀度高（CV≤5%），制粒机调质成型效果好；对于每批成品，首检合格才能装袋，样品化验合格才能出厂，确保出厂成品检验合格率 100%。淮北正虹就是凭着严谨的生产制度和生产态度，靠着高档、高效、稳定的产品打开了市场局面，产品普及苏、鲁、豫、皖 4 省。

在用人方面，公司实施“创造机遇，培养人才；

增负加压，锻炼人才；破格提拔，重用人才；论功行赏，激励人才”的人才战略，坚持“有为有位，唯才是用”的“两有”理念，坚持末位淘汰制，奉行吐故纳新。淮北正虹在保证激励和约束机制“双到位”的基础上，注重员工素质建设，每月至少举办员工培训班一次；积极组织员工共同学习，鼓励员工自学；致力于培养公司浓厚的学习氛围，以提高企业的核心竞争力。

**二、坚持在创新中求发展**

公司始终以正虹“龙舟精神”为动力，发扬正虹艰苦创业的“五千精神”，奉行“倾情回报社会，致力造福于民，实现双效双赢”的经营理念，围绕“管理上台阶，企业创一流”的经营宗旨积极开展工作，面对激烈的市场竞争和挑战，坚持在创新中求发展。淮北正虹成立8年来，累计生产、销售饲料30余万吨，完成销售收入7亿多元，为国家创税5 500余万元。1999年12月淮北正虹生产的QF—001获“安徽省《质量免检产品》证书”。1998年至2001年，公司连续4年被淮北市人民政府、淮北市工商局授予“重合同守信用企业”，又被安徽省经贸委等5家单位联合授予安徽省“重点保护单位”，并率先通过ISO9001:2000国际质量管理体系认证，还曾接受中央电视台的特别报道，2001年度“消防工作先进单位”、“淮北市2000—2001年度先进集体”等荣誉也相继而至。2001年12月7日，公司建立企业标准体系，并通过安徽省质量技术监督局专家组评审。据安徽省饲料工业协会最新统计，公司的产销量与综合竞争能力已跃居安徽省同行业首位。2002年，公司正虹、样样红系列产品被评为“安徽省质量放心产品”，同时被中国饲料工业协会纳为“直接联系的大型饲料企业”并成为其“团体会员”，2002年荣获全国饲料工业“科技创新先进集体”，是安徽省唯一一家荣获“全国饲料行业百强企业”称号的企业，并在评比中位居前50强。

## 重视技术服务　提升产品档次

### ——安徽省康地新技术有限公司

安徽省康地新技术公司成立于1998年，位于安徽省科学技术研究院内，南依安徽省农业大学、北靠安徽省农业科学院。现有员工40余人，80%的员工拥有专科以上学历，员工平均年龄为28岁。是一家年轻、充满朝气并服务于畜牧业的高科技饲料企业。

由于销售量日益扩大，安徽省康地公司在2002年对原有的生产设备进行了升级改造，使生产工艺更合理，搅拌机的等级更细：拥有5个批量等级的搅拌机6台（25kg/批、50kg/批、100kg/批、250kg/批、500kg/批）；生产线由原来一条增加到了两条；设备的生产能力从原来的年单班5 000t提升到年单班10 000t,从硬件上打好了公司下一年度发展的基础，保障了产品的质量。安徽康地公司拥有一支素质高、能力强的科研队伍和一批具备市场开拓与技术服务能力的销售生力军，积极进行新产品的研发，所开发的各系列饲料添加剂及预混料，以其优良的质量、适中的价位及周到的技术服务，使得各系列产品，深受广大用户好评，销售量与日俱增。自公司成立以来，每年都被安徽省工商局评为“A”级企业。

安徽省康地公司现有两个加工企业：

——预混料加工厂：由于现阶级养殖尚比较分散，因此每个地区的养殖技术水平、养殖规模及实际饲料原料资源情况都有很大的差异，所以安徽康地公司针对性生产了8大品牌、5大系列，计60余种单项品种的各类畜禽、牛羊预混料，以适应不同养殖品种、养殖水平的需要；适应不同经营风格、经营品种的需要。可以说，每个产品都是精工细作的精品，满足了市场上广大用户的需求，2002年销售各类预混料2千余t，销售量比前年度增加40%。

——蛋白质饲料加工厂：针对有些地区蛋白质饲料缺乏，预混料的使用存在实际困难的状况。安徽康地公司在2002年底开发了浓缩蛋白质饲料，尽管2002年年底蛋白质原料价格大幅上涨，给产品开发带来了很大的生产成本压力，但安徽康地公司仍坚持质量为先，价格为后的原则，保障了产品质量，销售量节节上升。另外，安徽康地公司现正在与有关科研单位合作，准备在下一年度开发质优价廉的蛋白质饲料补充原料，以满足目前市场上蛋白质饲料原料短缺的需求。

安徽康地公司不但注重产品开发与销售，保障产品质量，而且还重视产品的安全卫生：把好原料采购关，做好产品技术开发关，绝对不谋起为了达到产品某种特殊效果来违反国家的有关规定而损害人类的食品安全与卫生。

安徽康地公司通过对产品销售获取良好的经济效益的同时，还不忘作为企业的社会责任。因为有相当一部份农民养殖观念及技术落后，给他们通过养殖业脱贫致富奔小康，造成了很大的困难。为此，安徽康地公司做了大量的养殖技术知识推广普及工作：在2002年，投入资金购买车辆、手提电脑及投影仪，配备了专业技术人员，举办了大大小小的技术讲座100余场，在一定的程度和范围内，提高了广大养殖户的养殖水平；尤其是在桐城大关地区，硬是通过一户一户的交流与沟通，将关于养殖蛋鸭方面常识传授给了那些养鸭户，提高了养鸭户的养殖技术水平及抗风险能力，赢得了当地政府的好评。

安徽康地公司长期致力于天然、绿色、无污染、无残留饲料添加剂、添加剂预混料产品的开发，严格遵守国家颁布的各项法律、法规。本公司内重技术投入和生产管理，做到发展有后劲，外重市场开拓和企业形象，打造品牌效应。始终坚持“一流质量、二流价格、发展自我、回报社会”的原则，志为中国畜牧业兴旺发达贡献一份力量。

# 严格质量监控　创新服务方法 加强内部管理

## ——江西金苹果科技牧业有限公司

江西金苹果科技牧业有限公司是一家集饲料研究、生产、销售及技术咨询服务为一体的现代化大型饲料企业。公司占地120多亩，具有年36万t饲料生产能力。近年来，公司紧紧围绕“立足农业、面向农村、服务农民”的经营宗旨，树立“靠质量赢得市场、靠服务感动用户、靠管理创造活力”的经营思想，致力于帮助优秀养殖户致富奔小康，并在服务中实现跨越式发展。1998年以来，金苹果公司的业务量平均每年以48%速度增长。2002年，金苹果公司完成各类饲料销售15.88万t，实现销售收入2.8亿元，分别比上年增长61.2%和48.9%，产销量名列江西省单个饲料企业第一。

**一、严格质量监控，靠质量赢得市场**

随着养殖业的发展和人民生活水平的提高，饲料与每个人的生活联系得更紧了，饲料产品的质量更是直接关系到人们的身心健康。为此，金苹果公司把确保饲料安全和人们的身心健康当作企业的首要任务来抓，严格按照国家质量标准组织生产，对瘦肉精等对人们身心健康有害的违禁药物坚决说不，而且从来也不打“擦边球”，堂堂正正地做人，做堂堂正正的人，绝对不赚那些有害国人身心健康的黑心钱、昧心钱。

经过多年的市场洗礼，金苹果公司强烈地意识到，企业要在激烈的市场竞争中生存和发展，要靠一张“王牌”，那就是高质量的产品，只有高质量的产品才能赢得市场，才能树立信誉。

饲料生产是一个大进大出的产业，要做一批好料容易，但要做批批好料就难，必须建立一套严格的完善的质量保证体系。金苹果公司的质量保证体系有以下特点，一是领导重视。公司建立以总经理为第一质量责任人，技术总监、品管部经理、生产部经理为第二质量责任人，生产班长、品管员、检验员为第三质量责任人的质量经济责任制，从而形成“金字塔”式的质量保障体系。二是制度健全。公司对原料建立质量验收标准，对化验建立检测标准，对生产建立各岗位操作规程。三是加强力量。公司成立一支28人的品质保障队伍，每天24小时对原料进厂、生产过程进行监控，绝不让一包不合格的原料进厂，一包不合格的产成品出厂。四是措施强硬。公司采取“铁纪律、铁心肠、铁手腕”抓质量，把质量当成是一个高压线，任何人都不可去碰，谁敢碰谁就要倒霉，该罚多少的就罚多少，该开除的就开除，决不手软。

金苹果公司认为，产品即人品，品质即素质；一个什么样的企业就出什么样的产品，一个什么样的人就生产什么样的产品。因此，抓质量除了建立健全各项质量保障制度以外，提高员工素质是关键。为此，公司在招聘生产人员时有意抬高“门槛”，就连拉大板车的也要有高中学历。围绕质量主题，公司大力推行各种形式的宣传教育和技能培训，做到质量年年讲、月月讲、天天讲、时时讲、处处讲。公司还抓住生产中出现的典型事例，开发质量大讨论、质量研讨会、质量座谈会、质量演讲比赛等活动，让员工用身边的事、用自己的话教育身边的人。公司建立一支培训师队伍，每月对生产员工进行生产技能培训，不断提高员工的素质。公司还出台质量激励机制，大张旗鼓地对在抓质量中所涌现出来的先进集体、先进个人进行表彰奖励。

“不管东南西北风，咬住‘质量’不放松。”金苹果公司凭着对质量的理解和对高质量产品孜孜不倦的追求，获得了市场的认可。公司产品每年都要接受本省和外省技术监督部门的几十次抽查，合格率始终达到100%。公司产品先后获得“中国饲料工业协会推荐产品”、“江西省优质饲料上榜品牌”、“江西省免检产品”、“江西省重点保护产品”和“江西省用户满意产品”，产品畅销江西省，远销广东、湖南、福建等省，深受市场青睐。

**二、创新服务方法，靠服务感动用户**

随着科技、信息的高速发展，企业面临产品质量同化、产品市场细化、产品价格廉化的挑战。金苹果公司及时树立“服务领先”思想，通过优质、高效、及时的服务来化解竞争压力，使企业在激烈的市场竞争中保持高速发展。

首先，公司推出产品服务领先新思路。公司采取自力更生和巧借外力的办法，与华南农大等国内著名的大专院校和科研机构建立长期合作关系，紧跟国际国内饲料技术的发展潮流，本着“生产一个、开发一个、想着一个、储备一个”的原则，大力进行产品研发。同时根据“市场需要什么就开发什么”的思想不断地对产品结构进行调整和完善。如今，金苹果公司不仅有江西省档次最高的产品，也有处于保本与亏损边缘的档次较低的产品，能够满足不同市场、不同层次和不同阶段的消费需求。

其次，推出技术领先新思路。饲料产品的终端市场是养殖户。在市场经济的条件下，养殖户要发展须过好成本关、饲养关和信息关。金苹果公司经过大量调查，发现养殖户仅凭自身的力量是过不了“三关”的。为此，公司确立“把服务作为金苹果的第一品牌和信誉，先卖信誉后卖产品；产品销到哪里，服务就做到哪里”的营销新思路，竭力搞好售前、售中和售后服务，千方百计地为用户排忧解难，帮助养殖户实现养殖效益最大化。为帮助养殖户降低成本，金苹果公司树立“微利经营”的思想，通过优化配方、压缩开支等措施，降低成本，对每次降下来的成本，公司以降价形式直接让利于养殖户。同时，公司还拿出相当一部分利润，开展赠实物等形式多样的促销活动，让养殖户得到更多的实惠。公司聘请专家教授，每月对营销员进行一次兽医知识强化培训，把营销员由纯业务员转化成为科普服务性营销员和营销工程师。公司成立包括4名高级畜牧兽医师在内的技术服务部，2000年以来，服务人员行程20多万公里，足迹遍及广东、湖南、福建、江西等，举办科学养殖培训班240多期，建立科学养殖示范基地600多个，总结推荐最佳饲养模式50多套，发放各类技术资料100多万份，解决各类技术难题8 000多个，同时提供了大量市场需求信息，公司服务部也被广大养殖户亲切地称为“流动的兽医站”，公司产品也因此成为了“质量和信誉的保证”。

第三推出解放农村劳动力新思路。金苹果公司经过大量调查，发现困扰广大农村母猪养殖户发展养殖业的因素有两个，一是劳动量太大。养母猪最大的缺点就是煮稀饭，一天到晚没完没了的煮，搞得人精疲力尽，想多养都不敢养。二因解决不了饮水问题乳猪很容易拉稀，要不断地喂药，增加成本。针对这种现象，公司发明了一套“饮水器+金苹果650（金苹果311）乳猪料干喂”模式。经大量试验证明，使用该模式养母猪的最大好处，一是不要煮稀饭，二是乳猪不拉稀或很少拉稀，每窝仔猪仅药物成本即可节省50～100元，刚好把母猪养殖户两个最大的问题都解决了。为了推广干喂模式，让养殖户感受干喂模式的好处，金苹果公司一开始向养殖户免费赠送了5 000多套饮水器，每套的成本为12元，仅此一项就花了60 000多元。后来，随着饮水器需求量的越来越大，公司以10元/套的价格向广大养殖户出售了45 000多套，又垫去了90 000多元。为了使原料完全熟化，金苹果公司又投资200多万元，从国外引进一条原料膨化设备，对乳猪料的关键性原料进行膨化。原料膨化后，就等于大米煮成了稀饭，一来解放了农村劳动，二来对提高乳猪的适口性特别有效，对乳猪的诱食非常有利。而且乳猪喂了膨化料后，不拉稀，易消化，快生长，因此为广大母猪养殖户喜爱。目前，金苹果公司正在对乳猪干喂模式向国家申请专利。

### 三、加强内部管理，靠管理创造活力

“树高千尺在根深”。经过近几年的高速发展，金苹果公司的决策者意识到，业务发展越快，企业的基础管理的就越要扎实，否则就会像一幢摩天大楼，升得越高，倒得越快。基于此，金苹果公司以岗位目标绩效考核为主线，致力于企业基础管理建设。公司把所有管理岗位的全部职责进行详细描述，然后将职责细化、量化成1 620多个考核指标，并制成一张考核表，考核表根据每个职责的权重配上考核分。公司再成立考核小组，每月对各岗位目标考核指标的完成情况进行严格的审核和绩效进行评估，最后打上考核分。在金苹果，考核分就是工资。由于金苹果公司把工资收入与目标管理紧紧地捆绑在一起，从而极大地促进了员工工作观念的转变，由过去的“要我干”变成了现在的“我要干”，工作热情和效率由此得到显著提高。

在加强绩效考核的同时，金苹果公司意识到，中国已经加入WTO，纳入全球经济一体化的新格局，企业要在与狼共舞的残酷竞争中走得更远，做得更长久，成为市场上的宠儿，就必须在公司大兴学习之风，以先进的管理思想促进员工思想观念的大转变，以员工思想观念的大转变促进企业的大发展。但学习氛围好不好，关键在领导。为此，公司董事长鲍洪星刻苦钻研《哈佛管理全集》，公司总裁刘贤荷亲自带领12名员工到青岛海尔参观学习，猪料公司总经理邓书甄参加北京大学MBA培训，公司技术总监王勇飞攻读浙江大学硕士学位……在工作中学习，在学习中工作，这是金苹果公司高层领导的真实写照。

公司在组织员工学习时，并没有采取“拿来主义”，而是本着高起点、高标准、向先进学习、向巨人学习的原则，以增强员工学习的紧迫感和学习兴趣。经过认真甄选，公司认为，海尔是中国企业界的一面旗帜，海尔在市场竞争中所形成的先进管理思想和科学管理手段，以及依靠这些思想和手段所创造出来的惊世业绩，对企业来说是梦寐以求的。为此，公司购买了200多册反映海尔成长经历的名作《海尔，中国造》，机关人员及车间骨干人手一册地发给员工学习。为使学习不走过场，不留于形式，公司从4月份开始制定详细的学习计划安排，同时将公司员工分成16个学习小组，平时员工自学，月底公司再确定一个主题，如知识竞答、演讲、考试、提合理化建议、写公司宣传广告语等，召集全体员工开展学海尔知识擂台大比武，每月评出“优秀学习团队”和“落后学习团队”各一个，对优秀团队授予红旗，进行大张旗鼓地表彰奖励，同时选派先进学习个人到海尔参观学习；对落后团队挂黄旗，进行鞭策。

公司还通过“走出去请进来”的办法大力开展技能培训，以提高员工素质。公司制定“一二三四五”素质教育工程，即一个员工一年至少要参加“一”次有教授级人员上课的培训，至少要百分之“二”十以上技术与管理人员到外面去培训，至少要参加“三”次以上计算机知识培训，至少要读“四”本以上专业书籍，全年参加培训的时间至少“五”十个小时以上。2002年以来，公司先后聘请国家级权威专家——国家（武汉）饲料检测中心杨海鹏教授、江西农业大学动物科学院邓衔柏教授、南方冶金学院易崇英教授、赣南师范学院周运锦教授等4位专家教授来公司传授知识技术。同时公司派选技术人员、管理人员50余人次到上海、广州、武汉、南昌等地学习专业知识。在此基础上，公司根据各岗位在实际工作出现的问题，有针对性地在公司内部开展计算所、原料检测、生产流程等各种技能培训130多次。为鼓励老师悉心上课，公司本着“物有所值”的原则，根据上课老师的级别给予50～120元/小时的上课费。公司还鼓励员工自学成才或利用业余时间到高校深造。2002年，公司采购员廖为玉通过自学，拿到了华中农业大学大专文凭，公司为此奖励了廖为玉1 000元。目前，公司有10多名员工参加南方冶金学院、赣南师范学院夜大、函授学习深造。2002年，公司

用于员工教育的经费近9万元。

随着员工在学习中提高和进步，金苹果公司因势利导，出台创新奖励制度，激励员工学以致用，大胆创新。公司猪料公司在学习海尔“日清日高”过程中，为改变过去工作无目标无头绪的现象，开展日清工作评比，同时为树立正气，每月开展一次“岗位明星”评选活动，推动了自身建设和发展。公司品管中心根据自身实际，每天提前20分钟召开班前例会，把昨天的工作进行总结，把今天的任务进行安排，由于他们今天的事情在今天做好了，所以该部门各项工作做得有声有色，扎扎实实。与此同时，公司全体员工结合实际，围绕生产经营活动的各个环节献计献策，2002年共提出合理化建议600多条，实施137条，改善了食堂、宿舍等与员工生产生活息息相关的环境和条件；全年共申报创新项目85项，为公司创造经济效益100多万元，有力地推动了公司物质文明和精神文明建设。

## 奋进中的加大

### ——加大集团

#### 一、加大的科技

加大集团是一家以高新技术为主导，集科研开发、生产、经营为一体的科技型饲料企业，通过几年超常规、裂变式发展，目前，已有下属企业江西加大实业有限公司、江西省大汉饲料有限公司、抚州赣大饲料有限公司、赣南方大饲料有限公司、广东加大实业有限公司、广东狮山养猪场及中外合资赣州美园畜牧有限公司和山东鱼粉厂，年饲料生产能力100万t，预混料5万t。可生产猪、鸡、鸭、鱼4大系列200多个品种的配合（颗粒）料、浓缩料和预混料。“加大”、“赣大”、“大汉”、“美园”4大品牌畅销赣、闽、粤、湘、桂五省200多个县市，公司建有2 000多个销售网点。

加大集中全力发展高科技饲料，及时追踪国内外动物营养领域的最新进展，博采世界最新科技成果，并与中国养殖业的实际相结合，成功研制开发出乳猪熟化浓缩料，为国内首创。加大乳猪熟化浓缩料已成为市场的领导者，国内乳猪浓缩料销量最大，带动了国内乳猪浓缩料的蓬勃发展，为千百万养殖户增产增收做了重大贡献，成为乳猪浓缩料中国第一品牌。加大乳猪料荣获国家科委主办的第八届全国新技术，新产品博览会金奖。赣大牌、加大牌饲料列为江西省重点保护产品。公司先后荣获“江西省饲料业十强（企业）”、“科技型企业”、“先进私营企业”等称号。

#### 二、加大的人才

加大始终坚持管理以人为本，倡导尊重人、相信人，认为信任是管理的基础。加大把员工能力的成长视为企业最大的财富，为此加大不断培训员工，以公司长期办理“现代企业管理培训”为主，结合参加外界的短训及送入大学深造；在员工管理上制定培训、指导、帮助、检查、评估的原则；把“尊重人、善良仁爱、谦虚好学、感恩合作”定为加大人才观。加大已经培养造就了一支综合素质较高的人才队伍，加大因此得以走在竞争者的前面。

加大之所以能取得如此骄人的业绩，与它始终坚持执行的企业文化是分不开的。“诚正、勤奋、创新、一流”是公司的企业精神。公司用它来统一员工的思想，使之成为员工的精神支柱，工作的原动力。加大人诚实做人、勤奋做事，在工作中不断地创新。“做好每件小事”是公司的座右铭，万丈高楼平地起，加大要发展，要做大就必须养成良好的习惯，立足于做好每件小事。“提高人们（员工）的生活水平，推动社会（员工）进步”是企业宗旨，也是公司办企业的最终目的。

为了使加大精神变成每位员工的自觉行动。加大十分注重员工的素质培训。公司长期坚持每周一次的升国旗、厂旗和加大宣誓仪式，每月举行为期3天的企业文化及业务培训。经常聘请美国礼来、普强、瑞士罗氏等有着深厚西方文化底蕴，具有国际一流管理水平的跨国公司为员工讲课，补充专业及经营管理知识方面的不足，不断更新员工理念、强化服务意识、提高管理水平。同时，公司还鼓励员工参加夜大、函授、自考等系统化的学习，并由公司出资，输送4名员工脱产上大学深造。

公司在强调员工的企业文化的基础上，还关心员工的物质生活。不断提高员工的收入和福利待遇，完善员工的生活设施，美化厂区环境。公司投资200万元建成了员工宿舍楼，并每个房间都配备了储藏室、卫生间、彩电、电话、热水器及公用洗衣机；成立了员工互助基金会，扶助有困难的员工。2002年7月员工邓昌洪搭乘摩托车脑部受伤，公司为其捐助金额5 000多元；实施公积金制度，提高员工收入，帮助员工解决住房等家庭设施；公司每天提供免费午餐，保证员工营养所需；公司投入50多万元绿化美化厂区，在道路两旁，栽下各种花草树木，铺上草坪，做到道路修筑到哪里，绿化工作就做到哪里。到目前为止，公司绿化总面积已达到4 000$m^2$。

“做一个对社会和人民有益的人”加大一直注重对员工进行社会责任感意识的培养。要求员工善良仁爱、乐于助人。多次号召全厂职工开展捐资助学、养殖扶贫、慰问孤寡老人、捐款修路、慰问灾区等公益活动。几年来共捐资助学5万余元，扶贫救灾等投入50万元，帮助贫困户脱贫58户，250人。回报于人民，回报于社会。被宁都县授予扶贫助困先进单位。

“一份耕耘，一份收获”，尽管加大公司通过自身的努力，在市场及社会中占有一席之地。然而，加大并没有骄傲，还将蓬蓬勃勃的发展，还将一如既往的服务于员工，服务于社会，开辟出更加绚丽多彩的新天地。

## 依靠科技创新　促进行业进步

### ——六和饲料股份有限公司

六和饲料股份有限公司是2001年经山东省政府批准在六和集团基础上改制的股份制公司。六和饲料曾荣获“中国民营企业技工贸总收入100强”、“山东省省级高新技术企业30强”、“山东省农业产业化先进龙头企业”、“农业产业化国家重点龙头企业”、全国饲料行业首批入选的“国家星火龙头企业”。六和饲料股份有限公司依靠科技创新，面向农民，面向行业，使大批高新技术成果迅速实现商品化、产业化，为推动我国养殖业的健康发展做出重要贡献。饲料是六和发展的主产业，近年来，逐渐加强了其行业价值链建设，涉及养殖、鲜蛋加工等环节。其中饲料厂已达39家，年加工能力达到300多万t，2002年销售预混料4.1万t，配合饲料120多万t；年产50万只现代化商品鸡场7个，2003年计划达到27个；产销量、产值列山东省同行业企业前茅。

#### 一、雄厚的科研力量

六和饲料股份有限公司从董事长到总裁，企业核心层汇集了一批懂专业、能科研、会管理的专业人才。这些熟知我国畜牧业、养殖业现状的学子们，创业之初就确立了为提高我国畜牧科技水平、振兴畜牧经济而努力的奋斗目标。为始终贴近农牧科技前沿，六和饲料建立了自己的农科院——六和农业科学院，巨资配备大量先进精良的科研仪器、设备，并相应建立家畜、家禽实验基地，实现生产、科研一体化运营模式。科学院成立以来，从国内外引进了一批具有较强科研和技术开发能力的博士6人，现有动物营养、畜牧、兽医、饲料科学、微生物等专业的教授、资深硕士等167人，并聘请了国内外农业研究院所的专家、教授作为兼职合作研究人员，基本形成了一支专业实力较强的科技研发队伍。六和饲料与国内外10多所农业院校、科研机构以及国外著名畜牧企业研究中心建立和保持着合作关系，并在多所农科院校设立六和奖学金，用于助学、助教。六和饲料股份有限公司先后在青岛、潍坊、滨州等地设立了3个博士流动工作站，坚持产研结合、专兼结合，以企业发展规划的远景目标和行业发展前沿为研发方向，贴近市场、贴近用户、贴近农牧科技前沿，进行农牧科技项目立项。有效整合科技资源，分专业组进行课题研究，重大课题联合攻关，边研究边试验，使科研成果以最快的速度转化为生产力。

#### 二、前瞻的科研目光

六和饲料股份有限公司先后承担了国家、省、地市级科研项目和自选课题30多项，都圆满或超指标完成，并通过有关部门和专家的鉴定。其中“畜禽系列化科技饲料”达到国内领先水平，荣获山东省星火计划二等奖；承担的国家“863”项目“水产养殖育苗高效系列微颗粒饲料技术”已取得突破性进展；“畜禽微生态饲料添加剂的研究与推广”、“猪鸡高效预混料添加剂的研制与开发”等课题和成果，都引起畜牧科技界的广泛关注；六和饲料被评为“首届中国饲料工业博览会认定产品”。在单项维生素的添加量、药物筛选及配制、微量元素铜和硒的添加量、添加剂的加工工艺等方面均有重大突破，特别是商品鸡添加剂配方，为我国肉鸡笼养的成功奠定了基础。

我国蛋白原料缺乏，对非常规原料的开发、利用，特别是近年来对各类杂粕的使用，是降低我国养殖成本，增加行业科技含量的有效途径。六和与美国联合公司的联合开发、研究各类杂粕的使用，使六和的去毒工艺和技术达到了国际先进水平；对酒糟、绿豆蛋白粉的开发利用，使正常蛋白原料的使用量下降，大大降低了产品成本。结合本公司的实际，公司将肉食加工厂的废弃物转化为饲料蛋白。这些非常规原料的开发利用，在增强了企业竞争力的同时，为行业的发展和进步做出了不可估量的贡献。

在饲料开发中，积极吸取国外同行顶级企业的先进技术和管理经验，也是六和迅速提高产品科技含量的重要途径之一。六和与世界著名猪饲料生产企业美国联合公司合资后，开始将联合公司的猪料技术和配方应用到生产中，美国联合公司派出博士、专家根据中国市场的实际，针对猪的适口性、在甜味剂、糖、血浆蛋白粉、氧化锌等原料配方进行了全方位调整，特别是新推出的SB90乳猪料普遍受到养殖业欢迎，在用户心目中成为国际化高科技产品。

#### 三、全面的科研服务

提高服务力，提高科技的社会实践力，是六和饲料科技兴企的战略重点之一。因此，公司提出了“情系父老乡亲”的文化经营理念，六和的科技服务人员始终坚持扎根基层，服务基层。从最初的防病治病，到现在微生态饲料高科技产品的推广使用，到经营新理念、新思维观念的社会性输出，使六和的服务力不断得到提升。服务力使六和的科技成果得以迅速普及，也正在成为六和的核心竞争优势之一。六和饲料提出建设“农民养殖示范工程”，目的在于通过六和的科技服务体系，提高农民的养殖管理水平，使他们成为农村养殖致富的带头人。为把工作真正落到实处，公司领导亲自深入基层，确定联系点，建立示范户，帮助农民涮水槽、灭老鼠、搞卫生、讲管理、授技术，各分公司总经理也层层抓落实，着手建立档案，付诸实施。公司的1 000多名技术专家、技术员长期深入千家万户，手把手地帮助农民搞技术，抓管理，上档次。六和还每年拿出上千万资金，用于科技队伍和员工的技术培训及其它形式的培训，以此提高全公司的科技服务力和产品质量意识。六和的专家、博士也直面市场，每月都要抽出大量时间深入基地和养殖场（户）搞调研服务，在生产实践中，六和科研人员专题研究“肉鸡腹水症综合研究和防治”等一大批成果先后获得山东省科技进步二等奖，广泛应用于生产实际。此外，联合专家定期来公司培训专业技术人员，亲临市场举办用户讲座，并率先在国内用户中使用了联合公司的养殖记录系统，使养殖户效益大大提高。同时，六和还派出自己的技术力量，到美国、欧洲等国家合作企业中进行实习和培训，加强技术合作。为确保六和饲料的质量，六和的专家、博士还引进、开发出高性能的配方软件，使六和配方品控系统真正进入网络数字化。

## 大力发展农牧产业 启动和推进地方农业现代化进程

### ——新乡市大北农农牧有限责任公司

新乡市大北农农牧有限责任公司创建于1984年，是河南省规模较大的农业产业化龙头企业，位于河南省辉县市，交通便利，环境优美，地理位置优越，企业创建至今，十多年来，始终立足于农业求发展，以发展我国高科技农业企业为己任，以企业为龙头，以人才为根本，以科技为先导，以现代化经营管理为手段，实施科教兴农的发展战略，在饲料、养殖等产业快速发展的基础上，积极地在农业相关领域拓展企业生存和发展空间，大大推动了当地农业现代化进程，促进了地方经济的快速发展，为带领当地农民致富做出了巨大的贡献。

新乡大北农从一个小型的国有企业起家，目前已经形成了一个饲料生产与销售、生猪养殖、种猪繁育、养殖场建设、带农致富的公司＋农户工程等多行业齐头并进的产业化格局。1994年企业与北京高科技饲料企业——北京大北农集团合作，积极引进先进的技术和管理经验，推出崭新的大北农饲料品牌，成立大北农饲料厂，1998年企业成功进行了第一次股份制改制，2002年企业第二次改制成功，成立了新乡市大北农农牧有限责任公司，实现了股份合作制向有限责任公司形式的转变，标志着企业向现代企业制度迈进了一大步。目前，新乡大北农拥有员工500余人，每年产销饲料8万多吨，销售生猪5万余头，实现销售收入1.2个亿。是河南省首家通过ISO9000国际质量认证的饲料企业，中国质量万里行定点单位，省农业产业化龙头企业，省饲料工业协会副会长单位，新乡市农业产业化先进单位等。

新乡大北农拥有年产能力达16万t的饲料生产线，全部采用微机化控制，产品有全价、浓缩、预混合3大种类，涉及猪、鸡、鸭、鱼4大类别两大品牌100多个品种，畅销晋、冀、鲁、豫等广大地区，并且在郑州建立了具有生产销售能力的分公司——黄河大北农饲料厂，在河南许多地区均建立了相应的办事处等。养殖方面，拥有一个万头种猪、商品猪场，其中新乡大北农下属的大丰养殖场被确定为国家生猪活体储备基地，种猪场有当今世界先进的皮特兰、约克夏、长白、大白、杜洛克等优良品种，为加速当地品种更新和科技成果转化发挥了很大的作用。养殖场采用了目前国际上比较先进的“全进全出”式规模化饲养管理办法，实现了养殖的工厂化、集约化，在当地养殖领域树立了良好的模范作用。为了推动产业化进程和带动地方农民快速致富，公司在2000年开展了公司＋农户富民工程，现已发展农户近2 000余户，达到年出栏生猪25余万头存栏母猪16 000余头的生产规模，为加快地方农业经济发展做出了突出的贡献。

#### 一、强化企业文化建设，建立规范良好的人才流动机制

大北农注重企业的文化建设在饲料行业是有目共睹的，企业倡导“谦虚、协作、勤俭、创新”的企业精神，制定了大北农员工手册和大北农誓词，并且每天的宣誓、做广播体操成为员工工作的一部分。提出了“企业是学校、领导是老师、同事是同学、工资是助学金”的学习理念，长期坚持对员工进行业务和素质培训，建立了职工学校，与中国农民大学直接联合成立了“中国农民大学中原分校”，在企业内外部吸收大量的学员，吸引了一批又一批有理想、有抱负的青年知识分子。在企业内部形成了良好的文化学习氛围，为每个员工提供了一个发展自我的机会和成就自我的平台。企业更重视人才的培养，强调一流企业需要具有一流的产品和一流的技术，但最重要的是要具备一流的人才，为此，每年从全国各大农业院校招聘一大批大中专毕业生，充实到企业当中去，作为企业的后备力量，并且每年从社会上招收各类销售、养殖等专业人才，服务于农民。对人才注重能力的同时更注重人的素质和品德建设，提出了德才用人理论：“有德有才是精品，要重用；有德无才是次品，培训用；无德有才是毒品，决不用；无德无才是废品，不能用”。建立起一套健全的人才流动机制和人才培训制度，不拘传统，重视人才的选拔与培养，将提升员工整体素质作为培养员工的重点来抓。为了扩大企业知名度，在2002年新乡大北农与当地豫剧团联姻，成立了新乡大北农豫剧团，丰富了农民的业余文化生活。

#### 二、质量是企业的生命 服务是信誉的保证

在质量管理上，新乡大北农始终把质量视作企业的生命。坚持走质量立业、质量兴厂之路。制定出符合企业实际的质量方针和质量目标。在实施过程中坚持常抓不懈，严把三关，即原料入厂检验关、生产过程检验关、成品出厂检验关，做到了不合格原料不入库，不合格产品不出厂。三全管理：即全员质量管理、全过程管理、全方位管理，把质量管理渗透到各个环节，确保产品质量出厂合格率达到100%，三个服务即售前、售中、售后全过程服务，在质量管理上建立起了一整套质量保证体系。使新乡大北农在质量管理过程中真正做到了工作按程序、执行有依据、问

题成闭环、事后留痕迹，1999年12月新乡大北农通过了ISO9002国际质量体系认证，成为河南省饲料行业首家通过国际质量认证的企业。1999年以来，一直被中国质量万里行协会定为"中国质量万里行定点单位"。

作为在产品质量的延伸——服务质量，是品牌形象塑造的关键，新乡大北农充分认识到产品同质化时代，差异化竞争给企业提出了更高的要求。要做到"你无我有"除了给消费者提供一流品质产品以外，还应提供一流的服务。因此，新乡大北农以用户满意为质量的基点，不断地更新自己的营销服务手段和强化对服务员的专业技术培训，真正实现了企业与用户的直接沟通，并建立"用户反馈卡"，广泛地征求意见和建议随时把用户意见反馈给公司，以便及时调整自己的工艺。

**三、注重现代化的管理并建立有效的信息反馈体系**

在新乡大北农提倡最好的管理是没有管理的管理，管理的最高层次就是实现全员自我管理。另外提出了管理的5个层次：报酬管理，钱哪里都能挣到，但事业却不是哪里都能找到；制度管理，目的在于规范程序；培训管理，通过大量的培训来代替控制式的管理；个人远景目标，通过帮助员工树立个人远景目标来激发自我的能动性和创造力；文化管理，认同大北农文化、理念、精神。

同时，新乡大北农建立了一套良好的信息网络和反馈程序，企业计算机全部联网，对销售、采购等各类信息进行系统、整体的综合，快速反馈。最终目的是将市场调研、产品开发、投入生产、销售推广、跟踪服务、信息处理等环节有机地"连锁"起来，整合成一个系统，实现信息管理的网络化。

**四、适应市场变化，不断改革创新**

首先，在产品结构、配方调整方面，新乡大北农让科研人员下市场，了解市场变化来确定产品定位。新的观念新的想法新的创意要层出不穷，产品不但要适应变幻莫测市场需求，同时还能不断的推陈出新，领先市场潮流，掌握市场主动。企业早在1989年就建立新乡4区8县第一个饲料化验室，第二年饲料生产完全实现计算机控制，实现配料的专业化，产品质量合格率达到100%，这在当时河南是第一家，并且最早在河南省上马了微粉鱼料生产线。企业还成立了中国农民大学函授站，培养了一大批技术管理人员。并成立了中原饲料研究所，标志着企业具有独立的研制开发能力。养殖方面，企业派人先后赴美国、西欧、澳大利亚等农业比较发达的国家进行学习，并将先进的经验应用到我们自己的养殖场中，进行全面改造，迅速实现全进全出式规模化、集约化养殖管理，为当地养殖业树立了榜样。管理上，先后对分配制度、薪酬体系、人事制度等方面进行大胆的改革和创新，两次进行股份制改制，率先将现代企业制度引入到企业当中，为企业的快速发展不断注入新的活力。

**五、发展农牧产业，开展公司+农户富民工程，推动农业现代化进程**

新乡大北农在创业之初，始终扎根于农业和农村，以真心真意为农民服务为宗旨。并在养殖、技术服务、设备等方面适度拓展自身产业链条。实施了公司+农户的富民工程，有力地推动了地方农业结构调整步伐。目前，养殖业粗放型、个体性、附属性落后的生产方式仍表现十分明显，直接导致我国农副产品特别是猪肉制品在国际上没有竞争优势，产品打入不了国际市场。为此，新乡大北农从实践中探索了一条适合于地方农村经济特色的公司+农户科学化养殖模式，从根本上改变农民在品种、投资等方面的传统养殖观念，正确引导其合理投资，进行科学饲养，使其在不断更新观念的同时，使养殖水平达到迅速提升。通过这种方式，新乡大北农与农户直接联合，组建一个风险共担、利益共享、优势互补的利益共同体，双方相互促进，共同抵御风险，达到共同发展的目的。它上联国内外市场，下联千家万户，充分发挥企业的龙头带动作用，疏通了畜产品流通渠道，提高了产品附加值和畜牧业综合效益，使广大农民从中受益。新乡大北农利用自身优势，为农民优惠提供饲料、种猪、设备、药品等，并且帮助农民转变养殖观念、培训农民养殖技术、免费为广大养殖户进行防疫、生猪产品销售等多方面的养殖服务，使广大农民在短时期内迅速走向致富的道路。

在新乡大北农的带领下，绿色、无污染的养殖基地逐渐在本地建立，为推动我国农业产业化进程和地方农村产业结构调整做出重要的贡献。此项工程的实施和大力发展，受到了国家计委、科协、省政府等有关部门的高度重视，并将它作为河南省农业产业结构调整的典型模式在全省推广，为我国的农业发展树立了样板。

**六、战略发展规划**

1. 发展绿色生态农业，打造绿色农产品品牌；绿色消费已经成为21世纪人类食品消费的主体，而我国目前农副产品以及畜产品品质还达不到世界卫生标准，因此，产品无公害、无药残、安全、绿色化已经成为我国食品业发展的总趋势，势在必行，为此，新乡大北农首先加快了绿色饲料的开发和推广，饲料从源头抓起，当地15万亩玉米生产基地已被国家认定为无污染、绿色环保基地，逐渐将此作为大北农饲料原料基地，为发展绿色生物饲料提供了不可多得的先天条件。并在此基础上，围绕绿色饲料的开发，在科研、配方设计、生产、品管各个环节进行全面更新调整，从根本上消除饲料药残等等普遍存在的不利因素对饲料质量的影响，强化科研开发力度，保证饲料的质量。

2. 实现饲料的规模化、养殖的现代化；我国养殖业潜力巨大，因此，新乡大北农要利用这种优势，将饲料养殖行业做大作强，首先要在短时间内建成河南地区最大的饲料生产基地，2005 年突破年产销 30 万 t，扩建饲料分厂。其次养殖方面，继续做好样板示范作用，将国内外先进的养殖技术应用到实际当中，探索现代化养殖新方法，建立河南省最好的种猪繁育基地，满足农民的需要。

3. 扩大公司 + 农户工程，树立现代化养殖小区；提高新乡大北农对农民的技术服务能力和服务深度，带领更多的农民摆脱落后养殖，并且将此项工程向周边地区扩大规模，让更多农民受益。计划短短的几年内，在公司 + 农户工程的带领下，使得大部分养殖户迅速走上科学养殖道路，形成一个产、销、服务一条龙的典型养殖示范区，创建百万头生猪工程，建立无公害生猪生态养殖基地。

4. 实现产业升级，走产业化道路。为实现农副产品绿色化、安全化，产业一体化，在生猪屠宰以及肉制品深加工行业拓展，建立一个年屠宰加工生猪在 30 万头以上的肉制品生产企业，实现产品的最终转化。形成饲料—养殖—生猪产业—肉制品深加工的链条式经营模式，增加新乡大北农集团优势，立足于国际市场搞好各个产业的发展。

总之，新乡大北农是一个以农为本为农服务的科技农业企业，面对世界的挑战，新乡大北农充满了信心。新乡大北农今后的发展将以“科教兴农、产业报国”为己任，发扬“谦虚、协作、勤俭、创新的企业精神，以创世界一流农业科技企业为目标，与时俱进，再创辉煌。

## 科技创造绿色　诚信铸就品牌

### ——武汉新华扬生物有限公司

当今世界经济日新月异的变化形势，同样将我们的饲料工业带入了不平凡的发展阶段。虽然我国的饲料工业发展不过 20 余年的历史，但却与我国的经济变迁相适应，经历了十分明显的变化工程。武汉新华扬公司，一个年轻的公司，正是在此时机进入市场，为饲料畜牧业提供添加剂产品及其服务，武汉新华扬生物有限公司自 1997 年迈入产品生产至今，注册资本已由 200 万上升到 2 000 多万。

武汉新华扬生物有限公司拥有一支由国内知名专家组成的科研开发队伍和一批具有市场开拓与技术服务能力的销售生力军，先进的工艺设备及完整的质量保证体系（已通过 ISO9001 国际质量体系认证），加上独特的管理模式，使公司的产品既富有科技含量又领先于市场，公司营销网络遍布全国，可随时为客户提供周到的服务，新华扬的产品价值已经在全国饲料，畜牧行业得到了充分体现。2000 年公司被评为“中国饲料工业协会优秀团体会员”，2000 年公司被评为“湖北市场行业十佳”，“湖北省优秀企业”，2001 年和 2002 年被湖北省政府列为重点扶持企业，2002 年被评为“全国饲料工业科技进步先进集体”，中国饲料工业协会秘书长刘同占等亲临公司，对武汉新华扬的发展给予了高度的肯定并寄予了深切的希望。

#### 一、注重产品开发，增强市场活力

企业的生命力在于变化，市场行为归根结底是企业行为。企业的生命力由多强，市场的生命力就由多强，反之亦然。要想增强企业在商场中的生命力，就必须注重产品开发，不断完善自己的产品，并不断有新产品问世，而且必须保证公司的新产品科技含量逐渐加深，这才象征公司技术在进步，活力在增强，才能取得用户对公司的信任。武汉新华扬生物有限公司针对产品有以下 3 大措施，即完善、淘汰和新建。完善，就是将饲料中必须添加的强稳 C，益酸保灵等添加剂进行完善，进一步提高其产品质量，扩大其应用范围，延长产品的生命周期，其中强稳 C 被全国饲料添加剂专业委员会评为推荐产品；淘汰，就是将一些饲料中用途不大或逐渐为人们所忽视的产品停止生产和销售；新建就是要不断提出新产品，寻找公司新的增长点。

当今研发安全无公害的饲料添加剂和食品是世界的呼声，顺应时代发展的潮流，才能不淹没于其中，为此我们将产品定位于以高科技的绿色安全饲料为主的新型结构上来。武汉新华扬生物有限公司于 2002 年响应湖北省农业厅的号召，成立了湖北华康绿色食品研究所，专门从事无公害饲料，无公害食品的研发和生产，让武汉市市民吃上放心蛋、鱼、肉。目前公司已开发出饲用酶制剂（华扬—Beldem 酶），脲酶抑制剂（安必利），甘露寡糖（肠康泰），免疫促进剂（奥美多），鱼用应激宁，鱼用天然绿色促长剂（助长素），水产动物纯天然增色剂（金丽素），这些产品都是经过国内专家精心研制而成的，科技含量高，符合绿色饲料添加剂的标准。

#### 二、加大科研、助学、助研力度

为了扩大公司与各高等院校，各科研工作者的密切联系，发挥好湖北以及省外一批技术专家的智囊团作用，达到优势互补，资源共享，武汉新华扬生物有限公司每年都拿出 30 多万元向高等院校进行投资，进行新产品的开发和研究。公司还在华中农业大学畜牧兽医学院，武汉工业学院饲料科学系设立华扬奖学金以回报社会，促进整个行业的发展。

#### 三、以人为本，注重人力资源开发，提高员工的整体素质

企业的竞争，实质是人才的竞争。新华扬目前有博士 1 名，硕士研究生 2 名管理层中，大专以上文化程度者达 100%。几年来，新华扬在人力资本投入方面不断增加，先后投入 50 余万元，聘请北京、深圳等地资深管理顾问对公司进行多次培训，公司每年大型培训 4 次，内部培训每月 2 次，提高公司整体素质

和公司员工的团队精神；为了提高公司的技术力量，还积极组织参加技术交流会，学术研讨会，订购有关的科技书刊，不断充电，调整公司的技术层次，拓宽广大技术工作者的知识层面。武汉新华扬生物有限公司的宗旨是：创建一流企业，培育一流人才。华扬公司也正是本着这一宗旨，才能吸引更多更优秀的人才加入到公司，发挥自己的真才实学，为公司，也为自己创造辉煌。

**四、瞄准国际市场，实现自我提升**

新华扬公司的发展，已经走过了两个阶段，第一阶段是求生存阶段，第二阶段是公司飞速发展阶段，这一阶段得益于大型客户对公司的认同，也就是对我们公司的认可，公司产品的认可，对公司的一种信任度。公司及时制定了大客户战略，把目光紧紧盯在那些全国知名的发展势头强劲的大企业上，这些大企业对公司的产品，服务意识及其创意提出更高的要求，为满足这些消费群体的需要，必须保证有一流的产品和服务及日趋完美的公司形象，这也是公司飞速发展的催化剂。

## 打造品牌　服务“三农”

### ——湖南正虹科技发展股份有限公司

正虹公司是一家根植于“三农”而又服务“三农”的农字牌企业。自创建以来,以振兴民族饲料工业为已任,专心致力于把饲料做大做强做精,一心一意为“三农”服务。坚持“科技兴农,产业报国”、“倾情回报社会,致力造福于民”的办企方针,信守“质量为本,用户至上”的承诺,注重品牌战略,力求让农民“买得放心,用得开心”,在农户心中建立起了良好的企业形象和产品信誉。在此基础上,正虹公司以“四两拨千斤”的拉动力,促进了地方农业结构调整,带动了农村多种产业的发展。当地政府和媒体称赞正虹公司是“服务三农”的农业产业化“杠杆企业”。

**一、全力打造知名品牌**

正虹公司、正虹产品，从孕育到诞生，从成长到壮大，一直是以挑战的姿态，全力打造知名品牌。20世纪80年代中期，一种具有世界先进水平的猪浓缩料大举进入中国，在国外饲料抢占我国市场的关键时刻，1985年，吴明夏等人以高度的危机感和民族责任心研制出了一种能替代世界名牌的“正虹 QF-001”猪浓缩料。在1986年全国饲料工业学术交流会上，吴明夏等人联名发表了一篇曾引起饲料行业瞩目的学术论文——《一种能替代800猪超级精料的浓缩料（正虹 QF-001）猪高蛋白营养添加料的研制》。该文向世人公布了“正虹 QF-001”与“800”的对比试验结果：按料肉比、日增重、胴体瘦肉率与饲料成本等4项技术指标综合评分计算，“正虹 QF-001”比“800”高出3.97%，为发展民族饲料工业做出了很大的贡献。

“QF-001”的研制成功，填补了我国猪高蛋白浓缩料研制与生产的空白。此后，“正虹牌”系列产品的研制与生产继续展开，主导产品“QF-001”的配方不断得到改进和优化。迄今为止，该产品已更新到第15代。与此同时，各类新产品的研制不断取得成果，由单一的浓缩饲料发展到配合饲料、预混合饲料，由单一的猪饲料发展到鸡、鸭、鱼料，先后研制出了“101”乳猪料、“正虹王”肥猪料、“乳猪花”颗粒料、“102”蛋鸡料、“154”蛋鸭料、“128”鱼料等上百种深受用户欢迎、颇具竞争力的产品。

进入20世纪90年代后，正虹公司全力推行“以市场为导向，以质量为根本，以科技为手段，以信誉为支撑，以广告为传媒，从上至下，从小至大，从内到外，打造和推广正虹品牌”和“生产一代，研制一代，储备一代，预测一代”的品牌推进战略。经过十多年的精心打造，正虹公司已形成了自己的品牌体系，即以“正虹牌”猪高蛋白浓缩料为核心品牌的正虹系列产品。在历年各级政府部门、科技部门、行业协会等组织的评比中，正虹牌系列产品和正虹公司先后获得9项博览会金奖和25项省部级以上的荣誉。“QF－001”猪高蛋白浓缩料、“正虹王”猪浓缩料、“QF－001”乳猪料、“乳猪花”等6种饲料产品通过了省部级科技成果鉴定。“正虹牌”饲料成为中国饲料行业十大名牌产品之一，“正虹”商标也因此被国家工商局评定为全国饲料企业唯一获得的“中国驰名商标”。

**二、发挥优势，面向“三农”**

正虹公司最大的优势是“正虹牌”浓缩饲料技术及产品优势。浓缩饲料技术在国内独树一帜，被科技部认定为“国家级高新技术企业”、“国家科技成果高蛋白浓缩料技术研究推广中心”，成为中国浓缩饲料技术的“领头羊”。正虹公司的猪浓缩饲料一直雄居全国第一，年产量已达到80多万t。那么，怎样充分发挥这一优势，面向“三农”、服务“三农”呢？我们知道：一方面，中国的农业还不发达，农民还很贫穷，养殖业全部使用配合饲料，他们难以承受其成本负担；另一方面，农民手中有大量卖不出价钱的余粮和农副产品加工剩余物，他们完全可以按一定比例将浓缩料和能量饲料一起拌和用于养殖，这样，既节省了成本，又有效地转化了多余的粮食，这是农民求之不得的，而公司也大大地节省了运输成本和多项费用。

正虹公司致力于以饲料为龙头的农业产业化建设，除进行饲料生产和销售外，还从事种畜繁殖、畜禽养殖、肉制品加工、生物兽药开发、以及进出口贸易等业务，拥有国内一流水平的现代化种猪场和大型家禽家畜流通公司。公司的这种产业结构，有利于资源整合，有利于提高综合效益和规模效益，更有利于“服务三农”。

正虹公司“服务三农”主要采取了“公司+农户”的运作模式。这种模式将公司和农民拴在一起，形成利益共同体，这对促进饲料业和养殖业的共同发展，带动农民致富起到了重要作用。这种模式的具体操作可以概括为五句话：一是无息贷放饲料，扩大农民养殖规模；二是保价回收生猪，规避农民养殖风险；三是免费强制防疫，抵御农民养殖风险；四是搞好科技服务，提高农民养殖水平；五是公司规模经营，农民依法致富。以1991年为例，正虹兴农公司养殖圈入围农户达10 000户，饲养出栏肥猪30万头，消费饲料13.6万t，农户和公司分别从中获利3 200万元和1 100万元。

**三、强化意识，服务“三农”**

正虹公司自成立以来，始终坚持把为农业、为农村、为农民服务当作办好企业的宗旨和行为准则，以用户满意为光荣，以坑农害农为耻辱，不管是公司的高管领导、还是普通员工，都坚持把用户满不满意作为工作好坏的标准。在搞好服务方面，正虹公司狠抓以下3点，并取得了显著成效。一是公司上下树立“六全”意识（全司全员、全心全意、全面全程），认认真真做好饲料的生产和销售工作，搞好技术传授、产品流通、客户食宿等全方位服务；二是建立严格的不合格产品退还和赔偿制度，并通过技术讲座、资料和包装说明等渠道，将产品质量明明白白地告诉用户，使公司的产品质量始终处于广大用户的监督下；三是公司为保证服务到位，专门建立了一支有专家参加的科技服务队伍，经常深入到养殖户中间，向用户传授饲料养殖技术，广泛听取用户对产品质量的意见，并将意见及时反馈给品控部门和科研中心，认真解决产品出现的质量问题。

正虹公司遵循“至诚至信，双效双赢”（“双效”：经济效益和社会效益；“双赢”：用户赢利和公司赢利）和“微利经营，重在发展”的经营宗旨，在创造了良好的经济效益的同时，创造了更大的社会效益。正虹公司自创立以来，产销各类饲料800多万t，创产值260多亿元，创利税15亿多元，拉动粮食转化近5 000万t，使近30万农民获得从业机会，200多万养殖户直接或间接受益，积极有效地推动了“三农经济”的发展。正虹公司既是所在地方政府——岳阳市屈原管理区的财政支柱，也是所在地方区域的产业支柱。区财政收入的70%来源于正虹公司，区内近百家大小企业几乎都是正虹公司孵化出来或带动起来的。

## 依靠科技创新　做大做强企业

### ——唐人神集团

唐人神集团是通过合资、兼并、控股、租赁等资本经营形式，以“骆驼”牌饲料和“唐人神”肉品为主导产业，依靠科学管理、科技进步和不断创新快速发展起来的综合性农业产业化企业集团。集团的前身是株洲市饲料厂，自1988年投产以来，经过14年的艰苦创业，现已成为总资产5.5亿元，年销售收入16亿元，下属35家子公司的农业产业化国家重点龙头企业。15年里，企业的销售收入由1988年的800万元增加到现在的16个亿，平均每年增长1个亿以上。企业现有员工近3 000人，其中具有大学本科、硕士、博士学位的专业技术人员占员工总数40%以上。年饲料生产能力已达180多万t，肉制品的加工能力已达4万t，年生猪屠宰能力260万头，拥有万头种猪场。集团已形成了种苗、饲料、养殖、屠宰、肉品加工、销售一条龙经营的发展格局，成为湖南最大的农业产业化一条龙经营集团之一。骆驼牌饲料被评为湖南省著名商标、中国公认名牌和全国饲料行业十大名牌产品，并被广大养殖户喻为“饲料一枝花，骆驼富万家”；唐人神肉品也被评为省著名商标、省十大名牌，以及被中国肉类协会、中国食品工业协会确定为名优新产品和推荐品牌，并被国家卫生部列为首批公示卫生安全食品，中国质量管理协会确定为用户满意产品。集团已成为全国饲料行业百强企业第2位、全国肉类行业50强企业第11位。回顾集团的发展历程，唐人神总的思路就是依靠科技创新、实施名牌战略、不断扩大规模、做大做强企业。

**一、坚持科技领先，开创名牌之路**

农业产业化的根本问题就是要通过龙头企业把千家万户农民与千变万化的市场连接起来，带动农民致富。而这种连接，龙头企业如没有科技含量高的名牌产品，没有很强的市场开拓能力，是难以做到的。作为农业产业化国家龙头企业，唐人神始终把“科技领先”作为企业战略发展的重要方针和创造名牌的源动力，坚持“科学技术是第一生产力”的原则，走名牌战略之路。

为了改变农民传统的饲养方式，提高农民的养殖水平，唐人神不断地向农民传授科学饲养方法，提供优质的饲料产品。为了提高产品的科技含量，唐人神先后聘请中国农科院畜牧研究所、无锡轻工业大学、华中农业大学、湖南农业大学等科研院校的专家教授担任公司的技术顾问，广泛开展技术合作与攻关，进行了大量的饲养试喂和配方优化试验，经过多年的潜心研究，终于创造了为社会认可的“骆驼”牌名牌饲料。产品在市场上深受广大养殖户的欢迎，骆驼品牌被评为湖南湖南省著名商标、中国公认名牌、全国饲料行业十大名牌，产品畅销全国15个省市，成为广大农户养殖致富的当家饲料。广大农户通过使用骆驼牌饲料，使每头猪多赢利50元以上。公司生产的骆驼名牌饲料，使10万以上的农民走上致富之路。骆驼名牌的创立，带来了巨大的社会效益和良好的经济效益，有力地促进了农村经济的发展。

**二、围绕一条龙经营，加快肉类产业发展**

饲料工业的发展，极大地带动了我国养殖业的发展，但是近几年在农村却出现了卖猪难的问题。湖南是养殖大省，每年出栏牲猪6 000多万头，有一半存栏压库，农民增产不增收。若不解决卖猪难的问题，饲料工业和养殖业难以获得大规模的发展。因此，经过认真分析后唐人神的管理层认为：企业要稳步发展，必须走饲料、养殖、屠宰、加工、销售一条龙的经营之路，才能增强竞争能力。而一条龙要“舞”活，肉制品加工是重要环节。目前，唐人神由于在肉制品加工业方面发展缓慢，致使大量牲猪难以消化，要大力发展养殖业，推进湖南省农业产业化，迫切需要发展肉制品加工业。唐人神在肉制品加工业方面走的是打基础、创名牌、上规模三步棋。

### 三、五大产业相互呼应，强势推动一条龙经营

随着企业竞争的进一步加剧，许多饲料、兽药、生物疫苗、肉制品加工等竞争力不强的企业在竞争中停产倒闭。特别是我国加入WTO后，这一趋势将变得更加明显，这为饲料产业的产业扩张和产业升级提供了难得的发展机遇。以前，唐人神只有饲料产业，很难满足养殖户的多方需求，因而竞争力不强。企业也难以做大。为此，唐人神走低成本扩张之路，利用集团的技术管理等优势，先后在江西、河南、广西、云南、安徽等地兴办了21家饲料子公司。同时，神唐人神根据农民饲养过程中存在的牲猪品种差、生长速度慢、养殖成本高、牲猪销价低、缺乏市场竞争力等问题，投资3 000多万元兴办了种苗中心，聘请华中农大的育种专家熊远著院士担任公司的技术顾问，引进和培育瘦肉率高、肉品质好的优良品种出售给农民，以满足农民对品种改良的需要。当农民被兽药的假冒产品搞得一筹莫展时，唐人神成功地在上海投资控股了上海新杨兽药厂，并兴办了上海湘大新杨兽药有限公司，开展新型兽药的研究与生产；同时，在陕西西安投资控股了陕西生物制品厂并成立了西安秦皇生物制品有限公司，开展新型生物疫苗的研究与生产。集团依托“骆驼”牌饲料强大的全国营销网络的优势，在向农民出售安全、优质的饲料时，配套提供种苗、兽药、生物疫苗等服务项目，并收购农民的牲猪进行加工。然后，通过自己在全省建立的唐人神连锁店销售出去。这样，从饲料到肉品、种苗、再到动物保健、连锁销售5大产业相互呼应，相互促进，强势推动了一条龙经营，增强了企业的竞争能力。

### 四、加大人才引进力度，增强企业创新能力

为了培养人才，唐人神集团在中国农业大学等全国11所院校设立了“唐人神奖学金”，公司每年都要从大专院校引进200名各类专业的大学生和硕士生，并为他们提供了良好的工作和生活环境条件及施展才华的舞台。唐人神集团还以建立和完善企业文化来教育、培养人，并以建立科学的价值评价和分配体系来激励人才，改“伯乐相马”为“公平赛马”，并且保障“好马吃好草”，不让“雷锋”、“孔繁森”式的人物吃亏。唐人神集团要求科技和管理人员不断地自我加压和完善，不断学习、竞争和超越。几年来，公司的各类人才战斗在生产、科研、营销和管理第一线，为公司降低成本、提高产品质量、扩大消费群体、改善经营管理、提高企业效益发挥了重要作用。同时，唐人神集团不断加大科技投入，聘请国内外的专家教授担任公司的技术顾问，加强与国内外高等院校和科研院所的技术合作与交流，先后与农业部饲料工业中心、南京农业大学、江南大学（原无锡轻工业大学）、中国饲料研究所等科研院校成立了两个饲料联合研究所、一个家禽研究所和一个肉品联合研究所，走产、学、研相结合的道路，不断提高产品的科技竞争力和市场竞争能力。

### 五、实施顾客价值营销管理，带动农民致富

在市场经济条件下，为了在日趋激烈的市场竞争中赢得一席之地，并且引领农民面向市场，唐人神集团不断强化市场营销意识，树立全员营销观念，实施顾客价值营销管理，由卖产品向卖技术、卖服务、卖信息、卖文化、卖价值转变，真心实意帮助农民发展养殖业，增加养殖效益。为此，唐人神集团采取“公司+农户+市场”的方式，使农户与公司结成利益共同体，充分发挥种苗、饲料、养殖、收购、屠宰、肉制品加工、销售一条龙的经营优势，以松散连接的方式向农户提供优质饲料、优良的畜禽品种、免费的饲养技术和疾病防治等各项服务，待农民喂养大后再收购上来进行屠宰和肉制品加工。为了改变农民传统落后的饲养方式，提高农民的养殖水平，唐人神集团每月花30多万元聘请了多名畜牧兽医专干、专业养殖户作为公司的驻地技术服务人员，免费向农民传播科学养殖技术，告诉农民如何进行饲养管理，如何选择畜禽品种，并向农民提供免费的疾病防疫措施和畜禽供销信息。唐人神集团还把当地的一些猪贩聘为公司的特别技术服务员，以略高于市场的价格专门负责收购喂骆驼牌饲料的生猪，一部分送到公司进行屠宰加工，一部分组织运往广东等外地销售，以解决农民的卖难问题。为了加快科学技术的普及推广，唐人神集团按照“义利相溶，养义生利”的经营哲学，捐赠360万元饲料给农民实施“135科技养殖示范工程”，使一批乡、村的广大农民通过使用“骆驼”牌饲料和享受公司的技术服务而走上致富道路。唐人神集团计划用3～5年的时间，培养90个“骆驼示范”县、1 000个“骆驼示范”乡、3 000个“骆驼示范”村、50 000个骆驼示范户。唐人神集团已在湖南大部分地区培养了一大批“骆驼示范”村，并在“骆驼示范”村设定了扶贫帮困基金，支助贫困家庭的孩子上学和贫困农民的生活。唐人神集团这种既帮助农民发展养殖业，又救助困难的农村家庭的做法受到农民的高度称赞，农民喊出了“骆驼富了民，不忘唐人神”的赞誉声。

唐人神将继续加大技术创新力度，加大对品牌的培育力度，努力把“骆驼”和“唐人神”品牌做成全国的品牌、世界的品牌；继续走种苗、饲料、养殖、

屠宰、肉品加工、销售一条龙经营之路，做成一条龙产业链，全面推进饲料、肉品安全工程建设；继续加大对种苗、饲料、动物保健、肉品加工、连锁销售5大产业的投资力度，全面推动5大产业的均衡发展；积极加大对国际市场的开拓力度，努力使产品进入国际市场；积极探索在国外投资办厂，走国际化发展之路，不断提高企业综合竞争力，为加快我国畜牧业的发展和推进农业产业化进程作出更大的贡献！

## 外抓市场　内抓管理<br>细化经营　稳中求进

### ——广东省广弘九江饲料有限公司

2002年，受消费市场中供大于求的影响，肉、蛋、鱼、奶价格持续低迷，养殖户普遍出现亏损，饲养业不景气，加之近几年来不少新生产线盲目上马，饲料市场供求出现严重失衡，生产厂家竞相降价，市场不正当竞争加剧，原材料价格有不同程度上升，特别是豆粕、鱼粉的价格创近几年新高，对广东省广弘九江饲料有限公司生产经营尤其是对新上马的水产项目压力进一步增大。在这种市场竞争压力下，广东省广弘九江饲料有限公司采取了一下制胜术：

**一、全力以赴部署营销工作，一切以营销为中心开展工作**

为稳住原有的畜禽饲料市场特别是鸡料市场，开拓新的水产市场，广东省广弘九江饲料有限公司紧紧围绕“服务于销售”这个中心，采取了一系列措施。

1. 制定新的销售承包方案。2002年，广东省广弘九江饲料有限公司打破以往实报实销出差费用的报销办法，建立各项管理制度，规范水产饲料营销工作。如赊销货款控制办法、营销人员管理制度和业绩考核办法、销售员出差管理制度、生产订料办法、销售开票发货制度等。将销售人员的出差费用与各片区销售人员的销售业绩挂钩并进行考核，把追收赊销货款工作列入营销人员的业绩考核，实行奖罚，提高营销人员追收货款的积极性。加大力度提高销售人员对开拓市场的积极性，降低了销售成本。

2. 加强边远地区市场的开发力度。在加强售后服务，稳定本地市场的同时，加强边远地区（山区）市场的开发力度，已初步开发了粤西地区如吴川的种鸡浓缩料、肉猪料和肉鸭料市场，信宜市的肉鸡浓缩料市场。根据水产饲料的实际情况和需要，将市场网络分为草鱼料、虾料、膨化料3个项目区域，设立项目经理，并对营销人员根据市场网络分区重新合理配置，设立项目经理领导下的区域销售员等岗位。

3. 把饲料市场工作做细，稳住原有市场，进一步拓展新市场。为了稳住原有市场，广东省广弘九江饲料有限公司安排部份中层以上管理人员走出公司大门随同销售人员深入市场，了解市场情况，穿梭于经销商和客户之中，倾听客户心声，收集市场信息，制定正确有效的销售策略，更好地满足客户的需求，配合销售和服务工作的开展。为加强水产饲料生产协调，每月召开一次各相关部门协调会，明确各部门职责，加强水产饲料销售开票、发货工作和送料管理工作，严格把关产品退料手续。通过协调会，使销售成品仓、开票室、生产车间、计财部等部门的工作衔接更密切，堵塞工作漏洞。

4. 着重抓好原材料进货关。为保证产品质量选择质优的原材料，努力提高产品质量和服务质量。

5. 针对实际情况调整产品结构。适时推出了价格适中，适用于养殖快速、中速型肉鸡13系列特别肉鸡配合饲料。该料刚推出就得到了广大用户的良好回应，缓解了广东省广弘九江饲料有限公司长期以来肉鸡饲料质优但价高的问题。

6. 加强营销人员培训工作。实行每个月底连续4～5天集中对营销人员进行企业文化、生产经营情况、营销策略、营销技巧、养殖病害诊断和防治、生产工艺等方面进行培训，对销售存在问题进行交流探讨。通过培训交流，使营销人员熟悉公司运作，熟悉营销策略，以及丰富水产饲料专业知识，务求培育一支有活力、有冲劲、有敬业精神的营销队伍。

**二、抓好人力资源管理**

为了更好地开拓水产饲料市场，扩大“家乐牌”、“旺乡牌”水产饲料的市场占有率，招聘了有工作经验的水产营销经理、区域经理、营销员、售后服务员等充实到相应的工作岗位上，并对不适合企业发展需要的人员进行淘汰，以保持水产营销、售后服务队伍的活力。广东省广弘九江饲料有限公司把推行绩效考核人力资源管理的重点，放在水产销售部和生产部、3个生产车间、质检部等部门，分别制定绩效考核办法。推行绩效管理后，员工工作的积极性和工作效率有较大的提高。2002年共有100多名员工合同期满，广东省广弘九江饲料有限公司严格对他们进行自评、部门评议、工作小组评议的三级考评，以逐步培养和增强员工提高自身素质和努力进取的竞争意识和忧患意识。

**三、计算机网络工程基本完成，投入使用**

建设以财务核算为核心的计算机信息管理网络，动态地监控企业资金流和物料流的运作，提高效率，减少漏洞，辅助企业经营管理决策，促进管理水平的提高，经过几年的准备和多方论证，2002年广东省广弘九江饲料有限公司内部计算机网络工程正式筹建。该项目被列入广东省技术改造项目导向计划项目，于8月中旬动工，目前，硬件安装工程、人员培训工作、软件安装及数据录入已全部完成，进入调试及试用阶段。

**四、加强安全生产管理，建立安全问责制**

按照“制度建全，责任到人，层层把关，工作落实”为指导思想，以建立具有先进性、规范系统的安全生产管理体系为工作目标，广东省广弘九江饲料有限公司于上半年建立安全生产问责制。把安全生产工作程序化、日常化，不搞突击检查，把全厂安全生产的重点部位（工序）、强检项目等进行分类登记，以及检查、监督落实。通过问责制的建立，强化了保安部对全厂安全生产的归口监督管理职能，真正建立起安全生产人人有责的机制。根据《广东省注册安全主任管理办法》的精神，为加强安全生产管理，落实安全生产责任，促进企业安全管理水平的提高，公司于7月聘任了参加培训合格的两位同志为注册安全主任，并按照企业新建立的安全生产问责制进行分工协作。

**五、通过ISO9002二次检查，按新版标准进行培训**

5月份，广东质量体系认证中心对本公司的质量体系运行情况进行了第二次监督检查。通过监督检查，促进企业管理各项工作新的提高。2002年广东省广弘九江饲料有限公司还进行了ISO9001（2000版）新标准的培训，中层以上管理人员以及内部审核员参加了培训学习。使大家初步了解ISO9000国际质量体系标准从1994版换到2000版的情况，加深对ISO9001（2000版）新标准的理解，为2003年换版做好准备工作。

**六、加强两个文明建设**

广东省广弘九江饲料有限公司通过多种形式的活动，提高员工的自身素质，进一步促进企业管理水平、竞争力的提高。按照年初厂部提出的“培育全员服务意识”为指引，以点带面，首先对销售部、开票室、成品仓、仓储部、饭堂、司机室等窗口部室制定了服务公约。明确规定工作承诺，以培育一支讲文明礼貌、爱岗敬业、遵纪守法的员工队伍。为丰富企业文化生活，公司举办长跑运动会，为美化绿化厂区，更好地树立企业形象，公司还不时对厂容厂貌逐步进行整改，对长期空置、垃圾堆积的两口鱼塘进行填平，并铺上草坪，种上树木，整改饭堂四周卫生死角，并刷新饭堂、招待所外墙。

各项工作促进了企业管理的全面展开，使广东省广弘九江饲料有限公司生产销售工作在2002年有新的进步。

## 加强管理　努力开拓饲料市场

### ——广东新粮实业有限公司

2002年是企业再次面临严峻考验的一年。一方面是禽畜水产品价格持续低迷，养殖业惨淡经营，市场需求萎缩，产销大幅下降；另一方面，一些饲料企业不断扩张，生产能力过剩，供求失衡，恶性竞争不断加剧。面对严峻的市场竞争，广东新粮实业有限公司通过整治管理，完善机制，提高管理效能，同时大力开拓市场，理顺市场布局，调整产品结构，加快新产品开发，重点抓赢利好、需求旺、竞争力强的产品销售，使产品销售效益不断提高。

**一、整治管理，提高效益**

解决管理存在的问题，广东新粮实业有限公司召开了工作会议，展开了一场扎扎实实的企业管理整治工作。一是提高认识。实行全员动员，深入讨论，广泛宣传，大造舆论和声势，提高认识，消除疑虑，增强信心，使企业管理整治工作持久深入开展。二是整顿劳动纪律。新粮饲料厂从上至下开展劳动纪律大整顿，从厂长到员工，逐级召开工作会议，深入讨论，认真分析，找症结、堵漏洞、抓落实。领导亲自到车间岗位检查，使企业管理问题得到了较好解决；三是落实制度。进一步完善各项规章制度，如制定了月度检查评比制度，开展了各班组的劳动竞赛，使产量不断提高，能耗不断下降。睦洲饲料厂除了实行员工管理责任制处罚条例外，还实行中层以上领导、干部管理责任制处罚条例，强化各自职责。同时，实行部门、车间班组人员自由组合。使一些长期工作表现差，出勤不出力的人员被淘汰了出来，从而大大地提高了员工的积极性和工作效率；四是加强协调沟通。层级召开民主生活会，通过自我检查，相互沟通，化解矛盾，达成共识，使企业从上至下团结协作，同抓共管，各项工作步入正轨，精神面貌焕一新。

**二、勇于竞争，开拓市场**

广东新粮实业有限公司根据市场变化，采取沉着应战，主动出击，勇于竞争的营销策略，千方百计做好产品销售工作。

1. 不断开拓新市场。针对珠江三角洲地区畜禽养殖业逐步向本省东、西部山区转移，原来的销售市场需求逐步减少的变化，及时调整市场策略，在巩固本地和海南市场的同时，通过深入市场研究，加强服务，提高产品质量，采取有效措施，积极开发粤东、粤北市场，扩大粤西、广西销售市场，使产品市场不断扩大，广西、粤西等地市场销量明显增加，收到了较好的效果。

2. 强化销售管理。采取因客而异、因地而异、一片一策的销售措施，提高服务质量，采取有效措施防止经销商的串货销售和相互压价、乱拉客户、自相竞争的现象。如产品销售根据区域的不同要求，调整不同配方，生产专用产品，满足不同地区的产品需求，从而保护了经销商的利益。同时，调整销售奖励方案，调动经销商经营积极性。

3. 深入开展促销活动和调查研究。通过采取多种多样的形式，如制作T恤广告衫，编印产品使用手册，开展技术交流等，加大对产品宣传的力度，提高了产品知名度，促进了产品销售。广东新粮实业有限公司还加强市场调查研究，如发现有些产品价格偏高，竞争力不强；有些产品质量不稳定，市场需求萎缩；有些产品老化，不适应市场需求等，广东新粮实业有限公司就依据市场变化，及时调整和改进，使存在问题得到较好解决。

4. 调整产品结构，加强赢利产品销售。广东新粮实业有限公司正确衡量销量与效益的关系，坚持以效益为中心，大力调整产品结构，压减一些亏损产品生产，将精力集中到一些具有较好市场，利润相对较高的产品销售上来。逐步压减了亏损的饲料产品，加大鸡、猪、水产饲料销售力度，并大力开发新产品，使产品结构和经济结构进一步完善，提高了企业经济效益。

5. 力拓水产饲料销售。一是提高水产饲料产品质量。广东新粮实业有限公司聘请台湾专家进行水产饲料开发研究，通过不断的试验和改进，使水产饲料产品质量有了很大的提高，如外观、色泽、耐水性等方面都得到了改善。二是降低水产饲料生产成本。广东新粮实业有限公司不断开发新原料生产配方，不但使生产成本降低，而且提高了产品质量；三是抓住旺季全力拓展销售。在年初开始，广东新粮实业有限公司就抓好了水产饲料的销售工作，如对产品进行测试对比、养殖效果分析、质量成本核算等，深入用户中去推广，加强宣传，做好售后服务，使水产饲料市场得到较好的发展。

**三、加强生产技术管理，提高生产效能**

一是完善技改配套，提高产量，降低消耗。针对生产工艺、设备和技术上存在的问题，及时改进和完善。如整治大马拉小车现象，降低能耗；完善技改配套，减少废料回头，提高产量和质量；二是盘活资产，降低成本。对技改所需配套的生产设备，首先充分利用现有的闲置设备，通过维修翻新，做到能用则用，共减少投资成本 60 多万元。睦洲饲料厂水产料车间技改配套的混合机、除尘器、运粮设备都是利用闲置设备；三是抓好环模采购和使用。选择好厂家，统一专人订货，厂长把关审批，使环模采购工作走上了正轨。生产技术部组织有关人员到环模厂实地考察，严格把好质量关；四是抓好生产质量过程管理。实行科研、技术、生产相结合，对每一个产品认真研究，做到一个个产品去克服，一个个产品去突破，一个个产品去提升，并对原来耗时大、转号多的产品进行全面整理，该调则调，该并则并，该停则停，保证产品质量，提高经济效益。

去年重点抓好睦洲饲料厂新水产车间的技改工程，使新车间在水产饲料销售旺季来临前顺利投产。投产后，针对产量低、电耗大的问题，组织人力物力，逐个环节、逐台设备进行研究和调整，使问题逐步解决。

**四、以效益为中心，加强财务管理**

广东新粮实业有限公司提出以经济效益为中心，压减各项费用，降低生产经营成本，提高经济效益，共渡难关。一是加强财务管理。结合有关部门的检查，做好财务管理，提高财务管理水平；同时加强企业的常规检查，落实财务制度。公司财务人员经常下厂区检查工作，核对账务，严格核算，发现问题，及时解决；二是抓好指标考核。通过财务指标考核和分析，针对生产指标弱项和漏洞，及时采取措施进行整改，将不合理的消耗指标降下来，提高经济效益；三是落实制度，压缩费用，控制开支，做好增收节支工作，加快资金周转，减少利息开支。

**五、落实措施，加快货款回笼**

为了进一步压减赊销货款，避免风险，保证企业健康发展，采取一系列措施加快资金回笼。一是正确处理赊销与销售的关系。控制赊销货款，加快货款追收，是广东新粮实业有限公司一项长期而艰巨的工作，必须要明确思想，正确处理销量与效益、近期与远期的利益关系，不能为了销售而销售，而要以经济效益为中心，从长远的发展而考虑，保证企业长期健康发展；二是落实职责和任务。广东新粮实业有限公司把赊销货款回笼和追收工作任务层级分解，明确厂长职责，落实业务员的具体任务，制定奖罚措施，严格考核指标，从而使赊销货款回笼取得一定的成效。三是加快旧账清收。对一些欠款时间长，或没有业务关系，或销货少欠款大的客户进行清理，核定取货量与现金交易量，限定每月必须现金回收量等，对一些久拖不决，通过打官司，逐步把一些旧账清还。

**六、掌握市场变化，降低采购成本**

广东新粮实业有限公司进一步加强原料采购工作，一是深入市场研究，密切市场变化，灵活决策，尽最大努力避免原料、添加剂价格波动带来的损失，降低原料成本。二是抓好玉米分品种贮存和加工使用，做到合理调配，保证质量，降低成本；三是调整市场策略。由于市场发生了转变，过去以东北市场为主转变为本地市场为主。广东新粮实业有限公司调整市场策略，及时跟随市场的转变，将原料采购重点转移到本地市场上，通过广开采购渠道，及时掌握行情信息，使一些原料价格在不断涨升的情况下，仍能以低于市场价格购进，大大地降低了成本，提高了企业竞争力。

## 提高产品质量　做好销售服务

### ——顺德星星饲料有限公司

顺德星星饲料有限公司是国内大型的现代化饲料企业，2001 年被评为全国饲料行业百强企业，拥有从美国、台湾进口的世界一流生产设备，共有 10 条生产线。现生产 6 大系列 300 多个品种的鸡、鸭、猪、鱼、对虾、蛙类等全价配合饲料、浓缩饲料及复合预混料，尤其是鸭料、猪料、对虾料、蛙类配合饲料以及适用于海水网箱养殖的海水鱼浮水性配合饲料，几年来深得广大养殖户的信赖，并在市场树立了良好的品牌。现顺德星星饲料有限公司生产能力达25万t，其中畜禽饲料20万t、水产饲料5万t、预混料8 000t。技术力量雄厚，现有专业人员18人，其中教授2人，高级工程师2人，并设有研究所、实验农场、技术服务部和疾病诊断室。

**一、重视企业技术水平及质量管理**

顺德星星饲料有限公司的技术部力量雄厚，分工严格，专业营养师分管不同系列的配方设计及管理，并负责跟踪产品的质量与售后服务工作，工作细化，专业程度高。2002年研发的“盘鲍（水产品）环保型配合饲料技术开发与产业化”被评为国家级星火计划项目，填补了国内空白。另外，顺德星星饲料有限公司技术人员经常深入市场，走访养殖户，并定期在不同的区域举办技术讲座或交流会，重点讨论最新养殖信息、疾病的预防及诊断、提高饲料利用率等有关养殖问题，目的在于帮助养殖户提高养殖水平，取得最大限度效益。为了及时处理客户投诉，公司规定收到投诉24h内到达现场，3天内给予答复，大大提高了客户的满意程度。为了提高饲料的竞争力和选用更优质的原料，顺德星星饲料有限公司每年约投入200万元的资金进行产品的研制，并进行养殖试验，使产品的质量保持在国内前列。

产品的质量由品控部专门管理，设有原料品控员、生产线品控员、化验员等。原料到厂后由原料品控员进行取样后作外观及定性检测，合格后通知入库，并安排化验室进行定量分析，检验合格后方可投入使用，变质的原料绝不入库。对于公司内无法检验的药物、维生素、氨基酸等原料，则每半年送省级检验部门进行检验一次，以确定合格可靠的供货渠道。原料品控员每天巡查库存原料，及时掌握原料的最新变化及使用状况，并按实际情况合理安排使用，当发现原料变质时，马上停止使用并报废。生产线品控员负责生产现场的质量管理，每班一个品控员对生产的全过程进行监控，当出现不合格情况时，马上停止进入下一道工序，力求将不良情况减至最低。对生产出来的成品进行外观检查，合格的送化验室进行定量分析，全部检验结果合格后方可签发产品合格证。定期对生产员工进行质量意识、操作规程等的培训，使每一位员工都明白产品质量关系到每一个人，质量是企业的生命，维护产品质量才能使企业及个人向前发展的道理。当出现质量事故时，马上组织查明原因，查不出原因不放过，并组织开展现场分析会，与生产员工一起探讨事故发生的原因及如何预防同类事故的再次发生，以降低事故的发生率。化验室拥有从日本进口的先进检验设备及配备经验丰富的化验员，使原料和产品得到更快更准确的检验，同时也能更有效地指导生产。同时化验室还为使用复合预混料的养殖户提供检验服务，帮助他们检验所用的原料及所配制的产品，避免使用伪劣原料及造成浪费，提高经济效益。

顺德星星饲料有限公司成立了质量管理小组，由副总经理担任组长，组员有技术部、生产部、仓管部、采购部、营运中心、品控部等几个部门的负责人，每月召开一次质量总结会议，对上月的质量情况作总结。会议的内容包括：通报上月的生产质量情况，对发生质量事故的单位（个人）进行处罚，对质量做出贡献或取得进步的单位（个人）进行奖励；将由市场收到的客户满意程度及信息进行分析，找出客户不满意的因素及需求，并制定方案，尽可能让客户满意；对市场信息进行研究，指导采购部及时采购质优价廉的新原料，让技术部设计出更有效的产品；对各部门的目标达成状况进行分析，未达标的项目要找出影响的原因并确定解决方案及完成时间；综合各部门所反映的重大问题，指定由个人或成立攻关小组定期解决。顺德星星饲料有限公司已通过ISO9001国际质量管理体系的认证，使质量管理文件化，职责及分工明确，公司的质量管理得到了更一步的提升。

**二、认真做好设备和生产管理**

顺德星星饲料有限公司分别从美国和台湾各引进了一套先进的生产设备，其机械性能及各项技术指标均达世界水产饲料加工的最高水平，生产出来的产品刚投放市场就得到了养殖户的认可，并且每年都投入大量资金对设备进行改进和更新，以保证产品能满足不断更新的市场要求及降低生产费用。生产部实行岗位责任制，分工精细而明确，每一道工序由不同的员工负责，本岗位员工对工作完成的程度进行自主检查，当出现异常时，即停止生产并通知品控部协助处理，将下一道工序作为自己客户，不合格的绝不交给下一工序，部分重要岗位要由员工进行交叉检查，以防意外。推行绩效考核制度，奖罚分明，既提高员工的积极性及责任感，也能为存在的问题找到原因，制定解决措施，整体提高员工素质。定期组织员工学习、培训、提高技术工人对机械的操作技能，培养后备力量，为以后公司的发展打下基础。

**三、根据市场需要搞好产品营销**

顺德星星饲料有限公司目前市场销售网络遍布全国各地，拥有庞大的销售队伍，业务员都是受过专业训练的人才，具备良好的素质，能很好地为养殖户服务。为了塑造品牌，顺德星星饲料有限公司每年都举办大型的技术讲座会、客户交流会、对比养殖试验等工作，深得养殖户的好评，销量逐年稳步上升，尤其是2002年顺德星星饲料有限公司水产饲料销量大增，目前在海南省的市场占有率近1/3。公司的复合预混料及浓缩饲料在湖南、广西等地的市场占有率也正在高速提升。

长期以来，顺德星星饲料有限公司坚持的经营理念是：不仅为客户提供优质的产品，而且能给客户强而有力的技术支持。

# 以市场为导向 依靠科技进步做强做大企业

## ——桂林市漓源粮油饲料有限责任公司

桂林市漓源粮油饲料有限责任公司是广西大型饲料加工企业之一。十多年来，紧紧依靠科技进步和科技创新，不断调整和优化产品结构，取得了较好的经济效益和社会效益。近3年产销量达41.3万t，利润2589万元，产值7.578亿元。多次获自治区、国家等部门的奖励：1996年被评为广西壮族自治区技术监督局“饲料行业十大推荐产品”；1997年获中国饲料工业协会推荐品牌、国家内贸部专项抽查合格产品称号；1999年获广西质量监督达标产品证书，同年企业品牌“漓源”牌商标荣获广西著名商标称号，企业品牌“漓源”牌鸡、鸭、猪系列产品荣获广西优质产品称号，经自治区经贸委验收通过推行TQM达标验收（复查）合格；2001年“漓源”牌鸡料荣获广西名牌产品称号、系列产品被评为全区用户满意产品；2002年“漓源”牌猪料又荣获广西名牌产品称号。

公司现有员工178人，有几十名优秀企业管理人才和高级技术专业人才，其中专业技术人才占公司总人数的29%。有较好的经营机制，投资主体多元化，股东大会、董事会、监事会规范运作，各项制度健全，激励和约束机制比较完善。公司科技实力雄厚，生产工艺先进，技术领先，3条生产线全部使用美国CPM公司的制粒机、破碎机、冷却塔等以及荷兰飞利浦公司的配料电脑等全套先进生产设备。设有动物营养科研所，与参加国家级饲料攻关项目的广东农科院长期技术协作，有管理完善的物流中心，与国际接轨的质量保证体系，门类齐全的生产设备及高科技的网络工程管理等。主导产品有“漓源”“金漓源”“桂新”“山水”猪、鸡、鸭、鱼等四大系列306个品种，2002年饲料产销量为16.4万t，主营业务收入2.970 5亿元，实现利润913万元。企业成功的做法是：

**一、紧紧依靠科技进步，不断调整和优化产品结构，确保产品的领先地位**

桂林市漓源粮油饲料有限责任公司依靠科技进步，不断调整和优化产品结构，为激烈的市场竞争环境打下了良好的产品基础。公司注重与广东农科院畜牧研究所合作，联合开发应用最新的科技成果，使公司在最短的时间内研究适应市场需求并具有开拓市场和夺取市场能力的新产品，形成了生产一代、试制一代、调研一代、构思一代4个阶段。其主导产品“漓源”牌小鸡料121、乳猪料551就是从广东农科院引进高科技配方进行生产的，产品自1996年投放市场后获得很大成功，各销售区域的市场占有率增加10%以上。产品选用优质原料，融合美国、中国及当今最新科技成果，应用电脑优选最佳配方，根据畜禽品种在特定生长阶段对营养的需要和原料物质特点进行科学配合。产品具有适口性好，增重快，肉质好，料肉比低，抗病能力强，成活率高，性能稳定，创收高等特点，产品供不应求，深受广大客户的好评。名牌产品“漓源”鸡料在全区同类产品中市场占有份额居高不下，“漓源”牌系列产品销量连续3年位踞广西前列。

企业新产品有竞争的产品基础，拥有“漓源”、“金漓源”、“桂新”、“山水”等品牌猪、鸡、鸭、鱼4大系列产品共298个。仅2002年就开发“漓源”“金漓源”“桂新”品牌的新产品达56个，确保了企业在行业竞争中的批量优势、质量优势、成本优势。企业现执行的产品企业标准，主要参照美国畜禽营养标准制定，各项指标均达到国际先进标准，参照的标准有：NRC（美国）鸭饲养标准（94版）；NRC（美国）猪饲养标准及营养需要量（98版）；NRC（美国）家禽饲养标准及营养需要（94版）。公司于2002年投资196万元创立了桂林市漓源佳益生物有限公司，从事微生物菌种的选育、培养及工业化生产。目前生物公司已能够生产益生菌、酵母培养物等多种产品，并已用于禽、畜料中的大猪料、大鸡料、蛋鸡料、蛋鸭料、肉鸡料、肉鸭料等几十个品种，对减少抗生素的使用，加快生态饲料的应用迈出了第一步。同时，鸡用益生菌项目已被桂林市列为2003年科技创新项目。

企业主要设备精良，达到国际先进水平，其中有：美国CPM公司90年代初生产的3020－6机型制粒机，美国CPM公司90年代初生产的破碎机，荷兰飞利浦公司90年代初期生产的PR1615配料电脑。企业实施信息网络工程管理，已投资300万元建成信息网络工程，使采购、销售、仓储、产品、客户资源等信息在局域网络上共享，发挥越来越重要的作用。

**二、以市场为导向，拓宽市场营销渠道，建立强大的营销网络**

信息网络技术已进入商品流通的每一个环节，实现了对传统商业管理的根本变革。企业以市场为导向，拓宽市场营销渠道，建立了强大的营销网络。一是实施对外适应市场、对内严细管理的“外圆内方”策略，二是确立以销售管理为中心的营销体系；三是实行“网络工程管理”。四是“薄利多销”的定价原则。桂林市漓源粮油饲料有限责任公司有较强的市场营销规模，80多人的营销队伍，在云南、贵州、湖南、广东等地拥有10多个分公司和办事处及全自治区300多家区域代理商，健全的销售网络和一大批忠实客户，确保产品销售全国五个省（区）、200多个大中城市和广大农村市场。其主导产品鸡配合饲料在本地市场占有率达62%以上；在全自治区范围内占11%以上。

企业实行公司加农户的营销模式，成立了3个科技养殖公司，推行科技养殖。科技养殖公司经过3年的营运已打开了局面，深受广大养殖户的好评，经济效益也连年递增，为公司多元化发展拓宽了路子。

**三、积极开展用户监督、评价、咨询和服务活动，提高企业信誉，为用户提供优质的服务及良好的营销环境**

桂林市漓源粮油饲料有限责任公司坚持“用户第一、质量第一”的方针，重质量、讲信誉、守合同，产品和服务对客户有明显的承诺，在工商合同信誉中取得了较佳的成绩。建立了用户访问制度和质量审核制度，积极开展用户监督、评价、咨询和服务活动，在用户中树立了良好的企业形象，企业多次获质量信誉奖，客户很满意度达100%。

公司领导及售后服务人员经常深入市场进行调查研究与质量访问，收集用户意见，不断更新产品结构和提高产品质量，以满足广大用户的要求。公司有产品售后服务人员共110名，售后服务车50多辆，分布至各销售网点及饲养场，售后服务人员每天都对各销售点、饲养场、饲养户进行产品质量跟踪调查，发送征询意见书，及时了解和掌握市场信息，征求用户对公司产品的使用意见，对销售点、饲养场、饲养户反映的有关产品质量信息意见，及时反馈到全质办处理，做到妥善解决，经查明确属产品质量问题的做到三包制度，即包产品质量、短斤短两包退包换（基本上无产品质量的退换货现象）。除此之外，我们还配备多个兽医到各饲养场义务为客户的牲畜诊疗、打预防针、送兽药上门，为客户解决疑难问题等，实行产品质量服务一条龙，在全区同行业中名列前茅。2001年度“漓源”牌系列产品荣获全区用户满意产品。

由于企业注重产品质量，取得了较好的经济效益和社会效益。今后将进一步注重建设体现质量优先的企业文化，以国内外先进水平为参照标杆，以市场为导向，深入开展以产品质量为中心的整顿工作，依靠科技进步，不断开发出名、特、优、新饲料产品，把产品质量提高到更高的水平，争创一流企业，为振兴广西经济作出更大的贡献。

## 靠创新做强企业 以产业化促进发展

——广西贵港扬翔饲料有限公司

广西贵港扬翔饲料公司是一家以饲料加工为主的农牧型乡镇企业，成立于1998年3月，现有员工550人，其中大中专以上专业人员380人。几年来，广西贵港扬翔饲料公司不断强化企业自身建设，紧紧把握市场脉膊，严格按照市场规则进行公司的经营运作，通过“科技创新、产品创新、服务创新、管理创新、市场创新”的“五新”策略，使企业从无到有，由小变大，成为广西饲料工业的排头兵。从2000年起，广西贵港扬翔饲料公司的饲料产销量连续3年突破20万t，年销售收入超6亿元。2002年被中国饲料工业协会评定为“全国饲料行业百强企业”、“全国饲料行业科技进步先进集体”。同时，广西贵港扬翔饲料公司以饲料和猪种改良为突破口，组织广大农民实行养猪全程服务的“龙宝猪产业化”生产，由于带动面广，已取得了初步成效，2002年8月，公司被评定“广西农业产业化重点龙头企业”，2003年1月被国家农业部等多部委联合评定为“农业产业化国家重点龙头企业”。

**一、科技创新**

贵港扬翔饲料公司成立之初就将扬翔饲料作出了“高起点、高质量、高效益、高回报”的定位。从壮大科研力量、提高科技水平入手。从当年起广西贵港扬翔饲料公司不惜投入巨资，与中国农科院、中国农大、华中农大、浙江农大、四川农大等国内外10多家科研院校的专家教授进行技术合作，进行各种畜禽饲料新产品的课题攻关、研究。同时聘请了近50名国内外著名的动物营养及畜牧兽医专家、教授作为公司的常年技术顾问。在广西贵港扬翔饲料公司的科技人员和科研合作单位的共同努力下，先后成功推出了采用中草药添加、有效预防仔猪下痢的系列乳猪饲料、小猪饲料。

这些具有防下痢作用、营养全面的饲料投放市场以来，大大解决了长期困扰养猪业的仔猪阶段下痢的“老大难”问题，给养猪户格外的惊喜。这一科研成果的推广和所产生的社会效益和经济效益，经广大养猪户的对比检验，得到了他们以及行业主管部门、饲料同行的广泛认可。由于广西贵港扬翔饲料公司的系列饲料具备独特的防仔猪下痢的效果，因此，在市场上迅速形成新优势，成为一个新亮点。

与此同时，广西贵港扬翔饲料公司的科技创新还体现在集中所有的科技力量，科技人员，以全力生产高档猪饲料为主导，通过生产、供应营养更全面、品质更好的扬翔饲料，使广西贵港扬翔饲料公司的系列饲料产品，质量整体上保持了较高档次。

**二、产品创新**

1998年，广西贵港扬翔饲料公司针对饲料市场品种结构不合理，产品性能普遍不高的情况，从德国、日本、台湾等地引进了一批先进设备，率先大规模生产更体现饲料有效转化利用率，更体现营养平衡的“膨化饲料”。该新产品采用的是瞬间高温高压把部分蛋白熟化，使生猪对饲料中的原料营养更好吸收利用，更适应中猪前期各阶段的饲养、使用。在成功推出“扬翔牌”系列膨化饲料后，还先后推出了“哺乳母猪料”、“乳猪王”、“断奶料”等针对性较强的个性化饲料。2002年还成功推出了扬翔牌系列“颗粒膨化饲料”以及“精料王”、“拌料王”等高档次浓缩饲料。

到目前止，广西贵港扬翔饲料公司不同的产品种类、规格、档次的饲料已达到1 000多个，成为全国猪饲料生产厂家中，品种最多，规格最多，产品档次最高的厂家之一。正由于这样，才大大满足了不同养殖户的需求，促进了扬翔饲料在广西以及周边省份不断扩展市场。2000年扬翔饲料被评为“广西重点保护产品”，在广西形成了强劲的品牌优势。

**三、服务创新**

贵港扬翔饲料公司在狠抓产品质量，抓好饲料销售工作的同时，把加强服务用户，服务农民，提高广大养猪户的科学养猪技术水平，作为企业经营的重要措施长期执行。从1998年起至今，已先后聘请了30多名畜牧兽医、动物营养专家、教授，会同公司的300多名专业技术人员和3 000多名各地兽医以及技术员巡回于广西各地以及周边的广东、湖南、贵州、云南部分地区，开展“科学养猪技术培训，技术讲座，上门技术指导、兽医服务”等等。

1998年10月至2000年3月，以科学养猪技术培训为主的“扬翔献爱心百万助学扶贫”大行动，在贵港市三区两县启动实施，参加了公司组织的“技术培训班”学习的农民达37万多人次，2500多户失学儿童家庭及贫困家庭得到了公司的物质扶持和上门技术扶助。几年来，广西贵港扬翔饲料公司在全区各地共开展技术服务、技术培训工作达100多万次，其中举行技术培训班31 100多班，参加培训学习的农友达55万人次，免费赠送《科学养猪培训教材》510多万册，《科学养猪》VCD光盘10万张。参加培训学习的农民大部分基本掌握了科学养猪技术要领，大大提高科学养猪的技术水平。除此以外，公司长期为用户开展免费阉猪、人工配种、技术指导、防治猪病、送料上门等工作，想方设法让农民养猪得到更好的效益。

公司义务服务工作，提高了公司饲料的附加值，在广大养殖户中形成了较强的产品凝聚力。“使用扬翔饲料，享受教授服务”，成了广西很多农民的共识。2003年扬翔饲料也因此被评为“广西名牌产品”。

**四、管理创新**

贵港扬翔饲料公司无论是生产、销售，还是企业内部的人、财、物的管理，已全部实行信息化管理。饲料生产方面，从原料检验结果、生产过程、配方组成、销售方向等产品的综合信息，采用“条码”对应管理，即以唯一的条码号把每包饲料产品的综合信息进行储存，实现产品质量的可追朔性。广西贵港扬翔饲料公司成立初期即采用先进的PLC过程控制技术进行自动化管理，提高了生产效率和技术性能准确率。

随着公司经营工作不断扩大，信息化管理要求的不断提高，为了更好地适应市场，适应社会，适应发展，公司经过周密的调研和论证后，聘请国内50多名经验丰富的电脑软件专家、教授，与公司的管理和技术人员组成研究小组，成功开发了一套适应中小型企业特点的CRPP管理软件。经过3年的实践证明，CRPP企业管理软件系统对建立和完善质量管理体系，强化内部管理，降低管理成本，提高经营效益起到了决定性的作用。如其表现了“人性化”的管理特点，不同岗位、不同资质、不同级别的员工能做什么，不能做什么，通过CRPP管理系统就安排得一清二楚，并且该系统会自动与绩效考核和工资挂钩；又如它表现了信息的高度集成共享，形成顺畅的产、供、销一体化管理，环环相扣；同时CRPP管理系统更体现它的“简单易用”，一般的农民都会操作，是企业启用民工的“农民+电脑”的可节能高效运行好平台。

正因为公司产品的质量水平、企业管理水平的提高，1999年广西贵港扬翔饲料公司成为广西第一家通过ISO9002国际质量体系认证的饲料企业，2002年又通过了2000版ISO9001国际质量体系认证，ISO14001国际环境体系认证。

**五、市场创新，扬翔饲料舞起产业龙头**

公司的饲料产品投放市场后的第3年，即2000年，饲料年销量突破了20万t。虽然公司的饲料市场扩大并发展了，但农村的养猪业并没有大的发展，生猪销售出现滞塞现象，主要原因则是生猪的品种落后，商品猪质量差，档次低，在外省大中城市中没有竞争力。养猪业出现的矛盾，不但阻碍了养猪业的发展，同时也直接影响了公司饲料业的发展。针对这种市场情况，扬翔饲料公司早在1999年8月即投入了3 000多万元，建设大型种猪场，从美国、丹麦、台湾等地引进了近1 000多头种公猪、种母猪，以猪种改良为突破口，全面开展为广西各地养猪户改良品种服务。2000年2月，公司正式启动推广饲养杂交猪——龙宝猪，为广大养猪户从猪种改良、饲料供应、兽医防疫、商品猪销售全程提供一条龙服务的“龙宝猪产业化”运作，通过提高广大农村的生猪质量，提高生猪市场竞争力来激活广西的养猪业，扩大养猪规模。以稳定的养猪业来促进饲料产业的发展。

3年来的实践证明，“龙宝猪产业化”运作产生了良好的推动作用。广西各地加盟产业化行列的养猪户达到了23万户，其中饲养龙宝母猪的养殖户达11.7万户，饲养龙宝母猪量达到17.5万头，龙宝三元杂仔猪培育户5万多户，龙宝三元杂大猪饲养户达7万多户，年出栏三元杂商品猪300多万头。养猪户得到公司免费猪种改良等服务，纯收入提高了12%～18%。公司的这一“杠杆策略”，不但推动了养猪业的健康发展，更使公司的饲料产业，在激烈的市场竞争中得以稳步前进，连年保持饲料销售20万t以上。

## 追求卓越　奉献社会

### ——通威集团有限公司

由刘汉元创建的通威集团，是以饲料工业为主，并涉足电子、生物工程、IT&IC国际贸易、大农业开发、房地产开发等产业的大型民营科技型企业。通威集团在国内外现已拥有40个子公司及100多个分支机构，主要生产经营鱼、畜、禽系列饲料的电子、计算机软件等产品，年产饲料能力逾300万t，其饲料产品已远销韩国、朝鲜、埃及、伊拉克等东南亚国家和地区，年自营进出口额达1 500多万美金，是中国最大的水产饲料生产供应基地及重要的畜禽饲料生产企业。

### 一、管理规范，声誉卓著

集团自成立以来，以“追求卓越，奉献社会”为宗旨，秉承“诚、信、正、一”的经营理念，外塑形象，内抓管理，按照现代企业制度的要求，建立了一套颇具特色、卓有成效的“通威管理模式”，形成了一支高素质的员工队伍，市场开拓能力和技术创新能力逐渐增强，企业内部管理日臻完善。同时，借助当今世界先进的网络技术，在集团公司内部实现了物流、资金流与信息流的统一。集团各管理层在世界任何地方，都可以运用一定的方法通过Internet阅读查询集团的有关信息（凭证、帐套、报表、各职能部门数据），各级管理层由此实现了经营数据的实时监控和有效决策。集团内部管理的标准化、科学化和信息网络化及核算电算化、管理电算化、决策电算化正在实现，并进一步与OA办公系统链接，逐步实现无纸化办公。

在大力发展饲料工业的基础上，集团已投巨资在我国西部建设中国最大的水产科技园区、国家“948”鱼类基因工程实验室、大规模的生产效益型工厂养鱼车间等，先后建立了省级企业技术中心、水产研究中心、鱼类基因工程中心实验室、水产科技公司、宠物食品、西辰软件、新锐软件、良种养殖场、水产试验场等。在淡水养殖上，从传统的草、鲤、鲢鱼向名、特、优、新、稀品种转变，培植繁育出了江团、鲟鱼、河豚、俄罗斯鲟、胭脂鱼、观赏鱼等数10个优良品种，远销全国20多个省市。在海水养殖上研制出了大黄鱼、蓝子鱼、对虾等专用饲料，其主要产品“通威”牌系列鱼饲料在国内处于领先地位，达到了世界先进水平。

1995年，通威集团被国家工商局评为“中国500家最大私营企业第二位”；1996年集团的核心企业率先在全国同行业中首家通过ISO9002国际质量体系认证和国家产品质量方圆认证；1997年被列为四川省31户重点民营企业；1998年被列为四川省37户重点扩张型企业；1998年、1999年和2000年连续3年获得四川省维护消费者权益10佳单位；1999年初获得国家批准的首批私营企业进出口权，并分别获得国家经贸委“全国300户非公有制重点联系企业”、“四川省政府的80户重点优势企业”，其产品获四川名牌，企业标准化水平达到国内先进水平，先后10多次荣获国家级新产品、新技术金奖及星火科技金奖，被公众推举为“中国十大名牌饲料”，跻身中国饲料行业百强企业前10强；名列四川省“规模经营十强”；2001年2月，通威集团被四川省委、省政府评为农业产业化经营先进龙头企业；其“通威”牌饲料商标多次被四川省工商局评为“四川省著名商标”。集团总裁刘汉元同志先后受到江泽民、李鹏、朱镕基等党史和国家领导人的亲切接见。2001年7月，通威走出国门，进军海外市场，与委内瑞拉分别签订了《建立中国通威水产养殖示范一场、二场的协议》，进展十分顺利。2002年3月27日，印度尼西亚总统梅加瓦蒂专程到通威考察访问，表达了加强合作的强烈愿望。目前，双方就有关具体问题正进行深入洽谈。

### 二、关注国计民生，倡导“无公害”养殖

生产和发展无公害农产品是关系国计民生的一件大事。农产品质量安全问题，不仅危害人民群众的身体健康，损害消费者的合法权益，而且影响优质农产品的出口贸易。食品安全的消费趋势对饲料产品质量的安全提出了越来越高的要求。优化农产品质量，发展无公害产品，既是推进农业和农村经济结构调整，提高农产品市场竞争力，增加农民收入的有效途径，又是整顿和规范市场经济秩序，保护消费者合法利益的重要措施，也是农业可持续发展的重要战略目标之一。为了适应农业产业化的发展趋势和必然要求，通威自成立以来，就不断进行投入，致力于无公害农产品的研究与开发，积极推进无公害节水型养殖方式，大力倡导“安全饲料”、“健康饲料”、“绿色渔业”，生产出适合人吸收、消化且无任何毒副作用的养殖产品。

2001年3月12日，通威参加了国家农业部、中国饲料工业协会在北京举办的“饲料安全质量情况新闻发布会”并成为此次饲料安全新世纪宣言发起单位之一，其旨在进一步强化饲料产品“安全第一，质量第一”的经营准则，并向社会郑重承诺：严格执行《产品质量法》、《饲料和饲料添加剂管理条例》等国家法律；严格按照《饲料标签》、《饲料卫生标准》等有关饲料标准的要求组织饲料产品生产和经营；不制假、不售假；决不在饲料产品中使用违禁添加物；严格控制生产过程，健全各项管理制度，确保产品质量。以完善的生产服务网络，先进的质量控制体系，不断创新的研发实力，为生产安全健康和无公害饲料提供了有力保障。

### 三、围绕主业，多元发展

2001年，通威在认真总结自身多年来从事动物营养研究、饲料加工丰富经验的基础上，大踏步迈进了宠物食品市场，陆续完成了包括犬、猫、观赏鱼、观赏鸟等宠物食品配方研究、市场网络建设等，并引进国外先进技术、设备、管理、成立了1家大规模、高起点的现代化中外合资企业——中英合资成都好主人宠物食品有限公司。经过一段时间的精心运作，好主人系列宠物食品不仅在成都市场树立了良好的知名度和美誉度，而且全面进驻国内许多大型超市、市场等，收到良好的市场反馈，销售、效益不断提升。

2001年通威控股成立了新锐和西辰两家软件公司，前者是以企业管理软件开发为主，后者则长于政府办公软件的研发。产品涉及医药业营销管理系统、电器制造业销售业务管理系统、生产质量管理系统、人事劳资管理系统和政府办公软件等，已广泛应用于国内数十家大中型企业及省内几十个县、市政府，其中电子政府软件不仅实现了政府机关内部、政府机关之间的办公事务自动化，而且还能以电子化方式向企事业单位和社会公众提供信息服务、信息处理等。

在生物高科技发展方面，通威已在北京中关村组建了一个生物基因工程高科技全资子公司——北京海科特新技术有限公司，初期投资已3 000余万元，以充分利用中科院及中关村丰富的技术研究、人才等软硬件资源，并以此作为人才交流、引进、整合、配置的窗口和桥梁，把国内国际最前沿的生物技术应用在实际生产过程中。

**四、迎接挑战，共铸造辉煌**

发展才是硬道理，创新才有生命力。通威始终坚持以创新求进步，以开拓求发展，以优质产品赢得广大用户，不断扩大市场，力争用3～5年时间，将现有的省级企业技术中心建设成为国家级企业技术中心和国家“948”鱼类基因工程实验等科研基地，充分发挥技术中心的决策、开发、吸引、转化创新、技术储备、培养人才和组织管理的7大功能，以水产动物养殖和新饲料开发为核心，形成强大的技术开发系统，并力争在2003年完成股份公司的股票上市工作。随着中国加入WTO，通威将充分发挥自身的特色优势，实现跨越式发展，力争在更大的范围内和更深的程度上参与国际经济合作与竞争，努力创造出中国的民族品牌，为我国的水产养殖业和民族饲料工业发展以及国家的现代化建设不断作出新贡献。

## 立足农业产业化<br>为振兴“三农”做贡献

——新希望集团

党和政府肯定了非公有制经济在国家现代化建设中的地位和作用，我国发展中的农业为非公有制企业提供了巨大的舞台。改革开放以来，已有不少的非公人士到农村去，经过几年、十几年的艰苦努力，用领先的科技，领先与农民优惠合作，以产品为龙头，作大了规模，取得了效益，也带动农民群众走上致富的道路。

**一、在农业产业化的开拓中艰苦创业**

1982年，农村的改革不断推进，希望集团的创业者刘永好先生兄弟4人辞去城里的工作，集资1000元到四川新津农村创业，把大学里学到的知识用到农村的生活中去，种蔬菜、养猪、养鸡、养鹌鹑，历尽千辛万苦，克服重重困难，终于通过科学的养殖技术、公司加农户的养殖体系，以及面向全国市场的开拓，发展了一个鹌鹑产业化体系，带动了数千户农民通过科学养殖鹌鹑走有脱贫致富的道路，也带出了全县第1个亿元村，企业也有了上千万元的积累。新华社曾发表《新津的鹌鹑经济》文稿，对通过公司、农户、市场、科技的结合来提高其综合效益的作法进行了报道。

**二、做大产业规模、增强带动能力**

四川作为中国的农业大省，历来有“粮猪安天下”的说法。但80年代末的四川养殖技术及饲料加工业都很落后，这是一个充满挑战并有着巨大的商机的地方。希望集团决定主攻饲料，并以饲料为龙头带动种植业、养殖业、肉食品加工业的发展，形成农业产业化的链条。希望集团用300万元建研究所，400万元建设饲料厂，经过3年的努力，希望集团成功地研制出能与外资企业产品媲美的更适合中国农村养殖特点的优质饲料，这个研究成果荣获国家星火科技成果二等奖。希望集团派出科技小分队，深入农村帮助农民科学养猪，指导农民种良种玉米换饲料，帮助不少农户走上养殖致富的路，“希望”牌饲料也因此走进千家万户，覆盖四川广大农村，到1992年底，“希望”饲料年产销10万t以上，成为当时四川最大的饲料企业，公司也被国家科委评为全国科技示范企业。

在邓小平先生南方讲话精神的鼓舞下，希望集团加快了企业发展的速度。通过独资、兼并收购等多种形式在全国各省区建设饲料工厂，同时引进国外资金、技术组建肉食品加工厂和天然色素公司、磷酸氢钙工厂和鱼粉厂。经过近10年时间的努力，到去年底，“希望”在全国各地已建有饲料、食品、种植、养殖企业140多家，直接招收了20 000多名员工进厂工作，其中有1/3来自农村，另外6 000多人为国有企业下岗职工。此外，希望集团还在全国建有2万多个销售网点，从生产运输到售后服务，共为5万多人解决了就业机会，有更多的农户则通过与公司的技术合作、科学养殖走上致富的道路。2001年“希望”各公司的饲料产销量超过460万t，新希望集团的50多家企业则生产了近200万t的饲料产品。从1998年以后，新希望集团又把饲料工厂办到了国外，现在新希望在越南和菲律宾已建设3个大型饲料加工企业。集团还通过提供技术、供应饲料、收购生猪等方式与农民建立养殖利益共同体，并通过生产火腿肠等肉食品加工，来延长以饲料为龙头的产业链条。如今新希望集团的肉食品加工厂也取得了可喜的业绩，利用四川生猪资源生产的火腿肠深受消费者喜爱，占有当地市场70%的份额。最近，该公司生产的‘美好’火腿肠又获得中国名牌和国家免检产品的称号。集团与美国公司合资组建的天然色素公司，引进国外的花种和种植技术，3年来已在四川少数民族地区种植了近2万亩万寿菊花，产品经初加工后全部出口。当地群众通过种植色素花卉，显著地增加了收入。近年来，根据公司总体部署，结合产地自然气候条件如玉米生理生长特性，以提高新希望饲料的科技含量和市场竞争力为出发点，新希望集团又与青铜峡市政府签订农业产业化合作协议，决定按照生态型、效益型玉米生产基地的建设要求，以企业对品质、数量需求为导向，采用定单收购方式与农户和当地政府合作，形成利益共沾、风险共担、互惠互利、共同发展的良性运行机制，使企业真正成为产业化的龙头，基地成为企业生存的土壤，农户成为产业化动作的主力。通过政府和企业的共同努力，逐步实现统一优良品种、统一种植技术、同一质量标准、统一收购价格，使基地内的生产条件得到根本改善，生产技术标准逐步规范。为此，新希望集团依托科研部门的高科技成果和农技部门的推广能力，力争3年内在宁夏青铜峡市推广粮食兼用玉米新品种3个（粗蛋白含量14%以上，粗脂肪含量8%发上，亩产量稳定在800kg以上），全市玉米总产17万亩×0.8=13.6万t，带动周边市场发展种植10万亩，产量8万t，共计21.6万t，秸杆青贮10万t。

**三、向辐射力强、带动面广的产业进军，发挥龙头企业对农户利益的联结作用，为增加农民收入做贡献、办实事**

乳业在中国正处于一个快速发展的时期，乳产品的主要原料鲜奶的生产对农业结构调整和农户增收有直接帮助。去年，新希望集团开始大规模地进入乳业领域寻求发展。经过1年多时间的运作，现已拥有控股和参股企业11家，成为我国南方仅次于光明乳业的第二大乳业企业联合体。到2002年底，新希望乳业事业部拥有生产能力25万t，总资产12亿元，净资产6亿元，年销售收入超过10亿元，全年加工处理液奶约18万t。若按每头牛单产4 000kg/y，每户饲养3头奶牛，成母牛头数占总牛群的比例为50%计算，2002年新希望乳业事业部旗下的各公司共向奶农支付奶款约4亿元人民币，带动了4万农户增收致富。四川新阳平乳业去年向奶农支付奶款为2 500万元，2002年由于新希望投入4 000多万元进行大规模技术改造，使液奶加工能力由30t/d达到150t/d，全年向奶农支付的奶款也比去年增加1倍，达到5 000多万元，带动农户6 000多户，其中奶农4 000多户，另外饲草种植、草料运送和为奶牛繁育、鲜奶收购服务的农户2 000多户。

新希望收购控股的第一家乳业企业——新阳平乳业公司组建了独立法人的专业化奶牛发展公司。公司坚持以企业为龙头、以鲜奶为产品，以面向农户建设奶源基地为主要业务，全面推进乳、畜、草一体化的奶业产业化。目前，新阳平奶牛发展公司不仅负责向奶牛养殖户提供配套的技术服务，而且在每个小区投入机械化的挤奶设备，建设规范的奶牛养殖小区。同时制定保护价，严格依照合同收购鲜奶，确保奶农利益，充分体现乳业企业对广大奶农的利益联结作用。成都华西乳业则通过生产规模的不断扩大促进成都周边及雅安、仁寿等市县奶牛养殖业的发展，并且通过向奶牛场和养牛大户免费提供保鲜制冷设备，确保鲜奶质量，支持养殖大户放心扩大饲养规模。最近，新希望集团又同眉山市人民政府签订合作协议。双方将通过3～5年的努力，联手把眉山市建设成为四川乳业基地和西南第一乳业大市。眉山市具有发展奶业得天独厚的交通、生态环境优势，目前已建成的洪雅县为核心的奶业圈，已成为国家级生态农业示范区和四川省唯一的无公害奶品生产基地。全市以新希望控股经营的新阳平乳业公司为龙头，已发展奶牛17 000多头，占全省奶牛总数的27%；种植牧草20余万亩，建成现代化奶牛小区28个，日收购鲜奶近百t。新希望集团与当地政府决心通过政企联手，继续做好奶业产业化这篇大文章，概括讲就是依托大企业，做活大产业，到2005年将建成由全市6个区县组成的奶业核心圈，种草达到100万亩，养奶牛5万头，产奶达12万t，形成收入6亿元的产业链。2007年在奶业核心圈内形成种草120万亩，养奶牛10万头，产奶30万t的规模，达到产业链收入15亿元。这样，整个眉山市的农业结构就将在企业和政府的共同努力下，在大型骨干企业的带动下，发生根本性的改变。新希望已承诺，在5年内，为奶牛养殖小区的建设和发展投入资金1亿元，按照“分户所有、集中饲养、规范管理、机械挤奶、集中存储运输”的饲养小区建设模式，从战略角度抓好新阳平的奶源基地建设，在奶业产业化的基地上把新阳平乳业培育成为我国西部地区骨干的乳业企业。

**四、唱响农业产业化主旋律，扎根希望的田野，不动摇**

20年来，新希望集团坚持在农业领域进行产业化的探索和尝试，比较成功地走出了一条公司发展、农民增收、政府满意的产业化发展的路子，同时也体会到产业化是提高农业综合效益的成功之路，规模经营是产业化成功的关键。民营企业面向农村、进军农业大有可为，非公有经济同样可以为中国农业现代化、为增加农民收入作贡献。从宏观上看，这些年来，各地都有不少的非公有制企业以农业为主导产业，以农业的规模经营和产业化的发展为目标，利用当地的资源和劳力，通过资金、科技、产品、市场的组合，通过公司加农户、与农民结成利益共同体的方式，扎实工作，努力开拓，创造了良好的业绩。中国农村改革20年来的实践证明，各种所有制形式的企业都可以为促进农业现代化贡献自己的力量。

## 以科技为先导　靠质量求发展

### ——四川省畜科饲料有限公司

四川省畜科饲料有限公司（原四川省畜牧兽医研

究所饲料添加剂总厂）创立于1985年，经过10多年的艰苦努力，目前已发展成为集科研开发、生产经营、技术服务、进出口国际贸易于一体的科技型股份制企业。近年来，在日益激烈的市场竞争中，公司领先雄厚的科技实力，先进的生产检测设备，高素质的员工队伍，逐步完善的管理体制以及多年建立起来的强大的营销网络得以稳步发展，成为全国同行业中的佼佼者，被有关部门评为“四川十佳饲料企业”、“四川十大饲料企业”，中国农业银行AAA企业，国家海关A级单位。2002年，全公司职工以科技为中心，上下一心，共同努力，全年产销各种预混料及添加剂25 000t，产值2.6亿元，上交国家税收1 900多万元，创下历史最高水平，被农业部、中国饲料工业协会评为“中国大型饲料企业”、“全国百强饲料企业”“重点高新技术企业”，“全国饲料工业科技进步先进集团”。这些成绩的取得是公司一贯重视科技，领先科技的必然结果。

## 一、依靠科技、发挥优势

四川省畜科饲料有限公司的前身是原四川畜牧兽药研究所下属的一个科技型实体，由于产品结构单一，技术力量薄弱，设备陈旧老化，使产品缺乏市场竞争力，产值也一直在300万元水平上徘徊，这种状况严重阻碍了企业的发展。1992年，四川畜科新的领导班子上任后，发现了使企业停滞不前的症结所在，针对我国和本地区畜牧业生产和饲料资源的特点，通过对市场充分的考察分析，确定了“依靠科技、发挥优势，大力开发新技术产品，向产品要效益”的企业发展思路，积极着手充实技术力量，更新生产设备，调整产品结构，加大产品开发力度，在短短几年间研制出20多种适合于不同动物、不同生产目的、不同生长发育阶段、不同生产水平的“畜科”牌超级快长素、中华饲料王、中华美味香等系列添加剂预混料，成为我省第一家提供各种畜禽和水产动物预混料的专业生产厂家。

未来世纪是一个以知识经济为主导地位的世纪，对于一个企业来说，谁科技领先，谁就把握未来，公司决策者深深懂得这个道理。1995年，凭着对市场脉搏准确地把握，四川畜科决定进一步调整产品结构，使产品上一个档次，把对复合维生素的研究和开发当作主攻方向，这一决定得到了省科委的高度重视和大力支持，将其列为全国重点科研项目。1997年“中华多维”复合维生素预混剂问世，随后“中华多维”猪用、鱼用、禽用系列产品也相继出笼，并在四川大规模推广应用，在产品推广过程中，公司组织技术人员在成都、夹江、峨眉、昆明等地召开产品研讨会，培训技术人员1 300多人次，分送资料5万多册，将1 300多t中华多维推广应用到四川1 000多个饲料厂、养殖场，创产值8 000多万元。试验证明，该系列产品质量稳定，效果显著，在国内同类产品中处于领先地位，具有良好的市场背景。为此，“中华多维复合维生素的研制与应用”项目荣获1998年度四川省政府科学进步三等奖，1999、2001年在中国国际农业博览会上连续两次被评为中国名牌产品。高技术的产品不只使企业出现生机，也给予企业带来可观的经济效益。

## 二、一流的产品、一流的技术服务

产品质量是企业的生命。为了确保产品质量，四川畜科积极推行企业全面质量管理制度，强化质量保证体系来把质量关。对凡不符合生产标准的原料一律不准入库，凡不合格产品一律不准出库，从原料入库到产品出库，都要经过一整套系统的质量监控程序。四川畜科配备了先进的双轴浆叶式混合机，在国内首次引入烘干设备，解决了预混料生产中载体的干燥问题，还大幅度提高了生产效率。除此外，公司还建造了国内第一家由国产设备组装，年单班生产能力2 000t的复合维生素预混料车间；建立了复合维生素预混料检测技术，在国内首次应用MAXATASE酶处理技术测定脂溶性维生素。与此同时，四川畜科按照ISO9002质量保证体系进行管理，严格进行生产过程的控制，通过使用高效液相色谱议、原子吸收分光光度计等先进仪器确保了原料、预混料及浓缩料中微量元素、氨基酸、维生素、卫生指标和部分促进剂的测定质量。

一流的产品需要一流的技术服务。为了巩固和发展已有的市场份额，在抓品质管理的同时，四川畜科十分重视产品的技术服务，把为养殖户服务作为一项主要工作，要求技术人员和营销人员通过不定期的走访对客户进行跟踪调查，收集他们对产品的反馈意见，了解客户的真实想法和生产过程中出现的各种技术问题，通过送资料、搞培训、开研讨会等形式，宣传推广养殖技术，为他们解决了大量饲料配方，饲料生产加工、原料、预混料、浓缩料检测以及养殖技术讲座咨询等多项服务，使客户获得了实实在在的利益。优质的技术服务使公司与众多饲料生产企业、养殖场建立起广泛的伙伴的业务关系，大大提高了公司信誉度。

## 三、重视学术研讨，加强科技交流

为了在激烈的市场竞争中扩大市场份额，四川畜科始终重视引进具有高科技含量的优质进口饲添加剂。公司先后与美国、法国、英国、瑞士、德国、荷兰、日本等世界著名企业合作，及时引进了赖氨酸、蛋氨酸、乳清粉、酸化剂、抗氧化剂、防霉剂、着色剂、有机微量元素等百余种优质饲料添加剂，大大提高了公司在竞争中的应变能力。2002年，公司在原有基础上进一步扩大了国际贸易渠道，使进口代理产品增加到200余种。目前，公司是美国ADM、ALLGCH、德国BASF、瑞士ROCHE、荷兰AKZO NOBEL等公司在中国西南地区或西部地区的总代理商，产品销往四川省及全国十多个省、市、自治区，成为西南经营规模最大，销售量最大，品种最多的饲料添加剂进口商，极大地提高了企业的国际信誉，也使企业效益逐年增长。

重视学术研讨，加强科技交流。随着国际贸易渠道的进一步扩大，公司与一些外国企业的各种学术、技术交流活动也日益增多。仅在2002年，公司就分别与美国奥特奇、瑞士罗氏、德国巴斯人、荷兰英特威、意大利威尼达、德国安迪苏等公司共同在成都、云南、绵阳举办了九次国际饲料新技术、新产品研讨会，西南地区大中型企业负责人、技术总监、品管部经理先后有1 450余人次参与会议。公司先后18次参加外国公司在北京、上海、广州、昆明、杭州、长春、西安、舟山等地举办的学术研讨活动。组织参加了国际生物技术在美国召开的学术交流会和赴澳大利亚学习考察活动。通过以上这些交流活动，增进了相互间的了解，加强了相互间的合作，更加重要的是它有力地促进本企业和四川饲料养殖业的科技进步，有效的提高了企业的知名度，并在全国树立了一个名牌的企业形象。

## 求实　求专　创新

### ——重庆佳美香料有限公司

重庆佳美香料有限公司是全国最大的饲料香味剂产销企业之一，成立于1992年，是专业从事饲料添加剂及添加剂预混料研制与销售的现代化企业。其总部位于国家级经济技术开发区——重庆南坪东路6号南坪大厦，7 000m$^2$ 的佳美生产基地，建有2 500m$^2$ 的现代化标准生产厂房和科研办公综合大楼，并配备有现代化的生产流水线和国际先进水平的品控仪器。

**一、团队建设**

早在20世纪90年代公司成立初期，佳美决策层便敏锐的洞察到了知识经济时代的到来，前瞻性提出佳美团队理念，即“创新型的部门领导，技术型的员工队伍，科研型的技术人才，成长型的经济效益”。佳美在同行业中率先引进现代企业制度，始终坚持将人力资源的开发作为企业可持续发展的长期战略投资，除常年对内升外聘的员工进行岗前培训、专题培训、年度培训、任职培训之外，还带领公司所有中高层决策管理人员12名陆续到重庆大学等高校进行1年以上深造，并邀请国内外的专家、教授到公司做专题讲座；同时，对企业需要的高级人才，坚持“不求所有，但求所用”的人才观，与全国8个科研院所的10余名专家学者保持合作。目前佳美团队本科以上人才36名，约占40%，其中，硕士3名，博士2名，工程师5名，高级工程师3名。这些人才分别在科研、生产管理、质量检控和营销服务等各个工作领域忠诚于佳美的每一位客户。同时，在公司知识经济理念的强化和熏陶下，佳美全体成员全面树立了终身学习意识，通过各种方式自觉接受学历或非学历教育。

经过10年的稳步发展，佳美已经形成了独特的企业文化和完善的质量保证体系，并建立了一支技术型的营销服务团队。市场营销服务网络遍布全国各地，佳美为客户创造价值的服务理念和完善的服务体系，深得客户朋友和各界同仁的首肯和赞誉。1995年起佳美连续5年被当地政府评为“先进企业”称号；1997年被重庆市饲料质量检测管理所评为“九七年度饲料添加剂预混料生产质量管理工作突出奖”；1998年荣获重庆市技术监督局颁发的协作城市产品质量互认证书；1999年同时荣获中国质量检验协会颁发的“企业质量检验机构评定合格证书”和中国饲料添加剂专业委员会评定的“第六届全国饲料添加剂学术暨新技术、新产品交流会推荐产品”；2000年被中国畜牧兽医学会动物营养分会评为“动物营养学会团体会员”，2001年加入中国饲料工业协会团体会员。

**二、质量就是生命**

诚信是佳美立业之本。佳美在取得较好经济效益的同时，除了依法积极交纳国家税费外，积极支持国家的改革开放政策措施，为政府分忧解困，通过各种形式累计捐助、捐赠100余万元，支助抗洪救灾，支持贫苦山区经济发展，救助下岗、失业职工等等，坚持积极履行作为社会法人的社会义务。佳美公司由2名国内资深调香师、2名动物营养博士带领由3名硕士、4名工程师和3名高级工程师组成的科研型技术团队，在全国8所相关科研院校的协作下，负责产品的研制工作，研发实力从根本上保障了佳美完美的品质和公司的核心竞争力。

作为全国最大的饲料香味剂产销企业之一，佳美恪守质量就是生命的品质理念，产品的研发与生产严格按照零缺陷原则进行管理。为此，公司引进了国际上先进的食品级生产设备，如V型高效混合器、高精度的电子配料秤等等，保证了配料和制作工艺的精准性。并由专业人员通过高压液相色谱仪，旋光仪，和全自动水分测定仪等设备，每批产品均检验为100%合格后才可入库。备在12个控制点进行全程检控。同时，公司引进国际跨国公司的生产管理方法，强化管理意识，提高研究发和生产团队的员工素质，对全体员工进行绩效管理，对科研和生产现场进行5S管理。让全体员工牢固树立零缺陷质量意识。公司从选择国际国内原料供应商、入库前的品质全面检控、原料及成品库房分区仓储、挂牌明示、帐实相符的规范化管理制度、生产中12个品控点，一直到出库时按批次跟踪登记等等，建立起了一套严格的生产控制与管理责任体系，每个细小环节都以让客户满意为工作的最高宗旨。

在动物营养型添加剂方面，佳美公司坚持以求实、专业、创新的发展路线，根据市场需要，不断研制出适合客户的4大系列共16个品种的维生素预混类产品。瑞士、法国、德国、日本等国家众多诚信互惠的、长期伙伴型原料供应商，从源头上确保了佳美多维的优良品质和高效价比，科学化的营养方案，充分考虑了各种动物的生长性能和客户集约经营化生产的需要；精密的食品级生产设备和检测仪器等硬件设施，使佳美多维生产工艺的完美运行得到充分保障。经中国动物营养学唯一重点学科点——四川农业大学营养研究所的动物实验证明，佳美多维科学的结合了畜禽生长和生产对维生素营养水平的实际需要，营养结构及营养水平科学合理，质量稳定，效价高，畜禽利用率较高。

佳美技术研发团队始终坚持以市场的最前沿为科研导向，锲而不舍的进行技术创新，不断根据签约客户的差别化定制需求，研制出各具特色的新品，并根据近年来国际市场饲用产品正朝着“安全化、绿色化”方向发展的新趋势，在原有鱼粉香的基础上加大了健康型绿色系列产品的开发力度，成功研制出了9305耐高温、9305腥系列产品，得到了客户的一致好评，迅速适应了国际国内市场的发展需要，再次引领了行业发展的潮流。

**三、“扁平化”营销渠道和100%满意**

为客户创造价值是佳美服务之本。佳美拥有一支具有团队精神、积极进取的“技术型、知识型”营销团队。营销团队中大专以上人才占56%，本科以上人才占43%。在佳美营销人才进入公司时，无论过去的工作经历是多么辉煌，都必须带薪接受3个月的“换脑”综合培训。佳美深知，只有充分了解与客户共同的事业，了解客户真正的需求，掌握敏锐洞悉客户需求变化的能力，才能代表佳美为尊贵的客户创造价值，提供服务，才能为客户创造出实实在在的价值。

产业化的服务、100%的满意是佳美公司一贯遵循的服务理念。公司以客户100%的满意为宗旨为每位客户提供专业化、规范化的服务。公司通过建设“扁平化”营销渠道，竭力与客户进行良好有效的沟通，为客户提供更及时、更便捷、更细致入微的服务。佳美服务网络现已遍及全国30多个省市自治区，分为20余个客户片区，并在相对集中的6大市场设立了驻外办事机构。由40余人组成的技术知识型专业营销团队常年服务于每个客户片区，对每一位客户进行定期回访，随时了解客户的最新需要，当好客户的义务库管员，并在完善而快捷的物流配送网络支持下，为每一位客户提供全面、周到的售前、售中、售后服务，以及为客户提供营销及专业的技术培训等方面，为客户创造着实实在在的价值。

在国内庞大而健康的市场网络基础上，1999年佳美服务网络已成功迈向到东南亚市场，经过3年的拓展，佳美的海外服务网络已初步建立，并随着海外市场的不断扩展，佳美已经通过自营进出口通道，更直接地与国际合作伙伴建立起沟通和服务的桥梁！佳美依靠完美的品质和100%满意的服务理念，在国际国内饲料工业界赢得了钻石般的品牌声誉。

## 企业文化的驱动力

### ——贵阳处处春饲料有限公司

贵阳处处春饲料有限公司是由四川川泰集团投资2 000万元，在贵州省兴建的一家大型饲料生产性企业。自1997年创建以来，贵阳处处春经过5年征途、5年诚信服务、5年拼搏进取，在党的十六大精神指引下，与时俱进，正在为全面建设小康社会、促进贵州经济发展而奋力前行。贵阳处处春饲料有限公司以“富裕农村、服务大众”为企业宗旨，立足贵阳，面向全省发展。引进英国西蒙公司的先进设备，针对贵州省畜牧业的养殖实际，逐步推出了猪、鸡、鸭、鱼、牛等5个系列80余个品种的“川泰”、“处处春”牌高档浓缩料和全价颗粒饲料，深受广大养殖农户欢迎。年产销量为3万t，产值近64万元，创利税百余万元，为推动贵州省畜牧业的发展做出了自己应有的贡献。先后被相关部门评选为“贵阳私营二十强”、“贵州省饲料工业最大生产企业”。

5年来，乘着西部大开发的春风，随着贵阳省经济的腾飞，贵阳处处春在集团的统一领导下，根据企业的实际情况，开创并形成了一整套有企业特色的企业文化：

**一、以人才为企业之本**

贵阳处处春坚持人才立业，人才兴业，尊重知识、尊重人才，公司员工200余人，其中大中专以上文化程度的占80%以上，专业人员达50%以上。公司立足于实际，坚持以能量才的用人精神，根据各岗位的工作需要，及员工的实际情况，制定了一套严格、灵活的用人机制：公司的人力资源部根据各位员工的综合能力、爱好和特长，引导他们进行科学的职业生涯规划，并根据其职业生涯规划，安排到合适的岗位，使每一个员工都能爱岗敬业、最大限度的展示自己的才华。

**二、以科技为企业之根**

始终坚持科学技术是企业发展的第一生产力，坚信科学技术是企业产品品质保证。公司从建立之初就从英国西蒙公司引进了先进的饲料生产设备。并斥巨资配置、完善检测化验设施（公司拥有贵州省饲料业唯一一台“色谱仪”检测器），以确保品质、配方指标数据之准确性。公司的生产全部由中控操纵，配料系统全部由电脑操作，螺旋喂料由数码调控，蒸汽调节、物料糊化、杀菌除毒均由数控装置监测。企业不断更新装备，加强技术改造，在行业内较早引进了熟化料的生产设备，使原材料经过熟化后再进入正常的饲料加工工艺流程，提高了饲料的消化率、减少了用户对抗生素类药的使用和猪、鸡、鹅、鸭等动物体内的药物残留，真正达到了产品绿色环保的标准，并降低产品成本，提高产品档次，增强了市场竞争力。

**三、以质量为企业之源**

贵阳处处春饲料有限公司之所以能在竞争激烈的贵州饲料市场中占据一席之地，一个最根本的因素就是坚持以产品质量求生存。首先贵阳处处春饲料有限公司所有产品的配方都由国内著名动物营养学专家进行设计，追求营养指标上限化、全面化。同时，建立了全员质量管理体制，树立全员品控意识，让每一位员工都参与到质量管理中来，每一个工序就是一个质量管理单位，员工有权拒绝上道工序不合格的产品，形成了"从每一位员工做起、从每一道工序做起、从每一个细小环节做起"的"三每"监督制度，严格维护产品质量，不合格的原料坚决不能进厂，不合格的成品坚决不能出厂。为此，使贵阳处处春拥有了一大批忠实的经销商和用户，销量也一路攀升。

**四、以诚信为企业之魂**

市场经济的竞争法则与公司的经营经验，使贵阳处处春饲料有限公司进一步确立为"诚信"为企业之魂的地位。公司遵守一切合同、履行一切承诺，建立健全了畅通的市场营销网络和良好的售后服务体系，与全省近千名经销商建立了真诚守信的合作伙伴关系，企业的知名度、美誉度不断提高，产品的竞争力、辐射力不断增强。已连续几年被金融机构评定为AAA级信用单位，被技术监督部门评定为质量信得过企业，产品亦被评为消费者喜爱的商品和中国质量万里行推荐产品。

饮水思源，贵阳处处春饲料有限公司在发展的同时，也不忘回报社会，为了彻底改变贵州省畜牧业现状，提高养殖户的养殖技术水平，振兴地方经济，贵阳处处春投资50余万元与相关单位合作，在贵州全省范围内开展送科技下乡活动：

一是组织当地懂科学、有潜力，规模较大的养殖户，开展技术讲座，提高其养殖技术水平。

聘请省内外畜牧业专家，在各乡、镇、县举行专家讲座会，向广大养殖户，全面、系统、详细的讲授科学养殖技术及防病抗病方法，全面提高贵州省的养殖技术水平。

二是在条件成熟的乡镇建立"处处春科技养殖示范村"，以带动广大养殖农户走科学养殖致富路。

聘请40名专业的养殖技术人员，长驻"处处春科技养殖示范村"，解决养殖户在养殖过程中所遇到的各种问题，使广大养殖户能把所学到的养殖技术，运用到实际生活和生产中，同时印制大量的《农村养殖实用手册》发改到养殖户手中，以帮助其增加养殖知识，全面提高养殖效益。

三是协助当地政府业务部门，开展品种改良技术，提高畜禽商品的转化率，增加农民收入，促进农村经济发展。

贵阳处处春饲料有限公司协助当地业务部门，从国内外引进改良猪种，进行品种改良。同时向养殖户提供成品猪的销售信息和渠道，以提高养殖的市场回报率，增加农民收入，同时也有利于地方经济的建设。

## 汇天下英才　创一流业绩

### ——云南神农饲料有限公司

云南神农饲料有限公司创建于1994年元月，经过公司全体员工艰苦不懈的努力，现已发展成为一个具有高度社会责任感，丰富创造力和强大竞争力的现代饲料科技企业，成为云南民族饲料工业的代表和云南省百强私营企业之一。

**一、以人为本、科技兴农**

云南神农本着"以人为本、科技兴农"的企业经营理念，汇天下英才、创一流业绩，从国内聘请优秀人才加盟公司，现有员工185人，其中大中专生68名，硕士研究生2人，拥有固定资产达4 500万元，年生产能力9万t。公司在管理上力求科学化和规范化，在质量上力求高品质和标准化，在服务体系上力求全方位和社会化，从而形成了神农为社会、社会要神农的良好发展势头。云南神农于2000年11月在大理建立了云南大力生饲料有限公司；于2001年3月在广西南宁建立了南宁东方红饲料有限公司，已取得了良好效益。公司产品销量和利润从1996年起连年翻番，在云南省内挤身于本行业第二位，2002年饲料产品产量达到79 100t。公司从国内著名饲料企业高薪诚聘具有丰富营销和管理经验的优秀人才，组建了一支40多名销售人员的销售队伍，并配备了十几辆宣传业务车辆。同时在云南全省各地、贵州、四川建立了广泛的销售网络。在销售方面，公司确定的战略为：人员高密度、宽范围地投人，缩短通路做好县、乡镇、村级网点。通过销售人员和技术服务人员专业化的推销、售前、售中、售后服务和配套的促销手段，公司产品深受养殖户的喜爱。

公司十分重视企业文化建设，将"扬神农精神，创神农天地"作为企业文化的基石，把改变农村传统的生产模式、致力发展高效、优质农牧业和用科技武装农民、造就"现代神农"——知识型农民作公司的事业目标，将发展云南民族饲料工业作为自己的历史使命，坚持以科技为先导，以质量求生存，以服务求发展的企业发展思路，不断完善和壮大自己。公司确立了明确的价值观，即客户至上、责任感、创新、诚信、务实、团队合作，通过开展系列主题活动，增强了全体员工对公司的认同感和归宿感。

云南神农建立健全了组织管理系统，董事会下设管理委员会，负责公司经营管理重大事项的决策；总经理下设总经办、财务部、技术部、企划部、行政部、采购部、生产部、品管部、销售部、营业部，负责公司的具体日常生产经营管理工作。同时公司建立健全了以《管理手册》为主要内容的各项规章制度，将规范化、程序化和科学化管理作为一项长期的工作来抓，做到机构无重叠、管理无空白、部门和个人职责分明。公司的乳猪料、猪浓缩料和肉鸡饲料技术在云南居于行业领先水平；公司产品先后被中国饲料工业协会和云南省饲料工业协会评为推荐产品，1999年云南省技术监督局全省统检、2000年至2002年质量抽检，抽检产品全部合格。

**二、先进的技术**

公司生产线由美国在华独资企业——上海正诚机电设备制造有限公司设计、提供全套设备并负责安装，上海正诚凭借美国先进的饲料制造技术多年的安装实践，保证了公司生产线在云南饲料行业甚至中国饲料行业处于领先地位，特别是从丹麦引进的配套全电脑控制膨胀器为现今中国最为先进的膨胀器。现公司具有两条制粒膨胀生产线，可为用户生产粉状、粒状和膨化料，可单膨化，也可膨化后制粒。公司先进的生产设备保证了产品的高质量，同时也为公司在市场上的竞争提供了强大的设备竞争力。目前，公司可生产东方红牌、福牌、大力生牌猪、鸡、鸭、鱼全价饲料和浓缩料170余个品种规格。

公司于1999年8月按照ISO9002国际质量标准，建立质量体系并申请质量体系认证，编制了质量手册，质量体系程序文件和第3层次文件，确定了质量方针、质量目标和质量承诺，从原料供应到产品出厂和售后服务，做到全过程受控，从根本上保证了产品质量的稳定。公司于2000年7月顺利通过ISO9002国际质量认证，成为云南饲料行业第二家通过国际质量体系认证的企业。并分别于2001年3月和2002年3月通过第1次和第2次监督审核。

**三、优质的原料**

“优质的原料才能生产出优质的产品”，公司在选择原料供应商时，先进行评审，确定合格承包方，并进行动态管理，以确保原料质量符合公司的收货标准。原料供应商都是正规厂家，且多数通过ISO9000质量体系认证。公司品管部负责饲料生产全过程的质量控制，包括从原料的质量检验控制、生产过程的品质控制，以及成品的分析化验。品管部拥有先进、完善的分析化验设备和训练有素的饲料检验、化验人员9人，其中本科生4人、中专生3人。化验室拥有：凯氏定氮仪、精密分析电子天平，722型分光光度计、体视显微镜等完善的设备。除可进行常规化验外，还可进行氟、胃蛋白酶消化率、碱溶性蛋白、尿素酶活性、游离脂肪酸和镜检等项目的分析检验，为原料和饲料的质量控制提供了有力的保障。进厂原料都需经过30%和100%抽样检验，只有检验合格后的原料才能投入生产。生产过程中从投原料、粉碎、混合、膨化制粒、冷却、打包全过程的质量控制点进行监督检查，确保不合格品不流入下道工序，将不合格品控制在发生之前。我公司参照国标先进技术和国家标准，制定了完善严格的企业标准，并严格按企业标准对产品进行检验。对生产的每一个品种的成品进行分析化验，合格后才能出厂，保证出厂合格率100%。

## 依靠科技进步　服务于饲料企业

### ——云南动物保健品厂

当今世界经济日新月异的变化形势，历史将我们带进一个更加充满活力与生机的时代，同样也将我们所从事的饲料工业带进一个不平凡的发展阶段，我国饲料工业走过了艰苦创业、努力奋斗的20余年。云南动物保健品厂就是在这样一个发展过程中创办发展起来的，致力于饲料添加剂、添加剂预混合饲料的开发、生产、推广、应用的年轻企业。自1994年省畜牧局批准建厂以来，时刻把握市场走向，依靠科技进步，全心全意服务于云南饲料企业，与众多国内外著名公司建立了良好的战略伙伴关系，举办10多次新技术、新产品研讨会，使所经营名优产品在云南饲料企业养殖户中应用，取得较好经济效益和社会效益。云南动物保健品厂于2001年投资新建了云南省内唯一生产预处理微量元素生产线和改造了添加剂预混合饲料生产，成为云南两家同时获得“饲料添加剂生产许可证”及“添加剂预混合饲料生产许可证”双证企业之一，现正步入经营促生产，生产促发展的健康发展之路。

**一、引进推广新产品、严把质量关、起好窗口作用**

随着养殖业与饲料工业的发展，出现了很多新的需求，饲料添加剂就是其中之一，但众多饲料厂对添加剂不了解、选择存在于盲目性，针对这需求及实际情况，云南动保充分发挥自己优势，起到引导及窗口作用，投入大量经费先后与多家国内外著名企业联合举办了15场新型饲料添加剂、添加剂应用技术及饲料新技术应用等专题技术研讨会，邀请了国内外著名专家如华南农业大学毕英佐教授、四川农业大学周安国、陈代文、周小秋教授及很多国外企业博士、专家到云南，为云南饲料企业、养殖户等讲学、答疑，为企业解决实际问题，提高客户对添加剂认识和择用能力，同时也把一些新产品、新技术引入云南市场，为云南科学饲料技术进步作了一些有益工作，实实在在为客户服务同时也促进了企业发展。

自云南动保厂建立之日起就在企业内部推行一套不仅针对质量结果而且预先控制影响质量的因素控制体系，根据供应商的生产、供货、质量、信誉等情况，择优选择供应商，从源头上控制产品质量，然后根据有关标准验收，如有异常立即停止销售及使用，必要时分批号送质检部门检测后才销售。强化使用过程的质量控制，在产品销售和使用过程中积极跟踪产品质量是保证高品质的重点，云南动保积极回访、了解使用情况，及时排除产品质量隐患，通过这些行之有效的品质控制手段，在全体员工中定格为一种视质量为生命的理念。2002年初云南动保厂主动承担了《云南饲料》杂志编辑部的主要工作，而且在资金上作了必要投入，不仅保证了按期出刊，而且每期都免费邮寄到协会会员单位及饲料企业手中，为全省饲料行业成员提供最新饲料科技动态、政策法规等多方面信息资料，更好的为企业服务。

**二、注重饲料安全，倡导绿色品牌**

随着科技的高速发展，人类物质生活的极大丰富，人类呼唤绿色、健康长寿的愿望日益强烈，这就对食品安全显得更为注重，对饲料工业也提出了新的课题，因此饲料安全越来越受到政府的重视和用户关注，作为饲料添加剂生产、经营企业更应负担起饲料安全一食品安全的社会责任，积极参与饲料安全工程，认真学习相关法规、文件并向用户广泛宣传、指导、推广绿色饲料添加剂，积极推广绿色、科技含量高微生态制剂、植酸酶、有机微量元素等产品，向用户宣传使用方法及帮助用户调整配方，使饲料安全，绿色产品不只是停留在口号与提法上，而是实实在在体现在生产经营中，创造绿色环境，让广大消费者受益。

**三、开拓创新，发展生产**

早在发展初期，云南动保就制定长远的发展规划，以经营促生产，以生产促发展，创永久品牌，营造百年企业。在经营同时，为了更好降低养殖户饲养成本，扶持缺乏技术中、小饲料企业，云南动保开发生产添加剂预混合饲料，短期内以优良的品质，周到服务，良好信誉得到广大用户认可，所生产预混料96年被授予农业部推荐产品荣誉称号，2001年云南动保又投资改造添加剂预混合饲料生产线，获得农业部添加剂预混合饲料生产许可证。

为了彻底改变云南所使用预处理饲料级微量元素靠省外供应、使用成本高的现状，云南动保厂于2001年投资近百万元建成了微量元素预处理生产线，现为云南唯一生产厂，获得生产许可证后，又多次改造，努力摸索科学生产工艺及流程，严格控制重金属含量等卫生指标，严把质量关，现已推出质优价廉产品，投放市场后得到饲料生产企业认可。

**四、注重人才培养，提高职工素质，为企业发展奠定坚实基础**

为了提升公司服务水平，更好为用户服务，云南动保采取请进来送出去的办法提高员工专业素质，并制定定期培训计划邀请省内外专家进行知识讲座，自我培训以及与省内外供应商进行交流，将职工送到云南农业大学进修动物营养与畜牧兽医知识，同时也积极引进具有丰富实践经验的专业人才。通过这些措施，有效提升了云南动保厂科技水平，能更有效地为用户服务。

## 高质量　高标准　快发展

## ——昆明黄龙山（饲料）工贸有限公司

昆明黄龙山（饲料）工贸有限公司是一家集饲料、预混料、添加剂生产销售、植物油脂加工、畜禽饲料科技开发、畜禽养殖、商场物业租赁、铁路中转、粮油饲料原料贸易和粮油、饲料及饲料原料、国际贸易于一体的、由原昆明市粮食局直属的国有企业(昆明市饲料公司）改制而成的由国家控股职工持股的有限责任公司。

**一、先进的硬件设备**

昆明黄龙山创建于1979年，经过20多年的发展，从单一的饲料生产经营企业发展成为综合性大型企业，现拥有资产总计15 278万元，主营业务收入15 178万元，占地119 257m$^2$，员工443人，拥有3套由美国、意大利、瑞士等国引进的配合饲料、浓缩饲料、复合预混料、硫酸盐、微量盐等专业饲料生产设备，年3班生产能力达31万t。公司引进的3套现代化饲料生产设备代表了我国饲料工业发展的3个时期，第一套设备为80年代初世界先进水平成套设备，为云南饲料工业的启蒙发展和我国饲料工业的发展写下了辉煌的一页，该设备工艺被相关大专院校写进了教科书。第二套设备为中国饲料工业快速成长时期引进，该套设备工艺和自控水平在10余年时间内引领了国内先进水平。第二套设备则集中了现今最先进的工艺及设备，由美国Wenger公司引进的UP/C挤压膨化设备，可生产高档膨化饲料、浮性水产料、高能膨化乳猪料等高档优质饲料。昆明黄龙山还拥有全套植物油脂生产设备，年处理油菜籽2万余t，二级食用油1.5万t，高喷精炼油1万t。公司在省内地州拥有年生产能力达5万t的2个分公司。在市中心拥有2个大型商场及多处商铺进行商场租赁，铁路专用线直达生产厂区，进行货物中转。贸易部多年来一直与各地区开展粮油、饲料原料贸易，2001年贸易量达5万多t。2002年公司获得云南省粮油贸易进口配额的60%。

**二、与时俱进的科技意识**

昆明黄龙山创立之初就一直致力于畜禽饲料产品的研究开发，不断推出新产品。1998年，针对公司产品老化问题，技术开发部吸收国际国内最新动物营养研究成果，结合云南养殖特点及市场状况，经过上百次反复试验筛选配方，于1999年推出高科技换代产品——黄龙山新系列共18个产品投放市场。2000年，技术开发部结合云南丰富的蚕豆资源，经过30多次的反复养殖试验研究，开发了蚕豆替代豆粕、玉米的配方10余个。多年来，公司技术开发部与云南农业大学、云南省畜牧兽研所、浙江大学饲料研究所为技术依托、与中国农业大学、四川农业大学、西南农业大学等多所高校保持长期的合作与交流关系，建立了强大的科技储备，不断开发新产品，提高产品科技含量。公司上世纪80年代末90年代初就参加了国家重点公关课题，云南省重点科研课题——云南省饲料资源开发中试养殖，并将成果应用于实际生产中。1992年参加"仔猪料优化配方研究"，该项目获1993年度云南省科技进步3等奖。1996年承担了省计委"九五"攻关课题"乳、仔猪配方及加工工艺的研究"项目的加工与研究。1999年与浙江大学饲料研究所合作，进行"高效、优质畜禽全价饲料研制与开发"，将浙江大学饲料研究所多项饲料行业科技攻关成果应用于公司饲料产品，推出了千禧饲料32个产品，提高了公司产品的科技含量，该项目获得国家科技进步2等奖。2001年与四川农业大学和西南农业大学合作，进行优质、高效水产饲料研究开发。2001年底与省兽研所动物营养研究室合作，进行"宣威火腿猪种选育研究"。2001年公司技术开发部开始开发研究绿色饲料产品，已有6个产品向绿色食品发展中心进行申报。

公司经过20余年的发展，先后荣获"1992年全国饲料工业企业五十强"，"1994年云南省工业企业百强第七十三名"，1994年被市政府命名为"昆明市花园式单位"，"仔猪后期料、产蛋鸡高峰期料、肉仔鸡料被首届中国饲料工业博览会确认为认定产品"，488、418A、214被认定为1998年度省饲料工业协会推荐产品，2000年中国饲料工业协会优秀团体会员，2000年被市政府命名为连续10年以上"重合同、守信用"企业。

## 改革中求发展

### ——陕西省饲料厂

陕西省饲料厂位于杨凌农业高新技术产业示范区，系省农业厅直属的现代化国有饲料生产企业。建成投产已有12年的历程，经历了螺旋式和波浪式的发展过程。近年来，企业领导班子从企业发展战略的高度总揽全局，以企业内部管理为主线，以技术创新为动力，以严格生产为中心，以市场营销为龙头，实施全面质量管理和名牌战略，带领全厂员工团结奋斗，真抓实干，开创了企业生产经营工作的新局面。为把企业事业做得更好更强，企业领导班子主要做了4个方面的工作。一是团结稳定，二是规范管理，三是诚信经营，四是开拓创新。几年来陕西省饲料厂抓住这4件大事，经受住了市场激烈竞争的考验，推动企业持续发展。

陕西省饲料厂的企业领导班子和全厂员工以"不信东风唤不回"的坚强信念，以把陕西省饲料厂做得更好更强为目标，提出了建设"百年企业"的远大理想。按照"思路清晰、方向明确、措施得力、扎实推进"的工作思路，每年1个主题，先后制定出做稳定年、管理年、效益年、学习创新年和素质提高年的经营方针和管理方案，全体华秦员工以"质量方针、质量目标、服务承诺、诚信经营"规范各项工作，打造"诚信的企业"、"诚信的华秦"，进一步扩大了市场份额，提升了企业形象，为企业争得了荣誉：华秦牌饲料继94年荣获"全国名牌饲料称号"、企业几乎每年被陕西省人民政府授予"重合同、守信用"企业，被中国农业银行陕西省分行授予"AAA企业"，"华秦"牌饲料被认定为"陕西名牌产品"，"陕西华秦"饲料曾荣获全国饲料行业十大名牌产品，也是西北地区唯一获此殊荣的企业。2000年5月，"华秦多维"系列产品获得由中国商品学会、中国质量学会颁发的全国同行业前10名之第一名称号。企业荣获"陕西饲料行业名星企业"、"十强企业"、"十佳企业"、"最佳企业"、"优秀企业"和全国饲料工业行业"百强企业"。农业部授予"优质产品定点企业"。2001年8月，企业顺利地通过了ISO9002国际质量体系认证。同年9月份企业品牌华秦商标被陕西省工商局授予"陕西省著名商标"称号。2002年，在时隔8年的"全国饲料行业百强企业"评定中，企业再一次被中国饲料工业协会评定为全国饲料行业"百强企业"。2002年3月，荣获"二○○一年度全省饲料安全工程"先进单位"称号，2002年4月，荣获中国名牌产品，市场保护调查所颁发的"中国知名品牌重点保护单位"称号，2002年6月，被省财政厅评为"2002年国有资本保值增确认中级单位"（本省饲料行业只此一家为中级），2002年9月，荣获西部发展研究中心授予的"西部开发优势企业500强"称号。

#### 一、科技进步和诚实守信

陕西省饲料厂在企业生存和发展中紧紧地依靠科技进步，不断地创出适应广大用户需求的新产品，按照诚信经营的思路，做好技术、做好产品、做好质量、做好销售、做好服务。其在科技方面的进步主要从以下两个方面体现：一是积极研发新产品和推广新技术，不断适应市场需求。经过多年的努力，企业已经形成以蛋鸡浓缩料为主，猪料、鱼料、牛料为辅的产品结构。向社会提供华秦牌鸡、猪、牛、鱼各生长阶段的预混料、浓缩料、全价料、添加剂等80多个品种的饲料产品，深受广大养殖户的信赖和好评。二是积极采用新技术、新原料，做好饲料安全工作，不断提高产品的科技含量。2001年，参与陕西省质量技术监督局倡议的加强企业质量管理，提高产品质量和服务质量的"宣言"活动，公开向社会提出6条承诺。2002年参与全国饲料行业饲料安全新世纪"宣言"活动，公开向社会提出5条承诺，并率先在行业内实施。言必信，行必果。在困难和挑战面前，全厂上下克服了诸多不利因素，凭着团结实干、勇于拼搏的一股劲，使企业生产经营取得了较好的成绩，产销量连续4年以10%以上的速度递增，企业由此步入了稳定发展的新阶段，呈现出良好的发展势头，企业亦因此受到省饲料办和中国饲料协会的表彰。

**二、产品质量和诚信服务**

在产品科技含量超前的前提下，陕西省饲料厂严把产品质量关和不断提高服务质量，主要有以下经验。一是有产品就要有产品质量，产品代表人品。陕西省饲料厂按照“质量、成本、服务、效益”的经营方针，坚持“价格变、质量不变”的经营原则，靠质量的实力，良好的服务，适中的价格，灵活的销售策略和竭诚为用户服务的意识赢得市场，巩固和扩大市场。从原料进厂、产品出厂严格合同化管理，与客户及广大用户建立起风险共担，利益均沾的利益共同体。通过依法履行合同，进一步塑造了企业的管理形象和市场形象。二是市场经济就是诚信经济。陕西省饲料厂服务承诺是：说到做到，全心全意，并在注重效益型经营，实现由数量型经营到效益型经营的转变中，注重树立员工的市场观念和增强员工的服务意识。明确市场的需求就是企业的工作方向，用户的需要就是企业的工作目标，把“企业围绕市场转，产品跟着用户走，职工为了市场干”，“为用户服务、让用户满意”作为陕西省饲料厂的中心任务和工作落脚点。把“质量第一、用户至上、服务周到”的理念贯穿到各项工作之中，落实到营销人员的行动上。

12年来，陕西省饲料厂为社会提供各种饲料46.9万 t，产值 8.45 亿元。据统计，省内外使用“华秦牌”饲料的养殖户（场）有 300 多万户，为社会增添肉、蛋、奶分别为 13.7 万 t、61.8 万 t、1.65 万 t，创造社会经济效益 68 亿元。帮助广大农民走上了养殖致富的道路，丰富了城乡居民的菜篮子，带动和促进了农村经济的同步快进，对陕西省乃至西部地区畜牧养殖业的发展和社会经济的发展做出了应有的贡献。按照国家饲料工业新世纪 10 年发展目标，陕西省饲料厂今后 10 年发展战略规划按照加快发展的要求的。

## 用户满意的价值

### ——陕西石羊（集团）股份有限公司

陕西石羊（集团）股份有限公司创建于 1992 年，经过 10 年的发展，现已成为我国西部地区较大的油脂饲料加工企业，产业以油脂、饲料、进出口贸易为主，并涉及种植、养殖等多个相关领域，资产总额达3.1亿元。公司现有员工 1 100 余名，其中大中专以上学历占 56%，中层以上管理人员 95%达到大专学历。石羊集团现下辖 2 家油脂公司、9 家饲料公司，企业分布于陕西、山西、河南、甘肃等省，饲料年综合加工能力达 60 万 t，并拥有现代化养殖试验场一个、饲料添加剂预混料生产线一条以及年产量 1 000 万条的编织袋生产线一条。主导饲料产品有“石羊”、“金羊”、“好邦”等五大三大品牌和“邦淇”牌色拉油、“金羊”牌豆粕。2002 年集团公司实现销售收入8.3 亿元。石羊集团自从涉足油脂饲料行业以来，企业发展一日千里，奥秘是什么？一个重要的因素就是：企业始终坚持“用户满意，才算合格”以及“视质量如生命”的经营宗旨，真正把用户作为自己的上帝，以用户满意不满意作为判断自身工作合格与否的唯一标准，不断追求技术进步、质量提高和服务精进。

**一、保质量、创名牌、争第一**

集团把“保质量、创名牌、争第一”作为一项战略方针，在企业内部推行全方位质量管理。企业建立并不断完善质量保证体系，坚持实行质量一票否决，坚持“不合格原料不进厂，不合格产品不出厂”的质量原则。2000 年，集团公司通过了 ISO9002 国际质量体系认证，这标志着石羊集团在油脂和饲料的质量控制方面达到了一个新的水平。

陕西石羊始终坚持把“科技创新”作为推动企业持续发展的源动力，依靠雄厚的科技人才队伍，积极研制开发新产品，提高产品的科技含量，以高科技制胜。公司采取科技人才引进、成立专业科研机构、加强与国内先进企业、科研机构的技术交流、加大资金投入、改进公司科研条件等措施均有效的提高了公司的科研技术水平，使陕西石羊的发展驶入快车道：在规模、效益、销量、品牌建设等方面均取得了令人瞩目的成绩。

**二、科技人才、科技服务**

随着企业的逐步发展壮大，陕西石羊在科研技术开发方面的力度进一步加强。目前，全公司饲料专业技术人员达 40 余人，其中硕士研究生 5 人，其余人员 90%以上达到本科学历。在组织机构设置上，除集团公司成立技术研发部外，各子（分）公司都设有品管部，专业的技术人才确保新技术的正确运用和产品品质控制，在销售环节还配备有专业的技术人员向用户提供技术咨询，帮助广大用户正确的使用饲料。集团公司技术开发部的员工还经常深入农村，定期为农户开展技术培训，增加农户的科学养殖知识，提高养殖水平，增加农户收益。在加强对用户的培训的同时，公司还经常聘请美国大豆协会、西北农林科技大学的知名专家、教授授课，现场指导，提高现有技术人员技能。在科研资金的投入上，集团公司规定每年用于科研开发的经费不少于上年企业总产值的 2%。1998 年公司与西北农林科技大学共同成立石羊集团西北农林科技大学饲料研究所，校企联合，共同致力于新产品、新技术的研究、开发、应用。为配合研究所工作，公司还投入 100 万元建立了配套的养殖试验厂和实验室。

1997 年集团公司荣获全国食品工业“科技进步优秀企业”称号；1998 年荣获“保护消费者杯”最高单位奖；连年被陕西省人民政府授予“重合同、守信用”企业、被陕西省农业银行、建设银行评为“AAA”级信誉企业；“石羊”饲料被陕西省人民政府认定为“陕西名牌”产品，并多次荣获杨凌农高会后稷金像奖；2001年被评定为中国农博会名优产品；2002年集团公司被陕西省银行同业协会评为首批“诚信企业”；被国家农业部等9个部委评为农业产业化国家重点龙头企业；被国家工商总局评为国家级“守合同、重信用”企业；被中国饲料工业协会评为“中国饲料工业‘百强企业’”、“全国饲料工业行业科技进步优秀企业”、饲料安全新世纪宣言“重承诺守信用”企业。

## 客户的疑难 企业的契机

### ——陕西汉宝科技发展（集团）有限公司

陕西汉宝科技发展（集团）有限公司成立于1998年10月15日，注册资本2 682万元人民币，是一个全心致力于饲料、畜牧水产养殖生产和研发的民营高科技企业。陕西汉宝一直遵循“以股权为纽带，以效益为中心，以创新为依托，以产业发展为重点”的发展方针，力求经过不懈地努力，在饲料及添加剂、畜牧水产病害防治、苗种研究、基因工程、农副产品深加工等领域求得发展和突破，使企业成为中国乃至东南亚同行中规范化的现代化企业集团。陕西汉宝科技发展（集团）有限公司作为汉宝集团的核心企业（母公司），下设西安汉堡生物技术发展有限公司、北京智水生物技术有限公司、上海汉宝生物工程有限公司、广东汉宝生物技术有限公司等4个控股子公司，在山西、河南、宁夏、四川、云南、贵州、辽宁等地建立了办事处。公司拥有全国各地近万家合作紧密的经销商，并和数十万户农户签订了常年合作协议，集团经销网络遍及全国畜牧水产业集中地区。汉宝集团一直定位为农业产业化龙头企业，目前通过饲料的生产带动了养殖业及种植业的发展，并积极地参与农副产品的深加工和流通环节，为带动农村经济发展做出了一定的努力。“诚实、高效、创造”是汉宝集团的工作风格和宗旨，其紧紧抓住我国农业强劲发展的机遇，坚持量利并行，全面提高产品品质，实施饲料和畜牧水产养殖产业可持续战略，以结构调整为主线，以体制创新为突破，扩大企业规模，培育优势主导产业。汉宝集团坚持与时俱进，一步一个坚实的脚印，一年一个崭新的台阶，再创汉宝新的辉煌。目前汉宝主导产品是配合饲料，其产量达12万t、浓缩饲料产量达0.528万t、添加剂预混合饲料产量0.465万t、高效能酶蛋白0.356万t。

陕西汉宝多年来获得了多项荣誉情况：1999年被评为“质量管理达标企业”；1999年被国家确认为外商投资先进技术企业；2000年被评为“陕西省饲料工业行业优秀企业”；2000年被评为“陕西省复合预混料定点生产企业”；2000年6月《微生物饲料添加剂工业应用技术研究》获省科技进步二等奖；2001年被评为“全省饲料安全工程先进单位”；2002年陈勇同志被评为“西安市饲料工业行业优秀企业家”。2002年12月陕西汉宝被评为“全国饲料行业百强企业”。

#### 一、科技创新与产品质量

“我们的创造源自您难以解决的问题”是汉宝集团的核心价值。集团的研究中心和多家科研院所、大专院校及国外的研究机构建立了密切的合作关系，不断地研制出切入市场需求的高科技产品，使企业产品始终处于行业领先地位。作为集团主要生产企业的西安汉堡生物技术发展有限公司是中国与加拿大合资企业，已有10年的经营历史，目前已建立了一整套规范的现代企业管理制度，在产品的研究、生产、营销方面有十分成熟的经验；集团子公司之一的北京智水生物技术有限公司和中国水产科学院有着广泛的合作，使众多的科研成果能迅速地转化为高科技产品，尤其在水产病害防治药物的研制、销售方面具有独特的优势；集团另一子公司上海汉宝生物工程有限公司座落于水产科研最高学府上海水产大学院内，是集团人才培养及产品实验的重要基地。除此之外，汉宝集团各子公司同时为广大用户提供养殖技术咨询、饲料配方、管理技术等全方位的义务服务。

汉宝集团自始至终把保证和提高产品质量放在企业管理工作的首位。其不仅建立了自己的饲料、药品、生物工程研究中心，拥有一大批具有中、高级专业技术职称和大学本科以上学历的技术和管理人员，还制定了一整套产品质量保证制度和员工岗位制度，为产品质量保证系统提供了坚实的组织基础。根据市场需要，汉宝集团已成功开发研制出畜禽、水产饲料；畜禽、水产预混料；酶蛋白及酶制剂；水产药品及添加剂；动物保健药品等5大系列近300余种产品。汉宝集团的年产22万t饲料的综合性生产厂作为集团骨干生产企业，位于国家级开发区西安经济技术开发区泾河工业园内，占地50多亩，总投资5 000万元，年产值可达3亿元，设备全部采用目前国际先进的电脑控制成套设备，其中包括全价颗粒饲料生产线1条，浓缩饲料生产线1条，预混料生产线1条，酶蛋白制剂生产线1条，是目前西北地区最大的饲料生产厂家。

#### 二、企业研发投入

汉宝集团在技术开发和新产品研制上设有汉宝集团生物技术研究中心、汉宝集团饲料研究中心、汉宝集团水产技术研究中心等3个机构，这3个中心负责汉宝集团在饲料、预混料、生物制剂等方面的技术开发、现有产品的改进、现有产品应用领域的拓展以及新产品研制的主要任务。研究中心现有人员40人，80%以上人员具有大学本科以上学历，其中博士4人，硕士8人，专家教授6人。研究中心在饲料、预混料方面的配套设施有营养研究室、养殖实验室、鱼类消化实验室、质检室等，可以进行饲料配方、预混料配方的筛选试验；原料的消化率试验以及生物制剂的研制等。研究中心除了承担本公司的各项工作外，还与同行业中其他研究机构如中国水产科学院，上海水产大学、青岛海洋大学、西北农林科技大学等高等院校保持紧密的联系，并出资200万元在上海水产大学设立“汉宝”奖学金。汉宝集团每年向研究中心投入500万元人民币，以确保各项工作的顺利进行。

**三、内部管理**

汉宝集团的决策层和经营层分离。董事会作为投资方，只参与资本收益，不参与具体的经营管理，而全力由职业经理人负责企业经营，这种新的机制更利于企业发挥自由优势和主观能动性。在人力资源管理方面，汉宝集团认为人是生产力中最活跃的因素，因此，公司在用人方面坚持“以人为本”，广纳贤才，坚持“能者上，平者让，庸者下”的用人原则，实现人力资源的合理配置，激活沉淀层。公司在人才管理体制上采取以下措施：一是更新人才观念，严格规范了在招聘、任命、留用和培养等方面的制度；二是重视人才引进和使用，对优秀人才委以重任，实行年薪制；三是加大对各公司负责人的考评力度，实行管理人员管理办法，每月由由公司给予考核评分，并与薪资挂钩。

汉宝集团先后从业内聘请资深人士加盟，他们来自西北农林科技大学、上海水产大学、南京农业大学等全国重点农业院校30余名专业学子汇聚在汉宝集团的旗帜下，为汉宝的人才队伍注入了新鲜血液，带来了新的思想和活力。

## 生产高质量饲料　帮助农民奔小康

### ——陕西省军区副食品生产基地

陕西省军区副食品生产基地（原名兰州军区西安北关基地），系陕西省军区领导下的军队列编单位。下设有祖代种鸡场、祖代种猪场、军牌饲料厂、预混料厂、农场等企业。是以养殖为龙头、以饲料加工为主导产业的种植、养殖、加工全面发展的综合性基地，是全军和西北规模最大的军队养殖、饲料加工企业。基地饲料厂是西安乃至陕西省建立较早、起点较高、信誉较好的饲料企业，拥有国内一流全套生产设备，应用电脑自动控制，机械化、自动化程度均达到国内同行先进水平。由国内知名畜禽营养专家和基地科技人员采用国内外先进配方和生产工艺，生产出高品质的蛋鸡、肉鸡、猪、鸭、鱼、奶牛、肉牛（羊）系列全价配合饲料和浓缩饲料，产品共10大系列100多个品种。基地预混料厂技术力量雄厚，生产经验丰富，配方科学，工艺先进，生产出鸡、鸭、猪、鱼专用复合预混料和添加剂40多个品种。“军牌”饲料和预混料已成为誉满三秦及周边省区知名度较高的饲料品牌，受到广大养殖户的青睐。销售量每年都稳中有升，始终处于陕西饲料工业前列。据陕西省农业厅的科学评估，该基地使陕西、甘肃、河南、宁夏、山西等省区的50余万农户走上养殖脱贫致富之路，新增社会效益28亿元。因此，基地得到部队和地方党政领导的高度重视和嘉奖，基地饲料厂曾被各级行业部门评为西安市的“优秀企业”、陕西省的“明星企业”、“先进企业”、“十佳企业”、“饲料安全工程先进单位”和“全军先进农场”、“全国饲料工业行业百强企业”。

**一、以科技为先导，建立严密的质量保障体系**

在养殖业的经济投入中，饲料占总投入的70%左右，在品种和管理一定的条件下，饲料的好坏，将是决定着养殖者是否获利的关键因素。在当今养殖业利润愈来愈薄的情况下，选择一个投入少、产出多、安全稳定的饲料将显得更为重要。饲料的好坏，主要决定于原料质量、预混料质量、饲料配方、加工设备及工艺等因素。军牌系列饲料之所以能在陕西、宁夏、河南、山西、甘肃等10多个省区被广泛使用，市场占有率较高，主要靠的是稳定高效的质量，优惠的价格和优质的售后服务。

加工设备是饲料厂的硬件，决定着加工质量的优劣，拥有一流的设备才能生产出一流的产品。基地饲料厂现有2套设备，年生产能力8万t，设备均是国内较先进的机型，饲料产品质量十分稳定可靠。1998年，基地饲料厂还引进了膨化饲料设备和法国罗纳公司液体蛋氨酸喷淋工艺技术，进一步改善了饲料品质，促进营养成分的消化利用，提高了饲料转化率。基地饲料厂又对原有2条饲料生产线的关键环节成功地进行了技术改造，引入了多项先进技术，更新了核心设备，优化了工艺流程，增加了饲料产品的科技含量，提高了品位质量，增强了市场竞争力。预混料生产也采用国内一流设备，精度较高，预混料系列产品，经陕西省饲料监测所多次抽检全部合格。

高质量的原料是保证生产优质饲料和使饲料质量长期稳定的基础。没有好的饲料原料，再好的饲料配方和设备也生产不出高质量饲料来。基地饲料厂在选择饲料原料上要求十分严格。在原料质量上，把关最严的是原料验收关和原料选择关。原料验收时，首先看品质，验杂、验水分、验霉变，过关后再抽样化验营养指标，化验结果出来之前，不入库，不付款，不使用，质量不合格的原料一律不收。在原料选择上，与大型企业、原料产地建立长期供货关系，原则上不从小型个体商贩手中进货。这样既保证了原料的安全性和稳定性，在经济上又享受了最为优惠的价格。军牌饲料的预混料全是自己预混料厂生产，添加剂原料直接从国内外著名企业进购，从而保证饲料的精华绝无假货之忧，充分发挥饲料的效能。

军牌系列饲料配方，主要依据国家标准，对暂无国家标准的种类，都注册了企业内部标准。配方设计由国内资深动物营养专家和本厂科技人员集多年生产实践，利用电子计算机操作设计。经权威部门鉴定，营养有效成分含量及各项技术指标均符合规定标准，安全性能可靠。各类配方的使用都要经过多次群体试验，安全可靠时才用于大批量生产。通过市场考验，实践证明军牌饲料是投入少、产出多的饲料。使用军牌饲料，畜、禽、鱼类抗病力强、死淘率低、生长快、出肉率高，各项性能指标均达到国内领先水平。

基地饲料厂自创建伊始，就把饲料安全提上议事日程，将不安全因素排除在原料选择、预混料加工、配方设计、饲料加工的过程之中，决不允许过量使用某种原料或乱添违禁药物导致饲料不安全问题发生。国家启动“饲料安全工程”之后，作为陕西省饲料安全工程先进单位，严格执行国务院颁布的《饲料及饲料添加剂管理条例》等相关法规和文件，采取有效措施，确保军牌饲料成为无污染、无公害的绿色环保型产品。

**二、严字当头，机制创新向管理要效益**

人才是生产力诸要素中最活跃的因素，人才是企业兴旺与否的决定性因素。基地饲料厂在人事管理方面，坚持“统一、精简、高效”的原则，打破铁饭碗，取消身份和工资差别，同岗同酬，把有才能的职工充实到生产第一线，减少机关工作人员，职责分明，责任到人，同时其又修订了现行的管理制度，完善了各个方面的职责标准。基地饲料厂通过制度创新，在企业内部形成了良好的管理环境，从而为提高管理效率和经济效益奠定了坚实的基础。

在财务管理方面，严格财务制度和成本核算，压缩非生产性开支，该花的花，不该花的一分一文也不乱花。基地饲料厂积累日益增多，资金较充裕，也逐步形成了扩大再生产、科技开发、兴办新项目、更新生产设备的良性循环的运行机制。基地饲料厂主要领导亲自抓饲料生产，对设备、进料、配方、工艺、营销、售后服务等环节。都一一严抓细管。一旦发现漏洞，即使是无关大局的“疵点”，也要追究责任。积以时日，企业上上下下，无不把饲料生产当作重中之重，时时刻刻装在心里，千头万绪也要给生产让路。

从严治厂，靠的不仅仅是写在纸上、挂在墙上的规章制度，更是靠人民子弟兵较高的道德境界，靠他们自己的觉悟，个人的人格力量。言而有信，决而必到，行而必果。绝不以权谋私，而是身体力行，做到上梁正下梁也正，推动企业健康有序地发展，生产优质饲料，既帮助农民走上脱贫致富之路，又为企业带来了丰硕的经济效益。

**三、强化品牌意识，实施饲料产品的名牌战略**

实施名牌战略，就必须倾力打造高质量的饲料产品，有了高质量的饲料产品，企业才能在市场上有一席之地。军牌饲料之所以能得到广大用户的认可，市场占有率不断上升，这与基地饲料厂坚持组织推行“专项攻关”的方案分不开的。首先攻关突破的是蛋鸡饲料产品。由专家和本厂科技人员精心制定选择原料、设计配方、营养成分、加工工艺、操作程序、包装计量等科学明晰的技术标准。新产品研究出来之后都必须经过本基地实验场反复试验，证明饲喂效果安全可靠后，才投入批量生产。新产品刚一上市，技术人员和销售人员便分头深入用户，及时反馈信息，使用户感到使用该产品称心、放心。军牌蛋鸡饲料以及高品位、高效益享誉市场，成为养鸡户信得过的名牌产品。基地饲料厂在总结研究高质量蛋鸡饲料经验的基础上，花了数年时间，采用“专项攻关”办法，分别把肉鸡饲料、猪饲料、鸭饲料、奶牛饲料、肉牛（羊）饲料逐项抓上去，达到用户信得过的高标准。“军牌”产蛋鸡配合饲料被评为第二届中国农业博览会银质奖；“军牌”雏鸡开口料、蛋鸡浓缩饲料、猪料精、仔猪后期颗粒料、鲤鱼颗粒料、“军牌”维生素曾荣获中国杨凌农业科技博览会后稷金像奖；“军牌”113蛋鸡浓缩料荣获1999年北京国际农业博览会金质奖；“军牌”鱼饲料被西安市水产学会确定为重点推荐产品。

要把产品优势转变为效益优势，企业就必须具备强有力的竞争机制，也只有建立起庞大的营销网络和优质的售后服务体系，才能为优质产品进入市场开辟宽阔的通道。为此，基地饲料厂专门设立了技术服务部和营销部，选配强大的技术和营销服务队伍，基地培训中心定期举办技术讲座、培训班，帮助客户掌握养殖知识，以及熟悉各种饲料产品的特点和使用方法，服务工作由过去的“应急救火”式服务转变为全方位多层次的经常性配套服务，从诊断治疗畜禽疾病、品种引进、饲养管理、畜禽产品销售等各个环节入手，为用户出谋划策，提供帮助。实行产品质量跟踪和畜禽饲养科学技术指导，制作发放养殖技术录音带和VCD光盘，编印《养殖饲料服务丛刊》等资料，帮助养殖户获取养殖信息，提高养殖水平，争取更大的经济效益，改善生存环境，提高生活质量，尽快奔上脱贫致富的小康之路。

## 瞄准目标市场　走发展产业化之路

### ——青海江河源饲料发展有限公司

青海江河源饲料发展有限公司是2001年3月份正式组建的以饲料加工为主，集牛羊良种繁育、鲜乳购销经营、西宁北山索道经营为一体的的民营企业。其占地103亩，员工60名，资产总量达4 200万元，其中与外省企业合资植物油项目资产达3 100万元。2001年销售各种饲料产品6 969t，实现利润63万元，当年实现扭亏增盈目标。2002年销售各种产品13 600t，累计实现利润263万元。公司相继获得“青海省公众形象优秀企业、无投诉商品”、“青海省创名牌企业”、“青海省商业名牌商品”、“全国饲料工业科技进步先进企业”、“市级产业化龙头企业”等荣誉称号，并被青海大学命名为“教学科研基地”。

改制后的短短的2年运作过程中，公司除了抓好主导产业饲料产品质量、生产经营的同时，注重企业文化的建设，将企业文化建设当作企业可持续发展和最具有生命力的重要工作来抓。通过建立“以物质文化为内容、制度文化为中心、精神文化为核心”的“江河源”企业文化，加强职工的素质建设，为公司的生产经营服务。

**一、先进的设备、全面的质量管理**

作为集科研开发和生产销售为一体的现代化饲料加工企业，青海江河站在发展的角度，2000年率先引进了具有节能、高效、高产、无故障、无粉尘、残留率低、操作简便等特性的江苏正昌集团饲料加工成套设备，其生产能力为7t/h，三班年产可达6万t以上。青海江河采用国内最新的电脑配方技术，在生产中严格遵循“高、精、尖、细”的原则，按国家生产饲料产品的标准，精选优质上等的原料，严把原料、生产、工艺关，始终把质量管理工作作为提高产品质量的“重头戏”来抓，建立建全了各项管理机制，制定了原料、质检、加工等质量保证措施，完善了责任考核制度，形成了事事有人管，人人都负责的全面质量管理体系。通过严格管理，生产出了各种科技含量高、营养全面、畜禽适口性好的“江河源”牌猪、鸡、牛、羊、鹿、兔、鸵鸟及其它特种经济动物浓缩料、全价配合料和颗粒料。

**二、创立名牌、提升档次**

目前，青海江河产品已形成5大系列，50多个品种，这些产品能满足各种动物营养需求，有效的防止动物各种微量元素及维生素缺乏症，增强抗病防病能力，提高饲料转化率、成活率和生长速度。两年来，公司始终坚持把创名牌产品作为占领市场，提高效益的重大举措来抓，在公司内树立“以质量创名牌、以名牌闯市场”的品牌意识。强调讲名牌、创名牌，在企业内营造了一种良好的创品牌气氛。同时坚持从科技创新入手，积极与相关的科研院所合作，运用最新的技术研制开发具有较高价值的名牌产品。通过这些举措，部分产品如牛羊育肥料、仔猪颗粒料、育肥猪料、鹿料、奶牛料等已成为公司拳头产品，享誉全省。

**三、调整营销策略、建立灵活、高效的营销机制**

公司在运作的过程中，把细分市场、搞活销售作为重中之重，并取得了良好的经济效益。2001年公司改制后，组织广大业务人员从青海的东部农业区开始，逐县、逐乡、逐村的进行地毯式的调查了解，掌握了第一手资料，经过认真分析市场，决定在全省各乡村全方位地展开广泛、细致的宣传工作，为产品销售工作彻底的铺垫宣传。公司将省内西宁、平安、湟中、湟源、大通、玉树、果洛等地作为市场销售的主战场，建立了紧密的销售网点，以联营销售或免费送货等营销方式将产品销往各州、县、乡、村，达到主攻一片，辐射周边的目的。青海江河通过不断的努力建立了完善的市场营销网络体系、价格保证体系、业务员个人风险基金、业务员培训和市场服务体系等。青海江河狠抓营销队伍的建设，并对营销人员经常进行业务培训，以提高业务员的素质和业务能力。通过以上营销策略以及灵活、高效的营销机制，目前公司产品已销往省内各州、县、乡、村和部分周边省区，覆盖面逐步扩大。

**四、以完善的售后服务取信于民**

青海江河清醒的认识到，要想牢牢掌握市场，必须保证强硬的产品质量和完善的售后服务。因此，公司先后聘请了省内有名的畜牧兽医专家和其他技术专家，与公司技术人员共同组成售后技术服务队伍，做到随叫随到，及时下到县和乡村，为广大用户提供优质的售后服务。另外公司花费大量资本于2001年12月30日创办了《江河源饲料信息》，它是集国家有关畜牧业政策、企业动态、饲料、饲养管理疾病预防和企业文化为一体的刊物，为半月刊，每期发行8000多份，免费发放给广大养殖户，现已成为广大养殖户的必读之物。青海江河经常举办各种培训、现场指导观摩会等，对养殖户饲养管理起到了很大的指导作用。在其他售后服务等方面，青海江河最大限度的提供优惠政策和及时的服务，以确保用户得到满意的服务。这一系列的服务措施，使青海江河在用户心中树立了良好的企业形象，也有力的促进了产品的销售。

**五、以饲料为依托、走畜牧产业化发展之路**

作为省内饲料行业的龙头企业，公司在发展好主导产业饲料的同时，以饲料为依托，与省内外大型公司进行强强联合，积极走畜牧业产业化发展之路。逐步开发实施以下新项目，拓宽新的经营领域。一是与乳业龙头企业合作，逐步建立1520个奶站。目前已在青海省湟中县上新庄镇河滩村建立日收购5～10t鲜乳的奶站。此项目协议已签订。二是与肉食品加工龙头企业合作，在青海玉树、果洛州，门源、贵南、海晏、祁连等县和贵南牧场、同德牧场等地逐步建立50～150万只牛羊育肥基地，按市价全部收购牛羊进行深加工。目前已与贵南县、门源县、贵南牧场等地正式签订了年育肥、收购肉羊20万只的合同，并在实施之中。三是建立“青海江河源牛羊良种繁育中心”。现已收购一家啤酒厂48亩场地。

## 立足主业　全力支持饲料工业大发展

### ——青海明胶股份有限公司

青海明胶股份有限公司是我国“三胶”行业的龙头企业，也是“三胶”行业迄今为止唯一的一家上市公司，享有进出口自营权。其资产为3.97亿元，现有职工736人，其中各类专业技术人员182人，占职工总数的24.9%，公司具有成套的先进生产设备和检测设备，整个生产管理过程实现计算机控制。青海明胶的主要业务是明胶系列产品、空心硬胶囊产品、软胶囊产品、医用五酯胶囊及饲料产品等5系列30多个品种，产品广泛用于化工、医药、食品、饲料等行业，并多次获得省、部、国级优质产品、全国质量效益型先进企业等称号，2002年获得中国饲料协会颁发的“中国饲料协会先进集体”奖。

**一、质量意识**

青海明胶强化质量意识，狠抓企业内部管理。为了进一步完善质量工作，与国际先进的质量管理标准接轨，根据行业特点及公司的质量管理体系，选用了GB/T19002－ISO9002《质量管理体系－生产、安装和服务的质量保证模式》标准，编制了《质量手册》及体系文件，建立了一套行之有效的ISO9002质量保证体系，并于1999年12月通过国家进出口商品检验局ISO9002的质量保证体系认证，使公司产品质量控制有法可依。青海明胶始终坚持三级质量把关制度，运用原辅材料控制、过程控制、最终产品控制手段，进行全过程质量控制。公司始终坚持高起点、高水平，采用适合本企业发展的新工艺、新技术和新装备，使企业竞争力不断提高。

青海明胶的饲料产品特色鲜明，质量稳定可靠，深受省内外用户的欢迎。饲料产品主要有磷酸氢钙、肉骨粉、骨粉等，是公司生产明胶的副产品。青海明胶的产品在1999年至2002年农业部和省级饲料技术监督部门的历次抽检中合格率均为100%，是省、部级的优质产品。

**二、企业文化建设**

青海明胶注重企业文化，重视人才培育。在抓好生产质量的同时，还非常重视人才的吸收和培养，认为人才是企业的灵魂，公司不仅力求为每位员工提供平等竞争、宽松和谐的工作环境，还运用各种方式对公司员工进行专业培训，并不断从社会吸收高素质的各类人才，从而不断增强了企业发展后劲，提高青海明胶的市场竞争力。

青海明胶吸纳先进的经营管理机制和理念，注重产品的售后服务工作。公司在全国大部分地区建立了销售网点同时，形成了以点带面的销售服务体系，拥有一支经验丰富的售后技术服务队伍，可以为顾客提供产品说明书、产品标准等各种技术支持，定期搜集客户信息，不断改进产品质量，为用户提供一流的产品和一流的服务，从直接快速的客户沟通、精益求精的生产过程到迅速周到的交货形式和尽善尽美的售后服务，每一步都为客户周密构想，树立了良好的商业信誉。

## 走产业化之路　振兴畜牧养殖业

——新疆泰昆集团

新疆泰昆集团成立于1996年7月18日，是由原昌吉州粮食局实验养殖场、5家渠饲料公司两家国有粮食企业共同组成的集团。经过6年的实践和探索，泰昆集团已形成集饲料加工、种鸡饲养、肉食品加工、生产销售于一体的一条龙经营集团化公司。集团现拥有4个饲料加工厂，年生产饲料能力达30万t；3个种鸡场，年生产鸡苗达900万只；一座禽类清真宰杀厂，年宰杀加工肉鸡达800万只。8个实体子公司，6个职能部门，总资产8 100万元，产品遍及天山南北，是自治区重点扶持的大型畜牧龙头企业集团。主导产品为各种鸡、猪、牛羊、鱼等系列全价配合饲料、预混饲料、黄、黑、白羽肉鸡鸡苗，鸡肉生、熟制品及快餐业。1998年至2002年年底累计生产销售饲料60万t，鸡苗3 000万只，回收农户订单毛鸡350万只，实现销售收入10亿元，转化玉米40万t，带动2万余户各类养殖户、经销商、运输户走上致富道路，产生良好的社会效益和经济效益。1999年泰昆牌系列饲料被自治区人民政府评为“名牌产品”，1999年12月被中国饲料工业协会评为“推荐产品”，被自治区科委评为自治区“星火科技示范企业”。2002年7月被区人民政府评为自治区农牧产业龙头企业。

**一、“公司＋农户”是产业化的雏形**

新疆泰昆从1996年成立之日起，就走上“公司＋农户”的经营模式，当时养殖户市场低迷，为解决卖鸡难的问题，稳定农户的养鸡积极性和稳定肉鸡市场价格，起到保护养鸡农户利益的作用，公司逐步采用订单回收毛鸡的办法，解决一家一户分散养鸡无法解决的问题。作为牧业产业化的泰昆集团，有责任去联合农户进行肉鸡生产，建立和健全养殖技术服务体系，奋力推动农业化进程，提供能为养鸡农户带来利益、公司与养殖农户实行“利益同享、风险共担”的经营模式，向农户提供鸡苗、饲料，无偿提供技术服务，和公司养殖农户签订回收合同。几年来新疆泰昆和农户签订毛鸡饲养回收合同12 800余份，合同规定：养鸡户如遇到肉鸡出栏时市场价格低于成本价时，公司以保护价回收；市场价格比较好时，农户可以自行销售。自签订饲养肉鸡回收合同以来，新疆泰昆清真宰杀厂按合同回收肉鸡共300余万只，补贴农户600余万元。在实行“公司＋农户”的产业化进程中，公司不但在补贴上花去600余万元，另外在技术服务的投入包括畜牧兽医人员服务到现场，负责化验诊断设备和诊断液费用每年花去几十万元。市场本身是有波动的，有波动就会有机会，要抓住这个机会，企业必须进行连续化大生产，必须解决企业和农民养殖户之间的利益关系。

**二、“公司＋基地＋农场”能加速产业化的进步和发展**

畜产品是人们生活的必须品，随着生活水平的不断提高，需求量会与日俱增，可以断言，地球上只要有人类，畜牧行业就永不衰退。泰昆集团在产业化的道路已经走过了几年历程，取得了一定成绩，但发现不少的问题。特别是在国际连续发生“疯牛病”、“二恶英”、“口蹄疫”、“禽流感”疫病，以及国内发生“瘦肉精”等中毒事件，食品安全成为世界各国高度重视问题。我国加入WTO以后，我国畜产品的如何能和世界食品卫生标准接轨，接轨后如何冲破国外的技术壁垒对我国畜产品的封锁，对国内疆内市场而言，如何创造出优质安全的鸡肉产品来满足市场需求，以优质安全品牌为公司创造附加值和带来较可观的效益，即如何以优质安全的肉鸡制品去开发市场、占领市场，这是新疆泰昆考虑的重要问题，创造出优质安全鸡肉制品并非一句话就能做到，应从安全饲料—科学防疫—健康畜禽—安全肉品等方面入手。即从田间种植原料开始的饲料加工、种鸡饲养、鸡苗饲养、防疫卫生、健康家禽、宰杀车间卫生、保鲜技术等一系列化工作均要做好，一个环节出了问题，就谈不上安全鸡肉的品牌问题。以上问题是新疆泰昆多年来重视的、要解决的问题，这些问题关系到公司是否能持续发展的问题。新疆泰昆2002年开始就把生产安全鸡肉品牌作为全公司的首先要考虑的问题，并且进行实际工作如下：

1.2001年年初引入新疆优良地方品种——新疆斗鸡、南京佳黄肉鸡作为新疆泰昆黑羽鸡（天山草鸡）父母代，杂交改良，2002年4月已开始生产出泰昆黑羽鸡苗，供应昌吉州东三县天山北坡农户进行育雏阶段舍饲，脱温后实行半舍饲、半牧放饲养，在公司技术员的实地指导下，饲养效果较为理想，生长发育正常，抗病力强，适应性接近土鸡，肉质细嫩、肉味鲜美，价格每kg毛鸡可获5元钱的利润。新疆泰昆清真宰杀厂进行回收加工出售，深受消费者的欢迎。下一步工作是扩大饲养规模，以满足广大消费者需求，并及时申报绿色食品和注册商标。

2.2002年和呼图壁县大丰镇签订肉鸡规模饲养合同，成立肉鸡饲养基地，目前已经建立8幢现代化鸡舍，并安装好料线、水线和降温、保温设施。在2002年6月底已经开始搞放养肉鸡苗40000只，采用“全进全出制”，公司派出高级畜牧师在现场进行技术指导。公司统一供雏、统一供料、统一防疫、统一给药、统一回收宰杀加工，以保证肉鸡鸡肉达到安全食品标准。这种模式可以在全州、各县推广，以便推进肉鸡饲养现代化、规模化、程序化、科学化的实施。只有这样才能加速产业化进一步发展。

3.在饲料安全方面，泰昆集团所属饲料厂，由营养专家作为技术总监，严格按照国家《饲料和饲料添加剂管理条例》和《允许作为饲料添加剂的兽药品种及使用规定》办事，杜绝各种违禁药物，确保饲料安全。另外，在购进饲料原料时必须进行检测，杜绝有严重药残的原料进入工厂。

4.种鸡场，确保母源抗体一致，在饲养肉鸡过程中少生病或不得病，少用药或不用药。种鸡场实现乳头饮水和自动喂料，水帘降温，冬天通风保温，整个饲养过程中由公司动保中心检测结果，由牧医专家制定免疫程序。动保中心对基地的鸡群制定科学的免疫程序外，按照国家和农业部法规和安全停药的规定正确合理使用兽药，确保畜禽无疫病、无药残出栏。避免了千家万户搞饲养滥用药物、超剂量用、超范围用药，不按停药期的规定用药。

5.公司分设四条饲料生产线：昌吉饲料公司：该公司年产能力达10万t，总投资800多万元。5家渠饲料公司：该公司年产能力达5万余t，总投资600多万元，是一家专业鱼料生产公司。阿克苏饲料公司：集团出资控股的阿克苏饲料有限公司年产能力达3万t，产品主要地辐射南疆各地州。伊犁饲料公司：2002年在伊犁建成了集团的第四条饲料生产线，年产能力达6万t。至此，集团饲料年产量达24万t，产品畅销天山南北，并实现出口。

6.清真宰杀厂，经过多年运作，多次的不断更新、改造原来设备，现在的宰杀线、净膛线、分割车间、熟品加工车间，基本符合国内外宰杀厂卫生标准。目前宰杀加工能力已达到每天10 000只的能力。分割鸡肉产品达15种，熟制品达10种，产品已向哈萨克斯坦出口。

## 三、产业化是畜牧业养殖发展必由之路

泰昆公司实施畜牧业产业以来，经历着“公司+农户”联合经营的过程，在此基础，实施“公司+基地+农场”的经营策略。通过不断的实践摸索，泰昆认为“公司+基地+农场”的优势如下：一是进行产业化可以把企业自身壮大并和地区经济发展联结起来，充分利用公司的人才技术资金优势，将经营范围伸向整个大农业领域，带动千家万户农民脱贫致富奔小康，走出一条“资源优化配置、生产环节合理分工，规模化工厂化饲养，标准化、程序化免疫，集约化、品牌化经营”的工厂化大生产的畜牧养殖之路。二是进行产业化可以和世界上先进牧业国家进行产品数量、质量、价格的竞争。三是只有实行产业化才能消除肉品卫生技术指标在贸易过程中的壁垒打破。四是只有实行产业化，才能得到国家、政府从技术、资金等有力的支持。五是只有实行产业化，畜牧业才能大发展，提高人民生活水平，增加农民收入。六是只有实行产业化，才能把广大农户和龙头企业联合起来，才能抵御国际上和国内畜牧业发展中的“风险”冲击。

## 四、今后的发展方向

随着国家西部大开发和WTO加入后带来的机遇和挑战，泰昆集团充满信心，计划在“十五”期末饲料产销量达20万t，苗鸡1 000万羽，销售收入5亿元；进一步扩大种禽事业线的规模，逐步完善实施无公害肉鸡和绿色草鸡基地的建设，为消费者提供放心、健康食品；餐饮业以发展连锁经营为主，努力成为集团新的增长点；依靠科技，逐步提高新疆当地资源的转化率，带动更多的农户致富。

# 安全、健康、绿色的核心力塑造
## ——新疆天康畜牧生物技术股份有限公司

新疆天康畜牧生物技术股份有限公司成立于1993年，以饲料业务起步，后又相继进入动物保健品、畜禽良种繁育。2000年12月28日，天康公司联合新疆畜牧科学院、新疆农垦科学院、新疆生物药品厂等7家股东，发起设立了新疆天康畜牧生物技术股份有限公司，并于2001年进入辅导期，2002年作为拟上市公司通过辅导验收。目前新疆天康拥有22万t饲料生产能力，2002年实际生产销售12.1万t，位居区内首位。拥有新疆唯一的动物疫苗生产线，新的GMP车间正在建设之中，届时规模将达到10亿ml/头份，年产值亿元，产品水平将与国际同行业接轨。拥有全区最大，设施先进的8万套父母代种禽繁育基地，万头祖代种猪育种基地，每年可向市场提供800万只优良品种的鸡苗，1万头父母代种猪。拥有全国技术领先、人员素质较好的胚胎工程中心，2002年生产销售胚胎4 300余枚，位于全国之首。2002年天康股份公司及其控股企业，主营业务收入3亿元，利润2 000万元，其他业务收入0.5亿元。

新疆天康的汗水与心血，不仅积累了上述所说的产业，更是集结了一支能战斗的队伍。目前，员工总数为400人，其中大中专以上学历人数占到90%以上，拥有博士3名，硕士28人，研究员等学历职称12人。为企业今后的大发展奠定了良好基础。至此，新疆天康紧紧围绕畜牧业产业的3个关键环节，即品种改良—饲养—疫病防疫等开展业务，且各业务单元相互促进，构成了公司适应现代畜牧业发展要求的、完善的产品和技术服务体系。

### 一、强大的企业执行力

一件事物的存在与发生必有其合理性，一个企业的存在和发展也是如此。你必须得到股东、员工、社会、市场、政府的认可和支持，否则，企业也终将走上末路。企业应该是有生命的，这个生命就是你企业的理念与使命，只有那些有正确理念和使命的企业才可能持续健康成长。天康企业自成立以来，就制定了这样的经营理念（使命）：“我们加工大地富饶的产品，变成妆点人们生活的养料。”有了这样的使命、理念，结合自身资源，我们制定了企业的发展战略，进入畜牧业大产业的关键环节：品种（改良）—饲料（养）—防疫—畜产品加工、配送—市场。战略一经制定，企业就完成了“正确的做事”。接下来就是如何“把事做正确”，即企业的运作：自企业成立以来，公司就在班子中规定：“不做小事，不说小话，不当小人”、“沟通不过夜”、“凡事都摆在桌面上谈”的原则，班子成员有一个共识，我们中的任何一个人办坏事都可以致企业于死地，但要做好这个企业就得需要我们这个团队齐心协力。

从创立之初，新疆天康就把市场优胜劣汰的竞争法则引入企业内部，并具体到企业内管理，建立了完善的激励机制和约束机制：激励机制是一种正向的工作的动力。如实施的年薪、劳动分红、晋升、送出去培训、学习等；约束机制是一种负向的，是工作的压力和权力的监督。如对各分公司总经理实行1年1考核，完不成目标的，任何原因都不是原因，坚决换人；对中层职能经理实行360度考核，不称职的坚决下，对员工实施10%的末位淘汰（转岗、转制、降薪、除名）。末位淘汰是一种很残酷的管理办法，必须有良好的企业文化氛围做保证；但天康所拥有良好企业文化氛围为团队建设和员工的管理塑造了良好的氛围。

### 二、企业文化建设

企业文化是由物质层面（外部形象）、制度层面、价值观层面3方面构成。价值观是企业文化的核心，它是由企业主要领导倡导并身体力行的东西，从党对群众工作的先进经验中，获得了企业文化塑造的真谛。新疆天康就是要建立“宗教般”的企业文化，企业主要领导就是这支队伍的“牧师”，不仅要勤于“言传”还要精于“身教”。制度之外的东西，就是要靠企业文化。随着企业的不断扩张，要保证整个企业规范、高效运作还得依靠企业文化的内在塑造和构建。企业的战略一旦制定，相应的组织结构、运营方式便可确定，剩下的问题就是人的问题；员工的绩效是由他的能力和意愿来决定，良好的企业文化就可以提高员工的意愿。天康公司的员工队伍平均年龄不到30岁，年轻化、知识化，确定了对个人成长非常迫切的特点，针对这一情况，公司制定了多渠道晋升的成长机制，不管你在任何岗位，从事任何职业，你都有机会得到提升、培训、从而实现个人价值。

### 三、科技创新

新疆天康确立以现代生物技术改造传统畜牧业的发展方向。为此，公司建立了紧密与分散，固定与开放相结合的技术研发体系，即确保将现有科技成果迅速产业化，又确保公司在后续研发上的步步跟进，实现高新技术产品的成果储备。从紧密与固定来讲，新疆畜牧科学院作为股东之一，将胚胎工程技术、生物疫苗研究成果等无形资产投入到股份公司，真正实现了科技成果从研究试验阶段进入产业化运作，与此同时，以全国胚胎工程技术知名专家陈静波为首的17位专家进入股份公司工作，成为公司科研和技术服务的中坚力量。同时，公司每年向新疆畜牧科学院提供专项科研资金，用于超前项目的研发。公司围绕良种、饲料、防疫成立3个事业部，在3个事业部分别设有技术总监，专门负责该项事业从技术、产品与市场的对接。

从分散与开放来讲，公司与新疆农业大学、扬州大学、西北农林大学、中国药科大学、石河子大学、农垦科学院等国内院校，以及澳大利亚、新西兰、美国等国家相关科研单位和公司在动物营养、植物提取物、酶制剂、胚胎工程技术等方面有着多项科研合作开发项目。新疆天康既邀请有关专家来公司研发中心进行阶段性工作，又安排自己的研发人员去相关单位共同开发，实现科研项目的不断深入。

正是这种开放、流动、高效、高层次的智力资源配置，使得新疆天康在新技术、新产品的开发、应用方面取得显著成绩，尤为值得一提的是，新疆天康拥有自主知识产权的“益绿素”和“胚胎性别鉴定”两项技术，具有国内领先水平。“益绿素”产品可完全替代饲料中的抗生素，从而实现饲料产品的绿色、安全、环保，属国内首创；“胚胎分割”、“胚胎性别鉴定”技术使胚胎移植成本大大降低。

**四、挑起畜牧业龙头企业的重担**

在未来，新疆天康的战略目标是为开创安全、健康、绿色的未来而努力。首先，天康已在2002年与农十二师合作，成立了新疆天润乳业生物制品股份有限公司，其目的是进入高端乳制品，目前已向市场推出牛初乳素系列产品、免疫酸乳也投入市场。其次，新疆天康与乌鲁木齐市政府协调多时的安全肉食工程得到了批准，确定了由天康公司承担乌鲁木齐市猪禽安全放心肉食品的工程。再次，天康提出了按照国际HACCP的标准进行实施，即对品种、饲养过程、疫病防疫、宰杀、冷链配送进入市场的多个环节进行监控，确保向市场提供的肉品是安全的、绿色的。天康、天润和即将设立的肉食品加工企业这3驾马车的齐头并进，将会对新疆畜牧业的大发展起到一定的作用。

## 继续走“公司＋农场”经营模式的路子

### ——青岛九联集团股份有限公司

青岛九联集团股份有限公司位于青岛莱西市牛溪埠镇后庄扶村，是一个集肉用种鸡繁育、商品肉鸡养殖、饲料加工、屠宰加工、进出口贸易于一体的股份制民营企业，曾先后被青岛市人民政府授予“青岛市农产品加工龙头企业”，被山东省委、省政府授予“农业产业化经营先进龙头企业”，被农业部、外经贸部联合授予“出口创汇先进乡镇企业”，被国家发展计划委员会授予“农副产品深加工示范基地”，被国家科技部授予“国家级星火龙头企业”，被国家肉类协会授予“国家肉类加工五十强企业”等称号，自1996年以来连年被中国农业银行青岛分行评为“AAA级资信企业”，并先后通过了ISO9002：1994，ISO9001：2000，ISO14001：1996和HACCP质量体系认证。2002年完成销售收入8亿元，利税4 000万元，出口创汇2 200万美元。

青岛九联集团饲料公司隶属于青岛九联集团股份有限公司，下设两个饲料厂，占地43亩，拥有职工260人，具备雄厚的技术力量和先进的检测手段，年生产能力15万t，2002年产量12万t。纵观九联集团15年的发展里程，可以将其划分为3个阶段：

**一、“单打独斗”的资本积累阶段**

1988年，村办砖瓦厂厂长，现九联集团董事长王振江同志把握市场先机，带领原砖瓦厂部分职工，将砖瓦厂改造为蛋鸡养殖场，并命名为“金鸡养殖场”。由于企业选择切入市场的时机得当，企业经营管理有序，养殖场取得了可观的经营效益。到1994年“金鸡养殖场”的资产从最初的存养蛋鸡6 000只，总资产不过14万元，达到了现在的300万元，这不仅为企业的进一步发展奠定了资金基础，更是积累了大量的经营管理和市场开拓经验。在这一阶段，养殖场所用饲料仍然依靠对外采购，尚未建立自己的饲料加工厂。

**二、“公司＋农户”的起步发展阶段**

1994年下半年，蛋鸡市场出现滑坡，王振江董事长带领全体职工开拓思维，再次大胆转产，由养殖蛋鸡向养殖肉鸡转变，由养殖生产向加工生产转变，由开拓国内市场向开拓国外市场转变，并以建立现代企业制度为核心，对企业发展进行了重新定位，对企业进行了大刀阔斧地改造。1994年“金鸡养殖场”改制为股份制企业，1998年改组为股份有限公司，并正式改名为“青岛九联集团股份有限公司”，初步实现了资本多元化、经营多元化、市场外向化。随着加工规模的不断扩大，市场覆盖面的不断扩张，九联集团相继成立了饲料公司、肉联公司、种禽公司，但企业自我养殖的模式已难以满足市场的需要，于是“公司＋农户”的经营模式应运而生，即将养殖环节向农户转移，公司对养殖户实行“五统一”服务，即统一供应鸡苗、统一供应饲料、统一供应药品疫苗、统一进行技术服务、统一回收宰杀，把养殖户的利益与集团的利益紧密地结合在一起。到2001年底，九联集团先后在青岛、烟台、潍坊3地区的10多个县市发展养殖户6 000多户，成为拥有9个分公司、6 000多名员工、总资产达2.8亿元、带动养殖户累计增加收入3亿多元的农副产品生产加工龙头企业。

**三、“公司＋农场”的提高发展阶段**

近年来，随着人民物质文化生活水平的不断提高，人们对食品的要求已不仅仅是满足温饱和口味，安全、卫生、健康的绿色无公害食品已越来越成为广大消费者选择食品的基本原则。在这样的市场条件下，原来“公司＋农户”模式中的一些弊端开始严重制约行业的发展，养殖户个体数量庞大并过于分散、生产水平低下、个体利益与集团利益不能完全统一的种种弊端开始凸显出对集团、对个人的制约作用：生产水平低下较易引起疾病泛滥、大量用药；个体利益与集团利益不能完全统一较易引起隐瞒疫情、违规用药；个体数量庞大、过于分散，难以完全控制。自2000年下半年起，九联集团开始探讨新的经营模式，按照国际标准引进国外先进的饲养设备，建起了标准化鸡舍，完全实现了通过微机自动控制系统，监控和调节饮水、供料、通风、温度、湿度，从而彻底改善了肉鸡饲养环境，有效降低了疫病和用药。经过1年多的验证，九联集团率先在国内提出“公司+农场”的经营模式，成立肉鸡养殖联社，以股份制的形式，使本没有能力建设标准化鸡舍的养殖户成为养殖联社的股民，使具有养殖经验的养殖户成为现代化养殖场的新型产业工人，从而使九联集团和农民的利益完全统一，有效降低市场风险。截止2002年底，集团在莱西、平度等地先后建起了十几个标准化肉鸡养殖场，容纳一百多个标准化鸡舍。

“公司+农场”的模式使农民由单纯的生产者变成了投资者，由分散经营通过合作经济的桥梁纽带作用，变成了专业化生产的主体，既带动了千家万户的农民养鸡，又带动了千家万户的农民投资；农民不仅可以通过生产增加收入，而且可以通过股份分红增加财富；不仅可以分享养殖利润，而且可以作为股东分享加工和流通环节的利润。这种模式将极大地促进农村合作经济的发展，进一步提高农民的组织化程度。农业标准化是农业现代化的前提，只有按照国际标准体系组织生产，把农业生产的产前、产中、产后全过程纳入标准生产和标准管理的轨道，保证农产品的高质量和规格的统一，才能打破技术壁垒，取得进入国际市场竞争的通行证。九联集团在新的发展阶段提出，必须把标准化生产和保证农产品的安全放到关系企业生死存亡的高度来认识和对待，参照国际惯例和准则，从实际出发，抓紧制定和实施主要农产品的质量标准，建立农业标准、农业监测、农产品评价3个体系，突出解决农产品中药残、农残和其他有毒有害物质残留，促进农产品质量的提高。将绿色无公害产品作为九联的宗旨，将安全、卫生、健康作为九联的核心价值观。

## 抓住机遇　加快发展

### ——青岛海跃水产饲料有限公司

青岛海跃水产饲料有限公司成立于1999年1月，是一家以水产饲料加工为主导业务的民营企业。经过几年的发展，企业效益和规模不断扩大，其先后在海南投资成立了海南海跃水产饲料有限公司，在山东省胶南市成立了全资子公司——青岛大海跃水产饲料有限公司。

**一、产学研相结合，研制开发环保绿色产品**

本着“点点滴滴为虾农服务，时时处处为虾农着想”的服务原则，青岛海跃自创建之初就与中科院海洋研究所、青岛海洋大学、中国水科院黄海研究所等海洋科研院所密切合作，聘请资深专家作顾问，组建自己的研发部门，和国内业界学者一起进行技术磋商、交流，并提出了生产“绿色、环保、安全”产品，“高健康养殖”的新概念。青岛海跃率先采用荣获“第八届全国发明展览会金奖”、“九五国家级科技成果重点推广项目”的虾健免疫多糖（IPS）为主要佐剂，研制开发出可明显提高对虾免疫能力，有效预防对虾爆发性流行病的海跃牌“功能性饲料”，大大降低了养虾风险，为中国水产饲料的发展指明了方向。此外，公司于2001年与青岛海洋大学共建了“海跃·海大水产养殖技术研究中心”并把海跃公司建设成为海洋大学的研究实习基地，有效的促进了科学技术的普及和科学成果的转化，达到以高科技、高品质的产品回报广大用户。

**二、大力宣传“高健康养殖系统”**

青岛海跃自成立以来，始终坚持以稳定求发展的理念，秉承科技兴海、服务渔农、促进海洋牧业发展的宗旨，制造精品、诉求专业，积极推广健康养殖。在海跃饲料推广的过程中，青岛海跃始终将普及海洋科学家最新研究成果“对虾健康养殖系统”作为第一要务，先后在山东、广东、广西、海南、河北、江苏、天津、辽宁等8个省的近40个地区召开推广讲座90余场，投资46万元，参训人数达到近15 000人，发放养殖技术资料20多万册。还通过内部刊物《海跃报》，及时传递公司信息，宣传养殖技术经验，解答养殖户的疑问，想虾农之所想，急虾农之所急，及时有效地同经销商、养殖户进行沟通，对提高养殖人员的管理水平奠定了坚实的基础。

海跃公司业务人员都是来自各大高校的本科生，他们无论在专业方面还是在个人素质方面，都赢得了客户较高的口碑。正是由于公司良好的产品质量和企业信誉，吸引了一些养殖大户主动与青岛海跃联系合作，利用其产品开展海水养殖合作。在对虾养殖方面，青岛海跃先后同一些养殖大户合作，在全国范围内合作建立高、低位池养殖示范区，这些虾池，普遍采用了安全健康的养殖模式，普遍取得了良好的经济效益和社会效益。

**三、走多元化发展之路**

随着对虾养殖规模的不断扩大，对虾饲料的需求日益增大，水产饲料行业也群雄并起，在相对有限的市场内展开激烈的竞争，但又由于成品虾市场价格低迷，产品出口频频受到严格的限制，对虾饲料的需求总量经常受到外界的干扰和影响。面对严峻的市场形势，青岛海跃提出了“有所为，有所不为”的指导思想，在做精、做强对虾饲料的同时，挖掘企业内部潜力，依靠企业自身技术积累和继续加大同科研院所的合作，一方面延长对虾饲料产业链，在养殖、加工、贸易和技术服务方面努力寻求突破口，另一方面探求多元发展的新途径。青岛海跃明确提出：不管市场环境如何变化，产品质量不能降低，企业信誉不能毁坏；向管理要效益，靠节支降成本。青岛海跃依靠科学规范的生产管理，其产品在国内始终保持了良好的竞争力。

**四、提高企业素质，提升企业文化**

青岛海跃始终把“企业社会责任”作为企业的基本义务，努力在经济效益和社会效益方面取得共同发展。公司成立了党员活动小组，党建工作有声有色，在党组织的领导下，员工经常学习国家的方针政策，了解国家大事；党员职工开展经常性的组织活动，在本职工作和社会生活中充分发挥党员的模范带头作用，树立了党组织的良好形象。青岛海跃始终将关心员工的生活放到重要位置。在青岛海跃，员工学习场所和娱乐设施齐全，经常开展读书比赛、演讲比赛和其他有益的文体活动丰富员工的业余生活，引导员工树立正确的世界观和价值观，不断提高员工的劳动技能和公民素质。公司引导员工树立“人人为我，我为人人”的社会价值观，员工的社会责任意识普遍得到提高，对于公司组织的义务献血和其他社会公益活动，员工都踊跃参加，体现了良好的社会风尚。青岛海跃曾先后为李爱杰基金会捐款数万元，对科研事业的发展给予了很大的支持。

青岛海跃始终将企业、员工、产品用户这三方面的良好关系看作企业发展的有利因素，予以精心培育。每年春节，员工家属都会收到公司总经理的慰问信，使员工家属对公司更加认同。在充满温暖的企业里工作，员工们心情愉快、干劲十足、信心百倍，有力促进了企业研发、生产、销售等各项业务活动的发展。良好的工作环境已经成为企业一笔宝贵的财富，成为推动企业迅速发展的重要力量。青岛海跃对于产品用户的救助和帮扶也让客户增强了同公司继续和扩大合作的信心。在2002年，由于天气原因，部分地区的水产养殖户受灾严重，青岛海跃及时进行慰问并予以资金支持，以帮扶他们恢复生产。良好的社会关系，带动了企业经济活动的进一步发展，也是企业取得良性发展的重要因素。

青岛海跃始终将培育一流人才作为企业建设的一项重要内容。公司向全体员工发出了“公司为我搭平台，我为公司求发展”的倡议，员工响应积极。公司实行现代企业管理制度，在用人、培养人、造就人方面不拘一格，通过建立各种激励机制，为每个员工都搭建了个人发展的平台。在青岛海跃，员工主动学习、钻研技术和业务蔚然成风，通过提合理化建议、参加业务讨论会等多种形式参与企业生产和管理，德才兼备的人才不断涌出，成为企业发展中重要的人力资源。

经过近5年拼搏，海跃水产饲料有限公司的企业规模有了较大发展。公司在取得较好市场份额的同时，也取得了一定的社会荣誉。2002年，青岛海跃水产饲料公司被中国饲料协会评为“全国饲料行业科技进步经验交流会先进集体”，公司董事长兼总经理刘瑞盛先生荣获“全国饲料行业科技进步经验交流会先进个人”荣誉称号，被评为“全国水产饲料同行业十佳品牌”，“国家权威机构认证质量信得过好产品”。

## 金钱在中国二十年经验

### ——金钱饲料（中国）有限公司

金钱饲料（中国）有限公司是国内最早生产饲料的外商独资企业之一，由新加坡金钱集团在深圳市蛇口工业区独资创办，至今已走过20个春秋。金钱饲料引进瑞士布勒先进生产设备与工艺，借鉴和推行新加坡与国际上先进的企业管理模式，使产品产量由建厂初期的年产几万吨扩大到目前的10多万吨，并紧密配合集团公司扩张计划，先后在广东湛江、珠海、福建漳州设立饲料生产厂，使金钱集团在华南地区的年生产能力达60万t以上。成功之人必有成功之处，总结金钱饲料在中国20年来的成功，主要有以下几点。

**一、全面质量管理**

坚持生产既符合技术标准，又符合市场要求的高品质产品。公司上下自始至终对保持产品质量稳定有清醒的认识，尤其进入21世纪——崇尚质量的世纪，质量的好坏直接影响到企业的竞争力。金钱饲料多年来一直坚持全面质量管理，早已建立并在实践中逐步完善从原料采购、仓库管理、生产过程、化验、产品出厂直至销售过程等各个环节的质量管理制度。公司常设由领导、营养师、化验室主管和车间主任和专职质量监督员组成的质量管理小组，职责分明，制度健全。从原料进仓到产品出厂的各个环节，一旦发现问题，均可在当天得到解决。质量管理小组成员除平时恪守职责并保持密切沟通、协调之外。坚持每周召开一次质量分析会，及时总结经验，以利再战。近期以来，公司正认真规划实施HACCP质量管理体系建设，力求生产出更安全、环保的饲料产品。

由于长期坚持高起点、高标准的质量管理，产品质量持续稳定。金钱牌饲料在广大客户中建立起良好的信誉，饲料产品很快畅销广东、广西、福建、湖南、海南和香港等地区。深圳市进出口商品检验局经过长期质量跟踪监测，授予“金钱”饲料“中国商检质量”荣誉，准予“金钱”产品使用“中国商检质量”标志，成为深圳经济特区第一个获此殊荣的饲料产品。在历次国家、省（部）级组织的饲料统检、抽检活动中，金钱饲料都合格过关。过硬的产品质量还使“金钱”饲料不断获得更多的荣誉。其201小肉鸡料在1991年荣获深圳经济特区优质产品称号；101和201小鸡料被中国保护消费者基金会评为1993年最受用户欢迎产品，并且于1994年7月，又在全国饲料及添加剂用户市场调查活动中被推荐为信得过产品；肉鸡料101、201、203及205被评为1995年广东省饲料工业质量信得过产品；猪全价料301、302、

303、305、311、312 和猪浓缩料 805、808 获 1996 年广东省饲料工业质量信得过产品称号；1997 年 10 月，小鸭料 401 获广东省饲料工业质量信得过产品称号；1998 年 1 月，特别乳猪料 311SP、乳猪料 311 及浓缩料 808 获中国饲料工业协会推荐产品证书；1998 年 11 月，鸡料 101、201、203、205 再次获该年度广东省饲料工业质量信得过产品称号；1999 年，301、302 等 9 个猪料系列产品再次荣获广东省饲料工业质量信得过产品称号。在 2001 年全国饲料行业百强企业评比中荣获“百强企业”称号。2002 年获得全国饲料工业科技进步先进集体荣誉称号。在 2002 年广东省“饲料产品质量安全承诺”检查评比活动中，被评为“重承诺、守信用”企业。

## 二、以市场为导向的科技创新

金钱饲料注重高层次、高素质科技人才的吸纳与培养。目前公司已拥有包括 2 位博士、3 位硕士和多位高、中级工程师以及 10 多名本科生在内的产品研发骨干。通过派员工出国学习，参加国内外各种技术研讨班和定期举办内部培训班等形式，不断提高员工的文化素养和专业技术水平，紧跟世界饲料加工、动物营养科技发展潮流。公司与国内外多所著名大学与科研机构保持密切联系，和有关专家、教授开展技术咨询、探讨、交流与合作。金钱饲料每年投入利润的 5%，也就是 60 万～70 万元用于产品开发与实验推广工作，使产品得以推陈出新，保持良好的市场适应能力。目前国内饲料工业供大于求，竞争激烈，已进入行业整合、淘汰阶段，公司知难而进，先后推出新型肉鸽料、高品质代乳猪料及一些优质浓缩料等新产品，很快被客户接纳，尤其是新近推出的高档代乳猪饲料，以其极佳的诱食性、快速生长效果和良好的饲料报酬以及显著提高乳猪免疫力的特点，深受各地规模化猪场的青睐。由于金钱饲料坚持以市场为导向和坚持科技创新，不断调整、优化产品结构，多年来公司的产量和利润稳步增长，其良好的业绩更是得到各级政府机构和广大用户的认同。

## 三、科学化、制度化和人性化管理

金钱饲料成立不久，就在招商局蛇口工业区总工会的指导下，建立起自己的工会组织，通过工会活动，了解职工的状况与要求，解决职工的实际困难。探望伤病职工，成为公司领导必做的事情之一。优秀员工每年都受到公司的物质与精神奖励。作为外商独资企业，金钱饲料一直在坚持实施人才本地化战略，近年以来，公司的中层管理人员已由过去主要由外方人员担任全部改为由中方人员担任。由于重视人性化管理，从各级管理人员到职工的工作积极性得到充分发挥，人心稳定。不少在本公司工作 10～20 年的员工至今仍发挥着良好的业务骨干作用，成为公司的一笔财富。

## 四、与客户共同成长

长期以来，公司本着“客户至上”、“与客户共同成长”的理念，配备多名具有大学本科以上和高、中级技术职称的科技人员从事销售服务工作，做到有问必答、有求必应。先后向客户赠送科普小册子、VCD 等科技资料 10 万多册，为普及科学饲养和动物疾病防治知识做了大量工作。公司始终与各地经销商和各终端用户保持密切接触与联系，定期或不定期召集经销商会议，并开展经销商培训工作，与经销商市场、科技信息资源共享。总之，公司业务的稳定与发展，离不开公司销售、市场服务队伍的稳定，以及公司各级经销商直至整个销售网络的相对稳定性。

# 企业简介

## 北京市

### 北京伟嘉集团

北京伟嘉集团是在中华人民共和国农业部、原国家科委的倡导与支持下，由中国饲料工业协会创办的科工贸一体化的高新技术企业，成立于1994年，座落在中国“硅谷”——海淀区中关村上地信息产业基地，毗邻清华大学、北京大学、中国科学院、中国农业大学、中国农业科学院等高等院所，东临八达岭高速公路，具有得天独厚的文化、信息、地理等方面的优势，为集团获得广泛信息、掌握国内外最新科技成果及科研动态奠定了坚实的基础。集团充分利用所具备的新技术和产品、以实施农业部“丰收计划”、国家“八五”、“九五”、“十五”饲料科技攻关产业化项目为契机，成功地转化科技成果、辐射新技术，加速科技成果产业化，形成了以预混料为核心业务的饲料主业，动物保健品、草业、酶制剂等为支柱产业的规模经营格局。同时，通过合资、租赁、买断国有企业，投入资金、技术和人才，使部分亏损企业或长期停产企业出现了新的生机和活力，有力地拉动下岗工人再就业，使国有资产得到盘活和增值。伟嘉集团由初始总资产不足10万元的小型饲料加工企业迅速发展成为拥有独资、合资、合作企业25家，总资产达1.5亿元，产值超过4亿元的高科技企业集团。建立健全了以北京为中心，山东、河南、山西、辽宁、黑龙江、内蒙古、广东、广西、江西、湖南等十几家分公司，辐射华东、华北、中南、东北、西南地区的市场网络。

伟嘉集团自1996年以来“高效肉鸡预混料及饲养技术应用”、“高效乳猪料精的推广应用”、“北方地区鱼用料及饲料技术推广”、“奶牛高产料技术推广”、“安全猪用添加剂预混料运用技术”等丰收计划推广项目的实施，是农业部利用伟嘉集团的技术实力和推广能力，把动物营养前沿技术与成果及最新的饲养管理技术推向全国的充分体现。集团技术产品多次入选“丰收计划”推广项目，更显示了伟嘉集团雄厚的技术与经济的综合实力。同时，由于伟嘉集团在技术领域的领先，开发出的产品先后获得了首届农业博览会认定产品、北京市百项表彰拳头产品、中国国际农业博览会名牌产品等荣誉。伟嘉集团也先后被评为：中关村科技园区海淀园1999“优秀新技术企业”、2001年度首届中关村最具潜力的“十佳高新技术企业”、2001年度中国国际农业博览会名牌产品、全国饲料标准化技术委员会单位委员、中国饲料工业协会“优秀团体会员”、北京市饲料行业先进集体。

地　址：北京市海淀区上地东路四街一号北京伟嘉集团

邮　编：100085

电　话：010-62988704　62988706　62988708

传　真：010-62988707

网　址：www.vicagroup.com.cn

E-mail：vicafeed@public.bta.net.cn

### 中牧实业股份有限公司

中牧实业股份有限公司是由中国牧工商（集团）总公司（中央企业）独家发起、社会公众参股于1998年12月25日成立的大型股份制上市公司，是中牧集团优良资产的大组合。现有总股本3.9亿股，其中国有法人股2.7亿股，社会公众股1.2亿股。公司股票于1999年1月7日在上海证券交易所上市。中牧股份业务经营范围包括：饲料、饲料添加剂、饲料原料、动物保健品（生物制品）、畜牧业生产资料贸易、与主营业务有关的技术咨询服务及科技开发，以及与以上产品相关的进出口贸易。

公司宗旨：立足畜牧产业，充分发挥企业市场优势、品牌优势、产品优势及行业地位优势；把握畜牧产业链中的重要环节，坚持高科技、规模化、规范化经营策略，实现企业利润最大化。成为中国畜牧产业的领航者与中流砥柱。公司未来目标：中牧股份作为中国畜牧行业的龙头企业，始终瞄准跟踪世界农业科技发展新动向。依托科技创新机制，利用资金和人力资源以及行业地位优势，加快以企业为主体的技术创新体系建设，加大科技投入和新产品开发，建立起以市场为导向的经营管理体制和营销高速通道。

中牧股份是经北京市科委认定的高新技术企业。目前公司技术性收入占企业总收入的52%，研究开发投入占总收入的11%。公司现在博士5名，硕士52名，具有本科以上的中高技术职称人员500余人，科研实力雄厚，在饲料、生物制品的研发领域，先后完成30多项国家和省部级重大科研项目，多项技术和新产品填补了国内空白，屡获国家科技成果奖、国家科技进步奖等荣誉称号。目前已与国内外多家科研院所、大专院校建立了企业研发基地和产学研开发联合体，联合开发的项目有国家“863”和“974”高科技项目。中牧股份拥有当今世界先进水平的“SPF”鸡群，是我国兽用生物制品的定点生产基地和出口基地。各种畜、禽疫苗的年产量及市场占有率高达40%。

地　址：北京市丰台科学城星火路1号

邮　编：100070

电　话：010-83607777

传　真：010-83607998

## 大北农集团

大北农集团是1993年创办的农业高科技企业。10年来，大北农集团始终秉承"报国兴农、成就自我"的企业理念，以成为国际一流的农业科技企业为发展目标，致力于以高科技发展中国的农业科技事业。如今大北农已发展成为拥有近4 000名员工、40多家生产企业、分公司和1 000多个县级科普服务站的农业高科技产业集团。是农业产业的化国家重点龙头企业、中国饲料工业协会副会长单位、中国畜牧业协会猪业分会副会长单位、中国动物保健操品协会常务理事单位。

10年发展，大北农集团发展成为以动物保健品、预混料、种业为主体的农业科技企业，拥有20名博名、50名硕士组成的研发队伍，在北京市怀柔征地200多亩投资1亿多元建设国际一流的集示范、生产、科研、培训为一体的大北农科技产业园。大北农集团于2000年初严格按照GMP标准在怀柔建立了现代化的动物保健生产基地。大北农集团在动物保健产业现辖有北京大北农动物保健科技有限公司、福州大北农生物技术有限公司、韶山大北农动物药液有限公司。大北农集团下属的北京金色农华种业科技有限公司、南京两优培九种业科技有限公司、绩溪农华生物科技有限公司正在推广的玉米良种"农大108"、中国超级稻"两优培九"显示了巨大的发展前景。大北农集团成立了遍布全国的集动物保健品、预混料、种子等配送和服务为一体，由近4000名科普员组成的农资推广科普服务网络，知识型农业推广体系初具规模。

大北农集团在全国30所农业高校设有大北农奖学金，出资1 000万元设立了大北农科技奖励，还主办有中国农民大学、中国农网(www.aweb.com.cn)、《大北农科技与服务》内刊。大北农集团正与时俱进，"全力科教兴农，奔向全面小康"，一如既往地肩负起"科教兴农 产业报国"的时代使命，帮助全国广大农民朋友增收致富。

地　址：北京市中关村大街27号中关村大厦14层

邮　编：100080

电　话：010-82856450/51/52-57

传　真：010-82856430

## 北京英惠尔生物技术有限公司

英惠尔公司是饲料研究所的战略性窗口，是饲料研究所科研实力的代表，是科研创新的代表，是科技生产力的代表，同时也是饲料研究所科研成果的孵化器。英惠尔公司自创立以来，秉承国家级研究所提升国内饲料企业产品科技含量、引导行业健康发展的宗旨，服务饲料企业，提供各类添加剂和预混料，全身心致力于行业先进技术的研究与推广。目前，英惠尔公司已与国内包括上海大江（集团）股份有限公司、广东广弘九江饲料有限公司、四川巨星饲料有限公司、厦门百穗行实业有限公司、南通正大有限公司、湖北天荣现代农业有限公司、南宁市五岭饲料有限公司（原南宁大丰饲料厂）、湖南正虹科技发展股份有限公司、北京友谊饲料公司等上百家饲料企业进行了多层次的合作，在产品、技术、服务和信息上给予企业全方位的支持。

电　话：010-68976855　62142592　62142593
62193861

传　真：010-68976854

E-mail：hr@enhalor.com.cn

## 北京德佳牧业科技有限公司

北京德佳牧业科技有限公司创建于1993年，是全国畜牧兽医总站参股的国有高新技术企业。公司通过ISO9001：2000质量管理体系和ISO14001环境管理体系认证。公司成为我国饲料行业HACCP管理首期试点企业。业务范围包括：畜牧兽医技术推广示范、饲料制造及贸易、胚胎移植、动物保健品等，在各领域均有良好信誉并处于领先地位。

德佳牧业拥有国际标准三级预混生产线，"佳肥""全美""佳牧""佳元"等品牌畜禽预混料行销全国，深受养殖场（户）的喜爱与青睐。企业的拳头产品获得北京市新技术产业开发实验区"百项表彰拳头产品奖"；"全美"、"佳肥"牌复合预混料获得中国质量检验协会颁发的"国家权威检测合格产品证书"；"佳肥"牌复合预混料获得中华人民共和国出入境检验检疫局颁发的"出口食用动物（猪）饲用饲料生产企业登记备察证"；公司产品配方科学、工艺精准、质量稳定，通过现代化的产品配送体系和三级技术营销平台，服务于中国畜牧业。

德佳牧业一如既往地秉承"科技创新、品质卓越、绿色健康、造福人类"的经营方针，把社会效益、生态效益和人类健康视为企业生存之本和追求目标，致力于预混料制造与生物工程技术，在全世界范围寻求友好合作的机会。

地　址：北京市海淀区北三环西路甲18号中鼎大厦B座5层

邮　编：100086

电　话：010-62132240　62122241

传　真：010-62142851

## 北京昕大洋生物技术有限公司

北京昕大洋生物技术有限公司系中国农业科学院

饲料界、生物界的专家、学者联手创建的高科技企业。公司集科学研究、产品开发、生产经营于一体，并得益于国家级科研院、所在科技和人才上的鼎力支持与精诚合作，构建了一支以国内著名饲料专家、动物营养博士、生物技术、精细化工、药学专家为核心的科技研发和技术服务队伍；公司有博士后 1 名，博士 2 名，高级专业技术职务的研究员 5 名，硕士研究生 3 名，90%以上人员为大学及以上文化程度。多学科的有机组合与互补，是昕大洋公司产品的特点和发展方向；公司在人才和技术上的优势体现在昕大洋建立了独特的“联合研究课题组”、“联合试验室”等灵活的产品研发机制；在充分发挥科研院、所多种优势的基础上，公司采用了 OEM 式的生产方式，即通过企业与企业，企业与科研单位多种优势的有机组合；为产品设计思路的把握及创新创造了条件；为学科间的优势互补奠定了基础；为开发出高科技含量的产品提供了保证。

公司现已初步形成了生物技术、精细化工和预混料产品 3 大生产基地。现有产品为单项添加剂和预混料 2 大类共计 80 多个品种；其中添加剂产品有：植酸酶、复合酶、康力素健、益爱美、生物绿（德国）、复合甜菜碱、酸化剂、香味剂、大蒜素、有机铬、系列特色复合维生素；预混料产品有畜禽、水产两大类各种比例的产品。

地　址：北京市海淀区中关村南大街 12 号
邮　编：100081
电　话：010-68919590、62199385、62199386
传　真：010-68919944
E-mail：xindayang@bjxindy.com，
lgz@bjxindy.com
http：//www.bjxindy.com

## 天　津　市

### 天津新技术产业园区嘉隆饲料科技有限公司

嘉隆饲料科技有限公司是专业生产经营饲料复合预混料、饲料原料及饲料技术开发和转让的高新技术企业。公司自创办以来坚持“专业、技术、经验+诚实”的信条，励精图治，潜心钻研，不断推出高科技含量、高附加值的饲料复合预混料产品。几年来在中国北方畜牧市场闯出了一片天地，产品和服务质量均受到广大农民的喜爱和肯定，取得了一定的经济和社会效益，成为养殖业值得信赖的预混料供应商。嘉隆饲料科技有限公司于 2002 年取得了天津市出入境检验检疫局颁发的《出口食用动物（猪）饲用饲料生产企业的登记备案证》，成为天津市等北方地区生产“放心肉”和“出口肉”的放心预混料合作企业。嘉隆牌复合预混料荣获 2001 年中国民营科技企业创新奖，2002 年获“河北省畜牧业畜产品交易大会推荐产品”荣誉称号。

地　址：天津市南开区宾水西道 333 号万豪大厦 B 区 15 层
邮　编：300381

### 远 征 饲 料 厂

天津市津南区远征饲料厂是专门生产复合预混饲料、浓缩饲料、配合饲料诸系列产品的厂家。该厂共生产 130 多种产品，其中包括畜、禽、鱼、虾等复合预混合饲料 47 个品种，浓缩饲料 32 个品种，配合饲料 51 个品种。

远征饲料厂所生产的复合预混合饲料是由津、京两地在生物学、动物营养学、生物化学等方面有丰富理论和实践经验的专家教授们经过多年研究配以中草药成分，反复筛选的精制产品。该产品在防病、抗病、增产等方面独具很高的科技含量，尤其是安全、卫生、无公害的内在民族品质在畜、禽和水产养殖户中取得非常理想的效果，他们所养殖的产品均被评为名牌和无公害产品或绿色食品。

“征奇”牌是远征饲料厂产品的注册商标，2001 年国家农业部批准颁发的生产许可证为饲预（2000）1657 号，2001 年远征饲料厂获得中国质量检验协会 ISO9000 认证书，2002 年“征奇”牌复合预混合饲料系列产品被中国科技报研究会、全国科技企业家理事会和中国消费者基金会推荐为“中华科技精品”。

### 天津佳农饲料有限公司

天津佳农饲料有限公司成立于 1997 年 12 月，是在天津经济技术开发区注册的民营高科技企业，是国内目前唯一专业从事反刍动物营养研究和反刍动物饲料生产的企业。公司拥有独家生产和使用权的“瘤胃微生物脲酶抑制剂”是经农业部批准的新“饲料添加剂”，该产品获得了“国家科技进步二等奖”和“农业部科技进步一等奖”，是国家“重点推广新产品”，被列入“农业科技跨越计划项目”。

天津佳农饲料有限公司生产以脲酶抑制剂为核心的牛、羊专用系列饲料产品（复合预混料、浓缩饲料、精料补充料），已被上海光明乳业集团、内蒙古伊利集团、福建长富集团、沈阳辉山乳业集团、黑龙江银镙集团、天津农场局各牧场等著名奶业集团和各地养殖场广泛接受，使牛羊的生产情况显著提高，体况明显改善，并对各种代谢疾病具有防预作用，获得用户的普遍承认和欢迎。

天津佳农饲料有限公司十分重视科技投入，投资同中国农业科学院畜牧研究所合作建立了“佳农反刍动物营养工程研究中心”和“佳农反刍动物试验牧场”，开展反刍动物营养及胚胎移植研究工作。凭借专业技术的领先优势，其承担了“十五”国家奶业重大科技专项中“奶牛专用饲料产业化开发技术研究”子课题。因在反刍动物营养研究及推广领域的显著成果，天津佳农饲料有限公司被评为2002年“全国饲料行业科技进步先进集体”。佳农的发展目标是“中国反刍动物饲料第一品牌”。

## 天津万行高科技饲料药物有限公司

天津万行高科技饲料药物有限公司创建于1993年初，坐落在天津市津南区双港开发区，开发区以轻工产业为主，周边环境良好。企业主要从事“普益”牌水产品复合预混料的研制、开发、生产、销售。天津万行高科技饲料药物有限公司一贯坚持以科技为先导，生产出质量第一，安全健康，无公害的产品，奉行用户至上，服务人民的宗旨。该公司是一个坚持以科技为先导，以技术为依托，以高、中级专业技术人员为骨干，并聘请多名专家担任顾问，为企业进行技术策划的高科技企业。天津万行高科技饲料药物有限公司研制，生产“普益”牌鱼、虾、蟹预混料，除了畅销本市还向外省市拓展，企业知名度逐渐提升，已被“世界华人鱼虾营养研究会”，海洋大学“爱杰讲学基金会”吸纳为会员。2002年已获技术监督局颁发鱼用复合混料产品检验合格证书。

天津万行高科技饲料药物有限公司有一支稳定的科技队伍，配备有良好的仪器设备。有严格的质量监督检验系统，原料须经严格检验、筛选后择优而用，以确保产品质量过硬。因此，在市场强手如林的激烈竞争中，在饲料行业不景气的环境下，天津万行高科技饲料药物有限公司的市场却不断扩大，市占有率不断提高。依靠科学技术、技术创新，不断提高产品质量，紧跟市场开发新品，使企业生命之树常青。现代消费向求质求新变，养殖品种向名特优新变，针对市场，天津万行高科技饲料药物有限公司及时开发出鳟、鲍、牙鲆、真鲷、对虾、南美白对虾、胡子鲶、甲鱼等新品种，加上原有的鲤、鲫、罗非、鲂等将近30个品种，并生产对虾颗粒饲料以满足市场需求。

## 天津正大饲料科技有限公司

天津正大饲料科技有限公司是泰国正大集团在中国的独资企业，是正大集团专业化生产超级预混合饲料的厂家，负责向集团内外供应基础预混料及预混料。公司总投资额为1.5亿人民币，年生产能力12万t，规模位居世界前列。天津正大全面展现专业素质，从硬件到软件无不追求预混料世界先进水准，整体设计体现预混料专业要求：主体设备采用瑞士布勒公司专门设计的专业化超级预混合饲料生产设备，由3部（多种维生素、微量元素、预混料）5级混合之生产系统组成，全过程均由电脑自动调控，以保障终端产品真实反映科学配方。

预混料是全价饲料之精髓，成分多达几十余种，原料的选择及品控是产品品质保证的重要环节。天津正大与许多世界级原料供应厂商密切联系，以优化选择最能满足畜禽生产所必需的营养成分，同时拥有精密检测预混料原料维生素、微量元素、药品等的专业仪器原子吸收仪和高压液相色谱仪，为选用优质原料和生产高品质产品提供可靠的保障。

天津正大预混合饲料产品已成多项系列，按产品添加比例分为1%、2%、4%、5%、6%、8%等各类产品，广泛适用于不同规模的农场及饲料厂，品种既涵盖猪、肉鸡、蛋鸡、鸭等传统畜禽，近几年来又涉及具有绿色食品概念的牛、羊料和更具科技含量的水产饲料。为保障天津正大产品的高品质一贯性和不断推陈出新，占据行业技术的前端，公司拥有一批具备高度专业水准的技术人才，在应用先进配方软件的基础上注入更具实际应用价值的经验数据，使产品配方更趋科学化、合理化、经济化，充分满足动物营养的全面需求。同时，公司斥资建造的畜禽实验基地，更为产品品质的提升提供极具实用价值的科学参考数据。

天津正大饲料科技有限公司自1993年7月投产以来，业务迅速发展分支机构遍布全国，已拥有7家分公司，16家办事处，年销售额突破6亿元。2002年全国超过800万t的全价饲料使用天津正大预混料生产。

# 山 西 省

## 太原市潞威动物保健品有限公司

太原市潞威动物保健品有限公司是具有现代化制剂技术、医学技术的高新技术企业，多项技术达到国际先进水平，畜禽用系列液体复合维生素—维他命液，已被国家科技部列为2002年国家级星火计划。微生态制剂—粪链球菌的绿色添加剂产品；杜绝了抗生素对动物机体的侵害和药残对人体的威胁。

潞威动物保健系列产品严格按照国际GMP的标准规划和键设，拥有生物发酵、针剂、散剂、口服液等生产线。并采用最先进的工业微机自动化控制，并配备有全程质量检测设备和数据处理系统，配备了国内外资深专家组成的科研队伍，不断向市场提供技术含量高、疗效快的新产品，形成了一系列知名品牌。

地　址：山西省太原市永祥西路9号
电　话：0351-4375225
传　真：0351-4386811
邮　编：030045

## 太原市天禾饲料有限公司

太原市天禾饲料有限公司成立于1998年6月22日。位于小店区北格镇。系私营股份制企业，注册资金为人民币118万元，共有员工38名，其中专业技术人员20名，技术力量雄厚，在配方设计，动物营养研究及新产品开发等方面具有较强的实力。科学的管理体系和先进的饲料生产工艺，为优质饲料提供了保障。其可生产蛋鸡系列全价配合饲料和浓缩饲料；

仔猪、生长肥育猪系列全价颗粒配合饲料和浓缩饲料；肉鸡系列颗粒全价配合饲料；奶牛系列精料补充饲料等。其中551乳猪颗粒饲料，饲料报酬高，料肉比可达1.2:1以下，使用后乳猪抗病力强，生长速度快，是公司的拳头产品。蛋鸡系列的521小鸡颗粒料，324蛋鸡高峰料也以其高料报酬，低料耗和品质稳定，深受广大养殖户好评，被养殖户称为放心产品。在2001年度的山西省首届畜产品饲料兽药展评会上，324蛋鸡高峰料荣获金奖；521蛋小鸡颗粒料、551乳猪颗粒料荣获银奖。

太原市天禾饲料有限公司建立了完善的规章制度和质量保证体系，使产品的市场占有率逐步提高，赢得了广大养殖户的信赖，取得了良好的社会效益和经济效益。2002年度被山西省农业厅评为山西省饲料生产先进企业；并被太原市小店区委区政府评为文明单位。

地　址：太原市小店区北格镇
邮　编：030062
电　话：0351-7951599

## 山西省临汾市通达饲料有限公司

山西临汾通达饲料有限公司，是一个集科研、生产、养殖实验为一体的现代化饲料加工企业、年单班产成品饲料1万t，占地3 500m$^2$，现有职工55名，其中大专院校毕业生和专业技术人员占职工人数的38%，公司成立10年来，以国内院校和畜牧科研机构的技术为依托，以完善的质量保证体系为基础，以和用户共同求发展、培育市场的新理念为宗旨，公司得到了迅速的发展，为当地的畜牧业做出了突出的贡献。

为了进一步达到现代企业的要求，山西临汾通达饲料有限公司通过两年多的努力，现在已完全实现了“三化”即“管理手段现代化”：从饲料加工到行政工作都实现了微机管理；“质量保证体系化”：在原料和成品的监测上，不仅有着完善的硬件，更主要的是建立起一套完善地、科学地质量保证体系；“售后服务规范化”：将传统的技术服务延伸到禽蛋销售。

地　址：山西省临汾市尧都区金殿镇
邮　编：041077
电　话：0357-3035075
传　真：0357-3035168

## 山西沁水源通饲料有限公司

沁水源通饲料有限公司位于著名作家赵树理故乡，是一个集畜禽饲料加工、新产品试验开发、养殖信息咨询、售后技术服务、业务技术培训为一体的综合性现代化民营企业。其占地面积1万m2，总投资200万元，交通便利，环境优美，现有职工35人，其中：高中级专业技术人员10人，初级专业技术人员22人，公司下设生产销售部、新产品开发推广部、畜禽技术服务部、办公室、化验室、财务统计室等。主要开发生产猪、鸡两大系列，18个品种的“祥牛”牌系列浓缩饲料和预混料，年生产能力达到2万t。

沁水源通饲料有限公司技术力量雄厚，拥有国内一流的饲料加工设备和先进的化验检测仪器，整个生产过程由计算机控制操作，生产工艺合理，质量保障体系健全，规章制度完善，营销网络齐全。“祥牛”牌系列饲料是以中国农业大学动物营养学专家为核心，集一流人才、一流技术、一流管理的高新技术和成果，在科学实验和实践的基础上研制生产出的新产品。产品粒度适中，适口性好，营养全面平衡，以优良的品质，合理的价格，严格的管理，完善的服务，深受广大农民养殖朋友的欢迎和喜爱。

地　址：山西省沁水县龙港镇辛家河村
邮　编：048200
电　话：0356-7062060、(0)1 3703567856
传　真：0356-7062060

# 内蒙古自治区

## 通辽岳泰（集团）股份有限公司

通辽岳泰（集团）股份有限公司是湖南岳泰集团在通辽投资的大型饲料企业，总投资2亿元，年生产能力50万t，生产销售各种生物饲料和生物饲料添加剂，是内蒙古自治区最大的饲料企业、中国饲料百强企业、内蒙古自治区高新技术企业、内蒙古自治区管理创新先进企业、全国饲料工业科技进步先进集体。通辽岳泰与全国重点大学——江南大学强强联手成立的“通辽岳泰江南大学营养与生物技术科学研究所”，由一批博士生导师和教授领衔，在生物饲料领域的研发走在国内前列。其生产的岳泰牌系列生物饲料，具有安全、环保、高效的特点，在饲料行业久负盛名；其中岳泰1号猪用浓缩料，于1999年和2001年连续2次荣获中国农产品的最高荣誉——中国农业博览会名牌产品。

通辽岳泰倡导“诚实诚信”的经营理念。实施“以人为本”的经营思想，以宽松的环境和优厚的待遇吸纳了一批专业技术和高级管理人才。其现有员工700人，80%以上具有大专以上学历，其中博士2名，教授5名，硕士6名，研究生22名。雄厚的人才优势，奠定了公司持续发展的基石。通辽岳泰在产品销售方面实施“知识营销”的营销模式，向养殖户提供及时周到的技术服务和全面实用的养殖知识，以取得“养殖户致富我发展”的双赢结果。公司产品因“质量好、信誉好、服务好”深受养殖户喜爱，产品畅销内蒙古、吉林、辽宁、黑龙江、北京、天津、河北、河南、山东9个省市。目前，通辽岳泰已在东北和华北地区设立销售分公司60多家，计划到2005年年底，在外设立200家分公司，完善了销售网络。

通辽岳泰以信息化为管理手段，对内，建立了内部局域网；对外，建立了岳泰专业网站（www.ytfeed.com)。通辽岳泰已投资500万元正在建设岳泰客户关系管理系统（YT—CRM），以信息化推动企业的可持续发展。

地 址：内蒙古通辽市民航路南端
邮 编：028000
电 话：0475-8502630
传 真：0475-8502630

## 内蒙古正大有限公司

内蒙古正大有限公司成立于1994年3月，是泰国正大集团与内蒙古自治区饲料公司合作创办的农牧企业，也是正大集团在自治区投资的惟一一家公司。公司总投资866.45万美元，注册资本433.22万美元，年设计生产能力12万t。主要生产、销售各种饲料、畜禽和水产的种苗；提供畜禽配种、疫病防治、修蹄及相关技术咨询：产品售前、售中及售后服务。内蒙古正大有限公司下设销售服务部、采购部、生产部、品管部、财务部、畜禽部、现代奶牛服务中心、总经办及总经理室，内蒙古正大全体员工在董事会的领导下坚持“服务、效率、创新、精进”的企业精神，愿与自治区农牧业共发展。

目前内蒙古正大饲料产品包括奶牛饲料、蛋鸡饲料、肉鸡饲料、鸭饲料、种鸡饲料、肉牛饲料等9大系列，68个品种，85种规格。内蒙古正大2002年全年销量达9万余t，销售额超过1.5亿元。

地 址：内蒙古自治区呼和浩特市东郊呼锡公路八公里处
电 话：0471-4186906、4186910
传 真：0471-4187252
E-mail：nmzdgmo@263.net

## 内蒙古蒙泰大地公司

内蒙古蒙泰大地生物技术发展有限责任公司是由北京九州大地生物技术有限公司和内蒙古畜牧科学院共同投资兴办的现代化饲料企业，于1996年12月在呼和浩特市注册成立。蒙泰大地公司是专业生产畜禽、水产、反刍动物复合预混料、畜禽浓缩料和配合饲料的企业，产品根据动物营养学需求，进行专门化有针对性设计，共分为9类包含近百个饲料品种。成立至今，蒙泰大本着“根植大地，共享成长，互惠双赢，服务社会”、发展民族饲料工业的经营理念，依托北京九州大地公司的生产技术及管理优势，对复合预混料、畜禽浓缩料、配合饲料、精补料进行了全方位的生产和开发，取得了一定的经济效益和社会效益。

大地饲料品牌在河北张家口、山西大同、阳高、天镇、内蒙古锡盟、乌盟、呼市、包头、巴盟、乌海、伊盟、宁夏银川、中卫及甘肃、青海等地均具有一定的优势和市场占有率。2002年，共计完成预混料销售2 000多t，加上浓缩配合饲料销售约2万t，折算配合饲料约6万t。经过几年的经营实践，企业在经营管理、技术创新、人力资源开发、企业文化建设、资本运作、制度创新、营销网络建设等方面积累了丰富的经验，为企业的长期发展奠定了坚实的基础。2002年发布的百强企业名单中，北京九州大地生物技术集团公司入选，而且九州大地也是全国55家企业联合发起向社会公开承诺绿色环保，绝不添加违禁药物的企业之一。

目前蒙泰大聚集了当今饲料和养殖行业的优秀技术、经营和管理人才，负责产品的设计生产及面向社会提供全方位技术服务和咨询，将以先进的技术、优质的产品、一流的服务、良好的信誉，坚持本土化的发展策略，以一心一意、互需共赢的经营理念，与广大用户结成战略伙伴关系，共同振兴民族饲料工业，发展畜牧业生产。

地 址：呼和浩特市机场路六公里
电 话：0471-4612620　4612625
传 真：0471-4612416

## 赤峰市畜研所“双信”饲料厂

赤峰市畜研所“双信”饲料厂位于赤峰市西郊，距市区10km，占地面积100多亩。固定资产1000多万元，年生产能力5万t，是集生产、科研、销售、服务为一体的饲料生产企业。

赤峰市畜研所“双信”饲料厂在1992年资金短缺、设备简陋的情况下，依靠自身的科技优势和人才优势，白手起家，靠滚动式发展，历经10年，使企业初具规模。企业2002年生产“双信”牌（该商标经国家工商局注册）畜禽系列浓缩料和预混料3.1万t；生产品种包括：蛋肉鸡系列浓缩料和预混料、猪系列浓缩料和预混料及牛羊营养补剂等20余个品种。饲料产品遍销赤峰市12个旗县区及周边相邻省区，成为赤峰市饲料业的排头兵。

“用户至上，质量第一”是赤峰市畜研所“双信”饲料厂的宗旨，科学研究是企业经营的重要内容。其现拥有高中级技术职称管理人员29人，在企业现代管理中发挥着重要作用。在企业发展壮大的同时，极其重视饲料产品的研发，现赤峰市畜研所“双信”饲料厂承担着多项省市科研项目，并多次荣获省市科技进步奖和丰收奖。生产和科研的有机结合，加大了生产企业产品的科技含量，完备的产品质量检验设备和严格的产品质量监测制度，保证了饲料产品质量的稳定。也博得广大养殖户的信赖。

地 址：赤峰松山区农研基地
邮 编：024031
电 话：0476-8402889
传 真：0476-8402889

# 黑 龙 江 省

## 黑龙江省元恒牧业发展有限公司

黑龙江省元恒牧业发展有限公司，直属于黑龙江省饲料工业协会，是集饲料生产和原料销售于一体的国有股份制畜牧业公司。公司聘有多位国内本行业著名营养专家做技术顾问，与众多国内外知名企业合作，准确掌握饲料行业发展的脉搏，严格把握进货渠道，选用优质原料，运用先进科学的配方和生产工艺，坚持生产质量稳定的饲料产品。在享受科学的前提下，追求卓越。力做饲料行业与畜牧企业的桥梁和纽带。用热诚、辛勤和成绩、结交一大批真挚的朋友。

元恒牧业秉承以人为本，共同发展的精神。信奉的是：以市场为导向、以客户的丰盈发展为前提、以自己的努力创新为基础，用最优质的服务，提供国内外最好的和最稳定的饲料产品及饲料原料。

地　址：黑龙江省香坊区香福路 109-1 号

邮　编：150039

电　话：0451-2051111

## 哈尔滨博微饲料制造有限责任公司

哈尔滨博微饲料制造有限公司是由黑龙江省畜牧技术服务中心和博微饲料有限公司共同出资，创建于 2000 年，以饲料生产经营为主体的股份制企业。企业年生产销售饲料能力 2 万多 t，具有电子秤配料，微机控制的系列先进生产设备，其无重力混合机，双轴高效混合机等都是国内一流预混合生产设备。博微公司坚持“以人为本，追求卓越”的企业精神，已凝聚一大批优秀的经营管理，技术服务人才，形成完善的销售服务体系。哈尔滨博微饲料制造有限公司聘请东北农业大学著名营养专家韩友文教授为为技术顾问，同时拥有畜牧兽医，动物营养等本、专科学毕业人才 30 多名。不仅产品技术不断提高，产品质量有可靠保证，而且可为广大用户提供各种技术服务，时刻突出“以和广大用户共同获利为目的”的企业发展战略。

哈尔滨博微饲料制造有限公司具有先进的检验，检测设备，并和黑龙江省兽药饲料监督所合作，定期监测产品质量，除严把原料采购检验，生产工艺控制，成品跟踪检验等，保证产品质量的基本要素之外，从未停止研发，吸纳新技术，技术创新是企业发展的主题。哈尔滨博微饲料制造有限公司产品被评为“齐齐哈尔市名牌产品”，“省连续三年合格产品”，“国家质检协会产品质量信得过企业”等。公司每年可创产值 6 000 万元以上，可实现效益 300 万元以上，具有较好的经济效益和明显的社会效益，同时对推动畜牧业的发展有积极的意义。

地　址：哈市香坊区公滨路 134 号

邮　编：150030

电　话：0451-5136011

## 哈尔滨神农微维饲料有限公司

哈尔滨神农微维饲料有限公司是由东北农业大学微维饲料添加剂厂与日本国普罗米斯株式会社帕璐投资（开麦）有限公司共同组建的中外合资企业，是集饲料的开发研制、生产销售、技术培训、售后服务为一体的生产企业，注册资本 3 000 万元人民币，是连续多年被评为哈尔滨高新技术开发区的先进企业，是黑龙江省饲料行业十强企业。

哈尔滨神农微维饲料有限公司秉承“创新求实、追求卓越”的企业理念，坚持“科技先导，以人为本”的原则，充分利用东北农业大学的专有技术，人才优势，目前已开发出适合养殖户的各种饲料，其中包括 9 大类，60 多个品种的饲料添加剂，通过市场运用，深受广大用户欢迎。高科技人才，先进的科学配方，一流的自动化生产设备，严格的品控手段，现代化的办公设施，系统的电算化生产设备，使公司产品多次获得省内外奖励，成为养殖户青睐的产品，其中 9 111 系列肉鸡用产品被评为首届亿万农村消费者信得过产品金奖，是黑龙江省星火计划，国家级火炬计划的重点项目。其营销网络已经遍布东北地区、内蒙古地区，已达到年生产、销售饲料 35 000t 规模。

地　址：哈尔滨市香坊区木材街 59 号（东北农业大学院内）

邮　编：150030

电　话：0451-5190280、5190540

传　真：0451-5191429

网　址：www.chinasnmv.com

## 哈尔滨市新胜饲料制造有限公司

哈尔滨市新胜饲料制造有限公司坐落于交通便利的哈尔滨市香坊区电碳路，总占地面积 3 万多 $m^2$，固定资产总额近 5 000 多万元，公司现有员工 130 多人，高、中级以上技术职称的人员占 30% 以上。2001 年哈尔滨市新胜饲料制造有限公司收入近千万元，并建成了省内第一家占地面积最大、设施最齐全、库存容量最多的饲料原料批发市场之一。

哈尔滨市新胜饲料制造有限公司是黑龙江省最大的集饲料生产、科研、销售为一体的现代化民营生产企业。其被省饲料工业协会评为《黑龙江省饲料行业十强企业》；被省、市、区列为《重点保护单位》；被香坊区人民政府评为《私营企业标兵》。新胜饲料被黑龙江省技术监督局评为连续 3 年无投诉产品。

哈尔滨市新胜饲料制造有限公司凭借人才、技术、资金等优势，靠质优价廉的产品，赢得了广大经销商和广大用户的信任，其生产的 7 大系列近 50 个饲料品种的销售网遍及黑、吉、辽、内蒙古 3 省 1 区，年销售各种畜禽饲料达 6 万多吨。

# 上　海　市

## 上海迪赛诺维生素有限公司

上海迪赛诺维生素有限公司系上海张江迪赛诺科

技产业有限公司控股的子公司，位于南汇滨海工业区，占地面积160余亩，拥有员工1 100人，资产总额2亿余元。其主要进行单项维生素添加剂，医药原料及生物化工制品的生产制造和销售，享有自营进出口权。

上海迪赛诺维生素有限公司现有600t维生素 $B_2$，25t纯品生物素，200t 2%生物素的生产能力。其发展目标是成为国内单项维生素生产品种最多，生产规模最大的专业维生素生产企业。为了实现公司的发展目标，2003年将对现有的生产布局进行调整，改造新建其他的维生素产品生产线，并利用原有的饲料添加剂的加工设备拟加工生产一系列的维生素产品，希望能在维生素领域做出一定的成绩。2002年，上海迪赛诺维生素有限公司合计生产维生素 $B_2$ 560t，其中近400t销往了美国、欧洲、日本等国家和地区，在国内销售了160t左右，大约占国内饲料行业40%左右的份额。上海迪赛诺维生素有限公司在2002年底成功开发了生物素，并投入4 000多万元建设了一条25t纯品、200t 2%生物素的生产车间，填补了国内空白，打破了欧洲、日本公司垄断中国生物素市场，高价销售生物素的被动局面。上海迪赛诺维生素有限公司成功的将产品打入了欧美市场，与国际上著名的跨国公司建立了生物素的业务往来，得到用户的好评。上海迪塞诺维生素有限公司具有强大的技术力量和产品开发能力，现有的维生素 $B_2$ 生产采用先进的半合成半发酵工艺，成品纯度高，质量稳定，生产过程中耗能低，有很强的市场竞争能力。生物素的生产工艺也不断的提高和改进，在成本上也具备很强的竞争能力。

上海迪塞诺维生素有限公司有多年生产维生素产品的经验，有完善的质量保证体系，目前公司已通过了ISO9000认证并且在进行GMP改造，在此基础上公司除了采用先进的生产设备以外，而且配备了完善的检验仪器，部分仪器采用了从国外进口，技术性能指标很高，设立了由总经理负责的全面质量管理领导小组和专门的质量检测中心，由一批富有经验的高学历的检验分析人员负责控制产品质量，生产车间采用两级质量管理，除了车间质量管理领导小组以外，每个生产岗位都配备了专职（兼职）工艺员，严格按照工艺规程和岗位操作法进行生产。

## 上海邦成饲料科技有限公司

上海邦成饲料科技有限公司是由一批站在动物营养学前沿、紧贴中国饲料与养殖市场的营养学专家创立的，利用现代工程技术，集新型饲料产品的研究、开发与生产于一体的高新技术企业。邦成人致力于将世界先进的动物营养理论同中国的具体市场实际相结合，以高科技提升中国饲料及饲养业整体水平。

邦成产品已拓展到畜禽、反刍与水产预混料、动物保健品和饲料添加剂等领域，并以其优良的品质在饲料行业中享有盛誉。由邦成动物营养研究中心研制成功的“小肽浓缩饲料——快大快”，被认定为上海市高新技术成果转化项目，并被国家科学技术部、税务总局、对外贸易部、质量技术监督局、环保总局等联合鉴定为国家级高新技术产品，填补了国内空白，1999年，该产品又荣获上海市星火计划奖。2001年上海邦成饲料科技有限公司被评为上海市市级高新技术企业。2001年公司投资上千万元建成了邦成高新技术产业基地，引进先进的工艺和设备、严格的质量保证体系，通过了ISO9001认证，使产品更趋完美，为公司的快速发展奠定了坚实的基础。

几年来，邦成人遍及全国20多个省市，与各地饲料行业同仁携手编制了细密的销售网络，并设立了沈阳、西安、郑州、济南、南宁等多个办事处。快速拓展的销售渠道，完善的服务体系，为公司实现经济效益与社会效益的最大化提供了强有力的保证。

## 上海申德机械有限公司

上海申德机械有限公司是由上海大江集团股份有限公司和德国孟庆公司合资经营的饲料机械专业制造公司，也是我国首家全套引进德国饲料机械生产技术、生产工艺、生产设备的企业。

自1993年以来，其申德牌制粒机、环模和压辊就以其高品质被饲料界同仁认可，多年来通过不断的消化吸收国内外先进的饲料机械技术，完成了饲料机械设备的全部系列化工作。

上海邦成饲料科技有限公司现生产包括制粒机、膨化机、混合机、粉碎机、破碎机、冷却器、分级筛、后熟化机组、干燥器等共30多个品种近百个规格的各类饲料机械，并承接包括水产饲料生产在内的各类饲料厂的整厂设计、安装、调试及旧厂的改建和扩产。申德产品不仅行销全国，并且打入国际市场。

作为连年被上海市确认为“先进技术企业”和“高新技术企业”，并获得ISO9002质量体系认证的申德公司经济技术力量雄厚、设备齐全，拥有强劲的饲料机械设计研究科技队伍及相关领域的机械产品的研究、开发和制造。在国内饲料机械行业中享有较高的声誉。

## 上海高龙生物科技有限公司

高龙公司系留美博士按照现代企业制度，融汇国内外高新科技创办的上海市高新技术企业，主要从事研究、生产畜禽鱼预混合料及与之有关的技术服务。其以科技为先，以人为本，聚集了国内外畜禽行业的专家及技术力量。凭借其在动物营养、生理生化、畜禽疾病防治、饲料制造等研究领域所取得的卓越成就，采用国际上最新科研成果，并结合了目前中国的养殖实际情况，研制生产1%、4%、5%猪、鸡、鱼用预混合饲料、浓缩料、复合多维等。其产品配方设计别具一格，制造工艺独具匠心，质保体系严密完整，可完全满足畜禽营养和防病抗病的需要，最大限度地发挥畜禽生产潜能，使生产者获取最大的经济效益。高龙人科学、及时、周到的客户服务也赢得了行业人士的一致好评。2001 年，高龙公司被评为“上海市高新技术企业”，2002 年，获得了“全国饲料行业科技进步先进集体”的荣誉称号。

高龙公司拥有年单班生产能力为 1 万 t 的预混料生产线、标准厂房和化验室等。该生产线关键设备均采用名厂产品，从粉碎、计量、载体预处理、配料、预混均采用自动控制，工艺设备具国内先进水平，该套设备采用了专利技术：二次称量系统，2002 年，已获得实用新型专利证书。高龙公司的产品，从配方设计、原料选择、加工工艺均采用了国外的最先进技术，配合严格的质量保证体系，所生产的产品具国内同类产品的领先水平。使用证明其具有技术先进性和产品竞争优势。公司拥有一支 30 人的专职销售队伍，销售人员基本为动物营养或兽医大专及以上学历，销售区域遍及全国各省区。面对国内外同行业的竞争，高龙公司不断开发新产品，提高产品的技术含量，并组织专业技术人员加强对客户的技术跟踪服务，产品和服务深受好评。目前，公司计划利用良好的国际行业关系网络，致力于开拓东南亚、南美等地区的国外市场。

高龙公司重视科研投入，公司的（R&D）-上海高农科生物技术研究中心（以下简称“中心”），是与上海市农科院农业遗传育种重点实验室、动物遗传工程分室合作联办。双方进入该中心的研究人员有博士、副研究员、副教授、硕士以及实验人员共 13 名。由公司董事长钟诚博士担任主任。中心现有科研成果及正在开发中产品有：基因工程研发项目、生物工程研制项目等，其技术水平属国际先进水平，目前国内、国外均无同类产品。高龙公司重视知识产权保护，除了二次称量系统获专利证书外，高龙公司的专利产品 SNSP－饲料复合酶制剂和动物用快速药敏试纸都已通过了专利初审，专利申请号分别为 02110701.7 和 00127703.0。另外，猪 α-干扰素、动物疾病诊断试剂等 4 个高新技术产品正在申请专利中。

## 罗氏（上海）维生素有限公司

罗氏（上海）维生素有限公司成立于 2001 年 12 月 18 日，总投资 8060 万美元，注册资本 3590 万美元，其中外方瑞士罗氏（中国）有限公司出资 38.34%、罗氏财务公司出资 25%，中方上海医药（集团）有限公司出资 36.66%，公司下设 2 个生产场地，即浦东星火场地和浦东龚路场地，占地总面积 137 000m$^2$，现有员工 385 名，其中大专以上占 31%。2002 年公司共生产各类维生素（A、$B_6$、E）、维生素饲料添加剂和维生素矿物质饲料预混料等 9 679t，销售额近 6 亿人民币、产值超过 10 亿人民币，出口创汇超过 1 200 万美元。在国内外市场占有很高的份额。

罗氏公司实行科学高效的管理，从订单开始至售后服务全过程实行 SAP 计算机系统管理；公司还实施了 ISO9002、ISO14001、GMP、HACCP 管理，以严密的产品质量管理体系，确保一流的产品质量；公司建立严格的环保和安全设施体系，确保企业的内外部环境整洁优美；以客户为中心是全体员工所熟知的最主要的公司价值观，开放、注重绩效、创新求变、团队合作、发展员工等以人为本的企业文化和人力资源管理体系，不断为员工的发展提供良好的机会和环境。公司还先后获得“海关信任企业”、“上海市高新技术企业”、“上海市工业技改项目先进企业”、“ISO 证书”、“GMP 证书” HACCP 证书等荣誉称号和认证证书。

公司按照罗氏全球的生产标准进行生产和管理，并根据国内畜牧业的发展，研制了数百个具有针对性的配方，以满足不同客户的需求。国内很多饲料行业的同行都是罗氏的长期客户或合作伙伴。通过采用合作研制配方、应用技术的培训包括培训分析各组份含量和控制技术方法等。同时，各类专业人员常年奔走于全国各地，把罗氏最新的研究成果、维生素在动物饲料中的应用经验等源源不断地呈献给客户。通过优质的售后服务来提升我国维生素的应用水平，与此同时也拓展了各类产品的市场。获得双赢的局面。

# 江　苏　省

## 江苏正昌集团

江苏正昌集团是国内著名的饲料机械生产企业，江苏省省级集团公司，江苏省高新技术企业。主要经营饲料机械、饲料工程、仓储工程、绿色（环保）工程、农牧饲料、油脂化工等。正昌集团现有下属企业 20 多家，其中与美国、法国、泰国、新加坡、香港等地国际著名厂商，跨国企业集团和一流高新技术企业合资的达 10 家，促进了“正昌”产品的技术和质量迅速赶上和达到国际先进水平。

正昌集团技术力量雄厚，在 3 大类企业的产品质量管理中，饲料机械、成套工程、科技饲料通过 ISO9001 国际质量认证，并处于国内领先水平。现有总资产 4.7 亿元，职工近 1 000 名，占地 25 万 m$^2$。正昌集团拥有省级技术中心，各类科技人员占公司人数的 45% 以上，其中享受国务院政府特殊津贴 3 人，省级中青年专家 2 人，江苏省“333”跨世纪技术学术带头人 2 人。主要产品有江苏省名牌产品“正昌”系列饲料制粒机、粉碎机系列及配套产品和配件、国家级新产品饲料成套机组、钢板仓、电控设备、国家金奖饲料、科技饲料、植物油脂、绿色环保工程、水处理设备等。饲料机械年产量 4 000 多台套，可为国内外客户提供 300 多个系列 500 多种品种和 50 多项配套服务。10 多年来，每年自行设计开发新品 20 多个，累计设计开发 300 多个，其中 15 个获国家级新产品称号，42 个填补国内空白。产品销往全国 30 个省、市、自治区，并有成套饲料设备出口东南亚、非洲、澳洲等20多个国家和地区，受到国外一致好评。饲料工业主机——制粒机国内市场占有率达70%以上，并不断引进国际先进技术实施产品功能提高。合资信誉好，而且与广大专家效益互惠，正昌成为中外合资合作实践中引资引智发展、使用外资收益的成功典型，正昌国企+外企的成功发展，被国务院发展研究中心确认为重点调研企业。企业先后获"中国饲料工业百强企业"、"全国饲料工业科技进步先进集体"、"中国饲料机械生产规模最大的企业"、"中国饲料机械销量第一"等荣誉，并被授予"中国饲料机械之乡"、"江苏省优秀企业"、"江苏省先进集体"、"江苏省重合同、守信用企业"、"江苏省粮食系统标兵企业"、"江苏省质量管理奖"等荣誉称号。2000年9月25日"正昌"商标被国家评为中国驰名商标。

地　址：中国江苏省溧阳市昆仑开发区正昌路28号（213300）
电　话：0519-7309898、7309864、7309812、7309833
传　真：0519-7309851、7309800
http：//www.zhengchang.com
E-mail：zcchina@public.cz.js.cn

## 江苏牧羊集团

江苏牧羊集团是集粮油饲料机械产品研发、工程设计、加工制造、安装施工与服务为一体的省级企业集团，创建于1968年，原国家定点专业生产饲料机械的重点企业，1999年正式通过ISO9001国际质量体系认证，国家重点高新技术企业，全国专利工作先进企业，"牧羊"商标连续多年被江苏省工商局认定为江苏省著名商标。公司总部坐落于中国历史文化名城——扬州，公司拥有机械设计与制造、热处理、饲料加工工艺、工民建、电气自动化、计算机应用、动物营养、通风除尘、仓储工程、化学工程、环境工程等各类专业技术人才200多人，其中拥有高级职称18人。建有多个生产制造基地和1试验中心，江苏牧羊集团配备有多台套当今世界先进的瑞士激光切割机、光电跟踪切割机、德国2工位4钻头自动环模枪钻、落地镗床、奋斗一次冲压成型机等一大批现代化的加工设备及高精度检测仪器。

江苏牧羊集团始终致力于最新粮油饲料机械及其加工工艺、钢结构厂房、仓储工程、环保工程、自控工程的研究开发工作，建有行业内大型的试验中心，每1新产品，每1工程所采用的产品都经过严格的性能测试，使产品的可靠性得到了充分的保证，并可根据用户需求进行针对性合作试验。博采众长，牧羊与多家国际合作伙伴保持着多渠道的合作，培养了大批优秀的行业人才，开发研制出了各种性能优越的粮油饲料机械产品，主要包括：水滴王968粉碎机、双轴桨叶式高效混合机、牧羊-UMT颗粒机，世纪龙MY165挤压膨化机、牧草加工成套设备等30多个系列，300多个品种。

牧羊具有强大的产品研发能力和工程设计实力，产品的多样化和有针对性的设计充分地满足用户对设备的个性化要求，使产品更加具有竞争性。百余台电脑的工程设计网络，从土建设计，钢结构设计，到工艺、电气的设计，最终提炼出令用户满意的最佳的工艺设计方案，提供给客户最完善详实的设计资料。精心设计、精湛制造、精细施工及全方位的服务，使牧羊赢得了良好的社会信誉，先后为通威集团、六和集团、正大集团、唐人神集团、正虹集团、恒兴集团等国内外著名的企业集团承建粮油饲料成套工程300多座，并有多座成套工程出口埃及、叙利亚、马来西亚、菲律宾等国家。

地　址：中国江苏省扬州市解放北路83号（225003）
电　话：0514-7205888、7202888、7202887
http：//www.muyang.com
E-mail：muyang@public.yz.js.cn

## 南通巴大饲料有限公司

南通巴大饲料有限公司地处江苏省如东县岔河镇，东濒南黄海，南邻长江口，西接苏中腹地，水陆交通十分便利。公司目前拥有总资产1.5亿元，下属4个子公司，系全国饲料行业百强企业。

南通巴大饲料有限公司采用国内最先进的全自动生产流水线，并与国内多家饲料权威研究机构及美国、荷兰等世界知名企业建有技术合作关系，主要生产畜禽类配合饲料、畜禽水产类复合预混合饲料、浓缩饲料、鱼系列配合饲料（海水鱼系列、淡水鱼系列）、特种水产品配合饲料、各种营养性添加剂共6系列220多个品种，目前年生产能力达到8万余t。

南通巴大饲料有限公司始终坚持以人为本、科技创新，先后聘请了包括4名教授在内的30多位饲料业的高中级人才组成了"巴大饲料科研攻关智囊团"，使其产品质量不断提高，公司产品相继荣获"全国消费者信得过产品"、"1999—2000中国饲料行业十大名牌产品"、"江苏省质量信得过产品"、2001年度"北京中国国际农业博览会名牌产品"等殊荣，其特种水产品饲料还被列入"国家星火计划"、"江苏省水产3项工程项目"，人民日报、中央电视台等数10家全国新闻媒体均先后对公司的发展给予了专题报道。

地　址：江苏省如东县岔河镇通洋路14号
电　话：0513-4312730
传　真：0513-4314400
网　址：www.laonong.com.cn
E-mail：ntbdgs@public.nt.js.cn

## 宜兴阿克苏诺贝尔三元化学有限公司

阿克苏诺贝尔公司总部设于荷兰阿纳姆，是世界500强企业和世界上最大的化工医药集团之一，也是欧洲最大的氯化胆碱生产商之一。为适应中国及其他亚洲地区日益增长的畜牧业需要，1997年3月在中国著名的陶都——宜兴，成立了专业生产氯化胆碱的合资公司——宜兴阿克苏诺贝尔三元化学有限公司，年生产能力2万t。

多年来，秉承母公司的强大技术实力和先进的管理经验，阿克苏诺贝尔公司以优秀的产品质量和上佳的商业信誉赢得了中国客户的信赖，同时，公司产品出口远销至东南亚、中东及拉美等地区。阿克苏诺贝尔公司已获得法国BVQI颁发的ISO9002质量体系证书，并将成为亚太区生产中心。宜兴阿克苏诺贝尔三元化学有限公司供应市场产品有：50%氯化胆碱粉剂（植物载体型），60%氯化胆碱粉剂（植物载体型），70%或75%氯化胆碱水剂，98%氯化胆碱晶体。

地　址：江苏省宜兴市官林镇
邮　编：214258
电　话：051-7231188
传　真：0510-7231797
网　址：Http：//www.akzonobelyx.com

## 嘉吉饲料（镇江）有限公司

嘉吉饲料是世界上历史最悠久、规模最大的饲料公司之一，在全球共有178家饲料工厂，年产量达1 400多万吨。嘉吉饲料（镇江）有限公司成立于1998年，是美国嘉吉公司在中国大陆地区独资设立的饲料加工企业。嘉吉饲料占地53亩，总投资1 800多万美元，年生产能力达26万t，是当今世界饲料行业设施最先进的企业之一。

嘉吉动物营养部门不但拥有动物营养研究实验农场和动物营养配方发展实验室，而且还和世界先进的畜禽水产养殖机构保持密切的合作与联系，不断改进和开发饲料产品。嘉吉饲料根据中国畜禽水产养殖发展的实际状况，采用可利用氨基酸和净能的概念及营养学平衡原理设计配方，开发的嘉吉品牌新概念系列畜禽产品包括猪、牛、鸡、鸭、鹌鹑等配合、浓缩及预混合饲料。以膨化料为主的嘉吉水产饲料是嘉吉动物营养专家针对各种水产养殖品的特点专门研制而成，涵盖淡水养殖和海水养殖两大门类的鱼、虾、蟹、蛙等系列。

公司拥有高素质的人才队伍、先进的饲料生产设备和严格的管理体系，不仅生产优质的产品，同时还通过完善的程序服务体系为用户提供先进的饲养技术，使用嘉吉饲料就等于请到了一位技术专家。

## 南通正大有限公司

南通正大有限公司1990年4月成立，是誉名海内外的泰国正大集团与如东东大联合公司合资经营的大型农、工、贸一体化企业，主要生产经营畜禽、水产配合饲料、复合预混料、艾维茵肉鸡苗等四大类近200多个品种的产品，经营业务遍布江苏、浙江、安徽、上海等地区。

南通正大自成立以来，生产规模不断扩大，先后成立了南通正大饲料有限公司、南通正大科技饲料有限公司两家独立法人企业和3参股联营企业，目前南通正大总投资30 852万元，饲料年生产能力54万t，年孵化苗鸡2 900万羽。2002年公司实现销售收入41 825万元，利润1024万元。公司成立以来已累计实现销售收入513 322万元，利润29 513万元。企业规模、竞争能力和经营绩效均居江苏农牧企业的首位。

南通正大以其过硬的产品质量和优质的服务赢得广大客户的信赖，产品在江苏市场占有率为同行业第一。“通大”牌饲料先后被认定为江苏省农林厅首推产品，第二届中国农业博览会金奖，中国首届饲料工业博览会认定产品，江苏、浙江市场用户满意产品，江苏省重点保护产品，江苏省质量信得过产品，江苏省名牌产品。“通大”商标连续多年被评为江苏省著名商标。2002年3月，企业通过ISO9001质量体系认证。

## 徐州协尔动物营养保健有限公司

徐州协尔动物营养保健有限公司是徐州特种饲料公司与美国协尔有限公司于1992年合资创办的中外合资企业，地处徐州市金山桥经济技术开发区，是一家专门从事添加剂、预混料、浓缩料、配合饲料生产的现代化企业。

徐州协尔公司以质量为根本，以诚信求发展。1997跻身于“江苏省食品饲料工业百强企业”，所生产的产品连续5年被徐州市质量技术监督局评为“质量信得过产品”；2000年“协尔”牌商标被认定为“徐州市知名商标”，同年8月，通过了ISO9002国际质量体系认证，使企业的质量管理达到了国际先进水平；2002年，公司又荣获“江苏省农资市场质量服务信得过单位”荣誉称号，同年，“协尔”牌商标被认定为“江苏省著名商标”，其中“5%育肥猪预混料产品”被认定为“江苏省高新技术产品”。

徐州协尔公司经过10的市场经营和竞争，现在已是一个拥有“协尔”、“特饲”2品牌，6大系列近40产品的企业。根据不同动物不同生长时期的营养需求，徐州协尔公司与美国动物营养专家中国农科院动物营养专家共同研究确定产品配方，所有产品均能满足动物的生长、生产需要；营养全面、丰富，配方先进、科学，给广大用户带来了良好的饲喂效果和丰厚的经济效益。

# 安　徽　省

## 安徽省应用技术研究所科苑生物工程分公司

安徽省科苑（集团）股份有限公司是集科、工、贸一体化的国家重点高新技术企业和安徽省高新技术产业百亿元工程重点承担单位；是淮北地区唯一的一家上市公司。主要从事生物工程、预混合饲料、精细化工、医药、机电一体化、新型建材、进出口贸易等领域的高新技术和产品的研究开发、生产经营。

安徽省应用技术研究所科苑生物工程分公司是安徽科苑（集团）股份有限公司的核心成员单位之一，拥有固定资产3 200万元，员工186人，年产销量达8 000多t，已成为安徽省最大的预混料生产基地之一，主要从事复合预混料、浓缩料及生物工程领域内的研究开发和生产经营。公司设有饲料研究中心、质量检测中心、销售服务中心，3个中心拥有几十名动物营养、畜牧、兽医、药理、分析等专业的高级技术人才。从1994年开始研制和生产复合预混料、浓缩料，其生产的“科苑牌复合预混料、浓缩料”系列产品，是以获安徽省高新技术火炬计划成果奖和科技进步奖的新产品为核心，辅以优质进口原料，科学配方，精心加工，严格检验，保鲜包装而成。已有适用于鸡、猪、鸭、牛、宠物等畜（禽）的预混料、浓缩料60多个品种的系列化产品。借着集团股票上市的东风，2001年9月又投资1 000多万元引进了一条年单班产量万吨的预混料生产线。这条生产线采用中央集中控制；整个物料在密闭的状态下运行；电子配料秤配料精度达到静态1‰、动态3‰；混合均匀度CV≤5%。精良的厂房设备配以三层货架式的达5 000m²的轻钢结构的仓储条件，为产品质量提供了可靠的保证。

地 址：宿州市浍水路271号
邮 编：234023
电 话：0557-3913838

## 合肥华仁生物技术有限公司

合肥华仁生物技术有限公司是专业从事动物营养、保健与饲料加工的农牧公司，具有年加工24万t的配合饲料及1.2万t的复合预混料的生产能力，是安徽省大型农牧企业之一。

科学关爱生命，健康重于泰山，合肥华仁生物技术有限公司致力于“健康、绿色、安全、高效”动物营养保健品的研制与开发。使用天然植物提取物，免疫调节剂、酶制剂、益生素等生物制剂，解决动物食品中的药物残留问题，为人类提供天然绿色无公害的动物产品。产品获得安徽省市场“质量放心产品”荣誉称号，合肥华仁生物技术有限公司由国内动物营养、畜牧兽医等高级专家参与创立及经营，拥有动物营养、饲料加工、畜牧兽医、生化制药、中医中药、分子生物和工商管理等多种学科的优秀专业人才，数名国内外华人学者、博士、专家和教授等参与技术协作与支持。合肥华仁生物技术有限公司坚持以人为本，创造价值的理念，重视人力资源高效发挥，力求以一流的人才、一流的技术、一流的产品为合作者提供一流的服务。“客户至上，追求完美，尊重个人，卓越工作”是公司的文化理念，合肥华仁生物技术有限公司具有雄厚的技术实力、先进的设备及计算机控制系统，以技术创新、产品创新为立足点；以产品研发、生产加工、销售、技术服务、技术合作为一体，并参与跨行业、跨学科的边缘技术和高新产品的合作研发，力求达到资源配置最优化、经济效益和社会效益的最大化。公司希望与众多的饲料业、养殖业同仁开展广泛的合作与交流，共同努力，共同发展。

合肥华仁饲料厂有0.5%～2%畜禽水产及特殊动物的核心料，1%～5%的畜禽水产及特种动物饲用的专用型产品，4%～10%添加比例的畜禽饲用优质产品，华仁爱牧牌预混料极具特色的防止乳猪下痢的绿色专用产品。

地 址：安徽省合肥市濉溪路270号
邮 编：230041
电 话：0551-5615924

## 安徽天邦饲料科技有限公司

安徽天邦股份有限公司是一家专门从事畜禽水产预混料、浓缩料、全价配合饲料、鱼用药品等产品生产的科技型企业，位于历史文化名城安徽和县，占地面积近7万m²，拥有完全按GMP规范要求设计的畜禽水产预混料生产线及兽药鱼粉生产线，年产3万t的畜禽全价料生产线和年产2万t的水产全价料生产线各一条。

安徽天邦饲料科技有限公司是国内大型特种水产饲料生产厂家，国家级高新技术企业，通过ISO9002质量体系认证，拥有自营进出口权。其生产的“天邦”牌水产畜禽全价配合饲料、鱼用药品、“艾尼”牌5%猪预混料、“天邦”牌4%猪用预混料和猪用浓缩料等20多个系列100多个品种，先后被认定为国家新产品，产品覆盖全国26个省市区，远销日本、韩国、越南等国家和地区，安徽天邦率先提出“1斤饲料养1斤鱼”的配套养殖技术，与10多家高等院校、科研院所进行多方面合作，并拥有自己的研发机构——天邦动物仪器科学研究院。

地 址：安徽省和县环城北路1号
联系人：马丰利
邮 编：238200
电 话：0565-5310048
传 真：0565-5310048

## 安徽富迪牧业有限公司

安徽富迪牧业有限公司始建于1993年，是一家集科研、生产和经营于一体的高新技术企业，现有固定资产3 600万元，流动资金2 800万元，员工400余人。安徽富迪牧业有限公司拥有先进的技术设备和完善的质量保证体系，主要从事兽药、饲料、饲料添加剂、动物保健品、医药包装、畜禽养殖等项目的生产和销售。公司年产粉针1亿支、水针1.2亿支、片剂1亿片、饲料添加剂超万t，产品畅销全国20多个省市，产销率达到90%以上。公司下属有兽药厂、富迪畜禽良种养殖场、富迪彩印厂，并且在合肥、郑州、南昌、武汉、荷泽、长沙、贵阳、哈尔滨、重庆、石家庄等地设立了直销分公司，是目前安徽省最大的兽药生产企业之一。公司创建10年来，已累计为国家和地方提供税收近200万元，带动了相关产业的发展，为地方经济发展做出了一定贡献，多次荣获省、市、区“先进单位”称号。

安徽富迪牧业有限公司非常注重新产品开发和技术创新工作，与全国10多所大专院校和科研单位进行技术合作，多年来，其在企业科研和技术开发方面投入经费达180万元，每年的科研经费上销售收比例为2%，开发出一大批科技含量、质量好的兽药和动物保健品。安徽富迪牧业有限公司拥有本科以上学历的技术人员18名，有中级以上职称员工26名，高级职称员11名。从安徽富迪牧业有限公司成立至今，其已研制开发出兽药产品4大类50多种。目前安徽富迪牧业有限公司已按农业部GMP标准建立了新的粉针、水针车间。

地　址：阜阳市泉河北阜太路
电　话：0558-2626758
邮　编：236000

## 安徽恒大集团公司

皖西恒大颗粒饲料厂是国家科委“星火计划”项目，使用国家农业开发资金的现代化大型饲料加工企业，是安徽恒大集团公司龙头企业之一。其每年可生产高质量、高转化率的畜禽鱼各类系列颗粒饲料12万t，浓缩料2万t，生产规模位居国有饲料加工企业第2位，质量管理采用ISO9000国际质量保证体系，开发生产的恒大牌饲料获得首届中国饲料工业博览会质量认证产品、安徽省名牌产品、安徽省著名商标等荣誉称号，厂内设有饲料研究所、畜牧工程研究所、项目开发部、技术信息部等发展战略研究机构，还建有具有现代化检测手段的化验中心。

安徽恒大科技饲料厂是恒大集团农牧企业中高新技术之核心。厂内建有90年代世界领先水平预混料生产车间，配有低温干燥库，高精度自动配料系统，转鼓式预混合机和行星式不锈钢混合机组成的混合系统，配料混合精确（混合变异系数小于5%）。原料均从国内外知名厂家直接购入。采用独特载体和四级预混工艺博采众长的动物营养配方设计，年可生产1%～10%不同浓度的畜、禽、鱼特种动物预混料1万t。厂内设有配方研究室和试验示范场，紧密结合理论与实际，通过ISO9002质量体系认证和贯彻，确保产品质量。

安徽恒大水产饲料厂是安徽省“渔业致富工程”的重点配套项目，是专业从事水产饲料，特种水产饲料生产的现代化企业，具有年产常规鱼用颗粒饲料12万t，虾、蟹、甲鱼、鳗鱼等特种水产饲料6 000t的生产能力，是安徽省目前唯一的专业化、规范化的水产饲料加工企业，恒大水产饲料厂产品配方设计坚持质量、效益并重的原则，充分考虑养殖效果和养殖户的经济效益，在采用国内外最新的动物营养和水产养殖科研成果的基础上，由国内著名的水产专家设计，先进的工艺、设备，科学的配方和制造技术加之严格执行ISO9002质量体系标准，使恒大水产饲料具有适口性强、水中稳定性好、转化率高、有效预防鱼病等特点，是水产养殖业精养、高产高效的理想饲料。

地　址：安徽省六安市城东经济开发区22号
电　话：0564-3631370
传　真：0564-3631371

## 太和县天源饲料有限公司

太和县天源饲料有限公司于1983年创建，1994年8月改制为股份制企业。目前是省饲料行业生产规模较大，管理先进，设备精良，技术力量雄厚的大型饮料生产企业，是上海大江集团安徽省惟一技术合作单位。其集生产、经营、科研为一体，固定资产1 680万元，年销售收入3 000万元，拥有1条年产3万t的饲料加工车间和1个料精车间及1所试养场。太和县天源饲料有限公司全部生产工艺采用电脑自动控制，能够生产“细阳牌”猪、鸡、鸭、牛、羊、兔6大系列全价颗粒料，浓缩料，复合预混料48个品种。多年来，太和县天源饲料有限公司始终信奉“用户就是上帝”。诚信至上，文明经营，以优良稳定的质量和完善的服务赢得用户和各界的好评。1998年“细阳牌”饲料被安徽省授予“省名牌产品”，“细阳牌”乳猪料连续4年被安徽省质量技术监督局授予“安徽省免检产品”，被中国饲料工业博览会指定为“推荐产品”，被国家内贸部评为“信得过合格产品”被省授予“优秀质量信得过班组”，被省评为“全省财贸职工职业道德示范单位”，连续4年被省工商局授予“重合同守信用企业”、“省级设备管理先进单位”、“省级同行业24家厂级竞赛第4名”、“市安全文明单位”、“市创最佳经济效益先进单位”、“市AA级信用企业”、“市经济效益十强企业”。

地　址：安徽太和太关路
邮　编：236600
电　话：0558-8653050
传　真：0558-8626392

# 江　西　省

## 南昌天地人牧业发展有限公司

南昌天地人牧业发展有限公司是一家以复合预混料和高档乳猪料为核心产品的科技型民营股份制企业，座落在南昌经济技术开发区青岚大道。其依靠自身的科技力量和先进的经营管理，历经7年的栉风沐雨，7年的励精图治，现已逐步发展形成下辖南昌天地人生态科技有限公司、上海小骏马牧业科技有限公司、北京天地正发饲料有限公司、厦门天马饲料科技有限公司等经济实体的牧业集团模式。

天地人在“自信·专业·更好”的企业理念下，在“天地科技，创新无止境”的技术宗旨下，始终坚持以“创新”为真谛，以“发展”为目的，不断开拓进取。目前公司产品涉及饲料添加剂、动物保健品、生态养殖和食品加工等多个领域，销售网络遍布全国各地，品牌影响力日益扩大，在江西饲料行业正以强劲的发展潜力和势头受到各级领导和同行的广泛关注与好评。天地人推行“服务至上，客户为本”的市场理念，经营模式由“营销”转变成“服务”，最终将定位于“文化”这一新型模式上，这蕴含着天地人在事业发展中追求卓越品质和品位的企业精神。

天地人紧紧把握市场发展脉搏，顺应消费者呼唤健康、安全、绿色、环保食品的要求，凭借日趋成熟的“天地科技”，将展开饲养、饲料、加工一条龙经营模式，形成资源共享、优势互补的现代牧业安全生产链的战略联盟体，以加强企业核心竞争力。

## 南昌市中盛精细化工厂

南昌市中盛精细化工厂是南昌大学科研中试基地，是产、学、研一体化工厂，2002 年被江西省科委列为 23 个创新基金资助单位之一，得到江西省人民政府的高度重视。具体合作的南昌大学化学与材料科学学院，有博士点 2 个、硕士点 9 个，完成国家科研项目 30 多个、省级科研项目 80 多项。在饲料添加剂的研究方面：完成省级科研课题《烟酸铬的研制》、《螯合轻稀土饲料添加剂的研制》、《吡啶甲酸铬的研制》、《洛克沙胂的研制》等，并已通过省级鉴定。

南昌市中盛精细化工厂生产的微量元素添加剂氯化钴、碘化钾、亚硒酸钠稀释料、硫酸铜、硫酸亚铁、硫酸锌、硫酸锰、硫酸镁等均采用国内首创技术生产。产品通过农业部饲料质检中心（南昌）分析检测，各项指标均符合国家标准，并超过了现有同类产品的质量，受到用户一致好评。产品远销省内外，并有部分出口。

地 址：南昌市南京东路 381 号
邮 编：330029
电 话：0791-8112312 8103629

## 江西赣达牧业有限公司

江西赣达牧业有限公司创立于 1994 年，是一家集各种畜禽饲料产品、饲料添加剂生产与销售的科技民营企业，位于中国英雄城南昌市青云谱区工贸园内，地处南莲路 389 号 105 国道旁，地理位置优越，交通十分便利。其占地面积 4 万多 $m^2$，总建筑面积为 2 万多 $m^2$，总投资达 3 600 万元人民币。

江西赣达牧业有限公司自成立以来，采用先进的饲料生产技术和科学的管理方法、全套引进具有国际先进水平的牧羊公司生产设备，实现全自动化电脑控制作业。现年产量达 24 万 t，产值超亿元。公司主要生产乳猪保育料、乳猪料、猪用浓缩料、预混合料、肉鸡料、肉鸭料、鹌鹑料、鱼料等系列产品。生产的《赣达》牌上百个品种的农牧饲料产品，历年被省市技术监督局质量检测为合格产品，用户信得过产品。并先后荣获“96 金秋国际金奖；97 年第九届新技术新产品博览会金奖；98 年江西省乡镇企业名牌产品；99 年江西省乡镇企业名、优、特新产品展销会金奖”等荣誉称号。产品畅销赣、粤、湘、闵、皖、浙、鄂、豫等全国各省，深受广大用户的青睐与好评。公司济身于江西饲料行业的前例，被南昌市政府授予“市重点私营企业、市重点保护企业”，荣获“中国乡镇企业明星企业、农业部质量管理达标企业、民营企业先进单位、经济效益先进单位”。

地 址：江西省南昌市南莲路 389 号
邮 编：330001
电 话：0791-5293578
传 真：0791-5293581

## 江西茂昌实业有限公司

江西茂昌实业有限公司是台湾茂生饲料有限公司、江西省粮油食品进出口公司和江西省进贤县粮油总公司三方合资兴建的大型饲料生产企业。其坐落于历史名城南昌市郊县进贤县西门路（即进贤工业科技园）。

江西茂昌实业有限公司聘请了国际著名的营养专家为技术顾问，与中国农业大学和江西农业大学等科研院校进行强强联合，共同打造江西饲料行业航母。其主体设备从美国 CPM 公司引进。整个生产全电脑控制，年生产能力为 18 万 t。主要生产猪、鸡、鸭、鱼 4 大系列。高品质配合饲料，浓缩料和复合预混料。江西茂昌实业有限公司还独树一帜，在全省饲料行业率先设立了品质控制中心，对原料的购进，产品的加工过程、成品进行层层把关，严格按照国际质量认证体系 ISO9000 系列管理体系进行管理，以确保公司产品质量稳定可靠。茂昌公司始终坚持以市场为导向，以质量为中心，以服务客户为目的，致力开发科技含量高的新产品，产品做到“人无我有，人有我优”。所生产的“茂昌牌”系列、“益佳”系列配合饲料、浓缩料、预混料，以上乘的品质、良好的饲养效益，满意的售后服务深受广大客户的青睐，产品畅销省内外。茂昌公司生产的预混料被江西省经贸厅定为供港猪专用预混料；在 1995 年全国质量统检中被评为“质量优秀企业”；“茂昌”商标被江西省商标认定委员会评为“江西省著名商标”。

茂昌牌系列饲料自 1995 年连续 6 年被江西省技术监督局评为“免检产品”，1996 年公司被江西省外贸经贸厅确认为“先进技术企业”，1999 年被江西省经贸委评为“质量管理先进单位”；2000 年 3 月被江西省消费者协会推荐为“保护消费者权益先进单位”；

2002年被南昌市质量技术监督局授予"质量信得过企业"的光荣称号，同年11月被中国饲料工业协会评为"全国饲料工业先进企业"。

## 山　东　省

### 山东六和集团

六和集团成立于1995年，是集饲料生产、良种繁育、畜禽养殖、产品加工、动物保健、生物技术开发、国际进出口贸易等相关产业为一体的大型畜牧业企业集团，下辖70个分（子）公司，其中饲料厂40家。目前已成为拥有员工12 000人，总资产12亿多元。2002年，饲料加工能力达300万t，实际产量150万t，实现产值35亿元。公司先后被授予"山东省高新技术企业"、"全国饲料工业百强企业"、"国家星火龙头企业"、"山东省农业产业化经营先进龙头企业"、"农业产业化国家重点龙头企业"等荣誉称号。

六和集团以优秀的企业文化为引导。六和信条为"和、善、干、学"。在经营管理中，形成了"以人才为中心，以发展为主题"、"公开相融，合作发展"等重要理念。在生产经营中，实行"微利经营、服务营销、密集开发"的市场策略，逐渐形成了以人才为中心、视质量为尊严，以服务为重点的企业核心竞争优势。

六和集团坚持以科技为先导，以六和农业科学院为平台，汇集了以博士、专家为群体的科研力量，先后承担完成了30余项科研课题，有20余项研究成果获得国家和省级奖励，并广泛推广和应用于生产实际，保持了行业内的科技领先地位，集团为"全国饲料行业科技进步先进集体"。

全程服务于中国畜牧业的安全化、绿色化、现代化，是六和集团的神圣使命。企业在长期的发展探索中，形成了从良种繁育、现代化绿色养殖、安全饲料生产、动物保健事业、生物工程开发、畜禽产品加工及国际国内贸易为一体的产业链基本格局，并逐渐延伸到以环保为目标的畜禽粪便污染处理的有机肥工程、为公司内外畜牧业产业链配套服务的机械制造业和从根本上扼制农药污染的种植业。

地　址：山东省青岛市保税区一期一号小区
电　话：0532-6767291
传　真：0532-6767292

### 潍坊中基饲料有限公司

中外合资潍坊中基饲料有限公司是由美国ADM公司与山东省出口商品基地建设公司、潍坊市出口商品基地建设公司合资兴办的大型现代化饲料生产企业。其始建于1988年，引进美国先进机械设备和生产配方，生产适合肉鸡、蛋鸡、种鸡、肉猪、种猪、牛、鸭、鱼、虾、兔、鹌鹑、鸵鸟等各种畜禽使用的各种预混料、浓缩饲料、配合饲料、多维素、兽药5大系列100多种产品。中外合资潍坊中基饲料有限公司现有配合饲料生产线2条，预混料生产线1条，浓缩饲料生产线1条，多维、兽药生产线各1条。可年产配合饲料15万t，预混料3万t。

中外合资潍坊中基饲料有限公司制定了严格的原材料和产品质量检测标准，建立了严密的质量保证体系，并率先通过ISO9002质量体系认证，曾先后被认定为全国饲料工业行业百强企业、外商投资先进技术企业、山东省三资企业最大经济实力500强。中基饲料荣获第二届中国农业博览会金奖，并于1997年至2002年连续6年被省技术监督局认定为山东省免除质量监督检查产品。

2001年，中外合资潍坊中基饲料有限公司实现营业收入16 209.54万元，利税总额607.87万元，实现利润581.87万元。实现产值1.53亿元。主导产品为畜禽5%预混料，产量为14 023.92t，配合饲料5.4万t，浓缩饲料8 520万t。

地　址：山东省潍坊市坊子区潍州路十四公里处
邮　编：261200
电　话：0536-7661275
传　真：0536-7668805

### 济南正大有限公司

济南正大有限公司是泰国正大集团与济南市饲料公司于1992年12月合资成立的生产性加工企业，生产销售饲料及饲料添加剂，注册资本1 050万元人民币，投资总额1 500万元。

济南正大有限公司自成立起便推行"以管理为先导、以质量为根本、以人才为根本"的经营思想，奉行"帮助养殖户致富就是帮助企业发展"的经营理念；营造"今天我以济南正大为荣，明天济南正大以我为荣"的企业文化。在经营过程中狠抓产品质量的管控和员工队伍素质的提升，以多种形式在每一个养殖密集区域举办技术讲座和培训，采用正大集团技术部提供的精湛配方和工艺，产品深受用户和经销商的欢迎。特别是公司的拳头产品551乳猪颗粒全价料，其质量稳定和料肉比高在广大饲养户中具有很高的信誉。通过几年的不懈努力，极大提高了养殖户的饲养水平，为山东省畜牧业的发展起到了积极而且巨大的推动作用。公司也因此取得了良好的社会效益和经济效益，在短短8年中多次被评为济南市先进外商投资企业和高利税先进企业，1996年被评为山东省对外经济贸易委员会评定为先进技术企业，其生产的产品经山东省技术监督局检查认定为免检产品。

济南正大有限公司奉行正大集团几十年来形成的"利国（政府）、利民（客户、社会大众）、利公司（投资者、员工）"的经营哲学，相信只有做到"利益结合、成果共享"，公司才能不断茁壮成长。其成立至今累计追加1 500万元用于生产设备的添置和改造，使生产能力由最初的6万t增加到12万t，使公司成为一个中型饲料加工企业。

地　址：济南市历城区郭店镇彭庄

电　话：0531-8999868
传　真：0531-8996686

## 山东省昌邑市饲料有限公司

山东昌邑正虹饲料有限公司是由湖南正虹科技发展股份公司和山东省昌邑外资种鸡场合资兴办的，湖南占投资的51%，昌邑占49%，于1996年建厂。其主要产品有猪鸡配合饲料、浓缩饲料和奶牛、鱼、鸭饲料，拥有一套先进的江苏牧羊产的生产设备，其生产能力达国内先进水平，年生产能力15万t。生产技术条件和技术装备先进可靠，居同行业之先。2001年产量70 200t，销量70 840t，实现产值10 100万元，销售收入11 812万元，利税513万元。

昌邑正虹是一家以饲料生产销售为主业的大型企业,网络覆盖几个省市,拥有先进的科研结构和质量监督检测系统。2000年其正虹商标被国家工商行政管理局评为“中国驰名商标”,并被农业部等国家8部委选为“农业产业化重点龙头企业”。依托集团总公司强大的品牌和技术优势,山东省昌邑正虹饲料有限公司自组建之日起,销量及效益节节上升,销量每年以50%的速度递增,其高质量、高效益的产品为用户和社会产生了很大的经济效益和社会效益。山东昌邑正虹饲料有限公司以产品质量作品牌,认真严格贯彻执行国家饲料法律法规,质量安全达到管理部门的标准要求。建厂几年来,产品质量得到了充分、稳定、可靠的发展,未出现过一次质量事故,连续4年被列为当地技术监督局的免检产品。根据市场需求,不断进行技术创新,大大增强了产品开发能力,促进了养殖业的发展。

# 河　南　省

## 郑州大陆农牧技术有限公司

大陆农牧技术有限公司是以饲料为主业，多元化进入畜禽养殖、生物技术、原料贸易和高效农业开发等领域的高科技农牧企业。公司率先在中原地区推出高档猪用浓缩料、预混料和全价颗粒料产品，其旗下大总统、冠军、金箭、地王、先锋、金童、小王子等品牌驰名省内外，现又全新推出太上皇、大将军、红双喜全阶段猪用浓缩料和3%小财神猪用预混料品牌。成为中原高档饲料的发祥地，年销售过亿元。公司以技术创新为核心竞争力，秉承国际先进的管理理念和运营机制不断提升企业管理水平。

地　址：河南省郑州市文化路101号基金大厦
邮　编：450002
电　话：0371-3937863、3912661
传　真：0371-3915028

## 正源牧业（商丘）有限公司

台湾正源牧业集团股份有限公司是台湾著名跨国财团之一，专业开发、研究动物保健和饲料加工的技术的实体。集团总部投资近亿元，是先进的电子网络系统把各家公司与世界知名的饲料企业联系在一起，使得技术开发、企业管理、市场预测从宏观上能及时、准确地更新、发展，同时集团以人为本，群英荟萃，是正源牧业成为发展最快的跨世纪企业之坚实基础。

正源牧业（商丘）有限公司是台湾正源牧业集团的第6家独资公司，公司聘请了台湾著名的企业管理专家陈建成（Peter）先生（正源董事之一）主持工作，陈建成先生毕业于台中东海大家畜牧畜医系，从事饲料行业近20年，曾担任多家外资及国内饲料企业的总经理，具有丰富的管理经理。正源集团中东片技术委员会副主任由原台湾氰胺公司专业营养师、动物营养博士郭坤先生和台湾中兴大学动物营养博士陈光雄先生担任，台湾畜产研究所（台湾最高级别的动物营养研究机构）肯特教授担任集团技术委员会主任。

正源牧业（商丘）有限公司是以技术为导向，提供正确养殖观念及技术。企业经营理念是：三好一合理（品质好、信誉好、服务好、价格合理），主要产品有猪预混料、猪浓缩料、猪配合料。

地　址：河南省商丘市睢阳区西南门工业区
邮　编：476100
电　话：0370-3292796
手　机：(0) 13503408888
传　真：0370-3292796
E-mail：sqzhengyuan@371.net

## 商丘福源集团韦斯迪生物技术公司

商丘福源集团韦斯迪生物技术公司位于陇海、京九两大铁路动脉和国道310、105两大公路干线组成的双黄金十字架的商丘市中心，交通便利。其主要产品有韦斯迪系列饲用复合酶（猪通用558、乳仔猪558A、育肥猪558B、禽通用588、肉鸡用588A、蛋鸡用588B、肉鸭用588C、蛋鸭用588D、水产用668、反刍动物用688、小麦专用酶888）；畜禽通用加酶益生素（活菌总数150亿）；生物活性蛋白粉（活菌总数≥50亿、蛋白含量≥60%）。

商丘福源集团韦斯迪生物技术公司始建于1994年，是专门从事畜禽饲料及饲料添加剂高新技术企业。其与中国科学院上海微生物研究所、河南师范大学生命科学院协作研制生产的韦斯迪系列饲用复合酶，是根据动物需要的内源性酶和外源性酶，根据不同畜禽的不同生产阶段的消化生理特点和采用饲料中的抗营养因子含量不同，研制生产具有很强针对性和实效性的新型绿色动物营养添加剂。2002河南省科委认定为“高新技术企业”，其中木聚糖酶、β-葡聚糖酶研究题被河南省列为重大科研创新项目，产品技术达到国内领先水平。韦斯迪生物技术公司以振兴民族饲料工业为宗旨，以创中国名牌为奋斗目标。将以高科技产品和优质高效的服务为用户带来巨大的效益。

地　址：河南省商丘市新建南路 277 号
邮　编：476000
电　话：0370-2312227
手　机：13837033059
传　真：0370-2312227

## 河南牧鹤饲料集团

河南牧鹤饲料集团位于中国最大的交通枢纽——郑州国家经济开发区内。占地 88 亩，总资产近亿元，是中原地区销量较大的专业化饲料集团。集团现有：郑州牧大饲料研究所、郑州牧鹤饲料有限公司、郑州牧大饲料有限公司、河南牧鹤饲料添加剂有限公司、河南创富科技饲料有限公司、河南大智饲料有限公司、郑州绿色亿农饲料有限公司、郑州宝来饲料有限公司、郑州丰田饲料有限公司、郑州金利德饲料有限公司和牧鹤集团商贸公司等 11 家独立法人企业。主要产品有饲料添加剂有猪博士、牧鹤龙、Ca 中 Ca、一剪灵、AD3 粉、微量元素、肥又壮、博士一次净、力加健、啄羽停、速溶多维、配料冠军、赖氨酸锌、维生素 C 粉、禽康、克暑威、鸭胖胖、钙添力、肥牛羊等；浓缩料有兰袋特供（猪场专用）151、白袋良种 151、博士 999、博士 888、888 蛋高峰鸡浓缩料等。

河南牧鹤饲料集团生产经营畜禽鱼等配合饲料、浓缩料、预混料、多维素和饲料添加剂。年生产能力浓缩料 68 万 t、配合饲料 15 万 t、预混料 2 万 t、多维素和添加剂 5000t。2001—2002 年牧鹤饲料被评为“河南省重点保护产品”。

地　址：河南省郑州市国家经济技术开发区第二大街
邮　编：450047
电　话：0371-6782908
传　真：0371-6782918
E-mail：hustezl@163.com

## 河南省浚县蛋白质饲料厂

河南省浚县蛋白质饲料厂始建于 1986 年，现有职工 258 人，其中工程技术人员 39 名，占地面积 8 万 $m^2$，其中建筑面积 3.5 万 $m^2$，总资产 2 100 万元，年销售收入 7 000 万元。主要生产“立世”牌动物性蛋白质饲料（肉粉、肉骨粉、血粉、羽毛粉），年销售量 2.8 万 t。在生产过程中，采用国内先进双向灭菌生产工艺，出厂产品不含沙门氏菌，卫生标准均高于国标。BELY 强化活性酵母饲料是该公司技术人员和山东大学微生物学系共同研制开发的新产品，利用酵母菌、863 生物工程太空变异、强酸乳酸杆菌和芽孢杆菌，分别用液体和固体扩大培养、混合、发酵等生产工艺生产的高蛋白质、高氨基酸、高维生素的新产品（发酵血粉、酵母粉），年销售量 1 万 t。有机复合肥和各种规格的塑料编织袋。由于企业诚信经营，把产品质量作为企业的生命，坚持走科技兴企之路，确立了企业的经营理念：“以义养利，以对父母的忠孝之心对待消费者，感动我们的衣食父母恩赐衣食”。决定了企业的发展环境：“营建立世百世之舟，远航世界”。所以“立世”牌产品在饲料行业中享有较高的声誉，产品畅销全国 20 多个省市。产品在国内外市场占有率不断扩大，连年被河南省工商局授予“重合同守信用企业”；1999 年被中华人民共和国对外贸易经济合作部批准为“自营进出口企业”；1999 年被中华人民共和国农业部授予“全国乡镇企业创名牌重点企业”；2002 年被河南省授予“100 家出口基地”；自 1997 年至 2004 年肉骨粉被河南省质量技术监督局连续授予“河南省免检产品”；2002 年企业通过 GB/T19001-2000—ISO9001：2000 国际质量体系认证。

地　址：浚县城南二公里处
邮　编：456250
电　话：0392-5524320
传　真：0392-5522623
E-mail：lishi@lishifeed.com

## 河南省金鑫饲料工业有限公司

河南省金鑫饲料工业有限公司是国内首家生产绿色中草药饲料预混料的专业公司。其技术力量雄厚，设备先进，检测手段齐全。现有职工 180 人，其中 90%以上为大中专以上学历，高级职称 30 人，中级职称 60 人，主要管理人员均在相关学科有相当造诣，在相关领域有丰富的经验，同时有强大的畜禽营养专家顾问团作后盾，可为客户提供全方位的售前、售中、售后服务。公司是国内首家持有中国绿色食品发展中心颁发的《绿色食品·中草药饲料预混料认定推荐证书》的企业，是中国农科院药饲研究所新产品开发生产基地、中国绿色食品发展中心新产品生产基地。

河南省金鑫饲料工业有限公司具备年产绿色中草药饲料预混料 7 000t 的生产能力。2002 年，公司实现总产值 7 216.77 万元，利税 1 337 万元。近年来，由于人们对绿色食品需求量的不断增加，公司的绿色中草药饲料预混料出现了供不应求的局面。经公司领导研究决定，在原有生产能力的基础上，建设单班年产 5 万 t 中草药饲料预混料的扩建项目。该项目经河南省发展计划委员会［2001］297 号文件批复，项目总投资 5 999 万元，用地 61 790$m^2$，建筑面积24 500 $m^2$。第一条生产线预计于 2003 年 5 月 1 日左右投产，第二条生产线预计 2003 年 10 月 1 日左右投产，第三条生产线预计 2004 年 5 月左右投产，综合办公楼及其配套设施预计 2004 年底完成。项目完全建成运转后，可形成单班年产中草药饲料预混料 5 万 t、全价（颗粒）饲料 2 万 t 的生产能力，年创产值65 000万元，利税 7 631 万元，安排就业岗位 786 个。为进一步扩大企业规模，增强企业市场竞争力，提高企业经济效益，带动和促进当地绿色农牧产业稳定发展。公司的主导产品有：恒友牌绿色猪、鸡、鸭、牛用系列饲料和恒友牌绿色鸡肉、鸡蛋、生猪、猪肉。

地 址：河南省长垣县新城区长垣路
邮 编：453400
电 话：0373-8885056
传 真：0373-8885067

## 湖 北 省

### 湖北安琪酵母股份有限公司

湖北安琪酵母股份有限公司是从事酵母、酵母衍生物研究和产品制造的高科技上市公司，为用户提供面用酵母、酒用酵母、饲用酵母、营养酵母等系列产品和技术服务，并严格按照ISO9002产品质量控制体系进行生产，保证产品质量高效、稳定，湖北安琪酵母股份有限公司的主要产品有：饲用高活性干酵母、水产养殖活性干酵母、酵母细胞壁（免疫多糖）、活性净水菌、海洋红酵母，是国内乃至亚洲规模最大的专业化酵母公司之一，受国家科技部委托承担了国家酵母技术推广中心的建设和全部工作。大量、优秀的专业技术人才，国际一流的工艺技术和环保控制装备，高起点的研发战略及强大的研发实力，遍布全国及亚欧等地区的市场营销网络，高效灵活的管理机制，崇尚科技、尊重知识及强调团队协作与创新精神的企业文化，构成了公司持续快速发展的支撑系统。

地 址：湖北省宜昌市中南路24号
邮 编：443003
电 话：0717-6355277
传 真：0717-6352824
E-mail：yangzhi@angel.com.cn

### 湖北广济药业股份有限公司

湖北广济药业股份有限公司是以生产、销售医药原料药及制剂、兽药原料药、饲料添加剂和精细化工为主的国家重点高新技术上市企业，是湖北省首批现代企业制度试点单位。曾荣获全国“五一”劳动奖状。其位于“鄂东门户”武穴市，地处长江、京九铁路和沪蓉高速公路交汇点，地理环境十分优越。湖北广济药业股份有限公司始建于1969年。广济药业是中国最大的核黄素生产基地之一，核黄素生产技术获国家科技进步二等奖；主要产品：饲料级核黄素，主导产品为核黄素和替硝唑。核黄素产品系列有医药级98%，压片级95%微粒，饲料级96%，饲料级80%微粒。替硝唑产品有原料药、片剂和大输液3剂型。其股票广济药业（000952）于1999年11月12日在深圳上市。

湖北广济药业股份有限公司董事会由享有国务院政府津贴的专家、教授、高级工程师、高级会计师和律师组成；中层科研、管理和营销人员平均年龄30岁左右，88%以上具有大专学历，是一个文化底蕴深厚，凝聚力强、朝气蓬勃的现代企业。

地 址：湖北省武穴市江堤路1号
邮 编：435400
电 话：0713-6212649、6213445

### 康地饲料（中国）集团

康地集团公司创立于1813年，拥有跨国农业企业并经营各项投资，总部设在美国纽约。康地集团公司下属农工业部之业务遍及世界58个国家，是世界上主导地位的农工集团之一。

康地集团公司凭借其丰富的国际经验和稳固的财务根基，在中国及亚太区逐步建立了一套完善的运作系统，现仅在湖北地区就设有两个饲料公司（康地华美饲料（武汉）有限公司、康地华美饲料（天门）有限公司；1万头商品猪场（康地华美猪场）；1种鸡公司（武汉康地种鸡有限公司）、1鸡苗孵化公司（康地农业发展（汉鄂）有限公司）。几家公司生产的系列产品包括康地牌、华美牌、祺高牌配合饲料、浓缩饲料、预混合饲料及“康地牌”肉鸡苗，产品达数百个品种，主要产品有康地牌、华美牌、祺高牌配合饲料、浓缩饲料、预混合饲料及“康地牌”肉鸡苗。康地饲料（中国）集团几家公司统一执行的合格供应商审批程序、标准化的质量管理体系，确保了产品质量的稳定。同时公司推行的技术销售和全员客户服务的行动理念，使具有高素质的销售员、技术员及其他员工成为客户的最佳事业伙伴、顾问，有效帮助用户提高养殖水平和养殖效益。

康地集团公司各子公司发挥集团协作优势和营运上的联盟，以精益求精的工作态度为基础，创造出高品质的产品，提供高质量的服务，以满足客户不断增长的需求，确立了“康地技术之所在”的企业形象。

地 址：湖北省武汉市青山区临江大道858号
邮 编：430081
电 话：027-86533892
传 真：027-86535004
E-mail：huangyangjin@contihm.com

### VBC—华达生化科技饲料（湖北）有限公司

美国华达生化科技有限公司是一家有近30年历史，集科研、生产为一体的生物高科技企业。70年代初以研究开发深海鱼·乳清·酵母蛋白为主的“未明生长因子（UGF）”产品而著称欧美和东南亚各国；“喂大快”是最著名的代表作，过30年来不断参与各国科学技术成果鉴定，久负盛名。1995年开始对“UGF”进行系列深化研究：在美国肯萨施州立大学、维真尼亚理工大学、加州洛杉矶大学、德州农业理工大学等著名学府的支持下，对其中占有重要地位的活性肽及功能性肽螯合物的研究和应用成果取得了突破性进展。率先破解30多个中低分子量的生物活性肽分子结构和它们的生理功能并应用最新的酶法（定位剪切）提取技术制成新一代饲用肽制品——VMF2000（喂大快2000）系列，此技术居全球行业领先地位。目前是“美国小肽协会”（American Peptide Society）里继美国NRC后的惟一一家动物营养企业界成员，是目前最大的深海鱼活性肽类产品的专业生产商。自从产品2001年3月在中国农业部登记注册并广泛推广应用以来，已在国内外畜牧业饲料业生产中掀起继氨基酸、多种维生素后又一次营养理论的革命——小肽营养。

VBC在华独资企业——华达生化科技饲料（湖北）有限公司成立后，总经理王碧莲带领全体员工本着“和谐、严谨、求实、创新”的企业精神，付出艰辛的努力，在小肽技术研究推广领域不断探索，通过与国内相关学术及科研机构专家教授广为合作，独创了一套全球领先的“小肽优化配方技术”，给众多的预混料、全价料厂、养殖场带来意想不到的效益。对传统的运用“氨基酸平衡模式”来优化饲料配方形成重大冲击，从而在中国饲用肽研究领域形成广泛而巨大的影响，并赢得良好信誉，树立了动物营养界“肽类”营养的领袖地位。

## 湖北飞特实业发展有限公司

湖北飞特实业发展有限公司是一家集科研、生产、贸易于一体的高科技企业，具有雄厚的技术实力，主要研究生产畜、禽、水产动物预混料及单项饲料添加剂，同时研制动物保健制剂。湖北飞特实业发展有限公司依托大专院校和科研院所，引进科研成果，采用先进工艺，严格质量管理，开发了“飞特牌”系列预混合饲料、单项饲料添加剂及动物保健制剂，投放市场以来，反映良好，深受用户好评。湖北飞特实业发展有限公司结合我国饲料生产企业和养殖企业的实际情况，为不同养殖品种、养殖阶段的畜禽、水产动物提供充足的营养物质和天然保健药物，为人们提供安全健康的绿色食品。

地　址：武汉市洪山区雄楚大街222号
邮　编：430064
电　话：027-88030068
传　真：027-88030068

# 湖　南　省

## 湖南岳阳楼氏饲料有限公司

湖南岳阳楼氏饲料有限公司成立于1994年12月，位于岳阳市湖滨大道旁，是一家规模较大的民营企业。公司占地面积20 000余$m^2$。现有员工115人，其中大专以上学历85人，员工平均年龄26岁。企业总投资5 000余万元，年生产能力10万t年产值达1.8亿元。其主要产品有：猪用浓缩饲料，颗粒配合饲料、猪用复合预混料。产品主要销往湖南、湖北、广西、云南、河南、广东、贵州、重庆等十几个省市自治区。湖南岳阳楼氏饲料有限公司主要技术来源于著名动物营养学家、国家有突出贡献专家、国产猪用浓缩饲料创始人楼盛涛先生，以及北京农业大学、中国饲料工业中心。

湖南岳阳楼氏饲料有限公司产品是历年来省市技术监督部门认定的合格产品。享有独立的进出口经营权，1998年度荣获“市先进企业”称号，2000年度获南湖风景区“依法纳税合法经营先进单位”称号，2001年度评为全国饲料行业百强企业。是中国农业银行的AAA级客户。

湖南岳阳楼氏饲料有限公司建立了从原料采购到农户使用的一整套质量管理体系。积极开发猪用饲料的横向产品、不断扩大市场优势：“楼氏王牌科技一号”猪用浓缩饲料、“乳猪妈咪奶”乳猪浓缩饲料及颗粒料、无公害猪用预混料等一系列新产品，受到用户的一致好评，其中“乳猪妈咪奶”获得了国家知识产权局的发明专利，企业的核心竞争能力不断增强。

地　址：岳阳市湖滨
邮　编：414004
电　话：0730-8381135（传真）

## 岳阳市正飞饲料有限公司

岳阳市正飞饲料有限公司是湖南正虹科技发展股份有限公司的全资子公司，是集科研、加工、销售、服务于一体的新型现代化饲料企业，注册资金人民币1亿元。主要生产“正飞”、“金正飞”、“小神龙”、“飞翔”4大品牌，猪、鸡、鸭、鱼4大系列浓缩料和颗粒全价料，产品销往河南、湖北、江西、贵州、广东、广西、云南及湖南全境，深受用户欢迎。正飞商标被湖南省工商局评定“湖南省著名商标”，正飞公司被中国饲料工业协会评为“中国饲料行业百强企业”。

岳阳市正飞饲料有限公司本着“以质量求生存，以服务求发展”的经营宗旨，不断改进生产配方，提高产品科技含量，加强生产现场管理，开展“真诚待顾客，满意在正飞”的服务营销活动。岳阳市正飞饲料有限公司健全了售后服务网络，成立了科技服务队，建立了客户档案，对用户进行质量跟踪服务，永远把用户利益放在第一位置。

地　址：湖南省岳阳市巴陵东路八字门
邮　编：414000
电　话：0730-8719829、8719946
传　真：0730-8719941
E-mail：YYZFSL@sohu.com

## 湘潭市蒙哥饲料有限公司

湖南省湘潭市蒙哥饲料有限公司成立于1992年，是集中饲料生产、良种繁育、科技开发于一体的产业化龙头企业。在董事长刘蒙榕带领下，经过多年的努力，湖南省湘潭市蒙哥饲料有限公司科技创新与专利开发同步发展，经济效益与社会效益同步提高，赢得了广大客户的一致赞誉。

湘潭市蒙哥饲料有限公司系中国饲料工业协会优秀团体会员，技术力量雄厚，检测手段先进。开发的蒙哥牌预混料产品畅销省内外；研制的蒙哥牌熟化乳猪料，经省科委组织鉴定，获省市科技进步一等奖；并被授予“十佳先进企业”、“产品质量信得过单位”、“民营科技企业”等荣誉称号。

湖南省湘潭市蒙哥饲料有限公司自创建以来，投入了大量科技开发资金，组建科技开发班子，添置先进设备，不断革新技术，加强新产品的开发，已取得了50多项与饲料有关的国家专利，推动了全市饲料工业乃至整个养殖行业的科技进步和快速发展。

地　址：湖南省湘潭市蒙哥饲料有限公司湘潭市湘衡路126号
邮　编：411100
电　话：0732-2314624　2314278

## 湖南伟业动物营养有限公司

湖南伟业动物营养有限公司是专业从事畜牧产业开发与技术推广的经济实体，由归国动物营养专家佘伟明硕士于1999年10月投资创建，拥有现代化的复合预混合饲料生产线两条及先进的QA QC系统设施，年生产能力达8 000t，在职员工70人。

湖南伟业动物营养有限公司严格按现代企业管理制度实施管理，注重产品质量、注重服务、注重人文。技术上坚持以市场需要为导向，以高新科技为桅杆的发展方针。科技人员研制开发的仔猪复合预混合饲料成功地克服了断奶仔猪应激综合症这一难关，经推广证明，各项生产性能指标优良，成为公司的拳头产品。在市场竞争激烈的情况下，通过员工的共同努力，业务发展迅猛，营销网络遍布湖南、广西、海南、广东、江西、福建、河南、山东等省，局部地区形成品牌优势，业绩在湖南同行业中名列前茅。目前湖南伟业动物营养有限公司年产值达2 500万元，创利税200余万元。被推荐评为2002年度长沙市“重质量、守信誉单位”，断奶仔猪料成果被列入长沙市国家高新开发区开发推广项目。

湖南伟业动物营养有限公司在注重经济效益的同时，始终保持高度的社会责任感，严格遵守国家制定的各项法规，现已通过无公害产品认证并开发绿色安全饲料，争取为畜牧产业的可持续发展再作贡献。

地　址：湖南长沙市雷锋镇清泉路18号
邮　编：410217
电　话：(0731) 8100629
传　真：(0731) 8125059

## 长沙兴嘉生物工程有限公司

长沙兴嘉生物工程有限公司前身为长沙兴加科技实业有限公司，于2002年6月正式更名，是我国知名的研制、开发和生产新型高科技饲料添加剂及维生素预混料的专业性公司和产业基地。长沙兴嘉生物工程有限公司一如既往秉承“重信讲义，以德御才，义中取利”的新儒商精神作为管理经营理念，以生物工程作为未来研发生产的主导方向，致力于开发无污染、无公害的环保型有机微量元素螯合物及纯植物性饲料添加剂。公司生产的佳乐美系列有机微量元素螯合物，2001年被中国技术监督协会评为质量过硬放心产品；羟基蛋氨酸盐微量元素添加剂及制备方法通过IPRAC国际认证标准，获国际产权认证中心认定并颁发证书；作为主要单位起草了《蛋氨酸铁、铜、锰、锌螯合率的测定》国家标准，并已通过审定。

目前长沙兴嘉生物工程有限公司关联企业包括长沙兴加饲料有限公司、上海斯科特商贸有限公司、上海东兴贸易有限公司等。公司产品主要有有机微量元素氨基酸螯合物系列，复合维生素预混料系列和酸化剂等3系列产品。同时正在研制新型的动物药物添加剂及生物活菌制剂等产品。其中羟基蛋氨酸螯合物——佳乐美铁、铜、锰、锌是国家专利产品，螯合物的研发与生产技术处于我国同行业的领先水平。此外，公司还是美国诺伟司、德国迪高沙、美国国际原料等多家国际大公司的代理商。长沙兴嘉生物工程有限公司涉足于大宗原料作为与广大客户交流信息，共同成长的知识平台，致力于EMBA教育、管理培训和管理咨询事业。长沙兴嘉生物工程有限公司对客户的承诺是：“以最优的服务，提供最优的产品。”

地　址：长沙市雨花区一环线锦泰广场7栋1101室
邮　编：410001
电　话：0731-4762088、4767639
传　真：0731-4765109、4760138

## 湖南长沙大业饲料有限公司

湖南长沙大业饲料有限公司是由湖南省饲料工业协会、中国科学院亚热带区域农业研究所等多个投资主体兴办的股份制企业，其位于长沙国家高新技术开发区马坡岭农业高科技园内，是该园首批入园高新技术企业。

湖南长沙大业饲料有限公司立足“以人为本，科技为先”的经营理念。现有员工队伍中70%以上具大学本科以上学历，20%以上具硕士以上学历。其技术依托单位是中国科学院亚热带区域农业研究所、湖南农业大学、湖南省畜牧研究所的一大批享誉国内外的专家、教授和学者，包括国内外著名的动物营养学专家陈腾捷教授、王继成教授，动物营养学博士印遇龙研究员等顶尖人物，他们为公司产品的研发提供了可靠的技术保证。

湖南长沙大业饲料有限公司开发的“科达”、“天丽”、“金凤凰”、“兴业”、“广业”牌预混合饲料产品投放市场至今，以其优良的品质、合理的价格、完善的服务深受广大养殖户的青睐，是“湖南农村市场可信赖品牌”产品。

地　址：湖南长沙马坡岭隆平农业高科技园
邮　编：410125
电　话：0731-4625456
传　真：0731-4636025

## 广　东　省

### 湛江市东海岛东腾饲料有限公司

湛江市东海岛东腾饲料有限公司是一家民营水产饲料生产企业，总投资 2 000 多万元，厂区面积 50 亩，仓库面积 5 000 多 $m^2$，其年产对虾饲料、罗氏沼虾饲料、虾苗饵料 3 万 t，产品远销广东、广西、海南、福建等沿海地区，是国内较大的对虾饲料专业生产厂家。

公司自创建以来，始终把“科技进步、科技创新”作为公司向前发展的原动力，加大科研投入，重视新技术的应用和新产品的开发。现拥有 100 亩以上的高密度对虾养殖试验基地 5 个，相关的科研人员 20 多人。湛江市东海岛东腾饲料有限公司在充分利用公司现有技术力量的基础上，发展与国内外多家水产动物营养、饲料加工、病害防治等科研机构的合作，不断提高产品的技术含量，满足水产动物健康养殖的要求。同时，湛江市东海岛东腾饲料有限公司注重员工的素质教育和培训工作，为保障生产出高品质的水产饲料奠定了基础。

湛江市东海岛东腾饲料有限公司坚持“人才是企业的根本，质量是企业的生命”的经营思想，积极引进各种专业人才，目前，本科以上学历的人员占公司总人数的 30%；湛江市东海岛东腾饲料有限公司重视品牌建设和质量管理工作，正在进行 ISO9001 国际质量体系认证，从原料选购到用户使用整个过程实行监控和服务，力求做到“精选原料、精心制作、严格监控、优质服务”，以一流的产品，优质的服务来赢取顾客，占领市场。在 2002 年度，湛江市东海岛东腾饲料有限公司产品被湛江市消委会评为“消费者信得过产品”称号。

地　址：广东省湛江市东海岛东腾工业区
邮　编：524044
电　话：0759-7908778
传　真：0759-7923312

### 深圳市龙岗区平湖镇八十一饲料加工厂

深圳市八十一饲料加工厂成立于 1993 年，位于龙岗区平湖镇，专门从事鸡饲料的研发和生产。

自深圳市八十一饲料加工厂成立以来，就在蒋才达董事长的带领下，秉着：“以人为本，共筑辉煌”的经营理念，为满足不同区域不同养殖水平的需要，不断努力，不断创新，集研发、生产、饲养、营销一体化，向用户推出高质量的饲料产品，深受广大用户的好评，产品多次通过省、市技术监督部门检验合格，并被中国质量检验协会列为“质量信誉跟踪产品”、“中国质量保障产品”、“2001 年国家权威检测合格产品”。

通过人才开发和技术改造，企业规模迅速发展，现已形成多元化的集团企业。公司下属分支机构：深圳市乐安珍鸡场（占地 200 余亩，年饲养 250 万只肉鸡基地），深圳市倍光实业有限公司（占地 80 余亩的大型工业园区）。

地　址：深圳市龙岗区平湖镇鹅岭村
邮　编：518000
电　话：0755-28454199、28454489
传　真：0755-84697564
http：//www.bashiyifeed.com.cn
E-mail：szph@bashiyifeed.com.cn

### 饶平县立大饲料有限公司

饶平县立大饲料有限公司位于潮州市饶平县钱东镇 324 国道与铁阱公路交界处，是连接汕头、潮州、福建漳州的交通枢纽。东临三百门港口，西靠汕汾高速公路，水陆交通便利，地理位置优越。饶平县立大饲料有限公司是一家集研究、开发、生产、销售为一体的民营科技型企业，于 2002 年 12 月底竣工投产，总占地面积 10 800$m^2$，首期投资 1 000 多万元，现拥有国内最先进的全电脑自动控制的颗粒饲料生产线，年生产能力 6 万 t，主要出品“万山红”牌畜禽、水产配合饲料。

饶平县立大饲料有限公司拥有自己的科研中心和一支由动物营养专家、畜牧兽医师组成的科研队伍。现已开发出猪、鸡、鸭、鱼等 30 多个饲料品种。各类产品以其科技含量高、生产工艺先进、饲养效果好、经济效益显著而得到养殖业同仁普遍认可。公司秉承“与时俱进，科技兴牧”的经营理念，崇尚绿色环保的养殖要求，以“营养、安全、高效”为己任，奉行“质量第一，用户第一，信誉第一”的经营宗旨，竭诚为广大用户提供优质的产品和优良的服务，为繁荣农牧业经济不懈努力。

地　址：广东省饶平县钱东镇上浮山金洋湾开发区
邮　编：515726
电　话：0768-8718299
传　真：0768-8715898

### 广州康瑞德生物技术有限公司

广州经济技术开发区康泰饲料有限公司成立于 1992 年，主要生产饲料添加剂、添加剂预混合饲料。其秉承“以诚为本，让事实说话”的经营理念，生产的“康泰”牌系列产品，经众多饲料厂及养殖场使用，获得广泛好评。2002年，经中国质量认证标准协会评审，公司生产的饲料添加剂及微生态制剂获“国家权威机构认证质量信得过好产品”称号。

广州康瑞德生物技术有限公司是在康泰公司的基础上组建的，致力于研制、开发、销售动物用生物制品、食品添加剂、饲料添加剂等，是广州市科委认定的高新技术企业。公司与华南理工大学、华南农业大学合作，共同组建科技开发中心，产、学、研相结合，在新型饲料添加剂领域取得了显著成果，2002年康瑞德参加了氨基酸螯合物国家标准的制定，并获得通过。

地　址：广州市天河东郊工业园科韵路20号禾田大厦705
邮　编：510665
电　话：020-85537436
传　真：020-85531413
网　址：Http：//www.kangtaifeed.com
E-mail：business@kangtaifeed.com

## 罗赛洛（广东）明胶有限公司

罗赛洛（广东）明胶有限公司是一家中法合资经营的明胶生产企业。外方投资者是领导全球明胶产业、在全世界享有盛名、业务遍布全球的Rousselot France SAS跨国集团，占有合资公司75%的股份；中方持股者是明胶质量在国内名列前茅的开平明胶公司，占合资公司25%的股份。

罗赛洛（广东）明胶有限公司成立于1996年3月，是东南亚地区最大的明胶生产企业之一。公司总占地面积10万$m^2$，目前全年的生产能力为：明胶4 000t、副产品30 000多t。主要产品及经营范围包括照相明胶、药用明胶、食用明胶、磷酸氢钙、肉骨粉、精牛油、骨粉。罗赛洛拥有国内仅有的从英国引进的全套明胶生产线。拥有一支实践经验丰富的企业管理队伍和一批技术精湛的技术人员。为不断完善企业的经营管理，公司实现了全面的电脑化管理。

罗赛洛（广东）明胶有限公司采用国外先进的明胶生产技术使产品质量达到国际同类产品的先进水平。产品畅销国内外，远销欧、美及世界其他国家和地区。公司2000年通过ISO9002管理体系认证，2000年获得欧洲药典委员会颁发的医药产品质量认可证书，2001年通过HACCP体系认证，2002年获国家出入境检验检疫局颁发的医药和食品检疫卫生注册证书，是目前国内惟一的符合犹太教和穆斯林要求的食用明胶生产企业。

地　址：广东省开平市新昌东郊
邮　编：529300
电　话：0750-2212323
传　真：0750-2292119

# 广西壮族自治区

## 广西化工研究院

广西化工研究院是具有40多年历史的综合性科研单位，现有职工250多人，专业技术人员占75%。拥有先进的仪器设备和科研实验设施，配有6个千吨级新产品生产车间以及配套齐全占地98 480$m^2$的现代化中试基地。其长期从事饲料添加剂、食品添加剂、兽药、化肥、农药、有机合成、催化剂、农副产品深加工、无机盐等10多类化工产品的研究和应用开发，同时还进行微电脑、物化分析、化工产品检测、化工环保监测等专业研究，并承担全省化工技能等级鉴定和化工产品检测人员的培训任务。近10年来取得140多项科研成果，其中获国家级和部省级科技进步奖80多项，持有国家专利12项。

1995年经上级部门批准，广西化工研究院成立了“广西饲料添加剂研究开发中心”，目前已建成了两个独具规模设施完备的饲料添加剂专用生产车间，研制开发了质优价廉、品种齐全的饲料添加剂系列产品。其中，碘酸钙曾获广西科技进步二等奖、中国饲料工业新技术新产品“金杯”奖，“鸡之宝”、“鸭之宝”系列产品和“乳味香”等产品曾获广西科技进步三等奖。大蒜素、肉毒碱、防霉剂、抗氧化剂、酸化剂、亚硒酸钠等产品，在广西区内外均享有较高声誉。在饲料添加剂研制开发上取得了较为突出的成绩，多次受到上级部门的嘉奖。

地　址：南宁市望州路北二里7号
邮　编：530001
电　话（传真）：0771-3315360、3315527
信　箱：lidc65@sina.com

## 广西藤县永丰化工制品有限公司

广西藤县永丰化工制品有限公司（澳资）是一家以生产矿物微量元素饲料添加剂为主的企业。公司技术力量雄厚，有一批勇于创新的专业技术人才，投产4年来，依靠自身技术力量，成功投产了年产饲料级硫酸亚铁1.5万t、饲料级硫酸锰1万t、0.5万t饲料级硫酸铜3条生产线。开发了饲料级硫酸锌、硫酸镁、碘酸钙、亚硒酸钠和氯化钴等5个矿物微量元素系列产品。

公司以造福社会，造福人民为宗旨。高度重视产品质量，从原料进厂投料前把好原料质量检验关，产品包装前实施成品质量检测，把好产品入库关；每批产品出厂前均进行质量抽检化验，严格控制不合格原料不投产，不合格产品不入库不出厂。由于产品质量优良，公司生产的“七丰”商标矿物质微量元素产品深受全国各地客户欢迎，产品畅销全国，并有多家出口商与公司合作供货出口。各个品种在市场激烈竞争情况下，实现了产销平衡。

生产厂址：广西藤县蒙江镇

电　话：0774-7502331，7502321；0765-3317212

传　真：0765-3328972

## 桂林市万康生物化工有限公司

桂林市万康生物化工有限公司（原桂林万康添加剂厂）创建于1992年，是中国最早自行研究、开发及生产饲料保鲜产品的专业企业之一。10年来，万康以诚信及科技为本，凭借领先的专业技术、一流的产品品质及服务，已成为行业中最具竞争力的知名企业之一。万康历年被当地政府评为“优秀民营企业”、“诚信纳税人”、“先进纳税企业”、“桂林市文明单位”，并被广西区人民政府授予“重合同守信用企业”。万康保鲜系列产品更以其独特可靠的功效及质量被广西区技术监督局、中国饲料工业协会饲料添加剂专业委员会评选为“推荐使用产品”。万康公司现占地16亩，建有2 000余 $m^2$ 布局合理、设备精良的生产综合楼、3 000余 $m^2$ 的办公楼、生活楼及辅助设施，并拥有一支诚实敬业、勇于创新的科技及管理干部队伍，员工中大中专学历者比例占70%以上。

万康在致力于饲料保鲜（防霉、抗氧化）产品研究开发的同时，对其他营养及非营养添加剂也进行了广泛深入的研究，其中，“乐酸宝”酸化剂、“康溢”复合酶制剂、“康力”氨基酸微量元素螯合物等添加剂产品也以其显著功效、一流品质成为广大用户的最佳选择。

地　址：桂林市八里街定江三号经济区（邮编：541213）

电　话：0773-6590288　2639399（传真）

# 海　南　省

## 海南海跃水产饲料有限公司

海南海跃水产饲料有限公司位于海口市港澳工业开发区，于2001年1月18日建立，为海跃集团有限公司的子公司。公司采用国内最先进的水产饲料专用设备，拥有一流的员工队伍和雄厚的管理技术，年生产能力达2万t。

海南海跃以集团公司为主导，与中科院海洋研究所、中国海洋大学等海洋科研院所密切合作，把青岛海洋科学城的科技优势与海南优越的海洋环境资源有机地结合起来，建立了“海跃无公害水产健康养殖示范基地”，促进了科学技术的普及和科技成果的转化，走产、学、研相结合，科、工、贸一体化的道路。

海南海跃首先采用荣获“第八届全国发明展览会金奖”、“九五国家级科技成果重点推广项目”的虾健免疫多糖（IPS）为主要佐剂，研制开发出可明显提高对虾免疫能力、有效预防对虾暴发性流行病的海跃牌“功能性饲料”，开创了中国水产饲料的发展方向，被普遍认为是对虾健康养殖过程中不可缺少的关键环节之一。“海跃牌”对虾饲料自进入市场以来，以诱食性好、饵料系数低、免疫抗病等特点，深受广大虾农的欢迎。海南海跃水产饲料有限公司依靠高科技的环保、安全、防病、高效的海洋养殖专业饲料，结合公司倡导的『高健康养殖』新理念，对中国海水养殖业的可持续发展做出了重大贡献。

为了保证产品质量，海南海跃从原材料采购到售后服务都进行了科学化的管理，并于2002年12月19日率先在同行业中通过了ISO9001：2000质量管理体系和ISO14001：1996环境管理体系认证，获得了“质量信得过好产品”、“同行业十佳品牌”、“文明诚信企业”等光荣称号。

公司始终秉承“科技兴海，服务渔农，促进海洋牧业发展”的经营宗旨，以“严谨、自律、学习、创新”作为公司全体员工的做人做事准则，创造精品、诉求专业、满足客户需求，诚心诚意为顾客提供便捷的沟通和满意的服务，为中国的海水养殖业再次赶超世界先进水平而锐意进取。

地　址：海口市港澳工业开发区兴海路2号

邮　编：570314

电　话：0898-68645618、68624695

传　真：0898-68645628

## 海南新希望农业有限公司

海南新希望农业有限公司，是中国著名民营企业——新希望集团在海南省投资兴办的第一家大型综合性饲料企业，为集团在全国投资兴建的第76家独资分公司，是新希望农业股份有限公司（上市公司）的成员之一。

新希望集团拥有百余家独资和控股企业，分布在中国南部、中部和西部。新希望集团现有员工近万名，是以饲料、乳业为基础产业，化工、房地产、国际贸易、金融与投资为发展平台的适度多元发展的大型民营企业。新希望集团2000年实现经营性收入38.6亿元，被评为全国民营企业100强第3位。

海南新希望农业有限公司位于海南省海口市新大洲大道侧，距美兰机场仅5km。公司占地面积80余亩（二期扩建工程占地32亩），总投资4 000万元，年产各种饲料20万t。公司现有员工100余名，其中具有畜牧兽医、动物营养与饲料加工、水产养殖、电子技术应用、国际贸易、金融财会、市场营销、工商行政管理等专业大专学历以上的员工占40%。

海南新希望农业有限公司引进国内外一流的全电脑自动控制饲料专业生产设备，配套最新防潮通风设施，采用先进的生产工艺、独特的营养配方，精心生产“希望牌”、“南国牌”全价猪、鸡、鸭、鱼系列饲料，品种达60多个，自1999年4月投产以来深受广大养殖户的喜爱，月销量达5 000t以上。1999年10月公司顺利通过ISO9001国际质量管理体系认证，质量管理、产品品质水平一直稳居行业之首。海南新希望农业有限公司系中国饲料工业协会会员单位、海南省质量协会会员单位，2002年被评为全国饲料工业科技进步先进单位。所生产的“希望牌”、“南国牌”饲料被推荐为海南省名优产品。

海南新希望农业有限公司始终以确保品质持续、稳定为经营核心，以精细化、制度化、科学化为管理手段，以市场需求、服务社会、助农致富为宗旨，以优良的品质、良好的信誉、完善的服务，赢得了广大养殖户朋友的信任。

## 海南大海水产饲料有限公司

海南大海水产饲料有限公司伫立于祖国宝岛——海南省澄迈老城开发区，是一家融入了大海人汗水与智慧，激情与梦想的高起点、高素质和高要求的现代企业。其拥有以台湾宜大机械股份有限公司设备为主的3条对虾饲料生产线和1条膨化饲料生产线，年产鱼虾饲料5万t，产值超3亿元。公司占地面积25 000m$^2$,拥有集科研、信息、生产、办公于一体花园式厂区，环境优雅，交通便利。

“致力于水产动物营养的研究与制造，倡导行业新文明”，是海南大海水产饲料有限公司的神圣使命，正是这一使命，凝聚了海南大海水产饲料有限公司这一支年轻化、知识化、专业化的优秀团队。海南大海水产饲料有限公司拥有台湾著名专家学者、中国科学院院士、博士和水产养殖第一线的资深技术员组成的顾问群，在他们的支持下，海南大海水产饲料有限公司所有员工自信地活跃在水产行业的这块沃土里，为完成自己的使命而工作，而学习，而创新，而进步！

# 四 川 省

## 龙 蟒 集 团

龙蟒集团是一家以生产经营磷化工、钛化工、生物化工和矿产品开采为主要业务的大型磷化工企业集团。其创建于1985年，经过10余年的流动发展，现已拥有职工6 000余人，各类专业技术人员1 000余人，年销售收入10亿元，资产总额8亿元。公司是德阳作为全国15个精细化工基地（以磷化工为特色）的标志性企业，目前为亚洲地区规模最大和全球排名第5的饲料磷酸盐专业化生产供应商。

龙蟒集团实行控股管理型模式，集团公司下属主要成员企业有：四川龙蟒磷制品股份有限公司、德阳龙蟒磷制品有限责任公司、绵竹长城化机有限责任公司、绵竹市福利化工厂、四川龙蟒钛业有限责任公司、四川龙蟒福生科技有限责任公司、四川绵竹龙蟒矿产品有限责任公司、LOMON-KOREA公司等，以及多家与大专院校合作设立的研究机构和技术开发中心。龙蟒集团始终围绕充实磷化工基础产业，拓展钛化工，培育生物化工产业，坚持科技创新，不断开发新技术，新工艺，并通过持续不断的技术改造和滚动发展，将具有自主知识产权的科技成果，转化为现实生产力，实现了“盐肥结合”的磷化工产业体系“硫—磷—钛”的产业嫁接，被中国石油化工局和磷肥工业协会推荐为“十五”期间改造我国磷化工行业的“模式”之一。龙蟒集团现已形成约180万t的磷化工和2万t的钛化工产业规模，主要包括：饲料级磷酸氢钙（50万t），饲料级磷酸二氢钙（5万t），肥料级磷酸一铵（13万t），高浓度白磷肥（10万t），硫酸（70万t），金红石型钛白粉（2万t）以用S-诱抗素等产品。龙蟒集团于1997年底在国内磷酸盐行业通过ISO9002国际质量体系双认证，“蟒”牌饲料磷酸盐的市场占有率超过45%，并远销日本、韩国、马来西亚、泰国、新加坡、澳大利亚以及香港、台湾等国家和地区。

地 址：四川省绵竹市南轩路
电 话：0838-6100000
传 真：0838-6102428
网 址：www.Lomon.com
E-mail：Lmc@Lomon.com

## 成都凤凰饲料有限公司

成都凤凰饲料有限公司是国家级农业产业化重点龙头企业四川华侨凤凰集团股份有限公司下属的专门生产配合饲料、浓缩饲料、添加剂预混料为主的饲料企业，总资产2.1亿元。其饲料生产、销量在四川省饲料行业中名列前茅，同时也是农业部确定的全国惟一的水产技术推广示范厂。成都凤凰饲料有限公司的科研项目多次被列入国家级星火计划项目，公司连续荣获“四川省工业最佳效益200强”称号，2002年3月被省人事厅、省水利厅评为“水产工作先进集体”，9月被省质量技术监督局评为“2002年四川省质量管理先进企业”，同年10月公司生产的水产品被认定为“无公害水产品”，成都凤凰饲料有限公司被市经委、市技监局授予“畜禽水产技术服务用户满意服务单位”。

成都凤凰饲料有限公司以发展高科技为支撑，承担的国家“948”项目，引进了具有世界领先水平的美国温格尔公司最新设备和技术，专门从事膨化浮性水产饲料和名特优水产饲料的生产。农业部科技司及全国渔业总局等领导在公司考察后指出，成都凤凰饲料有限公司拥有全国最先进的设备和技术，其产品也进入了世界先进水平的行列。公司以发展农业产业化为己任，充分发挥农业产业化龙头企业的作用，以“公司+农户”、建立“凤凰养殖村”等方式带动农民致富。成都凤凰饲料有限公司长期依托科研院校，建立了一支完善的科技服务队伍。长年坚持在农村24小时不间断为广大养殖户提供科技服务，及时有效的解决养殖中出现的各种问题。

地 址：成都市温江区
邮 编：611130
电 话：028-82650999
传 真：028-82652222

## 华西希望集团

希望集团由陈育新总经理直接管理的新津基地(拥有中国西部最大的饲料企业与肉食品加工企业)和由刘氏兄弟(刘永言主席、刘永行董事长、陈育新总经理、刘永好总裁)分别管理的大陆希望集团、东方希望集团、华西希望集团、新希望集团4大二级集团组成。

华西希望集团由希望事业创始人、希望集团饲料核心技术研制者陈育新任董事长。集团以"诚实、精明、勤奋、美好"为自己的核心价值观，着力在企业内部倡导"诚实做人，精明做事，勤奋工作，追求美好"的文化环境。在用人方面，强调"知人善用，大胆放权，强化监督"；在工作方面，强调"廉洁、高效、优质、低成本"；在经营方面，强调"用户得利，商家赚钱，企业发展，员工增值"；在管理方面，强调"用钢铁般的纪律严厉治厂，以慈母般的关怀善待员工"；在发展方面，强调"积极稳步地发展就等于高速度"；在行为方面，强调"勤勤恳恳工作，堂堂正正做人"。优秀的企业文化培育出了一支优秀的团队，优秀的团队创造出了非凡的业绩。

秉承希望集团的优良传统，遵循陈育新董事长在20年企业经营中逐步形成的管理思想，从1997年起，华西希望集团以"万千"等品牌系列高档饲料的生产经营为主导，开始健步走向全国。目前，内江万千、贵港万千、舟山希望、保定万千、漯河万千、广安万千等公司都已经成为所在地的明星企业和样板企业，其中内江万千是全国效益最好的饲料企业之一，广安万千非凡的气势更是令人叹为观止。投资8～10亿元兴建的美好花园及五星级家园国际酒店已经成为成都南大门一道亮丽的风景。此外，企业还涉足食品业、金融业、建筑业、餐饮业和零售业，并取得了不俗的业绩。

## 成都瑞丰集团有限公司

成都瑞丰集团有限公司是一家集科、工、贸为一体的综合性大型私营企业。下设四川瑞丰农牧有限公司、重庆华瑞饲料有限公司、成都瑞丰饲料有限公司、四川瑞丰动物保健有限公司、柳州瑞丰饲料有限公司、成都瑞丰钢结构工程有限公司、瑞丰集团科研基地等。

成都瑞丰集团引进先进技术，结合我国养殖业的实际情况，在著名动物营养学专家们的指导下研究生产了高品质的《瑞丰牌》、《宏瑞牌》等猪、鱼、鸡、鸭、兔等系列60余个品种的全价配合饲料、系列添加剂、动物保健品、畜禽良种、饲料成套设备等产品。优质高品位的原料、现代化的加工设备、科学的生产工艺、严格的品控体系，保证了瑞丰集团生产优质稳定的产品，从而为不同品种、不同生长阶段、不同生长环境的畜禽鱼动物提供了充足的营养物质，完全满足了不同养殖水平的饲养场和广大客户的要求，赢得了他们的依赖和支持。成都瑞丰集团曾先后荣获：四川省农民最喜爱的十大商品品牌、四川省优秀私营企业、明星私营企业、中国100家最大的私营制造业第24名、全国500家最大私营企业第65名、全国饲料工业百强企业、全国饲料行业先进集团等称号。

## 四川隆生集团有限公司

四川隆生集团是一家全方涉足农业领域的大型股份制集团，主要从事饲料、养殖、高新农业、旅游开发及贸易，现已跻身中国饲料百强企业、国家级农业产业化重点龙头企业之列。现在固定资产3.2亿元，年销售收入超过10亿元。

四川隆生集团起步于90年代初期，其核心企业有：全价饲料生产企业4个；预混合饲料生产企业2个；千头种猪场、贸易公司、种子包衣剂生产企业各1个；包装生产企业1个；从事畜牧业养殖、疾病防疫、营养配方、研究绿色饲料的科研基地1个，拥有完整的生猪、饲料销售体系，其核心企业均通过ISO9002-2000质量体系认证。2000年获得进出口经营权，现生产的部分产品已出口到马来西亚、菲律宾等国家。经过近10年的努力，打造了享有盛名的"龙庆"、"正牛"、"隆亨"、"华特"、"三强"、"金三连"6大饲料品牌，及"红种子"、"隆丰"牌种子包衣剂。集团被评为"农业产业化国家重点龙头企业"、"中国饲料工业百强企业"、"中国饲料工业协会优秀团体会员"，其产品先后获"首届亿万农民信得过产品金奖"、"中国质量方圆认证产品"、"首届中国饲料工业博览会认定产品"、"四川省技术监督局向社会推荐产品"、"四川名优产品"等殊荣。

集团遵循"以人为本、信誉立世"的企业理念。广纳贤才，现有教授、高级专业技术人才、博士生12人；研究生41名，大中专以上各类专业技术人员占集团总人数的53%。

地　址：成都市龙腾东路2号
邮　编：610041
电　话：028-87052001
传　真：028-87052002
网　址：www.longsheng-sc.com，www.lscn.cn
邮　箱：ZCS@longsheng-sc.sina.net

# 重　庆　市

## 重庆国雄饲料有限公司

重庆国雄饲料有限公司是由全国政协常委、全国工商联副主席、中国民生银行副董事长刘永好先生为董事长的新希望集团，在渝独资兴办的大型饲料生产企业；公司兴建于1998年，位于渝涪高速公路上桥出口1 000m处，占地30亩，投资3 800万元引进一流的自动化控制饲料生产成套设备。现有员工180余名，其中，中高级管理人员、科技人才70余名，具有年产销饲料20万t，年产值3亿元的生产能力。集团和公司的宗旨是“与客户共享成功、与员工共求发展、与社会共同进步”。

重庆国雄饲料有限公司主要产销“国雄”牌、“奇佳”牌、“高远”牌（猪、鸡、鸭、鱼、牛、兔、鹌鹑、奶牛及其他特种动物的）系列饲料产品近300个品种规格。其不断致力于饲料生产、动物营养、养殖生产技术研究，对规模化养殖生产、农村养殖生产、农场养殖生产实用技术有独到的研究，提供适用于优良动物品种、地方品种、规模化养殖、农村养殖的饲料产品和技术服务。集团和公司的“国雄”牌产品是四川省人民政府评定的名牌产品，被四川省饲料工业协会评为“农民喜爱产品”。重庆国雄饲料有限公司被重庆市饲料工业协会评为重庆市“十强饲料工业企业”，被重庆市用户委员评为“重庆市用户满意产品”，被沙坪坝区委、区政府授予“骨干企业”称号。

重庆国雄饲料有限公司具有健全、有效的质量管理体系，2000年12月通过了ISO9001：1994质量体系认证。其制定了覆盖全过程的质量管理程序和文件，注重ISO9001质量体系与行业技术管理、企业综合管理体系的有机融合，质量指标完整性、系统性强，制定了适宜的考核办法，培训性（指导性）和强制性管理并行，工序质量控制充分考虑了“人、机、料、法、环、测”，进行有效的工序质量分析和工艺纪律检查。重庆国雄饲料有限公司总部对分公司质量进行“直管”，质量指标是总部对分公司考核的“否定性”指标，总部审计监察部对分公司的全面经营管理定期审计，总部技术质量部对质量定期监察、综合评定。公司的质量成本结构优良，技术和管理不断创新，公司共享总部的技术资源，如：总部技术质量部、猪料研究所、禽料研究所、鱼料研究所、试验基地、科研成果、技术专家，并结合地方特点，不断进行饲料和畜牧技术创新，提高公司的核心竞争力。集团和公司积极倡导优良的饲料和食品安全，推行国家、地方相关的法律法规，引导市场（经销商、养殖户、相关从业人员），努力培育健康的饲料和食品安全环境。重庆国雄饲料有限公司的服务体系健全、高效，推行广义的技术服务，即对所有需求的用户（包括竞争性、潜在用户）服务，开展“造血式”扶贫，缓解农村养殖技术缺乏、观念低下的状态，促进畜牧业和地方经济发展。

地　址：重庆市沙坪区上桥工业园区
邮　编：400037
电　话：023-65220098

## 重庆民星饲料有限责任公司

重庆民星饲料有限责任公司位于中国的榨菜之乡—涪陵。是一家生产畜禽浓缩、添加剂预混料的民营饲料企业，公司占地面积15亩，总投资600余万元，年生产能力为2万t。公司现有员工82人，其中：高级畜牧师两名、研究生1名、大学本科生20余名，而且公司以中国农科院饲料研究所专家顾问为技术依托，与公司技术开发部人员共同合作，形成一支专门从事动物营养高新技术研究、开发的科技队伍。公司始终如一坚持和发扬“发挥优势、博采众长”的专业精神。

目前，重庆民星饲料有限责任公司推出的主要产品有“百胜”、“民牌”、“宏星”、“民星”、“民珠”、“懒汉”等6大系列的乳猪、仔猪和中、大猪用浓缩饲料、母猪专用浓缩饲料和猪用复合预混料等，品种达40余个。公司在西南的主要省市都建立了自已的销售网络，产品在28个区、市、县十分畅销。公司按照ISO9000国际质量保证体系的要求设置了机构、配备了人员、建立了制度和运行机制，强化检测手段，严格产品质量的监督、控制，坚决取缔和禁止使用带有激素和具有残留的原辅材料、添加剂、药物。重庆民星饲料有限责任公司被重庆市饲料工业办公室、重庆市饲料检测所评为“重庆市骨干饲料企业”、“重庆市饲料先进企业”，公司的事迹多次被《中国科技日报》、《中国畜牧水产报》等媒体宣传报导。2002年完成产品产销量4 000t，完成产值1 550万元，实现销售收入1 260万元，利润100万元。

地　址：涪陵蒿枝坝工业园区（涪南路八公里处）
电　话（传真）：023-72803428
邮　编：408000

## 重庆彼得汉预混饲料有限公司

重庆彼得汉预混饲料有限公司是成立于1993年的专业化复合预混饲料有限公司。股东分别是重庆市农业局、欧洲普乐维美饲料集团，总投资近1 000万元。生产销售各类“彼得”牌畜、禽、鱼用1%、4%、5%复合预混饲料和浓缩料系列产品。年产能10 000t，是目前重庆市规模最大的复合预混饲料公司之一。

为了迎接中国加入WTO后的全球挑战，2001年10月重庆彼得汉预混饲料有限公司在北京与欧洲普乐维美控股有限公司签订合资协议，成功地实现了企业重组，大大提高了公司的科技和经济实力。

地　址：重庆市巴南区李家沱
邮　编：400054
电　话：023-62591102
传　真：023-62591105

# 贵 州 省

## 贵州台农饲料有限公司

贵州台农饲料有限公司于1998年5月成立于贵阳市三桥。在国家西部大开发的号召下，很多外商不断涌入贵州办企业，与此同时，贵州台农饲料有限公司扩大投资规模，于1999年6月在贵阳市高新技术开发区重新组建了一个万吨级饲料公司。饲料业是养殖业发展的基础，台农公司有了基础，公司相继于2000年10月、2001年年底，分别在贵州龙里兴建了一个投资近800万的集种植和养殖一体的综合农场。2002年投资近800万在开阳县兴建一个万头猪场，即被贵阳市农业产业化评定为重点龙头企业的贵阳台农种养殖有限公司。

优良的猪种，加上优质的饲料，养殖水平会再上新台阶，台农公司早在1999年便引进台湾菌种科研所研制的优酪酸活性菌，通过优酪酸特殊的生产工程配制成生物浓缩饲料，投放到广西、湖南、山东、省内各地，短时间内取得很好的反响。为了更好的服务贵州，让更多的养殖朋友享受先进技术带来的绿色环保生物饲料，台农公司决定将“三元”仔猪、优酪酸生物饲料同时配送给贵阳周边养殖户。于是，便形成有几千农户参与的“公司+农户”网络。

## 贵州正大实业有限公司

贵州正大实业有限公司是泰国正大集团与中国贵州省龙里县经济开发总公司合资成立的实业公司，始建于1995年10月，总投资达1.6亿元人民币，共有工程师及技术人员200余人。目前，公司年产饲料级磷酸氢钙粉状和颗粒状（DCP）10万t，饲料级磷酸二氢钙（MCP）1万t，饲料级磷酸氢钙与磷酸二氢钙混合物（MDCP）1万t，肥料级磷酸氢钙（白肥）4万t及配套硫酸12万t。

在充分吸取正大集团先进管理经验及企业文化的基础上，贵州正大实业有限公司不断致力于工艺的创新，管理的现代化，严格的质量控制及优质的服务，并于2001年通过ISO9000：1994质量管理体系认证。通过不断的改进和开发，贵州正大的生产工艺已处于国内领先水平，产品质量优于国家标准，先后获得了“外商投资先进技术企业”，“饲料工业科技进步企业”等国家荣誉称号。目前，公司饲料级磷酸氢钙的生产能力排名亚洲前三位，“MIRAFOS”牌饲料级磷酸氢钙系列产品已畅销全国及出口泰国，越南，印尼，孟加拉，台湾等国家和地区。

地　址：中国贵州省龙里县正大路
邮　编：551200
电　话：86-854-5632178/5633668
传　真：86-854-5632818/5633667
E-mail：gzsal@ct-bio.com，gzgmof@ct-bio.com

## 贵阳华港饲料有限公司

贵阳华港饲料有限公司是福建华港集团的下属分公司，是贵阳“8、18”招商会的重点签约项目。公司于2000年成立，位于贵阳市花溪区牛郎关，紧邻贵阳货运东站，并有铁路专用线，交通运输便利。公司占地面积20亩，总投资2千万元，有职工100多人，其中专业技术人员占30%以上，建有现代化生产车间、办公大楼，标准储备仓库，现代化的化验中心。其安装了国内外先进的电脑自动控制生产线，拥有高精度检测设备，于2001年初建成投产，年产3万多t优质的“万港”牌、“好旺”牌猪、鸡、鸭、鱼系列配合、浓缩饲料，为贵州菜篮子工程贡献力量。自产品投放市场以来，销售量月月攀升，市场占有率不断提高。经过两年多的发展，已成为贵州省饲料行业的龙头企业之一。

贵阳华港饲料有限公司响应集团总部“以人为本，科技驱动”的宗旨，充分利用集团技术总部的经验优势，参照发达国家禽畜先进的饲养经验，结合云贵高原的气候特点，经过精心研究，制定出适合贵州地区饲养状况的营养最全面，最先进的科学配方，产品具有禽畜适口性好、耗料省、生长速度快、疾病发生率低、成活率高等特点，深受广大饲养户好评。在各地市场上经地、市级技术监督局的质量抽检中均符合公司技术标准，并于2002年被花溪区企业局、花溪区技术监督局评为产品“质量信得过”企业。

贵阳华港饲料有限公司在生产管理、质量管理上本着“精益求精、质量至上”的精神，建立了从原料到成品的一整套完善的质量管理体系、检测体系和严格的管理制度。在原料采购上，贵阳华港全部采用优质原料，原料进库前，首先必须经质管人员从感观上的检查，符合接收标准的给予进仓；然后抽取样品送达化验中心检测，如检测不合格给予退货处理，从而保证做到“不合格的原料不进库”。在生产管理部门，生产全过程严格执行数字化、表格化管理，并参照“ISO9002”国际标准，推行全面质量管理，严控影响产品质量的“人、机、料、法、环”5大因素。在工序控制方面，编制工序控制文件，如《工艺操作卡》和《岗位职责》，并严格要求岗位人员执行。在现场管理上，推行“5S”管理，使整个车间宽敞、明亮、整洁，使员工有一个安全、文明的工作环境。在机器设备管理方面，贵阳华港为每台设备设立档案，并设有“设备日检表”要求机修人员定期检查设备。在人员管理方面，首先经过定期不间断的培训，一是强化员工的工作技能，使每位员工都能熟练掌握劳动技能；二是培养员工的质量意识，告诉员工“产品质量掌握在你们手中”、“一个企业的生命依靠产品质量”。使员工有一个全员质量管理的概念。三是培养员工的安全意识“安全第一、以防为主”。在质管部门，树立“质量第一”的观念，配有专职的质检人员，负责对公司生产全过程进行控制，质管部门拥有一票否决权。一方面在生产过程中，生产部推行“三检”制度，首检即第一料必须检查；自检即每道工序自己认真检查，检查无误后交由下道工序审核使用；互检即下一道工序检查上道工序的质量完成情况，有差错立即返工纠正。一方面质管部派专职质检人员在生产现场设立质量检查点，对每批饲料进行检测，一经发现差错要求立即返工。最后成品要出库前，质管部对每批次饲料进行抽样并送化验室检测，经确定合格后方准予出库。总之，贵阳华港通过各个部门的通力协作，做到“不合格的成品不出厂”，确保产品质量投诉率为零。

## 贵阳新希望农业科技有限公司

贵阳新希望农业科技有限公司（以下简称“公司”）是四川新希望农业股份有限公司借西部大开发东风，为满足贵州广大养殖户的需求，投资3 000万元在贵州兴建的饲料生产及农业开发的综合型现代化企业。公司位于贵阳市乌当区金华镇三甫村，占地40余亩，紧邻321国道和贵黄高速公路，距贵阳市城区17km，距清镇市10km，林东铁路货运站距公司仅2km，交通十分便利，地理位置优越。

公司是贵州省目前最新最大的饲料生产企业，环境优雅，设备一流，配置了当前贵州省惟一的膨化饲料设备，运用先进的饲料后熟化及后喷工艺，具有年产30万t优质畜、禽、鱼饲料生产能力。其产品“恒博”牌系列饲料是动物营养专家根据国内外饲料行业最新研究成果、结合贵州养殖实际、通过电脑精细配方推出的新品牌，具有适口性好、营养转化率高、迅速提高饲养对象健康水平和免疫功能等特点，使饲养对象生长迅速且肉质细嫩，是广大养殖户致富的好帮手。贵阳新希望遵循建设“百年新希望”的目标，奉行“诚信永恒，博采众长”的经营理念，以“忠诚、敬业、廉洁、高效”的态度始终坚持质量第一、服务第一，对经销商、合作者和用户以诚相待、讲求信誉，在产品与管理上博采众家之长，努力为客户提供优质的产品和服务。

## 贵阳金满船饲料有限公司

贵阳金满船饲料有限公司是由贵州船牌饲料有限公司、贵阳市饲料公司和贵阳市油脂公司3家国有企业通过资产重组而建成的股份制合作企业。是一家集科研、生产、养殖、技术培训及咨询服务为一体的省内大型饲料加工企业。贵阳金满船饲料有限公司的建成，对相关产业起到有效的带动作用，解决了部分下岗工人的再就业问题，向社会提供约50个就业岗位。平均每月开9场科技培训会，每月可培训农村科技养殖示范500人次和养殖技术骨干50人次，能够产生很好的经济效益和社会效益。

贵阳金满船饲料有限公司以畜禽饲料、水产饲料为主，本着“健康养殖，社会效益与经济效益兼顾”的经营理念，提出“牵手金满船的，财源滚滚来”的企业口号。经营思路是先让终端用户真正得到实惠，让经销商获得真正的经济效益，从而增强企业的竞争优势，充实企业的竞争实力。

在人事管理方面，贵阳金满船饲料有限公司本着“能上能下，能进能出”的原则，尊重人才、爱惜人才、培养人才，实行全员聘用制。全员参与管理，集思广益，充分调动全体员工的积极性和创造性，共同完成企业预定目标。在生产加工方面，贵阳金满船饲料有限公司拥有年产6万t的硬颗粒饲料生产流水线和年产4万t的膨化饲料生产线，该生产机组是目前省内最先进的饲料生产设备之一。加之贵阳金满船饲料有限公司拥有一支经过专业培训和长期从事饲料加工的专业生产队伍，是公司节能降耗、保质保量的坚强后盾。在技术品控方面，贵阳金满船饲料有限公司拥有省内最先进的饲料专业检测设备，检测人员全部经过专业培训，具备相应学历和工作经验，完全有能力把好原料和成品质量关及控制好生产流程的每个环节的质量跟踪监督，确保能生产出合格的产品。公司还以科技创新，开发新品种，创造新品牌为目的，倡导健康养殖，提供绿色产品，打造新的喂养模式，实现效益的最大化。在销售理念方面，贵阳金满船饲料有限公司实行全员营销制度，采用“直销、分销双轨并行”的模式，全公司以销售为龙头，在保障资金安全、降低风险的前提下，加大技术服务的优势，抢抓市场份额，实现既定目标。

## 遵义市金鼎山饲料厂

遵义市金鼎山饲料厂位于革命历史名城遵义市经济技术开发区。是专业从事饲料加工、销售的民营科技企业。创办于1994年。企业现有员工56人。其中，大中专毕业生45人，占80.3%，动物营养、饲料加工、畜牧兽医专业的人员占73.2%。

企业自投产以来，本着“全心全意为用户服务”，让养殖户获得实际利益为经营宗旨，以市场为导向，依靠科技和产品质量求生存，力保实际饲喂效果，推出了高科技、高起点、高品位、高效益的系列产品。并与贵州大学动物科学系技术联合，深入开展科技攻关活动，建立了科研实验基地，将科研成果应用于饲料生产中，提高饲料科技含量，在促进营养素的吸收利用及增强畜禽疾病抵抗力上取得了较大突破，养殖效果显著。推出“三天见效，无效包退”的质量承诺，研究、开发并推广“高档优质乳猪浓缩饲料”、“肉用牛、羊浓缩饲料”，获得了用户的广泛称赞。随着销量逐月扩大，生产设备不断更新，已建成以正昌设备为主的生产线，年生产能力达1万t，成为贵州省较大规模的现代化饲料生产企业。1999年被省饲料工业办评为全省10强饲料企业。由于企业长期积极地将科技应用于实践，2002年被中国饲料工业协会评为全国饲料行业科技进步先进集体。

地　址：遵义市茅草铺深圳路

电　话：085-8647024

# 云　南　省

## 昆明华昌饲料有限公司

昆明市华昌饲料有限公司于1997年10月份建成

投产，安装江苏正昌成套饲料加工设备，工艺先进。年生产能力3万t。其始终坚持“以科技为导向，以质量求生存”的办厂宗旨，随时给企业员工灌输质量就是企业的生命的理念。昆明市华昌饲料有限公司通过所有华昌人的共同努力，每年饲料总销量都以25%左右的上升速度增长。公司就业人员也从建厂的26人扩大到现在的118人，经济效益显著，每年都以10%的速度增长。2001年根据公司的生产和发展的需要，7月份又安装了第2条粉状饲料生产线，年生产能力1.5万t，同时对公司办公室、生产厂房、仓库进行了改造扩建，使现在公司的年生产能力可达到4.5万t。昆明市华昌饲料有限公司2002年3月份成功收购了广东省湛江市闽星饲料厂，并将其改名为湛江市华昌饲料有限公司。昆明市华昌饲料有限公司把重视人才，重视知识，新产品开发，新技术的使用作为推动企业发展的一块法宝，从2000年底就高薪聘请四川农业大学动物营养研究所动物营养博士周小秋教授长年担任公司技术顾问。

昆明市华昌饲料有限公司特别重视技术水平的提高，设立了以总经理为领导的质量管理领导小组，并设立了品管部、化验室，严把原材料、生产和成品的质量关。坚决做到：不合格的原材料不进厂，不合格的饲料不出厂。

## 青海省

### 青海丁香集团新禾工贸公司

青海丁香集团新禾工贸公司是青海省饲料行业中规模最大、综合生产能力较强的企业之一，是隶属于青海丁香粮油集团公司的二级法人企业。其拥有国内先进的成套饲料加工设备，技术力量雄厚。新禾工贸公司主要利用集团粮油副产品充足的优势，进行饲料产品的深加工，拥有国内先进的电脑配料、微机控制的现代化饲料生产设备，饲料产品已形成6大系列、50多个品种，能满足不同规模、各类牲畜不同阶段的生长需要。新禾工贸年可生产颗粒饲料3万余t，预混料150余t的能力。

新禾工贸注重现新产品的更新换代，先后开发研制出牛羊育肥系列饲料、猪用浓缩料、1%至5%各类畜禽预混合饲料、料精、牛羊精料补充料、肉鸭料、蛋鸭料、狗料、鹿料、驼鸟料等产品。新禾工贸适度进行设备更新与改造，先后投资60余万元，对制约生产的关键设备，制粒机、冷却器、分级筛、微机、混合机等设备进行了更新，增建了油脂添加、糖蜜添加系统，使产品不论在口感、色泽、消化吸收等方面都得到了大的改观，更有利于牲畜的生长发育。

近年来新禾工贸先后得到了省有关部门的支持和表彰。1999年，新禾工贸公司被省畜牧厅批准为“牛羊配合饲料定点生产企业”，2002年被省农业厅授予“农牧业产业化省级重点龙头企业”，同年被中国饲料工业协会颁发评为“中国饲料协会先进集体”。

地　址：青海省柴达木路107号
邮　编：810017
电　话：0971-5221922
传　真：0971-5220301

### 西宁城北青牧复合预混料厂

西宁城北青牧复合预混料厂是以青海大学饲料研究室为主体，以研究青海饲料科学技术，开发饲料添加剂新产品，研究青海工业发展模式，普及饲料科学知识，推广新技术、新产品为宗旨的民营企业。是实现产学研紧密结合的实体。

西宁城北青牧复合预混料厂共有专职技术人员8人，其中教授1人、副教授1人、讲师2人，技术员4人。兼职研发4人（均为青海大学具有国家政府津贴的专家）。西宁城北青牧复合预混料厂产品种类有7个系列，17个品种，生产能力达到年产700t，其中开发的牛羊复合预混料和奶牛复合预混料，添加到牛羊精料补充料中补饲育肥牛羊、泌乳奶牛中，能够显著地提高增重或提高泌乳量，还具有促进健康、增强体质的作用。其成果水平居国内同类研究的先进水平。投放市场后受到农牧区广大养殖户的欢迎。另外该厂研究的“反刍动物NSP酶复合预混料的开发”，以期运用生物技术酶制剂，消除或减轻小麦、青稞、菜子饼中抗营养因子的影响，从而提高消化率、饲料利用率和饲料报酬。本项目现已取得了阶段性的成果。

几年来，西宁城北青牧复合预混料厂始终坚持以确保产品质量求得企业发展，在生产中严把质量关，严格按照产品质量标准和生产工艺的要求生产产品，准确掌握添加量，保证混合均匀度，产品质量稳定，信誉良好，其产品已被省内多家企业和农户使用，在青海省饲料企业中树立了较好形象。

地　址：青海省西宁市宁张路107号
邮　编：810003
电　话：0971-5318236
传　真：0971-5318552

### 贵德饲料畜兴饲料股份合作公司

贵德饲料畜兴饲料股份合作公司是目前青海省较大型现代化的饲料加工企业之一，1998年以来先后进行3次技术改造，引进国内先进的饲料设备单班年产可达万t。目前该公司能生产30多个品种的牛、羊、猪、鸡和鱼等系列全价饲料、浓缩料和预混料，产品销往各州、县。

贵德饲料畜兴饲料股份合作公司自创以来，不断吸收、聘请专业技术人才开发适销对路的产品。为确保产品质量，建立了一套比较好的饲料生产管理方式。其注重售后服务工作，赢得了广大客户的好评，近年来，在国家和省级饲料质检部门抽检中，合格率较高，是青海省畜牧厅批准的“牛羊饲料定点企业”。

地　址：青海省贵德县河阴镇
邮　编：811700
电　话：0971-8560473
传　真：0971-8560473

## 宁夏回族自治区

### 宁夏金泉有限公司

宁夏固原试验区金泉有限责任公司成立于1996年5月，公司总部设在宁夏固原市试验区，主要从事苜蓿草产品加工销售，特色农副产品加工销售等业务。

宁夏固原试验区金泉有限责任公司产品质量可靠，信誉良好，2002年度被自治区农牧厅和固原市农行评为AA级企业。其生产的苜蓿草产品于2001年4月经自治区农牧厅、自治区质量监督局审验达到了苜蓿草单一植物饲料企业标准（Q/JQS001—2001)，并取得了产品质量合格证书，生产的苜蓿草系列产品于2002年7月经自治区环保局、环保学会审核，通过了绿色产品认证。根据生产经营的实际需要，公司于2002年5月申请自营进出口权，7月31日自治区外贸厅以（2002）025号文批准公司拥有自营进出口权。宁夏固原试验区金泉有限责任公司生产能力为4万t，主要产品有：苜蓿草粉、草颗粒、草块、草捆。草产品外销市场主要在南韩、日本、香港、台湾等国家和地区；国内部分省市及周边地区，现已形成了一定规模的营销网络，产品销售供不应求。

宁夏固原试验区金泉有限责任公司注重产品质量，坚持农户第一，实行“公司+农户+市场”的经营模式。其用户签订中长期种植合同，使农户的草及时转化，并获得好的效益，同时改善区域生态环境，为农业可持续发展创造良好条件。

地　址：宁夏固原试验区六盘山路33号
邮　编：756000
电　话：0954-2080306

### 宁夏固原磊菌宝公司

宁夏固原磊菌宝有限公司是一家集饲料、微生态制剂和酶制剂研究、生产、销售、配套设备制造、安装、技术服务为一体的科技企业。公司所属单位职工总数80多人，具有大专以上学历的有56人，占职工总数的70%。在河北、辽宁、黑龙江、山东、福建等省，以技术投入方式建立联营公司6家。宁夏固原磊菌宝有限公司在开展无公害绿色食品工作中，专门成立了三石微生态工程研究所，研究所共10人，其中高级职称4人，中级职称5人，初级职称职1人；从事微生物和畜牧专业4人，从事机械设计和制造专业6人；撰写10多万字科技书籍，在全国性刊物上发表论文5篇以上，主持过自治区级科研课题。

宁夏固原磊菌宝有限公司每年从产品销售利润率中提取20%，作为科研经费，研究开发新技术、新产品，先后研究成功了10多项科技成果，其中用以发展绿色饲料方面的有8项国家专利和科技成果，分别是：“磊菌宝微生态饲料生产设备及产品”，取得1999年自治区级科技成果；“微生态饲料生产设备”，被国家经贸委评为2000年国家级新产品；“磊菌宝微生态饲料生产技术及配套设备”，被国家科技部列为2001年国家科技成果重点推广项目，并批准该公司为该项目技术依托单位；微生物液体连续培养恒化器，获实用新型专利，专利号：ZL97246456.5；微生物立体发酵装置，获实用新型专利，专利号：ZL93224760.1；脉冲式干燥机，获实用新型专利，专利号：ZL98217605.8；动物微生态菌培养仿生器，获实用新型专利，专利号：ZL01266761.7；高压灭菌锅炉，获实用新型专利，专利号：91232915.7；一种生产“绿色饲料”的方法，现已申请发明专利，申请号：01125179.4。

宁夏固原磊菌宝有限公司由于有先进的技术和设备，生产出的产品成本低、质量好，在1999—2002年，在国家和自治区质量统抽检中，各种产品质量全部合格。宁夏固原磊菌宝有限公司以科技直接扶持了一批有一定规模的养殖户，使用新技术、新产品，走上了致富之路，先后使20户养鸡户年存栏2 000只蛋鸡，每户年收入达到7万元以上；使300户养羊户年出栏100只以上育肥羊，每户年收入达到1.8万元以上；使500户养牛户年出栏20只以上育肥牛，每户年收入达到1万元以上。

地　址：宁夏固原市试验区长丰路106号
邮　编：756000
电　话：0954-2081933
传　真：0954-2080096
E-mail：tao@ljb.com.cn
网　址：www.ljb.com.cn

## 新疆维吾尔自治区

### 新疆米泉希望有限责任公司

新希望集团新疆米泉希望有限责任公司，是全国政协常委、全国工商联副主席、中国民生银行副董事长刘永好先生，于1997年9月在新疆米泉市投资兴建的一家现代化民营饲料生产企业。公司总投资2 500万元，占地56.8亩。现有员工220人，饲料年生产能力达20万t。产品包括畜、禽、鱼等7大系列80余个饲料品种。

米泉希望成立以来，在集团“做百年名店、创百年老店”的经营思路指导下，走规模化、集约化、社会化、信息化之路，以“降本增效求发展，开拓经营抓突破”为中心，团结拼搏、艰苦创业，狠抓内部管理和市场开拓，不断调整经营战略，饲料销量和销售收入稳步增长，企业实力明显增强。其投产6

年来，公司实现产、销饲料近30万t，工业总产值近7亿元，实现税金3 900多万元。2002年全年共生产、销售饲料65 550t，实现产值1.27亿元，创造了历史最好成绩。米泉希望发展成为疆内屈指可数的影响大、信誉好、年产值过亿元的现代化大型饲料生产企业。

2002年米泉希望被中国饲料工业协会评为全国“饲料工业技术进步先进集体”；公司及其产品已连续2年被评为自治区“诚信单位”及“消费者信得过产品”称号；连续5年被米泉市、昌吉州评为“先进企业”。给昌吉州、米泉市的民营企业树立了典范，为振兴地方经济，加快农业产业化进程，推动新疆畜牧业发展，为实现国家“西部大开发”的宏伟战略，做出了积极的贡献。

## 新疆昌吉市昌鼎工贸有限公司

昌吉市昌鼎工贸有限公司，位于昌吉市健康西路12号，集饲料和食用油的加工经营为一体，现有总资产6 626余万元。公司本部拥有2万t级油厂1座，6万t级饲料厂1座，公司还下设2个独资子公司：昌吉市鼎兴牧业有限公司和喀什昌鼎工贸有限公司。

“以科技为先导，以人才促发展”是公司一贯坚持的经营宗旨，在不断培养企业内部人才的同时，大量引进疆内外饲料行业的优秀人才，成立了专门的产品研发机构，负责公司的产品开发和质量控制。昌吉市昌鼎工贸有限公司饲料厂生产流程全部采用电脑控制，配方系统由疆内外专家共同审定，2002年结合新疆地区的养殖特点和资源状况向市场推出的饲料产品有：肉鸡、蛋鸡、三黄鸡、麻花鸡、鲤鱼、武昌鱼、猪、牛羊、奶牛、兔子、马鹿、鸭子等的配合饲料及浓缩料共12大系列70余个品种。

昌吉市昌鼎工贸有限公司拥有先进的生产和检测设备，采用现代化的管理技术和严密的质量监控体系，技术先进，人员精干，从而保证了产品的优良品质，“昌鼎”牌饲料已销往新疆各地及甘肃等地，深受养殖户好评，为新疆地区的养殖业发展作出了重要贡献。

地　址：新疆昌吉市健康西路12号
邮　编：831100
电　话：0994-2344759
传　真：0994-2331039

## 乌鲁木齐正大畜牧有限公司

乌鲁木齐正大畜牧有限公司是新疆生产建设兵团与泰国正大集团合作兴办的大型现代化高科技农牧企业，新疆生产建设兵团占15%股份，正大集团占85%股份。公司始建于1992年，位于空气清新、交通十分便利的乌昌一级公路28km处。公司实行董事会领导下的总经理负责制，下设阿克苏分公司和伊犁正大畜牧有限公司。

截止到2002年，公司共投资7 000余万元人民币，设备年生产能力达27万t，其中乌鲁木齐公司18万t，阿克苏分公司6万t，伊犁公司3万t。1993年至2002年，乌鲁木齐正大共生产销售70万t优质饲料，极大地促进了新疆养殖业的发展，为新疆饲料业的快速发展奠定了基础。10年来，乌鲁木齐正大畜牧有限公司充分利用新疆作为畜牧大省和资源丰富的优势，积极将国际先进科技成果和养殖技术植入传统养殖业，一改过去传统落后的生长周期长、料肉比低的养殖模式，为养殖户发展规模养殖、获取规模效益开辟了新路，为促进自治区的畜牧业，特别是饲料工业的发展做出了积极贡献。乌鲁木齐正大畜牧有限公司在取得良好经济效益和社会效益的同时，得到社会各界及广大养殖户的好评。

公司以诚信为本，把质量看作是公司的生命线。为服务好养殖户，公司在疆内建立了广泛的销售网络，并请专家在每年的3～10月对全疆的养殖户进行技术培训，并提供优质的售前、售中和售后服务工作，真正体现了“爱是正大无私的奉献”。

# 青　島　市

## 青岛正大有限公司

青岛正大有限公司是泰国正大集团独资兴办的现代化农牧企业，也是山东省首家注册的外商独资企业。自1989年动工兴建，迄今已形成“饲料生产、种鸡繁育、禽畜养殖、屠宰加工、国内外销售”一条龙连贯作业，达到年产饲料30万t，艾维茵父母代种鸡310万套，商品代鸡苗2 700万羽，屠宰加工肉鸡5 000万只的生产规模，并每年为社会奉献10万t质优价廉的正大牌冷冻鸡肉、冰鲜鸡肉和熟食品，成为山东省农牧业强大的经济支柱。

青岛正大以先进的设备、独特的膨化工艺、科学的配方、严格的品管、周到的服务确定了公司的形象，在用户中具有很高的声誉。在国家、省、市各级监督检查中，青岛正大饲料产品全部合格，并先后荣获全国畜牧百强企业、青岛市先进技术企业、十大畜牧企业、产品质量合格服务满意单位荣誉称号。1999—2000年获青岛市技术监督局免检证书、2001—2002年获山东省技术监督局免检证书，2002年获全国质量稳定合格产品证书。

青岛正大秉承“顾客至上、品质第一”的宗旨，不断改进产品质量，竭力为广大用户提供最好的产品。目前公司已生产猪、肉鸡、蛋鸡、鱼、奶牛、鹌鹑7个系列50多个品种，并可根据客户需要和市场需求开发新产品，不断完善产品系列。

地　址：山东省青岛市城阳区后桃林
邮　编：266109
传　真：0532-7737234
电　话：0532-4713866

## 青岛新特瑞集团

青岛新特瑞集团有限公司是以生物技术为依托，集畜禽、水产饲料、动物保健品、生物制品研究、开发、生产、销售为一体的大型农牧企业集团，设有分公司10余个，并建有自己的动物营养研究院。集团总部设在商贸、文化、自然条件良好的海滨城市——青岛。

充分发挥生物技术和集团协作优势，加快农村养殖业专业化、规模化、现代化发展进程，实现无公害和绿色畜产品生产，是青岛新特瑞集团有限公司不懈的追求。青岛新特瑞集团有限公司在推进生物技术的研究开发和应用，在利用生物活性物质方面取得重大突破，能够降低畜产品药残、改善肉质、提高料肉比、增强对疾病抵抗能力，提高中国畜产品出口能力，并已配套应用于集团的饲料生产和畜禽疾病防治，取得良好的社会效益和经济效益。其拥有一支高科技人才队伍，具有一流的科研力量。其中博士3名，硕士2名，高级工程师8人。从产品调研、技术开发、生产制造、组织营销、售后服务整个过程引进国际先进管理方式，并与国内外知名科研机构保持紧密合作。公司生产的产品能达国际领先水平。

坚持“高科技、高品质”的经营理念，本着“以人为本、服务为先”的宗旨，真诚服务于农民，无私奉献于社会，把产品与服务都做到最好，是青岛新特瑞集团有限公司不变的承诺。

地　址：青岛市汇泉路17号东海国际大厦3117室
邮　编：266071
电　话：0532-3880559
传　真：0532-3880558

## 青岛长生中科水产饲料有限公司

青岛长生中科水产饲料有限公司是由青岛长生集团、中国科学院海洋研究所和香港高华科技发展公司强强联手组建的集科研、生产、销售、技术服务于一体的大型股份制企业。其主要从事水产品养殖、水产种苗培育、养殖病害防治、水产饲料生产，养殖设施的生产、加工，主要饲料产品有“海森特”、“海佳特”牌对虾、鱼、蟹和特种养殖珍品的专用饲料。产品特点有绿色、环保、保健、高效、优质。青岛长生中科水产饲料有限公司2001年被青岛市科学技术委员会评为“高新技术企业”，产品被评为“高新技术产品”并荣获“2001年中国国际农业博览会名牌产品”称号。

青岛长生中科水产饲料有限公司以中科院海洋所和国内外著名海洋研究机构及院校为依托，拥有一支由中国科学院院士、中国工程院院士、国内外知名的水产养殖和病害防治方面的专家以及遍布各养殖区域的技术人员组成的强有力的服务队伍。

地　址：青岛市山东路29号银河大厦2003室
邮　编：266071
电　话：0532-5016605、5016635
传　真：0532-5016782

## 青岛胶南康大饲料有限公司

青岛胶南康大饲料有限公司隶属于青岛康大外贸集团公司，是一家由青岛市胶南经济技术开发区批准认定的集生产、加工、科研于一体的综合性高新技术饲料生产加工企业，公司始建于1996年，现位于胶南市区，周围环境幽雅，空气清新；东临204国道，交通快捷便利。公司现拥有2个饲料加工厂、1个饲料添加剂厂。设备全系引进上海大江、江苏牧羊、正昌等企业的优质产品，技术力量雄厚，规模化生产和综合经营优势明显。拥有固定资产1 000万元，员工160余人，其中高级专业技术人员15名，特有工种人员10名。青岛胶南康大饲料有限公司以生产“康都”牌系列畜禽全价配合饲料、浓缩饲料、复合预混合饲料，以及各种鱼、虾类水产饲料为主，其中生长育肥猪浓缩料、5%蛋鸡预混料分获青岛市“星火科技奖”，2000年自行研制开发的“无药残肉鸡饲养技术”获青岛科技进步二等奖。年生产规模达五万t以上，是青岛市生产饲料品种最齐全的企业之一。公司于1999年一次性通过了ISO9001国际质量体系认证，并于2002年顺利通过了ISO9001：2000版的换版认证工作。质量管理体系良好运行至今，使得公司产品得以畅销省内外十几个地区，发展潜力巨大。

2001年青岛胶南康大饲料有限公司与台湾镒泰兴业有限公司合资兴办了青岛康大镒泰科技有限公司，主要生产饲料级微生物添加剂（肝血素、康泰宝等）。该产品属芽孢杆菌型微生物制剂，采用了高科技发酵技术，生物化学制造法通过低温干燥生产，是具有高效能低成本的绿色环保型饲料添加剂。

地　址：青岛胶南市铁山东路97号
邮　编：266400
电　话：0532-6132231
传　真：0532-6131943
E-mail：dfeed@qd-public.sd.cninfo.net

# 宁 波 市

## 宁波富宁饲料有限公司

宁波富宁饲料有限公司是一家外商独资企业，创办于1989年，位于宁波经济技术开发区，是华东地区创办的第一家特种水产饲料生产企业。其全套引进具有世界先进水平的生产设备和工艺，采用国外先进特种水产饲料生产工艺和优良配方，电脑配料，年单班生产能力达到颗粒料2万t，粉状料1.2万t。公司自成立以来，与多家水产科研机构及大专院校建立了密切的协作关系，对特种水产饲料产品开发和相关生产技术、养殖技术进行了大量的研究，具备较雄厚的生产和售后服务基础，目前已经开发的产品有：甲鱼、鳗鲡、大黄鱼、鲈鱼、河豚鱼等粉状饲料，对虾、青虾、罗氏沼虾、南美白对虾、河蟹、梭子蟹、青蟹、鲻鱼、淡水混养鱼等颗粒饲料。

宁波富宁饲料有限公司实行严格的产品质量管理制度，对原材料进厂、产品出厂每批进行检测，专人负责，确保向用户提供高质量的合格产品，同时按照“互赢”的思路，采取适当偏低的价格，努力降低养殖户的生产成本。

地 址：宁波经济技术开发区 C1 区
电 话：0574-86222898、86221926

## 宁波联合生物技术有限责任公司

宁波联合生物技术有限公司是由宁波联合集团股份有限公司（国有企业 500 强、上市公司）和浙江大学强强联合共同出资组建，专业从事高科技植物源生物技术产品的研制和生产。公司集产、学、研于一体，技术力量雄厚，其主要产品“糖萜素”，系国家科委“八五”高科技项目，是我国第一个创制型新饲料添加剂，也是国内第一个 AA 级绿色饲料添加剂，获得了国际国内多项发明专利。宁波联合生物技术有限公司以浙江大学雄厚的科研技术力量为依托，全力推进“糖萜素”这一世界性创制成果的产业化进程，自产品投入市场以来，深受广大用户的好评，目前已经建立了年产 1 000T“糖萜素”的生产线，产品已远销至美国、意大利、荷兰等国。

公司积极参与油茶作物深层次开发和研究，目前已建立了精炼茶油生产线，成功推出了具有极高营养价值和保健功效的“宁联”精制野山茶油系列产品。

地 址：宁波经济技术开发区（北仑）大港 6 路 58 号
邮 编：315801
电 话：0574-86868912
传 真：0574-86868916

## 宁波舜大股份有限公司

宁波舜大股份有限公司的前身为余姚市饲料公司，创建于 1982 年，现改制为股份制企业。公司现拥有 3 条饲料加工线、2 家粮油经营分公司，净资产达 2 千多万元，专业技术人员占员工总数的 28%。其主要生产经营“舜大牌”以鸡、猪、鸭和淡水鱼为主的各类畜禽水产饲料和“华家牌”复合预混饲料，形成以复合预混料为核心，颗粒全价饲料为龙头，高、中、低档次齐全，适应不同层次专业饲养户需要的近百个品种的产品系列。

宁波舜大股份有限公司产品先后荣获宁波市名牌、浙江省优质产品、浙江省科技进步二等奖、浙江省首届农民最信得过产品等各种荣誉，被中国科协推荐为中华精品和全国公众推举的全国名牌饲料称号；公司曾连续 3 年被余姚市、宁波市消费者协会评为信得过单位、余姚市科协示范企业。2002 年舜大牌饲料又被浙江省消费者协会推荐为信得过产品，“舜大牌”商标延续被评为浙江省著名商标。宁波舜大股份有限公司坚持依靠科技创名牌、面向市场拓发展，从而取得了长足的发展。

地 址：宁波余姚市酱园街 263 号
邮 编：315400
电 话：0574-62674251
传 真：0574-62675132

# 厦 门 市

## 厦门汇佳盛实业有限公司

厦门汇佳盛实业有限公司始建于 1996 年，主要生产水产配合饲料，其中以“嘉盛牌”、“汇嘉牌”饲料响誉全国，共有蛙、蟹、虾、乌龟、鳗鱼、甲鱼、月鳢鱼、大黄鱼、海淡水鱼、开口料等几十个饲料品种。截止 2002 年 12 月，公司总资产达 2 437 万元，其中固定资产 752 万元，流动资产 1 685 万元。

2000—2001 年度厦门汇佳盛实业有限公司被中华人民共和国农业部授予“全面质量管理达标”企业，2001 年获得“福建地产名货”和福建省“统计诚信单位”称号，同时还是福建省水产饲料研究会会员单位。其长期与厦门大学、集美大学等科研院校紧密合作，不断地向市场推出科技含量高的环保型水产配合饲料，其生产的浮水性饲料（1.3～2.0mm）的膨化、熟化和烘干技术已达到国内同业领先水平，而且饲料浮水性和弹性好，解决了一般厂家生产的浮水性饲料在水中容易散失、污染水质的问题，产品质量居同类产品前列。

厦门汇佳盛实业有限公司现有员工 100 多人，技术人员 25 人，中高级管理人员 6 人；拥有全钢结构生产车间、仓库，总面积达 1 万多 $m^2$；引进先进的膨化颗粒料和虾料生产线，并配套 60 亩养殖试验基地，作为新产品的研究与开发；通过不断的技术改造与设备更新，生产能力从 1996 年的 3 000t/y 提高到现在的 20 000t/y；通过提升生产经营管理水平，优化产品结构，增加产品的技术含量，厦门汇佳盛实业有限公司的市场影响力和占有率大大增强，产品目前主要销往海南、广东、浙江、福建、湖南、湖北、上海、江苏、广西等全国十几个省市，并向全国其他地区不断拓展。

地 址：福建省厦门市集美区银江路 57 号
电 话：0592-6062989、6102968
传 真：0592-6064058

## 厦门上洪饲料有限公司

厦门上洪饲料有限公司系由台商于 1992 年在厦投资创办的水产饲料专业生产企业。公司引进国外全套生产设备，自动化生产线，电脑化配方，致力于为水产养殖业发展提供优质高效的绿色环保饲料。

厦门上洪饲料有限公司自成立以来，依托专业的技术力量和“真材实料”的制造传统，秉承“品质第一，用户至上”的品牌经营方针，严格管理，不断创新，积极研制开发符合养殖发展方向的优质产品，创建出业界知名品牌——“福星”牌系列水产配合饲料。“福星”牌水产饲料具有营养均衡、质量稳定、利用率高、饲料系数低等特点，能有效促进养殖品种的生长，提高养殖成活率，减少养殖成本。经过多年的应用推广，“福星”牌对虾、牛蛙、黄鳝、浮水性鱼类饲料等系列产品得到市场的广泛认可，被誉为高品质、高效益的饲料品牌。

以质量求生存，以服务谋发展，厦门上洪饲料有限公司与台湾大学、国家海洋三所、厦门大学、集美大学、海南大学等学院、科研机构建立了产学联合，将科学技术转化为生产力，在推广健康养殖模式，减少环境污染，维护生态平衡，改良种苗，调整养殖结构，增加养殖效益，增强水产品市场竞争力等方面做出了积极的努力，服务广大用户，推动我国水产养殖业朝着健康有序的方向持续发展。

电　话：0592-6212131
传　真：0592-6212135
网　址：www.fuxingfeed.com
E-mail：fuxing@fuxingfeed.com

## 深　圳　市

### 深圳市康达尔饲料有限公司

深圳市康达尔饲料有限公司是深圳市上市公司——深圳市康达尔（集团）股份有限公司属下企业，总投资额8 000万元人民币，除广东的深圳、东莞外，分厂遍布河南、湖南、陕西、江西、安徽等省，拥有9条自动饲料加工生产线，员工800多人，畜牧兽医、动物营养和饲料加工博士、硕士、工程师等各类专业技术人员70多人，技术力量雄厚，引进现代化先进机械设备，时产各类饲料100t以上，年产各类饲料达50万t。

深圳市康达尔饲料有限公司主要生产鸡、鸭、猪、鱼等配合饲料、浓缩料、预混料和高档水产配合饲料与膨化料。公司饲料研究中心聘用、吸收了大批国内外优秀专业人才，利用自己的技术优势，自有的大型畜禽饲养及水产饲养试验基地，根据用户的要求，进行了大量的新产品开发研究与饲养试验，加速了产品的更新换代，提高了产品质量。尤其是致力于研究、开发、生产无公害、无残留、无副作用、污染少的环保型绿色饲料。深圳市康达尔饲料有限公司是全国35家首先发起“饲料安全新世纪宣言”的企业之一，并被中国饲料工业协会评为“2002年度重承诺，守信用企业”。

公司历来十分重视产品的质量，自1990年开产以来，在各级机构的质量评比检查中，合格率达100%。其拥有完善的质量保证体系，并率先在国内同行通过了ISO9001质量体系认证。公司拥有完善的技术服务和售后服务体系。深圳市康达尔饲料有限公司建立了快速禽畜疾病诊断室，为客户免费提供快速畜禽疾病诊断服务，拥有专家级兽医师多名，为用户提供全方位的售后服务。公司曾多次被国家、省、市有关单位及机构评为“全国饲料百强企业”、“重合同、守信用企业”、“信用AAA级企业”、“文明单位”、“先进企业”、“质量信得过企业”等。

地　址：深圳市宝安区沙井镇广深路沙井段42号
邮　编：518125
电　话：0755-27316289
传　真：0755-27316093

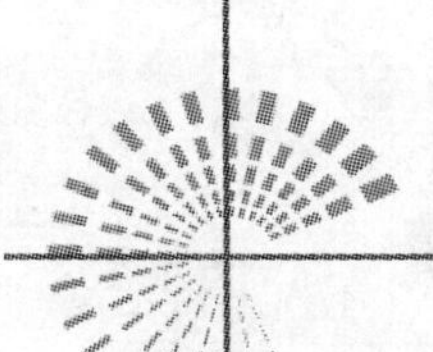

*Zhongguosiliaogongyenianjian*

# 统计资料

# 中国饲料工业统计资料

## 2002 年全国饲料产量

单位：t

| 地　区 | 总产量 | 配　合　饲　料 | | | | | | | 浓缩饲料 | 添加剂预混合饲料 |
|---|---|---|---|---|---|---|---|---|---|---|
| | | 小　计 | 猪　料 | 蛋禽料 | 肉禽料 | 水产料 | 反刍料 | 其　他 | | |
| **全国总计** | 83 190 268 | 62 387 342 | 19 621 466 | 13 912 170 | 18 828 898 | 6 759 219 | 1 777 198 | 1 488 391 | 17 640 106 | 3 162 820 |
| 北　京 | 2 416 000 | 1 800 000 | 611 200 | 252 100 | 471 400 | 230 400 | 110 400 | 124 500 | 352 000 | 264 000 |
| 天　津 | 2 357 210 | 1 963 500 | 547 540 | 599 235 | 206 081 | 364 690 | 143 366 | 102 588 | 274 536 | 119 174 |
| 河　北 | 7 004 063 | 5 502 048 | 1 471 652 | 3 038 938 | 671 089 | 234 583 | 50 034 | 35 752 | 1 301 393 | 200 622 |
| 山　西 | 1 411 815 | 1 053 748 | 121 913 | 712 164 | 139 060 | 19 569 | 30 498 | 30 544 | 351 589 | 6 478 |
| 内蒙古 | 1 283 414 | 612 133 | 84 803 | 100 013 | 81 662 | 44 253 | 291 186 | 10 216 | 651 822 | 19 459 |
| 辽　宁 | 4 832 328 | 2 724 350 | 218 285 | 1 692 983 | 567 674 | 142 994 | 11 820 | 90 595 | 2 059 011 | 48 967 |
| 吉　林 | 2 058 000 | 1 180 000 | 200 000 | 360 000 | 410 000 | 50 000 | 80 000 | 80 000 | 850 000 | 28 000 |
| 黑龙江 | 4 150 000 | 2 270 000 | 420 000 | 600 000 | 570 000 | 240 000 | 340 000 | 100 000 | 1 590 000 | 290 000 |
| 上　海 | 1 210 872 | 1 099 710 | 358 144 | 154 254 | 402 768 | 128 915 | 50 223 | 5 408 | 28 473 | 82 688 |
| 江　苏 | 2 674 525 | 2 080 801 | 608 821 | 173 372 | 625 177 | 583 461 | 25 039 | 64 930 | 277 028 | 316 697 |
| 浙　江 | 3 401 336 | 3 321 971 | 2 040 759 | 414 016 | 397 097 | 416 252 | 9 861 | 43 986 | 9 799 | 69 566 |
| 安　徽 | 1 644 067 | 1 425 366 | 677 585 | 189 576 | 415 434 | 78 575 | 10 344 | 53 852 | 128 545 | 90 156 |
| 福　建 | 1 633 050 | 1 547 929 | 430 573 | 332 016 | 432 097 | 336 095 | 697 | 16 451 | 10 415 | 74 706 |
| 江　西 | 2 298 663 | 1 415 781 | 707 891 | 268 998 | 240 683 | 113 262 | 14 158 | 70 789 | 587 212 | 295 670 |
| 山　东 | 9 083 528 | 6 500 617 | 941 488 | 1 174 818 | 3 809 500 | 329 081 | 138 950 | 106 779 | 2 176 711 | 406 200 |
| 河　南 | 5 114 572 | 2 625 948 | 1 155 639 | 644 212 | 625 844 | 165 422 | 11 840 | 22 992 | 2 394 789 | 93 835 |
| 湖　北 | 3 297 215 | 2 627 072 | 1 236 500 | 180 410 | 345 600 | 815 300 | 14 294 | 34 968 | 604 075 | 66 068 |
| 湖　南 | 3 993 220 | 2 469 415 | 1 410 360 | 293 527 | 473 446 | 229 843 | 11 315 | 50 924 | 1 411 232 | 112 573 |
| 广　东 | 8 804 337 | 8 449 402 | 1 559 430 | 604 810 | 4 929 281 | 1 192 176 | | 163 705 | 177 843 | 177 092 |
| 海　南 | 745 297 | 743 127 | 245 034 | 84 632 | 350 291 | 63 170 | | | 610 | 1 560 |
| 广　西 | 2 663 707 | 2 311 523 | 983 098 | 218 399 | 967 805 | 88 088 | 2 629 | 51 503 | 299 829 | 52 355 |
| 重　庆 | 818 200 | 700 600 | 434 600 | 83 700 | 126 400 | 42 100 | 13 800 | | 73 000 | 44 600 |
| 四　川 | 4 272 665 | 3 640 599 | 1 990 518 | 727 541 | 499 253 | 367 066 | 41 484 | 14 737 | 424 736 | 207 330 |
| 贵　州 | 286 581 | 146 931 | 83 363 | 6 924 | 35 849 | 9 493 | 8 512 | 2 791 | 139 100 | 550 |
| 云　南 | 1 354 523 | 1 019 320 | 278 147 | 174 062 | 373 556 | 156 480 | 20 082 | 16 992 | 328 477 | 6 726 |
| 陕　西 | 1 658 001 | 694 198 | 265 084 | 242 949 | 42 319 | 98 510 | 37 553 | 7 783 | 902 722 | 61 081 |
| 甘　肃 | 1 086 248 | 980 881 | 386 467 | 276 608 | 187 348 | 35 312 | 53 948 | 41 198 | 97 762 | 7 605 |
| 青　海 | 34 275 | 32 477 | 6 176 | 461 | | 30 | 25 701 | 110 | 22 | 1 776 |
| 宁　夏 | 451 811 | 401 878 | 10 663 | 66 962 | 58 785 | 69 804 | 157 496 | 38 168 | 41 543 | 8 390 |
| 新　疆 | 1 150 745 | 1 046 016 | 135 733 | 244 491 | 373 398 | 114 295 | 71 969 | 106 130 | 95 831 | 8 897 |

2002 年全国饲料加工工业基本情况

| 地　　区 | 产品产量（t） | 工业总产值（万元） | 全年营业收入（万元） |
|---|---|---|---|
| **全国总计** | 83 190 268 | 19 055 448 | 18 999 252 |
| 北　京 | 2 416 000 | 541 260 | 522 340 |
| 天　津 | 2 357 210 | 487 637 | 437 248 |
| 河　北 | 7 004 063 | 1 101 000 | 918 000 |
| 山　西 | 1 411 815 | 263 695 | 247 531 |
| 内蒙古 | 1 283 414 | 538 495 | 492 122 |
| 辽　宁 | 4 832 328 | 1 007 861 | 961 559 |
| 吉　林 | 2 058 000 | 597 000 | 597 000 |
| 黑龙江 | 4 150 000 | 960 000 | 1 000 000 |
| 上　海 | 1 210 872 | 397 717 | 445 270 |
| 江　苏 | 2 674 525 | 678 180 | 1 266 487 |
| 浙　江 | 3 401 336 | 665 616 | 622 135 |
| 安　徽 | 1 644 067 | 345 573 | 337 665 |
| 福　建 | 1 633 050 | 626 762 | 528 670 |
| 江　西 | 2 298 663 | 645 940 | 637 850 |
| 山　东 | 9 083 528 | 1 966 610 | 1 895 776 |
| 河　南 | 5 114 572 | 1 030 026 | 1 009 401 |
| 湖　北 | 3 297 215 | 741 940 | 675 990 |
| 湖　南 | 3 993 220 | 1 044 168 | 1 051 373 |
| 广　东 | 8 804 337 | 1 773 243 | 1 780 000 |
| 海　南 | 745 297 | 180 582 | 174 388 |
| 广　西 | 2 663 707 | 589 040 | 573 989 |
| 重　庆 | 818 200 | 182 431 | 190 501 |
| 四　川 | 4 272 665 | 1 178 388 | 1 142 905 |
| 贵　州 | 286 581 | 80 801 | 78 945 |
| 云　南 | 1 354 523 | 304 433 | 313 937 |
| 陕　西 | 1 658 001 | 618 842 | 615 610 |
| 甘　肃 | 1 086 248 | 181 813 | 174 286 |
| 青　海 | 34 275 | 6 390 | 5 440 |
| 宁　夏 | 451 811 | 109 184 | 102 047 |
| 新　疆 | 1 150 745 | 210 822 | 200 786 |

## 2002年全国饲料加工企业基本情况

| 地区 | 总个数 | 企业经济类型 | | | | | | | |
|---|---|---|---|---|---|---|---|---|---|
| | | 国有 | 集体 | 私营 | 联营 | 股份 | 港澳台 | 外商 | 其他 |
| **全国总计** | 13 163 | 954 | 979 | 7 459 | 409 | 2 119 | 115 | 239 | 889 |
| 北　京 | 470 | 32 | 96 | 136 | 36 | 129 | 2 | 3 | 36 |
| 天　津 | 347 | 2 | 121 | 65 | 16 | 19 | 1 | 6 | 117 |
| 河　北 | 1 226 | 86 | 30 | 888 | 15 | 198 | 3 | 2 | 4 |
| 山　西 | 628 | 54 | 97 | 181 | 99 | 122 | | 6 | 69 |
| 内蒙古 | 174 | 8 | 11 | 91 | 3 | 37 | 1 | 3 | 20 |
| 辽　宁 | 809 | 36 | 28 | 592 | 7 | 74 | 8 | 17 | 47 |
| 吉　林 | 352 | 1 | 2 | 296 | 0 | 21 | 0 | 1 | 31 |
| 黑龙江 | 579 | 30 | 10 | 200 | 30 | 300 | 1 | 6 | 2 |
| 上　海 | 123 | 10 | 7 | 69 | 8 | 8 | 5 | 4 | 12 |
| 江　苏 | 532 | 31 | 20 | 282 | 1 | 156 | 12 | 28 | 2 |
| 浙　江 | 527 | 25 | 16 | 294 | 13 | 129 | 3 | 9 | 38 |
| 安　徽 | 215 | 42 | 27 | 67 | 5 | 59 | 1 | 5 | 9 |
| 福　建 | 270 | 9 | 20 | 136 | 6 | 20 | 27 | 23 | 29 |
| 江　西 | 395 | 22 | 40 | 173 | 69 | 75 | 5 | 11 | |
| 山　东 | 1 454 | 66 | 107 | 865 | 32 | 217 | 8 | 30 | 129 |
| 河　南 | 649 | 42 | 22 | 342 | 18 | 116 | 6 | 11 | 92 |
| 湖　北 | 154 | 21 | 3 | 69 | 3 | 18 | 4 | 5 | 31 |
| 湖　南 | 570 | 39 | 29 | 396 | 4 | 63 | 8 | 8 | 23 |
| 广　东 | 411 | 53 | 40 | 172 | 17 | 85 | 5 | 32 | 7 |
| 海　南 | 33 | | 1 | 18 | 1 | 1 | 2 | 2 | 8 |
| 广　西 | 339 | 34 | 30 | 216 | 3 | 21 | 5 | 6 | 24 |
| 重　庆 | 259 | 18 | | 213 | | 26 | | 2 | |
| 四　川 | 934 | 48 | 49 | 688 | 7 | 114 | 4 | 8 | 16 |
| 贵　州 | 143 | 14 | 6 | 95 | 5 | 13 | 2 | 1 | 7 |
| 云　南 | 302 | 50 | 62 | 130 | | 48 | 2 | 3 | 7 |
| 陕　西 | 438 | 31 | 26 | 359 | 7 | 9 | | 3 | 3 |
| 甘　肃 | 219 | 81 | 15 | 89 | 2 | 1 | | | 31 |
| 青　海 | 34 | 8 | 2 | 14 | 2 | 6 | | | 2 |
| 宁　夏 | 258 | 15 | | 222 | | 12 | | 1 | 8 |
| 新　疆 | 319 | 46 | 62 | 101 | | 22 | | 3 | 85 |

## 2002年全国饲料加工企业职工情况

| 地区 | 职工学历构成（人） | | | | | 技术工种人员构成（人） | | | |
|---|---|---|---|---|---|---|---|---|---|
| | 合计 | 博士 | 硕士 | 大学本科 | 大学专科 | 小计 | 检化验员 | 中控工 | 维修工 |
| **全国总计** | 463 022 | 701 | 1 900 | 34 860 | 60 077 | 46 353 | 17 153 | 13 328 | 15 872 |
| 北　京 | 14 962 | 60 | 98 | 1 260 | 3 125 | 600 | 280 | 60 | 260 |
| 天　津 | 6 194 | 18 | 37 | 474 | 682 | 923 | 270 | 168 | 485 |
| 河　北 | 28 590 | 19 | 55 | 1 510 | 2 484 | 578 | 490 | 12 | 76 |
| 山　西 | 24 100 | 4 | 21 | 1 800 | 4 200 | 4 220 | 2 020 | 600 | 1 600 |
| 内蒙古 | 16 677 | 14 | 56 | 875 | 1 798 | 942 | 278 | 327 | 337 |
| 辽　宁 | 18 368 | 28 | 82 | 1 356 | 3 421 | 1 952 | 712 | 464 | 776 |
| 吉　林 | 25 579 | | 2 | 3 951 | 3 576 | 720 | 300 | 120 | 300 |
| 黑龙江 | 10 600 | 8 | 20 | 640 | 60 | 545 | 395 | 24 | 126 |
| 上　海 | 6 695 | 25 | 72 | 649 | 784 | 697 | 306 | 123 | 268 |
| 江　苏 | 26 281 | 56 | 99 | 2 010 | 3 339 | 2 687 | 1 095 | 542 | 1 050 |
| 浙　江 | 22 598 | 28 | 74 | 951 | 1 459 | 1 910 | 689 | 538 | 683 |
| 安　徽 | 9 689 | | 45 | 704 | 928 | 1 207 | 416 | 361 | 430 |
| 福　建 | 8 835 | 29 | 70 | 1 008 | 1 296 | 1 207 | 416 | 361 | 430 |
| 江　西 | 17 221 | 6 | 25 | 892 | 1 940 | 2 137 | 786 | 761 | 590 |
| 山　东 | 48 612 | 183 | 235 | 3 800 | 7 406 | 4 726 | 2 128 | 1 207 | 1 391 |
| 河　南 | 21 591 | 52 | 121 | 1 357 | 4 386 | 3 292 | 987 | 1 195 | 1 110 |
| 湖　北 | 2 750 | 17 | 39 | 408 | 609 | 493 | 175 | 166 | 152 |
| 湖　南 | 18 990 | 42 | 140 | 2 342 | 3 464 | 1 701 | 649 | 486 | 566 |
| 广　东 | 15 019 | 2 | 262 | 2 177 | 3 003 | 3 075 | 949 | 964 | 1 162 |
| 海　南 | 2 242 | 4 | 20 | 289 | 419 | 278 | 99 | 91 | 88 |
| 广　西 | 16 842 | 19 | 68 | 1 308 | 2 210 | 1 514 | 396 | 711 | 407 |
| 重　庆 | 2 590 | | 26 | 214 | 322 | 548 | 212 | 173 | 163 |
| 四　川 | 34 906 | 37 | 144 | 2 511 | 4 397 | 5 318 | 1 570 | 2 156 | 1 592 |
| 贵　州 | 5 426 | 4 | 15 | 353 | 883 | 959 | 235 | 299 | 425 |
| 云　南 | 21 261 | 15 | 17 | 612 | 1 928 | 1 143 | 362 | 363 | 418 |
| 陕　西 | 23 140 | 16 | 11 | 385 | 810 | 1 130 | 182 | 484 | 464 |
| 甘　肃 | 4 107 | 2 | 5 | 405 | 299 | 739 | 408 | 101 | 230 |
| 青　海 | 854 | | 4 | 63 | 73 | 367 | 37 | 273 | 57 |
| 宁　夏 | 3 010 | | 4 | 152 | 230 | 346 | 160 | 82 | 104 |
| 新　疆 | 5 293 | 13 | 33 | 404 | 546 | 399 | 151 | 116 | 132 |

# 中国畜牧业统计资料

2002 年全国主要畜禽年末存栏情况

| 指　　标 | 单　位 | 2001 年 | 2002 年 | 2001 年比 2000 年增减 | |
|---|---|---|---|---|---|
| | | | | 绝对数 | % |
| 一、大牲畜头数 | 万头 | 14 995.9 | 15 189.3 | 193.4 | 1.29 |
| 其中：役畜 | 万头 | | 7 056.3 | | |
| 1. 牛 | 万头 | 12 824.2 | 13 084.8 | 260.6 | 2.03 |
| 其中：黄牛 | 万头 | 9 536.4 | 9 644.5 | 108.1 | 1.13 |
| 乳牛 | 万头 | 566.2 | 687.3 | 121.1 | 21.39 |
| 水牛 | 万头 | 2 259.0 | 2 272.4 | 13.4 | 0.59 |
| 2. 马 | 万匹 | 826.0 | 808.8 | －17.2 | －2.08 |
| 3. 驴 | 万头 | 881.5 | 849.9 | －31.6 | －3.58 |
| 4. 骡 | 万头 | 436.2 | 419.4 | －16.8 | －3.85 |
| 5. 骆驼 | 万峰 | 27.9 | 26.4 | －1.5 | －5.38 |
| 二、猪 | 万头 | 45 743.0 | 46 291.5 | 548.5 | 1.20 |
| 三、羊 | 万只 | 29 826.4 | 31 655.2 | 1 828.8 | 6.13 |
| 1. 山羊 | 万只 | 16 237.1 | 17 275.9 | 1 038.8 | 6.40 |
| 2. 绵羊 | 万只 | 13 589.3 | 14 379.3 | 790.0 | 5.81 |
| 四、家禽 | 万只 | 488 850.6 | 473 523.0 | －15 327.6 | －3.14 |
| 五、兔 | 万只 | 19 124.7 | 19 422.1 | 297.4 | 1.56 |

摘自中国农业年鉴（2003）

2002 年各地区主要牲畜年末存栏情况（一）

| 地区 | 牛（万头） | 其中 | | | 马（万匹） | 驴（万头） |
|---|---|---|---|---|---|---|
| | | 黄牛（万头） | 乳牛（万头） | 水牛（万头） | | |
| **全国总计** | 13 084.8 | 9 644.5 | 687.3 | 2 272.4 | 808.8 | 849.9 |
| 北京 | 27.4 | 12.3 | 15.1 | | 0.5 | 2.0 |
| 天津 | 37.3 | 27.5 | 9.8 | | 0.7 | 4.5 |
| 河北 | 703.2 | 614.4 | 94.4 | | 40.6 | 130.0 |
| 山西 | 217.5 | 208.6 | 17.6 | | 5.2 | 36.6 |
| 内蒙古 | 327.3 | 229.0 | 98.4 | | 79.7 | 77.7 |
| 辽宁 | 264.8 | 245.3 | 12.0 | | 34.4 | 92.9 |
| 吉林 | 460.0 | 451.0 | 9.0 | | 65.0 | 17.3 |
| 黑龙江 | 491.9 | 432.3 | 93.3 | | 60.0 | 7.6 |
| 上海 | 6.2 | | 6.0 | 0.2 | | |
| 江苏 | 63.6 | 32.4 | 12.8 | 17.6 | 1.0 | 11.8 |
| 浙江 | 39.6 | 22.1 | 6.7 | 10.9 | | |
| 安徽 | 582.5 | 387.3 | 2.8 | 106.5 | 1.5 | 2.8 |
| 福建 | 109.3 | 67.5 | 5.8 | 35.9 | 0.1 | |
| 江西 | 356.7 | 229.2 | 2.6 | 124.9 | | |
| 山东 | 1 018.9 | 978.9 | 39.0 | 1.0 | 17.9 | 76.9 |
| 河南 | 1 330.6 | 1 270.6 | 14.5 | 44.9 | 21.6 | 38.3 |
| 湖北 | 399.3 | 203.7 | 5.4 | 188.8 | 1.7 | 0.7 |
| 湖南 | 534.0 | 319.3 | 2.1 | 196.5 | 3.2 | 0.5 |
| 广东 | 413.0 | 183.3 | 4.4 | 218.7 | 0.1 | |
| 广西 | 766.5 | 329.8 | 1.6 | 427.0 | 38.4 | 0.1 |
| 海南 | 149.5 | 58.2 | | 91.2 | | |
| 重庆 | 164.5 | 11.5 | 2.7 | 52.7 | 2.4 | 0.2 |
| 四川 | 1 067.4 | 836.8 | 8.4 | 225.5 | 78.1 | 7.8 |
| 贵州 | 692.6 | 458.0 | 1.4 | 233.1 | 76.2 | 0.2 |
| 云南 | 750.4 | 513.7 | 13.0 | 295.1 | 83.1 | 32.0 |
| 西藏 | 577.1 | 106.1 | 3.5 | | 42.4 | 12.4 |
| 陕西 | 267.6 | 241.5 | 24.3 | 1.8 | 1.4 | 26.7 |
| 甘肃 | 379.0 | 349.5 | 13.1 | | 26.1 | 120.7 |
| 青海 | 410.7 | 396.7 | 14.0 | | 27.3 | 9.0 |
| 宁夏 | 62.4 | 57.3 | 10.2 | | 0.7 | 18.9 |
| 新疆 | 414.1 | 270.6 | 143.6 | | 99.7 | 122.2 |

摘自中国农业年鉴（2003）

## 2002年各地区主要牲畜年末存栏情况（二）

| 地区 | 骡（万头） | 骆驼（万峰） | 猪（万头） | 其中：能繁母猪（万头） | 羊（万只） | 其中 | |
|---|---|---|---|---|---|---|---|
| | | | | | | 山羊（万只） | 绵羊（万只） |
| **全国总计** | 419.4 | 26.4 | 46 291.5 | 4 378.5 | 31 655.2 | 17 275.9 | 14 379.3 |
| 北京 | 1.1 | | 277.8 | 23.1 | 175.2 | 59.8 | 115.5 |
| 天津 | 1.7 | | 269.9 | 22.9 | 93.7 | 34.4 | 59.3 |
| 河北 | 55.6 | | 2 614.3 | 263.1 | 2 101.1 | 897.4 | 1 203.7 |
| 山西 | 38.7 | | 472.7 | 41.7 | 1 068.0 | 455.0 | 613.0 |
| 内蒙古 | 51.0 | 7.7 | 681.8 | 69.8 | 3 951.7 | 1 545.8 | 2 405.9 |
| 辽宁 | 29.4 | | 1 281.8 | 102.9 | 446.0 | 204.9 | 241.1 |
| 吉林 | 18.1 | | 474.5 | 55.2 | 372.3 | 58.0 | 314.3 |
| 黑龙江 | 5.1 | | 1 010.8 | 120.6 | 749.1 | 228.7 | 520.4 |
| 上海 | | | 216.1 | 22.6 | 47.0 | 40.4 | 6.6 |
| 江苏 | 2.4 | | 2 011.7 | 155.1 | 1 147.0 | 1 109.5 | 37.5 |
| 浙江 | | | 1 139.2 | 91.0 | 258.6 | 136.8 | 121.8 |
| 安徽 | 0.8 | | 1 995.4 | 158.2 | 948.7 | 945.8 | 2.8 |
| 福建 | | | 1 132.9 | 77.7 | 106.4 | 106.4 | |
| 江西 | | | 1 369.9 | 88.2 | 73.9 | 73.9 | |
| 山东 | 15.1 | | 2 883.0 | 346.8 | 3 039.5 | 2 389.0 | 650.4 |
| 河南 | 19.9 | | 3 800.0 | 413.6 | 3 378.0 | 3 036.5 | 341.5 |
| 湖北 | 0.3 | | 2 107.6 | 149.0 | 301.9 | 300.6 | 1.4 |
| 湖南 | 0.2 | | 3 908.5 | 394.4 | 483.0 | 482.9 | 0.1 |
| 广东 | | | 2 062.3 | 157.8 | 31.2 | 31.2 | |
| 广西 | 3.1 | | 3 029.3 | 315.7 | 232.4 | 232.4 | |
| 海南 | | | 309.1 | 35.3 | 94.8 | 94.8 | |
| 重庆 | 1.1 | | 1 690.6 | 156.7 | 213.0 | 212.8 | 0.2 |
| 四川 | 8.1 | | 5 376.2 | 519.4 | 1 329.0 | 975.6 | 353.4 |
| 贵州 | 2.1 | | 1 869.1 | 152.6 | 360.7 | 339.6 | 21.1 |
| 云南 | 64.8 | | 2 486.9 | 229.9 | 784.1 | 689.3 | 94.9 |
| 西藏 | 1.4 | | 23.7 | 6.6 | 1 782.4 | 642.6 | 1 139.8 |
| 陕西 | 11.1 | | 735.2 | 86.4 | 760.1 | 594.4 | 165.7 |
| 甘肃 | 63.3 | 2.0 | 625.1 | 54.2 | 1 209.1 | 307.2 | 901.8 |
| 青海 | 14.3 | 0.9 | 104.8 | 7.6 | 1 732.9 | 295.6 | 1 437.2 |
| 宁夏 | 8.4 | 0.1 | 126.2 | 12.8 | 476.0 | 128.1 | 347.9 |
| 新疆 | 2.6 | 15.8 | 205.1 | 47.8 | 3 908.2 | 626.4 | 3 281.8 |

摘自中国农业年鉴（2003）

## 2002年全国牧业主要产品生产情况

| 指　标 | 单　位 | 2001年 | 2002年 | 2001年比2000年增减 | |
|---|---|---|---|---|---|
| | | | | 绝对数 | % |
| 一、牲畜出栏量 | | | | | |
| 1.大牲畜出栏 | | | | | |
| (1) 牛 | 万头 | 4 118.4 | 4 401.1 | 282.7 | 6.9 |
| (2) 马 | 万匹 | 154.5 | 148.9 | −5.6 | −3.6 |
| (3) 驴 | 万头 | 203.0 | 211.5 | 8.5 | 4.2 |
| (4) 骡 | 万头 | 67.2 | 65.6 | −1.6 | −2.4 |
| (5) 骆驼 | 万峰 | 8.5 | 6.9 | −1.6 | −18.8 |
| 2.猪 | 万头 | 54 936.7 | 56 684.0 | 1 747.3 | 3.2 |
| 3.羊 | 万只 | 21 722.5 | 23 280.8 | 1 558.4 | 7.2 |
| 4.家禽 | 万只 | 808 834.8 | 832 894.1 | 24 059.3 | 3.0 |
| 5.兔 | 万只 | 28 992.5 | 30 560.2 | 1 567.7 | 5.4 |
| 二、肉类总产量 | 万t | 6 333.9 | 6 586.5 | 252.6 | 4.0 |
| 其中：猪牛羊肉 | 万t | 5 026.0 | 5 227.9 | 201.9 | 4.0 |
| 1.猪肉 | 万t | 4 184.5 | 4 326.6 | 142.1 | 3.4 |
| 平均每头产肉量 | kg | 76.2 | 76.3 | 0.1 | 0.1 |
| 2.牛肉 | 万t | 548.8 | 584.6 | 35.8 | 6.5 |
| 平均每头产肉量 | kg | 133.3 | 132.8 | −0.5 | −0.4 |
| 3.羊肉 | 万t | 292.7 | 316.7 | 24.0 | 8.2 |
| 平均每只产肉量 | kg | 13.5 | 13.6 | 0.1 | 0.7 |
| 4.禽肉 | 万t | 1 210.3 | 1 249.8 | 39.5 | 3.3 |
| 5.兔肉 | 万t | 40.6 | 42.3 | 1.7 | 4.3 |
| 三、其他畜产品产量 | | | | | |
| 1.奶类 | 万t | 1 122.9 | 1 400.4 | 277.5 | 24.7 |
| 其中：牛奶 | 万t | 1 025.5 | 1 299.8 | 274.3 | 26.8 |
| 2.山羊毛 | t | 34 240.5 | 35 459.0 | 1 218.5 | 3.6 |
| 3.绵羊毛 | t | 298 254.2 | 307 588.0 | 9 333.8 | 3.1 |
| 其中：细羊毛 | t | 114 650.6 | 112 193.0 | −2 457.6 | −2.1 |
| 半细羊毛 | t | 88 075.5 | 102 419.0 | 14 343.5 | 16.3 |
| 4.羊绒 | t | 10 967.7 | 11 765.0 | 797.3 | 7.3 |
| 5.蜂蜜 | 万t | 25.2 | 26.46 | 1.3 | 5.0 |
| 6.禽蛋 | 万t | 2 336.7 | 2 462.7 | 126.0 | 5.4 |
| 7.蚕茧 | t | 654 703.4 | 697 614.0 | 42 910.6 | 6.6 |
| 其中：桑蚕茧 | t | 602 357.6 | 644 889.0 | 42 531.4 | 7.1 |
| 柞蚕茧 | t | 51 930.9 | 52 310.0 | 379.2 | 0.7 |

摘自中国统计年鉴（2003）

## 2002年各地区当年出售和自宰畜禽产量

| 地　区 | 猪 | | 牛（万头） | 羊（万只） | 家禽（万只） | 兔（万只） |
|---|---|---|---|---|---|---|
| | 万头 | 出栏率（%） | | | | |
| 全国总计 | 56 684.0 | 123.9 | 4 401.0 | 23 280.8 | 832 894.1 | 30 560.2 |
| 北　京 | 483.2 | 194.7 | 26.8 | 263.9 | 16 385.9 | 434.3 |
| 天　津 | 362.4 | 198.1 | 27.9 | 124.7 | 8 405.4 | 50.7 |
| 河　北 | 3 541.1 | 136.6 | 480.0 | 2 030.7 | 57 389.7 | 3 306.0 |
| 山　西 | 592.0 | 124.5 | 50.2 | 484.1 | 3 508.3 | 507.3 |
| 内蒙古 | 838.5 | 109.6 | 129.6 | 2 156.0 | 7 006.0 | 506.9 |
| 辽　宁 | 1 539.8 | 119.2 | 198.6 | 319.8 | 45 592.0 | 174.2 |
| 吉　林 | 1 008.6 | 113.4 | 295.9 | 284.8 | 43 547.7 | 69.7 |
| 黑龙江 | 1 131.3 | 116.5 | 192.3 | 319.6 | 13 856.4 | 111.9 |
| 上　海 | 450.0 | 187.9 | 0.4 | 72.0 | 15 900.0 | 49.9 |
| 江　苏 | 2 955.7 | 145.7 | 28.5 | 1 504.3 | 60 486.4 | 2 213.0 |
| 浙　江 | 1 719.2 | 149.9 | 9.0 | 181.1 | 18 693.3 | 703.8 |
| 安　徽 | 2 453.9 | 128.4 | 252.3 | 852.2 | 44 203.8 | 344.9 |
| 福　建 | 1 488.3 | 132.9 | 23.9 | 107.8 | 18 094.0 | 1 313.8 |
| 江　西 | 1 957.0 | 132.1 | 67.1 | 74.4 | 28 153.7 | 157.3 |
| 山　东 | 3 803.2 | 137.3 | 488.1 | 3 358.6 | 126 352.6 | 7 031.4 |
| 河　南 | 4 498.0 | 122.5 | 640.0 | 3 437.2 | 52 847.9 | 2 636.9 |
| 湖　北 | 2 752.0 | 145.9 | 102.8 | 279.1 | 31 507.0 | 62.4 |
| 湖　南 | 5 653.1 | 156.8 | 146.8 | 526.0 | 35 286.0 | 189.7 |
| 广　东 | 3 162.2 | 147.8 | 46.7 | 25.2 | 96 613.9 | 277.6 |
| 广　西 | 2 656.5 | 84.2 | 129.1 | 181.5 | 22 918.3 | 198.1 |
| 海　南 | 273.2 | 90.8 | 28.6 | 90.2 | 6 960.6 | 61.4 |
| 重　庆 | 1 749.0 | 106.9 | 43.6 | 207.1 | 11 482.0 | 869.0 |
| 四　川 | 6 202.6 | 117.7 | 218.8 | 1 094.0 | 37 148.5 | 8 843.5 |
| 贵　州 | 1 285.0 | 71.9 | 67.0 | 200.6 | 4 519.5 | 25.5 |
| 云　南 | 2 259.9 | 89.7 | 153.8 | 417.6 | 9 652.3 | 39.7 |
| 西　藏 | 14.4 | 60.3 | 89.5 | 530.4 | | |
| 陕　西 | 770.1 | 114.3 | 71.1 | 447.0 | 5 505.5 | 142.1 |
| 甘　肃 | 639.0 | 107.1 | 89.5 | 583.7 | 3 017.7 | 75.1 |
| 青　海 | 104.6 | 101.3 | 91.3 | 475.4 | 188.6 | 4.8 |
| 宁　夏 | 138.2 | 125.0 | 23.3 | 288.7 | 1 475.1 | 24.1 |
| 新　疆 | 202.3 | 133.2 | 188.7 | 2 363.0 | 6 196.5 | 135.0 |

摘自中国农业年鉴（2003）

## 2002 年各地区牧业主要产品产量（一）

| 地 区 | 肉类总产量（万 t） | 猪 肉（万 t） | 牛 肉（万 t） | 羊 肉（万 t） | 禽 肉（万 t） | 奶 类（万 t） | 其中：牛奶（万 t） | 蜂 蜜（万 t） |
|---|---|---|---|---|---|---|---|---|
| **全国总计** | 6 586.5 | 4 326.6 | 584.6 | 316.7 | 1 249.84 | 1 400.4 | 1 299.8 | 26.46 |
| 北 京 | 70.7 | 33.8 | 4.9 | 4.2 | 26.22 | 55.1 | 55.1 | 0.28 |
| 天 津 | 44.8 | 26.1 | 4.6 | 2.8 | 10.83 | 33.6 | 33.6 | 0.01 |
| 河 北 | 458.2 | 265.2 | 71.2 | 26.7 | 80.23 | 148.9 | 136.9 | 0.80 |
| 山 西 | 64.9 | 45.3 | 6.7 | 6.9 | 4.31 | 47.2 | 44.7 | 0.25 |
| 内蒙古 | 145.8 | 74.9 | 19.5 | 33.8 | 12.02 | 168.9 | 165.2 | 0.23 |
| 辽 宁 | 253.9 | 132.4 | 29.7 | 4.4 | 83.88 | 30.8 | 28.1 | 0.81 |
| 吉 林 | 204.3 | 75.6 | 37.0 | 3.5 | 84.92 | 18.9 | 18.0 | 0.55 |
| 黑龙江 | 144.0 | 82.4 | 28.2 | 4.7 | 26.49 | 239.8 | 235.8 | 0.78 |
| 上 海 | 51.6 | 25.1 | 0.1 | 0.9 | 25.50 | 28.0 | 28.0 | 0.07 |
| 江 苏 | 349.4 | 217.4 | 5.3 | 17.2 | 102.55 | 45.5 | 45.3 | 0.65 |
| 浙 江 | 147.8 | 115.1 | 1.2 | 3.1 | 27.01 | 22.2 | 22.2 | 6.97 |
| 安 徽 | 317.0 | 201.2 | 35.3 | 11.9 | 66.31 | 7.4 | 7.4 | 1.16 |
| 福 建 | 142.5 | 110.6 | 2.3 | 1.5 | 26.44 | 14.2 | 13.8 | 0.65 |
| 江 西 | 195.5 | 149.9 | 6.0 | 1.1 | 37.70 | 7.9 | 7.9 | 0.85 |
| 山 东 | 627.0 | 314.8 | 76.1 | 30.2 | 193.27 | 116.8 | 90.3 | 1.01 |
| 河 南 | 570.0 | 366.5 | 89.2 | 37.8 | 66.40 | 39.0 | 36.0 | 2.54 |
| 湖 北 | 278.2 | 218.8 | 14.6 | 4.3 | 39.87 | 10.1 | 10.1 | 0.76 |
| 湖 南 | 472.5 | 396.9 | 15.9 | 8.1 | 50.07 | 3.0 | 3.0 | 0.96 |
| 广 东 | 348.5 | 225.8 | 5.0 | 0.5 | 111.35 | 11.1 | 10.8 | 1.27 |
| 广 西 | 248.5 | 190.8 | 11.6 | 2.6 | 41.63 | 3.1 | 3.1 | 0.64 |
| 海 南 | 39.7 | 23.3 | 2.6 | 1.2 | 11.05 | 0.04 | 0.04 | 0.05 |
| 重 庆 | 153.0 | 126.9 | 5.0 | 2.4 | 17.24 | 8.1 | 8.1 | 0.49 |
| 四 川 | 568.0 | 458.9 | 23.6 | 16.8 | 55.00 | 39.3 | 38.9 | 2.94 |
| 贵 州 | 138.6 | 115.2 | 9.0 | 4.5 | 9.04 | 2.5 | 2.5 | 0.17 |
| 云 南 | 235.8 | 195.9 | 15.7 | 7.2 | 15.67 | 19.0 | 17.5 | 0.64 |
| 西 藏 | 17.2 | 0.9 | 9.4 | 6.9 | — | 24.3 | 19.0 | |
| 陕 西 | 87.0 | 60.2 | 9.4 | 6.9 | 8.74 | 83.1 | 54.0 | 0.29 |
| 甘 肃 | 70.1 | 46.0 | 9.5 | 9.3 | 3.46 | 17.3 | 16.8 | 0.14 |
| 青 海 | 22.8 | 7.2 | 7.0 | 8.0 | 3.34 | 23.5 | 22.0 | 0.05 |
| 宁 夏 | 18.9 | 8.8 | 2.9 | 4.5 | 2.34 | 30.8 | 30.7 | 0.10 |
| 新 疆 | 100.2 | 14.9 | 25.9 | 42.6 | 10.14 | 101.1 | 94.9 | 0.35 |

摘自中国农业年鉴（2003）

## 2002年各地区牧业主要产品产量（二）

| 地区 | 禽蛋 (t) | 山羊毛 (t) | 绵羊毛 (t) | 其中 细羊毛 (t) | 其中 半细羊毛 (t) | 羊绒 (t) | 蚕茧 (t) |
|---|---|---|---|---|---|---|---|
| **全国总计** | 2 462.7 | 35 459 | 307 588 | 112 193 | 102 419 | 11 765 | 69.8 |
| 北京 | 15.2 | 397 | 1 380 | 44 | 1 336 | 128 | |
| 天津 | 24.5 | 97 | 1 110 | 77 | 1 033 | 1 | |
| 河北 | 389.4 | 4 666 | 28 657 | 4 514 | 11 860 | 901 | 0.1 |
| 山西 | 45.7 | 1 702 | 7 685 | 1 519 | 939 | 668 | 0.4 |
| 内蒙古 | 27.7 | 5 133 | 58 538 | 33 681 | 12 712 | 4 531 | 01 |
| 辽宁 | 159.8 | 1 119 | 9 158 | 4 073 | 4 885 | 372 | 4.2 |
| 吉林 | 84.0 | 362 | 21 675 | 18 900 | 2 775 | 48 | 0.1 |
| 黑龙江 | 84.6 | 251 | 17 505 | 4 576 | 12 929 | 194 | 0.3 |
| 上海 | 16.6 | 171 | 68 | | 68 | | |
| 江苏 | 187.3 | 8 | 746 | 512 | 234 | | 11.9 |
| 浙江 | 43.5 | 560 | 1 637 | | 1 637 | | 9.9 |
| 安徽 | 115.3 | 83 | 131 | 14 | 117 | 12 | 2.8 |
| 福建 | 40.8 | 10 | | | | | |
| 江西 | 35.4 | 8 774 | | | | | 0.7 |
| 山东 | 399.4 | 2 421 | 19 527 | 4 790 | 14 737 | 842 | 7.0 |
| 河南 | 302.0 | 30 | 8 990 | 1 586 | 5 206 | 422 | 2.1 |
| 湖北 | 112.1 | 8 | 23 | 1 | 9 | | 1.3 |
| 湖南 | 62.7 | 8 | 3 | 3 | | | 0.1 |
| 广东 | 32.8 | | | | | | 5.3 |
| 广西 | 15.0 | | | | | | 7.4 |
| 海南 | 3.1 | | | | | | |
| 重庆 | 31.6 | 4 | 8 | 8 | | | 3.4 |
| 四川 | 121.1 | 433 | 4 800 | 378 | 2 129 | 30 | 9.3 |
| 贵州 | 7.9 | 36 | 302 | 48 | 254 | | 0.2 |
| 云南 | 13.2 | 92 | 1 569 | 325 | 963 | 34 | 1.1 |
| 西藏 | 0.3 | 1 468 | 8 472 | 147 | 2 970 | 815 | 1.7 |
| 陕西 | 46.4 | 1 055 | 3 220 | 1 601 | 388 | 637 | |
| 甘肃 | 12.4 | 1 573 | 15 314 | 5 277 | 3 229 | 356 | |
| 青海 | 1.4 | 764 | 15 930 | 1 043 | 4 670 | 314 | |
| 宁夏 | 9.0 | 873 | 6 718 | 244 | 1 476 | 426 | |
| 新疆 | 22.6 | 3 361 | 74 422 | 28 832 | 15 863 | 1 034 | 0.2 |

摘自中国农业年鉴（2003）

# 中国水产养殖业统计资料

## 2002年各地区水产品产量

单位：t

| 地　区 | 总产量 | 1. 海水产品 | 其中 捕　捞 | 其中 养　殖 | 2. 内陆产品 | 其中 捕　捞 | 其中 养　殖 |
|---|---|---|---|---|---|---|---|
| **全国总计** | 45 651 790 | 26 463 371 | 14 334 934 | 12 128 437 | 19 188 419 | 2 247 926 | 16 940 493 |
| 北　京 | 73 675 | | | | 73 675 | | 73 675 |
| 天　津 | 285 564 | 52 778 | 44 820 | 7 958 | 232 786 | 12 810 | 219 976 |
| 河　北 | 870 571 | 518 440 | 317 249 | 201 191 | 352 131 | 72 972 | 279 159 |
| 山　西 | 29 226 | | | | 29 226 | 218 | 29 008 |
| 内蒙古 | 77 707 | | | | 77 707 | 31 890 | 45 817 |
| 辽　宁 | 3 748 309 | 3 270 787 | 1 488 365 | 1 782 422 | 477 522 | 31 838 | 445 684 |
| 吉　林 | 105 142 | | | | 104 142 | 23 398 | 81 744 |
| 黑龙江 | 417 786 | | | | 417 786 | 52 197 | 365 589 |
| 上　海 | 326 905 | 118 235 | 115 802 | 2 433 | 208 670 | 6 582 | 202 088 |
| 江　苏 | 3 344 167 | 970 773 | 606 572 | 364 201 | 2 373 394 | 279 574 | 2 093 820 |
| 浙　江 | 4 806 837 | 4 093 332 | 3 241 799 | 851 533 | 713 505 | 81 405 | 632 100 |
| 安　徽 | 1 633 857 | | | | 1 633 857 | 328 103 | 1 305 754 |
| 福　建 | 5 587 142 | 4 947 843 | 2 118 278 | 2 829 565 | 639 299 | 79 065 | 560 234 |
| 江　西 | 1 382 016 | | | | 1 382 016 | 229 781 | 1 152 235 |
| 山　东 | 6 950 136 | 5 982 623 | 2 720 554 | 3 262 069 | 967 513 | 78 764 | 888 749 |
| 河　南 | 362 179 | | | | 362 179 | 21 482 | 340 697 |
| 湖　北 | 2 722 685 | | | | 2 722 685 | 389 349 | 2 333 336 |
| 湖　南 | 1 493 279 | | | | 1 493 279 | 161 497 | 1 331 782 |
| 广　东 | 6 280 635 | 3 743 593 | 1 847 227 | 1 896 366 | 2 537 042 | 133 042 | 2 404 000 |
| 广　西 | 2 551 456 | 1 664 169 | 862 969 | 801 200 | 887 287 | 101 835 | 785 452 |
| 海　南 | 1 092 951 | 918 621 | 789 122 | 129 499 | 174 330 | 22 566 | 151 764 |
| 重　庆 | 211 568 | | | | 211 568 | 12 317 | 199 251 |
| 四　川 | 648 436 | | | | 648 436 | 50 154 | 598 282 |
| 贵　州 | 74 567 | | | | 74 567 | 8 411 | 66 156 |
| 云　南 | 192 564 | | | | 192 564 | 23 554 | 169 010 |
| 西　藏 | 1 156 | | | | 1 156 | 1 130 | 26 |
| 陕　西 | 70 514 | | | | 70 514 | 3 422 | 67 092 |
| 甘　肃 | 14 518 | | | | 14 518 | 440 | 14 078 |
| 青　海 | 1 796 | | | | 1 796 | | 1 796 |
| 宁　夏 | 48 591 | | | | 48 591 | 247 | 48 344 |
| 新　疆 | 63 678 | | | | 63 678 | 9 883 | 53 795 |
| 中国水产总公司 | 182 177 | 182 177 | 182 177 | | | | |

摘自中国农业年鉴（2003）

## 2002年各地区内陆养殖面积

单位：$hm^2$

| 地　区 | 内陆养殖面积 | | | | | | 稻田养成　鱼 | 稻田养鱼　种 | 养殖水面中鱼种池 |
|---|---|---|---|---|---|---|---|---|---|
| | 合　计 | 1.池塘 | 2.湖泊 | 3.水库 | 4.河沟 | 5.其他 | | | |
| **全国总计** | 5 469 883 | 2 356 842 | 873 936 | 1 643 984 | 382 532 | 212 589 | 1 618 242 | 284 748 | 194 506 |
| 北　京 | 21 405 | 6 595 | | 13 731 | | 1 079 | | | 726 |
| 天　津 | 32 394 | 25 429 | 2 298 | 4 226 | 433 | 8 | 80 | | 1 214 |
| 河　北 | 82 878 | 33 572 | 9 436 | 37 483 | 1 353 | 1 034 | | 9 | 3 208 |
| 山　西 | 17 416 | 3 384 | 847 | 12 737 | 270 | 178 | 67 | | 439 |
| 内蒙古 | 95 538 | 8 678 | 48 023 | 36 852 | 594 | 1 391 | 782 | 220 | 1 814 |
| 辽　宁 | 158 534 | 40 411 | | 83 548 | 1 633 | 32 942 | 65 316 | | 4 398 |
| 吉　林 | 182 242 | 19 317 | 59 828 | 103 084 | | 13 | 2 045 | | 2 436 |
| 黑龙江 | 380 703 | 128 119 | 117 877 | 109 623 | 18 013 | 7 071 | 65 301 | 4 367 | 13 109 |
| 上　海 | 42 069 | 27 260 | 4 644 | | 9 018 | 1 147 | 7 703 | 7 703 | 760 |
| 江　苏 | 609 213 | 317 480 | 100 307 | 26 340 | 114 173 | 50 913 | 240 474 | 15 757 | 21 727 |
| 浙　江 | 212 988 | 64 113 | | 90 492 | 51 987 | 6 396 | 113 131 | 6 334 | 3 547 |
| 安　徽 | 566 888 | 219 704 | 177 773 | 74 327 | 71 527 | 23 557 | 41 913 | 18 189 | 20 997 |
| 福　建 | 98 935 | 37 839 | 859 | 50 405 | 5 531 | 4 301 | 29 794 | 4 241 | 1 525 |
| 江　西 | 348 782 | 116 725 | 82 850 | 135 176 | 12 596 | 1 435 | 125 776 | 35 282 | 12 506 |
| 山　东 | 242 229 | 129 256 | 7 512 | 97 706 | 5 241 | 2 514 | 607 | 607 | |
| 河　南 | 198 204 | 94 667 | 2 834 | 96 226 | 3 618 | 859 | 64 | 52 | 4 353 |
| 湖　北 | 635 064 | 322 899 | 155 722 | 103 236 | 16 721 | 36 495 | 28 531 | 6 748 | 59 119 |
| 湖　南 | 432 130 | 229 845 | 59 948 | 106 227 | 13 502 | 22 608 | 199 543 | 122 849 | 21 374 |
| 广　东 | 377 550 | 254 304 | | 113 473 | 3 537 | 6 236 | 19 457 | 4 035 | 5 194 |
| 广　西 | 200 225 | 76 069 | 2 912 | 108 933 | 8 542 | 3 769 | 43 263 | 517 | 2 554 |
| 海　南 | 45 431 | 15 834 | | 28 616 | 468 | 513 | 28 | 28 | 681 |
| 重　庆 | 69 208 | 30 711 | | 21 583 | 14 589 | 2 325 | 113 307 | 12 122 | 2 760 |
| 四　川 | 172 408 | 89 101 | 5 756 | 58 809 | 16 563 | 2 179 | 289 996 | 22 678 | 3 184 |
| 贵　州 | 31 449 | 5 021 | 366 | 21 551 | 1 605 | 2 906 | 133 145 | 4 547 | 283 |
| 云　南 | 83 859 | 29 421 | 12 775 | 41 206 | 392 | 65 | 97 444 | 18 298 | 1 789 |
| 西　藏 | 15 | 15 | | | | | | | 3 |
| 陕　西 | 28 791 | 9 355 | 7 452 | 11 980 | | 4 | 159 | 4 | 1 026 |
| 甘　肃 | 20 789 | 3 118 | | 17 006 | 365 | 300 | 316 | 161 | 463 |
| 青　海 | 5 672 | 540 | 4 200 | 932 | | | | | 55 |
| 宁　夏 | 13 334 | 6 870 | 5 086 | 1 192 | 83 | 103 | | | 1 378 |
| 新　疆 | 63 540 | 11 190 | 4 631 | 37 284 | 10 187 | 248 | | | 1 884 |

摘自中国农业年鉴（2003）

# 世界畜牧业统计资料

## 2002年各国大牲畜存栏量

单位：千头

| 国别或地区 | 肉牛 | 水牛 | 绵羊 | 山羊 | 猪 | 马 | 驴 | 骆驼 |
|---|---|---|---|---|---|---|---|---|
| **世界总计** | 13 60 475.6 | 166 419.0 | 1 044 045.1 | 746 514.6 | 939 318.6 | 57 594.3 | 42 520.3 | 19 321.8 |
| 中国 | 106 175.0 | 22 253.6 | 136 972.4 | 161 492.2 | 464 695.0 | 8 262.1 | 8 815.0 | 279.0 |
| 英国 | 10 430.0 | | 33 000.0 | | 5 527.0 | 184.0 | | |
| 印度尼西亚 | 11 200.0 | 2 300.0 | 7 350.0 | 12 400.0 | 6 000.0 | 450.0 | | |
| 印度 | 219 642.0 | 94 132.2 | 58 200.0 | 123 500.0 | 17 500.0 | 800.0 | 1 000.0 | 1 003.0 |
| 意大利 | 7 211.0 | 190.0 | 10 952.0 | 1 327.0 | 8 410.0 | 285.0 | 23.0 | |
| 以色列 | 390.0 | | 392.0 | 65.0 | 155.0 | 4.0 | 5.0 | 5.3 |
| 匈牙利 | 783.0 | | 1 136.0 | 227.0 | 4 822.0 | 78.0 | 3.8 | |
| 新西兰 | 9 634.6 | | 43 987.0 | 182.8 | 358.1 | 85.0 | | |
| 希腊 | 585.0 | 0.8 | 9 205.0 | 5 023.0 | 938.0 | 33.0 | 71 | |
| 乌兹别克斯坦 | 5 400.0 | | 8 220.0 | 830.0 | 90.0 | 145.0 | 160.0 | 25.0 |
| 乌克兰 | 9 600.0 | | 963.1 | 911.9 | 8 478.0 | 701.2 | 11.5 | |
| 土库曼斯坦 | 860.0 | | 6 000.0 | 375.0 | 45.0 | 17.0 | 25.0 | 40.0 |
| 泰国 | 4 640.4 | 2 100.0 | 43.0 | 150.0 | 6 688.9 | 8.6 | | |
| 瑞典 | 1 637.5 | | 426.8 | | 1 881.7 | 85.0 | | |
| 日本 | 4 564.0 | | 11.0 | 35.0 | 9 612.0 | 25.0 | | |
| 挪威 | 972.9 | | 2 500.0 | 52.0 | 400.0 | 26.0 | | |
| 南斯拉夫 | 1 831.0 | 28.6 | 1 450.0 | 174.4 | 3 328.8 | 49.0 | | |
| 墨西哥 | 30 600.0 | | 6 250.0 | 9 100.0 | 18 000.0 | 6 255.0 | 3 260.0 | |
| 缅甸 | 11 551.0 | 2 552.0 | 431.5 | 1 541.7 | 4 498.7 | 120.0 | | |
| 美国 | 96 700.0 | | 6 685.0 | 1 250.0 | 59 138.0 | 5 300.0 | 52.0 | |
| 马来西亚 | 755.0 | 140.0 | 170.0 | 215.0 | 2 100.0 | 4.5 | | |
| 罗马尼亚 | 2 720.0 | | 7 300.0 | 520.0 | 3 950.0 | 850.0 | 28.0 | |
| 加拿大 | 13 699.5 | | 993.6 | 30.0 | 14 367.1 | 385.0 | | |
| 荷兰 | 4 050.0 | | 1 300.0 | 215.0 | 13 000.0 | 122.0 | | |
| 芬兰 | 1 025.7 | | 100.0 | 8.0 | 1 300.0 | 60.0 | | |
| 菲律宾 | 2 547.8 | 3 115.1 | 30.0 | 6 970.0 | 11 652.7 | 230.0 | | |
| 法国 | 20 281.0 | | 9 205.0 | 1 200.0 | 14 800.0 | 350.0 | 16.0 | |
| 俄罗斯 | 26 928.0 | 15.7 | 13 000.0 | 1 798.0 | 15 923.0 | 1 780.0 | 20.0 | 12.0 |
| 德国 | 14 226.6 | | 2 180.0 | 160.0 | 25 957.8 | 520.0 | | |
| 丹麦 | 1 923.0 | | 154.0 | | 12 990.0 | 40.0 | | |
| 波兰 | 5 501.5 | | 340.0 | | 18 707.0 | 500.0 | | |
| 巴西 | 176 000.0 | 1 150.0 | 15 500.0 | 9 000.0 | 30 000.0 | 5 900.0 | 1 250.0 | |
| 巴基斯坦 | 22 857.0 | 24 000.0 | 24 398.0 | 50 900.0 | | 300.0 | 3 900.0 | 800.0 |
| 澳大利亚 | 28 768.0 | | 113 000.0 | 200.0 | 2 763.0 | 220.0 | 2.0 | |
| 埃及 | 3 801.1 | 3 550.0 | 4 671.2 | 3 466.8 | 29.5 | 45.7 | 3 050.0 | 120.0 |
| 阿根廷 | 50 369.0 | | 14 000.0 | 3 550.0 | 4 250.0 | 3 650.0 | 95.0 | |
| 阿富汗 | 2 000.0 | | 11 000.0 | 5 000.0 | | 104.0 | 920.0 | 290.4 |

摘自中国农业年鉴（2003）

## 2002 年各国小畜及家禽存栏量

单位：千只

| 国别或地区 | 鸡 | 鸭 | 鹅 | 火鸡 | 兔 |
|---|---|---|---|---|---|
| **世界总计** | 15 420 137 | 947 525 | 245 731 | 242 802 | 497 082 |
| 中国 | 3 923 600 | 661 250 | 215 000 | 250 | 200 070 |
| 英国 | 168 000 | 4 000 | 100 | 9 500 | |
| 印度尼西亚 | 870 000 | 30 000 | | | |
| 印度 | 413 400 | | | | |
| 意大利 | 100 000 | | | 25 000 | 67 000 |
| 以色列 | 30 000 | 200 | 1 400 | 5 000 | |
| 匈牙利 | 34 343 | 1 500 | 1 500 | 3 300 | 670 |
| 新西兰 | 13 000 | 240 | 65 | 70 | |
| 希腊 | 28 000 | 70 | 33 | 90 | 1 500 |
| 乌兹别克斯坦 | 14 500 | | | 370 | 80 000 |
| 乌克兰 | 146 000 | 20 000 | | 10 000 | 5 557 |
| 土库曼斯坦 | 48 000 | | | 200 | |
| 泰国 | 250 000 | 23 000 | 500 | | |
| 瑞典 | 7 400 | | | 200 | |
| 日本 | 294 000 | | | 3 | |
| 挪威 | 3 200 | | | | |
| 南斯拉夫 | 21 100 | 540 | 960 | 670 | |
| 墨西哥 | 495 700 | 8 100 | | 3 000 | 1 310 |
| 缅甸 | 57 128 | 6 500 | 500 | 2 | |
| 美国 | 1 830 000 | 6 650 | | 88 000 | |
| 马来西亚 | 130 000 | 13 000 | | | |
| 罗马尼亚 | 70 100 | 4 000 | 4 000 | 860 | 1 300 |
| 加拿大 | 158 000 | 1 150 | 300 | 5 000 | |
| 荷兰 | 98 000 | 1 020 | | 1 523 | 380 |
| 芬兰 | 6 000 | | | | |
| 菲律宾 | 12 724 | 12 000 | 330 | 500 | |
| 法国 | 240 000 | 23 500 | 1 000 | 42 000 | 13 500 |
| 俄罗斯 | 345 000 | 900 | 2 800 | 2 500 | 1 200 |
| 德国 | 109 993 | 1 900 | 400 | 8 800 | 9 800 |
| 丹麦 | 20 000 | 290 | 7 | 550 | |
| 波兰 | 50 694 | 3 600 | 620 | 800 | 1 000 |
| 巴西 | 1 050 000 | 3 500 | | 9 500 | 400 |
| 巴基斯坦 | 155 000 | 3 500 | | | |
| 澳大利亚 | 93 000 | 400 | | 1 300 | |
| 埃及 | 88 000 | 9 200 | 9 100 | 1 850 | 9 250 |
| 阿根廷 | 110 500 | 2 350 | 135 | 2 850 | 1 100 |
| 阿富汗 | 6 500 | | | | |

摘自中国农业年鉴（2003）

## 2002年各国大牲畜屠宰量

单位：千头

| 国别或地区 | 肉牛 | 水牛 | 绵羊 | 山羊 | 猪 | 马 | 驴 | 骆驼 |
|---|---|---|---|---|---|---|---|---|
| **世界总计** | 281 006.8 | 22 108.0 | 495 562.4 | 326 369.7 | 1 198 199.8 | 4 327.9 | 2 211.0 | 1 401.8 |
| 中国 | 38 078.0 | 3 855.7 | 110 300.0 | 112 896.9 | 576 340.0 | 1 300.0 | 2 050.0 | 80.0 |
| 英国 | 2 326.0 | | 15 219.0 | | 10 398.0 | 20.0 | | |
| 印度尼西亚 | 1 720.0 | 209.0 | 3 340.0 | 4 429.0 | 8 571.0 | 10.5 | | |
| 印度 | 14 200.0 | 10 340.0 | 19 200.0 | 46 900.0 | 17 000.0 | | | |
| 意大利 | 3 930.0 | 7.0 | 6 500.0 | 615.0 | 13 153.1 | 235.0 | | |
| 以色列 | 145.0 | | 270.0 | 45.0 | 152.0 | | | 0.5 |
| 匈牙利 | 180.0 | | 300.0 | | 5 600.0 | 3.5 | | |
| 新西兰 | 3 588.6 | | 30 624.7 | 145.0 | 729.0 | 7.0 | | |
| 希腊 | 300.0 | | 7 200.0 | 4 200.0 | 2 200.0 | 15.0 | | |
| 乌兹别克斯坦 | 2 340.0 | | 4 700.0 | | 240.0 | | | |
| 乌克兰 | 4 690.0 | | 720.0 | 745.0 | 6 810.0 | 64.0 | | |
| 土库曼斯坦 | 370.0 | | 3 800.0 | 194.0 | 11.0 | | | |
| 泰国 | 900.0 | 208.0 | 16.5 | 40.0 | 9 500.0 | | | |
| 瑞典 | 500.0 | | 193.0 | | 3 230.0 | 5.1 | | |
| 日本 | 1 265.0 | | 4.0 | 6.0 | 16 200.0 | 18.0 | | |
| 挪威 | 344.0 | | 1 131.5 | 21.0 | 1 131.0 | 2.5 | | |
| 南斯拉夫 | 800.0 | | 1 443.0 | 40.8 | 8 100.0 | 3.0 | | |
| 墨西哥 | 6 725.0 | | 2 371.2 | 2 553.7 | 14 050.0 | 626.0 | | |
| 缅甸 | 900.0 | 125.0 | 142.0 | 785.0 | 2 231.4 | | | |
| 美国 | 37 045.0 | | 3 290.0 | 100 360.0 | 82.0 | | | |
| 马来西亚 | 186.0 | 20.1 | 10.6 | 48.0 | 4 700.0 | 0.6 | | |
| 罗马尼亚 | 1 350.0 | | 4 380.0 | 458.0 | 4 820.0 | 50.0 | | |
| 加拿大 | 3 700.0 | | 720.0 | | 21 500.0 | 88.0 | | |
| 荷兰 | 2 250.0 | | 815.0 | 25.0 | 17 800.0 | 4.0 | | |
| 芬兰 | 325.0 | | 33.0 | | 2 077.0 | 1.2 | | |
| 菲律宾 | 796.0 | 397.0 | 9.0 | 2 500.0 | 19 700.0 | 6.7 | | |
| 法国 | 6 070.0 | | 7 200.0 | 1 070.0 | 26 900.0 | 46.0 | | |
| 俄罗斯 | 12 150.0 | | 6 200.0 | 909.0 | 20 800.0 | | | |
| 德国 | 4 520.0 | | 2 204.0 | 20.4 | 43 880.0 | 18.1 | | |
| 丹麦 | 604.0 | | 75.1 | | 22 280.0 | 3.0 | | |
| 波兰 | 1 840.0 | | 106.0 | | 20 600.0 | 33.4 | | |
| 巴西 | 33 000.0 | | 4 500.0 | 2 500.0 | 25 000.0 | 142.0 | | |
| 巴基斯坦 | 2 290.0 | 3 700.0 | 10 100.0 | 21 000.0 | | | | |
| 澳大利亚 | 8 350.0 | | 32 290.0 | 323.0 | 5 293.0 | 76.0 | | |
| 埃及 | 1 420.0 | 1 750.0 | 3 000.0 | 1 850.0 | 72.0 | | | 120.0 |
| 阿根廷 | 12 700.0 | | 4 450.0 | 1 400.0 | 2 743.0 | 254.0 | | |
| 阿富汗 | 600.0 | | 5 500.0 | 2 300.0 | | | | 22.0 |

摘自中国农业年鉴（2003）

## 2002年各国小畜及家禽屠宰量

单位：千只

| 国别或地区 | 鸡 | 鸭 | 鹅 | 火鸡 | 兔 |
|---|---|---|---|---|---|
| **世界总计** | 44 133 298 | 2 097 445 | 522 886 | 663 098 | 788 341 |
| 中国 | 7 041 700 | 1 612 473 | 481 500 | 500 | 245 000 |
| 英国 | 818 000 | 21 000 | 500 | 27 000 | |
| 印度尼西亚 | 1 071 300 | 15 000 | | | |
| 印度 | 661 500 | | | | |
| 意大利 | 510 000 | | | | |
| 以色列 | 195 000 | 300 | 1 700 | 14 000 | |
| 匈牙利 | 200 000 | 11 100 | 12 000 | 17 000 | 5 600 |
| 新西兰 | 71 222 | 364 | 25 | 220 | |
| 希腊 | 138 000 | 60 | 35 | 500 | 3 300 |
| 乌兹别克斯坦 | 14 000 | | | | |
| 乌克兰 | 165 000 | | | | 9 500 |
| 土库曼斯坦 | 3 900 | | | | |
| 泰国 | 1 035 000 | 70 000 | 600 | | |
| 瑞典 | 78 000 | | | 650 | |
| 日本 | 610 000 | | | 4 | |
| 挪威 | 25 000 | | | | |
| 南斯拉夫 | 79 000 | 1 450 | 1 750 | 1 340 | |
| 墨西哥 | 1 090 000 | 8 100 | | 8 255 | 4 190 |
| 缅甸 | 210 568 | 18 992 | 1 080 | 2 | |
| 美国 | 8 776 000 | 23 000 | | 270 000 | |
| 马来西亚 | 610 000 | 22 000 | | | |
| 罗马尼亚 | 200 000 | | | | 2 600 |
| 加拿大 | 590 431 | 3 600 | 180 | 22 430 | |
| 荷兰 | 575 000 | 7 000 | | 8 500 | |
| 芬兰 | 58 000 | | | | |
| 菲律宾 | 542 000 | 10 500 | 280 | 440 | |
| 法国 | 900 000 | 82 000 | 1 300 | 118 000 | 56 800 |
| 俄罗斯 | 760 000 | | | | 3 900 |
| 德国 | 400 000 | 21 100 | 890 | 37 500 | 21 120 |
| 丹麦 | 144 000 | 1 735 | 19 | 1 100 | |
| 波兰 | 460 000 | 7 000 | 1 700 | 4 000 | 3 000 |
| 巴西 | 4 933 000 | 5 550 | | 28 200 | 1 450 |
| 巴基斯坦 | 310 000 | 3 600 | | | |
| 澳大利亚 | 416 000 | 3 800 | | 6 500 | |
| 埃及 | 359 318 | 16 100 | 10 050 | 2 150 | 58 200 |
| 阿根廷 | 423 000 | 2 850 | 175 | 6 850 | 6 500 |
| 阿富汗 | 15 300 | | | | |

摘自中国农业年鉴（2003）

## 2002 年各国牲畜肉产量

单位：千 t

| 国别或地区 | 牛肉 | 水牛肉 | 绵羊肉 | 山羊肉 | 猪肉 | 马肉 | 驴肉 | 骆驼肉 |
|---|---|---|---|---|---|---|---|---|
| **世界总计** | 57 711.3 | 3 089.9 | 7 666.7 | 3 956.4 | 93 623.9 | 695.2 | 174.4 | 288.1 |
| 中国 | 5 230.0 | 386.3 | 1 600.0 | 1 424.1 | 44 286.0 | 156.0 | 164.0 | 17.6 |
| 英国 | 692.0 | | 301.0 | | 775.0 | 3.1 | | |
| 印度尼西亚 | 339.0 | 42.0 | 33.4 | 44.3 | 471.4 | 1.5 | | |
| 印度 | 1 462.6 | 1 426.9 | 230.4 | 469.0 | 595.0 | | | |
| 意大利 | 1 160.0 | 1.4 | 57.0 | 5.8 | 1 509.6 | 51.0 | | |
| 以色列 | 56.5 | | 5.4 | 0.8 | 12.0 | | | 0.1 |
| 匈牙利 | 46.0 | | 3.3 | | 575.0 | 10.0 | | |
| 新西兰 | 616.1 | | 539.5 | 1.6 | 46.7 | 1.2 | | |
| 希腊 | 60.0 | | 77.0 | 43.0 | 136.0 | 2.7 | | |
| 乌兹别克斯坦 | 404.0 | | 82.2 | | 15.0 | | | |
| 乌克兰 | 680.0 | | 10.0 | 10.0 | 623.0 | 14.0 | | |
| 土库曼斯坦 | 67.0 | | 57.0 | 3.0 | 0.6 | | | |
| 泰国 | 180.0 | 52.6 | 0.2 | 0.6 | 475.0 | | | |
| 瑞典 | 146.0 | | 3.8 | | 283.0 | 1.4 | | |
| 日本 | 520.0 | | 0.1 | 0.2 | 1 220.0 | 7.0 | | |
| 挪威 | 86.0 | 23.4 | 0.3 | 107.0 | 0.6 | | | |
| 南斯拉夫 | 93.9 | | 17.5 | 0.7 | 590.0 | 0.5 | | |
| 墨西哥 | 1 449.7 | | 37.9 | 40.9 | 1 158.1 | 78.9 | | |
| 缅甸 | 108.0 | 21.3 | 2.2 | 7.8 | 122.7 | | | |
| 美国 | 12 424.0 | | 100.2 | | 8 973.0 | 20.5 | | |
| 马来西亚 | 21.1 | 3.6 | 0.2 | 0.4 | 260.0 | 0.1 | | |
| 罗马尼亚 | 145.0 | | 43.8 | 3.8 | 420.0 | 9.0 | | |
| 加拿大 | 1 251.0 | | 13.0 | | 1 820.0 | 18.0 | | |
| 荷兰 | 464.0 | | 22.0 | 0.2 | 1 420.0 | 1.0 | | |
| 芬兰 | 87.5 | | 0.7 | | 178.0 | 0.3 | | |
| 菲律宾 | 186.0 | 73.0 | 0.1 | 33.5 | 1 103.0 | 0.7 | | |
| 法国 | 1 666.0 | | 130.0 | 8.6 | 2 320.0 | 13.2 | | |
| 俄罗斯 | 1 857.5 | | 112.0 | 15.0 | 1 595.0 | | | |
| 德国 | 1 390.0 | | 46.0 | 0.4 | 4 090.0 | 4.4 | | |
| 丹麦 | 151.0 | | 1.6 | | 1 743.0 | 0.9 | | |
| 波兰 | 315.0 | | 1.3 | | 1 900.0 | 9.1 | | |
| 巴西 | 7 050.0 | | 72.0 | 37.5 | 2 000.0 | 18.5 | | |
| 巴基斯坦 | 437.0 | 494.0 | 172.0 | 360.0 | | | | |
| 澳大利亚 | 2 034.0 | | 646.0 | 8.1 | 395.0 | 21.3 | | |
| 埃及 | 246.8 | 306.0 | 85.3 | 32.7 | 3.0 | | | 36.5 |
| 阿根廷 | 2 740.0 | | 50.3 | 9.2 | 215.0 | 55.5 | | |
| 阿富汗 | 108.0 | | 88.0 | 29.9 | | | | 4.0 |

摘自中国农业年鉴（2003）

## 2002年各国小畜及家禽肉产量

单位：t

| 国别或地区 | 鸡 | 鸭 | 鹅 | 火鸡 | 兔 |
|---|---|---|---|---|---|
| **世界总计** | 61 892 181 | 3 050 056 | 2 086 133 | 5 192 274 | 1 007 023 |
| 中国 | 9 475 230 | 2 116 235 | 1 926 000 | 2 000 | 343 000 |
| 英国 | 1 250 000 | 46 000 | 2 400 | 256 000 | |
| 印度尼西亚 | 857 000 | 14 000 | | | |
| 印度 | 595 350 | | | | |
| 意大利 | 816 000 | | | 340 000 | 221 000 |
| 以色列 | 206 000 | 390 | 5 100 | 95 000 | |
| 匈牙利 | 340 000 | 25 400 | 52 000 | 120 000 | 7 600 |
| 新西兰 | 121 193 | 655 | 100 | 1 100 | |
| 希腊 | 152 000 | 126 | 147 | 2 100 | 5 000 |
| 乌兹别克斯坦 | 16 400 | | | | |
| 乌克兰 | 250 000 | | | | 15 000 |
| 土库曼斯坦 | 5 000 | | | | |
| 泰国 | 1 344 000 | 105 000 | 1 500 | | |
| 瑞典 | 101 000 | | | 2 200 | |
| 日本 | 1 190 000 | | | 12 | |
| 挪威 | 33 000 | | | | |
| 南斯拉夫 | 63 417 | 2 900 | 7 000 | 10 700 | |
| 墨西哥 | 1 914 550 | 20 250 | | 27 242 | 4 190 |
| 缅甸 | 230 373 | 24 189 | 2 041 | 6 | |
| 美国 | 14 764 000 | 52 600 | | 2 533 000 | |
| 马来西亚 | 785 000 | 50 600 | | | |
| 罗马尼亚 | 282 000 | | | | 4 000 |
| 加拿大 | 975 000 | 7 400 | 900 | 150 000 | |
| 荷兰 | 700 000 | 14 000 | | 42 000 | |
| 芬兰 | 85 000 | | | | |
| 菲律宾 | 602 000 | 21 000 | 420 | 660 | |
| 法国 | 1 155 000 | 235 000 | 6 000 | 720 000 | 85 500 |
| 俄罗斯 | 987 000 | | | | 5 800 |
| 德国 | 475 000 | 41 000 | 4 000 | 375 000 | 338 000 |
| 丹麦 | 205 000 | 4 700 | 86 | 11 000 | |
| 波兰 | 750 000 | 15 000 | 7 900 | 20 000 | 3 600 |
| 巴西 | 6 660 000 | 7 215 | | 175 000 | 2 175 |
| 巴基斯坦 | 355 000 | 4 680 | | | |
| 澳大利亚 | 660 000 | 8 200 | | 22 800 | |
| 埃及 | 538 978 | 41 860 | 42 210 | 10 750 | 69 840 |
| 阿根廷 | 930 000 | 7 410 | 525 | 34 935 | 7 150 |

摘自中国农业年鉴（2003）

## 2002 年各国牲畜胴体重

单位：kg/头

| 国别或地区 | 牛 | 水牛 | 绵羊 | 山羊 | 猪 | 马 | 驴 | 骆驼 |
|---|---|---|---|---|---|---|---|---|
| **世界总计** | 205.4 | 139.8 | 15.5 | 12.1 | 78.1 | 160.6 | 78.9 | 205.5 |
| 中国 | 137.3 | 100.2 | 14.5 | 12.6 | 76.8 | 120.0 | 80.0 | 220.0 |
| 英国 | 297.5 | | 19.8 | | 74.5 | 154.0 | | |
| 印度尼西亚 | 197.1 | 201.1 | 10.0 | 10.0 | 55.0 | 142.9 | | |
| 印度 | 103.0 | 138.0 | 12.0 | 10.0 | 35.0 | | | |
| 意大利 | 295.2 | 200.0 | 8.8 | 9.5 | 114.8 | 217.0 | | |
| 以色列 | 389.7 | | 20.0 | 16.7 | 78.9 | | | 160.0 |
| 匈牙利 | 255.6 | | 11.0 | | 102.7 | | | |
| 新西兰 | 171.7 | | 17.6 | 10.7 | 64.0 | 170.0 | | |
| 希腊 | 200.0 | | 10.7 | 10.2 | 61.8 | 180.0 | | |
| 乌兹别克斯坦 | 172.6 | | 17.5 | | 62.5 | | | |
| 乌克兰 | 145.0 | | 13.9 | 13.4 | 91.5 | 218.8 | | |
| 土库曼斯坦 | 181.1 | | 15.0 | 15.5 | 57.3 | | | |
| 泰国 | 200.0 | 253.0 | 15.0 | 15.0 | 50.0 | | | |
| 瑞典 | 292.0 | | 19.7 | | 87.6 | 274.5 | | |
| 日本 | 411.1 | | 30.0 | 25.0 | 75.3 | 388.9 | | |
| 挪威 | 250.0 | | 20.7 | 12.4 | 81.5 | 240.0 | | |
| 南斯拉夫 | 117.4 | 12.1 | 18.0 | 72.8 | 150.0 | | | |
| 墨西哥 | 215.6 | | 16.0 | 16.0 | 82.4 | 126.0 | | |
| 缅甸 | 120.0 | 170.0 | 15.3 | 9.9 | 55.0 | | | |
| 美国 | 335.4 | | 30.5 | | 89.4 | 250.0 | | |
| 马来西亚 | 113.4 | 181.4 | 15.9 | 9.1 | 55.3 | 120.0 | | |
| 罗马尼亚 | 107.4 | | 10.0 | 8.3 | 87.1 | 180.0 | | |
| 加拿大 | 338.1 | | 18.1 | | 84.7 | 204.5 | | |
| 荷兰 | 206.2 | | 27.0 | 8.0 | 79.8 | 250.0 | | |
| 芬兰 | 269.2 | | 19.7 | | 85.7 | 283.3 | | |
| 菲律宾 | 233.7 | 183.9 | 13.0 | 13.4 | 56.0 | 103.5 | | |
| 法国 | 274.5 | | 18.1 | 8.0 | 86.2 | 287.0 | | |
| 俄罗斯 | 152.9 | | 18.1 | 16.5 | 76.7 | | | |
| 德国 | 307.5 | | 20.9 | 17.6 | 93.2 | 241.0 | | |
| 丹麦 | 250.0 | | 21.1 | | 78.2 | 300.0 | | |
| 波兰 | 171.2 | | 12.3 | | 92.2 | 272.5 | | |
| 巴西 | 213.6 | | 16.0 | 15.0 | 80.0 | 130.3 | | |
| 巴基斯坦 | 190.8 | 133.5 | 17.0 | 17.1 | | | | |
| 澳大利亚 | 243.6 | | 20.0 | 25.0 | 74.6 | 280.0 | | |
| 埃及 | 173.8 | 174.9 | 28.4 | 17.7 | 42.3 | | | 304.2 |
| 阿根廷 | 215.7 | | 11.3 | 6.6 | 78.4 | 218.5 | | |

摘自中国农业年鉴（2003）

## 2002年各国小畜及家禽胴体肉重

单位：kg/只

| 国别或地区 | 鸡 | 鸭 | 鹅 | 火鸡 | 兔 |
|---|---|---|---|---|---|
| **世界总计** | 1.40 | 1.45 | 3.99 | 7.83 | 1.28 |
| 中国 | 1.35 | 1.31 | 4.00 | 4.00 | 1.40 |
| 英国 | 1.53 | 2.19 | 4.80 | 9.48 | |
| 印度尼西亚 | 0.80 | 0.90 | | | |
| 印度 | 0.90 | | | | |
| 意大利 | 1.60 | | | 9.71 | 1.49 |
| 以色列 | 1.06 | 1.30 | 3.00 | 6.79 | |
| 匈牙利 | 1.70 | 2.29 | 4.33 | 7.06 | 1.36 |
| 新西兰 | 1.70 | 1.80 | 4.00 | 5.00 | |
| 希腊 | 1.10 | 2.10 | 4.20 | 4.20 | 1.52 |
| 乌兹别克斯坦 | 1.17 | | | | |
| 乌克兰 | 1.52 | | | | 1.58 |
| 土库曼斯坦 | 1.28 | | | | |
| 泰国 | 1.30 | 1.50 | 2.50 | | |
| 瑞典 | 1.29 | | | 3.38 | |
| 日本 | 1.95 | | | 3.00 | |
| 挪威 | 1.32 | | | | |
| 南斯拉夫 | 0.80 | 2.00 | 4.00 | 7.99 | |
| 墨西哥 | 1.76 | 2.50 | | 3.30 | 1.00 |
| 缅甸 | 1.09 | 1.27 | 1.89 | 3.00 | |
| 美国 | 1.68 | 2.29 | | 9.38 | |
| 马来西亚 | 1.29 | 2.30 | | | |
| 罗马尼亚 | 1.41 | | | | 1.54 |
| 加拿大 | 1.65 | 2.06 | 5.00 | 6.69 | |
| 荷兰 | 1.22 | 2.00 | | 4.94 | |
| 芬兰 | 1.47 | | | | |
| 菲律宾 | 1.11 | 2.00 | 1.50 | 1.50 | |
| 法国 | 1.28 | 2.87 | 4.62 | 6.10 | 1.51 |
| 俄罗斯 | 1.30 | | | | 1.49 |
| 德国 | 1.19 | 1.94 | 4.49 | 10.00 | 1.60 |
| 丹麦 | 1.42 | 2.71 | 4.53 | 10.00 | |
| 波兰 | 1.63 | 2.14 | 4.65 | 5.00 | 1.20 |
| 巴西 | 1.35 | 1.30 | | 6.21 | 1.50 |
| 巴基斯坦 | 1.15 | 1.30 | | | |
| 澳大利亚 | 1.59 | 2.16 | | 3.51 | |
| 埃及 | 1.50 | 2.60 | 4.20 | 5.00 | 1.20 |
| 阿根廷 | 2.20 | 2.60 | 3.00 | 5.10 | 1.10 |

摘自中国农业年鉴（2003）

### 2002年各国禽蛋产量

单位：t

| 国别或地区 | 禽蛋总量 | 鸡蛋 | 其他禽蛋 |
|---|---|---|---|
| **世界总计** | 57 803 684 | 53 518 172 | 4 285 512 |
| 中国 | 24 191 520 | 20 616 380 | 3 575 140 |
| 英国 | 645 258 | 630 000 | 15 258 |
| 印度尼西亚 | 780 000 | 655 000 | 125 000 |
| 印度 | 2 010 000 | 2 010 000 | |
| 意大利 | 717 000 | 717 000 | |
| 以色列 | 84 650 | 84 650 | |
| 匈牙利 | 197 300 | 195 000 | 2 300 |
| 新西兰 | 46 737 | 44 337 | 2 400 |
| 希腊 | 103 000 | 103 000 | |
| 乌兹别克斯坦 | 73 700 | 72 100 | 1 600 |
| 乌克兰 | 646 700 | 638 000 | 8 700 |
| 土库曼斯坦 | 15 170 | 15 000 | 170 |
| 泰国 | 822 700 | 530 000 | 292 700 |
| 瑞典 | 108 000 | 108 000 | |
| 日本 | 2 535 000 | 2 535 000 | |
| 挪威 | 50 000 | 50 000 | |
| 南斯拉夫 | 68 385 | 68 385 | |
| 墨西哥 | 1 885 120 | 1 885 120 | |
| 缅甸 | 112 705 | 101 710 | 10 995 |
| 美国 | 5 128 000 | 5 128 000 | |
| 马来西亚 | 433 900 | 420 000 | 13 900 |
| 罗马尼亚 | 299 000 | 275 000 | 24 000 |
| 加拿大 | 402 500 | 402 500 | |
| 荷兰 | 653 000 | 653 000 | |
| 芬兰 | 557 000 | 55 700 | |
| 菲律宾 | 563 000 | 495 000 | 68 000 |
| 法国 | 1 010 000 | 1 010 000 | |
| 俄罗斯 | 2 081 500 | 2 070 000 | 11 500 |
| 德国 | 886 600 | 886 600 | |
| 丹麦 | 83 000 | 83 000 | |
| 波兰 | 450 800 | 450 800 | |
| 巴西 | 1 595 000 | 1 550 000 | 45 000 |
| 巴基斯坦 | 352 755 | 345 555 | 7 200 |
| 澳大利亚 | 145 800 | 145 800 | |
| 埃及 | 199 631 | 199 631 | |
| 阿根廷 | 330 000 | 330 000 | |

摘自中国农业年鉴（2003）

## 2002 年各国奶类产品产量

单位：t

| 国别或地区 | 奶类总产量 | 鲜牛奶 | 水牛奶 | 绵羊奶 | 山羊奶 | 骆驼奶 |
|---|---|---|---|---|---|---|
| **世界总计** | 597 682 139 | 499 141 532 | 76 734 759 | 7 783 685 | 12 696 556 | 1 325 608 |
| 中　国 | 14 761 222 | 10 846 329 | 2 650 000 | 1 000 000 | 250 493 | 14 400 |
| 英　国 | 14 980 000 | 14 980 000 | | | | |
| 印度尼西亚 | 838 500 | 550 000 | | 88 500 | 200 000 | |
| 印　度 | 86 320 000 | 35 000 000 | 48 000 000 | | 3 320 000 | |
| 意大利 | 11 848 000 | 10 700 000 | 158 000 | 850 000 | 140 000 | |
| 以色列 | 1 245 019 | 1 211 169 | | 21 000 | 12 850 | |
| 匈牙利 | 2 291 200 | 2 250 000 | | 28 900 | 12 300 | |
| 新西兰 | 13 907 885 | 13 907 885 | | | | |
| 希　腊 | 1 920 045 | 800 000 | 45 | 670 000 | 450 000 | |
| 乌兹别克斯坦 | 3 808 000 | 3 720 000 | | 25 000 | 63 000 | |
| 乌克兰 | 14 249 000 | 13 959 000 | | 10 000 | 280 000 | |
| 土库曼斯坦 | 830 000 | 830 000 | | | | |
| 泰　国 | 580 000 | 580 000 | | | | |
| 瑞　典 | 3 254 000 | 3 254 000 | | | | |
| 日　本 | 8 350 000 | 8 350 000 | | | | |
| 挪　威 | 1 689 700 | 1 669 000 | | | 20 700 | |
| 南斯拉夫 | 1 626 973 | 1 607 800 | | 19 173 | | |
| 墨西哥 | 9 699 906 | 9 560 200 | | | 139 706 | |
| 缅　甸 | 651 447 | 525 114 | 116 018 | 2 256 | 8 059 | |
| 美　国 | 75 025 000 | 75 025 000 | | | | |
| 马来西亚 | 45 900 | 39 000 | 6 900 | | | |
| 罗马尼亚 | 4 750 000 | 4 450 000 | | 300 000 | | |
| 加拿大 | 8 100 000 | 8 100 000 | | | | |
| 荷　兰 | 10 450 000 | 10 450 000 | | | | |
| 芬　兰 | 2 470 000 | 2 470 000 | | | | |
| 菲律宾 | 11 000 | 11 000 | | | | |
| 法　国 | 25 870 700 | 25 100 000 | | 245 700 | 525 000 | |
| 俄罗斯 | 33 029 000 | 32 700 000 | | 500 | 328 500 | |
| 德　国 | 28 122 000 | 28 100 000 | | | 22 000 | |
| 丹　麦 | 4 600 000 | 4 600 000 | | | | |
| 波　兰 | 12 001 100 | 12 000 000 | | 1 100 | | |
| 巴　西 | 23 398 000 | 23 260 000 | | | 138 000 | |
| 巴基斯坦 | 33 559 000 | 10 400 000 | 22 500 000 | 31 000 | 628 000 | |
| 澳大利亚 | 11 620 000 | 11 620 000 | | | | |
| 埃　及 | 3 837 970 | 1 679 360 | 2 050 610 | 93 000 | 15 000 | |
| 阿根廷 | 8 200 000 | 8 200 000 | | | | |

摘自中国农业年鉴（2003）

## 2002年各国水产品产量

单位：t

| 国别或地区 | 水产品总产量 | 内陆水域水产品产量 | 海洋水产品产量 |
|---|---|---|---|
| **世界总计** | 130 433 800 | 26 852 820 | 72 292 060 |
| 中　国 | 43 069 240 | 15 881 900 | 11 190 860 |
| 英　国 | 898 776 | 9 | 606 874 |
| 印度尼西亚 | 4 928 545 | 710 928 | 3 319 348 |
| 印　度 | 5 689 468 | 2 775 930 | 2 293 470 |
| 意大利 | 513 474 | 4 794 | 186 249 |
| 以色列 | 25 916 | 16 330 | 8 338 |
| 匈牙利 | 19 987 | 19 875 | |
| 新西兰 | 646 964 | 414 | 510 514 |
| 希　腊 | 179 159 | 3 391 | 149 947 |
| 乌兹别克斯坦 | 8 529 | 8 529 | |
| 乌克兰 | 423 693 | 34 823 | 375 324 |
| 土库曼斯坦 | 12 775 | 1 229 | 3 |
| 泰　国 | 3 630 578 | 469 086 | 2 241 376 |
| 瑞　典 | 343 368 | 1 055 | 331 499 |
| 日　本 | 5 752 178 | 30 024 | 3 656 662 |
| 挪　威 | 3 191 335 | | 2 632 731 |
| 南斯拉夫 | 3 939 | 3 508 | 377 |
| 墨西哥 | 1 368 021 | 117 774 | 964 842 |
| 缅　甸 | 1 168 638 | 283 656 | 849 018 |
| 美　国 | 5 173 583 | 297 881 | 3 303 080 |
| 马来西亚 | 1 441 018 | 51 115 | 1 065 065 |
| 罗马尼亚 | 17 099 | 13 800 | 2 389 |
| 加拿大 | 1 116 902 | 25 594 | 498 532 |
| 荷　兰 | 571 143 | 3 471 | 460 323 |
| 芬　兰 | 178 306 | 41 434 | 107 027 |
| 菲律宾 | 2 280 512 | 162 217 | 1 610 083 |
| 法　国 | 864 673 | 12 715 | 509 265 |
| 俄罗斯 | 4 047 659 | 180 240 | 3 303 168 |
| 德　国 | 265 580 | 33 375 | 163 949 |
| 丹　麦 | 1 577 698 | 233 | 1 406 375 |
| 波　兰 | 254 149 | 44 598 | 172 800 |
| 巴　西 | 847 268 | 299 088 | 452 886 |
| 巴基斯坦 | 627 314 | 188 868 | 396 910 |
| 澳大利亚 | 251 300 | 795 | 141 564 |
| 埃　及 | 724 407 | 457 662 | 243 584 |
| 阿根廷 | 919 509 | 27 610 | 535 740 |
| 阿富汗 | 1 000 | 1 000 | |

摘自中国农业年鉴（2003）

（以上统计资料由陆泳霖整理）

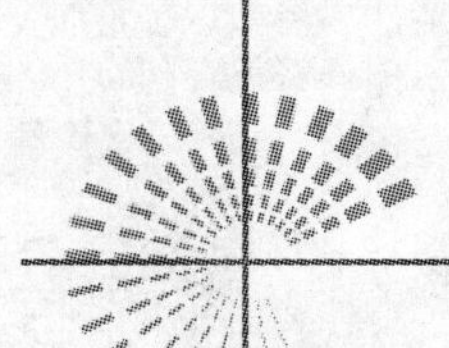

Lhongguosiliaogongyenianjian

# 大 事 记

## 全国饲料工作办公室

2002年2月9日　农业部、卫生部、国家药品监督管理局联合发布公告（农业部公告第176号），公布了《禁止在饲料和动物饮用水中使用的药物品种目录》。该目录的公布，为防止在饲料生产、经营、使用和动物饮用水中超范围、超剂量使用兽药，打击滥用违禁药品行为提供了技术依据。

2002年3月13日　农业部副部长齐景发在人民日报上发表了题为《加强质量监管 确保饲料安全》的文章，文章总结了去年以来我国饲料安全工作取得的成绩和不足，明确了今后一段时期内饲料安全的重点，将进一步指导我国饲料安全工作再上一个新台阶。

2002年3月13日　江苏省苏州市发生了食用含“瘦肉精”猪内脏中毒事件，造成26人中毒。我部迅即派人前往调查，协助当地有关部门追查“瘦肉精”猪肉的来源，并对直接引发中毒事件的生猪生产原产地浙江嘉兴进行拉网式检测，追查使用“瘦肉精”的源头。

2002年4月15—19日　根据农业部整顿和规范市场经济秩序领导小组办公室的部署，季之华巡视员率领农业部春季农资打假调查组一行3人，对江西省农资打假和畜产品安全监管工作进行了调查。

2002年4月26日　广东省河源市河城区人民法院对全国首例饲料企业生产含有违禁药品的饲料养猪导致群众集体中毒的案件进行判决，被告公司广东中洋饲料有限公司犯非法经营罪，判处罚金15万元；被告人林清源（广东中洋饲料有限公司法定代表）犯非法经营罪，判处有期徒刑4年，并处罚金10万元。法庭审理查明，2001年11月7日，河源市区群众484人集体中毒系食用了广东中洋饲料有限公司生产的含有“瘦肉精”饲料生产的猪肉所致。2002年3月25日，河源市河城区人民法院公开审理中洋饲料有限公司生产含有违禁药品饲料导致群众集体中毒案件。

2002年5月24日　农业部以农牧发［2002］13号文通报了浙江省嘉兴市13家规模养猪场在生猪生产中违法使用瘦肉精检查情况。通报要求浙江省畜牧饲料管理部门要尽快依法查处违法违规养殖场（户），警示教育广大农民。同时，要进一步加大工作力度，按照“五不放过”的原则，追查瘦肉精源头。

2002年6月12—18日　农业部畜牧兽医局（全国饲料工作办公室）组织有关质检机构对福建省龙岩市和湖北省仙桃市规模猪场（户）违法使用“瘦肉精”的情况进行了突击拉网式检测。先后抽检了龙岩市的23个乡镇63个行政村的213个规模养猪场（户）的1 072批次猪尿样，抽检了仙桃市10个乡镇71个规模养猪场（户）的503批次猪尿样，共检出含“瘦肉精”样品41批次，13个养猪场（户）被检出使用“瘦肉精”。

2002年6月28日　重庆市饲料工业办公室根据群众举报，一举查获贵州省遵义科新农牧开发研究所畜禽饲料保健厂生产、销售的含有“瘦肉精”的“元林复合预混料”近40t，货值91万元。经重庆市饲料质量监测管理所定性检测和国家饲料监测中心定量分析，该产品每kg含“瘦肉精”0.14mg。全国饲料工作办公室当即采取措施，指导该案件的查处工作。一是要求重庆市饲料管理部门采取果断措施，坚决予以查处。二是责成贵州省饲料行政管理部门立即行动，查封违法企业，防止向其他地区扩散。三是及时与公安部治安管理局进行了协调、沟通，希望公安部门提前介入并列入督办案件。

2002年7月15日　农业部对2002年上半年全国饲料和饲料添加剂质量监督抽查检测结果进行了通报，本次共抽查企业6 146个，其中合格企业5 053个，企业合格率82.22%，共抽查产品9 535批次，其中合格产品8 198批次，产品合格率85.98%。

2002年8月16日　最高人民法院、最高人民检察院《关于办理非法生产、销售、使用禁止在饲料和动物饮用水中使用的药品等刑事案件具体应用若干问题的解释》公布施行，为依法查处“瘦肉精”等违禁药品行为提供了法律依据。

2002年9月5日　国务院办公厅以国办发［2002］42号文转发了农业部关于促进饲料业持续健康发展若干意见。

2002年10月21日　农业部通报了2002年下半年全国饲料和饲料添加剂质量监督抽查检测结果。结果显示饲料产品质量合格率为90.4%，比上半年提高4.4%，但添加违禁药品、卫生指标超标、产品标签不规范、无证无号生产的现象依然存在。

2002年10月25日　农业部下发了《关于贯彻落实促进饲料业持续健康发展若干意见的通知》，具体部署落实《国务院办公厅转发农业部关于促进饲料业持续健康发展若干意见的通知》，并提出了具体工作安排和工作要求。

2002年12月20日　农业部发出《关于“两节”期间对北京等五城市生猪生产中“瘦肉精”突击检测的通知》（农办牧［2002］72号）。12月25日，农业部派出检查组赴北京、天津、上海、重庆、广州等五城市，对屠宰场待宰生猪中进行“瘦肉精”突击检测，以严厉打击在生猪生产中使用“瘦肉精”的违法行为，保证元旦、春节期间畜产品安全。

（马　莹）

## 中国饲料工业协会

2002年1月　新增21家大中型饲料企业加入《饲料安全新世纪宣言》承诺单位行列。

2002年1月　饲料检验化验员职业技能鉴定试题库通过劳动和社会保障部的国家职业技能鉴定试题

库农业分库验收，投入正式运行。

2002年2月9日　中国饲料工业协会和越南饲料协会在京签署合作谅解备忘录。

2002年4月25日　中国饲料工业协会与泰国驻华使馆在京共同举办“中泰木薯贸易双边洽谈会”。

2002年4月　中国饲料工业协会王随元副秘书长作为标准化工作成绩突出单位代表，在全国标准化工作会议上作了题为《改革中发展实践中创新》的经验介绍。

2002年4月　中国饲料工业协会举办了饲料行业HACCP培训班，为10月组织赴加拿大HACCP管理考察与培训，进行了HACCP的准备工作。

2002年5月　温家宝在《协会是推动我国饲料行业健康发展的重要力量》一文中批示：“农产品行业协会，是行业自律性组织，是政府联系农民和企业的桥梁。办好协会，对于转变政府职能，完善农业社会化服务体系，应对WTO挑战，提高我国农产品的竞争力，都具有重要的作用。协会问题涉及面广，情况较为复杂，请中农办牵头，会同农业、经贸、供销等部门组织力量进行调研，摸清情况，总结经验，提出政策建议”。

2002年5月　中国饲料工业协会第二届饲料添加剂专业委员会会议在京召开。

2002年7月25日　国务院副总理温家宝批示同意中国饲料工业协会加入国际饲料工业联合会。

2002年8月11—16日　中国饲料工业协会乔玉锋副秘书长应加拿大国际谷物学院邀请赴加拿大考察饲料豆类生产和应用情况。

2002年8月　中国饲料工业协会与美国谷物协会合作分别在沈阳、广州两地举办饲料企业管理科学讲习班。

2002年8月　“饲料检验化验员”等4项国家职业标准通过了劳动和社会保障部的终审。

2002年9月　第七届全国饲料添加剂交流会暨2002年畜牧、饲料交易会在青岛隆重举行。

2002年9月　全国饲料安全和标准化工作研讨会在京召开。

2002年10月15日　中国饲料工业协会刘同占秘书长会见来京访问的美国饲料工业协会会长David Bossman先生，双方签署了“美国饲料工业协会与中国饲料工业协会合作备忘录”。

2002年11月　全国饲料行业科技进步经验交流会在成都召开。会议总结了我国饲料行业科技进步工作的成绩和经验，表彰了为饲料行业科技进步作出突出贡献的先进集体和先进工作者，交流了经验。白美清会长做了题为《深入贯彻十六大精神，加快技术创新步伐，全面推动饲料行业持续健康发展》的主题报告。

2002年11月16日　全国饲料工业标准化委员会成为国家标准化管理委员会（2002年第1号公告）公布的经整顿经济秩序确认的第一批共171个全国专业标准化技术委员会之一。

2002年11月　全国饲料工业标准化技术委员会年会在湖北宜昌召开。会议分4组对提交的53个标准（其中农业行业标准16项）进行了审查，《饲料中盐霉素的测定》等36项国家标准和《饲料中盐酸氯丙胍的测定》等16项农业行业标准通过了审查。

2002年12月　全国饲料行业百强企业揭晓。对湖南正虹等100家企业授予“2001年全国饲料行业百强企业”荣誉称号。

（杜凤杰）

## 上海市

2002年2月　按农业部办公厅农办牧［2002］1号《关于2002年度饲料添加剂和添加剂预混合饲料生产许可证年检工作的通知》，对本市100家生产许可证企业进行年检，有5家企业未通过年检，其中上海鳞翼饲料有限公司已注销生产许可证。

2002年4月　根据农业部畜牧兽医局步骤，开展2002年全国饲料和饲料添加剂质量监督检测，下文开展质量监督专项工作。共抽样检测生产、经营企业动物饲料、配合饲料、浓缩饲料、预混合饲料、饲料添加剂产品1 577批。

2002年5月　全国饲料工业标准化技术委员会批复上海饲料工作办公室《关于GB10648－1999〈饲料标签〉标准适用范围的说明》（全饲标函［2002］06号）。从而推动动物饲料产品管理逐步走上规范。

2002年6月　按全国饲料工作办公室要求，编撰《2001年中国饲料工业年鉴—上海篇》。

2002年6月　根据农业部五部局农市发［2002］7号《2002年全国农资打假专项斗争工作方案》。共出动近千人次，对300多家饲料生产经营企业、50多个饲养场进行检查。

2002年6月　根据上海市政府办公厅秘书处公文办理便函（沪府办秘［2002］005488号）的要求，按国务院办公厅转发农业部关于促进饲料业持续发展若干意见的通知（国办发［2002］42号）精神，起草了《上海市贯彻国务院办公厅转发农业部〈关于促进饲料业持续发展若干意见的通知〉的意见》。

2002年9月　农业部审定通过上海饲料行业协会和职业技能鉴定战两个部门起草的《饲料厂中心控制室操作工国家职业标准》。

2002年9月　召开全市饲料生产企业会议，宣贯最高人民法院、最高人民检察院《关于办理非法生产、销售、使用禁止在饲料和动物饮用水中使用的药品等刑事案件具体应用法律若干问题的解释》。9月份在奉贤公安基地将检查中没收的违禁、伪劣饲料产品进行集中销毁。

2002年9月　上海组团参加9月在青岛举办的第七届全国饲料添加剂交易会，上海市有22个企业参展36个展位。

2002年10月　农业部启动第二批职业技能鉴定工种国家职业技能标准编写，上海负责起草《饲料营销员》国家职业标准。

2002年10月 上海市饲料工业职业技能鉴定站开展检化验技能鉴定，各有50名学员通过检化验初、中级鉴定。

2002年10月 配合农业部畜牧兽医局开展饲料重点跟踪企业统计工作，并召开全市饲料生产企业统计员统计软件培训班和统计工作会议，逐步推广国家饲料统计信息管理软件。与市农委信息中心合作开发饲料管理政务网页，从2003年起试行网上办公。

2002年11月 根据市府办发（2002）28号上海饲料行政审批共取消审批事项5项，调整审批事项3项，保留审批事项4项。

2002年11月 在成都召开的全国饲料行业科技进步检验交流会上，上海新农饲料有限公司、上海邦成饲料科技有限公司、上海国龙科技有限公司被评为先进集体。

2002年12月 经推荐，东方希望集团、上海大江（集团）股份有限公司、上海新农饲料有限公司获得由中国饲料工业协会评选的“2001年全国饲料百强企业”称号。

## 广 东 省

2002年3月 广东省饲料工业协会召开第三次会员代表大会，选举产生新一届理事会。郭仁东当选为协会会长、梁志雄等10人当选为副会长、朱阳生为理事会秘书长。第三届理事会由80名理事、35名常务理事组成。代表大会修改和审议了《协会章程》并通过了新的《协会章程》。来自全省饲料加工、饲料原料、饲料添加剂以及饲料科研服务等单位的代表750人参加了会议。

2002年4月 为提高广东省饲料产品质量安全水平，加强行业自律、规范企业行为，广东恒兴集团等30家企业发起了“饲料产品质量安全承诺活动”的倡议，向社会庄严承诺：坚决执行国家有关饲料政策法规，不制假、不售假、不使用违禁药物，保证饲料产品质量和安全。全省100多家企业积极响应，在社会上引起了良好的反响。

2002年5月 第二届中国（广州）国际畜牧业暨饲料工业展览会在广州召开，省饲料工业协会作为协办单位，组织了52家企业参展，300多人参加了会议。此次展览会对宣传广东的饲料工业和畜牧养殖业起到了较大的作用。

2002年8月 全省20多家饲料企业参加了中国饲料工业协会组织的“全国饲料行业百强企业评价及最具实力品牌调研活动”，经评定，广东省19家饲料企业被评为“2001年全国饲料行业百强企业”。

2002年12月 《广东饲料》杂志创刊十周年举行纪念活动，省内外饲料同行300多人参会，编纂了30万字的《饲料安全管理与应用研究》一书，由广东省科技出版社正式出版发行。

## 广西壮族自治区

2002年3月 南方15省（自治区、市）饲料信息会议在桂林召开，中国饲料工业协会颜小军副秘书长以及南方15省（自治区、市）饲料工业协会（办公室）负责同志30多人参加了会议。

2002年5月 自治区人民政府主席李兆焯签发政府第2号令，公布《广西壮族自治区人民政府关于修改〈广西壮族自治区饲料和饲料添加剂管理办法〉的决定》，自2002年7月1日起施行。

2002年6月 中国饲料工业协会白美清会长在广西考察，主持召开了广西大中型饲料生产企业厂长（经理）座谈会。自治区水产畜牧局、自治区科协主办院士报告会，中国工程院院士张子仪先生、中国饲料工业协会乔玉锋副秘书长分别作学术报告，乔副秘书长还考察了广西富丰集团、广西饲料监测所、贵港扬翔饲料有限公司。

2002年11月 大海粮油工业（防城港）有限公司正式投产。首期投资3 000多万美元、日榨大豆3 500吨的大海粮油工业（防城港）有限公司建成投产，标志着广西结束了豆粕完全依赖区外调进的历史。

## 海 南 省

2002年2月8日 对违法使用“瘦肉精”养猪的儋州加中新农业开发有限公司和儋州金丰农业有限公司等两家企业做出行政处罚并向新闻媒介曝光。

2002年3月5日 召开省饲料工业协会年会。会议总结了协会2001年工作和传达了有关饲料安全方面的政策法规，并增补了部分协会理事、常务理事和副会长。

2002年3月24日 省饲料办下达全省饲料和饲料添加剂质量监督检测抽样任务，开始对全省饲料行业的生产企业、经营企业和养殖单位进行饲料产品质量安全监督检测工作。

2002年4月8日 省饲料办召开全省饲料生产企业安全生产会议。并进行为时15天的专项大检查。

2002年5月29日 省饲料办和省饲料工业协会组织深入学习贯彻农业部、卫生部、国家药品监督管理局联合发布的第176号公告。

海南省农业厅系统对2002年度农业执法责任制考核结果通报，省饲料办被通报表扬，被评为该年度农业执法优秀单位。

2002年6月4日 2002年全省农资打假专项整治活动开始，省饲料办组织执法人员对全省饲料产品市场进行专项整顿。

2002年6月28日 省政府行政复议办公室做出行政复议决定书，维持海南省农业厅对儋州加中新农业开发有限公司和儋州金丰农业有限公司的行政处罚。

2002年7月6日　省饲料办召开全省大型养殖场场长和大型饲料厂厂长会议，与会人员学习了相关法律法规，并承诺坚决杜绝使用违禁药物，确保畜产品安全和人民身体健康。

2002年8月　海南大海水产饲料有限公司和海南海田水产饲料有限公司年生产能力4万吨的饲料厂分别正式投产。

2002年9月13日　省饲料工业协会组织饲料行业专业技术人员参加专业技术职务任职资格评审申报。

2002年10月18日　省饲料工业协会评选出全省饲料行业科技进步先进集体和先进个人，崔建军、谷峰和周耀权被评为先进个人，海南恒兴饲料实业有限公司、海南大慧淀粉制品有限公司、海南新希望农业有限公司、海南华星饲料厂和海南裕泰饲料科技有限公司被评为先进集体，向中国饲料工业协会推荐为全国饲料科技进步工作先进集体和先进个人。

2002年10月23日　省农业厅和省法制办联合召开立法研讨会，通过了《海南省饲料和饲料添加剂管理办法》草案，上报省政府。

2002年11月12日　海南正强生化技术开发有限公司和海南海大实验兽药厂先后获得生产许可证，正式投产。

2002年11月21日　省饲料行业企业海南东方大慧淀粉制品有限公司和海南裕泰饲料科技有限公司被国家9部委局评为农业产业化国家级龙头企业。

## 陕西省

2002年3月　为提高陕西饲料工业的整体水平，从2002年3月开始，在全省饲料行业开展了“文明饲料办”、“文明饲料监测站（所）”、“饲料执法先进工作者”和“十佳饲料企业”的“创佳评差”评比活动。

2002年10月18—21日　美国饲料工业协会会长Dava Bossman先生在中国饲料工业协会秘书长刘同占的陪同下，对陕西饲料工业的发展和现状进行了参观考察，这是陕西省饲料工业首次接待外国人士来访。

2002年11月　陕西省饲料工业协会、渭南饲料添加剂厂、陕西汉宝科技发展有限公司、陕西石羊集团股份有限公司和赵辉文（陕西省饲料工业办公室）、盛新会（陕西省饲料厂）、马新华（渭南饲料添加剂厂）、杨三定（高陵县达利饲料有限公司）分别获得“全国饲料行业科技进步先进集体”和“全国饲料行业科技进步先进工作者”称号。

2002年12月　陕西石羊集团股份有限公司、陕西汉宝科技发展有限公司、渭南饲料添加剂厂、陕西省饲料厂、深圳康达尔（高陵）饲料有限公司被中国饲料工业协会授予“全国饲料行业百强”企业荣誉称号。

2002年12月　陕西石羊（集团）股份有限公司被评为“全国农业产业化重点龙头企业”。

2002年　陕西省饲料工业产值和销售收入首次突破60亿元。

## 甘肃省

2002年3月30日　根据国务院对《饲料和饲料添加剂管理条例》修改决定，甘肃省饲料办起草了《甘肃省饲料和饲料添加剂管理条例》修改稿。甘肃省人大常委会颁布了《关于修改〈甘肃省饲料和饲料添加剂管理条例〉的决定》。

2002年，甘肃省饲料办根据农业部关于2002年饲料和饲料添加剂监督检测的总体安排，全年共抽检生产、经营和使用企业的各类饲料和“饲料/水”样品1 448批次。

## 宁夏回族自治区

2002年7月　颁布了《宁夏回族自治区饲料和饲料添加剂管理办法》。

2002年11月　制定下发了《宁夏自治区饲料准予生产证暂行管理办法》。

## 青岛市

2002年1月31日　青岛市饲料工业协会第四届理事会第二次会议召开，与会的全体理事表决一致通过，由市人大常委会原副主任张成堂担任市饲料工业协会第四届理事会会长。

2002年9月15—16日　由中国饲料工业协会饲料添加剂专业委员会、化学工业饲料添加剂技术中心、青岛市畜牧服务中心主办，青岛市饲料工业协会承办的“第七届全国饲料添加剂交流会暨2002青岛畜牧、饲料交易会”在青岛国际会展中心举行。

2002年10月　台湾统一饲料、青岛万福养殖和日本三井株式会社3家企业强强联合成立三统万福合资企业。

2002年11月　全国饲料行业科技进步大会上，青岛市山东六和饲料股份有限公司、中国海洋大学、中国水产科学研究院黄海水产研究所、青岛海跃水产饲料有限公司等4个单位及麦康森、吕明斌、孙谧、刘瑞盛等四位同志，分别被授予“先进集体”和“先进个人”荣誉称号。青岛市饲料工业协会先进事迹被选录入大会先进事迹汇编。

2002年12月　青岛市山东六和饲料股份有限公司被评为全国饲料行业百强企业。

2002年12月　青岛九联集团、青岛康大集团、山东六和集团、青岛万福集团等4家企业在国家农业部等9部委公布的国家农业产业化龙头企业中榜上有名。

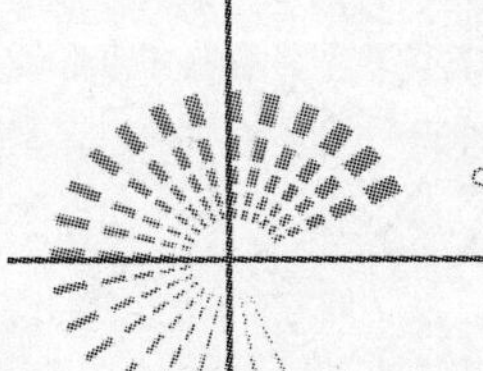



# 附　　录

# 部分省、自治区、直辖市饲料管理法规政策

## 江苏省人民代表大会常务委员会关于在畜禽生产中禁止使用违禁药物的决定

（2002年6月22日江苏省第九届人民代表大会常务委员会第三十次会议通过）

为了保证畜禽产品质量安全，保障人体健康，根据《中华人民共和国动物防疫法》、《饲料和饲料添加剂管理条例》和《兽药管理条例》等法律、行政法规，结合本省实际，作如下决定：

一、地方各级人民政府应当加强对畜禽产品质量安全工作的领导。县级以上畜牧兽医、饲料行政管理部门应当加强畜禽生产中使用违禁药物的监督检查和检测工作。卫生行政、工商行政管理、质量技术监督和药品监督管理等部门应当按照各自的职责，共同做好对违禁药物的监督检查工作，对畜禽产品实施从生产到销售全过程的监督管理。

二、畜禽生产必须按照国家有关规定使用饲料和饲料添加剂，禁止在饲料和畜禽饮用水中使用盐酸克伦特罗（俗称瘦肉精）等国家规定的违禁药物（国家已公布的违禁药物名录附后）。

三、禁止生产、经营含有违禁药物的饲料、饲料添加剂。违反规定的，由县级以上饲料行政管理部门责令停止生产、经营，没收违法生产、经营的产品和违法所得，并处违法所得二倍以上五倍以下罚款。

四、畜禽养殖单位和畜禽养殖户违反本决定使用违禁药物的，由县级以上饲料行政管理部门没收违禁药物，可以并处一万元以上五万元以下罚款；对畜禽进行无害化处理。无害化处理有处理费用的，由养殖单位和个人承担。

五、药品生产、经营企业不得向饲料生产和经营企业、畜禽养殖单位和畜禽养殖户销售盐酸克伦特罗等违禁药物。违反规定的，由县级以上药品监督管理部门责令改正，没收违法所得，可以并处违法销售的药物等值以上三倍以下罚款；情节严重的，可以吊销药品生产、经营许可证。吊销药品生产、经营许可证的决定，由原发证部门作出。

兽药生产、经营企业不得向饲料生产和经营企业销售违禁药物，不得向畜禽养殖单位和畜禽养殖户销售除兽医临床治疗用药以外的违禁药物。违反规定的，由县级以上畜牧兽医行政管理部门责令改正，没收违法所得，可以并处违法销售的药物等值以上三倍以下罚款；情节严重的，可以吊销兽药生产、经营许可证。

六、非法生产、经营违禁药物的，由县级以上药品监督管理、畜牧兽医行政管理、工商行政管理等部门按照各自的职责依法查处。

七、生产、经营、使用违禁药物造成严重后果，构成犯罪的，依法追究刑事责任。

八、禁止在牧草、青饲料种植过程中使用对硫磷、甲拌磷、甲胺磷、久效磷、氧化乐果、克百威、涕灭威等高毒、高残留农药。违反规定的，由县级以上农业行政管理部门责令改正，对施药牧草、青饲料作无害化处理，并可以处五百元以上五千元以下罚款。

九、有关监督管理部门的负责人及工作人员未依法履行职责或滥用职权、徇私舞弊造成违禁药监管失控或者产生后果的，由其单位或者上级主管部门给予行政处分；情节严重，构成犯罪的，依法追究刑事责任。

十、本决定自2002年8月1日起施行。

### 附件：国家已公布的违禁药物名录

一、肾上腺素受体激动剂：盐酸克伦特罗（俗称瘦肉精）、沙丁胺醇、硫酸沙丁胺醇、莱克多巴胺、盐酸多巴胺、西马特罗、硫酸特布他林。

二、性激素类：己烯雌酚、雌二醇、戊酸雌二醇、苯甲酸雌二醇、氯烯雌醚、炔诺醇、炔诺醚、醋酸氯地孕酮、左炔诺孕酮、炔诺酮、绒毛膜促性腺激素（绒促性素）、促卵泡生长激素、玉米赤霉醇、去甲雄三烯醇酮、醋酸甲孕酮、甲基睾丸酮、丙酸睾酮。

三、蛋白同化激素：碘化酪蛋白、苯丙酸诺龙。

四、镇静、安定剂：（盐酸）氯丙嗪、盐酸异丙嗪、苯巴比妥、苯巴比妥钠、巴比妥、异戊巴比妥、异戊巴比妥钠、利血平、安定（地西泮）、艾司唑仑、咪达唑仑、硝西泮、奥沙西泮、匹莫林、甲丙氨酯、三唑仑、唑吡旦。

五、抗菌素类：氯霉素、氨苯砜、呋喃唑酮、呋喃它酮、呋喃苯烯酸钠、硝基酚钠、硝呋烯腙、甲硝唑、地美硝唑。

六、各种抗生素滤渣。

## 山东省饲料管理执法人员职业道德规范

饲料管理执法人员代表政府依法行政，为此必须做到以下十项：

一、不断加强政治理论、法律知识和业务知识的学习；

二、强化为饲料工业多做贡献的观念；

三、牢固树立全心全意为人民服务的思想；

四、秉公执法，不徇私情；

五、讲文明礼貌，保持良好的执法人员形象；

六、克己奉公，维护国家和集体的利益；

七、不准接受饲料生产经营、企业的礼品；

八、不准借工作之便请客送礼；

九、不准损公济私营私舞弊；

十、不准刁难饲料生产、经营企业。

## 山东饲料执法人员职责

一、负责制订全市年度饲料和饲料添加剂抽查工作规划。

二、负责饲料有关法规的宣传、贯彻工作。

三、负责全市饲料方面有关规范性文件的起草工作。

四、配合上级业务部门进行饲料生产、经营企业的生产许可证、审查登记证的审查发放、年检及饲料和饲料添加剂产品质量监督抽检等工作。

五、负责全市饲料和饲料添加剂生产、经营企业的产品质量监督管理，产品抽检、化验工作。

六、代表市畜牧局按《饲料和饲料添加剂管理条例》及有关配套法规的规定对全市生产、经营、使用饲料和饲料添加剂的企业和个人的依法行政工作（触犯刑法的移交司法部门处理）。

七、负责对全市饲料生产、经营企业从业人员的培训、考核工作。

八、负责全市牧草推广和《草原法》的依法行政工作。

九、贯彻《种子法》，牧草、草坪种子生产经营许可证管理。

## 山东省饲料管理执法程序示意图修改意见

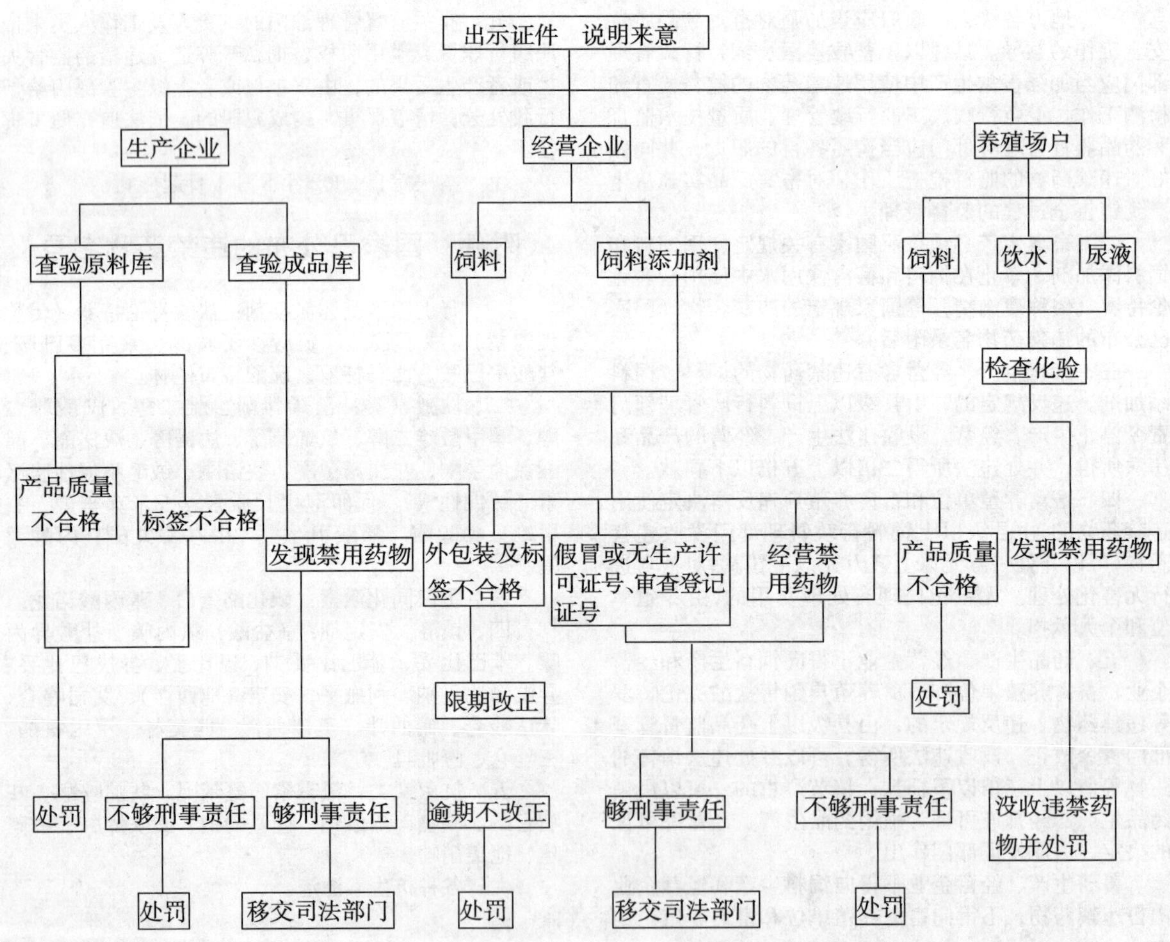

## 云南省人民政府办公厅转发国务院办公厅关于促进饲料业持续健康发展若干意见文件的通知

（云南省人民政府办公厅文件2002年135号）

现将《国务院办公厅转发农业部关于促进饲料业持续健康发展若干意见的通知》（国办发［2002］42号）转发给你们，并针对我省饲料业发展情况提出以下贯彻意见，请一并贯彻执行。

一、进一步提高认识，加强对饲料工作的领导。养殖业是我省广大农村脱贫致富奔小康的重要产业，也是实施农业产业化最有潜力的产业之一，饲料是饲养业的重要物质基础。饲料成本占养殖成本的比例高达70%，饲料业的发展直接关系到养殖业的发展，饲料产品的质量安全直接关系到养殖产品的安全、关系到人民群众的身体健康。发展安全优质高效的饲料业，是提高养殖业产品在国内外市场竞争力的有力措施。同时，饲料业的发展将带动饲料作物种植，促进农业结构调整和优化，促进粮食加工、转化和增值，加快第二、三产业的发展，提高农业综合效益。各级政府要将促进饲料业的发展作为政府工作的重要内容，列入这件事日程。要根据实际，认真调查研究，制定饲料业发展规划及相关政策措施，正确引导，逐步调整饲料产业结构，加快发展浓缩饲料加工业和饲料添加剂工业，建设饲料饲草基地，积极推广配合饲料和精料补充料。支持饲料生产企业搞好机制创新和科技创新，进行产业化经营，加大科研开发力度，提升饲料生产水平，促进我省饲料行业持续健康发展。

二、强化市场监管，确保饲料安全。我省市场销售的饲料及饲料添加剂质量状况不容乐观，打击伪劣产品，整顿市场秩序是一项长期性的工作，必须坚持不懈。当前，要重点加强饲料添加剂及添加剂预混合饲料生产许可证、产品批准文号、饲料标签、产品执行标准、饲料生产经营条件合格证等的监督与管理，要尽快建立健全饲料质量安全监测体系，强化监测手段，加强饲料产品质量、药物残留监控及违禁药物的监测，严厉查处在饲料中非法添加使用违禁药物、不按规定使用药物饲料添加剂和饲料产品卫生指标不合格等行为，确保饲料安全。根据国务院通知精神，各地要在近期内对饲料生产和质量安全进行一次全面检查，从源头抓起，完善制度，强化管理，最大限度地消除不安全隐患。各地贯彻国务院通知，进行检查的情况于2003年4月底以前，报省农业厅“云南省饲料工作办公室”。

三、加强饲料业科技推广工作，大力开发饲料资源。要把现有的饲料科技成果尽快普及到广大农村和饲养户，转化为生产力。同时，组织力量进行安全、优质、环保型饲料及新型高效饲料添加剂的研制开发。鼓励企业进行科学的饲料配方和生产工艺的研究，积极进行技术改造和产业升级。科研教学单位要面向生产，依托企业，开展科技攻关，走产学研相结合的道路，促进饲料科技的普及和推广。要抓住西部大开发的良好机遇，利用我省的资源优势和区位优势，通过退耕还林还草、推广人工种草建设饲草生产基地，加快优质饲料作物的种植及推广，推进由粮食、经济作物二元种植业结构向粮食、经济作物和饲料三元种植业结构的转变，增加饲料产量。利用冬闲田和轮歇地种植一年生牧草在我省部分地区已试种成功，效果较好，有条件的地方应大力加以推广，引草入田，实行草粮轮作，增加冬春青绿饲料供给。

四、继续推进饲料企业改革，完善企业管理。目前，我省的饲料生产企业规模小而分散，整体水平不高，竞争力不强。各饲料企业要坚持改革开放的原则，不断深化内部改革。一方面要进一步加快企业改组、改制的步伐，大中型企业通过机制创新、科技创新和产业创新，逐步建立现代企业制度。小型企业通过改组、联合、兼并、租赁等形式进行产权制度改革，转变经营机制，提高饲料工业的组织化程度，增强企业活力和核心竞争力；另一方面要积极学习国际、国内先进的管理经验，引进先进的经营理念，建立新型的人才管理、质量管理、财务管理和目标管理体系，推行危害分析与关键控制点等管理模式，确保企业生产要素配置的最优化，效益最大化。

附件1.《国务院办公室厅转发农业部关于促进饲料业持续健康发展若干意见的通知》

附件2.《关于促进饲料业持续健康发展的若干意见》

## 宁夏回族自治区人民政府令

### 第49号

《宁夏回族自治区饲料和饲料添加剂管理办法》，已经2002年7月24日自治区人民政府第93次常务会议审议通过，现予公布，自2002年11月1日起实施。

附件：宁夏回族自治区饲料和饲料添加剂管理办法

自治区主席：马启智

2002年8月15日

## 宁夏回族自治区饲料和饲料添加剂管理办法

**第一条**　为了加强对饲料、饲料添加剂的管理，提高饲料、饲料添加剂的质量，促进饲料工业和养殖业的发展，保障人民身体健康，根据国务院《饲料和饲料添加剂管理条例》，结合本自治区实际，制定本办法。

**第二条** 凡在自治区行政区域内从事饲料、饲料添加剂生产、经营、宣传、监督、检验和管理的单位和个人，均须遵守本办法。

**第三条** 本办法所称饲料，是指经过工业化加工、制作的供动物食用的饲料，包括单一饲料、添加剂预混合饲料、浓缩饲料、配合饲料和精料补充料。本办法所称饲料添加剂，是指经国务院农业行政主管部门制定并公布的，在饲料加工、制作、使用过程中添加的少量或者微量物质，包括营养性饲料添加剂和一般饲料添加剂。

**第四条** 县级以上人民政府农牧行政主管部门负责本行政区域内的饲料、饲料添加剂的管理工作。各级工商、质量技术监督等行政管理部门，按照各自职责，依法协同做好饲料生产、经营的监督管理工作。

**第五条** 设立饲料、饲料添加剂生产企业应当符合下列条件：

（一）有与生产饲料、饲料添加剂相适应的厂房、设备、工艺及仓储设施；

（二）有与生产饲料、饲料添加剂相适应的专职技术人员；

（三）有必要和产品质量的检验机构、检验人员和检验设施；

（四）生产环境符合国家规定的安全、卫生要求；

（五）污染防治措施符合国家环保要求。

**第六条** 设立饲料、饲料添加剂生产企业，应当向自治区农牧行政主管部门提供以下材料：

（一）申请书；

（二）企业情况介绍；

（三）主要生产设备清单；

（四）产品目录及主要原料组成；

（五）检验仪器设备清单；

（六）企业主要管理技术人员和特殊工种人员名单；

（七）厂区布局图；

（八）主要生产工艺流程图。

**第七条** 自治区农牧行政主管部门应当自收到有关申请材料后20个工作日内审核完毕。对具备第五条规定条件的企业，颁发饲料准予生产证明；不具备规定条件的，不予批准，并书面通知申请人。前款企业取得规定的准予生产证明后，方可按照有关法律、法规、规章的规定办理其他审批手续。

**第八条** 生产饲料添加剂、添加剂预混合饲料的企业，经自治区农牧行政主管部门审查合格，报国务院农业行政主管部门审查，由国务院农业行政主管部门颁发《饲料添加剂、添加剂预混合饲料》生产许可证。前款企业取得生产许可证后，应当向自治区农牧行政主管部门提供以下资料和样品，取得饲料添加剂、添加剂预混合饲料产品批准文号后方可进行正式投产：

（一）产品批准文号申请表；

（二）生产许可证复印件；

（三）三个批次的试生产产品样品；

（四）主要产品原料组成和生产工艺流程图；

（五）产品质量标准及检验方法；

（六）标签和产品使用说明书样稿；

（七）送检样品和自检报告；

（八）饲喂效果报告。

自治区农牧行政主管部门应当在受理申请后30个工作日内做出决定。

**第九条** 禁止任何单位或个人非法配制饲料添加剂、添加剂预混合饲料。

**第十条** 生产饲料、饲料添加剂应当按照产品质量标准组织生产，并建立健全原料检查、生产记录、产品化验和留样观察制度。

**第十一条** 生产饲料、饲料添加剂，不得直接添加兽药和其他禁用药品，允许添加的兽药，必须制成药物饲料添加剂后，方可添加；生产药物饲料添加剂，不得添加激素类药品。

**第十二条** 生产饲料、饲料添加剂，应当进行产品质量检验。经检验合格的，应当附具产品质量检验合格证；无产品质量合格证的，不得出厂销售。

**第十三条** 饲料、饲料添加剂的包装，应当符合国家有关卫生、安全的规定。易燃或其他有特殊要求的饲料、饲料添加剂的包装应当有警示标志或者说明，并注明储运注意事项。包装物不得重复使用。

**第十四条** 饲料、饲料添加剂的包装物上应当附具标签，标签以中文或者适用符号标明产品名称、原料组成、产品成分分析保证值、净重、生产日期、保质期、厂名、厂址、电话号码、产品标准代号。饲料添加剂、添加剂预混合饲料的标签还应当注明生产许可证号、产品批准文号。饲料添加剂的标签，还应当标明使用方法及注意事项。加入药物饲料添加剂的饲料标签，还应当标明“加入药物饲料添加剂”字样，并标明其化学名称、含量、使用方法及注意事项。

**第十五条** 禁止生产、经营下列饲料、饲料添加剂：

（一）以非饲料、饲料添加剂冒充饲料、饲料添加剂或者以此种饲料、饲料添加剂冒充他种饲料、饲料添加剂；

（二）饲料、饲料添加剂所含成分的种类、名称与产品标签上注明的成分种类、名称不符；

（三）饲料、饲料添加剂不符合产品质量标准的；

（四）失效、霉变、超过保质期的；

（五）混有影响动物生长发育的有害成份的；

（六）无产品质量标准、无产品质量合格证、标签的；

（七）未取得进口登记证的；

（八）未经国家审定公布的或者国家明令停用、禁用或者淘汰的。

**第十六条** 经营饲料、饲料添加剂的企业应当具备下列条件：

（一）有与经营饲料、饲料添加剂相适应的仓储设施；

（二）有具备饲料、饲料添加剂使用、贮存、分装等知识的技术人员；

（三）有必要的产品质量管理制度。

**第十七条**　经营饲料、饲料添加剂的单位或者个人，采购、销售饲料、饲料添加剂时，应当查验或者出示相关生产许可证、产品批准文号、产品标签、产品质量合格证。

**第十八条**　使用饲料添加剂应当遵守国务院农业行政主管部门制定的安全使用规范，禁止使用国家停用、禁用或者淘汰的饲料、饲料添加剂以及未经审定公布的饲料、饲料添加剂。禁止在饲料和动物饮用水中添加激素类药品和国务院农业行政主管部门规定的其他禁用药品。

**第十九条**　未取得饲料准予生产证明、生产许可证和产品批准文号的饲料、饲料添加剂，不得进行广告宣传。禁止对饲料、饲料添加剂作预防或者治疗动物疾病的说明或者宣传。饲料中加入药物饲料添加剂的，可以对所加入的药物饲料添加剂的作用做说明。

**第二十条**　从事饲料、饲料添加剂质量检验的机构，经自治区质量技术监督管理部门或者农牧行政主管部门考核合格，方可承担饲料、饲料添加剂的产品质量检验工作。

**第二十一条**　县级以上人民政府农牧行政主管部门根据饲料、饲料添加剂质量监督抽查工作规划，可以组织对饲料、饲料添加剂进行监督抽查，并会同同级产品质量监督管理部门公布抽查结果。

**第二十二条**　对违反本办法规定的行为，由县级以上人民政府农牧行政主管部门依照《饲料和饲料添加剂管理条例》的规定予以处罚。

**第二十三条**　当事人认为行政机关的具体行政行为侵犯其合法权益的，可以依法申请行政复议，也可以依法向人民法院提起行政诉讼。

**第二十四条**　农牧行政主管部门的监督管理人员玩忽职守、滥用职权、徇私舞弊的，依法给予行政处分。

**第二十五条**　对本办法施行以前设立的不符合本办法规定条件的饲料、饲料添加剂生产企业，应当按照自治区农牧行政主管部门确定的期限予以整改，达到应有条件。

**第二十六条**　本办法自 2002 年 11 月 1 日起施行。

**图书在版编目（CIP）数据**

中国饲料工业年鉴．2003/全国饲料工作办公室，中国饲料工业协会编．—北京：中国农业出版社，2004.5
ISBN 7-109-09071-X

Ⅰ．中…　Ⅱ．①全…②中…　Ⅲ．饲料工业-中国-2003-年鉴　Ⅳ．F326.3-54

中国版本图书馆 CIP 数据核字（2004）第 040739 号

中国农业出版社出版
（北京市朝阳区农展馆北路 2 号）
（邮政编码 100026）
出版人：傅玉祥
责任编辑　刘博浩

中国农业出版社印刷厂印刷　　新华书店北京发行所发行
2004 年 5 月第 1 版　　2004 年 5 月北京第 1 次印刷

开本：787mm×1092mm 1/16　　印张：20.25　　插页：44
字数：753 千字　　印数：1～5 000 册
定价：100.00 元

集企业精华
展行业风采

正昌集团行政大楼

正昌绿色环保工业园

# 同心·同行·协力·共走现代化饲料工业路

自二十世纪七十年代起，正昌一直是广大饲料企业的重要伙伴，与中国乃至世界饲料工业一起前进。步入新世纪，正昌历经三十多年的改革与发展，今天成功完成了国有企业的股份制改革。企业的经营机制必将进一步开放，企业内外资源得到充分优化，产品的功能更适应市场的需求。

特别在核心产品：高档畜禽料制粒机、特种对虾饵料制粒机、立轴式微粉碎机、高档型湿法膨化机、牧草加工设备等等，均达到了国际先进水平，其远销世界四十多个国家和地区。正昌研发的：SZLH508制粒机、SZLH强喂料调质制粒机、SPHS湿法膨化机、优胜88水滴型粉碎机、SWFL立轴式微粉碎机、SZLH对虾饵料制粒机等产品享誉海内外。

共同跨越新世纪，我们将与您同创中国饲料工业现代化！

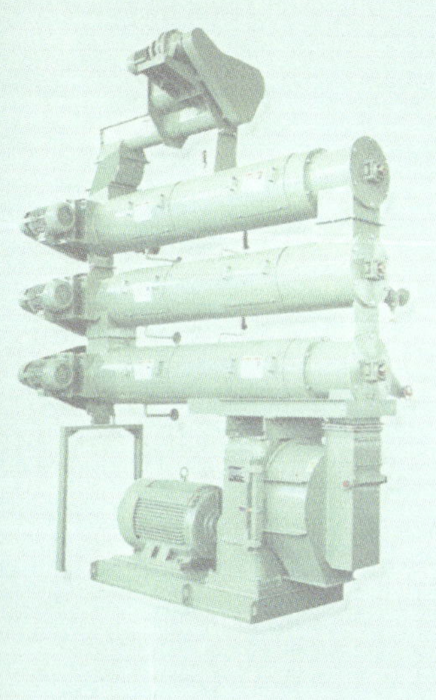

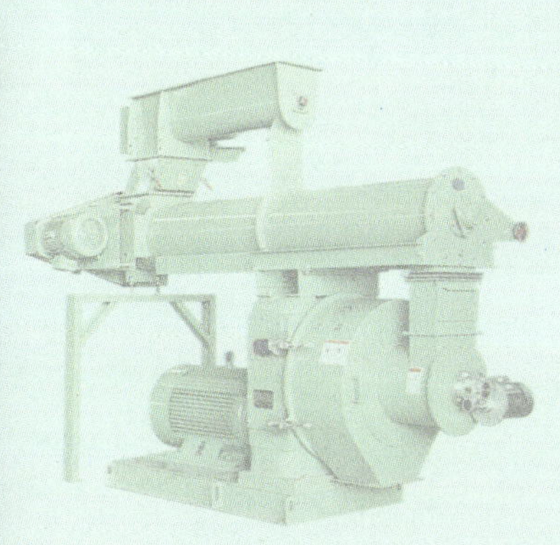

中国水产饲料龙头企业

通威
通威饲料
TONGWEI FEED
您 信 心 的 保 障
水产饲料
畜禽饲料
浓缩料
复合预混料
通威股份有限公司

■拥有多元领先业务的著名机械制造和工程安装企业

牧羊集团 MUYANG GROUP

国家重点高新技术企业　国家饲料工程技术研究中心饲料机械研究基地

# 牧羊集团与您携手共创饲料工业创新之路

“创新是一个民族进步的灵魂”，科技创新是企业实现经济增长方式转变的突破口，是提高企业竞争力保证企业持久发展的源头活水。以科技创新为核心，是牧羊人不懈地追求。

牧羊集团自1999年4月以来连续三次被评为“国家火炬计划重点高新技术企业”，近年来牧羊集团加大科技创新力度，自主开发了“世纪龙”MY165挤压膨化机、SYPL15差重式连续液体喷涂机、“大力神”牧草压块机、“世纪神”MY146×2双螺杆挤压膨化机、双轴熟化器、真空液体喷涂机、油料烘干塔、“超乐”超微粉碎机、MUZL1210/1610颗粒机、SKGD3000环流箱式干燥机等一批科技含量高的产品。

牧羊集团将不遗余力的进行更大范围和更深程度的创新，以此来回报广大朋友的支持和信赖。

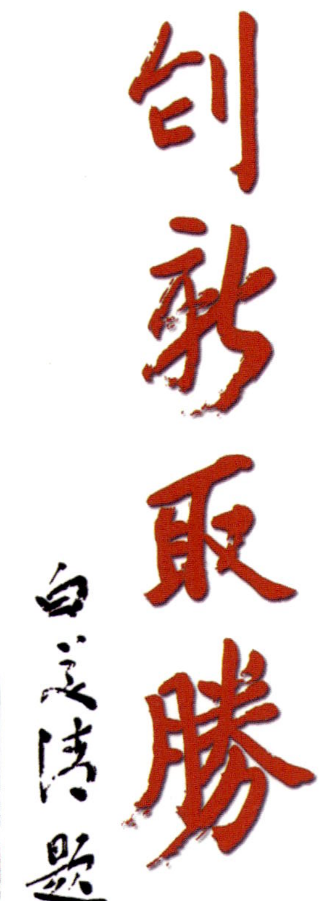


**[主营业务:]**

饲料机械及成套工程　仓储工程　粮食机械及工程　环保设备及工程　钢结构工程

输送设备及工程　牧草机械及工程　自动化控制技术　食品机械及工程　油脂工程…

牧羊集团 MUYANG GROUP

总部地址：江苏省扬州市牧羊路1号（邗江工业园）(225127)
总　机：0514-7848888　传真：0514-7848777
销售电话：0514-7848811　7848866　7848877
成套工程电话：0514-7848898

# 领导关怀

吴明夏董事长与原人大副委员长姜春云在一起

吴明夏董事长和前来正虹考察的白美清会长(中)、刘同占秘书长(左一)合影留念

湖南省委副书记、省长周伯华考察正虹

湖南省委副书记、常务副省长于幼军考察正虹

湖南省委常委、统战部部长石玉珍(左二)在正虹调研

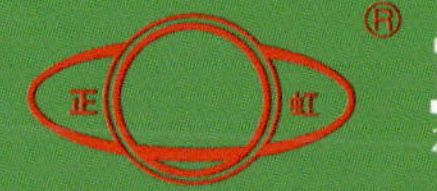


正虹科技
ZHENGHONG SCIENCE

# 科教兴农 争创

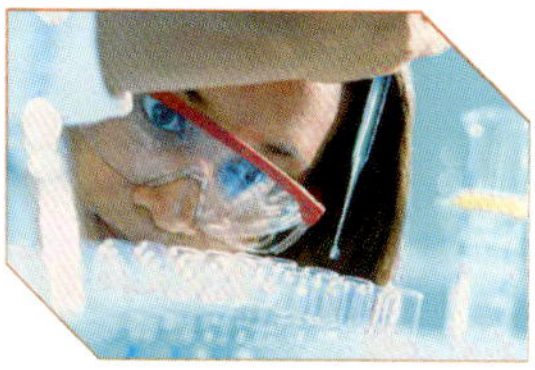

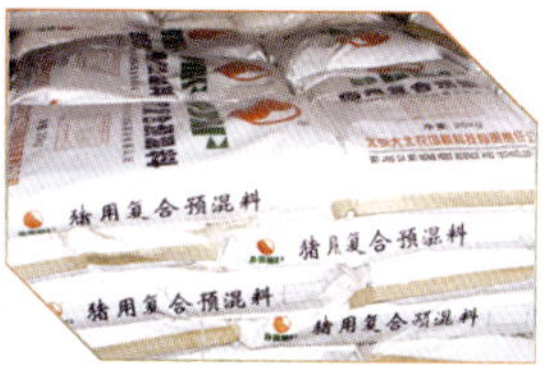

# 华西希望集团

## 勤奋工作　追求美好

希望集团由陈育新总经理直接管理的新津基地（拥有中国西部著名的饲料企业和肉食品加工企业）和分别由刘永言、刘永行、陈育新、刘永好统领的四大二级集团大陆希望集团、东方希望集团、华西希望集团、南方希望（新希望）集团组成。

华西希望集团是由希望事业创始人陈育新所创办的企业集团，旗下现有参股、控股企业二十余家，除了基础产业——饲料业之外，还涉及动物药业、食品业、酒店业、房地产业、现代农业、金融业、零售业等行业，员工总数近3000人，年产值逾20亿元。

美好家园
MEIHAO JIAYUAN

与大陆希望集团共同投资8~10亿元，兴建了一家宫殿式、超豪华的五星级酒店。

投资兴建了三家连锁超市，在零售业领域进行了初步探索。

NHU
新和成®
创新 人和 竞成
浙江新和成股份有限公司系新昌合成化工厂改制建立，始创于1988年11月，现已发展成为一家高科技、高成长、高效益的国家重点高新技术企业。下辖浙江爱生药业有限公司、安徽新和成皖南药业有限公司、浙江新东化工有限公司、新昌新和成维生素有限公司、新昌德力石化设备有限公司、浙江新和成进出口有限公司等多个子公司。
新昌新和成维生素有限公司是浙江新和成股份有限公司旗下的全资子公司，专业生产维生素系列产品，包括维生素A，维生素E，维生素D3，生物素。在国内名列前矛，在世界上排名前列。产品畅销欧美、东南亚、日本、韩国。
NHU
浙江新和成股份有限公司
ZHEJIANG NHU COMPANY LTD.
新昌新和成维生素有限公司
地址：浙江新昌城关江北路4号 邮编：312500
电话：0575-6124428 传真：0575-6128321
Http//:www.cnhu.com

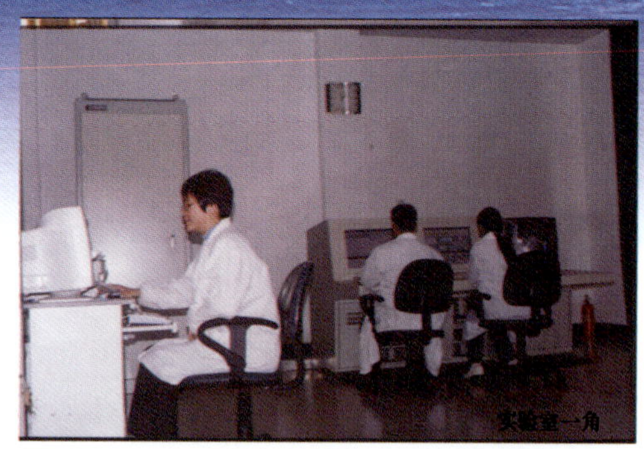

实验室一角

车间一

下属企业——浙江花园药业有限公司

厂区一角

车间一

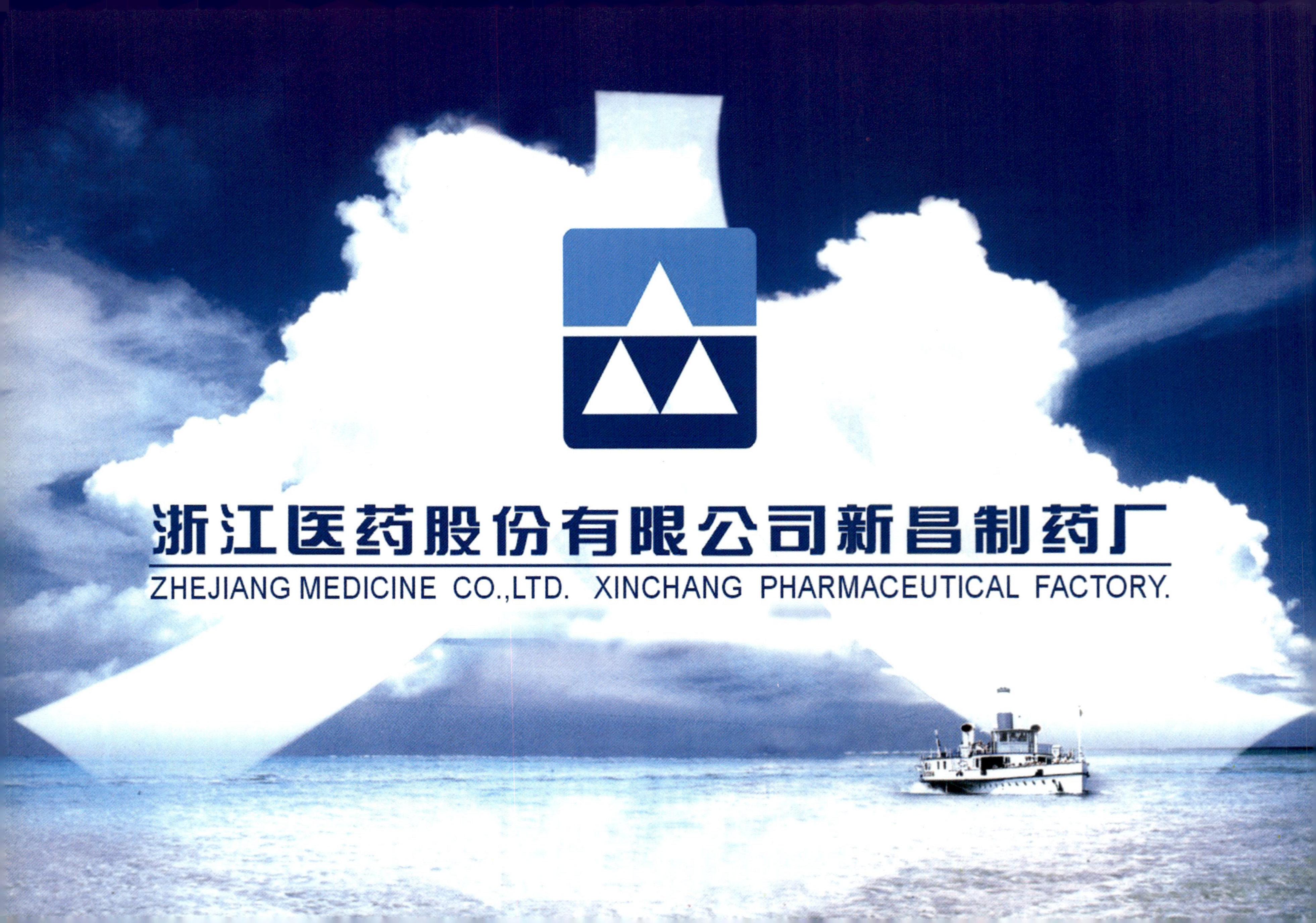

浙江医药股份有限公司新昌制药厂
ZHEJIANG MEDICINE CO.,LTD. XINCHANG PHARMACEUTICAL FACTORY.

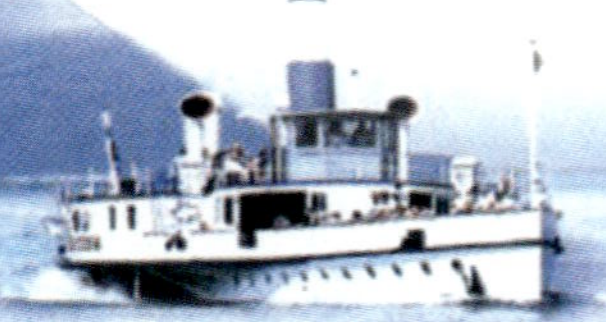

# 全程致力于实现中国

# 「安全化·绿色

六和成立于1995年，是集饲料生产、良种繁育、畜禽养殖、产品加工、动物保健、生物技术开发、国际进出口贸易等相关产业为一体的大型畜牧业企业，目前拥有近百个分（子）公司。公司先后被授予“山东省高新技术企业”、“全国饲料工业百强企业”、“国家星火龙头企业”、“国家农业产业化重点龙头企业”等荣誉称号。

六和在经营管理中，形成了“以人才为中心，以发展为主题”、“公开相融，合作发展”等重要理念。在生产经营中。实行“微利经营、服务营销、密集开发”的市场策略，逐渐形成了以人才为中心、视价值为生命、以服务为重点的企业核心竞争优势。

六和坚持以科技为先导，汇集了博士、专家为群体的科研力量，先后承担完成了30余项科研课题，有20余项研究成果获得国家和省级奖励，并广泛推广和应用于生产实际。六和现为“全国饲料行业科技进步先进集体”。

全程致力于实现中国畜牧业的安全化、绿色化、现代化，是六和的神圣使命。学习学习再学习、开放开放再开放、发展发展再发展，是六和永恒的奋斗主题。

积极投建现代化，标准化养殖场，并大力扶持农村养殖业走规模化道路，为生产健康安全畜禽产品提供保障。

## 现代化养殖业

从传统畜牧到现代化畜牧业转变的过程，尽可感受到六和人无所不在的关爱和支持。全力以赴帮助养殖户降低养殖成本，发展养殖规模，提高养殖效益。

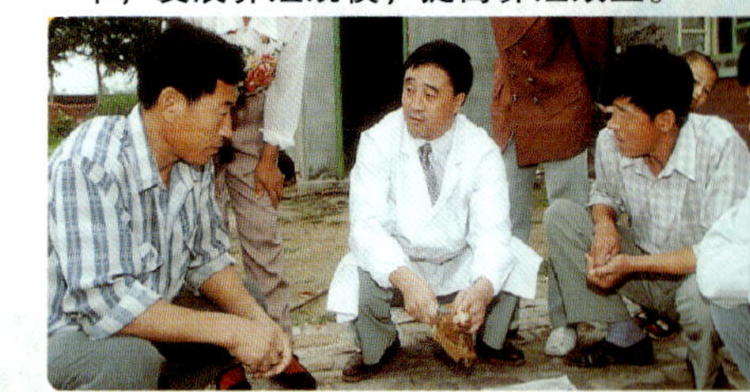

## 畜禽良种繁育

引进国际精良设备和先进技术，建有现代化种鸡场、种鸭场、原种猪场和奶牛良种繁育中心，构成六和产业价值链源头。

# 牧业的
# 化•现代化」

青岛市城阳区青大工业园双元路
电话：86-532-7905266 7905366
传真：86-532-7905621
Http://www.liuheco.com
E-mail:liuheco@public.qd.sd.cn
邮编：266111

## 食品加工业

依靠全程安全、绿色、现代化产业链条支持的食品加工业，年加工鸡（鸭）肉近20万吨，鲜蛋1万余吨，对外突破“绿色壁垒”，对内正在形成强势品牌。

## 饲料事业

大工业化微生态饲料产品，告别了各类违禁药物、添加剂，为养殖奠定安全基础。

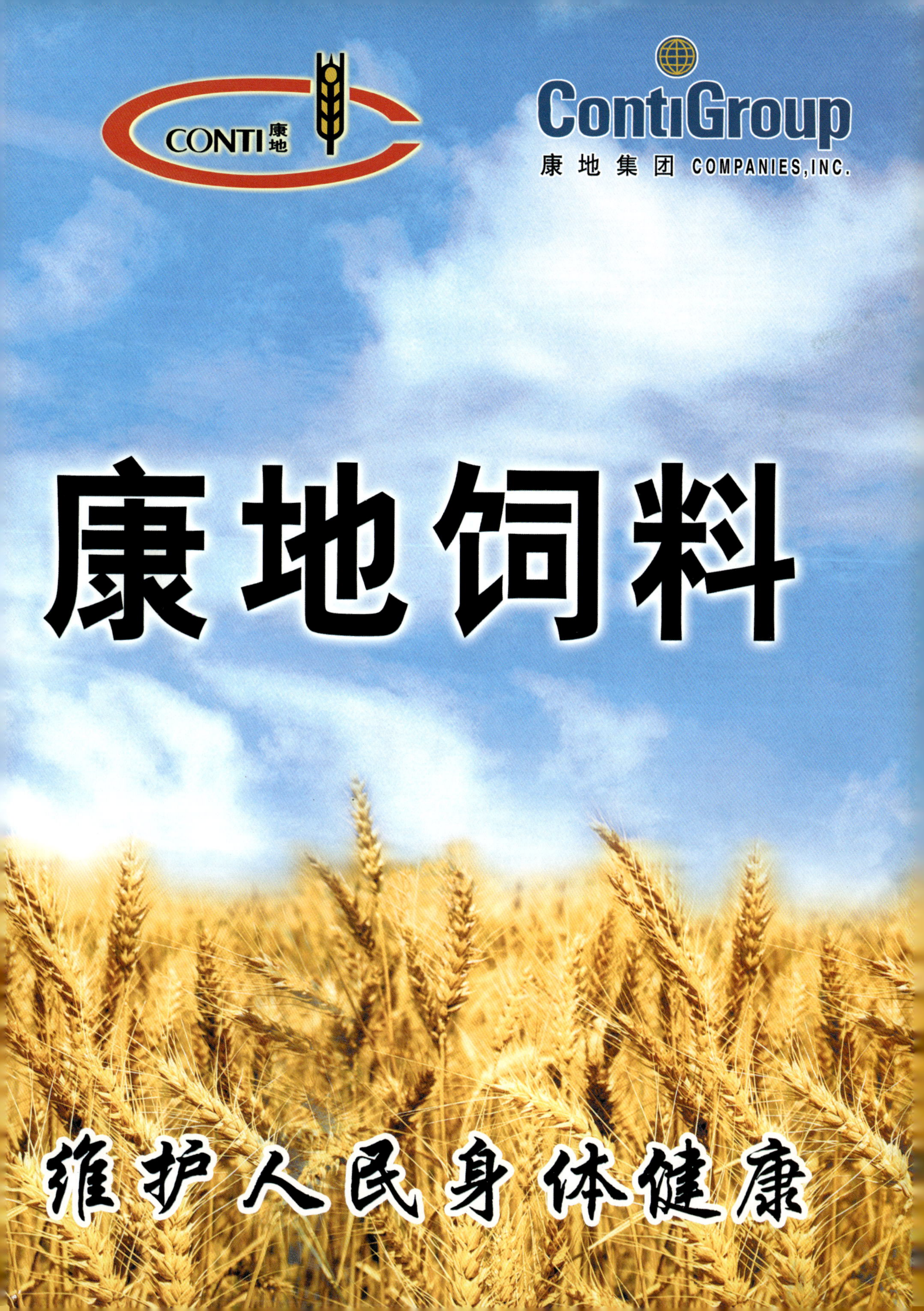
CONTI 康地
ContiGroup
康地集团 COMPANIES,INC.
康地饲料
维护人民身体健康

铁骑力士集团
TQLS TIEQILISHIGROUP
www.tqlsgroup.com

做高尚的人 造高质量的产品

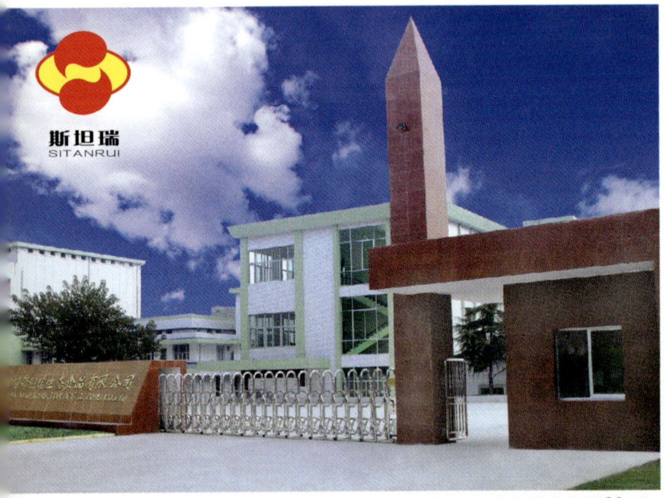


绿色生猪饲养、屠宰、肉品加工一条龙企业，年可出栏屠宰生猪30万头。
——四川斯坦瑞生态食品有限公司

四川铁骑力士集团创建于1992年,是以饲料为主业，并在绿色食品、绿色养殖、蛋品精深加工、饮品、良种繁育、生物工程、教育、旅游等领域快速发展的大型民营高科技企业。集团现有员工1800余人，博士、硕士70余人，资产3.5亿元。旗下拥有四川铁骑力士饲料集团、四川圣迪乐村集团、四川斯坦瑞集团、冯光德实验室和四川铁骑力士牧业科技有限公司。

集团先后荣获"全国青年文明号"、"全国饲料行业百强企业"、"全国食品工业龙头企业"、"四川省高新技术企业"、"四川省企业文化建设先进单位"、"四川省农产品加工先进单位"、"四川省人才开发先进单位"等荣誉，"铁骑力士"商标被评为"四川省著名商标"、"四川省名牌产品"、"中国饲料行业具有竞争力十大品牌"。

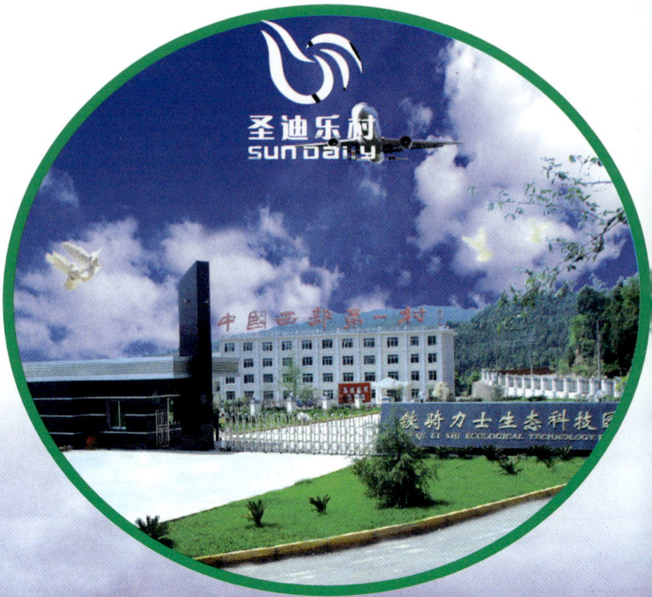


一个以产业链为基础，集农、工、贸、科教、旅游为一体的新型社区模式。
中国西部第一村—圣迪乐村

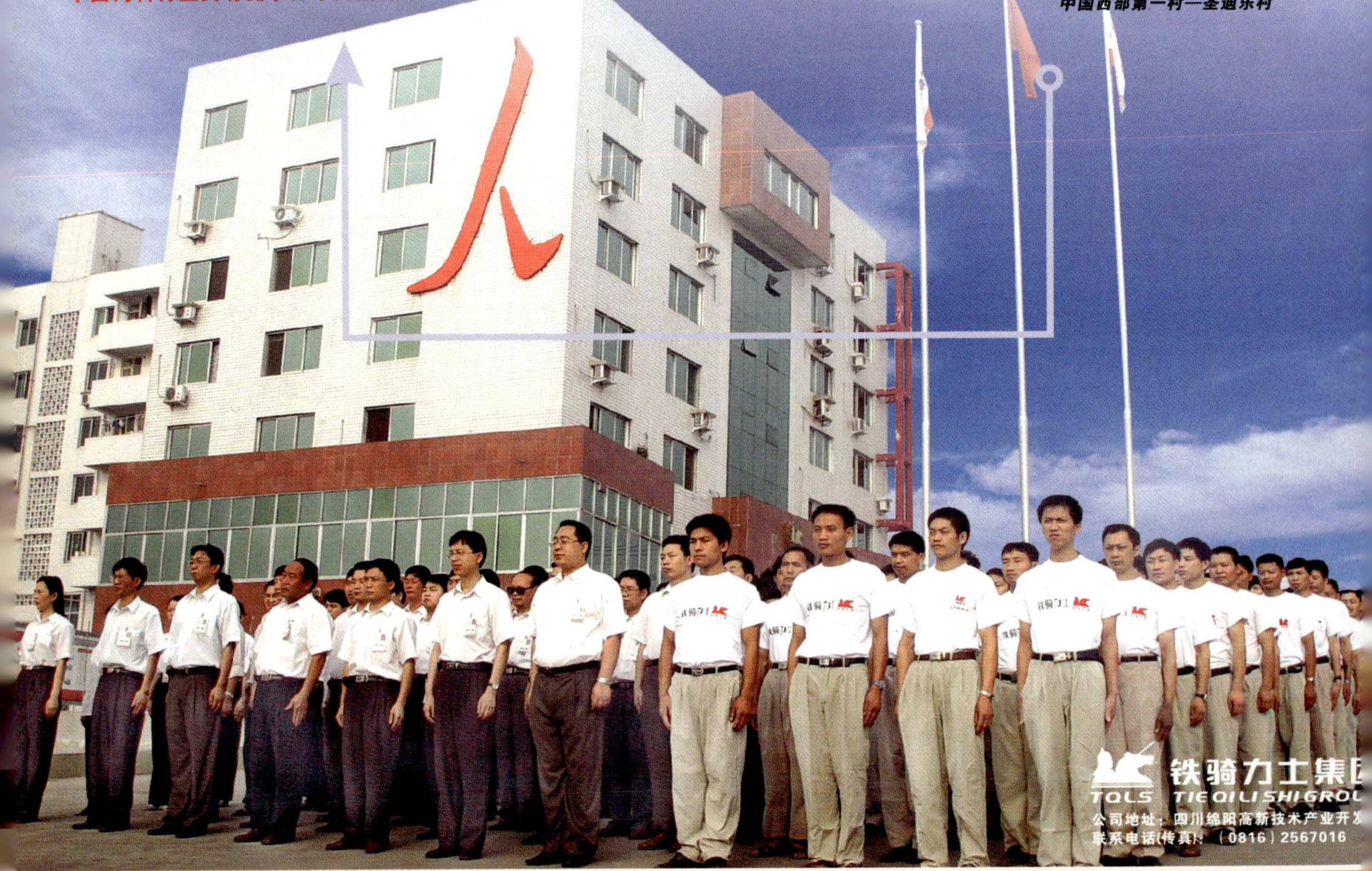


铁骑力士集团
TQLS TIEQILISHIGROU
公司地址：四川绵阳高新技术产业开发
联系电话(传真)：（0816）2567016

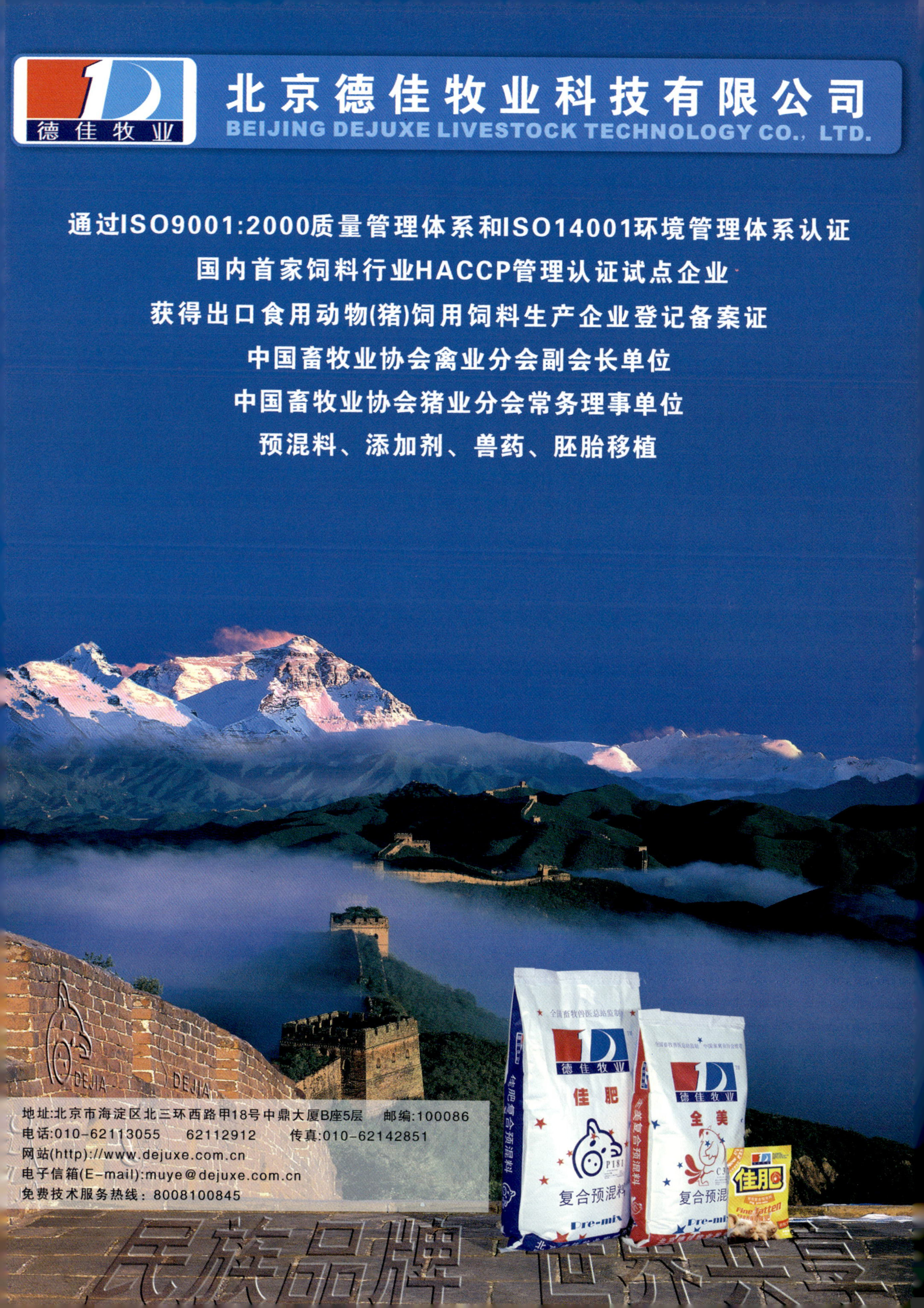
德佳牧业
北京德佳牧业科技有限公司
BEIJING DEJUXE LIVESTOCK TECHNOLOGY CO., LTD.
通过ISO9001:2000质量管理体系和ISO14001环境管理体系认证
国内首家饲料行业HACCP管理认证试点企业
获得出口食用动物(猪)饲用饲料生产企业登记备案证
中国畜牧业协会禽业分会副会长单位
中国畜牧业协会猪业分会常务理事单位
预混料、添加剂、兽药、胚胎移植
地址:北京市海淀区北三环西路甲18号中鼎大厦B座5层 邮编:100086
电话:010-62113055 62112912 传真:010-62142851
网站(http)://www.dejuxe.com.cn
电子信箱(E-mail):muye@dejuxe.com.cn
免费技术服务热线:8008100845
德佳牧业
佳肥
复合预混料
Pre-mix
德佳牧业
全美
复合预混
Pre-mix
佳肥
Fine Fatten

伟嘉集团
地址：北京市海淀区上地东路四街1号
邮编：100085
伟嘉
给您一个支点

电话：010-62988704/06/08
传真：010-62988707
网址：www.vicagroup.com.cn
集团
助您发家致富

江西天佳实业有限公司
物竞天择 自成佳品
天兴佳旺
TIANJIA
全国各地经销商
江西 13607068763 湖南 13677388479 安徽 13965036599 广西 13077748049
河南 13608690939 13526898839 福建 13959195693 0592-6106563
上海 13917373802 黑龙江 13039967891 山东 13760701788
江西天佳实业有限公司

北美洲著名的饲料添加剂生产厂商
NUTRIBIOS
加拿大纽茨比奥公司
AGRICULTURE
NUTRIBIOS
ENVIRONMENT
NUTRITION
[配合自然世界de生物科技]
BIOTECHNOLOGY FOR THE NATURAL WORLD
加拿大纽茨比奥公司中国代表处 地址：济南市市中区英雄山路93号 电话：0531-2749567 传真：0531-2732898